I0751753

TRAITÉ

DES

ARTS CÉRAMIQUES

OU

DES POTERIES.

TOME PREMIER.

PARIS. — IMPRIMERIE DE FAIN ET THUNOT,
rue Racine, 28, près de l'Odéon.

TRAITÉ

DES

ARTS CÉRAMIQUES

OU

DES POTERIES

CONSIDÉRÉES

DANS LEUR HISTOIRE, LEUR PRATIQUE ET LEUR THÉORIE.

PAR

Alexandre BRONGNIART,

MEMBRE DE L'INSTITUT (ACADÉMIE ROYALE DES SCIENCES),

DES ACADÉMIES ET SOCIÉTÉS ROYALES DE LONDRES, DE STOCKHOLM, DE PRUSSE, DE NAPLES, DE L'ACADÉMIE DES SCIENCES NATURELLES DE PHILADELPHIE, ETC. ;

DIRECTEUR DE LA MANUFACTURE ROYALE DE PORCELAINE DE SÈVRES ;

INGÉNIEUR EN CHEF AU CORPS ROYAL DES MINES ;
PROFESSEUR DE MINÉRALOGIE AU MUSÉUM D'HISTOIRE NATURELLE.

TOME PREMIER.

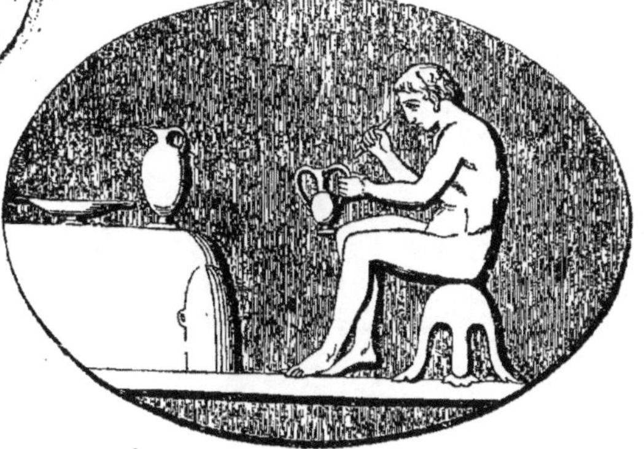

PARIS.

BÉCHET JEUNE,
LIBRAIRIE MÉDICALE ET SCIENTIFIQUE,
PLACE DE L'ÉCOLE DE MÉDECINE, 1.

MATHIAS (AUGUSTIN),
LIBRAIRIE SCIENTIFIQUE-INDUSTRIELLE,
QUAI MALAQUAIS, 15.

NOVEMBRE 1844.

Au Roi.

Sire,

L'ouvrage que Votre Majesté m'a permis de lui présenter est le fruit de l'état florissant où les Princes sous lesquels j'ai eu l'honneur de diriger la Manufacture de porcelaine de Sèvres, ont maintenu cet apanage de la Couronne.

Sous votre règne, Sire, la prospérité

de cet Etablissement Royal a pris une extension remarquable : l'interêt tout spécial que Votre Majesté lui a témoigné par sa munificence, par les embellissements et les améliorations en tous genres qu'elle lui a accordés, ont augmenté le zèle des hommes habiles qui en font partie : ils ont rempli avec ardeur vos Royales intentions, et, secondant vos vues élevées, ils ont fait briller d'un nouvel éclat ce beau fleuron de la Couronne.

Les témoignages de considération et de bienveillance dont Votre Majesté m'a particulièrement honoré, ont ajouté à mon propre zèle d'autres sentiments que celui du devoir ; ils ont excité mes efforts pour perfectionner et rendre plus utile encore l'Etablissement Royal d'art, d'industrie et de science dont Votre Majesté m'a confié la direction.

Permettez, Sire, que la publication d'un ouvrage, dû en partie à de si nobles encouragements, soit pour moi l'occasion de rendre à Votre Majesté un hommage public de la reconnaissance et du profond respect que vous doit et vous porte,

Sire,

De Votre Majesté,

le très-humble et très-obéissant serviteur,

Alex. Brongniart.

Sèvres, novembre 1844.

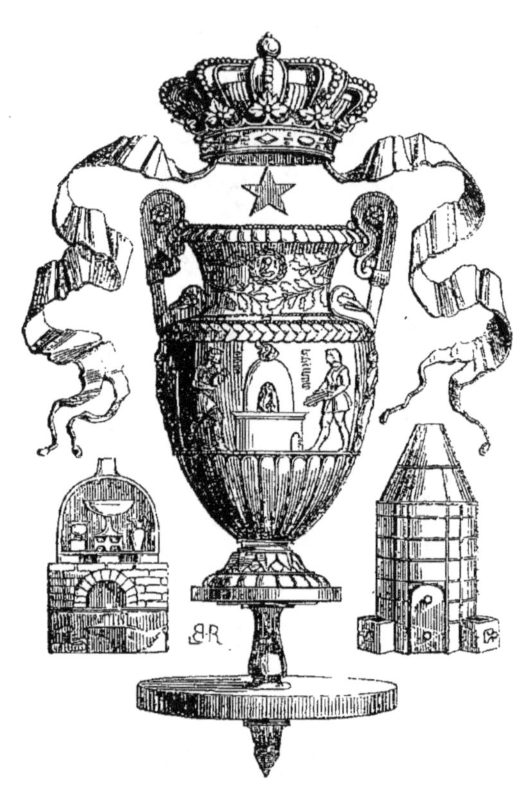

PRÉFACE.

Je ne connais aucune industrie qui présente, dans l'étude de sa pratique, de sa théorie et de son histoire, autant de considérations diverses, intéressantes et riches en applications économiques et scientifiques, que l'art céramique ou de la fabrication des vases et ustensiles en terre cuite ; je n'en connais pas qui présente des produits plus simples, plus variés, plus faciles à fabriquer, et plus durables, malgré leur fragilité. Aucun produit de l'industrie humaine ne réunit en lui cet ensemble de qualités.

Les pierres les plus belles sont difficiles à travailler, et d'un emploi très-restreint ; quand elles manquent, quand leur taille est trop dispendieuse, la céramique vient partout remplir ce vide ; si les monuments en pierres sont plus durables que les produits céramiques, ils ne peuvent apprendre aux siècles à venir autant de choses que les poteries, qui, en se multipliant, ont rendu à peu près les mêmes services dans les temps d'obscurité, que l'a fait l'imprimerie dans ceux de lumière.

Les métaux rares, quelquefois même tout à fait inconnus dans certaines contrées, sont difficiles à extraire de la terre et à préparer : les moins précieux et les plus abondants, le fer et le cuivre, s'altèrent par la suite des temps ; ceux qui sont inaltérables, l'or, l'argent, etc., ont une rareté et une valeur qui ne permet ni la multiplication des objets instructifs qu'on peut en faire, ni leur longue conservation.

Les tissus assez difficiles à ourdir, le bois et les enveloppes organiques si faciles à travailler, n'ont point cette durée séculaire nécessaire à l'histoire des hommes et à celle de la nature.

Deux seules matières, riches d'instruction pour l'histoire des sociétés et pour celle du globe, peuvent traverser des milliers de siècles en nous apportant les premiers éléments de l'histoire la plus ancienne des peuples et de la terre ; ce sont, d'une part, les terres cuites façonnées en vases ou en ustensiles, et de l'autre les parties solides des animaux et des végétaux réduits à l'état fossile ; après ces deux matières, tout est périssable ou muet.

Les poteries, comme on va le voir, trouvent leurs matériaux à la surface du sol ; l'homme le plus faible, l'homme isolé peut les extraire, les façonner immédiatement et même leur donner, sans appareil ni science, des formes et une dureté suffisantes pour contenter ses premiers besoins de superfluité ; les produits de ces matériaux si simples et si abondamment répandus partout, si faciles à rassembler et à travailler, peuvent être doués de toutes les qualités d'emploi, de toutes les commodités de formes, de toutes les beautés de luxe, en riches ornements, en couleurs variées et brillantes, solides et durables, qu'aucun métal ne peut fournir et que les pierres les plus belles ne peuvent donner ni aussi facilement ni avec autant de variété.

L'histoire complète des poteries a des rapports nécessaires avec celle de la civilisation par les formes, les ornements, les inscriptions, et les sujets que présentent les produits de l'art céramique ; les historiens et les archéologues, en y trouvant des secours, y prennent de l'intérêt. Enfin cette industrie, liée avec les beaux arts par plusieurs de ces conditions, a été de tout temps regardée comme leur fournissant de nombreux modèles de formes et d'ornements.

A mesure que les produits céramiques se sont perfectionnés, embellis et enrichis, ils ont demandé, pour obtenir ces diverses qualités, des secours aux sciences, et ont exigé, dans les personnes qui veulent les fabriquer avec distinction et succès, des connaissances très-étendues en chimie et même en physique. L'art céramique, dans ces nobles emprunts, n'a été au-dessous ni de la métallurgie ni de la mécanique.

Le tableau que je viens de tracer des qualités et particularités qui caractérisent l'art céramique, n'a pas eu pour but de faire ressortir ces qualités, ni de donner aucune prééminence à cette industrie sur les autres, mais d'expliquer pourquoi des hommes qui diffèrent si notablement dans l'objet de leurs études, prennent tous de l'intérêt à cet art, d'expliquer comment l'ouvrage que je publie s'est étendu beaucoup au delà de ce que j'avais présumé, comment j'ai dû aborder des questions d'histoire, d'archéologie, d'art, de physique, de chimie, de mœurs et même de phychologie [1]; comment j'ai pu et dû parler de tant de choses si différentes entre elles et qui, au premier aspect, paraissent étrangères à l'industrie céramique; comment j'ai pu le faire sans cependant sortir de mon sujet, mais en lui donnant au contraire plus d'intérêt par les points de vue latéraux qu'ouvrent ces considérations; comment aussi les secours nécessaires pour atteindre ce but et qui m'ont été si obligeamment accordés, pourront intéresser à cet art ceux qui les ont fournis.

Cette variété d'objets exige cette variété de secours; elle exigerait cette même variété de connaissances dans celui qui doit les employer; mais peu d'hommes les possèdent asez profondément pour s'en servir sans erreurs. On sait qu'on n'échappe presque jamais à ce genre d'er-

[1] Dans ce que j'ai dit sur le goût général de l'ornementation. Vol. I, p. 389.

reurs quand on veut sortir de ses connaissances spéciales; or j'ai dû chercher à en réduire le nombre le plus qu'il m'a été possible, en m'adressant à des hommes spéciaux dans les sciences que je n'ai pas étudiées ou que je n'ai pu qu'effleurer. Ils m'ont fourni, avec empressement, des renseignements souvent très-développés sur les sujets dont je devais parler. En citant leur nom à chacun des articles que je leur dois, j'ai donné à mon travail une autorité qu'il ne pouvait tenir de moi. En les réunissant ici, je rappelle des noms que je ne veux pas laisser cachés dans mes pages.

Peu d'articles d'archéologie céramique grecque ont été écrits sans avoir été soumis à M. Ch. Lenormant. On verra combien j'ai été aidé par les orientalistes les plus distingués, MM. Reynaud, Garcin de Tassy, Lajard, Champollion-Figeac, Stanislas Julien, dans tout ce qui touche à la céramique chez les Arabes, les Indous, les Persans, les Chinois; je dois donc une mention spéciale de remercîments et d'hommages aux personnes illustres dont les noms sont inscrits sur la liste qui précède. Mais des secours de ce genre m'ont en partie manqué pour l'histoire des poteries anciennes romaines, germaines, gauloises, etc.; j'ai dû chercher dans les livres et dans les collections les notions qui m'étaient nécessaires. J'ai donc aussi des remercîments à faire aux conservateurs des musées et bibliothèques, où j'ai pris à Rouen, à Dieppe, à Lyon, en Angleterre, sur les bords du Rhin, à Berlin, à Dresde, etc., des renseignements qui n'eussent été ni aussi complets, ni aussi exacts, si les conservateurs de ces collections, MM. Klemm, Levezow, de Ledebur, Féret, etc., n'eussent dirigé et éclairé mes recherches.

Mais il est un autre genre de secours beaucoup plus directs et plus immédiats que les précédents, auquel mon ouvrage devra une grande partie de l'utilité et de la consistance que donne à un travail de cette nature une grande réunion de faits, d'expériences et d'observations positives et nouvelles. C'est celui que m'ont prêté les savants chimistes qui ont été successivement attachés, depuis plusieurs années, au laboratoire de recherches de la Manufacture de Sèvres. Ils ont bien voulu faire, d'après mes idées developpées dans des programmes raisonnés, et sous mes yeux, une multitude de recherches, d'expériences et d'analyses dont les résultats et quelquefois même les détails ont été consignés dans mon ouvrage. On verra, par le nombre et l'importance de ces travaux, l'usage que j'ai fait des généreux encouragements que M. l'intendant général de la liste civile a obtenus du Roi pour ce genre de recherches; je les ferai apprécier en citant, dans l'ordre chronologique, les noms de mes collaborateurs, MM. Buisson de Lyon, Auguste Laurent, maintenant professeur de chimie à la faculté des sciences de Bordeaux, Malaguti, professeur de chimie à la faculté de Rennes, Marignac, ingénieur des mines et professeur à Genève, Salvetat, élève de l'École centrale des Arts et Manufactures. On voit ce que je pouvais attendre de telles personnes, quelle nouveauté, quelle utilité et quel lustre elles devaient donner à un ouvrage où leurs noms et leurs travaux, cités presque à chaque article, prouvent que les remercîments que je leur adresse, en mon nom et en celui de la science et de l'industrie, sont amplement mérités.

On présumera, sans que j'aie besoin de le dire, quels secours je dois avoir tiré des habiles chefs et ouvriers de l'établissement royal que je dirige depuis longtemps. Je dois mentionner plus particulièrement l'un d'eux, M. Regnier, dont l'esprit inventif et l'expérience dans la pratique des arts céramiques sont venus si souvent à mon aide.

Enfin, j'ai trouvé dans le Musée céramique de Sèvres des ressources efficaces et nombreuses que je m'étais pour ainsi dire préparées en formant cette collection. Sans elle, et sans la visite que j'ai faite des principales manufactures céramiques de l'Europe, mon ouvrage eût dû se réduire à une simple description des procédés de la porcelaine ; mais cette collection, amenée maintenant à son but d'utilité et d'intérêt au moyen des dons qu'elle a reçus de tant d'industriels et de voyageurs, au moyen surtout de l'ordre qui y est établi , et qui y est maintenu et perfectionné par les soins éclairés et constants de son conservateur, M. Riocreux, cette collection , dis-je, qui peut servir à l'instruction de tous ceux qui veulent l'étudier, a fourni à mon traité une multitude de faits. Le public en jugera par l'ouvrage qui paraîtra peu après celui-ci, et qui, rangé dans le même ordre que ce traité, offrira dans un catalogue raisonné, rédigé par M. Riocreux, et accompagné de 90 planches, la description, l'origine et la représentation des pièces céramiques les plus instructives ou les plus remarquables, qui entrent dans sa composition.

Je dois maintenant faire connaître l'ordre que j'ai suivi dans l'histoire de tout ce qui constitue les arts céramiques depuis leurs premiers et plus simples produits, les briques, jusqu'aux plus précieuses et plus magnifiques porcelaines, leurs dernières et plus riches productions.

Ces produits sont nombreux, très-différents les uns des autres sous une multitude de rapports, et j'ai dû chercher à les classer d'une manière rationnelle.

On sentira que, placé dans une époque où l'on a si bien apprécié l'ordre des faits, d'où naît l'ordre dans les idées, puis la connaissance des lois naturelles et physiques qu'elles font découvrir, dans une époque où cet ordre a produit dans les sciences naturelles et dans les sciences physiques et chimiques les beaux résultats, tant spéculatifs que matériels, qui font la gloire de ce siècle, on sentira, dis-je, que, né presque avec une telle époque, ayant suivi les développements de ces féconds principes, les ayant non-seulement adoptés dans mes opinions, mais aussi dans mes travaux comme naturaliste, ayant pu apprécier les avantages de la méthode de Linnée, perfectionnée par de Jussieu, de Candolle, etc., etc., j'ai dû chercher à introduire le même ordre, si fécond en utiles résultats, dans l'art industriel que j'avais été appelé à cultiver, et à faire jouir cette industrie des avantages que l'emploi d'une bonne méthode fait obtenir.

J'ai donc tenté de classer d'une manière rationnelle les produits céramiques, et j'ai osé croire que ces produits, si variés et si variables, qui paraissent souvent le résultat d'un caprice, étaient cependant susceptibles d'être groupés en classes, ordres et sous-ordres.

J'avais remarqué que cette variation n'était souvent qu'apparente et tenait plutôt aux noms donnés par le charlatanisme qu'à un principe de véritable différence; que, par exemple, la prétendue porcelaine opaque, n'était porcelaine que de nom, et par l'idée plus spéculative que logique du fabricant qui avait cru relever la position de sa poterie par ce nom ambitieux.

Sans donc m'inquiéter de tous ces noms de faïence, de porcelaine opaque, de terre de fer (*iron stone*), d'hygiocérame, appliqués comme au hasard à des poteries, ou qui diffèrent beaucoup entre elles, quoique ayant le même nom, ou qui ne diffèrent point essentiellement, quoique nommées différemment, j'ai cru devoir examiner quels étaient en général les principes de composition qui distinguaient réellement entre eux les produits céramiques, et prendre ces différences essentielles pour base de ces distinctions.

Toute classification naturelle (1) doit être fondée sur les

(1) Les naturalistes reconnaissent deux sortes de classifications, les *naturelles*, qui réunissent les corps qui se ressemblent le plus par l'ensemble de leurs propriétés, et les *artificielles*, dont la réunion n'est fondée souvent que sur un seul caractère tranché. Il n'y a de classification productive en résultats généraux, instructifs et intéressants que les classifications naturelles.

propriétés qui paraissent être les plus essentielles pour caractériser un groupe ; celle qui n'est fondée que sur un seul principe, quelque important qu'il paraisse, rompt nécessairement d'autres rapports dont l'ensemble présente des résultats bien plus importants. On ne peut pas, cependant, dans une classification d'objets artificiels qui sont variables à la volonté des hommes, conserver religieusement le principe établi; dans la nature cela est possible, quoique souvent difficile, parce que la variété des productions est limitée par l'état actuel de la nature; mais si le Créateur continuait à faire perpétuellement des variétés, des espèces et des genres nouveaux qui seraient plus ou moins dissemblables des êtres qu'il a créés, les naturalistes trouveraient d'immenses difficultés, des difficultés insurmontables pour classer ces productions.

C'est le cas de toutes les classifications qu'on voudra établir dans les productions industrielles. On trouvera bien à former quelques groupes, mais quand on voudra y introduire toutes les productions, non-seulement les anciennes, mais encore les récentes, on rencontrera bien plus d'obstacles que dans la classification des productions naturelles.

Ainsi je crois avoir saisi un assez bon point de vue, lorsque, pour réunir toutes les poteries anciennes et modernes en plusieurs groupes, j'ai pris d'abord la nature de la pâte, et ensuite celle de la glaçure. Or, pour maintenir rigoureuseusement ce principe, il eût fallu, dans les poteries romaines et grecques, séparer en deux groupes très-éloignés l'un de l'autre, ces poteries d'ailleurs si semblables entre elles, et qui ne diffèrent souvent que par l'omission volontaire d'une opération de fabrication. J'ai dû alors être dirigé par l'importance numérique de la masse que présentait l'un des deux caractères. Ainsi dans le grand groupe des poteries romaines antiques, le nombre des poteries mattes l'emportant sur celui des poteries lustrées, je les ai toutes laissées dans l'ordre des poteries mattes, tandis que dans celui des poteries grecques, les mattes étant peu nombreuses en comparaison des lustrées, c'est à l'ordre des poteries lustrées que j'ai rapporté toutes ces poteries.

Je ne crois pas nécessaire de développer davantage ces motifs pour abandonner son principe de classification, lorsque dans certains cas ce principe vous conduit mal, et de ne pas se piquer d'un rigorisme qui n'est ici d'aucune importance.

J'ai pensé qu'on ne pouvait pas trop multiplier les points de vue d'où il est possible d'envisager une science ou une industrie dans ses différentes parties. C'est ce qui m'a engagé à composer plusieurs tableaux qui semblent au premier aspect présenter les mêmes choses ou au moins des idées et des choses très-analogues; mais qui en effet n'ont souvent entre eux qu'un point commun d'où naissent ensuite dans des sens différents et nombreux, quelques points de vue nouveaux. Tels sont les tableaux n° **I**, n° **II**, n° **III** et n° **IX**, tous rédigés dans un point de vue chronologique; mais le faisant voir sous différents aspects.

Ma division géographique est fondée plutôt sur les langues et les usages, types plus caractéristiques des peuples, que sur les circonscriptions territoriales, lors même qu'au lieu de les établir sur des limites politiques on voudrait leur en assigner de naturelles. Ce ne sont ni les conquêtes, ni les traités qui peuvent les suivre, ni les fleuves, ni même les chaînes de montagnes qui constituent les peuples, ce sont les usages, les mœurs, les caractères antropologigues, c'est-à-dire physiques et moraux, dont les langues sont l'expression la plus patente et la plus durable, malgré les modifications et les adultérations qu'elles éprouvent.

Ainsi les poteries de l'Italie ne seront ni toutes celles qu'on fabriquait en Italie, peuplée dans son extrémité méridionale d'ouvriers grecs, ni celles qu'on ne fabriquait que dans la partie de l'Europe ainsi nommée. Ce sera la poterie des peuples italiens répandus dans toute la vallée du Pô, sur les côtes de la Méditerranée jusqu'à Nice. Ce seront celles des peuples de langue et d'usage italiens de la Sardaigne et de la Corse.

Les poteries arabes ne seront pas uniquement celles qu'on fabriquait en Arabie ou chez les Maures d'Afrique ; mais celles qui ont été faites par des ouvriers arabes dans tous les pays où ils se sont transportés avec leurs usages et leurs ustensiles; et cette distinction est telle, qu'on verra en Espagne, dans la même ville, des différences notables entre les poteries fabriquées dans des ateliers d'Espagnols et celles qui l'étaient dans des ateliers d'Arabes.

Il en sera de même des poteries romaines qu'on a fabriquées dans le tiers au moins de l'Europe depuis les villes romaines jusqu'en Bretagne et en Angleterre, etc.

On remarquera que je n'ai pas pu m'astreindre toujours à l'ordre géographique que je viens d'établir, et que je suis ordinairement, lorsque rien ne m'engage à le modifier. J'ai donc dû, dans certains cas, laisser dominer sur le point de vue géographique le point de vue chronologique, comme le plus intéressant, comme celui qui nous montrait le plus clairement notre but, qui est l'ordre des progrès de la céramique. Aussi au lieu d'aller toujours de l'est à l'ouest et du nord au sud, j'ai mis en tête de l'histoire des poteries, celle dont l'antiquité est le mieux établie, et commencé par les poteries de l'Italie à cause des Étrusques, et par celles de la Grèce à cause des vases campaniens, plutôt que de présenter en tête de cette histoire celle des poteries des pays slaves et allemands, qui n'offrent rien de sûr relativement à leur époque, ni d'intéressant dans leur fabrication.

J'ai encore été obligé ici d'intervertir l'ordre établi par mes principes de classification, afin d'épuiser tout ce qui est relatif aux poteries antiques de l'Italie et de la Grèce qui sont si importantes, si intéressantes sous tant de rapports, qui ont entre elles tant de points de rapprochements, plutôt que de séparer leur histoire par celle des poteries modernes de même nature et du même pays, qui ne ressemblent souvent en aucune manière aux antiques.

En consultant cet ouvrage, on remarquera peut-être les différents buts que j'ai désiré atteindre, et on verra qu'ils ne sont pas tous uniquement relatifs à la technologie céramique.

Ainsi j'ai cherché à donner aux archéologues des moyens de tirer de la nature des pâtes et des glaçures, de celle de la coloration, des caractères propres à faire distinguer les origines et même les époques des poteries découvertes dans des positions inconnues ou incertaines.

J'ai cherché à procurer aux artistes et aux dessinateurs, la possibilité d'introduire dans leurs compositions, des vases et des ustensiles de poteries réellement propres aux usages et aux temps où se passent les sujets qu'ils veulent représenter ou les lieux qu'ils veulent orner.

J'ai voulu diriger les voyageurs dans leurs observations et leurs recherches relatives aux arts céramiques, en leur indiquant ce qu'il y a d'intéressant ou d'important à voir ou à recueillir dans les lieux qu'ils visitent, et leur éviter ainsi les regrets d'avoir été, sans le savoir, dans des pays riches en instruction céramique. Que de notions intéressantes et utiles n'eussent pas rapporté de la Chine les missionnaires et les personnages assez heureux pour avoir pénétré dans ce pays, source des plus belles poteries, s'ils eussent pu trouver dans un ouvrage spécial les notions qui leur étaient nécessaires pour bien voir et bien décrire un art dont on ne peut bien comprendre les procédés que quand on les connaît.

Les hommes praticiens, instruits et éclairés dans une des branches de l'art céramique, trouveront peu de choses à apprendre dans la description du genre de poteries qu'ils fabriquent. Je n'ai pu avoir la prétention ni l'espérance de dire quelque chose de neuf et d'utile pour ces personnes, excepté cependant dans l'art de la porcelaine. Mais chacun pourra trouver dans la description que j'ai donnée des procédés suivis dans d'autres branches de l'art, des faits qu'il ne connaissait pas, et qui pourront quelquefois être appliqués utilement à l'industrie qu'il pratique. Ces hommes pourront aussi prendre une idée générale des lois de la céramique, de son histoire et de ses progrès.

Enfin, et particulièrement, j'ai voulu fournir aux professeurs des sciences chimiques, physiques et industrielles, qui désirent traiter d'une manière générale, philosophique et théorique des arts en rapport avec la science ou avec l'industrie qu'ils sont chargés d'enseigner, les moyens de le faire avec exactitude et précision. Les livres spéciaux ne présentent en général qu'une seule branche de l'art, ils la présentent avec des détails pratiques que les savants ne peuvent ni suivre ni peut-être bien saisir. Les principes, les généralités utiles dans de tels enseignements leur manquent, et ils tombent souvent dans des erreurs de préceptes et de théories que j'ai cherché à leur faire éviter. en généralisant toujours autant qu'il m'a été possible les principes fondamentaux de l'art céramique et de ses différentes branches.

TABLE MÉTHODIQUE

DES MATIÈRES

TRAITÉES DANS CET OUVRAGE.

VOLUME Ier.

LIVRE PREMIER.

LIVRE SECOND.

VOLUME 2e.

SUITE DE LA CLASSE PREMIÈRE.

LIVRE TROISIÈME.

COLORATION ET DÉCORATION DES **POTERIES** EN COULEURS VITRIFIABLES ET MÉTAUX.

FN DE LA TABLE MÉTHODIQUE.

État des TABLEAUX TYPOGRAPHIQUES

Qui entrent dans l'Atlas du Traité des arts céramiques.

NUMÉRO DU TABLEAU.	OBJET ET TITRES DES TABLEAUX.	PAGINATION DE CES TABLEAUX.
N° I.	Tableau chronologique des découvertes dans les arts céramiques et de leurs progrès.	1
II.	Formes et ornements caractéristiques des poteries disposées en groupes géographiques et chronologiques.	1 *bis*.
III.	Tableau comparé des époques chronologiques des poteries et des époques géologiques de leurs matériaux.	1 *ter*.
IV.	Tableau des kaolins de divers lieux et de leur composition.	1 à 2
V.	Tableau des principales argiles et marnes employées dans les arts céramiques et de leur composition.	3 à 17
VI.	Tableau des felspaths employés dans les arts céramiques et de leur composition.	18
VII.	Tableau des retraites des pâtes céramiques, subdivisé en 8 sous-tableaux marqués de A à H.	19 à 25
VIII.	Tableau des densités des pâtes céramiques cuites.	27 et 28
IX.	Tableau chronologique de l'histoire de la manufacture royale de porcelaine de Sèvres.	29

TRAITÉ
DES
ARTS CÉRAMIQUES.

LIVRE PREMIER.

CHAPITRE PREMIER.

INTRODUCTION HISTORIQUE
ET CONSIDÉRATIONS GÉNÉRALES.

ARTICLE Ier. — APERÇUS HISTORIQUES.

C'est une espèce de lieu commun, néanmoins beaucoup plus en usage autrefois qu'aujourd'hui, que de chercher à donner une haute antiquité à la science ou à l'art dont on doit traiter. Il ne faut pas cependant que l'abus qu'on a fait de cette curieuse considération la fasse rejeter ou négliger lorsqu'elle est liée au sujet par des rapports réels et du plus grand intérêt.

Lorsque l'antiquité d'un art peut être établie par le raisonnement le plus simple, par les déductions les plus naturelles, il ne faut pas éviter de l'admettre dans la crainte de paraître suivre servilement une considération banale; à plus forte raison doit-on aborder cette considération lorsque la haute antiquité d'un art, comme celui de la Poterie, est établie par les monuments les plus nombreux et les plus authentiques, par des monuments si simples et si clairs qu'il ne faut aucune étude profonde pour en saisir la valeur et l'intérêt, lorsque ces monuments font voir que cet art antique a été lié avec ce que les hommes ont toujours regardé comme ce qu'il y a de plus utile, de plus respectable et de plus beau.

C'est le cas des arts céramiques ou de la Poterie. C'est, après l'art de fabriquer des armes pour leur défense, quelques tissus grossiers pour leur vêtement, celui que les hommes ont cultivé le premier et qui a été comme la première ébauche de la civilisation ([1]); car les armes étaient indispensables pour soutenir et défendre la vie; les tissus végétaux ou les peaux, pour éloigner des douleurs physiques, les deux seules choses évidemment et essentiellement utiles; tandis que la fabrication de la Poterie la plus grossière est déjà un art de luxe; on peut vivre, vivre sans douleur, et ne point faire cuire ses aliments; on peut mettre et conserver des liquides dans d'autres excipients que des vases de Poteries, les usages de quelques peuples sauvages ne laissent aucun doute à cet égard; or, il faut peut-être, pour faire avec le limon le moins rebelle au maniement du potier, un vase qui se durcira à l'air et au feu et ne servira qu'après le résultat éloigné de cette opération, il faut, dis-je, plus de soin, de réflexion et d'observation, que pour façonner des bois, des os, des peaux et des filaments, des armes et des vêtements; car ces matériaux offrent immédiatement à l'ouvrier le résultat de son travail.

A l'exception de la métallurgie, art trop difficile pour avoir même été essayé par les premiers hommes, il n'y a pas d'art dont les produits terminés diffèrent plus de leur ébauche que celui de la Poterie, même à sa période la moins avancée. Dans l'art du Potier l'ouvrier est obligé de prévoir ce que deviendra la masse informe de terre qu'il veut façonner, lorsque, pour rendre son ouvrage propre à l'emploi auquel il le destine, il sera obligé de le soumettre à l'action d'un agent puissant, comme le feu, et difficile à conduire : aussi les pâtes argileuses non cuites ont-elles généralement précédé celles dont le feu a terminé le travail. Enfin, il n'y a pas d'art dont les premiers et les derniers résultats soient

([1]) PLATON dit que la céramique doit avoir été un des premiers arts inventés, parce qu'on n'a pas besoin du secours des métaux pour travailler la terre (NOEL, Dict. des Orig., au mot Poterie).

plus différents entre eux. D'une matière vaseuse sont sortis, mais au bout d'un bien long temps, des produits remarquables par leur solidité, leur dureté, leur éclat et leurs brillantes couleurs.

Il n'y a que quelques arts mécaniques, dont même les plus simples essais étaient entièrement inconnus aux premiers hommes, qui puissent donner des produits où la matière, presque nulle en valeur, acquiert par la main et le génie de l'homme un immense prix ; il y a telle grande pièce de Poterie qui a acquis par cette application de la science, du génie et de l'adresse, une valeur mille fois plus grande que celle de la matière qu'elle renferme.

Ce sont là les remarquables caractères qui frappent dans les arts céramiques, et qui les distinguent au premier coup d'œil des autres arts.

Nous allons examiner maintenant d'où vient le nom de Poterie, à quels usages les produits différents de l'art céramique étaient destinés, quelle importance cet art avait dans les anciens temps, et quels progrès il a faits depuis les temps les plus reculés jusqu'à nos jours.

§ 1. — *Étymologie du nom.*

Le mot Poterie vient du latin *potum;* il n'indique ni la forme ni la matière, mais l'usage. C'est le nom, chez les Latins, du Vase à boire.

Keramos (κέραμος), dont nous avons fait cérame et céramique, est le nom grec des Poteries; il ne signifie ni la nature de la matière, ni son usage, mais la corne des animaux qui était la matière et la forme originaire des Vases à boire [1], forme conservée ou directement ou par imitation dans plusieurs Vases de différentes matières qui, dans les repas, servaient à boire. On les voit sans presque aucune altération de forme dans la représentation des repas antiques, ou avec de nombreuses altérations dans les Vases nommés *rhyton,* qui sont des cornes

[1] On lui donne une autre origine qui ne me paraît pas si naturelle : *Céramus,* fils de Bacchus et d'Adriadne, était considéré comme l'inventeur de la Poterie (D. de Luynes, Mém. de la Soc. Archéologique, t. iv, page 4 des Mém. particuliers).

dont l'extrémité est remplacée par une tête de bœuf, de chien, de sanglier, de bélier, d'aigle, de griffon, etc.

On faisait des *keramos* d'argent ou de tout autre métal ou matière.

Ce nom, appliqué d'abord à des Vases à boire en Poterie ou terre cuite, a été étendu à l'art du Potier lors même qu'il façonne et fabrique des objets qui n'ont aucun rapport avec des Vases, tels que des tuiles. La Céramique était un quartier d'Athènes où se trouvaient de grandes fabriques de tuiles et de briques. Ce mot a été employé par les anciens bien plus souvent dans l'acception de Vase ou objet de terre cuite que dans tout autre sens. Platon dit que la céramique doit avoir été un des premiers arts, etc.

Le *kerameus* des Grecs était le *figulinus* des Latins, le *topfer* des Allemands, le Potier des Français, le *potter* des Anglais.

Le *lutum figulinum* et le *creta figulina* etaient notre argile à Poterie.

§ 2. — *Usages des Poteries dans l'antiquité.*

Les produits des arts céramiques et les produits de luxe, encore plus que les objets d'usage, ont présenté tous les genres d'intérêt dont les monuments puissent être susceptibles.

Des nombreuses applications de cet art aux habitudes de la vie, la plus commune et la plus répandue est sans aucun doute celle qui a pour objet les usages domestiques; c'est la plus variée dans les temps moyens et dans les temps actuels; mais c'est, de toutes les parties de l'histoire de cet art, la moins connue, et c'était peut-être la moins pratiquée dans les temps anciens. On sait peu de chose sur les formes et la matière des Vases employés par les peuples de l'antiquité aux usages domestiques, parce qu'il ne reste presque aucune pièce de ces ustensiles fragiles, et que le plus grand nombre des Vases qui ont traversé cette longue suite de siècles présentent une texture perméable qui devait les rendre très-peu propres à ces usages.

Les monuments, et surtout les scènes représentées sur les Vases en terre qui avaient une autre destination, conservés par l'effet même de cette destination, sont presque les seuls matériaux qui puissent servir à nous fournir quelques notions sur cette partie domestique de l'histoire des arts céramiques. On y voit des coupes à boire, des plats et plateaux propres à recevoir des fruits et des aliments, mais point ou presque point de Vases convenables pour faire chauffer des liquides ou cuire des aliments. C'est aux temps modernes, et on peut même dire aux temps les plus modernes, dans les contrées européennes, qu'il faut reporter la fabrication de Vases propres à remplir efficacement ce dernier objet.

Usages religieux et funéraires des Vases. — Mais il est une autre destination des produits de l'art céramique, destination qui n'est certainement venue que longtemps après la première, et qui, par son importance, a donné à ces produits un grand intérêt et les a fait parvenir riches d'instruction et en nombre immense jusqu'à nous : c'est la destination religieuse donnée aux Vases de terre par un grand nombre de peuples de l'antiquité et sur toute la terre. Ces Vases, sur lesquels je reviendrai lorsque je traiterai de la classe de Poteries à laquelle ils appartiennent, ont fourni des notions nombreuses et d'un vif intérêt sur l'histoire, la religion, les usages et les costumes des peuples qui les avaient consacrés aux dieux et enfermés dans les tombeaux. Cet usage religieux est la cause de leur conservation : si on ne les eût placés que dans les temples ou dans les chapelles des maisons, ils auraient éprouvé le sort des Vases domestiques et très-peu eussent échappé aux ravages du temps.

Il n'en est pas ainsi des Poteries modernes : la plupart sont consacrées principalement aux usages domestiques de tous genres, c'est bien certainement leur destination la plus étendue. Le nombre des pièces faites pour servir d'ornements n'est point comparable à celui des objets fabriqués pour l'usage.

Chez les anciens c'était le contraire, les Poteries avaient la plus religieuse et la plus noble destination. Le nombre des Poteries trouvées dans les tombes de tous les peuples anciens, européens, scandinaves, slaves, germains, gaulois, celtes, étrusques, grecs, et aussi dans celles des américains, péruviens, chiliens, mexicains, est incalculable ; c'est qu'on n'avait reconnu rien de plus inaltérable qu'un Vase de terre pour rester presque éternellement comme hommage à celui dont on portait la dépouille matérielle dans la tombe, et c'est en effet ce que nous trouvons ordinairement de mieux conservé dans les tombes. Les armes de métal, les médailles sont toujours plus altérées que les Vases, même les moins cuits, quand les affaissements du sol, que d'assez solides constructions n'avaient pu éviter, ou des accidents que les anciens n'avaient pas prévus, ne sont pas venus les briser.

Je donne quelques figures qui font voir leurs dispositions, dans presque tous les lieux où on les a remarqués et figurés.

La planche I représente, *fig.* 1 et 2, l'intérieur de deux de ces tumulus si communs dans le nord de l'Allemagne, et sur lesquels je donnerai quelques détails à l'article de la Poterie tendre matte. Les figures 3, 4 et 5 de la même planche, et celles 1, 2 et 3 de la planche II, offrent d'autres exemples du placement des Vases dans les tombeaux ou près du personnage qui a été enterré, et, quand le corps a été brûlé, elles montrent la disposition des Vases qui accompagnaient l'Urne dans laquelle on avait recueilli les cendres et rassemblé les ossements. C'est à l'article des Poteries à pâte tendre lustrée grecques et romaines, que je parlerai des circonstances remarquables de cette position suivant les pays et les temps. On verra, ainsi que je l'ai annoncé plus haut, combien cet usage était répandu sur toutes les parties du globe, et que nous ne connaissons réellement bien que les Poteries qui ont été conservées par cette sorte de consécration. On verra qu'elle a été presque générale, accompagnée de circonstances qui ne sont pas aussi différentes entre elles qu'on aurait pu le présumer en considérant l'éloignement des lieux, la diversité des peuples dans leur langue, leurs coutumes et leur religion. La céramique ajoutera cet argument à tout ce qu'ont dit les philosophes sur certains dogmes religieux communs à toute l'humanité.

Usages honorifiques. — Prix. — On destinait aussi les Vases à faire partie des prix qu'on donnait aux vainqueurs dans les différents exercices publics : plusieurs étaient célèbres et portaient des noms qui prouvaient le cas qu'on en faisait. On cite le Vase de Nestor, le Vase Prusias, le Vase Seleucus, la Coupe d'Arcésilas, le Vase de la Chasse, etc. D'autres étaient connus par des emplois moins nobles, mais extraordinaires, ou cités pour leurs grandes dimensions; j'en donnerai des exemples à leur lieu. Un grand nombre de médailles ou monnaies béotiennes, athéniennes, etc., en portant pour type un Vase surmonté d'une chouette et mis ainsi sous la protection de la divinité qui présidait aux sciences et aux arts, confirme l'importance que les anciens attachaient à cet art du Potier.

Ces destinations honorables, données aux produits de l'art céramique, avaient imprimé à cet art et à ceux qui le pratiquaient une certaine importance et beaucoup de considération. Il y eut partout et surtout en Grèce des Potiers célèbres, dont les noms nous ont été transmis par les historiens et les poëtes; je les citerai en traitant de la classe de Poterie qu'ils fabriquaient.

Cette haute considération s'était conservée chez les Romains, où cependant les usages de la Poterie étaient moins relevés. Numa établit un collége pour la communauté des Potiers. Pline énumère avec admiration les produits de cet art, et dit que le luxe de la Poterie était monté à un tel degré, qu'un Vase de simple terre avait coûté à l'empereur Vitellius 200 sesterces (1), et qu'à la vente à l'enchère des effets d'Aristote on vendit 70 plats de terre. On voit, chez les Israélites, dans la généalogie de la tribu de Juda, une famille de Potiers qui travaillait pour le Roi et demeurait dans ses jardins.

Usages domestiques. — Il ne faut pas croire cependant que ce fût l'unique emploi des objets fabriqués en terre cuite, plusieurs de ces objets servaient aux usages domestiques. Un grand nombre étaient façonnés en lampes, d'autres étaient employés dans les opérations culinaires ou dans les repas; mais il n'en faut pas conclure que les innombrables V a s e s à b o i r e, énumérés par Athénée et par d'autres auteurs, fussent tous en Poterie, le plus grand nombre était en métal et même en métaux précieux très-richement décorés, peut-être même émaillés (2).

Mais ce qui tend à me faire admettre que l'emploi le plus ordi-

(1) D'HANCARVILLE dit que ces Vases si chers étaient des Vases g r e c s p e i n t s, ce procédé de peinture étant perdu ou inconnu des Romains du temps de Pline.

(2) DUSSIEUX.

naire que nous faisons de nos Poteries était très-restreint chez tous les peuples anciens, c'est le faible degré de cuisson que leurs Poteries ont reçu et la porosité, la perméabilité, qu'elles ont conservée et qui devait les rendre très-peu propres à contenir des liquides ou des matières graisseuses fondues et chaudes. J'ai essayé un grand nombre de ces Poteries dans ce but, et on apprendra, par les détails que je donnerai ailleurs, que tout vase ancien, même grec, qui n'a point ce vernis d'ornementation qu'on donnait à certains d'entre eux, laissait suinter l'eau plus ou moins promptement de toutes parts ou au moins des parties qui n'avaient pas été recouvertes de ce vernis si mince.

Ce que je dis ici s'applique plus particulièrement aux Poteries très-anciennes du nord de l'Europe, aux Poteries étrusques et même aux Poteries grecques; et cependant, jusqu'au temps de l'empire macédonien [1], on ne se servait à table, suivant Athénée, que de Vases de terre; mais les Grecs, devenant plus somptueux, Cléopâtre, femme de Philippe, voulut imiter ces Vases en argent et en or. On nomma *kéramos*, de leur ancienne origine, cette vaisselle d'or et d'argent [2]. Quant aux Poteries romaines, déjà plus cuites que les précédentes, elles pouvaient être employées à beaucoup d'usages domestiques.

§ 3. — *Secours que les produits céramiques prêtent à l'histoire et à la littérature.*

La facilité avec laquelle l'argile prend toutes sortes de formes sous la main du Potier, la fragilité des Vases, ses plus beaux ouvrages, ont fourni de nombreux sujets de comparaison aux écrivains de l'antiquité, et surtout à ceux dont le style élevé pouvait s'enrichir de métaphores.

Les Vases de terre sont dans les Écritures le symbole de la faiblesse et de la fragilité humaine. Ainsi, dans la Bible :

« Le Seigneur dit à Jérémie :—Allez et descendez dans la mai-
» son d'un Potier..... J'allai dans la maison d'un Potier, et je le
» trouvai qui travaillait sur la roue, en même temps le Vase qu'il

(1) Environ 350 ans avant l'ère chrétienne.

(2) Athénée, liv. vi, chap. iii.

» faisait se rompit, et aussitôt il en fit un autre..... Maison » d'Israël, ne pourrai-je faire de vous ce que le Potier fait de » son argile, etc. » (JÉRÉMIE, chap. XVIII, v. 1, 3, 4 et 6; trad. de LEMAISTRE DE SACY, 1701.)

« Je briserai ce peuple et cette ville comme le Vase de terre est » brisé et ne peut plus être rétabli. » (IBID., chap. XIX, v. 11.)

On verra, à l'histoire du tour à Potier, combien de citations et de comparaisons cet ancien instrument a fournies aux écrivains.

Ces comparaisons nous apprennent, sur la partie matérielle de l'art, des faits que nous ignorerions, les anciens n'ayant donné aucune description des procédés de leur industrie.

Quelquefois aussi ces comparaisons s'appliquent à des sujets moraux. Horace dit, en parlant d'un poëte ambitieux qui se vante d'un ouvrage qui se réduit à peu de chose :

. . . . Amphora cœpit
Institui : currente rotâ cur urceus exit? [1]

Percy, d'où je tire cette citation, et qui était un chirurgien très-érudit, en conclut que l'*Urceus* était un très-petit Vase qu'il compare au *Cadus*, petite Amphore.

Application à l'histoire des peuples. — Les Poteries fournissent en outre à l'histoire ancienne et à l'archéologie, des ressources d'un genre tout particulier, même lorsqu'elles ne présentent pas, comme sur les Vases grecs peints, les sujets si variés qui développent presque entièrement l'histoire de la religion, des guerres, du gouvernement, des usages civils et domestiques des peuples. La nature de leur pâte, leur mode de façonnage, le style de leurs formes et de leurs ornements, sont généralement constants chez les anciens peuples, si éloignés de la versatilité des peuples modernes, soumis à tous les caprices des modes, cet instrument destructeur de tout caractère national; ces particularités suffisent souvent pour donner des lumières sur les peuples qui habitaient les pays où l'on trouve ces Poteries. — M. Féret, conservateur de la bibliothèque de Dieppe, regarde les Poteries comme fournissant des caractères d'époque souvent plus précis que les médailles, parce que fabriquées sur les lieux mêmes elles n'ont pu être ame-

[1] HORAT. *De Arte poet*, vers. 21.

nées de loin, et, se fondant sur ce principe, il considère comme de l'époque de l'invasion romaine dans les Gaules les Poteries gallo-romaines, les Vases à pâte noire et à façonnage grossier, qui étaient enfouis dans des tourbières ou enterrés dans des Tumulus de 18 à 20 cent. de hauteur sur la côte de Limes, près Dieppe.

§ 4. — *Progrès successifs de l'art céramique.*

Les progrès des arts et ceux de la civilisation, qui marchent nécessairement de front, en ajoutant aux productions de l'art céramique des qualités solides et brillantes, les firent s'étendre au delà des ustensiles de ménage, et même sortir de leur destination sévère et religieuse : elles devinrent des objets d'une utilité plus variée dans l'économie domestique, des objets de luxe et même d'apparat dans l'ameublement des personnages marquant par leur rang ou par leur richesse ; mais on peut dire que ce perfectionnement, si considérable et si subit dans la nature des pâtes et des couvertes des Poteries, ce changement si remarquable dans leur destination est tout récent, du moins en Europe. La perméabilité des Poteries anciennes, qui est leur grave défaut, s'est maintenue pendant très-longtemps ; nous verrons dans le second livre comment, sans rendre la pâte plus compacte que celle des Vases antiques, nous parvenons, par une glaçure très-facile à mettre, à corriger, du moins en partie, l'inconvénient de la perméabilité.

On n'a connu, que je sache, en Europe, avant le XIe siècle, aucune Poterie à pâte compacte, imperméable et dure comme les Grès ; aucune Poterie à pâte aussi solide que celle de la Faïence proprement dite, excepté les Vases en Poteries sans glaçure de l'île de Milo, aucune Poterie à vernis de plomb ou à émail d'étain étendu également sur de grandes surfaces comme ceux des Faïences. Les Porcelaines européennes, même celles qu'on peut appeler artificielles (porcelaines tendres), ne remontent pas beaucoup au delà du XVIIIe siècle (1690), et les Faïences fines dites terre de pipe ou Faïences anglaises sont d'une origine encore plus récente.

La découverte ou l'introduction en Europe, de ces deux sortes de Poteries, la Faïence et la Porcelaine, a tellement frappé les peuples et les princes contemporains, que ces belles productions céramiques sont devenues dès leur origine un objet recherché, un objet d'un grand luxe, et d'un luxe si marqué et si particulier à la classe des hommes riches et puissants, que les princes se sont emparés de cette fabrication, non pas pour en faire un monopole productif, mais pour en faire la matière de leur faveur, de leur grâce et le signe de leur générosité.

Lorsque Luca della Robbia à Florence, vers 1430, Orazzio Fontana à Pezaro, vers 1540, découvrirent et portèrent tout de suite à un haut degré de perfection, la belle Faïence connue alors sous les noms de *Majolica*, de *Terra invetriata* (ce furent les premières Poteries qui se firent remarquer sur la terre depuis les dernières Poteries romaines rouges) (1), les ducs de Toscane, et notamment le duc Quidobaldo de la Rovera, admirant ces belles productions, en favorisèrent la fabrication par tous les genres d'encouragements. Les artistes les plus habiles du temps, fournirent des dessins de formes et de sujets, d'habiles peintres les exécutèrent, et cette Faïence qui porta, dit-on, le nom de Porcelaine d'Italie, devint pour les ducs de Toscane un objet digne d'être donné par eux aux personnages du plus haut rang, aux souverains mêmes. On cite les artistes qui travaillèrent au beau service dont le grand-duc fit présent à l'empereur Charles-Quint. Cette Faïence fut très-recherchée et très-chère, parce que des hommes habiles dans tous les genres, concoururent à sa fabrication. Mais lorsqu'à la mort de Guidobaldo elle fut livrée au commerce, il fallut la donner à bas prix; alors tout ce qui tient aux arts du dessin, à ce qu'on appelle le mérite ou la perfection dans les arts, dut être et fut négligé, parce que le commerce fait peu de cas de ce genre de mérite qu'il faut payer cher et qui produit peu. Cet art tomba dans les métiers; mais si ces Faïences perdirent ce genre de mérite et d'illustration, le perfectionnement industriel resta et ses éléments furent transportés en France et dans toute l'Europe (2). Ber-

(1) La porcelaine de Chine n'a paru en Europe au plus tôt que vers 1500.

(2) On reviendra sur ce sujet en lui donnant les développements techniques et historiques convenables, à l'article de la Faïence émaillée.

nard Palissy, à peu près dans le même temps, c'est-à-dire vers 1530, chercha et trouva après des peines et des dépenses infinies, cette partie brillante par ses couleurs et ses reliefs colorés de l'art du faïencier, qui avait pris naissance en Italie et qui venait de s'y perdre.

François Ier et Henri II son successeur, sans faire pour cet illustre Potier et pour sa fabrication, tout ce que le duc Guidobaldo avait fait pour les Majolica, l'encouragèrent néanmoins.

La découverte de la Porcelaine, ou plutôt l'introduction de la fabrication de cette Poterie chinoise en Europe, Poterie bien plus solide et bien plus brillante que la Faïence, et susceptible de recevoir tous les genres d'ornements imaginables, produisit vers le commencement du XVIIIe siècle le même étonnement, le même mouvement dans les arts du dessin, que celui que la Faïence avait fait naître au XVe siècle. Les princes voulurent de même s'attribuer la fabrication presque exclusive de cette belle Poterie, ou du moins en honorer les produits par des encouragements de toute espèce et par la plus noble destination; elle fut pour eux, comme elle l'est encore, un des objets les plus précieux des présents royaux et diplomatiques.

Une troisième découverte, entièrement européenne, fit naître en Angleterre, vers le milieu du XVIIIe siècle, une sorte de Poterie tout à fait différente des précédentes, et dont on ne trouve quelque exemple qu'en France et en Chine, cette souche antique de tous les arts céramiques : c'est la Faïence à pâte fine et dure, à glaçure transparente, presque créée, ou au moins mise en grande vogue par Wedgwood, et portée par cet illustre Potier, à un degré de perfection tel, qu'on n'a pu faire oublier sa Faïence qu'en en créant une autre encore plus dure et plus belle. En effet, elle avait par sa solidité, sa légèreté et son imperméabilité des qualités techniques supérieures à la Faïence italienne; mais n'ayant pas eu comme celle-ci la prérogative d'être la première Poterie à vernis brillant et blanc qui ait paru après les Poteries rouges et noires des anciens, ne pouvant pas présenter comme la Porcelaine cette dureté, cet éclat, cette richesse de couleurs et de décoration qui caractérisent un meuble du plus grand luxe, elle n'a pas eu à sa naissance la célébrité royale des deux autres

Poteries, mais elle a eu une célébrité industrielle et commerciale qui lui a donné et lui conserve un caractère tout particulier.

Considération attachée à l'art du Potier. — On a pu voir par le tableau que je viens de présenter, et dont je me réserve de développer les détails à chaque classe de Poterie [1], comment en quatre siècles au plus, la poterie européenne a passé de l'état naissant, de l'état le plus grossier à une perfection remarquable sous les rapports de la solidité, de l'utileté et de l'éclat. Si les anciens, frappés par les ouvrages des premiers Potiers, dont les arts du dessin faisaient le principal mérite, ont porté leur considération pour ces artisans, jusqu'à nous transmettre les noms des plus célèbres d'entre eux [2], que n'auraient-ils donc pas fait pour les hommes qui, en quatre siècles, ont produit successivement des Poteries dont l'antiquité n'avait aucune idée, des Poteries qu'ils auraient certainement mises au-dessus de tout ce qu'il y a de plus précieux, eux qui mettaient un si haut prix à des vases presque toujours rouges et noirs et à peine cuits; que n'auraient-ils pas fait pour honorer dans Luca della Robbia, l'invention de la Faïence italienne, dans Bernard Palissy celle des Faïences françaises, dans Boettger la découverte de la composition céramique qui a conduit à la Porcelaine allemande, dans Wedgwood, le créateur de la Faïence fine anglaise? Certainement ils eussent honoré ces hommes de médailles, de statues, eux qui en ont érigé à des inventeurs d'arts bien moins remarquables.

Je pourrais ajouter bien d'autres exemples à ceux que je viens de rapporter, mais ceux-ci me semblent suffisants pour établir, sur des faits non contestés, la considération que les peuples et les princes ont accordée à l'art du Potier et à ses productions. Il nous reste à rechercher la cause de l'espèce de stagnation dans laquelle cet art est demeuré pendant plus de vingt siècles, et de l'essor considérable qu'il a pris en moins de quatre siècles.

(1) Je reviendrai sur l'histoire de l'introduction de chaque ordre de Poteries, et sur celle de leurs divers procédés, à l'article de chacune de ces poteries; mais ces articles étant nécessairement séparés, j'ai voulu réunir ici, comme en un seul tableau, tout ce qu'ils peuvent présenter de général pour l'histoire céramique. Cette marche m'a forcé à quelques répétitions.

(2) Je ferai connaître ces noms à l'histoire des Poteries grecques.

§ 5. — *Causes de ces progrès après une stagnation des arts céramiques pendant vingt siècles.*

Les causes de ces grandes améliorations, de ces rapides progrès sont évidemment liées avec les progrès de plusieurs sciences qui prêtent des secours efficaces, et fournissent des matériaux nombreux aux arts céramiques. Ces sciences, très-peu avancées chez les anciens, sont la minéralogie qui a fait découvrir une multitude d'éléments propres à la fabrication et à la décoration des Poteries, et la chimie qui a donné les moyens de les employer.

Aux argiles, aux marnes, aux ocres, bases ordinaires des Poteries et des matières colorantes de celles des anciens, les modernes ont ajouté parmi les substances terreuses : la craie, la magnésie, le quarz, le silex, le talc, le felspath, le kaolin; parmi les substances salines : le gypse, le phosphate de chaux, le sulfate de baryte, le borax, l'acide borique ; parmi les métaux, aux innombrables préparations qu'ils ont su donner au fer, à l'or, au plomb, à l'étain, au cuivre, métaux connus des anciens, mais peu employés par eux dans l'art céramique, les modernes ont ajouté : le cobalt, l'antimoine, le zinc, le chrôme, l'urane, le manganèse, le platine ; et la chimie modifiant tous ces corps, et leurs propriétés fondantes, durcissantes, colorantes, a fourni aux Potiers modernes, une multitude d'éléments et de composés inconnus aux anciens. Or, on remarquera que la découverte de tous ces corps et de leurs propriétés, date presque du même temps que celle des Faïences italiennes, françaises et anglaises.

On jugera facilement combien ces découvertes ont dû multiplier les sortes de Poteries, et étendre dans une multitude de directions les modifications que l'emploi de ces corps et les proportions de leur mélange ont dû faire naître; de là, le nombre considérable d'espèces de Poterie que les arts et le commerce nous fournissent actuellement.

Après cet exposé rapide de la marche et des progrès des arts céramiques, considérés dans leur ensemble depuis les premiers temps jusqu'à nos jours, et que récapitule le tableau chronologique n° I (1), je dois reprendre plusieurs de ses parties et donner quelques notions sur la composition des pâtes et vernis des anciens, sur leur cuisson, sur le façonnage des pièces et sur les instruments qu'ils employaient, et présenter enfin quelques idées générales qui n'appartiennent en propre à aucune classe ni à aucun peuple, me réservant de revenir sur l'histoire spéciale de chaque ordre de Poterie lorsque je les décrirai à leur rang dans le livre II de ce traité.

ARTICLE II. — APERÇUS TECHNIQUES DE L'ART CÉRAMIQUE CHEZ LES ANCIENS.

§ 1. — *Composition des Pâtes et Glaçures des Poteries antiques.*

On remarquera dans le tableau de l'ordre chronologique qui accompagne cet article combien les Pâtes et les Glaçures avaient peu varié sur toute la terre (la partie la plus orientale de l'Europe exceptée), depuis les temps les plus anciens jusqu'au XIIIe siècle après Jésus-Christ.

Les Pâtes composées en général de marnes argileuses et sableuses les plus superficielles, mêlées quelquefois de matières charbonneuses qui leur donnaient une couleur noire plus ou moins pure, n'avaient jamais acquis par la cuisson une densité égale à celle de nos faïences fines et étaient au contraire restées beaucoup au-dessous de celles de nos faïences communes. Ce n'est même guère que dans des Poteries romaines ou dans celles de l'archipel Grec, qu'on trouve des Poteries qui présentent de l'imperméabilité et quelque résistance à la rayure. Toutes celles des autres contrées de la terre (sauf quelques cas rares dus probablement à un excès de feu comme on l'expliquera à l'article de chaque classe) sont plus ou moins facilement perméables et presque toutes sont fusibles à une température d'environ 40° WEDG. (2). La couleur de ces pâtes varie entre le noir

(1) Tous les tableaux cités et numérotés en chiffres romains sont placés à la suite les uns des autres, et en tête, dans l'Atlas qui accompagne cet ouvrage.

(2) Il y a de grandes différences entre la fusibilité de ces Poteries, ce qui rend

foncé, le noir-grisâtre, le gris-noirâtre, le jaune, le brun, le rouge-briqueté ; je ferai connaître leur composition spéciale à l'article de chacune d'elles.

Ces pâtes sont généralement composées en dernière analyse de silice, dont le maximum va au delà de 55 et jusqu'à 89, dans la prétendue porcelaine égyptienne ; d'alumine, dont le maximum est de 24 ; de Chaux, qui varie d'environ 4 à 6 et qu'on y trouve toujours ; d'un peu de magnésie, de er fet de manganèse dont la proportion avec les autres éléments part de 8 et va quelquefois jusqu'à 24 suivant Vauquelin ; enfin de 1,5 de matière charbonneuse.

La Glaçure, qu'on ne trouve que sur les Poteries du midi de l'Europe et sur celle d'origine asiatique, se réduit toujours à un enduit tellement mince qu'on n'a pu en déterminer la composition, même par approximation, qu'avec beaucoup de difficulté ; il paraît que la partie fondante de cet enduit noir, le seul qu'on puisse considérer comme tel, est un silicate de fer ou de chaux rendu fusible par un silicate de soude dans une proportion inappréciable.

Quant aux matières colorantes, en mettant de côté les Poteries et les Émaux égyptiens, on ne trouve dans toutes les autres, sans en excepter les Poteries grecques et campaniennes, que du fer dans différents états d'oxydation et du manganèse ; les autres nuances de blanc, de rosâtre sont données, comme on l'exposera plus en détail aux Poteries campaniennes, par de véritables Engobes alumineux ou ocreux.

Chaptal a avancé, il y a 40 ans (1), qu'il n'avait jamais trouvé ni plomb, ni cuivre dans le vernis des Poteries grecques et romaines, et que celles qu'on pouvait attribuer aux Romains et qu'on avait trouvées enfouies dans des tombes en France, étaient d'une fabrication postérieure à l'époque où les Romains occupaient les Gaules. M. Aikin, qui a fait de nombreuses recherches sur l'histoire des Poteries, admet ce fait sans restriction. Je puis ajouter d'après les recherches faites dans le laboratoire de Sè-

difficile de généraliser cette propriété. On cherchera néanmoins à la déterminer pour chacune d'elles autant qu'il sera possible.

(1) Ann. de Chim., t. LXX, page 22.

vres qu'on n'a trouvé ni plomb, ni cuivre, ni étain, dans aucune Poterie européenne fabriquée avant le XIIIe siècle ; c'est même à cette époque qu'on place la découverte faite par un Potier de Schelestadt en Alsace, d'un vernis ou enduit vitreux plombifère, analogue, dit-on, à celui qu'on met actuellement sur les Poteries ; je reviendrai sur ce sujet à l'article des Glaçures et des Poteries vernissées de différents pays et notamment en Égypte et en Italie. Si on connaît quelques pièces antérieures à cette époque, recouvertes d'un vernis plombifère, elles sont de fabrication arabe ou tout à fait exceptionnelles. Ainsi, malgré toutes les recherches que j'ai faites et que M. Taylor, M. Lenormant, M. Dureau de la Malle ont bien voulu faire pour moi, je n'ai pu réunir dans le Musée céramique, en pièces à glaçure plombifère d'une date à peu près certaine, que les objets suivants :

1° Des fragments de Poteries arabes du IXe siècle, données par M. Lenormant (MUS. CÉRAM., Pl. XXXIII, *fig.* 10, *a b c*) (1).

2° Des fragments de vases tirés d'une tombe de l'abbaye de Jumièges qui date de 1120 (*Ibid.*, *fig.* 6).

3° Des carreaux du XIIIe siècle avec ornements incrustés et vernissés, attribués à cette époque, soit par la date des bâtiments dont ils faisaient partie, soit par le style évident de leurs ornements. Tels sont ceux de l'abbaye de Voulton, près Provins (MUS. CÉRAM., *ibid.*, *fig.* 1, *a b*) (donnés par M. Mathieu) ; ceux de la galerie des chasses de S.-Louis, à Fontainebleau (*ibid.*, *fig.* 4) (donnés par M. Dubreuil) ; ceux de Saint-Étienne d'Agen (*ibid.*, *fig.* 3) ; ceux d'un château près Quimperlé (*ibid.*, *fig.* 2) (donnés

(1) J'ai parlé dans la préface de cet ouvrage du catalogue raisonné du Musée céramique de la manufacture royale de porcelaine de Sèvres, et de l'Atlas qui l'accompagne ; j'ai fait remarquer la liaison qui règne entre ces deux ouvrages et les secours qu'ils peuvent se prêter. C'est à l'atlas de ce catalogue que renvoient constamment les citations de planches désignées MUS. CÉRAM. Cet Atlas est divisé en trois séries. La première est désignée par le nom simple de Musée, et les planches sont marquées M ; la seconde, par celui de Travaux de la Manufacture, et les planches marquées P ; la troisième est relative aux Vitraux peints, les planches sont marquées V.

Ainsi les renvois désignés MUS. CÉRAM., Pl. , *fig.* , sans autres marques, se rapportent à la première série ; ceux qui sont désignés MUS. CÉRAM. P, à la seconde série, et V à la troisième.

par M. Leguillou); enfin, des carreaux de revêtement du château de Gisors.

4° Des carreaux de poêle du château des seigneurs de Mornay, au Saleve, près Genève, trouvés par M. le Dr Gosse, qui peuvent également être rapportés au XIIIe siècle, par le style de leurs ornements.

§ 2. — *Façonnage chez les anciens.*

Une des premières opérations du Façonnage est le pétrissage, qui de tous temps s'est fait avec les pieds, comme semble l'indiquer le mot lui-même. Nous l'appelons marchage, pour le distinguer du malaxage, qui s'applique plus particulièrement au pétrissage par les mains.

Les anciens le connaissaient bien et le pratiquaient, comme l'indique ce passage d'Isaïe :

« . . . . Il traitera les grands du monde comme la boue, et les foulera comme le Potier fait l'argile sous ses pieds. » (ISAIE, chap. XLI, verset 25, trad. de LE MAISTRE DE SACY.)

On peut reconnaître dans le Façonnage proprement dit quatre procédés assez distincts.

A. Le Façonnage à la main, s'appliquant aux pièces rondes et plus encore à celles qui ne le sont pas.

B. Le Moulage.

C. Le Tournage.

D. Le Relief en Pastillage.

A. Le premier ou Façonnage à la main, sans le secours d'aucun instrument ni celui d'aucun procédé, est le plus simple et aussi le plus ancien et le plus grossier.

Il s'applique partout aux pièces qui ne sont pas rondes, quand il n'y a pas de moule, et aussi aux pièces rondes chez certains peuples où le tour à Potier n'était pas connu.

Le Façonnage à la main consiste à donner par la pression ou le modelage avec les doigts ou les mains à des masses de pâte, la forme, les contours et l'épaisseur désirés le plus exactement et le plus également possible. Les ouvriers habiles des temps modernes peuvent arriver par ce simple procédé à une assez grande pureté de forme et de surface. Mais les peuples anciens ou ceux qui plus modernes étaient encore très-peu avancés en civilisation et en industrie, ne produisaient que des pièces grossières, informes ou au moins presque toujours incorrectes : telles sont la plupart des pièces rondes des Étrusques, des Germains, toutes celles des Scandinaves, toutes celles des indigènes des deux Amériques, et pour le dire en passant, dans les temps actuels, celles des îles sauvages de la mer du Sud et même des paysans de l'île de Corse.

B. Le Moulage. Il a été pratiqué dans les temps les plus anciens avec une assez grande perfection ; on dit que les premiers objets sur lesquels on a fait des Moules, étaient des fruits qui en se putréfiant, donnaient le moyen de vider le moule de son modèle. Je ne connais pas d'exemple de Poteries anciennes faites par ce procédé. Mais le Moulage à la croûte, le Moulage en deux coquilles, se montrent très-souvent sur les pièces de Poteries des Grecs, des Étrusques, des Romains surtout. On y reviendra en décrivant ces Poteries.

C. Le Tournage. Le Tour à ébaucher, qui est le véritable Tour à Potier, offre dans sa primitive simplicité un des instruments les plus anciens de l'industrie humaine ; les figures que je donne (¹) font connaître les principales formes sous lesquelles il a été employé depuis les temps les plus reculés jusqu'à nos jours, et selon les époques, les lieux et l'espèce de Poterie.

Le Tour du Potier a été connu de tous temps en Chine : les pièces rondes de la porcelaine chinoise la plus ancienne ont été faites au Tour.

Il l'a été des Égyptiens à une époque non moins ancienne et qu'on peut rapporter au XIXe siècle avant J.-C., ainsi que le montrent les tableaux peints sur les murs des tombeaux de Beni-Assan, et de Thèbes.

Pl. III, *fig.* 4 et 5. Dans la figure 4, le tourneur monte son ballon, l'étrangle avec une main pour former le pied de la pièce ; dans la figure 5, ce tourneur perce son ballon avec la main gauche pour faire le creux

(¹) Pl. III, *fig.* 4 et 5. — Pl. XI, *fig.* 1, 2 et 3. — Pl. XII, *fig.* 2 et 4.

de la tasse, tandis qu'il fait et soutient le bord avec l'index et le pouce de cette même main, comme le font encore nos tourneurs, ainsi qu'on le voit dans la figure 3 de la planche XLVI.

On croit connaître l'époque de l'invention du Tour ou au moins de son introduction en Europe par la Grèce, et le nom de son inventeur : c'est à Talus (*Talès* ou *Thalos*), sculpteur athénien, neveu du célèbre architecte et sculpteur Dédale, qui vivait vers l'an 1200 avant l'ère chrétienne, qu'on l'attribue ([1]).

Cet instrument fut regardé comme un perfectionnement si important dans les arts céramiques, que les Grecs crurent devoir l'immortaliser, et rendre à son inventeur tous les honneurs de la célébrité, en frappant des médailles sur lesquelles un vase, produit de cette invention, était surmonté de la chouette, oiseau de Minerve.

Le Tour a été souvent chez les poëtes le sujet de diverses comparaisons sous le nom de la Roue du Potier ( ).

D'autres disent que le Scythe Anacharsis perfectionna cet instrument ([3]); il fit connaître aux Grecs un Tour à Potier d'une construction plus parfaite que celui de Talus.

D'autres vont plus loin, et prétendent que cet instrument aurait été introduit dans la Grèce, avec les arts que les Pélasges et les Scythes de la Bactriane, leurs ancêtres, y ont apportés.

Ce qu'il y a de certain, c'est que toutes les Poteries grecques

([1]) DIODORE de Sicile, liv. IV, chap. LXXVI; t. II, page 298 de la trad. de MIOT.

([2]) PLAUTE dit dans *Gnidius*, act. III, c. 2 : *Versatior es quam rota figularis.* « Tu es plus tournant que la roue du Potier. »

HOMÈRE a fait mention du Tour à Potier dans l'*Iliade*, liv. XVIII, v. 599 à 600, quand, dans la description d'une danse figurée sur le bouclier d'Achille, il dit : « Toute cette troupe danse en rond avec tant de justesse et de rapidité, que la » roue que le Potier met en mouvement avec les mains, ne tourne ni plus » également ni plus rapidement. »

Les Potiers modernes, en poterie commune, impriment encore avec les mains à leur plateau tournant, un mouvement de rotation assez rapide, assez durable et assez puissant, pour qu'ils aient le temps de faire leur pièce. Ce n'est pas là le véritable Tour à Potier, dont la roue, distincte et inférieure, est mue avec le pied ou avec tout autre moteur. Ce serait plutôt la tournette ou plateau tournant qui doit avoir précédé le tour à pied. Il est possible que ce soit ce dernier Tour que, suivant Pline, le Scythe Anacharsis aurait introduit dans la Grèce, non comme un instrument tout à fait nouveau, mais comme un instrument perfectionné.

([3]) PLINE, liv. VII, chap. LVI.

d'Égine, de Samos, de la Grande-Grèce ou Italie méridionale, de la Campanie, quelque anciennes qu'elles soient, ont été tournées avec une grande perfection.

Les Poteries anciennes de l'Espagne et du nord de l'Afrique ont aussi été tournées, mais il paraît qu'elles doivent l'application du Tour aux Arabes, si habiles dans les arts céramiques.

Enfin, toutes les Poteries romaines, tant celles de l'empire que celles des colonies, ont été faites au Tour.

Dans le nord et l'ouest de l'Europe, je ne connais que les Poteries auxquelles on donne le nom de gauloises ou celtiques, qui manifestent clairement la connaissance et l'usage du Tour; quant aux grandes pièces, telles que Jarres, Cuviers, Amphores, fabriquées chez les peuples qui connaissent le Tour à Potier, elles ont rarement été faites au moyen de cet instrument, mais on les a montées rondes par le procédé du Colombin et du façonnage à la main sur le plateau (1) : ici ce n'est pas la pièce qui tourne devant l'ouvrier, mais c'est celui-ci qui tourne à l'entour de la pièce.

Les peuples dont les Poteries anciennes n'ont point, quoique rondes, été faites sur le Tour à Potier sont en Europe, les Scandinaves. Aucun des échantillons que j'ai vus de ces Poteries, à façonnage grossier, n'a été tourné.

Parmi les Poteries germaines, quelquefois difficiles à distinguer des gauloises et même des gallo-romaines, il y en a un grand nombre qui, malgré leur perfection de forme et leur ténuité, malgré les stries circulaires qu'elles présentent, ont été façonnées à la main sans le secours du Tour à Potier, mais probablement à l'aide, soit du moulage, soit du plateau tournant (2).

(1) M. Letronne cite un passage des *Géoponiques* où ces deux procédés sont clairement indiqués : « Les **Pithos** sont des vases propres à conserver les denrées. Les petits se font à la roue, les grands se façonnent à même la terre. »

(2) Il faut distinguer le Tour à Potier dont la tête, qui porte la pièce, est mise continuellement en rotation tandis que le tourneur façonne sa pièce, de la tournette ou plateau tournant sur lequel l'ouvrier place son ballon de pâte, qu'il façonne avec la main en le faisant tourner de temps en temps avec l'autre main pour amener successivement devant lui les parties de la pièce qu'il veut arrondir; on peut voir alors quelques traces de lignes circulaires, mais elles ne sont jamais ni si exactement circulaires ni si continues que sur les pièces réellement tournées, qui se reconnaissent au parallélisme des rayures circulaires et aux stries ou lignes

Il faut donc apporter une grande attention pour s'assurer, d'abord, que le Tour du Potier n'a point été employé, et par conséquent que tels peuples, ou ne le connaissaient pas, ou ne l'ont pas employé pour tout et dans tous les temps; ensuite, si les pièces qui indiquent l'usage de cet instrument, sont du même ouvrier, du même peuple ou du même temps que celles qui montrent un autre mode de façonnage.

Une circonstance qui me paraît assez remarquable, c'est que la plupart des Poteries étrusques proprement dites (1), qui sont d'ailleurs assez parfaites, sous le rapport des formes, des ornements et des figures en relief, quoique complétement rondes et sans qu'elles aient de garnitures et de saillies qui aient pu s'opposer à l'emploi du Tour, n'ont pas été faites avec le Tour à Potier. Le nombre des pièces étrusques que j'ai vues et qui ne portaient aucun indice de tournage, est très-considérable en comparaison de celui des pièces tournées, et en général, ces dernières présentent dans leurs formes, dans la couleur et la nature de leur pâte, des caractères qui les distinguent assez nettement des Poteries étrusques noires, grises et rougeâtres non-tournées. Parmi les noires et même parmi les grises, celles dont l'exécution est mince et délicate, paraissent avoir été faites sur le Tour.

Aucune des pièces provenant des indigènes des deux Amériques, Caraïbes, sauvages du territoire des États-Unis, Mexicains, Chiliens, Péruviens, n'indique l'emploi du Tour à Potier; par conséquent, la connaissance de cet instrument n'était pas arrivée à ces peuples. Les personnes qui, en voyageant dans ces pays (2),

courbes que fait le fil métallique du tourneur sur le dessous du pied de la pièce lorsqu'il la détache de la tête du Tour pendant qu'il est en mouvement.

(1) Je n'ose pas dire toutes n'ayant vu que celles de Sèvres qui sont authentiques, et celles du Musée royal, qui, malgré le manque d'indication de localité, ne peuvent laisser aucun doute sur leur origine : d'ailleurs il est des cas où le façonnage à la main est si parfait qu'on peut douter si la pièce a été faite sur le tour, sur la tournette ou si elle a été moulée.

(2) M. Roulin, qui a voyagé dans l'Amérique méridionale, et qui s'est fait connaître par les curieux résultats de ses nombreuses observations.

M. Acosta, officier du génie de la république de Colombie.

Les Vases qui ont été rapportés du Chili par M. d'Orbigny, et qui font partie du Musée céramique de Sèvres, quoique ronds et semblables en beaucoup de points aux vases des Indiens orientaux, n'ont pas été faits sur le Tour.

ont eu occasion de remarquer et d'étudier les arts que pratiquent les indigènes, confirment par leurs récits cette généralité, et remarquent que cet instrument n'a pas encore pénétré chez les peuplades indigènes qui, ayant eu des relations avec les Européens, auraient pu imiter leurs arts.

D'après les détails qu'on vient de donner sur le façonnage des Poteries rondes, faites à la main chez certains peuples, et au Tour chez d'autres, ne pourrait-on pas suivre la marche du Tour à Potier, depuis son point de départ jusqu'à son introduction dans les diverses parties de l'ancien continent, et surtout de l'Europe?

On le verrait, partant des contrées les plus orientales de l'Asie, berceau généralement admis de la civilisation et des arts, peut-être de chez les Chinois où l'art céramique est si ancien et le Tour connu de tous temps, arriver en Égypte par la Scythie et la Bactriane, et ensuite, soit encore par les Scythes, soit par la voie même de l'Égypte, s'introduire chez les peuples arabes des parties septentrionales de la presqu'île arabique et de l'Afrique; puis par ces mêmes Scythes orientaux et presque dans le même temps, s'établir avec une sorte d'éclat en Grèce, chez ce peuple si amateur de vases, et dans ses colonies de l'Italie méridionale, s'arrêter où ces colonies se sont arrêtées, et par conséquent, n'être arrivé que tard, et peut-être par une autre voie, en Étrurie; on le verrait ensuite pénétrer dans toute l'Europe méridionale, dans Rome et dans ses colonies, en Espagne, etc., à mesure que ces pays recevaient la civilisation et les arts de l'Orient par le courant méridional, pour s'arrêter aux parties septentrionales de la Germanie, ou n'y pénétrer que partiellement; rester tout à fait inconnu aux Scandinaves, tandis qu'on le trouve connu et employé chez les Gaulois, ce peuple voyageur qui de ses invasions aura rapporté cet instrument des pays méridionaux qu'il a habités à diverses époques sous le nom, tantôt de Gaulois et tantôt de Celtes.

Je ne présente cette marche, dans l'état actuel de nos connaissances sur les Poteries anciennes, que comme un tableau encore imparfait, que comme un simple aperçu, mis en avant pour appeler l'attention des antiquaires et des historiens, sur un moyen d'étude que les arts céramiques peuvent leur fournir. Il est donc à désirer qu'on poursuive avec activité et intelligence la recherche des Poteries antiques, et qu'on ait soin d'examiner si les pièces de ces temps anciens ont été faites à la main ou sur le Tour : j'ai indiqué (note 2, p. 21) les caractères auxquels on peut reconnaître ces deux procédés.

D. Le Relief en trochisque ou Pastillage est un procédé que je nomme ainsi, faute de lui connaître un nom. Il consiste à faire des ornements en relief au moyen d'une barbotine épaisse déposée sur la surface des Poteries, comme les confiseurs font les pastilles. Ce procédé paraît particulier aux Potiers romains. Je le décrirai à l'article de ces Poteries.

§ 3. — *Pièces antiques remarquables sous le rapport du Façonnage.*

Les anciens ont fait en Poterie des pièces d'une très-grande dimension, et même suffisamment cuites pour renfermer des liquides.

Les Jarres à contenir le vin, l'huile et les grains, nommées Amphores, avaient jusqu'à 2 mètres de haut, sur 7 décimètres de diamètre; telles étaient les dimensions de la Jarre déterrée près de Pouzzole.

Le Tonneau dans lequel habitait Diogène, et qui était un Vase en terre de cette espèce, comme le montrent les pierres gravées et les médailles, devait avoir au moins cette dimension (1).

On a trouvé non loin de l'ancien Antium (aujourd'hui Anzio), dans le territoire de Cumes, au sud de Rome, des Amphores de cette même grandeur, qui ayant été brisées ou fêlées, avaient été raccommodées avec des liens de plomb.

Mon fils a vu dans le musée de Naples, en 1840, des vases grecs trouvés dans la Pouille, élégants de formes, à pied et collet distincts, et garnis de grandes anses. Ces vases ont jusqu'à 7 pieds et demi de Naples (environ $1^{m},87$) de hauteur. Ils appartiennent à la catégorie des vases campaniens ornés de trois rangées de figures en rouge brique sur un fond noir; c'est l'exemple d'une des plus grandes dimensions connues.

(1) Voir planche XIX, fig. 4 et l'article des Jarres, liv. II, ord. 1, sous-ord. C.

En admettant le récit de Juvénal sur la monstruosité du fameux turbot (*Rhombus*) ou barbue de Domitien (¹) qu'on dut faire cuire dans son intégrité, et en ne donnant à ce poisson qu'une des grandes dimensions connues, c'est-à-dire 1 mètre 80 cent. (²), il eût fallu pour le cuire un plat d'environ 2 mètres ; ce plat devait être rond, tourné et de terre cuite ; les expressions d'*orbem* et de *rotam* dont se sert Juvénal le disent clairement : or, le plus grand plat de Poterie commune que je connaisse et qui a été rapporté d'Espagne par M. Taylor a 95 cent. de diamètre.

Il paraîtrait que le plat dans lequel Vitellius faisait servir son fameux ragoût composé de laites, de foies, de langues et de cervelles, et qu'il nommait l'Égide de Minerve, était au moins aussi grand, puisqu'il fallut construire un four exprès pour le cuire (³) ; ce qui nous apprend sans aucun doute, que ce n'était pas un plat de métal.

En supposant beaucoup d'exagération dans ces récits, ils doivent néanmoins faire admettre que les anciens pratiquaient avec une grande habileté l'art de la composition des pâtes de Poterie et de leur façonnage, et qu'ils avaient des fours à Poteries plus grands que nous ne le penserions, d'après ce qui nous reste des fours romains.

§ 4. — *Cuisson et Fours à Potier des anciens.*

On a très-peu de notions sur les Fours des anciens : quelques pierres gravées, quelques figures et quelques débris d'anciennes

(¹) « Incidit hadriaci spatium admirabile *rhombi*
» . . . .
» Implevitque sinus, etc.
» . . . .
» Sed deerat pisci *patinæ mensura*...
» . . . .
» . . . Montanus ait, *testa alta* paretur
» Quæ *tenui muro* spatiosum colligat *orbem* :
» Debetur *magnus* patinæ, *subitus*que *Prometheus*.
» *Argillam* atque *rotam* citius properate : sed
» Tempore jam, Cæsar, *figuli* tua castra sequantur. »
(JUVÉNAL, sat. IV.)

(²) RONDELET dit en avoir vu de cinq coudées de long : c'est environ deux mètres.

(³) PLINE, lib. XXXV, cap. XII.

fabriques romaines, sont les seules sources où l'on puisse en puiser.

Ceux qui sont indiqués plutôt que dessinés sur les médailles, semblent représenter plutôt ces petits Fours à cuire les couleurs, que nous appelons Moufle, que de vrais Fours à cuire les pâtes.

Parmi les plus remarquables, sont ceux des Potiers égyptiens représentés Pl. III, *fig.* 6 et 7, qui sont très-différents par leur forme des Fours des Potiers modernes; ils se rapprochent au contraire, des Fours cylindriques des porcelaines et des faïences fines.

Les Fours romains, dont on a trouvé des restes assez bien conservés pour qu'on puisse s'en faire une idée plus exacte que des précédents, sont au contraire très-compliqués (Pl. IV, *fig.* 1, 2, 3 et 4); on les décrira en détail, à l'article des Poteries romaines.

§ 5. — *Décoration des Poteries antiques; formes, ornementation et couleurs.*

Les anciens, et j'entends toujours par cette désignation les peuples de l'Europe, n'ont su, même jusqu'au XIIe siècle, donner aucune couleur variée à leurs Poteries. Les Grecs ont épuisé tous les moyens qu'ils possédaient en couleurs capables de résister au feu, pour décorer en blanc, rouge de brique, bleu, jaune d'ocre, leurs vases de terre au moyen d'espèces d'Engobes, c'est-à-dire, d'argiles colorées qui pouvaient adhérer assez solidement par leur faible feu de cuisson, mais qui restaient toujours mates.

Ils les ont décorés, soit en dessins d'ornement et de figure, mais avec la seule couleur vitrifiable qu'ils possédaient, qui était un beau noir brillant; soit en reliefs, comme le montrent les Poteries romaines (1) et quelques Poteries germaines, et encore ces reliefs étaient-ils souvent faits avec des estampilles, ainsi qu'on le verra à l'article des Poteries romaines; soit enfin en linéaments gravés dont les formes et les dispositions, quoique extrêmement variées

(1) Voyez les détails relatifs à la partie historique des Poteries à pâte tendre, classe Ire, liv. II, ordre 1 et 2.

chez les anciens peuples du Nord, ont cependant un style général commun à ces peuples, mais modifié suivant les nations, ainsi qu'on le remarquera à l'histoire des Poteries de chacune de ces nations.

Quant aux couleurs vitrifiables connues des anciens, à leur nature, à leur emploi autre que celui de la décoration des vases, j'en parlerai dans la partie historique du traité des couleurs vitrifiables, liv. III.

Je ferai remarquer, à la partie d'ornementation des Poteries à laquelle se rattache la diversité de formes, que, malgré l'immense variété qui se trouve entre les formes, les couleurs et les ornements des Poteries que chaque peuple a fabriquées, il y a dans la nature de la pâte, dans sa couleur dominante, et surtout dans le système général des formes et des décorations des vases, des caractères particuliers à chacun de ces peuples.

Aucune expression ne peut définir le caractère tiré de l'analogie des formes; cette analogie est réelle cependant, et avec quelques réflexions et quelques exemples on sentira déjà ce que je veux dire : les figures le démontreront plus complétement.

Ainsi, en prenant pour exemple, non les formes recherchées et exceptionnelles, mais les formes populaires, on remarquera que les tasses à thé, les tasses à café, les tasses à café au lait que nous nommons génieux, les soupières, les pots à l'eau, les cruches, etc., sont, même actuellement dans ce siècle de transition et de versatilité, généralement différentes en Angleterre, en Allemagne, en Italie, en Espagne, en France, et que, malgré notre manie d'imitation des Anglais, malgré l'empire si puissant que la mode exerce sur nous, malgré notre légèreté, et enfin, il faut le dire, malgré notre défaut de caractère en ce genre, ces imitations ne s'étendent pas aux formes populaires, qui y résistent par un repoussement irréfléchi et même trop souvent nuisible aux réelles améliorations.

Quoiqu'on ne puisse donner une notion claire de ces ressemblances de forme, de matière et de décoration générales autrement que dans un musée, où un grand nombre d'échantillons seraient réunis dans ce but, ou que par des figures de pièces choisies avec discernement parmi les plus communes, comme on n'a pas toujours ces moyens à sa disposition, j'ai cherché à donner une idée, autant du moins que la chose est possible, dans le tableau n° II, de la nature, des formes, des couleurs et de l'ornementation caractéristique des Poteries ordinaires des différents peuples de la terre.

Je ne poursuivrai pas plus loin mes considérations sur ce caractère. La vue du Musée céramique de Sèvres, où les Poteries les plus populaires de tous les pays sont admises avec les Poteries les plus exceptionnelles, enfin les figures que je donne des Poteries antiques montreront clairement, je l'espère, la réalité du caractère tiré des formes, de l'ornementation et même de la couleur dominante particulières à chaque peuple.

Article III. — CONSIDÉRATIONS GÉNÉRALES.

§ 1. — *Sur la nature comparée des Poteries antiques et des Poteries modernes.*

Je n'ai pas cherché à présenter l'histoire des Poteries dans l'ordre chronologique de leur fabrication ; une telle classification eût été archéologique : or, mon travail étant essentiellement technique, elle lui était entièrement étrangère. Mais il est impossible de ne pas croire, au premier aspect, que j'aie été entraîné, en faisant l'histoire des différentes sortes de Poteries, à placer à la tête de cette histoire les commencements de l'art, puisqu'en ouvrant le livre et lisant la table des articles, on voit traitées à la suite les unes des autres, et comme groupées sans intercalation, toutes les Poteries antiques tant de l'ancien que du nouveau continent ; on voit ces innombrables Poteries s'entasser toutes, non-seulement dans la première classe, mais presque uniquement dans les deux premiers ordres de cette classe, tandis qu'on ne peut trouver à placer dans aucun des sept ordres qui suivent une seule Poterie antique, soit européenne, soit américaine.

Or, n'est-il pas digne d'étonnement que pendant plus de quinze siècles aucun des peuples de l'Europe, de l'Afrique, de l'Asie occidentale et des deux Amériques n'ait pu faire une seule Poterie à pâte dure et imperméable comme celle de la faïence fine, ni avec une glaçure plombeuse comme les vernis des Poteries communes des peuples européens actuels les plus ignorants, vernis bien plus faciles à faire que les lustres minces des Grecs et des Romains? Qu'on ne me cite pas quelques petites pièces très-rares qui paraissent enduites de ce vernis, et qu'on attribue aux Romains du IIIe ou IVe siècle. Car si les Romains ont connu ce vernis, comment ne l'ont-ils pas employé? comment, sur les milliers de fragments de Poteries antiques trouvés dans toutes les parties de l'Europe, ne donne-t-on que six ou sept exemples de ces fragments vernissés, assez incertains pour l'époque de leur fabrication! Je n'excepte pas de cette exclusion les Égyptiens. Je ne connais aucune poterie égyptienne recouverte du vernis dont je parle, et cependant ces peuples savaient faire le verre, le verre coloré tant opaque que transparent. Ils savaient recouvrir quelques pièces d'un mauvais vernis vitreux ou bleu ou vert-bleuâtre qui attire encore l'humidité de l'air, qui se couvre d'efflorescences salines, et qui ne pouvait servir à enduire que des objets d'ornements, mais nullement à rendre imperméables et usuelles les Poteries d'usage domestique.

Les matériaux ne leur manquaient pas pour faire des pâtes dures et imperméables. On trouve partout de l'argile plastique, on trouve partout de cette argile qui cuit blanc ou tout au moins rosâtre; ils la connaissaient, ils s'en servaient même pour engobes à basse température. Les *Lecythus* athéniens à grandes parties blanches, la belle et si ancienne coupe d'Arcésilas, recouverts de ces engobes, en font foi, et cependant nous ne connaissons chez les anciens aucune Poterie à pâte blanche; toutes, à l'exception de quelques Poteries gallo-romaines des bords du Rhin, qui sont à pâtes blanchâtres mais sales et grenues, sont rouges, gris de cendres ou noires.

Quels que soient les exemples contraires qu'on me citera ou qu'on m'apportera, quelles que soient les découvertes qu'on fera, il n'en restera pas moins constaté que sur 30 ou 36 siècles qu'on peut accorder aux temps historiques, il s'est passé plus de 20 siècles pendant lesquels on n'a fabriqué ni en Europe, ni en Afrique aucune Poterie émaillée, ni même vernissée au plomb, aucune Poterie à pâte dure, fine, imperméable et blanche comme est celle de la faïence fine ou terre de pipe, ou compacte et dure comme celle du Grès-cérame.

Au contraire, si nous entrons en Asie et surtout si nous pénétrons jusque dans sa partie orientale, en Chine et au Japon, nous n'y trouvons plus et même dans les temps les plus reculés, que des Poteries à pâte dure et imperméable comme le Grès, que des Poteries à couverte terreuse, comme les porcelaines; c'est tout au plus si parmi les pièces rapportées de ce pays en nombre si prodigieux j'ai pu en voir une sur 10,000 qu'on puisse attribuer par la pâte, aux faïences fines. Je sais qu'on rapporte des pays lointains plus de pièces de luxe que de pièces d'usage ordinaire; je conçois que ces premières doivent avoir frappé plus vivement les voyageurs que les Poteries populaires; mais encore serait-il échappé quelques-unes de ces dernières si on en faisait dans ces lieux avec quelque abondance. Au reste, c'est une question que les circonstances nous permettront de résoudre complétement dans quelques années par le soin que j'ai de recommander à tous les voyageurs observateurs de rapporter plutôt les pièces d'usage habituel, que les pièces presque exceptionnelles des classes riches.

§ 2. — *Sur quelques rapports entre la Céramique et la Géologie.*

L'étude de cette industrie et de son histoire nous conduit à des considérations d'un tout autre genre, et qui établissent entre l'art céramique et la géologie des relations assez curieuses.

La position souterraine des tombeaux et des vases qu'ils renferment, la présence de débris de Poteries dans des parties assez profondes et assez épaisses des terrains meubles et superficiels de l'écorce du globe, leur mélange intime, apparent ou réel, dans les cavités naturelles de cette écorce, avec des ossements qui ont appartenu à des animaux de races perdues, avec des pierres dures taillées pour armes ou pour outils par les premiers hommes qui ont peuplé ces terres, sont encore des circonstances historiques et géologiques qui donnent aux arts céramiques une nouvelle importance, en montrant les plus anciens produits de l'industrie humaine placés dans les enfouissements les plus profonds des dépôts postdiluviens à côté des débris des derniers animaux des races antédiluviennes.

Il ne faut point attacher à ces faits trop d'importance, mais il ne faut pas non plus les rejeter sans examen. Je me contenterai de citer quelques-uns de ces faits pour donner une idée de ce curieux genre de considération, et des secours que les géologues ont été chercher dans les arts céramiques pour appuyer ou combattre certaines inductions théoriques.

La grotte de Miremont, près Sarlat, renferme, avec les ossements d'animaux antédiluviens qu'on y a trouvés, des débris de Poteries gauloises bien caractérisées. On regarde ce mélange comme une preuve de la contemporanéité de ces animaux avec la présence des hommes sur la terre.

M. Reynaud, ingénieur des mines, m'a communiqué un fait d'un autre genre, mais qui pourrait servir à établir l'époque d'un mouvement de la surface du sol, assez remarquable en ce qu'il serait contemporain de l'espèce humaine. L'île de Bréha, séparée de la côte de Bretagne par un canal d'environ 2000 mètres, est granitique comme la côte. Elle est couverte de monticules de graviers granitiques à leur base et recouverts par un dépôt puissant de sable calcaire ferrugineux renfermant des coquilles fluviatiles, des plaquettes de calcaire sableux et des débris de P o t e r i e s. Cette île n'est pas assez grande, et n'a pas de cours d'eau assez puissant pour avoir pu produire sur place ces monticules : il faut qu'ils soient le résultat d'un transport de sable et de graviers granitiques venant du continent. Or, les débris de Poteries recouverts régulièrement par les sables de transport, pourraient indiquer l'existence des hommes, antérieure à l'ouverture du canal marin qui sépare cette île du continent, et par conséquent un phénomène géologique postérieur aux temps historiques.

M. Alcide d'Orbigny, dans ses remarquables considérations sur la géologie de l'Amérique méridionale, a reconnu dans la province de Moxosa, 2 mètres au-dessus de la base du limon pampéen, et dans une berge de sable d'alluvion haute de 8 mètres, un lit mince de matière charbonneuse accompagnée de débris de Poterie des indigènes de cette partie de l'Amérique. Il en a conclu que les terrains d'alluvion supérieurs à ce lit étaient d'une époque postérieure à l'existence des hommes dans cette partie du sol américain.

Ces faits, dont il ne s'agit pas ici de discuter la valeur, ne sont rapportés que comme exemples des secours que les Poteries, comme produits des arts humains, en même temps les plus anciens et les plus durables, peuvent prêter à la géologie.

Il est une autre considération générale des plus remarquables et des plus intéressantes, qui établit entre la céramique et la géologie une liaison d'un tout autre genre que celle que je viens de mentionner.

En rapprochant l'industrie céramique de la science géologique et examinant dans quels terrains, relativement à leur nature et à leur âge géologique, les arts céramiques vont prendre les matériaux de leurs travaux, on remarque que les Poteries les plus anciennes, qui sont aussi les Poteries les plus imparfaites, ont toutes tiré leurs matériaux de fabrication des terrains, non pas seulement les plus superficiels, mais encore les plus récents, considérés géologiquement. Ces terrains sont, il est vrai, toujours et nécessairement superficiels, mais des roches anciennes, des argiles anciennes, se présentent aussi dans beaucoup de lieux à la surface de la terre, et les anciens, sauf les Chinois, ne les ont point employées.

Les Poteries les plus récentes, qui n'ont pas trois cents ans de création, d'autres, telles que la porcelaine européenne, qui n'a pas encore un siècle et demi, sont faites avec des matériaux qui, quoique superficiels dans beaucoup de cas, appartiennent aux formations les plus anciennes des couches du globe.

Et ce qu'il y a de plus remarquable, c'est que les Poteries d'âge moyen telles que les faïences, les grès, sont fabriquées avec des argiles qui appartiennent à l'âge moyen de l'écorce du globe.

Le tableau n° III, que je donne dans l'Atlas, montre ces rapports assez singuliers et assez constants, sauf quelques exceptions qui se trouvent plutôt dans les Poteries récentes que dans les anciennes.

Je viens de présenter tout ce qui m'a paru important, instructif ou seulement intéressant et digne d'attirer la curiosité sur l'industrie céramique des sociétés ou des peuples anciens et sur la manière dont ils considéraient cet art.

Je n'ai présenté ici que les considérations qui appartiennent à toutes ou à la plupart des Poteries antiques, réservant un grand nombre d'autres faits pour l'histoire des Poteries auxquelles ils appartiennent plus spécialement.

Je n'ai pas dû rapporter non plus les faits, les détails et les autorités sur lesquels j'ai fondé ces considérations générales et les conséquences que j'en ai tirées; on les trouvera, avec les développements nécessaires, à l'histoire particulière de chacune des sortes de Poteries qui me les ont fournies.

Je dois maintenant traiter de la fabrication des Poteries en général et décrire les procédés qui sont communs à tous les ordres ou à plusieurs d'entre eux. Je passerai ensuite à la description de chaque ordre de Poterie et j'y présenterai alors son histoire particulière; je chercherai à déterminer l'époque et les pays dans lesquels chacune d'elles a paru, et à fixer les rapports de cette introduction avec certaines circonstances sociales et scientifiques.

CHAPITRE II.

FORMATION DES PATES CÉRAMIQUES.

On doit examiner la formation des pâtes céramiques sous deux points de vue différents.

Leur Composition ou état chimique et leur Fabrication ou état mécanique, qu'il ne faut pas confondre avec le façonnage. Si dans la théorie ces deux états peuvent être considérés isolément, ils sont inséparables dans la pratique.

Mon but est d'examiner ce qui constitue ces deux grandes opérations et ce qui se passe de particulier dans chacune d'elles, qui, réunies, donnent les pâtes céramiques.

A la Composition se rattachent tous les matériaux et éléments des pâtes céramiques et une partie de leur histoire naturelle, c'est-à-dire la connaissance de leurs caractères distinctifs, de leur position dans la nature, et surtout celle de leurs éléments ou composition intime.

A la Fabrication appartient l'histoire des machines et procédés mécaniques pour combiner et mêler les matières de manière à en faire des pâtes façonnables.

SECTION Ire. — COMPOSITION GÉNÉRALE DES PATES.

LEURS ÉLÉMENTS ET LEURS MATÉRIAUX.

Il faut soigneusement distinguer dans la composition des pâtes celle de leurs ingrédients et celle des pâtes elles-mêmes, lorsque par la cuisson, c'est-à-dire par une des opérations fondamentales de l'art, elles ont été amenées à leur dernier résultat, à leur réelle composition.

Article Ier — ÉLÉMENTS ESSENTIELS ET ACCESSOIRES *des Pâtes céramiques.*

On croit pouvoir avancer qu'en dernière analyse la composition essentielle de toutes ces pâtes consiste en une liaison chimique de silice avec une base terreuse d'alumine soit seule, soit mêlée de magnésie; qu'on ne connaît pas de pâte, quelque impure qu'elle soit, qui ne renferme ces matières comme éléments essentiels et principaux; qu'on ne peut faire aucune pâte sans la combinaison de ces éléments; qu'en enlevant l'un d'eux à une pâte céramique, on la détruit, tandis qu'en enlevant d'une pâte les autres corps qui s'y trouvent quelquefois, tels que le fer, la chaux, la potasse, loin de la détruire, comme cela aurait lieu si on lui enlevait la silice, l'alumine, ou la magnésie, on exalte au contraire les qualités qui constituent une bonne pâte.

Quoique ces principes, la Silice d'une part et l'Alumine ou la Magnésie de l'autre, paraissent rarement combinés dans les pâtes en proportions définies, parce qu'il y a presque toujours l'un des deux éléments en excès, on peut cependant considérer la plupart des pâtes comme des silicates à base simple d'alumine, ou à base double d'alumine et de magnésie, et admettre que malgré l'excès, soit de l'élément positif, soit de l'élément négatif, il y a nécessairement dans toute Pâte faite un silicate à combinaison définie.

Je dis dans toute Pâte faite, parce qu'il faut distinguer une Pâte en fabrication d'une Pâte faite.

On peut regarder comme Pâte en fabrication celle dans laquelle les éléments sont rapprochés, mais non encore réunis; l'eau suffit alors pour les séparer, et à plus forte raison les agents chimiques.

Dans une Pâte faite, les silicates sont formés; l'eau n'enlève plus rien à cette pâte, l'action simple des acides ou des alcalis ne peut lui enlever que les parties non combinées ou non enveloppées par la combinaison.

Action des acides sur les argiles calcinées — Il est très-remarquable que les acides qui n'ont aucune action sur une argile non calcinée en exercent une assez puissante sur cette même argile calcinée, mais seulement au rouge, et peuvent dans cet état lui enlever de l'alumine. Ainsi l'acide muriatique, qui n'enlève presque rien à l'argile plastique de Dreux, mis en digestion sur cette même argile, cuite imparfaitement au rouge naissant, lui enlève une grande quantité d'alumine (Voir BERTHIER, *Traité des Essais*, par la V. S., tome, I, pages 25 et 40).

Action du feu. — Le feu, c'est-à-dire la cuisson, est le seul moyen que nous ayons pour former ces combinaisons et pour faire les silicates qui sont le résultat auquel il faut arriver pour obtenir une pâte solide inaltérable par l'eau et les acides, et d'autant plus inaltérable que la proportion du silicate neutre l'emportera davantage sur les éléments en excès.

Quelques exemples rendront cette théorie plus claire et plus évidente.

Les pâtes à silicate terreux sont les vraies pâtes céramiques;

elles se rapprochent du verre lorsqu'elles commencent à renfermer des silicates alcalins : telles sont les Porcelaines.

On peut prendre dans la Poterie commune à pâte grossière et poreuse, telles que les Poteries campaniennes, indiennes, américaines, gauloises, un exemple de pâte la moins faite, de celle qui renferme le plus d'éléments en excès.

Les Faïences fines dites vulgairement terre de pipe, les Poteries de Grès, nous offrent un exemple des pâtes les plus faites, de celles où les silicates en proportion définie sont les plus abondants, où il y a par conséquent le moins d'éléments en excès. L'homogénéité de la pâte, la finesse de son grain, sa densité, sa dureté, sont des caractères des pâtes dans lesquelles les éléments sont dans la proportion la plus voisine de celles qui peuvent former des silicates.

Les Porcelaines offrent ces mêmes caractères avec celui de la translucidité, mais elles sortent des limites que nous assignons aux pâtes uniquement terreuses en raison de la potasse ou de la soude et peut-être même de la chaux qu'elles contiennent, bases alcalines qui leur donnent ce commencement de fusion auquel elles doivent leur translucidité.

Composition essentielle des Pâtes faites. — Les Pâtes faites, dans l'acception que je donne à ce mot, ne renfermant plus d'eau ni aucun principe volatil, sont composées en dernière analyse :

1° En principes essentiels, c'est-à-dire indispensables à toute pâte :

De Silice.	de 55 à 75 pour 100
D'Alumine.	de 35 à 25

ou, mais rarement, de Magnésie remplaçant l'Alumine en totalité ou en partie, 35 à 25 pour 100, mais ne s'y trouvant ordinairement, c'est-à-dire dans les pâtes dans lesquelles on ne l'a pas fait entrer exprès, que dans la proportion de 0,01 à 0,05.

2° En principes accessoires encore plus variables que les précédents :

De Chaux.	0 à 19
De Potasse.	0 à 5
De Peroxyde de fer.	0 à 19
D'Acide carbonique.	0 à 16

Beaucoup de faïences anciennes sont dans ce cas.

On fait entrer encore dans les pâtes quelques autres éléments tels que le phosphate de chaux, les sulfates de baryte et de chaux.

Mais ces éléments sont particuliers à certaines pâtes qui s'éloignent d'autant plus des vraies pâtes céramiques ou silicates terreux qu'ils renferment une plus grande proportion de ces matières. Je ferai connaître en leur lieu ces compositions particulières.

Tels sont les éléments essentiels et les éléments accessoires qui composent toutes les Pâtes céramiques faites, c'est-à-dire, cuites; voilà pourquoi il n'est pas ici question de l'eau; mais il y a des pâtes réellement cuites qui ne renferment plus d'eau et qui contiennent encore de l'acide carbonique, comme on le verra à l'article des faïences communes.

Les matériaux dans lesquels sont puisés les éléments qui entrent dans la composition des pâtes, renferment d'autres éléments que la cuisson ou élaboration de la pâte a fait dégager.

Ces éléments sont l'eau, quelquefois l'acide carbonique et le bitume ou le charbon impur; les deux derniers n'ont presqu'aucune influence dans la formation des pâtes, ni sur leur composition, ni sur leur fabrication, ou du moins celle que peut avoir le charbon bitumineux est étrangère aux considérations actuelles.

Il n'en est pas de même de l'eau : si elle n'existe plus dans les pâtes céramiques parfaites, elle est au contraire abondante dans l'un des matériaux de ces pâtes et paraît indispensable au façonnage des pâtes, du moins dans le plus grand nombre des cas et dans l'état actuel de la fabrication.

Ainsi les éléments essentiels des Pâtes faites sont uniquement l'Alumine, la Magnésie et la Silice; les éléments accessoires sont la chaux, les sulfates de baryte ou de chaux, l'oxyde de fer.

ARTICLE II — MATÉRIAUX TANT NATURELS QU'ARTIFICIELS *qui fournissent les éléments des pâtes et glaçures céramiques.*

Ces matériaux sont plus nombreux qu'on ne le suppose ordinairement. La plupart sont pris dans la nature, quelques-uns sont artificiels.

Je vais en donner d'abord l'énumération, et j'en donnerai ensuite l'histoire aussi complète qu'il est nécessaire de le faire pour le sujet de ce livre.

Je réunis ici l'histoire et l'analyse de tous ces matériaux ; premièrement, parce que beaucoup d'entre eux sont ou peuvent être employés dans la composition de presque toutes les classes de Poterie ; secondement, afin qu'on puisse en comparer plus facilement la composition et toutes les propriétés.

Lorsque j'aurai occasion de parler de l'emploi de ces matières en traitant des diverses pâtes dans lesquelles elles entrent comme parties composantes, je n'aurai plus qu'à les nommer et à renvoyer pour leur histoire particulière au présent article.

Ces matériaux (1) soit naturels, soit artificiels, peuvent être classés sous le point de vue ou de leur nature, ou du rôle qu'ils jouent dans la composition des Poteries.

Ce dernier point de vue étant le plus important pour notre objet, c'est aussi celui que j'adopterai dans l'énumération qui va suivre. On remarquera que plusieurs de ces corps jouent des rôles doubles suivant la manière dont ont les emploie. Je devrais donc les répéter dans cette liste ; mais je les mettrai, dans l'histoire très-abrégée que je vais en donner, à la place que leur assigne le rôle le plus important qu'ils remplissent dans la composition des pâtes céramiques.

Les matières employées dans la composition des Pâtes et des Glaçures céramiques blanches et colorées peuvent être réparties en quatre classes sous les dénominations suivantes, qui seront expliquées lorsqu'on traitera des principes de composition des pâtes et glaçures.

A. Les matières principalement plastiques.

1. Le kaolin.
2. La collyrite.
3. La cimolithe.
4. Les argiles.

(1) Il n'est question ici que des Pâtes et Glaçures, et nullement des couleurs.

5. Les marnes argileuses.
6. La magnésite et la giobertite.
7. Les talcs ?

B. Les matières dites dégraissantes.

1. Le quarz, les sables et le silex.
2. . . . Les terres cuites dites ciment (*charmot*).
3. . . . Les escarbilles.
4. L'amyante.
5. . . . La sciure de bois.

C. Les fondants pour les Pâtes.

1. Le felspath et ses dérivés.
2. Le calcaire.
3. Les marnes calcaires.
4. Le gypse ou plâtre.
5. La barytine.
6. La phosphorite.
7. . . . Les frittes vitreuses.

D. Les matériaux pour les Glaçures spécialement.

1. Le quarz.
2. Le felspath.
3. Le gypse.
4. L'acide borique.
5. . . . Le borax.
6. Le sel marin.
7. . . . La potasse.
8. . . . La soude.
9. . . . Les oxydes de plomb, d'étain, de manganèse, de fer.
10. Les ocres.

Quelques-unes de ces matières ne s'introduisent pas immédiatement dans la composition des pâtes et glaçures, mais seulement par l'intermédiaire des véhicules et des combinaisons avec esquelles elles sont liées : telles sont là chaux, la potasse, la soude.

§ 1. — *Caractères, qualités, propriétés, composition et gisements des matières premières principales et naturelles des pâtes céramiques.*

Je n'entrerai dans les considérations précédentes que sur les matières premières principales qu'on trouve dans la nature, me contentant d'indiquer les autres et le but de leur emploi à l'article de chacune des pâtes dont elles font partie.

A. Matières principalement plastiques.

Nous commencerons par les matières plastiques comme étant les plus essentiellement céramiques, car elles peuvent dans quelques cas donner seules des pâtes céramiques, tandis que les autres ne sont pour ainsi dire que les condiments des premières, et dans celles-ci je procéderai des plus spécifiées à celles qui ne sont évidement que des mélanges.

1. Kaolins ou Argiles à Porcelaine (*Porcelanerde. China clay*).

Ce sont des minéraux ou roches terreuses de consistance friable, souvent très-blancs, donnant avec l'eau une pâte courte.

Composés essentiellement de Silice souvent visible à l'état de grain de quarz ou de sable, d'Alumine à l'état d'argile blanche et d'Eau dans des proportions qui ne sont pas comme on va le voir aussi variables qu'on pourrait le croire.

Ils ne font aucune effervescence avec les acides, ne se fondent pas à la plus haute température des fours à porcelaine quand ils ont été privés, par un lavage convenable, des parties de felspath qu'ils pouvaient encore contenir [1].

[1] Cette histoire abrégée des Kaolins est extraite de deux mémoires sur cette substance, publiés dans les Archives du Muséum d'histoire naturelle : le pre-

Nous prendrons pour type du Kaolin les matières terreuses qui entrent comme partie plastiqne et infusible dans la composition des pâtes de porcelaine dure : de Sèvres, de Limoges, de Vienne, etc.

Une étude attentive et approfondie, en nous révélant la nature intime de ces matières, nous a fait connaître des propriétés communes qui permettent de mieux caractériser les Kaolins, qu'on n'avait pu le faire jusqu'alors.

Les masses minérales auxquelles on donne le nom de Kaolins sont de véritables roches composées ; elles renferment une partie ténue, argiloïde qu'on en sépare par le lavage et qui seule peut présenter les propriétés réelles, mais variables des Kaolins selon la manière dont s'opère le lavage, et selon le point où on s'arrête en le croyant suffisant.

Je nomme roche Kaolinique la masse minérale naturellement composée de divers éléments, au nombre desquels se trouve le Kaolin ; et Kaolin l'argile séparée de cette masse par le lavage le plus délicat; c'est à celle-là seule que s'appliquera tout ce que je vais dire sur les propriétés et l'origine des Kaolins normaux.

Encore cette argile ne nous fait-elle pas connaître la véritable nature des Kaolins. Car elle consiste toujours en un mélange que les moyens mécaniques les plus délicats ne peuvent pas détruire. Il faut avoir recours à des procédés plus puissants, tels que l'action chimique des acides, pour isoler de ces terres kaoliniques la combinaison que les chimistes reconnaissent seule comme le vrai Kaolin.

L'analyse de la terre kaolinique séparée de la roche kaolinique par un lavage approprié donne la composition empirique de cette terre, suffisante, peut-être même la seule convenable pour les arts céramiques; la seconde est une analyse rationnelle utile à la science et à ses hautes spéculations.

Caractères minéralogiques. — Les roches kaoliniques que je regarde comme normales, celles que j'ai indiquées plus haut,

mier par moi, en 1839, tome I, page 213, avec 8 planches ; le second par M. Malaguti et moi, en 1841, tome II, page 217.

celles auxquelles s'appliqueront les analyses et observations qui vont suivre, sont généralement d'un blanc parfait ou légèrement rosâtre et quelquefois un peu jaunâtre ; leur texture est lâche, terreuse, souvent grenue ; les grains qui la composent appartiennent au quarz, au felspath, au mica ; la base de la masse est un minéral argiloïde blanc, à texture quequefois laminaire. C'est cette base qui donne seule par le lavage et en plus ou moins grande quantité, la terre kaolinique et enfin le Kaolin.

Caractères chimiques. — Le Kaolin ne peut être isolé que par un procédé particulier, appliqué aux analyses rationnelles, qui consiste à enlever l'argile mélangée impure par l'action successive des alcalis et des acides bouillants. La dissolution acide contient l'alumine et les quantités plus ou moins grandes d'autres bases, la dissolution alcaline contient la silice qui leur était combinée ; après avoir expulsé par la dessiccation l'excès d'acide, on met en liberté l'alumine par le sulfhydrate d'ammoniaque et on cherche dans la liqueur les bases qui l'accompagnaient. Par ce procédé on est arrivé à déterminer par des formules atomiques la composition des argiles kaoliniques ; mais on concevra facilement qu'elles ne peuvent être rigoureuses, toutes les argiles kaoliniques donnent avec l'alumine, de la chaux, de la magnésie etc., qui y sont mélangées à l'état de silicate d'une composition douteuse ou inconnue.

En comparant entre elles les différentes formules des divers Kaolins, on les trouve généralement assez rapprochées, et liées à peu près comme par une propriété commune qui consiste dans la proportion d'eau comparée à celle de l'alumine prise pour unité. Ce rapport est en général celui de 1 à 2. Si l'on pousse la comparaison plus loin, et que l'on fasse bouillir pendant une minute ou tout au plus une minute et demie, une argile kaolinique, dans une dissolution aqueuse de potasse à l'alcool, on arrive, à peu d'exceptions près, à enlever une telle proportion de silice que les formules primitives prennent un caractère particulier de simplicité et peuvent être réduites à la formule définitive $AS + 2Aq$.

En résumant ces propriétés nous voyons :

1° Que les Kaolins normaux à l'état brut, et seulement

débarrassés par le lavage des corps grossiers qui leur sont étrangers, consistent en un mélange d'argile kaolinique, et d'un résidu insoluble dans les acides et les alcalis, renfermant des silicates à diverses bases.

2° Que l'Argile kaolinique est séparée de ce résidu par l'action dissolvante successive de l'acide sulfurique et de la potasse caustique. C'est ce qui constitue ce que nous avons appelé l'analyse rationnelle.

3° Que cette argile est une combinaison de Silice, d'Alumine et d'Eau dans des proportions définies toujours à peu près les mêmes.

4° Mais qu'il y a encore dans beaucoup d'argiles un excès de silice hors de combinaison, susceptible d'être dissoute, suivant certaines règles, dans la potasse caustique et qui se sépare nettement du silicate d'alumine hydraté, lequel constitue la véritable argile kaolinique exprimable par la formule plus simple et plus générale $AS + 2Aq$ citée plus haut.

5° Enfin, que la variabilité dans la proportion de cet excès de silice, dans les différentes argiles kaoliniques, peut être attribuée à une action postérieure des eaux naturelles qui ont enlevé à ces argiles une plus ou moins grande quantité de la silice isolée et dissoluble.

Le Kaolin étant aussi bien caractérisé et limité que sa nature hétérogène permet de le faire, je vais donner dans un même tableau les caractères extérieurs et la composition des principaux kaolins connus (Voir le tableau n° IV).

Description de certains gîtes de Kaolins.

1. Kaolins et roches kaoliniques de Saint-Yrieix

(A environ 28 kil. au s. de Limoges).

Ce gîte est, après celui des mauvais Kaolins d'Alençon, le premier qui ait été connu en France.

Découvert par hasard en 1765, soumis en 1768 à l'examen de Macquer, qui à Sèvres en obtint les plus beaux résultats, ce Kaolin devint l'objet d'une exploitation très-active, et qui, s'étendant aux environs de Saint-Yrieix, surtout vers le N.-E. et l'E., révéla la position géognostique et le mode de gisement des roches kaoliniques.

Ces roches sont situées au milieu d'un plateau ou sur un gros mamelon de granite, recouvert, à Saint-Yrieix et dans les environs de cette ville, de gneiss, comme roche dominante (Pl. v, *fig.* 1, G).

Le gneiss, tant superficiel que profond, est rarement intact et solide, mais presque toujours altéré en une roche kaolinique très-impure, rougeâtre ou jaunâtre.

Des diorites schistoïdes (*fig.* 1, D), roches felspathiques comme le gneiss et non moins altérables que lui, sont décomposées en une roche kaolinique d'un noir verdâtre et quelquefois en un Kaolin d'un beau vert céladon (KV) qui fond en une masse brunâtre.

Ces diorites et gneiss ont enveloppé des masses de pegmatites (*fig.* 2), et elles les pénètrent souvent; elles sont aussi traversées çà et là par des masses de felspath, ou plutôt de pegmatite plus ou moins caractérisée, qui sont peut-être en filons comme le quarz qui traverse les gneiss, et qui sont, comme ce quarz, restées intactes au milieu de toutes ces roches si complétement altérées. C'est une circonstance assez rare; car ordinairement elles ont subi la décomposition qui les a amenées à l'état de kaolin, nommé caillouteux quand il est très-quarzeux, et argileux quand il provient d'un felspath presque pur.

C'est donc dans ce terrain de gneiss et de diorite schistoïde altérés en matière terreuse, friables et tendres jusqu'à l'onctuosité, que se présentent pour l'exploitant les masses de Kaolin; l'explication de la planche V fera bien mieux connaître ces remarquables dispositions que les plus longues descriptions. Nous remarquerons seulement que le kaolin dit argileux, celui qui est le plus exempt de grains de quarz et de felspath non décomposé, est plus rare que le kaolin dit caillouteux, et se trouve assez constamment dans la profondeur; on a également observé que les masses de pegmatites non décomposées, et même de felspath assez pur qui se montrent au milieu ou sur les côtés du bassin des roches kaoliniques, faisait voir un commencement d'altération sur les parois des fissures qui les traversent, lorsque ces fissures étaient sans cesse abreuvées d'eau (Alluand).

Parmi les carrières de ce grand et célèbre gîte de Kaolin, nous remarquerons :

1° Avant d'entrer à Saint-Yrieix, à droite de la route, celle de Rudeuil, qui a fourni les plus belles sortes de pegmatite ou *petunzé*, propres à la couverte (A).

2° Les carrières du clos de Barre, à 1 kilom. de Saint-Yrieix.

Elles présentent la disposition normale des Kaolins. On voit en haut en masse puissante, irrégulière, le gneiss G, *fig.* 1, décomposé en Kaolin rougeâtre, et l'amphibolite en kaolin vert KV.

Au fond de la carrière on trouve le Kaolin argileux en masse très-puissante, d'une blancheur parfaite, encaissée par des roches de gneiss et de diorite décomposées, qui présentent des modifications aussi variées que remarquables, et qui le pénètrent dans divers points.

3° C'est dans la carrière de Marcognac que se révèle, de la manière la plus claire, l'origine du Kaolin. Le gneiss, qui y est ferrugineux, se transforme en un Kaolin rouge, et la diorite, qui contient de l'amphibole, en passant par des degrés distincts et successifs, fournit un Kaolin vert.

Les Kaolins des environs de Saint-Yrieix sont généralement d'un beau blanc de lait, friables; on en distingue de trois qualités différentes.

Le caillouteux, qui est grenu, friable, à grains quelquefois pisaires, les uns quarzeux et durs, les autres argileux et tendres.

Le sablonneux, qui est friable, très-maigre au toucher et dans lequel le quarz est à l'état de sable très-fin, mais visible.

L'argileux qui est moins friable, assez doux au toucher, d'une couleur de blanc de lait plus uniforme, et faisant directement avec l'eau une pâte assez liante.

2. Kaolin de Louhossoa

(Près Cambo, Pyrénées occidentales, à environ 25 kil. au s. de Bayonne).

C'est dans la roche granitique qui est au pied septentrional des Pyrénées, que se trouve ce gîte de Kaolin, un peu après le village d'Itsassou.

Le Kaolin reconnu sur trois points à Zubelette, à Macaye et à Louhossoa n'est exploité aujourd'hui que dans ce dernier endroit et dans ses environs. Les carrières sont toutes dans un terrain de pegmatite, quelquefois très-laminaire, mêlé d'un peu de mica. L'espace entre Zubelette et Macaye, qui est d'environ 6 kilomètres, présente de tous côtés des pegmatites plus ou moins pures recouvertes ou accompagnées d'un gneiss rouge, entièrement décomposé et absolument semblable à ceux qui pénètrent et recouvrent les Kaolins du Limousin. Ils laissent voir partout des couches minces de Kaolin qui alternent avec elles et des filons de Kaolin qui les coupent en tous sens. Mais ce Kaolin est partout pénétré de grains ferrugineux qui, liés avec le sable ou la partie felspathique non décomposée, disparaîtront probablement à mesure qu'on avancera en profondeur, le Kaolin devenant plus argileux (1).

3. Kaolin d'Alençon.

C'est le premier gîte de vrai Kaolin reconnu en France, c'est celui avec lequel ont été faites les premières tentatives de porcelaine dure de la nature de celle de la Chine et de celle de l'Allemagne. Mais ces premiers essais ne furent pas heureux, et ce n'est que dans l'impureté du Kaolin qu'on peut rechercher la cause de ce peu de succès. Ici, ce n'est pas une pegmatite, cette roche composée presque uniquement de felspath et de quarz, mais un granite véritable, c'est-à-dire rempli de mica. Ce sont les parties supérieures du granite presque immédiatement au-dessous de la terre végétale, qui par leur décomposition ont formé le Kaolin. Il renferme comme celui de Aue, d'assez gros morceaux de quarz grisâtre, faisant voir les cavités qui ont conservé la forme du felspath transformé en Kaolin.

Une grande partie du plateau présente presqu'à la surface du sol, une terre blanchâtre micacée, kaolinique, provenant très-probablement du lavage naturel des granites décomposés (2).

(1) Cette présomption s'est vérifiée, et aujourd'hui (1843) le kaolin s'exploite plus profondément, et, mieux trié et lavé, ne présente plus les petits grains noirs qui en ont pendant longtemps restreint considérablement l'emploi.

(2) Voyez dans le premier des mémoires cités plus haut, page 276, les détails sur les différents gîtes de ce kaolin.

4. Kaolin des Pieux

(A l'ouest de Cherbourg).

Cette argile se montre dans plusieurs points des environs du bourg des Pieux, dans un rayon de 20 à 24 kilomètres, surtout à la descente, au N.-E. de ce bourg, sur la route de Cherbourg.

Le plateau qui le porte et qui constitue la lande de Rouville est composé d'une syénite très-désagrégée et d'un granite rougeâtre et rosâtre encore plus désagrégé, qui alterne irrégulièrement avec le Kaolin. Celui-ci est très-argileux, souvent même plastique, mêlé de veines rosâtres et ferrugineuses et de grains de quarz très-apparents dans plusieurs points ; il est presque à la surface du sol, n'étant recouvert que par la terre végétale. Il renferme alors des blocs de grès quarzeux qui composent en partie, avec un schiste luisant verdâtre, presque toutes les sommités des terrains de cristallisation du Cotentin.

Ce gîte, qui a 2 à 8 mètres de puissance en y comprenant les roches argileuses ou granitiques qui y sont interposées, est exploité presque exclusivement pour la porcelaine de la fabrique de Bayeux ; il entre pour une forte proportion dans la pâte de cette porcelaine, et en raison de sa nature très-argileuse, il lui communique les avantages et les inconvénients qui accompagnent les porcelaines plus argileuses que felspathiques, et sur lesquels nous insisterons plus tard.

5. Kaolin d'Aue

(Près Schneeberg, dans l'Erzgebirge, en Saxe).

Ce gîte, Pl. V, *fig.* 3, l'un des plus anciennement découverts et des plus connus, est situé sur le territoire d'Aue, près Schneeberg, dans la colline nommée Lumbach. Le noyau de la montagne (Gr.) est de granite et forme, dans la partie où s'exploite le Kaolin, une masse sphéroïdale et ellipsoïdale. Cette masse est comme enveloppée de deux véritables lits de Kaolin (KK), séparés par un lit de granite très-altéré. La partie de granite, qui est immédiatement au-dessous du Kaolin, présente la même altération. Le second lit de Kaolin est couvert par un terrain ou roche de micaschiste (M), ou plutôt de gneiss rougeâtre, traversé de nombreux filons (FF) composés de fer hématite et de quarz. Le granite qui renferme le kaolin est tantôt à grain fin, tantôt à grandes parties de mica, de quarz et de felspath. On y trouve de gigantesques cristaux de quarz qui ont conservé l'empreinte des cristaux de felspath qu'ils renfermaient et qui ont été décomposés en Kaolin. On croit avoir observé : 1° que le Kaolin domine en qualité et en quantité dans les profondeurs; 2° que les parties déjà altérées de ce granite deviennent plus friables quand elles ont le contact de l'air et de l'eau.

6. Kaolin de Morl

(Près de Hall, en Saxe).

Ce Kaolin a un gisement très-différent de ceux qui précèdent; c'est un véritable porphyre granitoïde intact du côté de Giebichenstein; mais à quelque distance de la Saale, sur sa rive gauche, ce porphyre est décomposé et recouvert d'un conglomérat porphyrique qui passe à l'argilophyre.

En gagnant la plaine où la ville de Morl est située, entourée de toutes parts de collines de porphyre, on arrive aux exploitations de Kaolins, à une profondeur d'environ 2 mètres au-dessous de la terre végétale et d'un dépôt d'argile sableuse rougeâtre. Il repose immédiatement sur le porphyre.

7. Kaolin de Passau

(En Bavière).

La roche qui forme la masse de ce terrain est, dans son état normal, composée principalement d'amphibolite très-dure, et de diorite schistoïde renfermant des lits irréguliers de gneiss véritable et de pegmatite à petits grains et très-solide. La diorite est souvent riche en mica.

Dans certains points ces roches sont modifiées et altérées de deux manières; elles deviennent plus fissiles, plus friables, et d'apparence beaucoup plus micacée, en prenant le noir grisâtre mais éclatant du graphite. L'amphibolite graphitique ou le graphite semble passer au fer oligiste écailleux, et les gneiss prennent aussi une teinte ferrugineuse. Le felspath qui constitue essentiellement les diorites, les gneiss et surtout la pegmatite, est altéré en kaolin très-terreux et souvent comme onctueux ; quelquefois très-impur, mêlé de graphite qu'on ne pourrait en séparer ; il est quelquefois aussi assez blanc et accompagné çà et là seulement par des masses de graphite qu'on peut isoler. Enfin, on trouve au milieu de ces roches friables et onctueuses des nodules vert foncé provenant comme à Saint-Yrieix de l'altération des amphibolites.

8. KAOLIN DE Tretto
(Près Schio, dans le Vicentin).

Cette argile blanche, onctueuse au toucher, qui entre dans la composition des porcelaines italiennes, quoique s'éloignant beaucoup des Kaolins par ses caractères extérieurs, par la nature de la roche qui la fournit, par sa position géognostique et même par sa composition, se range cependant parmi ces matières terreuses, parce qu'elle est blanche et qu'elle entre comme matière plastique et infusible dans la composition de la porcelaine.

C'est au nord de Schio, à mi-côte de la montagne de Tretto, que sont répandues les exploitations de la terre à porcelaine. La base de cette montagne est une variolithe, avec les noyaux de calcaire spathique qui caractérisent cette roche ; au-dessus se trouve une roche fragmentaire qui, quoique profondément altérée, peut être regardée comme une brèche trachytique avec de l'eurite compacte. C'est à l'altération de cette eurite, roche à base de pétrosilex ou de felspath compacte, qu'est due la formation du Kaolin, qu'on débarrasse par un lavage des fragments de pyrites, de galène et même de stéatite avec lesquels il est mélangé.

Au fond des galeries pratiquées dans la montagne pour en extraire les eurites kaoliniques, on arrive à une roche argilo-talqueuse, en partie souillée de rouille, ce qui atteste encore l'influence des roches ferrugineuses sur l'altération en Kaolin des roches felspathiques.

Gisement et manière d'être des roches Kaoliniques.

D'après ce que j'ai dit plus haut des différents gîtes de kaolin, on a dû présumer que les vraies roches kaoliniques, malgré leur friabilité, malgré leur apparence de désordre extrême, se trouvaient dans la place où leurs roches mères ont été amenées, dans celle où elles se sont prises en masse confusément cristallisées. C'est là qu'elles ont éprouvé, ou presque immédiatement ou après un laps de temps plus ou moins considérable, l'altération chimique qui leur a donné l'état de friabilité terreuse où nous les voyons. Quant à leur âge, leur position particulière dans les groupes granitiques, gneissiques, dioritiques, euritiques et porphyriques les rattache aux terrains d'épanchement qui sont primitifs par leur source, mais qui peuvent être assez récents par leur époque d'épanchement.

Les roches qui se présentent le plus ordinairement avec les Kaolins sont :

Les Pegmatites, roche mère des plus beaux kaolins (Saint-Yrieix, Cambo, Saint-Stéphen en Cornouailles).

Le Gneiss (Passau, Saint-Yrieix).

Les Granites (Aue près Schneeberg, Sedlitz près Fribourg).

Les Eurites? compactes ou schistoïdes? (Tretto).

Les Diorites (Saint-Yrieix).

Les Porphyres (Morl près de Hall en Saxe).

Enfin, d'autres roches renfermant des felspaths ou composées de la même manière que cette pierre, c'est-à-dire de silicate alcalin, peuvent offrir aussi des altérations kaoliniques, mais nous ne pouvons les admettre comme gîtes de Kaolins.

Indépendamment des Kaolins que nous trouvons en place, c'est-à-dire, encore associés aux roches qui par leur altération les ont produits, nous devons signaler des mélanges argiloïdes, qu'on a aussi nommés Kaolins parce qu'ils ont quelque analogie avec cette matière terreuse, mais ils sont sans intérêt scientifique et sans autre utilité industrielle que d'entrer dans la composition de quelques Poteries communes. Ces roches argiloïdes-kaoliniques se rencontrent dans les terrains de transport anciens.

C'étaient peut-être de vrais Kaolins qui ont été arrachés à leur gîte primitif, lavés d'une part et souillés de l'autre, ayant perdu de leur argile blanche et reçu des terres ferrugineuses, quarzeuses, micacées, etc. Mais ils peuvent être aussi les produits de l'altération des arkoses qui, composées des mêmes éléments que la pegmatite, associés toujours à des matières métalliques variables et soumises à une décomposition du même ordre que les granites, les pegmatites et les autres roches felspathiques, ont pu se transformer en ces produits kaoliniformes impurs.

Tels sont les mauvais Kaolins de Sauxillange et d'Usson en Auvergne, peut-être ceux de Dignac dans le département de la Charente. Ce sont les deux seuls gisements généraux de roches kaoliniques et de débris kaoliniques que je connaisse, les premiers en place dans les terrains considérés comme les plus anciens, les autres transportés dans les derniers dépôts du dernier cataclysme.

Mais quelle que soit la position géognostique des roches kaoliniques, on est naturellement frappé du désordre extrême qui y règne et qui fait présumer un mélange bien confus dans le moment de la formation des roches dont le Kaolin tire son origine. C'est peut-être à cette pénétration intime des roches de nature très-différente, à leur influence électro-chimique plus ou moins sensible, qu'on doit attribuer cette grande disposition à la décomposition des roches alcalifères qui font toujours partie des espèces de piles que semblent présenter les gîtes de Kaolin.

Une seconde circonstance et la plus remarquable sans doute, dans le gisement des roches kaoliniques, est la présence constante des roches ferrugineuses dans toutes les exploitations de Kaolin; depuis la Chine, autant qu'on puisse s'en rapporter aux descriptions des missionnaires (1), jusque dans les gîtes les mieux connus de toute l'Europe. Cette disposition de roches

(1) Cette circonstance avait frappé Guettard, qui dit expressément, dans le mémoire qu'il lut à l'Académie des Sciences, le 13 novembre 1765, page 12 : « Je » disais que, de même qu'en Chine le kaolin est, dans sa mine, précédé de terres » rougeâtres, celui de France est également posé dans la sienne au-dessous de » semblables terres. »

ferrugineuses alternant avec les roches felspathiques, si frappante dans les carrières de Saint-Yrieix, se retrouve aussi dans celles de Louhossoa près Cambo; dans les gîtes des Pieux près Cherbourg; dans ceux de Morl en Saxe; dans celui d'Alençon. Mais c'est surtout dans celui d'Aue près Schneeberg, qui a fourni pendant longtemps la pâte des belles porcelaines de Saxe, que cette association est des plus frappantes.

Il est un autre fait des plus remarquables de gisement de Kaolin en ce qu'il montre d'un côté des roches de natures différentes disposées à peu près comme la pile voltaïque et de l'autre le kaolin qui est près de ces roches comme ayant été produit par leur action décomposante. Ce fait se présente à Sosa près de Johangeorgenstadt en Saxe. On voit dans un terrain de granite (G) un filon de quarz (A) qui le traverse et qui est accompagné de deux salbandes de minerai de fer (F). A droite et à gauche de ces salbandes le granite est décomposé en beau kaolin (K). Je donne Pl. v, Fig. 4, une figure de cette disposition, faite d'après celle que M. Renou, élève des mines de France, a dessinée sur le lieu.

Essai d'un tableau de distribution géologique Des gîtes de Kaolin.

Les Kaolins véritables sont presque tous concentrés dans un très-petit nombre de formations géologiques; car, après les terrains de cristallisation, auxquels on a donné le nom si vague de terrains *primitifs*, on ne trouve presque plus de vrais kaolins.

CLASSE DE TERRAINS, en allant de bas en haut.	GROUPES et FORMATIONS.	OBSERVATIONS ET EXEMPLES des Kaolins qui s'y trouvent.
TERRAINS TYPHONIENS (ou massifs et de soulèvement).	Terrains vulcaniques, trappéens et laviques, et terrains plutoniques trachytiques.	On y connaît très-peu de kaolins, quoique les roches felspathiques s'y trouvent en abondance. On ne peut guère rapporter à cette classe de terrains que les kaolins de ***Prinzdorf*** et des autres conglomérats ponceux. Parmi les roches trachytiques, on cite le kaolin de ***Scheletta***, près Meissen.
	Ophiolithique.	Ce terrain, peu felspathique, renferme cependant quelques kaolins parmi lesquels on cite celui de ***Tretto***, dans le Vicentin; on pourrait attribuer à la structure empâtée de ces roches leur tendance à l'altération des silicates argilo-alcalins qu'elles peuvent renfermer.
	Entritique (ou des roches empâtées à base de felspath). *Porphyre.*	On rapporte à ces roches un grand nombre de kaolins, employables et même employés; mais ils ne sont pas de très-bonne qualité. Je citerai parmi ces kaolins ceux de ***Morl*** et de ***Beiderse***, en Saxe; de ***Seilitz***, près Meissen.
	Granitoïde. *Granite* et principalement *pegmatite.*	C'est ici le vrai gîte des kaolins; et la plupart des kaolins d'élite se trouvent dans cette subdivision des granites qui, presque uniquement composés de quarz et de felspath, se nomme ***pegmatite***. Je me bornerai à citer les kaolins caillouteux et argileux de ***Saint-Yrieix***, près Limoges; de ***Louhossoa***, près Bayonne; ***des Pieux***, près Cherbourg; d'***Alençon***; d'***Aue***, près Schneeberg; de ***Zetlitz***, près Carlsbad; de ***Breage*** et de ***Saint-Stephen***, en Cornouailles; de ***Wilmington***, de ***Newcastle*** et du ***Connecticut***, en Amérique.
TERRAINS AGALYSIENS (ou de cristallisation).	Gneissique. Gneiss et granite du gneiss.	Je connais peu de kaolins uniquement placés dans le vrai gneiss; encore ce gneiss est-il toujours voisin du granite et comme associé à cette roche; c'est ce qu'on peut remarquer dans certaines carrières de Saint-Yrieix. On cite comme appartenant à ces roches, les kaolins de *Passau*.
	Diorites.	*Les diorites schistoïdes* du groupe amphibo-

CLASSES DE TERRAINS en allant de bas en haut.	GROUPES et FORMATIONS.	OBSERVATIONS ET EXEMPLES des Kaolins qui s'y trouvent.
		litique de ces terrains renferment aussi de petits lits ou amas de kaolins; je citerai comme exemples les carrières de *Saint-Yrieix* et les environs de *Passau*.
TERRAINS NEPTUNIENS (ou stratifiés). Terrains abyssiques (ou de sédiment inférieur). Rudimentaire.	*Arkose.*	J'ai déjà signalé la décomposition en kaolin de certaines arkoses, roches composées de grains de quarz et de felspath. Les kaolins d'*Auvergne*, de *Sauxillanges*, d'*Usson* et de *Tournoïl* paraissent tirer leur origine de cette roche. Ce sont en général des kaolins de qualités médiocres. On traverse toute la série des terrains de sédiment, depuis les arkoses, tant granitoïdes que miliaires, jusqu'aux terrains clysmiens, sans trouver de vrais kaolins, quoiqu'on rencontre çà et là des argiles qui offrent avec ces matières terreuses quelques analogies, telles sont les argiles plastiques de *Dreux* et les collyrites de *Saint-Sever*, dans le département des Landes.
TERRAINS CLYSMIENS (ou de transport antédiluvien). Détritiques et clastiques.		Dans les parties détritiques et clastiques de ces terrains, voisines des roches granitoïdes, on trouve des amas de sable quarzeux mêlés d'une terre blanche et argileuse qui offre les propriétés des kaolins, quoique de qualité médiocre. Un des plus remarquables en France est le kaolin de *Dignac*, dans la Charente. On rapporte à ce même mode de formation le sable quarzeux mêlé d'un peu de kaolin qu'on extrait par lavage, et qui est la base de la porcelaine de *Brunswick*. Enfin, il serait possible que plusieurs kaolins d'Auvergne, comme ceux de *Sauxillanges*, d'*Usson*, etc., que j'ai rapportés plus haut au terrain d'arkose, puisqu'en effet ils en font partie, appartinssent au terrain détritique.

Origine des Kaolins.

Tout ce qui précède a établi d'une manière suffisante que le Kaolin n'est que le résultat d'une décomposition des felspaths, ou des roches qui ont ce minéral pour base ou pour partie dominante.

J'ai fait remarquer en effet la transformation successive et distincte, visible dans certaines carrières, du felspath laminaire et solide, transparent quelquefois, en felspath toujours laminaire, mais blanc, opaque et friable, et enfin, en kaolin terreux blanc montrant encore quelquefois la structure laminaire si connue du felspath. J'ai également signalé des cristaux de felspath, nullement déformés et entièrement changés en matière kaolinique. Enfin, j'ai fait connaître les causes probables qui avaient présidé à ces singulières transformations. Je terminerai en ajoutant que nous sommes parvenus M. Malaguti et moi à décomposer du felspath sous l'influence de l'électricité produite par la pile voltaïque ([1]).

2. Collyrite.

Les Collyrites ont dans leur composition intime beaucoup d'analogie avec les kaolins, elles ressemblent à l'argile blanche que l'on retire des kaolins bruts par le lavage; elles renferment généralement beaucoup plus d'eau, un peu plus de silice et moins d'alumine; leur composition est si variable dans la proportion de ces trois éléments, qu'on ne peut l'indiquer autrement que par des exemples :

	Silice.	Alumine.	Eau.
Collyrite lenzinite.	27	37	25
Collyrite haloysite	39	24	26
Collyrite de Saint-Sever (Landes)	59	22	26

Mais dans les kaolins, quelque argileux qu'ils soient, les grains de quarz y sont distincts, tandis que la Collyrite présente des masses blanches à grains fins, homogènes, à texture terreuse.

Cette terre mêlée avec du felspath en proportion relative à la fusibilité, se travaille bien, et cuite à haute température elle donne une porcelaine assez blanche et translucide; je ne sache pas qu'elle ait été employée en grand. J'ai fait de la porcelaine avec celle de Saint-Sever.

3. Cimolithe.

C'est une roche en général des terrains volcaniques et qui paraît résulter de la décomposition de minéraux, tels que le

([1]) Voir les détails de ces expériences dans le second Mémoire sur les Kaolins. (Archives du Musée d'histoire naturelle, tome II, page 283.)

pétrosilex, les trachytes, etc., qui se trouvent dans ces terrains ou même en font partie.

Cette matière, qui ressemble à une pierre peu solide d'un blanc grisâtre dont la surface prend à l'air une teinte rougeâtre, a une texture tantôt compacte tantôt un peu feuilletée; elle est assez tendre, assez douce au toucher, ayant même quelquefois l'aspect gras; elle renferme disséminés quelques grains de quarz; elle blanchit au chalumeau, mais n'y fond pas; d'après l'analyse qu'en a faite Klaproth,

Elle est composée

De silice	63
D'alumine.	23
D'eau.	12
D'oxyde de fer.	01
	99

C'est par suite de sa texture, de sa propriété de se ramollir et de faire avec l'eau une pâte très-liante, et enfin de sa nature, qu'on a pu la faire entrer dans la pâte de quelques Poteries des îles de l'archipel; on la trouve principalement dans celle de l'Argentière, autrefois Cimolis, île à terrain volcanique de l'archipel Grec.

4. Argiles.

L'Argile est pour les Potiers une terre qui fait pâte avec l'eau, qui se façonne aisément et durcit au feu; c'est dans l'acception rigoureuse que je donne à ce mot une matière éminemment plastique quand elle est convenablement imbibée d'eau, acquérant par l'action du feu une dureté d'autant plus grande que cette action a été poussée plus loin, et ne fondant pas à la haute température des fours à grès ou à porcelaine, à moins qu'elle ne soit mêlée de beaucoup d'oxyde de fer ou de silicate de chaux en proportion convenable.

Les Argiles contiennent toujours dans la nature, quelque sèches qu'elles paraissent, une quantité d'eau, qui est, après la dessiccation atmosphérique d'été, évaluée à + 30 deg. cent., de 2 à 3 p. 0/0 jusqu'à 100 deg., puis de cette température à l'incandescence; elles perdent en tout environ 18 p. 0/0. Je fais abstraction de quelques cas particuliers qu'on remarquera dans le tableau V. B.

Elles ne perdent complétement cette eau qu'à une température incandescente, et perdent en même temps leur plasticité, que le broyage le plus complet ne peut leur rendre.

Les Argiles considérées chimiquement pour arriver à la connaissance de leur véritable nature, c'est-à-dire de ce qui, dans la roche, est à l'état de mélange et à l'état de combinaison, présentent comme le kaolin un véritable silicate d'alumine hydraté a proportion définie, dans les rapports de 57,42 p. 0/0 de Silice et de 42,58 d'Alumine, ce qu'on exprime par la formule Al^2, Si^3. Hors de cette limite il y a un excès soit de silice, soit d'alumine.

Une masse d'Argile peut être considérée ainsi qu'on l'a fait pour le kaolin comme composée d'une part, de silicate hydraté d'alumine de la formule précédente, soluble par un traitement successif acide et alcalin, et d'autre part d'un résidu composé lui-même de quarz insoluble et de débris de minéraux tels que des felspaths également inattaquables par les agents de décomposition; cette seconde partie qu'on a nommée résidu varie beaucoup, comme dans les kaolins, dans sa proportion avec les autres. On a appliqué à l'analyse de plusieurs Argiles ces procédés qui ont fourni à MM. Forchhammer et Malaguti le moyen d'arriver à ce curieux résultat; mais comme ce moyen et ce résultat sont plus scientifiques que pratiques, on s'est borné dans le plus grand nombre des cas à un procédé d'analyse ordinaire.

D'après des observations récentes de M. Mitscherlich elles renferment toujours un peu de potasse [1]; ce chimiste en porte la quantité dans quelques cas à 4 p. 0/0; je présume que c'est aux kaolins que s'applique cette grande proportion.

Ces masses terreuses molles et plastiques que l'on nomme Argile dans les arts, sont un mélange grossier de la véritable Argile telle qu'on vient de la définir, avec des corps étrangers qu'on doit et qu'on peut en séparer par un lavage soigné, c'est

(1) M. Salvétat a répété ces recherches dans le laboratoire de Sèvres, et a reconnu des quantités sensibles de cet alkali, 1 p. 0/0, dans les Argiles plastiques de Vanvres et de Dreux, et tout au plus ½ p. 0/0 dans les marnes argileuses de Viroflay, près Versailles.

ce qui reste après ce lavage qui doit seul être appelé Argile ; mais les Potiers considèrent toujours la masse et c'est aussi sur la masse simplement débarrassée des corps grossiers qui la souillent qu'ont été faites les expériences destinées à en constater la nature et les propriétés. Aussi la plupart des analyses que je vais rapporter et toutes celles qui ont été faites dans le laboratoire de Sèvres, sont de l'espèce de celles que nous avons fait connaître sous le nom d'analyse empirique à l'article du kaolin.

Il y a une considération à faire lorsqu'on veut, soit analyser une Argile, soit faire des vases peu cuits, qui peuvent être mis en contact avec des acides : c'est l'action très-différente qu'ont ces agents sur l'argile crue et sur l'argile qui a été calcinée.

C'est aux observations de M. Vicat, dans son ouvrage sur les mortiers, à celles de M. Thénard et à celles de M. Berthier, qu'on doit la connaissance d'un fait qu'on n'aurait probablement pas présumé *à priori*.

M. Marignac a fait, dans le laboratoire de Sèvres, des expériences propres à confirmer et à développer cette propriété, et surtout dans le but de voir si quelques pâtes faites, c'est-à-dire cuites plus ou moins fortement, seraient plus attaquables par les acides que l'argile crue, qui est la base de ces pâtes.

PATE DE PORCELAINE

sur 100 parties entièrement privées d'eau et réduites en poudre très-fine.

1° Attaquée par l'acide sulfurique.	Matière non attaquée.	Alumine.
Pâte crue.	67,30	30,14
Pâte calcinée au feu de dégourdi.	69,80	26,90
Pâte cuite entièrement au grand feu.	77,54	19,20
2° Attaquée par l'acide hydrochlorique.		
Pâte crue.	77,81	19,12
Pate dite dégourdie.	90,60	6,44

On voit que, dans la pâte de porcelaine, la calcination, même au feu qu'on appelle dégourdi, n'a pas rendu le mélange argilo-siliceux-potassique, qui constitue cette pâte, plus attaquable après sa calcination qu'elle ne l'était avant l'action de combinaison du feu.

La seconde expérience a été faite sur l'argile plastique de Dreux, qui, très-employée dans les arts céramiques, possède toutes les conditions désirables pour faire juger ces phénomènes.

On lui a fait éprouver trois calcinations par l'acide hydrochlorique.

On suppose la pâte entièrement privée d'eau.

Matières essayées.	Matière non attaquable.	Alumine.	Chaux, perte, etc.
Argile crue.	75,54	23,41	1,05
Calcinée une fois.	56,25	42,54	1,21
— 2 fois.	55,26	44,26	1,48
— 3 fois.	90,80	7,38	1,82

Cette expérience montre qu'il ne faut qu'une faible calcination pour rendre l'argile plus attaquable par les acides que lorsqu'elle est crue; mais que plus fortement calcinée elle devient presque inattaquable.

L'ocre jaune, supposée très-pure, privée d'eau et soumise à l'action de l'acide hydrochlorique, présente des différences plus sensibles.

Matières essayées.	Matière non attaquée.	Alumine et fer.	Chaux et perte.
Ocre crue	63,22	33,84	2,94
Calcinée une fois.	61,65	35,00	3,35
— 2 fois.	57,93	38,87	3,20
— 3 fois.	73,11	24,18	2,71

On a soumis aux mêmes actions de la marne argileuse de

Viroflay, base de plusieurs faïences, et on a obtenu les résultats suivants :

Matières essayées.	Matière non attaquée.	Alumine et fer.	Chaux, magnésie, perte.
Marne crue.	41,90	20,00	38,10
Calcinée une fois.	41,19	21,85	36,96
— 2 fois	40,65	23,41	35,94
— 3 fois.	41,31	21,59	37,10

La différence entre l'action de l'acide sur la marne crue et sur la marne calcinée est faible, mais si on enlève la chaux par l'acide acétique, la marne est bien plus attaquée crue que calcinée, et on a alors

	Partie non attaquée.
Avec la marne crue	69,98 p. 0/0.
Avec la marne calcinée	95,40 p. 0/0.

Les Argiles telles que je les définis ne renferment donc essentiellement et dans leur état le plus pur et le plus parfait que de la Silice, de l'Alumine, et de l'Eau ; ce qu'elles contiennent quelquefois de potasse, de magnésie, de chaux, de fer même, qui y est dans certains cas très-abondant, et de carbone, doit être regardé comme accessoire et comme étranger à leur composition essentielle.

Cependant quelques Argiles contiennent une certaine quantité de chaux qui ne paraît pas être entièrement à l'état de carbonate, mais à l'état de silicate et qui, sans les rendre effervescentes avec continuité, leur donne néanmoins un peu de fusibilité, ce sont la plupart des Argiles à Potier (*topferthon*) des minéralogistes.

J'ai cru devoir d'après cela diviser les Argiles sous le rapport de leurs propriétés et de leur emploi dans l'art céramique en deux variétés principales, l'Argile plastique et l'Argile figuline, sous lesquelles viennent se ranger une multitude de leurs variétés, résultat de la couleur, de la plasticité, de la fusion toujours plus ou moins difficile, selon leur degré de pureté.

A. Argile plastique.

L'Argile plastique présente avec tous les caractères que j'ai attribués aux argiles proprement dites :

Une grande plasticité, se prêtant aisément au façonnage sans se diviser entre les mains du Potier, se laissant en raison de sa ténacité aussi difficilement pénétrer par l'eau lorsqu'elle est humide, que priver de ce liquide lorsqu'elle en est imbibée.

Étant absolument infusible à une température d'environ 129° (Wedg.), à moins qu'elle ne soit souillée de fer ou de gypse.

Cette Argile est la base des Grès-cérames, grossiers et fins, des creusets réfractaires, des pots de verrerie, des cazettes à cuire la porcelaine dure, des faïences fines dites terre de pipe, des hygiocérames, etc.

B. Argile figuline.

C'est une Argile liante, mais moins tenace que la précédente ; elle contient toujours un peu de chaux dans la proportion au maximum de 5 à 6 p. o/o en partie à l'état de carbonate et peut-être aussi à l'état de silicate ; elle ne fait jamais avec l'acide nitrique qu'une effervescence faible et qui s'arrête bientôt ; toujours plus ou moins souillée de fer, elle rougit ou au moins jaunit à une haute température ; enfin, sans se fondre, elle se couvre d'une espèce de vernis et se ramollit à une haute température.

En tout elle diffère peu de l'Argile plastique et se rapproche quelquefois des marnes.

Elle est employée dans la fabrication des faïences communes, des terres cuites, des briques, et, en général, dans celle des Poteries qui n'ont pas besoin d'être soumises pour leur cuisson à cette haute température qui donne à la pâte une telle dureté qu'elle ne pourrait plus prendre facilement les glaçures plombifères.

Je puis donner comme exemple de ces Argiles, le n° 11 de

Longport, le n° 125 de Malaise, le n° 132 de Nevers, le n° 136 de Provins, et beaucoup des Argiles de Saxe [1].

Ces Argiles entrent plus ordinairement dans la composition des Poteries tendres et des faïences que les Argiles plastiques qui sont principalement employées dans la fabrication des Grès-cérames.

Origine et gisement général des Argiles Plastique et figuline.

Origine. — Il est bien reconnu que les kaolins sont des Argiles qui tirent leur origine du felspath. C'était l'opinion assez générale des géologues et des minéralogistes, je crois l'avoir mise en plus grande évidence dans mon mémoire sur le kaolin. Quelques chimistes minéralogistes, et principalement M. Mitscherlich de Berlin attribuent la même origine aux Argiles et expliquent assez bien leur impureté et surtout la grande quantité de fer que renferment beaucoup d'entre elles, en ce qu'elles ne résulteraient pas comme le kaolin de la décomposition du felspath par l'eau, aidée de l'acide carbonique, mais de la décomposition du même minéral par l'action des pyrites; il faudrait admettre aussi dans le cas actuel que cette décomposition a eu lieu loin des terrains et des lieux où se trouvent actuellement les Argiles; pour le kaolin, c'est au milieu des roches felspathiques qu'on le trouve, roches qui sont rarement accompagnées de pyrites; or, les kaolins n'en renferment jamais; les Argiles au contraire déposées en général en lits interrompus ou en amas, trouvées presque uniquement dans les terrains de sédiment, même les plus grossiers et les plus distants des terrains felspathiques, sont presque toujours accompagnées de pyrites. Il n'y a presque point de gîtes d'Argiles plastiques sans pyrites, ce qu'on sait d'autant mieux que leur présence est une grande gêne pour le Potier; les Argiles figulines en sont souvent plus exemptes, et les marnes argileuses des terrains tertiaires supérieurs n'en renferment presque jamais, si même elles en contiennent quelquefois.

Gisements. — J'ai insisté depuis longtemps [2] sur la généralité

(1) Voyez ces numéros dans le tableau N° V des Argiles.

(2) Descript. géolog. du bassin de Paris (Un vol. in 4° avec planches. Paris, 1822, p. 17 et 102.)

du gisement de l'Argile plastique, et c'est une considération qui peut avoir de l'importance pour l'art céramique.

La position la plus ordinaire de cette Argile quand on se pénètre bien de la définition rigoureuse que j'en ai donnée d'après sa constitution chimique, est d'avoir été déposée au-dessous des terrains tertiaires de toutes les époques. Toutes les terres argiloïdes qu'on trouve dans ces terrains, sont, sauf de très-rares et très-incomplètes exceptions, des marnes argileuses ou tout au plus des Argiles figulines.

Leur autre limite ou leur limite inférieure me paraît être les terrains crétacés et les épiolithiques ou néocomiens.

On trouve cependant dans les terrains houillers au milieu des schistes argileux, des lits d'Argiles qui ont les caractères des Argiles plastiques mais qui ne sont en général ni aussi délayables, ni aussi malléables que les Argiles supérieures aux terrains néocomiens et crétacés.

Les Argiles plastiques peuvent se trouver et se trouvent en effet quelquefois immédiatement au-dessus des terrains de tous les âges et de toutes les formations à l'exception du tertiaire comme on vient de le dire, mais cela ne détruit pas les règles que je crois avoir reconnues dans leur époque de formation, quelle qu'en soit la cause, et que je rapporte aux périodes que je viens d'indiquer, l'épiolithique ou néocomienne et la crétacée. Aussi en dessous des terrains épiolithiques qui renferment tant de marnes et si peu d'Argiles, c'est-à-dire dans les formations crayeuses elles-mêmes, dans les formations jurassiques, du lias, du keuper, dans les terrains conchyliens, pœcilien, rudimentaire, etc., toutes les roches de sédiments nommés Argiles (*Kimmeridge Clay*, *Oxford Clay*, *Bradford Clay*, *etc.*) [1] sont-elles, non pas des

[1] Il faut ou ne point adopter ce nom, ou le prendre dans sa véritable acception ; dans celle que je lui ai donnée en le créant ; sans cela, comme je l'ai dit dans la note 1, page 81 de mon tableau des terrains (*), il n'y a plus que confusion, confusion qui ne se trouve pas seulement dans des désignations peu importantes de variétés, mais qui s'applique aux deux plus hautes considérations de l'Argile plastique : la détermination de sa position réelle dans l'écorce du globe et son emploi dans les arts céramiques. Il faut bien entendre avec moi que j'exclus de ces deux considérations bien des matières terreuses auxquelles on donne aussi le

(*) Tableau des terrains qui composent l'écorce du globe. 1829.

Argiles plastiques, mais, comme je les ai dénommées dans mon tableau des terrains, de véritables marnes. Elles ont toutes été essayées.

Les Argiles plastiques se présentent ordinairement en amas à peu près lenticulaires et ellipsoïdes allongés, presque jamais que je sache, en stratification régulière, étendue, interposée entre des strates d'autres roches, mais généralement aussi presque superficielle ou recouverte de terrains de transport clastiques ou sédimentaires. Leur exploitation peut rarement être suivie avec régularité, en raison de leur disposition en nodules ellipsoïdes comme déposés dans des bassins qui retiennent les eaux et gênent encore par là l'exploitation.

L'Argile plastique renferme très-souvent des pyrites, souvent des cristaux de gypse, des amas de fer oligiste terreux (ocre rouge), de limonite terreuse (ocre jaune), qui la souillent et la rendent impropre aux emplois céramiques qui exigent une haute température, en lui donnant une fusibilité qu'elle ne doit pas à sa nature, mais à la présence de ces matières étrangères.

L'argile plastique ne présente jamais dans sa masse de débris des corps organisés : du moins je n'en ai jamais vu d'exemples bien évidents.

On remarquera que ces considérations géologiques sont très-propres à diriger le Potier qui veut se procurer des Argiles plastiques, c'est-à-dire des Argiles réfractaires faciles à travailler. Aussi quand on habite dans un pays dont le sol est ce que les géologues nomment terrain de sédiment, si c'est un terrain de sédiment tertiaire, il y a très-peu de probabilité d'y rencontrer des lits ou amas d'Argile plastique, et c'est à peu près inutile d'y faire des fouilles, à moins qu'on ne puisse le traverser entièrement et arriver ainsi soit au terrain crétacé, soit enfin à un terrain d'une tout autre origine que le terrain tertiaire.

Il ne faut pas cependant mettre dans cette règle une confiance absolue. Il y a dans le bassin tertiaire de Paris un exemple d'exception. M. de Senarmont, ingénieur des mines, a observé sur les

nom d'argiles, telles que le kaolin, les marnes argileuses, les smectites, les bols, les lithomarges, etc., qui sont bien des silicates d'alumine plus ou moins mélangés, etc., mais qui ne sont pas des Argiles plastiques.

terrains lacustres de la Beauce, près Dourdan, une Argile blanche, plastique, qui ne contient ni carbonate, ni silicate de chaux en quantité notable. (Voir l'analyse n° 90, tableau n° 5.)

Le terrain crétacé ne renferme pas généralement, du moins dans les parties qu'on connaît en Europe, de lits d'Argile plastique; mais il paraîtrait que le terrain épiolithique, ou le néocomien qu'on rencontre immédiatement au-dessous, contient des amas d'Argile plastique entre ses lits. On y rapporte l'Argile de forges. (Analyse n° 105.)

Je viens de montrer que je ne connais pas d'exemple d'Argile plastique dans les terrains de sédiment moyen appartenant aux formations ou systèmes jurassique et triasique. C'est au système carbonifère et aux terrains houillers qu'il faut descendre pour retrouver des argiles qui aient les caractères de composition et d'infusibilité des argiles plastiques; mais elles n'en ont pas toute la plasticité. Cependant, le schiste argileux interposé en lit dans ce terrain si nettement stratifié, est employé à tous les usages de l'Argile plastique. Il est noir, mais ne devant cette couleur qu'au carbone qui le teint, il la perd complétement par la haute température à laquelle on l'élève pour le cuire en Grès-cérame. Les Grès de Stourbridge et l'Argile noire qui en font la base sont un exemple assez remarquable de cette qualité d'Argile et de sa position.

Quoique les Argiles plastiques proprement dites soient bien plus rares sur la terre que les marnes argileuses qu'on appelle souvent Argiles, et que les marnes calcaires, on doit voir cependant par le grand nombre de Grès-cérames qu'on fabrique en Angleterre, en France et en Allemagne, et quoique la plupart des Grès de ces deux pays soient faits avec les Argiles plastiques supra-crétacées, qu'on peut encore trouver hors des terrains crétacés et des terrains houillers des dépôts d'argile plastique très-propre à ce genre de fabrication.

Ce sont dans mon opinion les terrains volcaniques, ou pour parler plus généralement les terrains pyrogènes, qui ont fourni ou fournissent peut-être encore des Argiles plastiques. Le premier exemple que je peux en donner comme des plus frappants, ce sont les terrains basaltiques. Il y a peu de terrains de cette sorte qui ne soient accompagnés, de près ou à quelque distance, d'Argile plastique. Plusieurs fabrications de Grès-cérames résultent de ces gîtes. Tels sont les creusets dits de Hesse, fabriqués à Gross-almerode, au pied du Meissner, célèbre montagne basaltique : les basaltes recouvrent immédiatement le lit d'Argile plastique. Telles sont les Argiles des lignites des bords de l'Eller, près de Carlsbad, et un grand nombre d'autres, que les bornes et l'objet de ce traité ne me permettent pas d'énumérer.

Presque tous les terrains volcaniques-laviques offrent à leurs bases, dans leur déjection pulvérulente ou boueuse, des dépôts d'Argile pure, qui, quelquefois trop mêlés de cendre réellement lavique, ne sont pas susceptibles d'être travaillés; mais dans beaucoup de cas elles peuvent encore fournir des matériaux à l'art céramique.

Je me bornerai à un seul exemple de cette position, ou du moins d'un gîte d'Argile plastique très-célèbre que je crois pouvoir rapporter à cette position. C'est celui des Argiles des bords du Rhin, connues sous le nom d'Argile de Coblentz ou de Cologne, quoiqu'elles ne se trouvent point dans le territoire de ces villes, mais à une distance à l'est de plus de 18 kilomètres.

On sait que les bords du Rhin présentent dans un grand nombre de points des terrains d'origine évidemment ignée. Les environs de Coblentz semblent en être tout à fait dépourvus. Cependant je crois avoir reconnu des petites parties de roches qui sont comme des vestiges de cette formation. Ce sont des agglomérats ponceux d'une épaisseur de quelques centimètres composés de zones minces successivement noires, jaune-brunâtre et noires, qui de Vallendar à Walkensburg, entre ce premier bourg et le village de Grenzhausen, recouvrent le dépôt assez puissant de limon, d'argile sableuse rougeâtre mêlée de petits rognons de fer limoneux et de sable blanc, au-dessous duquel est placé le lit d'Argile plastique, quelquefois accompagné de lignite, qu'on exploite à Grenzhausen.

Je citerai un dernier exemple d'Argile d'origine volcanique évidente. C'est M. Horsfield qui l'a observé et publié dans les Mémoires de Batavia (tome VIII). Lors d'une grande éruption du volcan de Klutz, le vent transporta jusqu'à Batavia une grande quantité de cette poussière terreuse qu'on appelle cendre volcanique. Cette prétendue cendre était une Argile très-alumineuse, si ce n'était même de l'Alumine, qui, humectée, prenait une plasticité très-caractérisée, et toutes les qualités, dit l'auteur, d'une bonne Argile à Potier. On pense que les orfèvres de Batavia en faisaient les moules de leurs ouvrages les plus délicats.

Il est probable que les Poteries grecques fabriquées dans les îles de l'archipel Grec, dont plusieurs telles que Milo, Candie, appartiennent à la formation pyrogène, ont été faites avec des argiles de pareille origine, et je ferai remarquer à l'article des Poteries de Milo qu'elles présentent une dureté beaucoup plus considérable que celle des Poteries campaniennes.

5. Les Marnes.

Les Marnes sont des matières terreuses essentiellement composées d'argile et de carbonate de chaux et souvent de sable dans des proportions très-variables auxquelles on ne peut assigner aucune loi; par conséquent, le caractère des Marnes est d'abord, de faire effervescence avec les acides, de donner avec l'eau une pâte plus ou moins courte et d'être toujours plus ou moins facilement fusibles; toutes les Marnes plastiques sont aussi ou friables et désagrégeables sur le champ, ou solides et plus lentement désagrégeables.

Nous distinguons les Marnes, suivant la prédominance bien marquée de l'un des deux composants principaux, en Marnes argileuses, Marnes calcaires, et Marnes limoneuses.

Les Marnes argileuses font facilement pâte avec l'eau, se travaillent même assez aisément, acquièrent de la solidité et même de la dureté au feu; ce sont celles qu'on emploie le plus ordinairement et presque seules dans la fabrication des Poteries communes.

Les Marnes calcaires, généralement blanches ou grises, présentent une texture compacte et une solidité que n'offrent pas les premières, elles se dilatent et se désagrégent par l'action des météores atmosphériques; seules elles ne donnent jamais avec l'eau une pâte réellement plastique ; elles n'entrent donc dans la composition des pâtes céramiques que comme ingrédients dégraissants, empêchant la fente, et donnent aux faïences la propriété de recevoir plus facilement et plus également l'émail et de l'empêcher de se détacher par écailles.

Les Marnes limoneuses sont généralement légères, poreuses et friables ; elles sont brunes ou même noires ; elles font effervescence avec les acides, laissant après leur action un dépôt sableux plus ou moins abondant.

Elles donnent une pâte assez liante, mais qui n'a que peu de solidité.

Quand elles sont noires elles peuvent conserver leur couleur au feu, mais seulement à basse température ; dans d'autres cas elles cuisent en rouge, en conservant quelquefois dans leur intérieur, des parties brunes et même noires plus ou moins étendues.

Je donne le tableau de quelques matières terreuses qui par leurs propriétés, leur composition et leur emploi peuvent être considérées comme marnes céramiques (1).

Marne argileuse.

Les Marnes argileuses qui sont si fréquemment employées dans la fabrication des faïences et des terres cuites, se présentent dans tous les terrains, surtout dans les terrains tertiaires. On ne trouve que ces Marnes dans les terrains épiolithiques, dans les jurassiques, etc.

Elles s'y présentent en lits réguliers alternant avec les calcaires, les gypses, et les grès de ces terrains, renfermant quelquefois de nombreux débris de corps organiques végétaux et animaux de toutes les classes, mais de celles qui sont propres à l'époque géologique des terrains auxquels elles appartiennent, et c'est même ainsi qu'on peut déterminer leur époque de formation quand on les trouve non interposées. Les Marnes argileuses et calcaires sont bien plus répandues et en bien plus grande masse à

(1) Je n'ai dû parler ici que des marnes qui entrent dans la composition des pâtes céramiques ; j'ai réuni ailleurs (*Dict. des Sc. nat.*, édit. de Levrault, 1823, tome XXIX, art. MARNE) tout ce qui m'a paru devoir constituer l'histoire naturelle de cette roche terreuse.

la surface du globe que les argiles plastiques ; non-seulement elles se rencontrent dans les terrains infra et supra-crétacés, mais elles s'y présentent en couches puissantes ; elles forment à elles seules des collines très-étendues, elles couvrent presque entièrement certains pays ; telles sont les collines Subapennines, le pied des montagnes des Pyrénées orientales, de la Provence, de la Suisse, des Alpes depuis le Piémont jusqu'en Italie, de la Hongrie, etc.

Toutes sont plus ou moins propres à donner des Poteries et faïences communes ; leur abondance, leur position superficielle, la régularité de leur stratification, la facilité de leur exploitation et celle de leur emploi, expliquent pourquoi toutes les Poteries antiques appartiennent à la classe des Poteries communes et comment les peuples les plus avancés dans les arts céramiques ont été si longtemps avant de fabriquer des Poteries à pâte dure et dense telles que les Grès-cérames dont la partie essentielle et presque unique est l'argile plastique.

La marne limoneuse par les mêmes motifs étant encore plus superficielle, plus répandue, plus facile à travailler que les autres ; se trouvant à toutes les embouchures des grands fleuves, dans toutes les larges vallées, a été aussi la première et la plus communément employée : c'est chez chaque peuple la matière ordinaire des Poteries les plus grossières et les plus anciennes.

On trouve la preuve de cette origine dans les cas où la Poterie a pu conserver après sa cuisson quelques caractères de la Marne limoneuse qui a servi à la faire ; tel est le mica bien distinct dans les Poteries des parties de l'Inde dont le limon d'atterrissement est micacé ; tels sont les fragments de jarres et d'autres Poteries qui nous viennent de l'Amérique septentrionale, pétris des débris de coquilles fluviatiles qui vivent dans les eaux dont le limon a fourni la Marne céramique, ingrédient probablement unique de ces Poteries.

Ces circonstances géologiques se trouvant plus tranchées, plus développées dans les Apennins et dans les parties de l'Italie moyenne et même de la Grèce, où s'étaient établies les plus grandes, les plus nombreuses et les plus célèbres fabriques de Poterie grecque, nous offrent une présomption de plus de l'influence du sol sur la fabrication des pâtes céramiques antiques.

6. La Magnésite et la Giobertite.

L'une est un silicate, l'autre un carbonate de magnésie souvent mêlé de silice, qui a une couleur blanc sale, tirant sur le violâtre ou sur le rosâtre, une grande légèreté, une grande ténacité, et dont la cassure est raboteuse.

Ces minéraux sont difficiles à broyer et à réduire en pâte ; il faut une trituration très-longue pour en obtenir une pâte qui encore n'a que très-peu de liant, et qui même a souvent besoin pour être travaillée d'être associée avec de l'argile plastique.

Le carbonate de magnésie (Giobertite) fait avec l'acide nitrique une effervescence lente; le silicate de magnésie (Magnésite) n'en fait aucune lorsqu'il est sans mélange de carbonate.

L'un et l'autre sont infusibles à la plus haute température des fours à porcelaine, mais leur pâte prend une retraite considérable que nous évaluerons en son lieu.

Ces matières se connaissent en Espagne, à Vallecas près Madrid; en Piémont, dans les collines de Castellamonte et de Baldissero; en Anatolie, c'est la pierre qu'on nomme vulgairement écume de mer; à Salinelle, dans le département du Gard, etc.

Elles n'ont été employées comme élément de pâte céramique qu'en Espagne et en Piémont.

J'en donne ici la composition.

Magnésite de Vallecas, près Madrid. . . .	Silice.	Magnésie.	Eau.
	54	24	20
Giobertite (ou carbonate de magnésie, de Baldissero a Castellamonte, près Turin. Elle est presque toujours mêlée de silicate de magnésie.	Acide carbonique.	Magnésie.	Eau.
	49	48	2

7. Talc et Stéatite.

Le Talc et la Stéatite qui n'est que le Talc à l'état terreux, sont introduits quelquefois, mais en petite quantité, dans les pâtes céramiques. Ces cas sont trop rares pour que nous nous y arrêtions.

Leur plasticité est faible, mais leur broyage est facile.

Dans quelques cas, le Talc mis par enduit, mais sans passer au feu, à la surface de quelques Poteries, sert à leur donner un lustre argentin ou même doré; telles sont certaines Poteries grossières de l'Inde.

Dans la fabrication de la porcelaine de Vista Alegre en Portugal, établie par M. Pinto Basto, on emploie un sable blanc talqueux argentin, et dans celle de Vineuf, près Turin, on ajoute du Talc blanc aux autres bases magnésienne et argileuse de cette porcelaine.

B. Les matières dites dégraissantes.

1. Le Quarz.

La silice qui est introduite particulièrement dans la pâte céramique comme matière dégraissante ou comme matière propre, additionnée au fondant, est prise dans le Quarz hyalin en masse, dans le Quarz à l'état de sable ordinairement très-pur, et dans les Silex pyromaques.

Dans le premier cas, on ne cherche point à l'extraire des filons des terrains de cristallisation, granite, gneiss, micaschiste ou autre roche, ce serait une exploitation trop dispendieuse. On recueille les blocs erratiques de Quarz qui se présentent dans quelques localités (environs de Sarrebruck, etc.), les galets de Quarz roulés par les fleuves (cailloux du Rhin).

Le sable est tantôt du Quarz pur, tantôt du Quarz mélangé d'argile, de calcaire, d'oxyde de fer et de mica; il est alors employé, après avoir été broyé ou réduit à un état de grande ténuité, soit comme dégraissant les pâtes trop argileuses, soit comme fondant en donnant à la pâte plus de liaison avec la glaçure : tel est le sable de Nevers, par rapport à la faïence; mais dans ce cas le sable n'est pas du quarz pur.

Il est composé ainsi :

Silice	86
Alumine	09
Chaux	02
Magnésie	01
Oxyde de fer	01
	99 (BUISSON.)

Au reste le sable n'est jamais parfaitement pur, celui de Fontainebleau renferme environ 4 pour o/o de matières étrangères, consistant en alumine, magnésie et fer; celui de la butte d'Aumont est plus pur, ne renfermant guère que 1 pour o/o de matières étrangères à la silice (BUISSON et MALAGUTI.)

Lorsque le sable est coloré, on ne peut l'employer que dans les pâtes dont la couleur est sans importance.

Dans les pâtes qui cuisent à basse température, le mica qu'il renferme quelquefois, assez souvent même, donne à ces pâtes, la plupart sales de ton, un aspect pailleté, qui en rehausse la tristesse. Beaucoup de Poteries noires et rouges de l'Inde, ou des anciens peuples, offrent cette particularité

Les silex pyromaques [1] offrent un des ingrédients les plus efficaces pour amaigrir les pâtes trop argileuses. On verra que l'introduction de cette variété de Quarz dans les pâtes plastiques a créé en Angleterre cette nouvelle classe de Poterie qui a eu un si grand succès et qu'on a nommée cailloutage.

Les Silex pyromaques bien caractérisés, jouissant de toutes les propriétés qu'on y recherche, de se laisser broyer facilement jusqu'à la plus grande finesse, de ne donner aucune couleur aux pâtes, ne se trouvent avec ces qualités que dans la craie blanche ; ils y sont disséminés en nodules de toutes formes qui sont noirs ou blonds; mais ils perdent cette couleur et deviennent blanc opaque par la calcination qu'on leur fait éprouver pour les broyer plus facilement.

On trouve des nuances de propriétés différentes dans toutes les pierres que les minéralogistes et les chimistes regardent comme

[1] Vulgairement pierres à fusils.

des Silex, des Sables ou des Quarz sensiblement purs. Nous verrons que dans plusieurs cas on préfère les Silex, les Sables, le Quarz hyalin d'un lieu à ceux d'un autre, quoique la chimie la plus savante n'ait pu jusqu'à présent reconnaître en eux aucune différence. Le mode d'agrégation assez différent dans les Quarz non cristallins, dans certains Silex et dans les Sables, où il peut résulter de leur trituration naturelle quand ils n'ont pas été faits par voie de cristallisation confuse, peut avoir de l'influence sur leur propriété dégraissante qui paraît être toute mécanique, et même sur leur propriété fondante; car on sait qu'un corps fusible réduit à la plus grande finesse fond plus aisément qu'une poudre grossière.

Quant à la calcination des Quarz et des Silex, qui n'a pas pour effet présumable d'en chasser des corps volatils qu'on n'y connaît pas, elle n'a peut-être pas non plus pour unique objet de les rendre plus faciles à broyer; car nous savons déjà que la calcination du sable quarzeux, en le faisant gonfler sensiblement, l'empêche d'éprouver ce changement de volume dans les pâtes où on l'introduit; enfin, cette opération a peut-être un autre résultat qu'on ne connaît pas encore.

2. Les Ciments.

Les pâtes qui ont été déjà cuites, principalement les pâtes argileuses, broyées ensuite plus ou moins finement sont réduites en une matière pulvérulente à laquelle on donne improprement le nom de ciment (*charmot* des Allemands). C'est un des ingrédients dégraissants les plus usités dans la fabrication des pâtes grossières; c'est aussi ce que les fournalistes de Paris appellent talvanne.

3. Les Escarbilles.

Ce sont les scories vitro-ferrugineuses qui tombent des forges où l'on travaille le fer à la houille; elles sont aussi introduites comme ciments; mais étant en même temps fondantes, grossières et colorées, on ne peut les employer que dans les Poteries très-grossières qui cuisent à basse température.

La sciure de bois est quelquefois mêlée avec quelques pâtes pour en rompre l'homogénéité, tant pendant la dessiccation que pendant la cuisson, et même après, à rendre ces pâtes moins fragiles en laissant après leur combustion ou au moins leur carbonisation, de petites cavités qui rompent l'homogénéité de ces pâtes.

L'amiante, matière filamenteuse de la classe des pierres, est employée, j'en ai la preuve, dans la fabrication de quelques pâtes céramiques, pour leur donner une sorte de liant et de ténacité qui les font résister plus facilement aux dilatations irrégulières et au choc qui pourraient les casser.

On l'applique à cet usage en Corse. M. Hénain, commis aux affaires étrangères, a voulu dès 1790 introduire cette matière dans là fabrication des Poteries grossières de Paris.

C. Des matières fondantes.

Nous plaçons le felspath à la tête de ces agents, non que ce soit le plus actif, mais c'est un des plus employés.

1. Les Felspaths [1].

Pour les Potiers, il n'y en a que de deux espèces, l'Orthose et la Cleavelandite (albite), et encore n'est-il nullement prouvé qu'on ait jamais employé la seconde avec intention et habituellement.

L'Orthose est un Felspath à base de potasse, la cleavelandite est un felspath à base de soude.

Les Felspaths employés dans la porcelaine ne sont jamais purs. Ce sont de vraies roches mélangées appartenant à l'espèce qu'on nomme Pegmatite, et qui est essentiellement composée de Felspath et de quarz en parties très-distinctes.

Ce n'est pas le lieu de donner ici l'histoire minéralogique du Felspath. On sait que c'est une pierre à structure laminaire, à lames brillantes sur quatre plans perpendiculaires l'un sur l'autre, tandis que les deux faces opposées de la base du prisme, qui forment l'assemblage de ces quatre plans brillants, sont ternes. On sait que ce minéral se laisse rayer par le quarz ou cristal de roche, et qu'il

(1) On les appelle aussi Petunzé, Cailloux.

raye facilement le marbre blanc ; que sa pesanteur spécifique moyenne peut être exprimée par 2,50, c'est-à-dire deux fois et demie plus que l'eau, et qu'enfin il fond au feu de porcelaine en un verre toujours un peu laiteux. C'est à ces caractères que les Potiers les moins instruits en minéralogie pourront le reconnaître.

Quant à savoir si c'est un Felspath à potasse ou à soude, quoique cette détermination puisse être très-utile, nous ne connaissons d'autre moyen d'y arriver qu'une analyse complète et assez difficile. C'est donc aux chimistes qu'il faut avoir recours quand on ne possède pas leur science.

Mais, comme on vient de le dire, le Felspath employé dans les arts céramiques, principalement dans celui de la porcelaine, n'est jamais un minéral homogène ; il est toujours associé à du quarz et quelquefois à un peu de mica.

Il y a donc deux sortes d'analyses à donner du Felspath : l'une sera celle de l'Orthose supposée pure. Ce sont ces analyses que nous allons rassembler dans le tableau n° VI de l'Atlas.

Les autres sont les analyses de cette roche mélangée, que nous nommons pegmatite, et que les porcelainiers appellent Cailloux, roche qui, broyée finement dans son entier, produit la poudre introduite comme fondant dans les porcelaines, et qui constitue le Couverte ou Glaçure de cette Poterie.

Nous ne donnerons la composition de cette poudre qu'en traitant des Poteries qui l'emploient comme éléments fondants ou comme Glaçures.

Les felspaths susceptibles d'être employés dans les arts céramiques ne se trouvent dans leur place originaire que dans les roches que les géologues ont appelées primitives ou de cristallisation, notamment et presque exclusivement dans les terrains de granite.

Ils ne sont point purs dans cette roche, étant toujours accompagnés de mica, souvent de talc, de stéatite, d'amphibole même, et toujours plus ou moins colorés. C'est donc la roche nommée Pegmatite, si voisine du granite, que pendant longtemps on ne l'en a pas distinguée, et qui est, comme je l'ai dit plus haut, presque uniquement composée de Quarz et de Felspath blanc, qu'on emploie pour la Couverte.

Cette roche est plus rare que les granites, mais elle ne se trouve que dans les pays granitiques.

Elle est plus ou moins fondante, suivant les rapports de proportion du quarz et du Felspath.

Lorsque le quarz domine, elle est plus difficile à fondre que quand c'est le Felspath, puisque celui-ci fond seul.

2. Calcaires

(carbonate de chaux).

Les Calcaires que l'on emploie comme fondants sont rarement pris dans les variétés pures du carbonate de chaux; ce sont, suivant la localité, des Calcaires compactes, jurassique ou alpin, qui renferment toujours un peu d'argile, et qui, plus souvent colorés par des matières combustibles que par du fer, perdent leur couleur au feu; le plus souvent ce sont des marnes calcaires ou des marnes sableuses, ou même des Dolomies.

Dans quelques circonstances on prend le Calcaire qu'on fait entrer comme fondant, dans la craie blanche : c'est un Calcaire beaucoup plus pur qu'on ne pense, comme le montrent les analyses ci-dessous des craies de Meudon et de Bougival.

Craie (carbonate de chaux). . . .	De Meudon. (Laurent.)	De Bougival. (Buisson.)	
Carbonate de chaux	965	960	
Manganèse, fer et alumine.	007	»	
Sable.	008	008	
Carbonate de magnésie.	008	010	
Eau ou perte	012	22	
	1000	1000	
Rapports de la chaux aux matières étrangères.			
Chaux	95,2	96,4	Laurent.
Matières étrangères fixes.	4,8	3,6	

A l'égard du Gypse ou Plâtre (sulfate de chaux avec eau combinée), c'est le sulfate de chaux anhydre, contenu dans le gypse, qu'il faut seul compter, à moins qu'on ne prenne du plâtre parfaitement cuit. Or, les rapports de l'eau et du sulfate de chaux sont de 79 de sulfate de chaux à 21 d'eau.

Il faut aussi avoir égard aux matières qui accompagnent fréquemment le Gypse, telles que l'argile, le sable, le carbonate de chaux et le sulfate de strontiane. C'est d'autant plus important que ce sel terreux est fréquemment employé dans les pâtes les plus belles et les couvertes les plus délicates.

Dans plusieurs cas la température à laquelle la Poterie doit cuire est insuffisante pour calciner la chaux ; alors le calcaire n'y est point introduit comme fondant, et la pâte de la Poterie fait effervescence avec l'acide nitrique, ainsi qu'on le verra à l'article des Poteries à pâte tendre mate, vernissée et émaillée : telle est la faïence. Dans d'autres cas l'acide carbonique est dégagé par la température de la cuisson, comme dans la porcelaine. Il faut remarquer alors que ce n'est plus du carbonate de chaux qu'on introduit ici comme dégraissant, mais de la chaux comme fondant. Il faut dans ce cas n'avoir égard dans les proportions qu'à la chaux renfermée dans le carbonate de chaux qui fait partie du calcaire ou de la marne. On sait que cette proportion est, d'après les expériences récentes de M. Dumas, de 56 de chaux et 44 d'acide carbonique

Barytine (sulfate de baryte); il est très-peu employé, ne se trouve que dans la nature, est sujet à être mêlé avec des substances métalliques, ce qui exigerait une extraction soignée et un épluchage souvent dispendieux.

D. Glaçures.

Nous retrouvons dans l'article des glaçures, plusieurs des substances que nous avons déjà examinées, jouant d'autres rôles, et quelques substances autres qui sont plus artificielles que naturelles, presque toutes même le sont, à l'exception de l'acide borique, du selmarin, et des ocres.

Comme ces objets ont des emplois très-spéciaux, je n'en parlerai point ici d'une manière générale; je dirai seulement qu'on a préféré le borax (borate de soude) à l'acide borique à cause de la difficulté d'obtenir ce dernier toujours dans le même état de pureté. Ainsi quand on veut introduire de l'acide borique dans une Glaçure il faut avoir égard à sa proportion dans le borax par rapport à la soude et à l'eau qui l'accompagne, et savoir que pur et bien cristallisé en prisme il est composé d'eau 53, de soude et d'acide borique 47. L'eau y est si abondante, qu'il faut toujours l'en chasser par calcination avant de l'employer.

M. Payen vient de faire un borax qui renferme beaucoup moins d'eau, et dont la forme est l'octaèdre régulier. Il est composé d'eau 30, d'acide borique et de soude 70.

Phosphorite (phosphate de chaux). Cette substance nouvellement introduite comme fondant dans les pâtes céramiques, mais presque uniquement jusqu'à présent dans les porcelaines tendres, n'est point prise dans le règne minéral; elle est trop rare en masse dans la nature et devient souvent d'une exploitation et d'une épuration difficiles. Cependant on pourrait peut-être employer le phosphorite fibreux de Logrosan en Estramadure, qui forme des collines entières, ou celui d'Amberg en Bavière, moins abondant et renfermant une quantité plus ou moins considérable de silice à laquelle il faudrait avoir égard.

Le phosphorite qui est d'usage dans les procédés céramiques actuels est tiré des os de grands animaux. Nous verrons à l'article de la porcelaine tendre anglaise qu'il y a dans cette matière beaucoup plus de choix qu'on ne le présumerait au premier aspect, et que les os de toute espèce d'animaux ne peuvent être pris indistinctement.

Je pourrais actuellement parler de l'influence de chacun de ces éléments des Poteries sur la plasticité de leur pâte, sur leur solidité, leur densité, leur fusibilité, la facilité ou la difficulté de leur fabrication, sur les défectuosités qu'elles font éprouver aux Poteries dans leur façonnage, dessiccation, cuisson, etc., mais on voit que je serais obligé d'anticiper sur la connaissance de toutes ces propriétés et qu'il est plus convenable de parler de ces diverses influences à mesure que je traiterai des opérations qu'il faut faire pour fabriquer entièrement une Poterie parfaite et des diverses propriétés qui accompagnent ou suivent ces opérations.

SECTION II. — CONDITIONS DE COMPOSITION GÉNÉRALE DES PATES CÉRAMIQUES.

Pour atteindre le but qu'on se propose, qui est de lier les éléments des pâtes de la manière la plus facile, la plus complète et la plus convenable, ou de former des pâtes faciles à travailler et solides sous tous les rapports, il faut remplir certaines conditions dont les principales sont l'état physique et chimique des parties, la plasticité et l'homogénéité. Ce sont des conditions essentielles de fabrication de toute pâte céramique.

Pour remplir ce double objet, les matériaux (1) de toutes les pâtes céramiques doivent consister en matières plastiques et en matières arides ou dégraissantes, réunies de manière à former un tout homogène.

L'homogénéité de nature, c'est-à-dire la répartition égale dans toute la masse des matériaux qui la composent, et celle de densité, c'est-à-dire une égale densité dans toutes les parties de cette masse, sont des conditions de premier ordre ; car on peut façonner par différents procédés des pâtes, et en obtenir des Poteries parfaites, pourvu que ces pâtes possèdent cette double homogénéité.

Ces conditions de perfection des pâtes et les moyens d'y arriver s'obtiennent par quatre voies ou moyens. La plasticité, le dégraissement, l'action de l'eau et l'homogénéité, but où doivent conduire les trois premières.

Article Ier. — ÉTAT PHYSIQUE ET CHIMIQUE DES PARTIES.

Il ne suffit pas pour obtenir des Poteries d'une sorte et d'une qualité données de former une base composée des éléments chimiques (silice, alumine, chaux, alcali, etc.), qui doivent constituer la Poterie qu'on veut faire. Il faut encore que les matériaux employés remplissent une condition essentielle, qui consiste à

(1) On voit qu'il ne faut pas confondre les matériaux qui composent une pâte avec les éléments de cette pâte. Par exemple : les matériaux de la porcelaine sont : le kaolin et le felspath, et ses éléments sont : la silice, l'alumine et la potasse.

présenter à peu près le même mode de combinaison et le même mode d'agrégation que possèdent les matériaux employés ordinairement dans la composition de cette sorte de Poterie.

Cette condition a été mise en évidence par le travail que j'ai fait conjointement avec M. Malaguti et publié en 1841 ([1]), sur la fabrication que nous appelons artificielle de pâte de porcelaine, composée des éléments qui la constituent telle, mais pris chacun dans un état d'isolement et de finesse sous lequel la nature ne les présente jamais. On a vu par nos recherches et nos expériences quelle influence l'état physique et chimique des matériaux employés avait sur la plasticité, la fusibilité et les autres qualités demandées tant aux pâtes en façonnage qu'aux pâtes faites. Comme ces essais ont été principalement dirigés sur la fabrication des pâtes de porcelaine, j'y reviendrai au chapitre de cette Poterie. Je dois me contenter de dire que l'alumine pure, soit hydratée, soit privée d'eau, et la silice pure, mêlées dans les proportions où elles se trouvent dans les pâtes avec de la chaux, etc., donnent des masses qui ne possèdent ni la plasticité ni la ténacité nécessaire au façonnage des pâtes, et qu'elles ont une fusibilité que ne présentent pas les pâtes composées de ces mêmes éléments, mais existant déjà combinés dans les matériaux naturels que l'on est dans l'habitude d'employer.

Il en résulte, ce que j'avais dit souvent, mais seulement comme présomption, que l'analyse chimique d'une Argile, d'un Kaolin, d'une Marne, était insuffisante pour savoir si ces matières étaient propres à la fabrication des Poteries; qu'il n'y avait d'autres moyens pour le savoir sûrement, que des essais techniques, soit sur les matières seules, soit sur les matières mélangées avec d'autres terres. Dans ce dernier cas l'analyse chimique pouvait donner d'utiles directions pour éviter de longs et dispendieux tâtonnements, mais elle ne suffit dans aucun cas.

Il en résulte aussi qu'à moins d'avoir exactement les mêmes matériaux, la composition d'une pâte ne peut servir que pour les localités où l'on possède ces matériaux, et que les secrets

([1]) *Second Mémoire sur les Kaolins* (Archives du Muséum d'histoire naturelle. 1841, tome II, page 217).

qu'on a fait si longtemps des compositions des pâtes de porcelaine de Sèvres, de Saxe, de Berlin, etc., ne pouvaient être bons que pour éviter la contrefaçon dans le pays même.

§ 1. — *Des matières Plastiques et de la Plasticité.*

On entend par Plasticité la faculté qu'ont certaines matières molles de prendre sous la main de l'ouvrier toutes les formes qu'il veut produire. On appelle pâtes longues celles qui jouissent au plus haut degré de cette faculté, et pâtes courtes celles qui, par opposition, ne la possèdent que faiblement.

La Plasticité, quoiqu'elle ne soit pas une condition indispensable au façonnage des pâtes céramiques (les pâtes des anciennes porcelaines tendres n'ont aucune plasticité), est cependant la propriété le plus généralement recherchée, comme se prêtant le mieux au façonnage le plus facile et le plus ordinaire de ces pâtes.

On n'a encore aucun moyen précis d'évaluer la Plasticité d'une pâte, car elle peut dans une même pâte dépendre de deux causes différentes : la quantité d'eau qu'elle renferme et la finesse des parties.

Ces deux conditions étant les mêmes on peut évaluer la Plasticité d'une pâte par le degré d'allongement que des boudins ou colombins de cette pâte peuvent prendre sans se rompre ou se déchirer; mais cette évaluation que l'ouvrier habitué à manier de la pâte fait avec une assez grande précision, ne peut s'exprimer que d'une manière vague.

La Plasticité ne se trouve complétement et naturellement que dans quelques éléments naturels des pâtes, l'argile, la marne argileuse, et la magnésite; je ne connais aucune autre matière minérale qui possède cette propriété.

On remarquera que les trois matières que je viens de citer renferment de l'eau dans un état d'adhérence telle, que la dessiccation à 100 deg. ne peut l'en faire dégager et qu'on peut presque les considérer comme des hydrates.

On remarquera également que dans la marne, c'est l'argile qui lui donne cette propriété, et qu'elle décroît à mesure que la marne devient plus calcaire.

On remarquera enfin que dans l'argile elle-même, qu'on regarde comme un silicate d'alumine hydraté, c'est à l'alumine seule qu'on peut attribuer cette propriété.

Et cependant l'alumine pure, soit qu'on la prenne à l'état gélatineux, soit qu'après l'avoir desséchée on la broie longtemps avec de l'eau, ne donne jamais une pâte liante et plastique.

On ne peut pas l'obtenir davantage lorsqu'on y mêle de la silice pure dans la même proportion que celle qui entre dans la composition des argiles.

Il y a donc dans ces dernières une texture particulière que les circonstances de leur formation ou le temps a fait prendre aux parties qui les composent et que nous n'avons pu encore imiter complétement.

Les expériences d'Ekeberg, celles de Thaer, celles que nous avons faites sur des pâtes entièrement artificielles, c'est-à-dire composées d'alumine pure et de silice pure, et que je viens d'indiquer [1], confirment les conséquences que des physiciens et quelques praticiens avaient tirées d'observations faites d'une manière vague et incomplète.

Il paraît donc que l'état gélatineux de l'alumine n'est pas l'unique cause de la Plasticité, mais qu'il faut que cet état soit restreint dans certaines limites et accompagné de certaines circonstances.

Ainsi un hydrate trop peu dense ou trop aqueux n'a aucune Plasticité.

Un hydrate mêlé de parties grossières qui n'ont elles-mêmes aucune adhérence pour l'hydrate, n'a également qu'une faible et incomplète Plasticité.

Il paraît qu'il faut que l'hydrate gélatineux, principe de la Plasticité terreuse, soit dans un état particulier de concentration, telle qu'il puisse servir de lien à des parties ni trop ténues comme dans l'alumine, ni trop grossières comme dans le sable ou dans

[1] Je parlerai de ces expériences à l'article de la PORCELAINE, et je reviendrai sur la plasticité et les moyens de l'évaluer au chap. VI, *des propriétés et qualités physiques des pâtes*.

la poudre d'alumine cuite, où les parties sont tellement rapprochées que l'eau ne peut plus s'y combiner.

Il y a donc dans les matières terreuses plastiques des parties qui sont dans un état particulier d'adhérence analogue à celle des corps que l'on appelle visqueux ; et cela paraît d'autant plus vraisemblable qu'on peut donner à des pâtes composées de matières arides, de matières qui n'ont aucune liaison entre elles, une plasticité suffisante pour qu'on puisse les mouler par pression, en ajoutant à ces pâtes une matière visqueuse végétale ou animale telle que de la gomme, de la colle de farine, un mucilage, et même du savon.

Si la Plasticité est une condition de première importance pour faciliter la fabrication et par suite le façonnage des pâtes, portée à un trop haut degré, elle a de graves inconvénients qu'il faut savoir maîtriser. Une pâte trop plastique sèche difficilement et inégalement. Les pièces qui en sont faites éprouvent par la dessiccation une déformation considérable et sont très-sujettes à se fendre. Ces inconvénients sont développés et aggravés par la cuisson. Il a donc fallu introduire dans la composition des pâtes céramiques des matières qui détruisent les mauvais effets de la Plasticité lorsque ces matières ne s'y trouvaient pas naturellement. Ce sont les matières qu'on appelle arides ou dégraissantes. Nous appellerons cette opération Dégraissement des pâtes.

§ 2. — *Du Dégraissement des pâtes.*

Les matières que l'on appelle arides ou dégraissantes sont, comme on l'a vu, assez variées, et sont appliquées suivant la nature de la base plastique et la qualité de Poterie qu'on veut obtenir. Les unes sont naturelles; on les a fait connaître; les autres, artificielles, sont celles qu'on nomme improprement ciment, qui est le résultat de la trituration des pâtes céramiques déjà cuites, et celles qu'on appelle Escarbilles. Ce sont les scories mêlées de charbon, qui tombent de la forge des serruriers.

On choisit ces matières suivant la nature, la qualité et le but économique de la Poterie qu'on se propose de fabriquer.

On sait qu'elles agissent sur les pâtes non-seulement comme moyen mécanique ou physique de division, mais qu'ayant aussi une grande influence sur leur fusibilité et sur quelques-unes de leurs autres qualités, elles doivent être choisies en raison de cette double influence.

Ces matières ont en outre la propriété importante de diminuer la retraite, souvent très-considérable, que prennent en séchant et en cuisant les matières plastiques.

On les réduit, aussi dans ce double but, en poudre, poussière ou gravier plus ou moins grossier, par des moyens que l'on décrira plus bas.

§ 3. — *De l'Eau.*

L'Eau est la troisième matière qui entre dans la fabrication des pâtes céramiques. Quoiqu'elle ne serve qu'à mêler entre eux les autres matériaux, à leur donner la mollesse nécessaire, à en développer les qualités plastiques, cet élément de la fabrication des pâtes est cependant susceptible de plusieurs considérations très-remarquables.

L'Eau entre toujours dans la fabrication, mais rarement dans la composition des pâtes faites. Dans quelques cas, l'Eau paraît n'y être employée qu'en quantité fort petite ; mais quoiqu'il y ait certains cas où les pâtes céramiques semblent être façonnées sèches, comme lorsque, réduites en poudre, on donne à cette poudre une sorte de solidité par une puissante pression, cependant elles ne sont jamais absolument privées d'eau.

L'eau, qu'elle y ait été introduite en grande quantité ou laissée en très-petite proportion, n'existe plus dans la plupart des pâtes faites. Néanmoins il est sûr qu'il en reste une petite quantité dans les pâtes qui n'ont éprouvé qu'une cuisson incomplète. C'est le cas de la plupart des Poteries grossières fabriquées par les anciens sous les noms de Poteries grecques, campaniennes, romaines, étrusques, etc. C'est celui des Poteries modernes indiennes, américaines, etc., qui ressemblent beaucoup aux anciennes par leur composition et le mode de leur fabrication.

Des Poteries de ces diverses origines, séchées pendant une heure à une température de beaucoup supérieure à la fusion du plomb; reprises ensuite et exposées immédiatement à une température rouge-blanc dans des cornues de porcelaine parfaitement sèches, ont manifesté de la manière la plus évidente l'eau qu'elles renfermaient encore, de manière cependant que les Poteries indiennes qui sont si peu cuites, sont aussi celles qui en ont donné le plus; ensuite les Poteries grecques, dites improprement étrusques; puis les Poteries romaines rouges, à texture généralement plus dense que les autres. On ne peut attribuer cette eau à l'humidité hygrométrique que ces vieilles Poteries ont pu absorber, puisque d'une part elle aurait dû être entièrement chassée par la haute température de dessiccation à laquelle on les a tenues, et que de l'autre l'eau ne s'est montrée dans la distillation que quand les fragments de Poteries ont été amenés à une chaleur incandescente très-élevée.

L'eau paraît donc adhérer avec une grande puissance aux pâtes céramiques; cette puissance est telle, qu'une longue dessiccation, aidée d'une élévation de température à + 100 d. c., ne suffit pas pour l'en chasser entièrement; il faut une chaleur rouge au moins égale à celle de la fusion de l'argent pour opérer cette expulsion.

Cette adhérence est d'autant plus grande que la pâte est plus argileuse, plus plastique et par conséquent moins dégraissée; le dégraissage par les matières arides paraît donc avoir pour but principal de permettre à l'eau de se dégager facilement et également, de manière à ce que la pâte reste d'une égale densité dans toutes ses parties; il faut faire en sorte que la dessiccation puisse s'opérer lentement. L'une des principales précautions du Potier est d'éviter une dessiccation trop rapide, qui est toujours inégale.

Le second inconvénient de la dessiccation rapide est de produire à la surface des pièces une croûte desséchée et dense qui s'oppose à la sortie de l'eau de l'intérieur de ces pièces, si leurs parois sont épaisses, en sorte qu'une pièce ainsi séchée et qui paraît l'être complétement, renferme encore de l'eau dans l'intérieur de ses parties épaisses. Cette eau, vaporisée par la haute température de la cuisson, fait alors briser et même éclater la pièce en plusieurs morceaux.

On est d'autant plus exposé à cet inconvénient, que les pâtes sont plus argileuses. J'ai vu des pièces de porcelaine placées au séchoir pour hâter leur dessiccation, paraissant à la surface parfaitement sèches, éclater au feu par l'effet de l'eau comme enfermée dans leur intérieur, sous la croûte sèche et dure que cette dessiccation rapide avait produite à leur surface : par conséquent, sous le rapport de l'expulsion de l'eau des pâtes céramiques en fabrication, la dessiccation doit être égale, lente et complète. La matière dégraissante, l'aérage à l'abri des courants d'air, de la chaleur et du soleil, sont les moyens et les précautions à prendre dans cette partie de la fabrication.

Je ne dois pas parler ici de la nouvelle introduction de l'Eau dans les pâtes faites, de son adhérence et des nouvelles précautions à prendre pour l'en chasser, parce que ces considérations appartiennent à un autre état des pâtes, et que nous y reviendrons en leur lieu (chap. vi).

Article II. — HOMOGÉNÉITÉ.

On peut dire qu'il faut considérer dans les pâtes deux sortes d'Homogénéité bien différentes par elles-mêmes et par leur influence.

L'une est l'Homogénéité des parties, l'autre est celle des masses.

La première, qui consiste dans l'égalité de nature, de grosseur et de densité des parties qui composent les pâtes, n'est pas toujours nécessaire, et doit même être quelquefois évitée. Les matières dégraissantes, et surtout le ciment, ont ce but.

Ce dernier, composé ordinairement de grains plus gros, plus denses que ceux de la pâte, et quelquefois de nature différente, détruit l'Homogénéité de la pâte, mais il la détruit régulièrement et par conséquent également ; il diminue alors la fragilité des pâtes cuites, et les chances de fracture, soit par le choc, soit par les changements de température ; il y introduit une multitude de parties grossières qui s'opposent, par leur densité et leur ténacité, très-différentes des grains de ces pâtes, à la propagation des fissures, à l'espèce de vibration régulière qui, agitant également toutes les parties, tend à continuer d'une manière indéfinie les fissures commencées, et semble faire dans les pâtes, par rapport aux fissures que le changement de température ou le choc y fait naître, le même office que les trous qu'on perce dans les glaces à l'extrémité d'une fêlure, pour l'empêcher d'aller plus loin. Ce qui prouve assez bien cette théorie, c'est la pratique que suivent les Potiers de percer d'un grand nombre de trous les plaques de terre cuite qui doivent être souvent exposées à une chaleur rouge. Le ciment grossier produit de semblables solutions de continuité, qui arrête aussi la continuité des fêlures [1].

Il ne faut cependant pas croire que cette hétérogénéité soit tellement essentielle aux pâtes pour leur donner la propriété de résister plus efficacement au choc et au changement de température, qu'on ne puisse obtenir ces qualités que par ce moyen.

Il y a des pâtes faites, sensiblement homogènes dans leurs parties, et qui résistent cependant assez bien à la fracture : les unes par le choc (la porcelaine tendre), les autres par le feu (un grand nombre de porcelaines dures). On peut donc obtenir ces qualités, au moins en grande partie, par d'autres moyens que par cette hétérogénéité visible des parties, qui a toujours l'inconvénient de donner des pâtes grossières, à surface raboteuse, et d'un usage très-restreint (les réchauds, les fourneaux de chimie, les étuis et les moufles pour cuire les porcelaines et les couleurs, etc.).

La seconde sorte d'Homogénéité est celle des masses, c'est la plus importante, celle qu'on doit chercher à obtenir dans toutes les pâtes et dans toutes les circonstances, celle à laquelle est attaché le succès de presque toutes les pièces, de presque toutes les fabrications.

Elle consiste à donner à une masse de pâte, et surtout à celle dont une grande pièce doit être fabriquée, une égalité parfaite de composition et de densité, de manière à ce que le mouvement qui s'opère dans les pièces par leur dessiccation, leur retraite ou

[1] Voyez à ce sujet l'article du chap. VI, qui traite de la *ténacité* et de la *fragilité* des Poteries.

diminution de volume par la cuisson, ait lieu le plus également possible dans toutes les parties de cette pièce.

On peut dire que les nombreuses opérations que je vais décrire, et qui constituent la fabrication mécanique des pâtes, ont pour objet principal d'obtenir cette Homogénéité de composition et de densité dans les masses, qualité si importante au succès de toutes les Poteries.

Comme la plupart de ces opérations ont ce double but, je ne les classerai plus sous ce rapport, je me contenterai de faire remarquer de quelle manière elles l'atteignent.

La première série d'opérations a pour objet de mélanger intimement les matériaux qui entrent dans la composition des pâtes, et de conduire ainsi aux deux sortes d'Homogénéité : elle atteint ce but en portant à une division, la plus complète possible, les matériaux des pâtes.

Elle se compose du lavage des matières, du broyage de celles qui sont grossières, et du mélange des matières ainsi atténuées.

La seconde série a encore pour objet de mêler plus intimement les matériaux, mais elle a plus spécialement pour but de donner à ce mélange, et par conséquent aux pâtes céramiques qui en résultent, la seconde sorte d'Homogénéité, celle que nous appelons homogénéité des masses.

Elle consiste dans le marchage et premier ébauchage, le battage, la pourriture, etc.

§ 1. — *Séparation et Division mécanique des matières.*

A. Le Lavage.

Lorsque les premiers matériaux, soit plastiques, soit arides des pâtes sont naturellement hétérogènes, que cette hétérogénéité résulte de la réunion de matières terreuses ou pierreuses, de grosseur ou de pesanteur spécifiques différentes ; que ces matières ne sont pas dans des proportions de quantité ou de grosseur à peu près convenables pour la composition des pâtes qu'on veut faire, ou enfin, s'il est important d'obtenir une composition de pâtes qui soit déterminée rigoureusement et qui doive être toujours à peu près la même, il faut séparer les matériaux, soit pour en connaître les proportions et les doses convenablement, soit pour broyer ceux qui ne peuvent être atténués que par ce moyen.

Le L a v a g e est le résultat de deux sous-opérations, qui sont le d é l a y a g e et le d é c a n t a g e. Pour laver une matière céramique, c'est-à-dire pour séparer par l'eau les matières ténues et légères des matières ou grossières ou plus lourdes, il faut d'abord délayer cette matière dans une quantité d'eau suffisante.

Le d é l a y a g e exige différentes précautions pour être complet, c'est-à-dire pour qu'il ne reste aucune partie ou motte qui n'ait été divisée.

Il faut que l'eau pénètre les parties et les divise. Or, cette division par pénétration n'a lieu facilement et complétement que sur des matières sèches. Les matières agrégées par humidité se divisent difficilement; mais aussi les matières trop sèches et pulvérulentes, dont les parties sont comme enveloppées d'une couche d'air, offrent également quelque difficulté à une division complète lorsqu'on les couvre tout de suite d'une trop grande quantité d'eau; il faut donc, quand cette poussière terreuse est bien sèche, y mettre l'eau d'abord en petite quantité et y introduire par le brassage avec rable ou spatule cette petite quantité d'eau, l'y mêler intimement, ensuite y ajouter la quantité d'eau suffisante. Les Kaolins, les sables, ne demandent pas d'autres précautions; mais quand ce sont des marnes argileuses, des argiles figulines, et surtout des argiles plastiques, le lavage et le délayage qui doivent précéder deviennent beaucoup plus difficiles.

Il faut non-seulement bien sécher les matières, mais ensuite les pulvériser grossièrement, puis les humecter d'une petite quantité d'eau, et les laisser s'en pénétrer par un séjour de plus de vingt-quatre heures.

On les délaye ensuite dans la quantité suffisante d'eau ; ou ce qui vaut encore mieux, c'est de répandre dans l'eau de délayage l'argile à délayer réduite en une poudre grossière, de même qu'on jette le plâtre dans l'eau pour le gâcher et non pas l'eau sur le plâtre.

Sans cette précaution et la suite qu'on doit lui donner, la surface des masses d'argile se pénètre d'eau et forme une espèce de corroi qui empêche l'eau de pénétrer dans le centre de ces masses pour les délayer; on a alors une bouillie claire, mais remplie de mattons argileux qu'il devient presque impossible de diviser.

Pour pulvériser des matières aussi tendres et aussi fragiles que des argiles, il suffit de les battre sur une aire avec une batte; mais lorsqu'on veut agir sur de grandes masses on peut employer les meules à piler qui seront décrites plus bas, ou si ce moyen paraît trop puissant, ou qu'on ne l'ait pas à sa disposition, on peut se servir d'un procédé que j'ai vu pratiquer à la manufacture de faïence fine de M. de Villeroy, à Vaudrevange.

C'est une aire en pierre légèrement concave de devant en arrière sur laquelle on place les mottes d'argile à diviser; deux rouleaux de pierre A avec un long manche sont poussés et ramenés chacun par un ouvrier, et l'argile est suffisamment divisée pour être ensuite délayée. Il est représenté ci-dessous.

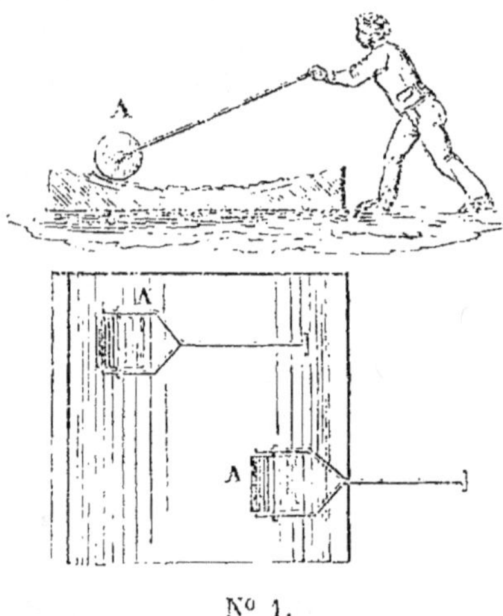

N° 1.

La division des matières argileuses dans l'eau et leur délayage se font par des moyens qui varient en raison de la nature de ces matières et de la quantité qu'on doit en employer.

Lorsque ce sont des matières meubles, ou peu plastiques, lorsqu'on ne doit agir que sur de petites quantités, le délayage se fait à bras d'hommes dans de simples tonneaux à l'aide d'un rable ou grande spatule attachée au plafond.

Mais lorsqu'il s'agit de délayer des matières argileuses tenaces et plastiques, et d'agir sur de grandes masses, il faut des moyens plus puissants, que je vais indiquer.

Les terres argileuses ont besoin pour être délayées plus facilement d'être divisées et brassées par des machines qui diffèrent les unes des autres suivant les moyens qu'on possède, la nature de l'argile et les usages du pays; je n'ai ni la prétention, ni les connaissances nécessaires pour les indiquer toutes. Mais celles que je vais donner pour exemple suffiront pour faire prendre une idée des principes sur lesquels les autres peuvent être construites.

1° On met les terres argileuses à délayer dans des cuves profondes qui sont ou cylindriques ou légèrement coniques. Un arbre vertical, muni de volants et mu par une machine à vapeur, un cours d'eau ou un cheval, suffit pour les délayer. La tinne ou cuve à pétrir, Pl. VII, *fig.* 1. B, en changeant la forme coupante des couteaux en fer C, ou en les remplaçant par les palettes en bois, peut être employée pour délayer les matières argileuses (Manufacture royale de Sèvres. Manufacture de faïence d'Olivier et Husson). Ce délayage est rendu beaucoup plus facile, et par conséquent est beaucoup abrégé lorsqu'on peut se servir d'eau chaude. C'est ce qui se pratique à Berlin, où l'on emploie l'eau qui sort des réfrigérants de la machine à vapeur, pour délayer les matières argileuses.

2° On fait arriver en même temps dans une cuve cylindrique l'argile déjà grossièrement délayée; l'eau est poussée avec beaucoup de force sur le jet de boue argileuse qui tombe dans la cuve; elle en opère le délayage complet. Cette argile, ainsi délayée, se rend dans les bassins de lavage et de décantation; tel est le principe du mode de délayage employé à la manufacture de faïence de Rörstrand, près Stokholm.

Pour le décantage, c'est-à-dire la séparation de l'eau surnageante et de la matière terreuse précipitée, le procédé le plus usité est de recevoir dans des cuves échelonnées, B, C, placées au-dessous de la cuve de délayage, Pl. V, *fig.* 5. A, l'eau trouble (*a*) qui tient en suspension la partie argileuse la plus fine, séparée par le délayage du sable (*b*) et des autres matières plus grossières, de laisser cette eau déposer par le repos, dans les cuves B, C, cette partie argileuse plus pure et plus ténue (Sèvres, Meïssen, Engelhard près Passau, Berlin). Afin d'éviter que quelques parties grossières n'échappent, et pour retenir les parties végétales légères, on place ordinairement un tamis (*t*) au-dessous du premier canal de transmission (*c*) de la cuve de délayage, A, dans celle de décantage, B. Pour que le lavage soit réputé bien fait, il faut que l'eau n'emporte aucune partie grossière; pour cela on doit, après le délayage, la laisser reposer quelques instants, et pour qu'il soit complet, il faut que l'eau de délayage, ainsi reposée dans la cuve de décantage, devienne claire en peu de temps.

Suivant les circonstances et l'importance que l'on attache à la juste composition des pâtes, il faut plutôt perdre un peu d'argile ou en laisser dans les résidus, que d'introduire dans la pâte des matières sableuses ou grossières dont on ne peut pas évaluer la proportion.

La *fig.* 1 de la Pl. XLV fait voir la disposition relative des cuves de lavage (*aa*) et de décantage (*d*) à la manufacture de Sèvres, dans le procédé que l'on vient de décrire.

Quelquefois on veut pousser plus loin la séparation des matières. On reçoit alors l'eau trouble qui tient l'argile en suspension dans des bassins étendus et peu profonds, ou dans des labyrinthes, comme cela se pratique à l'égard des minerais; ou enfin on se rapproche encore davantage de cette méthode perfectionnée de lavage, en recevant l'eau argileuse sur des tables ou plutôt dans des caisses à laver semblables à celles qu'on emploie pour les minerais de fer (Rörstrand). On conçoit que c'est ici la matière argileuse qui se rassemble dans le labyrinthe ou à l'extrémité de l'appareil de lavage, et que c'est aussi celle que l'on recueille, tandis qu'on rejette, contrairement à ce qui se pratique dans le lavage du minerai, le sable, etc., qui reste sur les tables.

Des matériaux des pâtes ainsi séparés par le lavage, les uns sont inutiles et rejetés. Tels sont les petits cailloux siliceux, calcaires, pyriteux, ferrugineux; les autres sont suffisamment atténués pour être immédiatement employés dans la composition des pâtes, telle que l'argile, soit plastique, soit figuline; les autres enfin, plus grossiers, tels que le sable quarzeux, le sable felspathique, etc., doivent être broyés avant d'être employés.

Les matériaux solides et pierreux qui doivent entrer dans cette même composition demandent aussi à être réduits en une poudre plus ou moins fine, suivant qu'ils entrent comme principe composant, ou comme ciment.

B Le Broyage.

C'est la suite d'opérations qui ont pour but d'amener ces matières à l'état de ténuité requis; il peut se diviser lui-même en trois sous-opérations, le cassage, le pilage et le Broyage proprement dit.

On a pour but dans le cassage de réduire à une dimension ovulaire les masses volumineuses de pierres qui ne se prêteraient que trop difficilement au pilage; il s'opère à la masse de fer; mais pour que cette opération soit plus facile, plus prompte, et que le pilage qui doit suivre le soit également, il faut rendre fragmentable, c'est-à-dire facilement brisable, ces masses pierreuses quelles qu'elles soient.

Pour cet effet, on les expose à une température incandescente, et quelquefois on les plonge encore rouges dans l'eau. On appelle improprement cette préparation calcination, quoiqu'elle ne fasse ordinairement éprouver à la pierre calcinée aucune réelle altération dans sa composition, et qu'elle n'ait pour but et pour effet que d'y faire naître un grand nombre de fissures. On soumet ordinairement à la calcination, avant de les broyer, le quarz, le silex et le felspath.

On les porte ainsi préparés sous les machines à piler ou à broyer grossièrement. Ces machines à piler présentent actuellement beaucoup de sortes différentes ; la plus ordinaire est le **bocard**, tellement semblable à celui qui est en usage dans les usines métallurgiques, que je crois superflu de le décrire ou de le figurer ; je dois donc renvoyer aux ouvrages les plus récents (1) qui ont donné des descriptions et figures du bocard le plus perfectionné, et qui ont fait sentir l'importance de calculer la courbe des cames, pour que toute la force du moteur soit employée (2).

Les pilons qui le composent sont mus tantôt par un cheval, tantôt par un cours d'eau, c'est le cas le plus ordinaire, tantôt par une machine à vapeur (Berlin).

Toutes les précautions qu'on emploie dans les mines pour rendre le pilage facile et prompt, doivent être mises en usage dans le cas actuel ; ce sont des précautions qui tiennent plus à la construction et à l'action du bocard qu'à leur application spéciale aux matériaux céramiques.

On doit seulement faire remarquer que, dans les arts céramiques, il faut avoir égard à quelques circonstances qui ne se présentent pas dans les usines métallurgiques. Ainsi il faut éviter que le fer qui arme les pilons du bocard soit trop fortement entamé et usé par les matières dures, et introduise dans les pâtes blanches une matière colorante nuisible.

On n'a pas besoin, dans le plus grand nombre des cas, de faire passer un cours d'eau dans les auges du bocard, mais il faut quelquefois humecter la matière pour éviter le dégagement d'une poussière nuisible à la santé des ouvriers.

En général, le bocard est un instrument qui a de grands inconvénients dans l'art **céramique**, par le bruit assourdissant qu'il fait, l'ébranlement qu'il cause au bâtiment, et surtout par la poussière ténue qu'il répand et dont on ne peut complétement se défendre.

Dans certains cas, la matière à piler est placée sous une roue ou meule de pierre qui tourne sur un plateau également en pierre ; la matière est alors plutôt écrasée que pilée. Ce procédé est employé pour le plâtre et le ciment de construction, etc. Je l'ai vu mettre en usage près d'Alençon, pour écraser le mauvais kaolin avec lequel on faisait des briques et des tuiles ; c'était un appareil fort simple, qui paraît être l'origine des moulins à meules verticales, maintenant si usités et si perfectionnés.

Une des machines à piler ou broyer le plus généralement employées, se

(1) *De la richesse minérale*, par Héron de Villefosse ; in-folio. Paris, 1819. Pl. XLVI. — *Atlas du minéralogiste et du métallurgiste*, publié par les élèves de l'École des mines de France, 1837. 1re année, expl., page 4. Pl. XV, bocard de Beckslen. — *Métallurgie pratique du fer*, par Walter et Leblanc, 1838. — *Traité de la fabrication de la fonte et du fer*, par Flachat, Petiet et Barrault, 1843.

(2) *Journal des Mines*. 1re série, t. XIII, page 273 ; 3e série, t. XV, page 85, Pl. XI.

compose d'une et plus souvent de deux meules verticales tournant vers la circonférence d'un plateau sur lequel on a répandu les matières à piler.

Il y a deux systèmes dans les rapports de mouvement des meules tournantes et du plateau ; dans le plus grand nombre des cas, le plateau est fixe, et les meules tournent sur son aire.

Je donne ici le dessin et la description d'une de ces machines à piler et broyer que j'ai vues dans la belle fabrique de faïence de **M. Boch Buchmann, à Metlach,** près Luxembourg ; c'est de lui, de son amitié pour moi et de sa libérale complaisance que je tiens ces dessins et leur description.

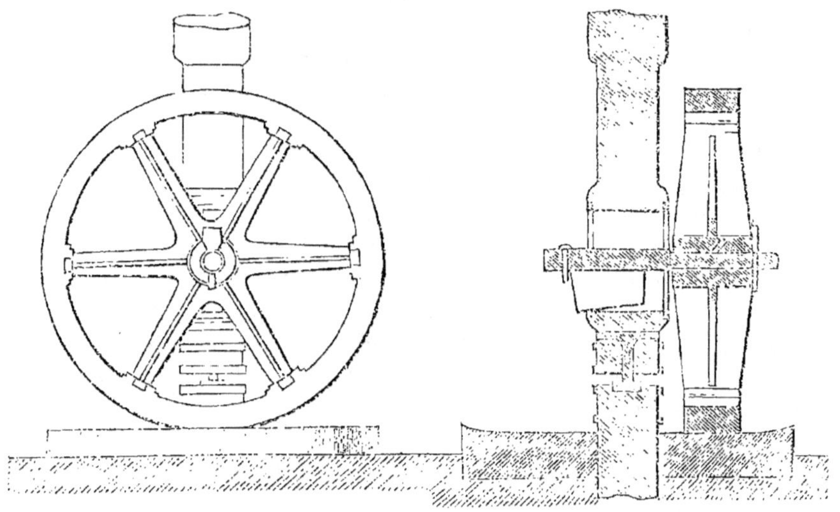

N° 2.

Dans l'autre système, qui est celui des moulins à poudre de Sherness vers l'embouchure de la Tamise et que j'ai adopté pour les moulins à broyer de la manufacture royale de Sèvres d'après l'expérience en grand qu'on en a faite en Angleterre, c'est le plateau qui tourne sous les meules ; celles-ci tournent sur leur axe mais sans changer de place. M. John Hall, qui a construit cette pilerie à Sèvres en 1832, a fait voir qu'il y avait quelques avantages dans la régularité du mouvement lorsque les meules doivent surmonter les obstacles qu'elles rencontrent.

Nous avons deux de ces moulins dans l'usine de Sèvres (Pl. VII, *fig.* 2, et Pl. LXV, *fig.* 6) : l'un (*a*, *fig.* 6, Pl. XLV et R*f*, *fig.* 2, Pl. VII), à roue de fonte, R*f*, roulant sur un plateau de fonte, P*f*, est pour le ciment ; l'autre, R*g*, à roue, dont la circonférence est en grès, et roulant sur un plateau de grès, *Mg*, est destiné à broyer le felspath et toutes les matières qui doivent entrer dans la pâte et la couverte de porcelaine.

Depuis dix ans que ces moulins sont en activité et qu'ils ont presque toujours marché ; surtout le moulin de fonte destiné à broyer les ciments, ils ont parfaitement répondu à notre attente. Les figures et leur description en feront connaître les détails.

Il faut dans ces systèmes de broyage :

1° Que l'axe des meules tournantes puisse s'élever et s'abaisser en raison de la grosseur du morceau qui s'engage sous sa circonférence. C'est ce que permet la tige (T) montant et descendant dans les anneaux (*o*).

2° Que le plan de la coupe de cette circonférence ne soit pas perpendiculaire au rayon de la roue, mais qu'il lui soit incliné dans le rapport de la longueur du rayon et de l'épaisseur de la meule, et qu'en passant sur les matières à broyer il exerce deux actions, l'une d'écraser par son poids, et l'autre de broyer par un mouvement oblique sur le rayon du plateau.

3° Dans un grand nombre de ces moulins on applique des râteaux qui ramènent sous la meule, tant de l'extérieur que de l'intérieur du plateau, la matière qui n'est pas suffisamment broyée.

Dans un moulin semblable que j'ai vu dans la fabrique de grès de Wauxhall, près Londres, de M. Alfred Singer, il y a à la circonférence du plateau, et hors du passage des roues, un crible qui laisse passer tout ce qui est suffisamment broyé, et un long râteau qui ramène sous la roue toutes les parties qui n'ont pas pu passer par le crible, en sorte que le criblage et le repassage s'opèrent d'eux-mêmes.

Il est encore d'autres procédés de concassement des matières dures, et surtout des terres cuites pour ciment.

Lorsqu'on a beaucoup de matière à concasser, il devient trop long, trop fatigant et trop dispendieux de les concasser à la masse.

On peut les faire passer entre deux prismes hexagones tournant horizontalement sur leur axe, comme les cylindres d'un laminoir, ainsi que je l'ai vu pratiquer à la fabrique de grès-cérame de M. Fr. Smith et fils, à Stourbridge, en Angleterre. Cette opération réduit les grosses pièces en morceaux avellanaires. On réduit ensuite ces petits fragments en une poussière de grosseur convenable, en les broyant dans un moulin à noix, comme sont les moulins à café, à huile, etc.; un crible sur lequel tombent ces poussières en sépare les parties encore trop grossières.

A la fabrique d'Arboras, près de Lyon, qui était dirigée par MM. de Caen quand je l'ai visitée, le quarz est de même concassé par des cylindres qui tournent l'un sur l'autre. La séparation des parties fines et des parties grossières se fait généralement par le procédé du criblage. Mais encore ici, selon la nature de la fabrication et son étendue, ce procédé doit être conduit avec plus ou moins de célérité.

Le crible, soit rond soit rectangulaire, est tantôt à fond de tôle, percé de trous, tantôt à mailles, c'est-à-dire à fond de fil de fer. Il est mu par une dérivation de la force qui fait mouvoir les bocards, les meules ou toute autre machine.

Dans d'autres cas, comme à Chantilly, le criblage s'opère dans un cylindre ou dans un prisme polygone garni d'un réseau métallique dont l'axe est incliné d'environ 25 degrés : c'est un véritable blutoir. Le ciment ou la matière sèche et pulvérulente à bluter entre par la partie supérieure ; le cylindre tourne sur son axe, souvent avec un mouvement de tremblement qui rend plus facile et plus prompte la séparation des matières, suivant leur grosseur.

Beaucoup de matières céramiques ont besoin d'être amenées à un degré de finesse que le broyage par percussion ou par écrasement vertical ne pourrait leur donner ; il faut les soumettre à un broyage de trituration ou par frottement.

Ces matières, déjà dégrossies par les différentes sortes de pilage ou d'écrasement qu'on vient de décrire, sont portées sous les meules, qui doivent les amener au degré de finesse exigé.

Du Broyage proprement dit et du Moulin à broyer.

Le Broyage proprement dit, qui est le dernier acte de l'opération de la division des matières, s'exécute au moyen de diverses sortes de moulins.

Je ne dois pas m'occuper du moteur qui, choisi suivant les circonstances dans lesquelles se trouve le fabricant, doit être aménagé de telle manière qu'on perde le moins possible de sa puissance. C'est un principe de mécanique pratique qui n'est pas plus particulier au broyage des matières céramiques qu'à toute autre action ; ce moteur est donc, suivant les circonstances, ou le vent, ou une chute d'eau, ou la force des animaux de trait, ou enfin celle de la vapeur. Les figures 10, 11, 4, 5, 6 et 7, de la Pl. XLV de l'ensemble du moulin à broyer de la manufacture de Sèvres, offrent un exemple suffisant d'un moteur tiré de la chute d'un cours d'eau.

La manière de transmettre le mouvement aux meules est un peu moins générale, et ce procédé de mécanique exige ici quelques précautions qui consistent à pouvoir arrêter une meule à volonté, sans arrêter le mouvement des autres, quand le même moteur fait tourner plusieurs meules. On trouvera également un exemple de ce mécanisme dans le moulin que je viens de citer ; l'explication des figures doit suffire pour le faire connaître avec détails et exactitude.

Nous arrivons au moulin proprement dit, toujours composé de deux parties dures, dont l'une fixe (Pl. VI, *fig.* 1, *a*), c'est l'inférieure, et l'autre mobile (*b*).

La partie fixe ou inférieure ne présente presque aucune variété, c'est une pièce de pierre dure, grès ou silex, ordinairement cylindrique, à surface supérieure parfaitement plane. Elle est encastrée dans la cuve ou tinette (*ee*) qui reçoit les matières à broyer. Elle est quelquefois percée à son centre pour laisser passer l'axe qui fait tourner la meule supérieure; quelquefois elle ne reçoit que la crapaudine, sur laquelle pivote la pointe de l'axe vertical de la meule tournante.

Il n'en est pas de même de la partie supérieure mobile, elle présente de nombreuses variétés.

Cette partie est ordinairement une meule de grès ou ellipsoïde ou cylindrique, mais alors profondément échancrée sur une partie de sa circonférence.

Les meules ovales employées dans beaucoup de fabriques (à Paris et dans les fabriques de porcelaine de Meissen en Saxe, etc.) et les meules cylindriques à échancrures, presque aussi usitées (à Sèvres), sont en grès dur.

Leur mode de suspension est d'une grande importance dans quelques fabriques; elles sont réellement suspendues, de manière à ne pas peser de tout leur poids sur la meule inférieure fixe. Une nille soudée sur la partie supérieure de la meule, traversée par l'arbre ou axe, reçoit un crochet qui attache la meule médiatement à l'arbre. La queue de ce crochet est garnie d'un pas de vis sur lequel tourne un écrou qui relève la meule par une action qu'on peut ménager comme on veut.

Dans le plus grand nombre des cas, la meule supérieure est abandonnée à tout son poids, et l'arbre qui la traverse n'a d'autre fonction que de la faire tourner.

Enfin, tantôt l'arbre qui la fait tourner vient d'en haut, passe dans l'axe de la meule, qui est percé et garni d'un œil carré en fer, et vient s'appuyer sur une crapaudine de la meule inférieure.

Tantôt cet arbre vient d'en bas, traverse la meule inférieure, et, enveloppé dans une espèce d'étui fixé sur cette meule, il se rend dans un collet engagé dans une traverse supérieure, et, traversant la meule mobile par son axe, muni d'un œil carré, il la fait tourner sans l'empêcher de peser de tout son poids.

Cette méthode, employée dans plusieurs manufactures de porcelaine (à Nymphenbourg, en Bavière, etc.), est peut-être un peu plus compliquée que la précédente, d'une exécution plus dispendieuse, mais elle a pour cette sorte de fabrication ce précieux avantage de faire éviter tout contact de la matière à broyer avec les parties de fer qui, en passant, introduisent nécessairement dans la pâte un peu de matière colorante [1].

[1] Je ne donne pas de figure de cette disposition, parce que la position de l'axe moteur du tournant dans le moulin à blocs, qui est figuré Pl. VI, *fig.* 3, A, est fondée sur le même principe et exige les mêmes précautions.

On peut cependant obtenir ce même résultat tout en transmettant le mouvement à la meule mobile, de haut en bas.

Plusieurs tournants de la manufacture royale de Sèvres sont néanmoins mus par ce mécanisme ; je m'abstiens de le décrire, l'explication de la figure A me paraissant suffisante pour le faire connaître avec l'exactitude nécessaire à son exécution.

Les méthodes de Broyage offrent quelques différences importantes. Il est difficile de dire encore quelle est la préférable de celles que je vais faire connaître, cette préférence pouvant résulter des circonstances dans lesquelles se trouve le fabricant. J'en indiquerai deux principales.

1. Le Broyage au moyen de petites meules de 7 décimètres de diamètre au plus, ou rondes et échancrées ou ovales dont le petit diamètre est d'environ deux tiers du grand. Ces meules doivent être en grès dur.

Quand elles sont circulaires elles doivent présenter une échancrure cunéiforme d'environ 3 à 4 déc. de base.

Elles sont piquées en dessous et ordinairement placées, dans presque toutes les manufactures, au nombre de 8 à 16, autour d'un grand hérisson d'environ 4 mètres de diamètre, qui les fait tourner ou toutes à la fois, ou seulement en partie.

Ces meules portant de tout leur poids sur la meule dormante, peuvent être chargées de 40 à 80 kilogrammes de matière à la fois, et faisant environ 4 tours par minute, broyer 60 kilogrammes de sable siliceux en 48 heures, ou 80 kilogrammes de felspath dans le même temps. C'est principalement sur cette sorte de moulin qu'on doit éviter de mettre tout de suite la charge qu'ils peuvent porter.

2. Le Broyage au moyen de blocs de pierres dures poussés par des bras ou palettes fixées à un arbre.

Cette méthode, en usage depuis assez longtemps en Angleterre pour le Broyage de toutes les matières dures, et notamment de celles qui doivent entrer dans la fabrication des objets céramiques, est maintenant pratiquée à la faïencerie de M. Boch de Mettlach, à Septfontaine, près Luxembourg [1]; à la manufacture royale de porcelaine à Sèvres, et peut-être dans beaucoup d'autres fabriques dont je n'ai pas connaissance.

J'en donne la figure Pl. VI, *fig.* 3, et l'explication de la planche qui le représente doit sffiure à sa description [2].

[1] Je dois à l'obligeance et aux lumières de M. Boch plusieurs des renseignements de pratique que je vais donner sur ce mode de Broyage.

[2] Des moulins fondés sur le même principe, et par conséquent à peu près

Le pavé qui sert de meule dormante doit être de pierres dures ou d'une seule pièce, comme celui de Sèvres, ou de plusieurs morceaux joints le plus exactement possible.

Les blocs sont aussi de pierres dures, tantôt de quarz, tantôt de grès, tantôt de granite. On ne peut employer cette roche ou toute autre roche colorée que dans le cas où on ne craint pas d'enlever à la pâte la qualité qu'elle tient de sa blancheur. Chaque pierre ou bloc mobile doit peser au moins 100 kilogrammes pour avoir une action suffisante. Il peut broyer en 24 heures 240 kilogr. de matière dure; ce qui équivaut par conséquent en force et en produit à plus de huit meules de 7 décimètres du système précédent.

On a remarqué que les meules de grès à surface devenue lisse par l'usage avaient, tant dans les moulins à une seule meule tournante que dans les moulins à blocs, le grave inconvénient de faire des ressauts répétés (ce que les ouvriers appellent brouter), d'ébranler violemment toute la machine et de faire rejaillir une assez grande quantité de la matière à broyer.

Cet effet a lieu particulièrement 1° lorsque les meules deviennent trop lisses, 2° lorsque la matière est délayée dans une très-grande quantité d'eau, 3° lorsque le bloc est poussé sur toute sa face verticale ou au-dessus de son centre d'équilibre. On évite ces inconvénients : 1° en ajoutant, quand cela est possible, une matière tendre telle que de l'argile, de la craie, à la matière dure à broyer, ou bien en rendant la masse à broyer plus pâteuse; mais alors le broyage est beaucoup plus long, d'abord parce que les meules pèsent moins sur le fond, et ensuite parce que les parties les plus grossières sont arrêtées dans leur chute par l'épaisseur de la masse à traverser.

2° En poussant ou traînant le bloc au-dessous de son centre d'équilibre de manière à soulever un peu le bord qui marche en avant. Dans le plus grand nombre des cas les blocs sont poussés par des palettes verticales et c'est à cette disposition qu'on attribue

semblables à celui que je décris, ont été figurés et décrits par M. de Saintamant, dans le Bulletin de la Société d'encouragement, 26e année, p. 345, et 28e année, p. 21, Pl. CCCLXXIX.

Ceux de la manufacture royale de Sèvres ont été décrits, figurés, calculés avec beaucoup de détails et d'exactitude dans le Portefeuille industriel du Conservatoire des arts et métiers, 1834, p. 309 et Pl. XXXVII, XXXVIII et XXXIX. C'est une partie de ces figures, qui ont été faites sous mes yeux, que je reproduis dans la Pl. VI.

en partie l'inconvénient du broutage ; quand au contraire ils sont traînés et que leur point d'attache a été calculé de manière à ce que le devant du bloc soit un peu soulevé ou seulement disposé à l'être comme je viens de le dire, le broutage est beaucoup plus rare, si même il a lieu. Dans les établissements céramiques où on ne craint pas l'influence colorante de la rouille, c'est avec des chaînes qu'ils sont attachés et traînés.

Il faut avoir soin dans les moulins de ce genre, que les blocs ne suivent pas toujours le même cercle, sans cela il se produirait des espèces de sillons dans lesquels de nouveaux blocs ne pourraient plus pénétrer ; il en résulterait qu'il y aurait absence complète de Broyage dans ces parties jusqu'à ce que les saillies entre les sillons eussent été usées et mises au niveau de ceux-ci.

Un procédé qui paraît très-avantageux par la quantité de matière qu'il Broie en peu de temps, est tiré de la méthode de Broyage du grain dans les moulins à farine ; il a été mis en pratique pour la première fois par M. Alluaud, fabricant de porcelaine à Limoges [1].

Les meules doivent avoir un grand diamètre, 2 mètres au plus, 1 mètre 5 décimètres au moins, au-dessous de cette dimension le procédé n'aurait plus d'avantage. La meule supérieure mobile doit tourner avec une grande vitesse dont le minimum serait 10 tours par minute et la marche ordinaire de 70 à 80 tours. On introduit par l'œil de cette meule d'une part, la matière à Broyer déjà réduite en pâte grossière, et de l'autre, l'eau qui doit la délayer ; un mouvement de tremblottement est imprimé, comme dans les moulins à grain, à la trémie qui fournit les matières pierreuses ; elles parcourent en hélice toute la distance du centre à la circonférence et s'écoulent en jet continuel par la circonférence, réduites à un très-grand degré de ténuité ; quand cependant elles ne sont pas assez fines, on les repasse sous la meule et ce repassage est toujours suffisant.

Il faut posséder un moteur très-puissant pour faire mouvoir avec cette rapidité une meule de 2 mètres de diamètre, mais on peut obtenir par vingt-quatre heures au moins 300 kilogrammes

[1] Il est décrit et la meule est figurée dans les brevets d'invention, t. 32, p. 49, Pl 11.

de matière convenablement Broyée pour les pâtes, lorsqu'on ne perd en force que ce qu'on ne peut éviter ; c'est, suivant les données de M. Alluaud, 60 fois plus de matière que n'en produiraient 20 meules de grès ordinaire du premier système.

Le Broyage dans toutes les méthodes qu'on vient de décrire se fait à l'eau. On Broie aussi les matières dures à sec.

Cela s'est pratiqué pendant longtemps en Angleterre pour le silex; mais la poussière siliceuse qui se répandait dans l'atelier étant des plus pernicieuses pour la santé des ouvriers qu'elle rend phthisiques en peu d'années, cette méthode n'est plus pratiquée nulle part, à moins qu'on ne l'entoure des précautions qui éloignent tout danger; ainsi à la faïencerie d'Arboras près Lyon, non-seulement on continue de Broyer le silex à sec; mais on a osé séparer les parties les plus fines des parties grossières par la ventilation.

Ce procédé a été employé, comme l'on sait, dans les arts qui ont besoin de poudres extrêmement fines, comme dans la parfumerie et la pharmacie. MM. de Caen à Arboras, se sont servis de ce moyen pour séparer la poudre fine du silex Broyé. L'appareil dans lequel ils opèrent est si bien clos que je n'ai pas vu qu'il s'en dégageât la moindre poussière.

Plusieurs fabricants viennent d'employer un nouveau mode de Broyage presqu'à sec, qui n'a pas les inconvénients du premier.

Ils ont appliqué comme l'a fait M. Alluaud, mais avec quelques modifications, le système des moulins à farine, au Broyage des matières à Poteries; la matière pulvérisée grossièrement est amenée par l'œil de la meule tournante sur la meule gisante dont elle sort réduite à un degré de finesse suffisant; il suffit d'humecter les matières grossières soumises à ce Broyage, pour éviter la poussière, et ce qui prouve l'absence complète de toute poussière, c'est qu'à Chantilly, à la manufacture de MM. Bougon et Chalot. il y a deux moulins semblables à côté l'un de l'autre ; on Broie dans l'un le felspath pour la couverte de la porcelaine, et dans l'autre les cassons de Cazette pour faire du ciment, sans qu'on se soit jamais aperçu que cette terre cuite ferrugineuse donnât des taches à la couverte.

Lorsque les meules sont suspendues et ne portent sur la matière à Broyer que par le bord opposé à celui de leur marche, elles s'usent par cette partie très-irrégulièrement et par suite de cette usure elles ne portent plus que sur une ligne et même point du tout, et alors il faut les baisser.

J'ai vu cette disposition des meules dans la manufacture royale de porcelaine de Nymphenbourg en Bavière [1], et chez M. Bauer, fabricant de Poteries, rue de la Roquette. Les moyens de suspension, d'écartement et de rapprochement assez simples sont un peu différents l'un de l'autre; la meule tournante est soutenue par un axe montant, les matières sont introduites par l'œil; cette même disposition était autrefois (avant 1829) celles des deux moulins à 10 tournants de la manufacture de Sèvres.

On a reconnu que ce procédé était très-imparfait et qu'il fallait laisser agir les meules, quelles qu'elles soient, de tout leur poids; mais pour que les grains de la matière à Broyer puissent s'introduire sous la meule tournante, il faut la piquer et lui donner ce qu'on appelle de l'engrain.

Ainsi que les meules soient piquées ou à grains saillants, ou à rainures diversement contournées, et à plus forte raison si elles sont lisses, il faut nécessairement leur donner de l'engrain, c'est-à-dire une disposition propre à engrainer, ce qui veut dire à saisir le grain, qu'il soit pierre ou végétal et à l'écraser quand il a été forcé par cette disposition à pénétrer entre les meules malgré leur application l'une sur l'autre. On enlève dans ce but une espèce de coin mince de grès sur la partie de l'échancrure de la meule qui marche en avant, ou sur les bords alternants des meules ovales. On produit ainsi une sorte d'ouverture en forme de coin (*h*) dans laquelle s'engagent les grains de la matière à Broyer (Pl. VI, *fig.* 1, *cc*). La description de la figure expliquera clairement cette disposition.

Quel que soit le procédé de Broyage que l'on suive, il y a des précautions générales à prendre pour exécuter cette opération d'une manière complète et économique.

Quand on Broie à l'eau dans des tinettes, il ne faut pas que le mouvement soit trop rapide parce qu'alors les matières à

[1] J'en donnerai un croquis à l'article de cette manufacture.

Broyer restent en suspension et ne passent pas sous les meules. Un ralentissement trop grand et surtout une suspension complète de mouvement vers la fin du Broyage permet aux matières fines de se précipiter entre les meules, de s'y agglomérer et de coller les meules l'une contre l'autre avec une si grande force, qu'il faut avoir recours aux leviers les plus puissants pour les séparer et permettre au moulin de reprendre le mouvement.

On dit alors que les matières plombent les meules. Il faut remarquer qu'il n'y a que les matières pierreuses telles que les sables siliceux et le felspath qui aient cette faculté. Les terreuses et les argileuses non-seulement ne l'ont pas, mais elles empêchent le plombage des premières lorsqu'elles y sont mêlées. Ainsi dans les fabriques où on Broie toute la masse même de la pâte, il n'y a pas de plombage.

Les matières siliceuses précipitées au fond de l'eau et s'y plombant, y forment une masse très-difficile à entamer; mais cette masse se divise aisément au moyen de l'eau qu'on agite au-dessus d'elle; enfin on pare en partie à cet inconvénient en mêlant du vinaigre à l'eau de délayage.

On appelle engrenage l'action d'introduire dans les moulins les matières à Broyer; il faut en général avoir soin de ne pas mettre de suite dans les deux premiers systèmes toute la charge du moulin, et lorsque les matières sont différentes en dureté et en grosseur, on doit commencer par les plus grossières et les plus dures.

Le dégrenage est l'action de retirer les matières broyées. Tantôt il se fait de lui-même comme dans la troisième méthode, et alors le moulin marche toujours. Dans le plus grand nombre des cas on arrête le moulin ou plutôt on dégraine entièrement la matière Broyée avant d'en engrener de brute.

La finesse que doit acquérir la matière n'a pu jusqu'à présent ni se prescrire ni s'exprimer, on l'a toujours jugée empiriquement par le toucher ou même par le croquement sous la dent.

Cependant lorsqu'il s'agit de comparer entre eux les différents degrés de finesse d'une même matière on peut y arriver par une voie plus précise au moyen de la méthode qui sera décrite au § 1 de l'art. 1er du chap. VI.

§ 2. — *Mélange intime des matières.*

Les matériaux des pâtes céramiques, réduits au même degré de ténuité par les deux dernières opérations de division : le broyage et le décantage, sont en état d'être mêlés.

Ce Mélange se fait à l'état liquide. Il ne faut pas cependant que la liquidité aqueuse de ces matériaux soit trop complète, parce qu'étant de pesanteurs spécifiques différentes, ils se sépareraient facilement. On doit les prendre à l'état d'une bouillie claire, et les mêler avec rapidité et facilité.

Ce Mélange s'opère, tantôt dans une grande cuve, où les deux bouillies sont agitées avec des râbles, tantôt dans une tonne ou cuve cylindrique, plus profonde que large, où les matières sont mêlées par des palettes attachées à un axe vertical et tournant, tantôt enfin dans une auge à patouillet, et par le procédé qui est employé pour le lavage des minerais de fer et que j'ai vu pratiquer autrefois à la manufacture du Val-sous-Meudon.

Cette opération a encore pour but l'Homogénéité des parties, les suivantes n'ont plus pour objet que l'Homogénéité des masses.

Article III. — RESSUAGE ET RAFFERMISSEMENT DES PATES.

La pâte ainsi composée est en consistance d'une bouillie plus ou moins épaisse, mais on ne peut pas la laisser longtemps dans cet état : premièrement, parce qu'on aurait à craindre que les parties d'inégales pesanteurs ne se séparassent; en second lieu, parce qu'elle n'est pas maniable. Il faut donc lui faire acquérir la consistance qu'on nomme pâteuse.

C'est une opération dont l'importance est très-différente suivant le genre de fabrication céramique.

Lorsque cette fabrication emploie peu de pâte à la fois, les moyens d'absorption et d'aérage suffisent pour l'amener à la consistance nécessaire. Lorsqu'au contraire la fabrication consomme beaucoup de pâte, comme celle des faïences fines, on est obligé d'avoir recours à la chaleur artificielle pour opérer le Ressuage ou Raffermissement des pâtes.

§ 1. — *Par Aérage.*

Le moyen de simple Aérage est rarement suffisant, surtout dans les pays septentrionaux, où les jours sont courts et l'atmosphère peu desséchante. Cependant je l'ai vu employer avec succès dans la faïencerie de Röstrand, près de Stockholm, où les pâtes sont placées dans de grandes caisses à peu près carrées, exposées au Midi, et munies de couvercles qu'on abaisse quand il pleut et qu'on élève presque verticalement dans les beaux jours.

§ 2. — *Par Absorption.*

Le second moyen qu'on combine avec le premier, est le Raffermissement par Absorption; on met la pâte en bouillie dans des caissons de plâtre rectangulaires ou circulaires et creusés en segments de sphère, les parois en doivent être épaisses; l'eau est promptement Absorbée par le plâtre, et la pâte amenée à l'état de fermeté nécessaire, s'en détache aisément.

Le plâtre, en Absorbant l'eau de la pâte, Raffermit très-promptement la partie de la bouillie pâteuse qui le touche et met ces parties dans un état de fermeté et de densité qui s'opposerait à l'Absorption de l'eau surnageante. Il faut avoir soin de ne pas attendre l'Absorption complète de l'eau et le Raffermissement complet de la pâte qui en résulterait; car la partie inférieure, beaucoup plus ferme que la partie supérieure, se mêlerait difficilement avec elle, soit par le marchage, soit même par le malaxage, et formerait ainsi, dans la pâte, des durillons dont le façonnage souffrirait. Il faut donc, pendant que la partie supérieure est encore à l'état de bouillie, soulever la partie déjà raffermie, et faire couler en dessous celle qui est encore en barbotine, pour donner à la totalité un égal degré de fermeté.

Cette méthode n'est praticable que pour les petites fabriques : elle a plusieurs inconvénients; elle exige une dépense assez considérable pour l'approvisionnement, l'entretien et le maniement de toutes ces caisses très-pesantes. Ce mouvement perpétuel les détériore promptement : il faut des hangars assez vastes pour abriter de la pluie les caisses et les pâtes qu'elles contiennent, et ensuite pour faire sécher ces caisses et les rendre propres à remplir leur destination.

§ 3. — *Par le Feu.*

La troisième méthode est la plus usitée, surtout dans les fabriques de faïence fine de tous les pays. Elle consiste à introduire la pâte en bouillie dans de grandes caisses ou cuves, en forme d'un parallélogramme très-long, et sous lequel est établi un foyer, alimenté avec le combustible le plus économique que l'on puisse se procurer en raison des localités. Il est d'une grande importance de construire ces fosses et ce foyer de la manière la plus propre à employer toute la chaleur dégagée; car cette opération, dans laquelle la pâte en bouillie est portée jusqu'au degré de l'ébullition, est une des plus dispendieuses de la fabrication des pâtes de faïence. Je dois me contenter d'en établir ici les principes généraux, me réservant de revenir sur les détails à l'article des sortes de Poteries auxquelles ils doivent s'appliquer.

Il est convenable que la pâte sortant des cuves de mélange soit amenée par un écoulement naturel dans les cuves d'évaporation.

Ces cuves, dont l'étendue doit être proportionnée à la quantité de pâte qui est consommée par la fabrique, doivent être construites de manière que la chaleur dégagée par le combustible soit employée presque en totalité. On y parvient en lui donnant la forme qu'on appelle de g a l è r e s. Le foyer est à une extrémité et la cheminée est située à l'extrémité opposée, soit que la cuve soit rectiligne, soit qu'en raison de la place qu'on peut lui consacrer, elle revienne sur elle-même. La pâte raffermie est rassemblée vers cette extrémité et peut alors être enlevée en une masse molle, mais d'une consistance suffisante.

L'agitation produite par le t r a n s v a s e m e n t, par l'ébullition, par le rablage, empêche les parties de se séparer, et contribue à leur mélange parfait.

Les dépenses considérables qu'entraîne cette opération indispensable, ont excité à chercher des procédés plus économiques d'arriver au résultat recherché.

On a introduit depuis peu deux procédés dont les principes sont très-différents.

§ 4. — *Par Pression.*

Le **premier**, proposé et mis en pratique par MM. Honoré, fabricant de porcelaine, et Grouvelle, ingénieur civil, consiste à raffermir la pâte, amenée par décantation de l'eau surnageante à cet état de bouillie qu'on nomme b a r b o t i n e; pour y parvenir, on la soumet dans des sacs de toile forte et à tissu très-serré, à une puissante Pression par un moyen mécanique quelconque.

Ce procédé est pratiqué depuis quelque temps dans presque toutes les manufactures de porcelaine avec diverses modifications apportées aux sacs et au mode de Pression. Ce dernier dépend un peu des localités.

Je prendrai pour premier exemple la presse employée à la Manufacture royale de Sèvres, et c'est d'après cet exemple que j'indiquerai les changements divers qui ont été appliqués à ce procédé.

Dans la presse de Sèvres, faite à peu près sur le principe de celle de MM. Honoré et Grouvelle, la puissance de Pression est très-considérable; mais, à mesure que les sacs s'affaissent en perdant de l'eau, il faut qu'un ouvrier soit constamment occupé à faire agir la presse. C'est un inconvénient auquel on peut obvier par des poids dont on chargerait le plateau supérieur, en le rendant momentanément indépendant de la vis de Pression.

Dans d'autres fabriques (à Chantilly) on presse les sacs à l'aide d'un long levier en bois; vers son extrémité on suspend un poids, auquel on donne d'autant plus de puissance qu'on le porte plus près de l'extrémité du levier. La Pression est alors continue, et l'ouvrier qui conduit la presse peut s'occuper d'autres travaux pendant que celle-ci agit.

Cette presse a l'inconvénient d'exiger une grande place et un mur solide, dans lequel on puisse sceller l'extrémité du petit bras du levier. Elle n'est donc pas convenable pour tous les locaux, et c'est le motif qui m'a fait donner la préférence à la presse à roue d'engrenage.

La puissance de Pression de la presse de Sèvres peut être portée à environ 8,000 kilog., deux hommes agissant en même temps sur la manivelle. On peut presser et raffermir dans quarante sacs, renfermant chacun 6 kilog. de pâte, et faisant trois pressées par jour, 6 à 700 kilog. dans une journée de douze heures, en laissant (1) les sacs égoutter pendant autant de temps.

La pâte se trouve souvent un peu trop raffermie sur les parois des sacs, et encore très-molle dans le milieu; mais en la pétrissant on mêle ces deux pâtes de consistance différente, et on obtient une masse de consistance convenable.

C'est, comme on le voit, une espèce de filtration activée par une forte Pression.

On est arrivé, dans quelques fabriques de porcelaine, à un résultat satisfaisant par une filtration aidée d'une Pression moins puissante, et par conséquent bien plus facile à mettre en usage.

Le **second principe** de raffermissement des pâtes est fondé sur une filtration dont la force et l'activité sont puissamment accrues par la Pression atmosphérique.

Les appareils proposés, et même mis en pratique d'après ce principe, ne diffèrent que par les moyens de faire le vide au dessous des caisses perméables qui contiennent la pâte céramique.

Dans tous les procédés il faut que la pâte, à l'état de barbo-

(1) La presse de Chantilly, pour être complétement chargée, doit recevoir treize sacoches à Bavettes, renfermant chacune 45 kilog. de pâte raffermie.

Chaque p r e s s é e dure trois heures; au bout de ce temps la pâte est en état d'être employée.

Dans la presse de MM. Fouque et Arnoux, de Saint-Gaudens, ce sont des sacs cylindriques, fermés par les extrémités; ils ont vides, 12 cent. de diamètre sur 5 environ de longueur. Chaque sac contient 20 kilog. de pâte. On met la barbotine, mêlée d'environ un quart de tournassure, dans les sacs vingt-quatre heures d'avance. — On peut presser par journée de dix heures 340 sacs avec trois hommes pour le service. Chaque pressée dure environ deux heures; les sacs sont soumis à une Pression d'environ 4,000 kilog. par $0^{m},32$ carrés de surface. On met cinq couches de sacs.

Les sacs doivent être en toile de chanvre à quatre brins, fortement battus et peu tordus. Un sac peut aller, avant d'être rebuté, trois cents fois sous la presse.

tine, ne puisse pas traverser le fond, perméable à l'eau, sur lequel elle repose.

M. Alluaud a établi un appareil propre au raffermissement de ses pâtes de porcelaine par la Pression atmosphérique. J'en donne ici le dessin et l'explication, qu'il m'a communiqués dans le temps avec une grande générosité. Quoiqu'il soit particulièrement applicable à la porcelaine, je n'ai pas cru devoir l'omettre dans les considérations générales qui appartiennent à ce genre d'opération.

Cet appareil, Pl. IX, *fig.* 1, A, B, dont la construction a été dirigée par M. L. Talabot, se compose des pièces suivantes :

1° De deux cylindres en forte tôle, (*a*, *a*), garnis près de leurs sommets de robinets à air (*b*, *b*).

Ces cylindres communiquent par des tuyaux courbes (*c*, *c*, *c*, *c*) haut et bas, à 2 grands robinets à quatre eaux à la Stuffenbox (*d*, *d*).

Ces deux robinets se manœuvrent simultanément au moyen de la tige en fer (*t*, *fig.* A), qui en traverse les clefs, et du levier (*m*), adapté au haut de la tige.

Le robinet supérieur (*d*) sert à mettre alternativement chaque cylindre en communication avec le tuyau (*e*, *e*, *fig.* B), par lequel arrive l'eau d'un réservoir O, et avec les entonnoirs (*n*, *n*), dans lesquels se fait la filtration, au moyen du grand tuyau (*f*, *f*, *fig.* B); de cette manière un des cylindres est en communication avec le réservoir d'eau alimentaire, et l'autre avec les filtres.

Le robinet inférieur (*d*) sert à vider alternativement les cylindres au moyen du tuyau de décharge (*g*, *g*) qui plonge dans le réservoir (*h*, *fig.* A). Les robinets sont montés de telle sorte que le cylindre qui s'emplit est fermé par le bas, et que le cylindre en vidange et dans lequel s'opère le vide, est seul en communication avec les filtres.

2° De quatre grands entonnoirs ronds en fonte (on n'en a figuré que deux), de 1 mètre 50 centimètres de diamètre (*n*, *n*). Ils communiquent avec le cylindre vide par le grand tuyau longitudinal (*f*, *f*) au moyen des petits tuyaux (*j*, *j*, *j*, *j*) garnis chacun d'un robinet (*k*, *fig.* A et B).

Sur un point quelconque du tuyau (*f*) est adapté en dessus un tuyau en plomb qui communique à un manomètre à mesure, indiquant la force de Pression sous laquelle fonctionne l'appareil.

L'ouverture (*i*) de chaque entonnoir est surmontée d'un fort grillage en fonte; le reste de la partie conique des entonnoirs est garni de galets qu'on recouvre d'un feutre épais, spongieux et perméable à l'eau.

Ce feutre est luté sur les bords de l'entonnoir avec un colombin de pâte dans lequel il est soigneusement enroulé; au-dessus du feutre, on étend une grosse toile d'étoupe, sur laquelle la pâte raffermie se dépose.

Supposons, maintenant, que les entonnoirs soient emplis de pâte molle, tout sera disposé pour mettre l'appareil en fonctions.

A cet effet, on ouvrira le robinet (*q*) du réservoir (O, *fig.* 1); l'un des cylindres (*a*), dont on aura ouvert le robinet à air (*b*), se remplira d'eau.

Le cylindre étant plein, ce qu'on reconnaîtra à l'eau qui s'écoule par le robinet à air, on fermera ce robinet, et on fera le vide en changeant la position des clefs des robinets (*d*, *d*), au moyen du levier (*m*).

Le cylindre plein se videra par le tuyau de décharge (*g*, *g*), et se trouvera en communication avec le tuyau (*f*, *f*), les entonnoirs et le manomètre, qui indiquera aussitôt le degré de vide obtenu.

Pendant que l'appareil sera ainsi en fonction, le deuxième cylindre se remplira d'eau.

Le mercure s'abaissera insensiblement dans le manomètre, à raison de l'air qui se dégage de l'eau de la pâte.

Pour rétablir un vide plus parfait dans les entonnoirs, on tournera les clefs des robinets (*d*, *d*), et le vide se fera dans le deuxième cylindre, qui se trouvera à son tour en communication avec les entonnoirs.

Après trois ou quatre manœuvres semblables en quarante ou quarante cinq minutes, la pâte déposée sur les entonnoirs sera raffermie.

Dans cette opération, la pâte molle qui contenait un peu plus de 50 p. 0/0 d'eau, n'en retient qu'un cinquième, et acquiert une plasticité remarquable.

La couche de pâte raffermie qui se dépose sur les filtres oppose d'autant plus de résistance au passage de l'eau, que cette couche est plus épaisse. Aussi accélère-t-on le travail en n'opérant pas sur une trop grande quantité de pâte à la fois. Une couche de 15 à 16 centimètres de pâte liquide qui se réduit à 6 ou 7 centimètres de pâte dure, se raffermit en quarante-cinq minutes.

En employant toujours la même eau pour faire le vide, elle se purge de l'air qu'elle tient en solution, et le vide se maintient mieux dans les appareils.

Lorsque l'opération est bien dirigée, on obtient une Pression atmosphérique = $0^{m},70$, l'appareil étant placé à 256 mètres au-dessus du niveau de la mer. Dans l'ensemble de l'opération, la filtration se fait sous une Pression moyenne de $0_{m},55$ à $0^{m},60$.

Si on était situé dans une localité où il y eût un cours d'eau et une pente d'environ 12 mètres qui permît de faire un puits avec conduit d'écoulement à cette profondeur, on trouverait à cet appareil un avantage beaucoup plus grand que quand il faut monter l'eau et la barbotine de pâte à une élévation de plus de 12 mètres.

M. de Caen, à Arboras, a également appliqué la Pression atmosphérique en opérant le vide au-dessous de la trémie qui renferme la pâte en barbotine, au moyen de la condensation de la vapeur d'eau de sa machine à vapeur dans des cylindres placés au-dessous de la trémie qui renferme la pâte en barbotine. Son appareil est en principe le même que celui de M. Alluaud. Les trémies en fonte, dont je donne ici un croquis, font voir la disposition de la grille placée sur l'ouverture du tuyau V par où l'eau s'écoule du lit de galet T qui forme le fond filtrant du molleton de laine M étendu sur les galets et sur lequel la barbotine est placée. Comme cet appareil a très-bien fonctionné, et que dans la fabrication de M. de Caen, consistant principalement en faïence fine de diverses qualités, on emploie une pâte bien plus plastique que celle de la porcelaine, il fournit un exemple de son efficacité dans ces sortes de pâtes généralement plus difficiles à raffermir que les pâtes à porcelaine.

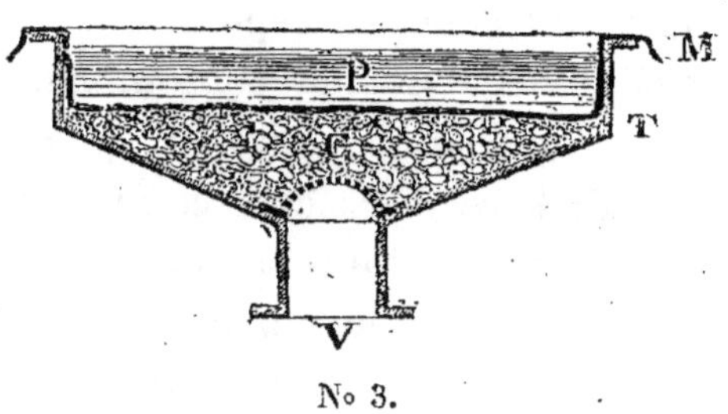

No 3.

Il y a quelques considérations à faire sur les différents modes de raffermissement des pâtes céramiques.

Pour que le raffermissement par Pression ait tous ses avantages, il faut, comme le pratiquent MM. Fouques et Arnoux dans leur faïencerie de Saint-Gaudens, remplir les sacs vingt-quatre heures d'avance, et avoir mêlé à la pâte environ un quart de tournassure. Cette pâte, qui est très-plastique en sortant du sac, se raffermit tellement au bout de vingt-quatre heures de son exposition à l'air, qu'il n'est plus possible de lui rendre sa mollesse par une addition d'eau. Il faut alors la laisser tout à fait sécher, la pulvériser et la ramollir par humectation.

On a reconnu dans quelques fabriques de porcelaine où la méthode de raffermissement par ébullition a été employée avant celle par Pression, que la pâte pressée avait plus de plasticité que la pâte qui avait bouilli, et qu'elle était par conséquent plus facile à travailler [1].

[1] MM. Honoré, Chalot, Discry, Latrille, etc.

Mais il se présente dans les fabriques de faïence comme dans celles de porcelaine à pâte très-plastique, un assez grave inconvénient. C'est la dépense que cause le fréquent renouvellement des sacs, toujours humides et soumis si souvent à une pression très-puissante. M. Johnson, fondateur de la belle manufacture de faïence fine et de demi-porcelaine à Bordeaux, paraît avoir remédié à cette grande consommation par un moyen très-ingénieux et fort simple, qu'il m'a permis de publier.

Il fait faire des sacs avec du chanvre d'une qualité particulière et d'un tissu qui ne soit pas très-serré ; mais, avant d'employer ces sacs, il les maintient pendant quelques moments dans l'huile bouillante. Ce procédé non-seulement conserve les sacs en empêchant l'eau de pénétrer dans les fils, mais l'eau ne contractant aucune adhérence avec des fils gras, s'écoule plus facilement.

La pâte amenée par suite des moyens qu'on vient de décrire à l'état de fermeté nécessaire pour être travaillée, a besoin d'être encore pétrie, battue, maniée, pour acquérir l'homogénéité de masse si désirable.

Article IV. — PÉTRISSAGE.

Le Pétrissage, dont le nom indique l'opération que l'on appelle aussi marchage, est une des opérations dont presque aucune pâte n'est exempte, depuis celle des briques les plus grossières jusqu'à la pâte de la porcelaine; nous verrons du moins que les exceptions sont extrêmement rares; c'est pour ainsi dire l'opération caractéristique du Potier, l'opération de toute antiquité, celle à laquelle les écrivains de l'antiquité la plus reculée font souvent allusion [1].

Cette opération, qui sera bientôt remplacée par un procédé plus général, plus mécanique et peut-être aussi plus efficace [2],

[1] « Et il la foulera comme le Potier foule l'argile sous les pieds » (Isaïe, livre xli, page 25) ; elle est figurée dans les tombeaux de Thèbes. Voir la Pl. iii, *fig.* 1, et son explication à la fin de cet ouvrage.

[2] M. Weber décrit une machine propre à pétrir la pâte, et qui est analogue à celle qui est employée par les vermicelliers pour comprimer fortement la pâte de farine; mais il ne dit pas s'il en a fait usage ; et, parmi les fabriques que je connais, je ne sache pas qu'on ait encore employé un pareil moyen (Art de la vraie Porcelaine (en allemand), IIe sect., 1er art.).

consiste à étendre la pâte en un cercle plein sur une aire en pierre ou en bois et sous une épaisseur d'environ 3 décimètres. L'ouvrier marcheur, pieds nus, la pétrit en partant du centre et marchant vers la circonférence et revenant de même en spirale de la circonférence au centre.

Il la relève ensuite avec une pelle et la met en ellipsoïde d'environ 25 kilogrammes, qu'on nomme des ballons.

Tantôt la pâte est immédiatement employée après cette opération dans les fabriques de briques, tuiles, Poteries communes, faïences communes; tantôt la pâte, après avoir éprouvé encore une opération préparatoire qu'on nomme ébauchage, est mise en réserve dans des fosses, bâches ou caves, pour y acquérir les qualités qui paraissent résulter de l'ancienneté. Je parlerai de chacune de ces préparations à l'article des fabrications auxquelles elles s'appliquent plus particulièrement.

Mais dans presque toutes les fabriques dont les produits s'élèvent au-dessus des Poteries grossières, l'homogénéité de la pâte est encore augmentée par le battage ou le coupage.

Battre la pâte céramique, c'est la comprimer à l'aide d'une percussion violente exercée par les forces seules de l'ouvrier ou quelquefois par des machines de diverses espèces.

Dans le premier cas, qui est le plus ordinaire et le plus usité dans les fabriques où l'on ne fait pas une grande consommation de pâte, l'ouvrier roule la pâte céramique avec ses mains et ses bras, la réunit en petites masses ou ballons qu'il jette fortement contre la table, et resserrant par ce moyen toutes les parties il en chasse l'air qui pourrait y être engagé; il reconnaît que cette opération, qu'on appelle manier ou battre la pâte, a atteint son but, lorsqu'en cassant les petites masses ou ballons il n'y voit plus aucune soufflure; mais lorsque la quantité de pâte qu'on doit employer est considérable, on a recours pour la pétrir, la bien malaxer et même la comprimer, à divers procédés mécaniques.

Un des moyens mécaniques de Pétrissage les plus propres à remplacer le marchage, un des plus généralement employés, est la Tinne ou tonne conique en bois ou en fonte, dans laquelle la pâte est coupée et malaxée par des lames inclinées et coupantes qu'un arbre fait tourner. C'est le principe général de ces machines qui réunissent les actions du *marchage*, du *coupage* et du *malaxage*.

Elles servent également aux pâtes grossières avec lesquelles on fait des cazettes, des briques, des tuiles, et aux pâtes plus fines avec lesquelles on fabrique les diverses sortes de grès et de faïence. Mais je ne crois pas qu'on les ait encore employées à remplacer dans la porcelaine dure le battage et le maniage à la main, opération si importante pour la *réussite* des pièces et si délicate qu'il est peu probable que la mécanique puisse suppléer à l'adresse instinctive de la main de l'homme.

Je reviendrai sur ce sujet à l'article de la porcelaine dure, auquel il appartient particulièrement.

Je donne comme exemple de ces *Tinnes à malaxer* celle qui a été établie en 1841 aux moulins de la manufacture royale de Sèvres; elle reçoit son mouvement de la roue hydraulique qui fait marcher la machine de broyage.

L'explication des figures suffira pour la faire comprendre et connaître.

Dans quelques fabriques où la pâte à biscuit doit recevoir avant d'être employée une compression plus forte que ne peut lui donner ni le maniement, ni le battage à la main, on fait passer cette pâte, immédiatement à sa sortie de la tinne à malaxer (fabrique de grès cérames de Wauxhall, près Londres), entre deux cylindres de fonte qui lui font éprouver l'effet du laminage et la mettent en plaquettes d'une moyenne épaisseur et très-propres à être travaillées, ou bien on l'étend sur une aire en pierre, et on l'y comprime au moyen de rouleaux pesants qu'on fait tourner sur elle.

On a quelquefois recours, pour lui donner une densité et une homogénéité plus complète que celle qui résulte d'une simple pression, au procédé du battage réel avec des battes de bois mues par un axe, ou même aux pilons d'un bocard qu'on fait tomber, non pas immédiatement sur la pâte placée dans les auges du bocard, mais sur le couvercle en métal qui la recouvre (1).

Enfin, il arrive quelquefois que pour donner encore plus de

(1) L. P. Schumann *die Kunst durchsicht. Porzellan und Steingut. Weimar*, 1835, page 79.

liant aux pâtes céramiques, on les ébauche, c'est-à-dire qu'on en façonne sur le tour des cylindres grossiers, qu'on laisse se raffermir et qu'on coupe ensuite en petits copeaux qu'on nomme tournassure; mais cette pratique étant presque entièrement particulière à la porcelaine, j'y reviendrai.

Article V. — ANCIENNETÉ ET POURRITURE DES PATES.

Il est une autre voie par laquelle les pâtes céramiques semblent acquérir les qualités qui paraissent dépendre d'une parfaite homogénéité des masses, c'est une voie ou action qui doit être considérée comme chimique. Les qualités qui dans la considération précédente s'acquéraient par le pétrissage, s'augmentent ou se complètent dans la considération actuelle par l'Ancienneté des pâtes ou par des moyens qui paraissent produire le même effet sur l'arrangement ou le rapprochement des parties, c'est ce qu'on appelle la Pourriture des pâtes.

C'est une opinion généralement admise par les fabricants que les pâtes Anciennes se travaillent mieux, que les pièces qui en sont faites se gauchissent et se fendent moins en séchant ou en cuisant, que celles qui sont faites avec des pâtes récentes.

Pour que cet effet favorable ait lieu, il faut que les pâtes soient conservées dans un état constant d'humidité ; du moment où elles se sèchent, elles ne vieillissent plus.

Cette opinion, qui n'est admissible que parce qu'elle est générale, n'est cependant fondée sur aucune expérience directe ; ces sortes d'expériences sont trop longues à suivre et trop délicates à juger, pour avoir été faites avec des soins capables de donner de la confiance dans leur résultat.

On s'accorde à reconnaître que les argiles et les marnes lavées et destinées à entrer dans la composition des faïences, acquièrent les qualités que nous venons de désigner lorsqu'on les abandonne pendant plusieurs années dans les fosses aux intempéries de l'air, à la gelée et aux météores atmosphériques.

On assure que la pâte à porcelaine de la Chine contribue par son Ancienneté, qu'on porte dans certaines fabriques à près d'un siècle, à rendre la fabrication plus économique en éloignant les difficultés du façonnage, les défectuosités et pertes par gauchissage ou fentes auxquelles les pâtes récentes sont exposées.

On reconnaît l'heureuse influence de l'Ancienneté des pâtes dans plusieurs manufactures de porcelaines d'Allemagne, notamment dans celle de Vienne.

J'ai observé à Sèvres quelques faits qui semblent l'indiquer, mais ce sont précisément ces faits avancés peut-être un peu légèrement comme certains, qui m'ont fait douter de la grande efficacité de ce moyen lorsqu'on ne sait pas en distinguer les actions diverses. Ainsi il est bien certain que les pâtes faites avec le plus de soins pour la nature des matériaux et la préparation exacte des éléments, sortant des cuves et façonnées en assiette pour les essayer avant de les livrer dans les travaux, prennent plus de retraite, sont plus fusibles, donnent à la couverte plus d'étende et de glacé que des pâtes Anciennes, et qu'on peut donner immédiatement de l'Ancienneté à ces pâtes en les mêlant avec un tiers environ de tournassures. On voit que c'est ici autant à l'influence d'une pâte qui comme celle des tournassures a été maniée, pétrie, coupée un grand nombre de fois, qu'à celle de l'Ancienneté de la pâte, qui quelquefois n'est faite que depuis trois mois, qu'on peut attribuer les qualités qu'on donne ainsi à une pâte nouvelle.

Une autre influence favorable, qui n'est également que fortement présumée, est le genre d'altération qu'éprouvent la plupart des pâtes céramiques dans leur état humide et mou, et qui consiste dans ce que l'on nomme la Pourriture.

Les pâtes abreuvées d'humidité et à l'état de mollesse, réunies en une masse assez volumineuse pour que l'action de l'air ne s'étende pas jusque vers leurs centres, prennent une couleur d'abord grisâtre et ensuite entièrement noirâtre; elles répandent une odeur de gaz hydrogène sulfuré et conservent ces deux propriétés tant qu'elles sont abreuvées d'eau et abritées du contact de l'air par une écorce blanche assez épaisse.

C'est du charbon qui s'y développe. La surface de ces masses de pâte reste constamment blanche, et quand on en prend dans l'intérieur une partie qui est noire, en peu d'heures cette masse perd sa couleur à la surface et blanchit jusqu'à son centre si elle n'est pas trop volumineuse ou si elle se sèche. Il y a de l'acide carbonique produit, je m'en suis assuré en mettant cette pâte noire sous des cloches remplies de gaz oxygène, qui a été transformé en acide carbonique.

Cette altération ne paraît pas venir de la matière terreuse elle-même. Outre qu'on ne voit aucune raison d'admettre ni aucun moyen d'expliquer une pareille altération dans les terres argileuses qui ne renfermeraient aucune matière organique, on a remarqué que la putréfaction des pâtes était d'autant plus prompte et plus complète, que l'eau était moins pure.

Il paraît aussi que la finesse des parties a de l'influence sur le développement plus rapide et plus complet de cette altération, et que toutes choses égales d'ailleurs, une pâte broyée très-finement se pourrit plus promptement qu'une pâte grossière.

C'est une opinion générale que cette sorte de putréfaction améliore les pâtes et leur donne les qualités qu'elles acquierent par l'Ancienneté. Une pâte neuve, quelle qu'elle soit, remarquent et disent tous les fabricants, est courte, difficile à travailler. L'Ancienneté et la Pourriture lui donnent les qualités contraires. La retraite est aussi moins considérable; enfin la plupart des défauts de la pâte neuve, tels que les cloques, les fentes, diminuent ou disparaissent. On a donc cherché à accélérer la Pourriture des pâtes et à l'exalter même, en abreuvant les pâtes avec des eaux marécageuses, avec des eaux dans lesquelles des végétaux s'étaient décomposés; enfin avec des eaux de fumier où avec l'addition d'un peu de miel (1). La pâte délayée dans ces eaux éprouve l'effet de la vraie fermentation qui s'y développe, et devient beaucoup plus facile à travailler. Les pièces qu'on en fait se déforment moins.

Les garnisseurs, persuadés de cet effet, font pourrir la barbotine dont ils se servent pour coller les pièces.

Quelques observations que j'ai faites sur les pâtes de porcelaine, semblent indiquer, et les limites qu'on doit poser à cette propriété, et la manière dont elle agit sur les pâtes.

J'ai soumis de la pâte neuve à toutes les opérations que je

(1) WEBER, Art de la vraie Porcelaine, 1re sect, art. 8.

viens d'indiquer. Je l'ai ensuite mise dans l'eau et abandonnée pendant deux ans. Elle n'a pas éprouvé de Pourriture. Soumise de nouveau, au bout de ce temps, aux mêmes opérations, elle a présenté tous les défauts de la pâte neuve.

Je soupçonne que l'espèce de fermentation qui résulte, dans les masses de pâte, de la putréfaction des matières organiques contenues dans l'eau, produit un dégagement de gaz qui imprime à toutes les parties de la masse un mouvement constant équivalent au pétrissage, malaxage, coupage, etc., plusieurs fois répétés, et qui même les surpasse peut-être en agissant jusque sur les petites parties, n'en laissant pour ainsi dire aucune dans une même place; tandis que dans une pâte simplement mouillée, qui n'éprouve aucune fermentation putride, les parties ne se balançant pas, ne se présentant pas les unes aux autres sur une multitude de faces, n'arrivent pas à cette réunion presque mécanique qui leur donne le degré de plasticité favorable à la facilité et au succès du travail.

CHAPITRE III.

FAÇONNAGE DES PIÈCES.

L'art de Façonner toutes sortes de pièces avec la pâte amenée à l'état de perfection désirable par les opérations que je viens de décrire, se compose et de principes généraux c'est-à-dire applicables à toutes les sortes de pâtes, et de préceptes particuliers, nombreux et importants, applicables à chaque sorte de Poterie.

Ce sont les principes généraux que nous devons étudier ici.

On Façonne toutes les pièces par des procédés qui, quelque différents qu'ils paraissent, peuvent se réduire aux quatre suivants.

Le Tournage, le Moulage, le Coulage, le Rachevage.

Article Ier. — du TOURNAGE.

L'opération du Tournage se compose d'une ou de deux actions principales, l'Ébauchage et le Tournassage.

L'instrument employé dans le plus grand nombre de cas pour ces actions se nomme Tour.

C'est donc cet instrument qu'il faut d'abord connaître.

§ 1. — *Du Tour.*

On en distingue de plusieurs sortes, mais les deux premières sont les seuls véritables Tours à Potiers. Les autres sont des tours beaucoup plus compliqués qui s'appliquent à quelques opérations particulières des Poteries.

Les Tours à Potiers proprement dits sont :

A. Les Tours à ébaucher;

B. Les Tours à tournasser.

Ceux dont on se sert dans quelques parties de l'art céramique sont les Tours ovales.

Les Tours à gaudronner et à guillocher.

Je ne parlerai que des deux premiers.

A. Les Tours à ébaucher.

On a pu voir dans l'Introduction, page 19, l'histoire de cet instrument si célèbre lors de son origine.

Le Tour simple, en prenant pour exemple celui du porcelainier comme le plus perfectionné [1], est mis en mouvement par le pied de l'ouvrier. Dans quelques fabrications de Poteries grossières où la roue du tour est une vieille roue de voiture, c'est à l'aide d'un bâton pointu que l'ouvrier lui imprime le mouvement.

Néanmoins, quand la fabrication s'applique à des pièces plus parfaites ou plus grandes, il faut unir une plus grande force et une plus grande perfection dans le tour qui ne quitte pas cependant le caractère d'une roue à jantes et à rayons. Tel est

[1] Voyez, Pl. VIII, *fig.* 3 et 4, la construction de ce tour prise de celui de la manufacture royale de Sèvres, et sa description à l'explication des planches.

le tour du Potier de grès-cérame dont je donne une figure. Pl. IX, fig. 1, A et B.

Lorsque l'ouvrier a de grandes pièces à exécuter et que la résistance deviendrait trop considérable pour la seule force de son pied, le tour avec sa roue massive qui fait l'office de volant est mis en mouvement par un autre ouvrier au moyen d'une manivelle ou de tout autre moyen mécanique.

Enfin, si un grand nombre de tours doivent marcher à la fois, il est possible de leur imprimer le mouvement à l'aide d'un moteur puissant et commun, tel qu'une machine hydraulique ou une machine à vapeur. J'ai vu ce moyen employé avec succès dans la manufacture de porcelaine de Copenhague et dans la manufacture de faïence fine de M. Boch-Buschmann à Mettlach près Luxembourg. On doit pouvoir par des moyens simples et que tous les mécaniciens trouveront aisément, retenir ou accélérer le mouvement de chaque tour, et même l'arrêter tout à fait, au gré de l'ouvrier, sans que ces actions puissent se communiquer aux autres tours; cependant, je donne la figure d'un de ces moyens appliqué aux tours de la manufacture de Mettlach qui reçoivent leur mouvement d'un cours d'eau. Pl. X, *fig.* 4.

B. Le Tour à Tournasser ou à finir est presque toujours à axe horizontal, à l'extrémité duquel on fixe la pièce par un emmandrinage ordinaire. C'est donc un tour en l'air dont je donne la figure Pl. VIII, fig. 2, A et B, et la description plus bas à l'art. IV, en parlant du rachevage; puis à l'article des Poteries, telles que les faïences fines, les porcelaines tendres, où on l'emploie le plus ordinairement, je parlerai des particularités d'emploi qu'il faut connaître.

§ 2. — *Les Opérations de Tournage.*

Après les instruments viennent les opérations de Façonnage auxquelles ils servent.

Ce sont l'ébauchage et le tournassage ou Tournage proprement dit. Le tournassage appartenant à l'achevage, j'en traiterai à l'art. IV.

L'Ébauchage (mot qu'il faut bien se garder de prendre dans la signification littérale) est la sorte de façon qui consiste à donner à des pâtes molles une forme quelconque avec le seul moyen des mains sans l'aide d'aucun espèce de moule ou d'appui, même sans qu'il soit nécessaire d'employer aucun instrument de métal ou de bois; c'est ce qui a fait dire à Platon, que l'art de la Poterie, qui n'avait besoin que de la main de l'homme pour s'exercer, devait avoir été des premiers inventés.

L'expression d'Ébauchage ne s'applique généralement qu'au premier Façonnage des pièces rondes, cependant il ne se fait pas toujours sur le tour; d'où il résulte qu'on doit distinguer en trois sortes cette opération :

A. L'ébauchage au ballon et sur le tour;
B. L'ébauchage au colombin et à la main;
C. Le Calibrage.

A. Ébauchage sur le Tour.

Pour ébaucher ainsi une pâte céramique quelconque, l'ouvrier prend une masse humide de pâte proportionnée à la pièce qu'il veut faire, il la met sur la tête de Tour, mouille ses mains avec de la barbotine, met le tour en mouvement, élève cette masse encore informe, la rabaisse en espèce de grosse lentille et perce cette masse lenticulaire avec les deux pouces; il l'élève ensuite de nouveau en pinçant entre le pouce et les autres doigts le commencement de forme qu'il vient de faire prendre à cette masse.

Il l'étend ainsi en la tenant humectée au moyen de la barbotine qu'il prend avec la main, et la rapproche plus ou moins de la forme qu'elle doit définitivement avoir (1).

L'ébauchage des petites pièces se fait avec les doigts, par l'opposition de l'index au pouce, soit d'une même main, soit des deux mains. Celui des grandes pièces se fait avec les mains et les poignets opposés l'un à l'autre (2) et le secours d'une éponge qui est

(1) Voir Pl. LV, *fig.* 7, de A à E, les différentes formes par lesquelles passent les parties du vase, *fig.* 8, pour arriver à sa forme définitive.

(2) En jetant un coup d'œil sur les planches qui représentent l'ébauchage chez les anciens Égyptiens, Pl. III, fig. 4 et 5, et chez les Chinois, Pl. XLIII, on voit

comme destinée à étendre la surface de ses doigts. L'ouvrier est souvent debout, et la limite de hauteur des pièces ébauchées est donnée par la longueur de ses bras.

On n'a encore aucun moyen mécanique de la dépasser ; mais en plaçant successivement des colombins de pâte sur le bord supérieur du cylindre ébauché, on parvient à lui donner par cette suite d'ébauches une assez grande hauteur.

Ce procédé est également employé dans l'ébauchage à la main ou au colombin pour élever les grandes jarres, comme je le décrirai en son lieu.

Lorsque ce sont des Poteries à formes grossières et à parois d'une moyenne épaisseur que le Potier doit produire, l'ébauchage peut compléter la forme de manière à ce qu'il n'y ait plus à retoucher à la pièce.

Lorsque les formes doivent être moins grossières et les pièces moins épaisses, il termine l'ébauche à l'aide d'une sorte d'ébauchoir de bois qu'on nomme e s t è q u e, et dont il se sert pour amincir les pièces par dedans et en unir en même temps la surface. Enfin, lorsque la pâte qu'il travaille doit donner des pièces légères, délicates et à contours purs et bien déterminés, il arrête son ébauche longtemps avant d'approcher de ce terme, afin de lui conserver assez d'épaisseur pour lui enlever par le t o u r n a s s a g e, après qu'elle s'est raffermie, tout ce qui excéderait les contours et épaisseurs déterminés.

Les pièces fermées ou à col étroit sont ébauchées en deux parties, réunies ensuite.

Une sorte de tige verticale garnie de petites règles horizontales qu'on peut faire avancer plus ou moins, sert à l'ouvrier pour donner à la pièce ébauchée à peu près les dimensions déterminées. Cet instrument, Pl. VIII, *fig.* 5, porte le nom de c h a n d e l i e r d e j a u g e ou p o r t e - m e s u r e.

L'opération de l'é b a u c h a g e est une des plus importantes, le succès de la pièce, dans certaines Poteries, en résulte. Elle est d'autant plus importante que les résultats d'un mauvais ébauchage ne

très-bien exprimé le mouvement du poignet, de la main et des doigts. J'ai donné en A, fig. 3, Pl. XLVI, une figure qui rend bien l'action de l'ébauchage chez un tourneur en porcelaine.

s'aperçoivent souvent qu'après la cuisson, c'est-à-dire lorsqu'il n'est plus temps d'y remédier, et lorsque les différentes modifications que la pièce a reçues par le Tournassage, le dessèchement, la cuisson, la glaçure, etc., ont fait perdre la trace du défaut originel et donnent à l'ouvrier le moyen de s'excuser en rejetant les défauts sur les altérations que la pièce a pu éprouver dans les opérations subséquentes.

Il est difficile d'exprimer d'une manière générale et brève toutes les précautions qu'il y a à prendre; on ne peut que les indiquer.

Il faut, en général : 1° que la pâte n'ait point trop de mollesse. L'ébauche d'une pâte molle est plus facile, mais souvent plus défectueuse;

2° Que la main de l'ouvrier soit sûre, qu'il ne serre pas inégalement les parties de la pièce qu'il élève;

3° Et surtout qu'il mette parfaitement d'accord la vitesse de rotation de son tour, c'est-à-dire le mouvement horizontal circulaire avec la vitesse de l'ascension de ses mains ou avec le mouvement vertical qu'il fait pour élever les parois de la pièce, de manière à décrire une spirale cylindrique ou conique dont les pas soient le moins espacés possible.

Plus la pâte est plastique et argileuse, plus l'ébauche est difficile à bien conduire, non pas que cette pâte soit plus difficile à ébaucher qu'une pâte courte, mais parce que les inégalités de mouillage et de compression s'y manifestent bien plus par l'effet de la dessiccation et de la cuisson que dans une pâte maigre.

Les défauts d'un mauvais ébauchage sont ordinairement de nature à en signaler la cause. C'est principalement celui que l'on nomme le vissage. On peut dire que presque tous les autres en résultent ou n'en sont que des modifications.

Ce défaut consiste en des lignes ou sillons enfoncés plus ou moins sensibles qui, partant de la base des vases, s'élèvent en spirale comme les pas d'une vis (Pl. LV, *fig.* 7, D *dsds*).

On voit qu'elles sont dues à la pression exercée inégalement, soit par les mains de l'ouvrier, soit par l'éponge, sur les différentes parties qu'elles ont parcourues.

Ces vis ont deux inconvénients : l'un n'est que pour l'œil,

en ce qu'elles altèrent la pureté du contour et forment des dépressions désagréables ; l'autre est plus important : la pièce éprouvant une dessiccation et une retraite inégale, se déforme presque complétement, les anses sont emportées de côté, les couvercles et autres parties accessoires ne peuvent plus s'y adapter, etc. ; enfin, quelquefois l'inégalité de densité et celle de retraite sont si grandes qu'il se forme des fentes ou des gerçures dans les cavités spirales, et quelquefois il se manifeste dans ces pièces, après leur cuisson, des fêlures qui suivent la direction des lignes de vissage.

B. Ébauchage à la main.

La seconde sorte d'Ébauchage est celle qui s'opère sans le secours d'aucune espèce de tour. Il y a des pièces dont la dimension est telle, qu'on ne pourrait les ébaucher sur un tour proprement dit, fait à la manière de ceux que l'on vient de décrire. Ces pièces, telles que les grandes jarres que fabriquent presque tous les peuples méridionaux, s'élèvent au moyen de colombins ou boudins, c'est-à-dire de longs cylindres de pâte que l'ouvrier place successivement l'un sur l'autre et qu'il lie ensemble avec les mains. Je décrirai ce mode particulier de façonnage à l'art. 1er du chap. 1er du livre II, lorsque je traiterai des Poteries du premier ordre.

Cette sorte d'Ébauchage n'est pas restreinte aux grandes pièces. Les nations chez lesquelles les arts sont encore dans l'enfance, font presque toutes les pièces rondes par un procédé analogue, et qui consiste à donner plus ou moins grossièrement la forme qu'on veut obtenir avec des petits ballons ou colombins de pâte qu'on lie ensemble et qu'on façonne avec le seul secours des mains, sans moules, sans tour ni tournettes, pas tout à fait sans appui, mais avec un instrument de bois qui remplace l'estèque de nos tourneurs.

Les indigènes de l'Amérique méridionale ont donné et donnent encore la forme aux vases qu'ils font à l'aide de cette espèce de modelage et en remplaçant leurs mains ou leurs doigts par une sorte de palette ou spatule qui atteint les parties qui par leur étroitesse ou par leur position, exigent ce secours. On voit très-distinctement sur les vases faits dans ces pays les traces de cette méthode.

Les sculpteurs qui ébauchent avec les mains une masse d'argile plastique qu'on nomme terre-glaise, pour en faire une figure, un bas-relief ou un vase, exercent cette sorte d'Ébauchage, sur lequel il est inutile d'insister davantage, en le conduisant, même par un réparage précieux à l'aide du pouce et de petits outils en forme de spatule, nommés ébauchoirs, à une perfection qui est d'autant plus rare et recherchée, qu'elle conserve l'esprit et le sentiment de la touche du maître.

Enfin les ouvriers qu'on appelait terriniers, qui font ces figures en terre cuite à parois minces, qu'on plaçait autrefois sur les poêles, élevaient ces figures à la main, sans moule, et en leur donnant partout une épaisseur égale et convenable.

C. Calibrage.

Il y a dans le Façonnage sur le tour de certaines pièces et notamment des assiettes, une particularité qui ne tient pas au tour en lui-même, mais à la manière dont on donne plus promptement, plus sûrement et plus également la forme ronde avec les contours qui appartiennent à la pièce, aux plats, même aux plats ovales, aux assiettes, aux soucoupes et à toutes les autres pièces plates qui, en raison de leur usage, sont fabriquées en grand nombre.

Cette particularité consiste à abaisser sur l'ébauche de la pièce faite soit à la housse, soit à la croûte, un calibre (*Chablon* en Allemagne) qui présente à son bord interne le profil découpé dans une lame d'acier coupante, exact ou au moins très-net, de la forme soit du dedans, soit du dehors de la pièce, en lui donnant en même temps exactement l'épaisseur et les contours qu'elle doit avoir.

C'est un mode de Façonnage très-généralement répandu et appliqué à toutes les Poteries qui doivent présenter des formes constantes et précises; mais il présente des différences assez notables suivant la nature de la Poterie à laquelle on l'applique.

Je dois me contenter d'en faire connaître ici le principe commun, me réservant de le développer lors de son application aux différentes classes de Poteries où il est employé et surtout à la porcelaine où il trouve dans son application, principalement à la porcelaine de Sèvres, de grandes difficultés. Aussi est-ce à cet article que je donnerai les détails de ce Façonnage particulier.

Il faut que la lame dont le bord donne le profil de la pièce, soit perpendiculaire à sa surface, et simplement atténuée s'il ne s'agit que d'ébaucher la pièce au plus près, ou légèrement inclinée en avant et coupant quand il faut tournasser ou finir cette pièce. La pression doit être égale du centre à la circonférence de la pièce. Il faut par conséquent, que les extrémités du calibre soient fixées, l'une par une charnière du côté du bord extérieur de la pièce et l'autre appuyée sur un support placé à l'extrémité opposée, de manière qu'aucune pression ne puisse diminuer l'espace qu'il y a entre le tranchant du calibre et le moule en plâtre qui porte l'ébauche ni par conséquent faire varier l'épaisseur de la pièce.

Ces conditions paraissent au premier coup d'œil très-faciles à remplir ; cependant, nous verrons en parlant du calibrage des assiettes en porcelaine dure de Sèvres combien il est difficile d'y satisfaire complétement.

En jetant un coup d'œil sur la figure 7 de la planche LV et sur celles qui sont répandues dans le texte, au façonnage des faïences fines et des porcelaines, on prendra une idée de ce que c'est qu'un Calibre et des différentes manières de l'employer suivant les espèces de Poteries et les différents pays. On apprendra à l'histoire de ces Poteries quelles sont celles qui se prêtent le mieux à cette sorte de Façonnage comme la faïence fine, ou le plus difficilement comme les porcelaines dures.

ARTICLE II. — DU MOULAGE.

Cette opération est une des plus compliquées, des plus difficiles et des plus importantes de l'art céramique. Elle s'exerce sur toutes sortes de pâtes et sur toutes sortes de pièces, depuis les briques jusqu'aux statues.

On va remarquer que malgré ces différences énormes des pâtes et des produits, les principes généraux sont à peu près les mêmes.

Le M o u l a g e diffère de l'ébauchage, en ce qu'il suppose un moule ou appui sur lequel la pâte céramique doit être appliquée pour en prendre la forme.

Le moule suppose ordinairement un modèle sur lequel il a été fait. L'appui est la condition essentielle du Moulage, il n'en est pas de même du modèle; ainsi dans un des Moulages le plus difficile, celui des tables, plaques, carreaux, etc.. à la croûte, celui des vases, tasses, etc., à la housse, le moule ne se fait pas sur le modèle, et souvent il n'y en a aucun.

Le Moulage n'est peut-être pas aussi ancien que le tournage, cependant on peut présumer que la pratique grossière de cette opération céramique a suivi de très-près celle du tournage; mais que les premiers Potiers étant des ouvriers trop peu habiles pour faire des modèles, les ont pris directement dans la nature, et que ne sachant souvent comment retirer le modèle de son moule, ils avaient choisi pour modèle des corps naturels susceptibles de se détruire facilement, tels que des fruits. Ainsi, après avoir couvert d'argile ces sortes de modèles, ils pratiquaient ce que l'on fait maintenant avec beaucoup plus de perfection dans le Moulage que l'on appelle à creux perdu, où le modèle en argile est sacrifié; ici de même le fruit sur lequel le moule avait été fait pouvait être enlevé facilement. On attribue à la facilité de se procurer ces sortes de modèles et de moules, la forme de fruit que présentent plusieurs vases de la plus haute antiquité (1).

L'opération complète du Moulage nous présente trois considérations ou actes principaux qui doivent être étudiés successivement :

1° Le modèle;

2° Le moule;

3° Le Moulage proprement dit, dans lequel se succèdent :

a. La préparation des pâtes;

b. L'action du Moulage;

c. Le démoulage.

(1) J'ai dit, page 19, que je ne connaissais aucun exemple authentique à l'appui de cette opinion, qui n'est pas invraisemblable, mais que je ne pouvais établir sur aucun fait positif.

§ 1. — *Des Modèles.*

Les **Modèles** pour le moulage des pâtes céramiques, faits par les artistes nommés **modeleurs** ou empruntés même à d'autres arts, n'exigent **essentiellement** aucune construction particulière. L'art céramique peut exécuter toutes les formes qu'on lui demande, mais il en est qui réussissent plus facilement que d'autres.

Il faut en général éviter autant qu'il est possible les angles à arêtes vives et les angles aigus; il faut éviter de faire coïncider des amincissements avec des courbures; on échappe rarement aux fentes dans ces parties; il faut éviter aussi les parties trop massives, ou au moins se laisser la ressource de les évider. Les parties très-saillantes, très-avancées et en porte-à-faux, telles que les bras tendus, les jambes des chevaux relevés, etc., conservent difficilement leur exacte position dans la cuisson, malgré les supports qu'on place pour les soutenir. Dans les pâtes non ramollissables, la retraite générale qu'on ne peut être sûr de rendre parfaitement proportionnelle dans toutes les parties d'un groupe, d'une figure, etc., dérange ces parties, et dans les pâtes ramollissables, ce ramollissement vient se joindre à la retraite pour causer un dérangement encore plus considérable. On doit surtout éviter les lignes droites, telles que les socles rectangulaires, les entablements, les corniches, les pilastres, les arêtes qui terminent les monuments d'architecture, etc. Il est très-rare de conserver à ces lignes la parfaite rectitude qui en fait le caractère; aussi regardons-nous la répétition des monuments d'architecture comme hors du domaine des arts céramiques, même des terres cuites. Il faut donc, pour les objets de simple décoration et de commerce, conduire la composition des modèles dans toutes ces prévisions, afin d'éloigner d'autant plus les chances d'avaries.

Quant aux objets où l'art est le but principal, où il doit être satisfait avant tout, c'est au Potier chargé de l'exécution de telles productions à employer toutes les ressources de son génie et de sa pratique pour faire réussir de telles pièces.

Il en est de même des matières avec lesquelles les modèles peuvent être faits; il n'y a aucune exception à cet égard, mais il y a beaucoup de préférence.

Les Modèles en argile se font aisément, mais ils ne peuvent pas être terminés avec pureté.

Les Modèles en cire dure présentent de grands avantages, et sont préférables à tous les autres quand ils ne doivent pas fournir un grand nombre de Moules.

Mais les Moules faits sur ces deux matières ont des inconvénients lorsqu'il s'agit d'y mouler avec netteté des pâtes céramiques. Si c'est sur de la cire qu'on les fait, ils enlèvent toujours une partie de la matière huileuse qui a servi à assouplir la cire; si c'est sur de l'argile, elle est délayée, et le modèle est altéré par l'eau du plâtre liquide dont on enduit le Modèle.

Les Modèles en plâtre ont plus de fermeté : on les fait en plâtre gâché serré, et on augmente encore leur durée en les pénétrant d'huile siccative qui les durcit considérablement.

Lorsque les Modèles doivent fournir un grand nombre de Moules, on a recours à l'un des deux procédés suivants :

Si ce sont des Modèles de figures ou de pièces d'ornement, on les fait en métal, soit en étain, soit en bronze.

Mais si ce sont des Modèles de pièces unies et de formes simples, on se contente d'un Modèle en plâtre très-exactement fait et durci par l'huile grasse.

On coule sur le Modèle des mères, c'est-à-dire des Moules qui ne sont pas destinés au moulage des pièces de Poterie, mais à reproduire de nouveaux Modèles sur lesquels on puisse faire un très-grand nombre de Moules avant qu'ils soient altérés.

Nous prendrons pour exemple une assiette, la pièce la plus multipliée dans les arts céramiques.

Après avoir fait en métal ou en plâtre un Modèle exact de l'intérieur de l'assiette, Pl. LV, *fig.* 5, qui par conséquent représente cet intérieur en saillie, et qui pourrait même être considéré comme Moule-Modèle, on le durcit, s'il est en plâtre, avec l'huile siccative, c'est le Modèle-type.

On peut couler sur ce Modèle-type, sans l'altérer, cinquante Modèles en creux, qu'on appelle des mères; or, chacune de ces mères, *fig.* 5, B, étant susceptible de produire, avant d'être altérée, cinquante Moules, on voit que ce Modèle-type, quoique fait en plâtre, peut produire deux cent cinquante Moules d'assiettes avant qu'on soit obligé de reprendre et de réparer une de ces mères pour fournir un nouveau Modèle-type.

S'il était en métal, il n'y aurait à ma connaissance aucune limite assignable à cette multiplication.

Les épreuves du même Moule ou de la même mère, toutes choses étant égales d'ailleurs, ont exactement la même dimension.

Mais celles qui résultent de la succession de moulage qui, sur le Modèle, donne la mère, et dans la mère donne les Moules, varient de dimension, suivant qu'ils sont en métal, en plâtre ou en terre.

A chaque opération de Moulage en plâtre, il y a augmentation d'un centième au moins, et comme du Modèle-type au Moule, il y a deux opérations ou Moulages, il faut donner au Modèle-type deux centièmes de moins en dimension linéaire que celle que doit avoir le Moule.

La manière d'obtenir le Modèle-type avec une grande régularité, tantôt en le faisant directement, tantôt en le coulant dans un Modèle creux ou matrice fait en argile, les précautions qu'il faut prendre pour former la mère sur le Modèle-type, l'attention qu'il faut apporter pour qu'il n'y ait pas d'humidité dégagée ni d'adhérence entre les deux pièces en coulant les Moules dans la mère, sont des considérations de détails que la pratique peut seule enseigner efficacement.

Les parties que l'on appelle des garnitures, et qui doivent être très-multipliées, telles que les anses de tasses, les becs de pots, etc., demandent aussi qu'il soit fait des Modèles-types dont on puisse tirer un très-grand nombre d'autres Modèles destinés à fournir les Moules nombreux qui sont nécessaires. C'est une espèce de polytypage.

En prenant pour exemple le polytypage d'une anse, voici quels sont les procédés que l'on suit.

On fait sur le Modèle-type, Pl. LV, *fig.* 1, en quelque matière qu'il soit, un Moule en plâtre, *fig.* 2, A, en deux parties, que l'on appelle quelquefois coquille. On n'en a figuré qu'une. Chaque partie donne le creux de la moitié de l'anse, prise dans sa longueur avec sa portée (*p*,*p*). On vernisse ces deux pièces, on coule dans chacune d'elles, et sur la portée (*p*,*p*), deux plâtres (B,*c*), qui donnent chacun en relief la moitié de l'anse adhérente à la portée. On vernit ces nouveaux Modèles ou types C, qui doivent servir pour couler tous les Moules en plâtre non durci, dont on peut avoir besoin pour multiplier cette anse (*fig.* 1, A), en pâte céramique. Les figures A, B, font voir le profil, l'une, A, du moule creux de l'anse, et l'autre, B, du relief de la moitié de l'anse, pour refaire le Moule ou mère.

Lorsque le second type est amolli et comme usé par les nombreux Moules qu'il a fournis, on peut en faire un troisième dans le moule vernissé, et de cette manière multiplier les pièces sans qu'elles soient altérées, car le type-modèle, en le supposant en plâtre durci, peut donner 50 Moules-types très-nets ; chaque Moule-type vernissé peut donner 50 nouveaux Modèles-types très nets aussi, ce qui fait 2,500 nouveaux Modèles-types durcis; chaque Modèle du second type peut donner de même 50 Moules en plâtre non durci, ce qui fait 125,000 bons Moules, qui peuvent donner au minimum 30 pièces ou anses en porcelaine, c'est-à-dire 3 millions 750 mille pièces présentant encore la netteté du Modèle. Je ne crois pas qu'on ait jamais atteint ce nombre avec le même Modèle, non pas parce qu'il serait usé, mais ce serait la mode ou le goût qui le serait avant lui.

Si les types étaient en métal, le nombre auquel on pourrait pousser le polytypage d'une pièce, telle qu'une anse, serait prodigieux.

C'est d'après de tels principes que se moulent les pièces de garnitures ornées des faïences fines, des grès cérames grossiers et fins et des porcelaines. Le nombre des types est déterminé par l'écoulement présumable de la pièce. On conçoit qu'on ne fait le second et troisième type qu'au fur et à mesure du besoin.

On juge d'après ces observations et calculs de multiplication qu'on ne peut apporter trop de soin, trop de talent pour faire le premier modèle, celui qui doit ou peut donner un si grand nombre de répétitions. Eh! bien, c'est ce que souvent les fabricants refusent de faire, parce que les frais de ces modèles précieux, exécutés par des hommes de talent, entraînent des dépenses assez considérables, certaines et à faire en peu de temps, pour obtenir des produits souvent incertains et toujours lents à recouvrer.

§ 2. — *Des Moules* (¹).

On doit considérer dans les Moules, leur nature et leur construction.

Il faut que les Moules destinés aux pâtes céramiques molles soient faits avec une matière absorbante : c'est une règle qui ne souffre pas de complète exception, tout Moule qui ne peut pas s'imbiber d'eau est impropre au moulage ordinaire des Poteries.

Cela restreint considérablement le nombre des matériaux qu'on peut y employer, et les réduit même à deux : le plâtre et la terre cuite, lorsqu'elle est assez sableuse ou poreuse pour être absorbante.

Le plâtre est plus usité, surtout en France et en Allemagne, où il est abondant et de bonne qualité.

Les Moules pour les Poteries devant éprouver une forte pression, demandent un plâtre choisi convenablement. Le Gypse, ou pierre à plâtre (sulfate hydraté de chaux) à petits grains cristallins des collines gypseuses du nord et du sud de Paris, et notamment celui d'Argenteuil, est regardé comme la meilleure pierre; la cuisson doit être ménagée, mais complète; et comme il faut que le Moule soit absorbant, le plâtre doit être gâché clair, afin qu'il n'acquière pas une texture trop serrée, qui s'opposerait à l'imbibition.

(¹) Je dois supposer qu'on sait ce que c'est qu'un moule, expression si vulgaire; je ne dois donc rien dire de la manière de faire les moules en général, je ne regarde la fabrication des moules, pour les pâtes céramiques, que comme une branche de l'art du Mouleur en Poterie.

Je ne parlerai donc ici que des différences qui se trouvent entre les moules en plâtre destinés au moulage des Poteries, et les moules en plâtre destinés au coulage en plâtre, cire ou toute autre matière; les procédés d'exécution de ces derniers ont été très-bien exposés dans le 1ᵉʳ volume, page 45 et suivantes de l'ouvrage de M. le comte de Clarac, intitulé : *Musée de sculpture antique et moderne*, etc.; Paris, 1841, Imp. roy., et dans le Manuel complet des Mouleurs, par MM. Le Brun (Frédéric) et Denian, 1 vol. in-18, 1829; j'y renvoie.

Les Moules de cette matière s'établissent aisément et n'exigent point que le modèle soit fait exprès; mais ils ont le grave inconvénient d'être promptement attaqués par l'eau des pâtes, et de ne pouvoir souffrir de fortes et fréquentes pressions sans s'émousser ou se briser.

On doit donc préférer les Moules en terre cuite pour tous les Moulages qui doivent être fréquemment répétés, et donner des épreuves nettes et économiques.

Ces Moules précieux ont aussi leur inconvénient; comme ils prennent de la retraite en séchant et en cuisant, il faut pour ce genre de moulage faire un modèle exprès, et dont les dimensions soient calculées sur la retraite du Moule. Ils servent principalement dans les fabriques de faïence à la manière anglaise; mais comme ils peuvent être employés pour toutes sortes de pâtes, j'indiquerai ici la manière de fabriquer et les Moules en terre et les Moules en plâtre.

A. Moules en plâtre.

On sait que toutes les pièces qui composent un Moule sont réunies dans une espèce de boîte de plâtre, qui est elle-même moulée sur l'extérieur de ces pièces, et qu'on nomme *chappe*.

Le moulage des pâtes céramiques s'exerçant toujours par pression, il est nécessaire que l'ouverture du Moule soit assez grande pour recevoir la masse de pâte qui doit y être moulée; aussi cette chappe s'ouvre-t-elle en deux pièces qu'on appelle *coquilles*, c'est-à-dire en deux parties qui divisent à peu près également la pièce moulée.

Les figures 3, B, et 4, A, B, Pl. LV, donnent une idée plus claire de cette disposition que ne pourrait le faire la plus longue description.

L'art de faire des Moules pour les Poteries est susceptible d'un si grand nombre de modifications en raison de la grandeur et des formes plus ou moins compliquées des pièces à mouler, qu'il faudrait pour les décrire d'une manière complète et utile, donner de très-longs développements et beaucoup de figures. Je dois donc me contenter d'indiquer quelques préceptes sur la manière de couper les modèles, de placer les *coutures* ou réunions des pièces du Moule, la division des deux coquilles, etc.

1° Les pâtes céramiques prenant toujours de la retraite, même en se ressuyant, c'est-à dire en perdant une partie de leur eau ou humidité par l'action absorbante des Moules, on ne doit jamais laisser dans une coquille du Moule des parties saillantes qui, gênant le rapprochement des deux parties latérales, solliciteraient une fente dans la partie la plus mince des parois; il faut faire autant de coupes qu'il y a de ces parties, et autant de Moules qu'on a fait de coupes.

2° Par le même motif, quoiqu'il faille toujours laisser ce que l'on nomme de la *dépouille* dans les cavités, cette dépouille peut être moins grande dans le moulage des pâtes céramiques, que dans celui des autres matières, parce que ces pâtes se réduisent ou diminuent assez de volume en se raffermissant, pour être plus facilement dégagées de cavités.

3° Il faut éviter d'être dans le cas de faire pénétrer la pâte dans des cavités profondes et étroites, ou sous des saillies, et c'est encore ici le cas de faire des coupes qui séparent les parties trop saillantes du modèle.

4° Enfin, comme l'opération qu'on appelle le réparage ou l'effaçage par frottement, à l'aide d'un corps dur, des lignes saillantes laissées par les coutures des Moules sur la pièce cuite, est très-difficile et souvent presque impossible à opérer complétement, il faut éviter de placer ces coutures sur des parties trop visibles dont elles altéreraient les formes. Il faut, au contraire, essayer de les confondre avec les saillies naturelles, ou de les cacher dans des parties peu visibles.

B. Moules en terre cuite.

Les Moules en terre cuite paraissent avoir été inventés longtemps avant les Moules en plâtre et plus usités chez les anciens que ces derniers. Pline cite cependant l'emploi du plâtre pour mouler sur nature; mais je ne sache pas qu'on connaisse un seul fragment antique de Moule en plâtre, quoiqu'on ait trouvé quelques petites figures de cette matière [1], ce qui prouve que les Moules auraient pu se conserver comme ces figurines; car il n'y a pas de fouille ayant produit divers objets d'antiquité en vases et pièces plastiques, qui n'ait fourni des fragments de Moules en terre cuite. On en a recueilli un très-grand nombre dans les fouilles de Pompéi, d'Herculanum, dans les environs d'Arezzo, en Toscane, dans des restes de fours de Potiers romains établis dans les Gaules, en Alsace, en Auvergne, en Angleterre, etc.

Les Moules en terre cuite exigent, comme nous l'avons dit, un modèle d'une dimension plus grande que celui de la pièce qu'ils doivent fournir; on en a indiqué les raisons.

C'est un premier inconvénient en ce qu'il oblige à refaire de nouveaux modèles pour les pièces dont les Moules avaient été faits en plâtre avant qu'on voulût les multiplier plus que le plâtre ne le permet.

La pâte argileuse avec laquelle on fait ces Moules doit être peu grasse, afin qu'elle adhère moins au modèle, et que les Moules gauchissent moins en séchant et en cuisant; elle doit néanmoins avoir assez de plasticité pour s'étendre sans se gercer.

Elle peut être ainsi composée suivant la recette donnée par M. de Saint-Amand.

[1] Comte de CLARAC, *Description du Musée de sculpture*, etc., tome 1, page 54 et ailleurs.

Pâte maigre pour les grands Moules.

De pâte de porcelaine dure non cuite. 7
ou de sable fin. 3
De pâte de porcelaine fritée ([1]). 1
D'argile très-plastique. 1

Pâte grasse pour les petits Moules.

De pâte de porcelaine dure non cuite. 5
ou de sable. . . . . 2 ½ à 3
D'argile plastique. 2

On varie la manière de faire ces Moules suivant la nature, la forme et la dimension des modèles.

Lorsque c'est un médaillon ou un ornement simple de petite dimension qui a peu de relief, on cherche à l'imprimer dans la masse de pâte préparée, au moyen de la pression puissante et égale que le choc violent de la masse sur le modèle ou du modèle sur la masse, doit lui faire éprouver. C'est ce qu'on appelle formation du Moule par projection.

Lorsque le modèle est trop grand ou d'une forme qui ne se prêterait pas à ce procédé, tels que des anses de tasses ou de vases, de petits plateaux ou soucoupes, on remplit une virole ([2]) en cuivre ou en toute autre matière solide avec de la pâte à Moule, on la remplit exactement et on l'y comprime même, et après en avoir uni la surface et avoir graissé légèrement le modèle, s'il est en métal, on y enfonce la partie du modèle dont on veut avoir le Moule, soit avec la seule force des bras, soit à l'aide d'une presse.

On ne peut faire que difficilement par ce procédé des moules composés d'un grand nombre de pièces, il paraît même qu'il est difficile de les faire de plus de deux pièces, cependant on y parvient en suivant le procédé des mouleurs en sable pour le bronze qui consiste à saupoudrer les premières pièces avant de faire les autres, encore faut-il beaucoup de soin dans la division du modèle et dans la fabrication du Moule pour que ces pièces s'ajustent bien après la cuisson des moules.

([1]) On fera connaître à l'article des Porcelaines tendres la composition de cette porcelaine ; on peut y suppléer par un mélange d'argile blanche et de sable.

([2]) On appelle Virole, dans les arts, un cercle ou cylindre très-bas, de métal ou de bois, qui peut s'ouvrir en deux ou trois parties sur sa circonférence, lorsqu'on a lâché ou enlevé les vis ou goupilles qui tenaient ces parties réunies.

On peut faire en terre cuite des Moules de soucoupes unies, des Moules d'assiettes de 15 à 16 centimètres dont on ne polit pas l'intérieur, ce qui est un avantage pour l'économie de la fabrication et pour l'adhérence plus complète de l'émail.

Les Moules en terre cuite sont très-sujets à gauchir; il faut donc les sécher avec beaucoup de lenteur et ne les porter au four que parfaitement secs. On les cuit au feu de porcelaine que l'on nomme dégourdi.

Les moules cintrés doivent être séchés sur un support en plâtre ou sur un support ou noyau en terre saupoudré de dégourdi de porcelaine; il faut qu'il ait la même courbure que le modèle dont on a tiré le Moule.

Les Moules en terre cuite absorbent l'humidité de la pâte comme les moules en plâtre et comme eux il faut les laisser sécher avant de continuer de s'en servir, quand on s'aperçoit qu'ils en sont complétement abreuvés.

§ 3. — *Du Moulage proprement dit.*

Mouler une pâte, c'est lui faire prendre la forme d'un corps ou appui quelconque sur lequel on l'applique, quel que soit l'état ou la nature de cette pâte, et celle du modèle ou du moule.

Le Moulage le plus général s'exerce sur des pâtes molles. On peut aussi mouler des pièces avec des pâtes sèches et pulvérulentes, et même avec des pâtes céramiques liquides; mais comme ce sont des opérations tout à fait distinctes les unes des autres, j'en traiterai séparément. Je distinguerai donc deux sortes de Moulages. **A**. Le Moulage à la main, **B**. le Moulage à la presse.

Le premier étant le plus ordinaire et ne s'appliquant qu'aux pâtes molles, c'est-à-dire humectées d'eau, c'est par lui que je commencerai comme présentant le plus de procédés communs aux autres et presque toutes les conditions essentielles de succès.

Cette opération délicate offre des différences notables suivant les diverses sortes de Poteries auxquelles on l'applique, ce qui rend assez difficile de la décrire d'une manière qui soit en même temps et générale et précise (1).

(1) Je prends plus particulièrement dans la Porcelaine les détails de description de cette opération, parce qu'elle est plus complète dans cette fabrication que dans les autres.

On peut reconnaître dans toutes les classes de Moulage plusieurs actes ou temps qui peuvent se réduire à trois :

Le premier est la préparation de la pâte, le second consiste dans l'action propre du Moulage, et le troisième dans celle du Moulage et de ses suites.

Nous allons suivre ces trois temps dans les trois sortes de Moulages que je vais décrire.

A. Moulage à la main.

Le Moulage à la main est celui dans lequel la main de l'homme est l'instrument principal.

Suivant l'objet qu'on veut mouler, on prépare la pâte en balles (*A*), en croûte (*B*) ou en housse (*C*).

(*A*) Moulage à la balle. On fait par le maniage, des balles de pâte bien homogènes comme pour l'ébauchage. Si la pâte est trop courte, on peut lui donner du liant ou de la plasticité par le gommage ou l'addition d'un mucilage ; il faut le choisir de telle nature qu'il ne prenne pas en se desséchant plus de retraite que la pâte, et qu'il n'occasionne pas de gerçures. La gomme arabique en petite quantité, la colle de farine sont les matières qu'on emploie ordinairement.

Ayant ouvert le moule en deux parties, on imprime fortement dans toutes les cavités d'une des coquilles de ce moule, le plus également et le plus lentement possible, les petites balles de pâte qu'on a préparées. Pour que la pâte adhère au moule comme il convient, qu'elle ne se soulève pas et ne produise pas de contre-moulage, on met une toile, plus ou moins fine, entre le doigt et la pâte, ou bien on se sert d'une éponge, la pâte ne contractant pas avec ces corps l'adhérence qu'elle contracte avec la peau.

S'il s'agit d'une pièce symétrique qu'on puisse composer de deux moitiés égales, et qui doive rester pleine comme une anse de tasse ou de vase, on moule de même l'autre partie, mais en laissant sur chacune d'elles un peu de pâte en excès. On applique alors les deux coquilles l'une contre l'autre en les serrant fortement, l'excès de pâte se rend dans une rigole qui borde la pièce.

Si la pièce moulée à la balle doit rester creuse comme doit l'être un buste, un petit vase à ornement, etc., on suit à peu près la même marche, mais on augmente l'adhésion et on évite les bavures trop fortes en garnissant de barbotine les bords des deux coquilles.

(*B*) Le Moulage à la croûte consiste à faire sur une table de pierre dure une croûte ou lame de pâte bien égale de densité et d'épaisseur, destinée à prendre sur le moule la forme de la pièce qu'on doit obtenir.

On étend sur une table de marbre ou de pierre bien dressée (*mm*), Pl. LV, *fig.* 10, une toile forte mouillée, ou une peau de daim mouillée (*bb*) ; on place sur cette peau la masse de pâte (*c*) bien corroyée et battue, nécessaire à la grandeur de la croûte que l'on veut obtenir.

On pose des deux côtés de cette masse, hors de la peau et sur le marbre même, plusieurs règles de bois assez minces (*aa*) qu'on place l'une sur l'autre en nombre suffisant pour égaler presque en épaisseur celle de la masse de pâte qu'on vient de placer; alors prenant un rouleau ou cylindre (*r*) de bois, bien régulier, on l'appuie sur les règles et on le fait rouler de manière à étendre la masse de pâte; on commence ainsi à en réduire l'épaisseur, puis on ôte de chaque côté une règle et on pousse de nouveau le rouleau qui amincit également la croûte; on ôte encore une règle et on continue ainsi jusqu'à la dernière règle dont l'épaisseur doit avoir donné celle de la croûte.

Alors soulevant cette croûte à l'aide de la peau, on l'applique sur la convexité du noyau en plâtre de la pièce que l'on veut mouler; on avait eu soin de mouiller ce noyau, avant d'y appliquer exactement la croûte avec une éponge; mais on ne l'y laisse pas longtemps, car en prenant de la retraite, elle se fendrait.

On recouvre alors ce noyau avec le Moule creux qui doit donner l'extérieur de la pièce dont le noyau a ébauché l'intérieur.

Ce moule, plus sec, enlève la croûte au noyau; on continue à l'y appliquer exactement d'abord avec l'éponge, puis avec des tampons remplis de poussière de la même pâte. Cette opération commence le raffermissement de la pâte, et en l'abandonnant à elle-même, elle continue à se dessécher et à se détacher du Moule sans se fendre ni se gercer, parce qu'aucune saillie ne doit s'opposer à sa retraite.

L'exemple que je viens de donner est pris du Moulage d'une saucière et les figures 7, A, B, C, feront comprendre cette opération avec plus de clarté que ne pourrait le faire une plus longue description.

Ce Moulage, le plus compliqué, est en général, comme j'en ai averti, celui de la porcelaine. J'indiquerai, en traitant des autres sortes de Poterie, comment on le simplifie.

(*C*) Le Moulage à la housse est la combinaison de l'Ébauchage par le tour et du Moulage. C'est le plus convenable aux pâtes délicates, c'est-à-dire à celles qui sont le plus susceptibles de manifester les inégalités de pression de l'Ébauchage et du Moulage; il consiste donc en deux opérations s'exécutant l'une et l'autre par le tourneur. Dans la première, le tourneur ébauche sa pièce comme s'il devait la faire sur le tour, et il tâche d'atteindre, le plus possible, la forme extérieure et en partie l'épaisseur de la pièce (Voy. *fig.* 6, A, une pièce ainsi préparée). Cette opération faite, il prend la pièce, ou ce qu'on appelle alors la housse, encore molle, et la plaçant dans un moule de plâtre creux, mais nécessairement simple et à très-large ouverture, il applique sa housse avec l'éponge contre les parois du Moule et lui en fait prendre intérieurement exactement la forme (*Fig.* 6, B).

Il faut que la pièce qu'on veut mouler à la housse soit évasée, et qu'elle le soit assez pour permettre l'introduction de la main et du doigt ou au moins d'un bâton muni d'un tampon d'éponge. Il faut qu'elle soit unie; elle ne peut porter aucune moulure, astragale ou autre saillie, parce que la pression qu'on peut lui faire éprouver ne serait pas assez forte pour faire pénétrer la pâte dans les cavités qu'on aurait laissées dans le Moule; ou bien si on voulait arriver par une forte pression dans ces points, cet excès contribuerait à la déformation de la pièce.

Par conséquent si cette pièce doit présenter des parties d'ornements en saillie, il faut, suivant leur forme, ou les faire naître en les tournassant, ou les appliquer après coup par le procédé que je décrirai en son lieu.

J'ai dit que ce procédé avait de grands avantages pour les pâtes délicates, et notamment pour les pâtes de porcelaine. Il évite, quand on peut l'employer, une multitude de causes de déformations et de déchet, telles que le vissage, le gauchissage et même la fente. J'y reviendrai en parlant de la porcelaine.

On moule ainsi les assiettes, mais par une opération toute particulière qui sera décrite en son lieu, les culots de vases, les jattes, pots à sucre, même la plupart des tasses.

On doit appliquer ce Moulage à toutes les formes qui en sont susceptibles; il n'a d'autre inconvénient que d'exiger deux opérations avant le tournassage et d'entraîner la confection d'un grand nombre de moules de plâtre qui sont chers en façon et en matière, et qui causent de l'encombrement.

Ce que je viens d'exposer n'est pour ainsi dire relatif qu'à la préparation de la pâte pour le Moulage.

Je n'ai point encore parlé de l'opération en elle-même et des précautions générales qu'il faut prendre pour la faire réussir.

Le Moulage, quel qu'il soit, d'une pâte quelconque, ne peut s'opérer sans pression.

Cette pression s'exerce ou à la main ou à la presse.

La balle, la croûte ou la housse, et uniquement les deux premières lorsqu'il s'agit de pièces garnies de parties en relief, doivent être pressées sur les moules avec le plus d'égalité possible.

La main et les doigts suffisent même dans quelques cas, en prenant la précaution indiquée plus haut, d'interposer un linge entre la pâte et la peau des mains pour éviter l'adhérence qu'elle est disposée à contracter avec elle. Lorsque les parties à mouler sont planes ou courbes, mais nues et étendues, on comprime avec une éponge légèrement humide, soit en glissant, soit en tamponnant.

Dans le Moulage à housse on emploie ce moyen, et on s'aide aussi de l'estèque.

Lorsque les parties à mouler sont de formes irrégulières, garnies de cavités et de taille profondes comme le sont les figures, les anses, les parties de vases chargées d'ornements, on s'aide d'un tampon de linge placé à l'extrémité d'un manche de bois ou même d'une espèce de marteau de bois également muni de tampons, et, après avoir fait entrer avec la main la balle de pâte, dans la cavité du moule, on lui fait prendre exactement toutes les sinuosités de cette cavité à l'aide de l'un ou de l'autre de ces tampons.

Quels que soient le moyen et la pâte qu'on emploie, il faut faire en sorte que toutes les parties d'une même pièce soient également comprimées. Cette condition est de rigueur pour le succès des pièces d'une certaine dimension. On sait que son exécution résulte entièrement de l'intelligence, de l'adresse et de l'attention de l'ouvrier; que si l'une de ces qualités lui manque, la pièce sera mal moulée. J'ai souvent vu les pièces les plus simples, telles que le même portrait en médaillon d'un décimètre de diamètre fait avec la même pâte dans le même moule, réussir toutes ou manquer presque toutes, suivant l'ouvrier ou l'attention de l'ouvrier qui les avait moulées. Les résultats ordinaires d'un mauvais Moulage sont la déformation, les bosselages et les fentes.

Pour continuer d'exposer ce qui est relatif au Moulage à la main, il me reste à parler des autres précautions à prendre pour le faire réussir et du démoulage.

Au bout d'un certain temps les moules de plâtre et même ceux de terre perdent en grande partie la propriété qu'ils ont d'absorber l'humidité de la pâte, et celle-ci devient adhérente au moule ; on dit alors que les Moules se graissent ; ils prennent aussi ce défaut par une longue exposition à l'air des ateliers ; la poussière et les fuliginosités qui s'y répandent, bouchent en effet les pores du plâtre et lui enlèvent sa propriété absorbante ; un long usage produit le même effet en enduisant peu à peu la surface du moule d'une légère couche de pâte très-comprimée, on répare ce mal, du moins en partie pour les pièces rondes, en leur enlevant sur le tour cette sorte d'épiderme ; mais cette opération ne peut pas se répéter puisqu'elle diminuerait alors sensiblement les dimensions des Moules. On peut aussi laver fortement ou brosser la surface des Moules ; toutes ces corrections les altèrent.

Un Moule pénétré de toute l'humidité qu'il peut absorber, est dans le même cas qu'un moule graissé. Il faut donc avoir un très-grand nombre de Moules d'une même pièce, dans les fabriques où le travail est actif, afin de laisser sécher les Moules humides sans être obligé de suspendre le travail.

d. Le Démoulage est l'action de retirer du moule la pièce moulée.

Lorsqu'un moule n'a aucun des inconvénients qu'on vient de signaler et qu'on peut y laisser séjourner quelque temps la pièce sans craindre que gênée dans sa retraite elle ne se fende, alors elle diminue de volume en se raffermissant et peut se retirer avec facilité du moule.

Si le moule est d'une seule pièce comme dans les anses, les médaillons, etc., on facilite le dégagement de la pièce moulée en l'enlevant avec une petite balle de pâte humide.

Si le moule est de plusieurs pièces, on ôte la chappe, puis successivement et avec soin toutes les parties du moule ; la pièce est alors dégagée, mais elle présente beaucoup de sutures en saillie qui sont d'autant moins fortes que le moule était bien fait et les pièces très-serrées les unes contre les autres ; l'enlèvement de ces lignes de sutures constitue une partie du réparage dont je parlerai plus bas.

Il faut toujours éviter de démouler trop tôt surtout les pâtes délicates, parce qu'étant très-molles, très-gonflées, on peut en cherchant à vaincre leur adhérence au moule, les déchirer ou simplement les courber, courbure qui reparaît souvent par la cuisson.

Lorsque la pièce est retirée du moule et qu'elle a été mise en état de sécher, il faut veiller cette dessiccation, la rendre lente et égale, et pour empêcher certaines parties saillantes et minces de se relever, il faut mettre la pièce sur la surface plane d'une matière absorbante telle qu'une plaque de plâtre, et charger les parties saillantes de petites masses de pâte qui les empêchent de gauchir; enfin, lorsque la pièce qu'on veut obtenir a été moulée en plusieurs parties, il faut réunir les parties ensemble. Cette réunion, que l'on appelle colage, est une opération commune à plusieurs sortes de Poteries, et comme elle exige des précautions particulières, j'en traiterai dans un paragraphe distinct.

B. Moulage à la presse.

On a dû remarquer à l'article du Moulage à la main, combien le succès de ce Moulage dépendait de la diversité des talents, du caractère, et même des dispositions accidentelles de l'ouvrier. On a pu voir aussi combien d'opérations et de précautions minutieuses il fallait prendre, surtout dans la pâte de porcelaine dure; c'est pour éviter ces incertitudes et ces lenteurs qu'on a cherché à employer des moyens mécaniques. On croyait que ces moyens donnant une pression puissante et toujours égale, on aurait promptement, nettement et sûrement les empreintes et les pièces moulées qu'on voulait obtenir; mais l'expérience a prouvé que ce Moulage offre de nouvelles difficultés, de nouvelles incertitudes et qu'il était très-difficile de le mettre en pratique avec succès dans les arts céramiques.

Le Moulage à la presse, des pâtes humides et fermes est jusqu'à présent presque impossible si la pièce a une dimension de plus de 15 centimètres de côté ou de diamètre et si les pièces en pâte fine et plastique doivent être cuites à une haute température et y conserver exactement leurs formes et la délicatesse de leurs ornements. Il faut d'abord réunir deux conditions : la solidité des Moules, et l'égalité de pression.

Les Moules absorbants étant les plus propres au Moulage des pâtes humides, on ne peut employer que deux matières, le plâtre qui est trop peu solide, la terre cuite qui ne peut donner que des moules petits, rarement réguliers, etc.

Quoiqu'il parût au premier aperçu qu'il était facile d'obtenir d'une bonne machine, une pression égale, on a trouvé à la pratique qu'il était au contraire très-difficile de réunir les conditions d'une bonne presse avec celles qui sont nécessaires pour que la pâte ne fuie pas sous la pression, ou que l'eau qu'elle renferme soit également exprimée de toutes les parties de la masse. En sorte qu'on n'avait pu jusqu'à présent obtenir par ce procédé que de très-petites pièces souvent altérées par des gerçures, des fuites, le relèvement de leurs bords, etc.

Je dois me contenter de faire connaître les principes qui paraissent devoir diriger tous les Moulages à la presse.

Premièrement il est avantageux que les pâtes soient presque sèches, même pulvérulentes, et que la pression n'ait point d'autre action à exercer que de rapprocher le plus possible les parties, de manière que la cuisson n'ait plus qu'à compléter ce rapprochement. Il ne faut pas que la pression ait en outre à chasser l'eau interposée entre les parties d'une pâte molle, car, à cette expulsion qui ne peut presque jamais se faire également dans toutes les parties, s'ajoute la difficulté de savoir où diriger cette eau expulsée.

On avait donc presque renoncé à tout Moulage à la presse mécanique des pâtes molles, car il ne faut pas confondre ce Moulage par puissante pression mécanique avec celle qu'exerce dans des moules absorbants en plâtre ou en terre cuite la force des bras de l'ouvrier.

Le Moulage à la presse des pâtes sèches a été tenté et même pratiqué il y a plus de 35 ans par Potter; il a fait ainsi à la manufacture de Sèvres sous mes yeux, en 1809, des plaques de porcelaine de petites dimensions (au plus un décimètre) par le procédé que je ne puis indiquer que sommairement.

L'arbre de la presse qui portait une vis très-bien faite, était traversé d'une barre de 4 mètres environ mue par deux hommes ; il était terminé inférieurement par un plateau auquel adhérait un billot de bois. La pâte, réduite en poudre fine, était placée entre deux moules en fer ou en cuivre renfermés dans un anneau ou forte virole en fer doublée de cuivre en dedans; un tampon en cuivre d'un diamètre égal à celui de la virole portait en dessous la pièce supérieure du moule; un plateau de bois était placé sous la pièce inférieure du moule, présentant le creux du bas-relief à mouler; elle portait sur une plaque de fonte encastrée dans l'établi.

Les pièces de porcelaine Moulées par ce procédé sortaient nettes et sans gerçures, mais tous les médaillons ainsi Moulés et qui ont passé au grand feu se sont plus ou moins gauchis; quoique n'ayant pas 6 ou 7 centimètres de diamètre, ils étaient déjà trop grands pour réussir par cette méthode de Moulage. M. Potter avait fait par le Moulage à la presse et avec succès un très-grand nombre de boutons d'habits en porcelaine, et il avait pu croire qu'il obtiendrait sur des médaillons plus grands le succès qu'il avait eu sur des pièces petites, convexes, épaisses en comparaison de leurs diamètres, telles que des boutons.

On n'a pas d'abord donné suite à ces essais. Mais on vient de faire en Angleterre, en porcelaine tendre, dans la fabrique de M. Menton, une quantité prodigieuse de ces boutons de toutes formes, de toutes grandeurs, qu'on met dans le commerce à très-bas prix.

Ce n'est pas qu'on n'eût pris une multitude de brevets d'invention, décrit une multitude de procédés pour Mouler mécaniquement et par pression plus ou moins forte, des briques, des carreaux d'appartement et de poêle, des tuiles, etc. Les premiers travaux faits en 1816, par M. Matelin, à Orléans, sont de cette nature et l'ont conduit au Moulage beaucoup plus difficile et délicat des faïences et des porcelaines que je vais décrire.

Quant au Moulage soit à la presse, soit autrement, des briques et carreaux, comme il est particulièrement applicable à ce genre de terre cuite, j'en traiterai au chapitre qui le concerne; j'y renvoie également tous les Moulages dits en mosaïque, ou incrustations de pâtes de diverses couleurs, etc.

Je ne connais d'autres tentatives de Moulage à la presse, de faïences et de porcelaines, que celle qui fait l'objet du brevet d'invention obtenu en 1834 par M. P. S. Jullien de Paris, mais qu'il n'a pas même mis en pratique et dont la description extrêmement vague et générale, montre néanmoins que c'est le même procédé que celui de Potter en 1809, sauf peut-être, l'enduit d'essence de térébenthine, déjà connu et décrit ailleurs pour un procédé dans lequel la pâte céramique est appliquée sur un métal. L'auteur n'a pas abordé la grande difficulté, qui est d'empêcher ce genre de Moulage de faire gercer ou gauchir les pièces au feu de cuisson.

On verra que le Moulage à la mécanique des briques et carreaux ne présente point les difficultés du Moulage des faïences et des porcelaines. Il faut donc se défier des procédés et des machines qui prétendent s'appliquer à toutes les classes de Poteries; cela désigne presque toujours une personne qui n'a pas fait l'expérience de ces diverses applications ou au moins qui ne l'a pas conduite fort loin.

Je me bornerai à décrire le Moulage à la presse que j'ai vu pratiquer par M. Matelin, avec un succès qui me paraît certain pour les faïences communes et fines, et qui n'est encore que probable pour les porcelaines.

L'influence de la nature des pâtes sur l'opération du Moulage à la presse, est inverse de celle qu'elle exerce sur l'opération du coulage. Dans le Moulage, plus les pâtes sont plastiques, plus aussi leur Moulage est facile.

Ainsi, les pâtes de faïence commune, mais surtout celle de faïence fine, les pâtes de grès-cérame, sont plus faciles à mouler par voie mécanique que les pâtes de porcelaine.

Parmi les procédés qui ont été proposés et décrits, je choisirai celui qui a été pratiqué sous mes yeux sur la pâte de faïence ou sur celle de porcelaine par M. Matelin, un des plus ingénieux et des plus persévérants applicateurs de la mécanique aux arts céramiques.

La presse qu'a inventée et qu'emploie ce mécanicien n'a peut-être rien dans sa puissance mécanique qu'on ne puisse obtenir par un autre système de pression. Nous devons donc arriver au piston proprement dit, qui reçoit le mouvement et la puissance avec lesquels il agit sur la pièce en pâte qui lui est soumise. La seule observation qu'on doive faire, c'est qu'il descend bien perpendiculairement sur le plateau qui porte le moule dans lequel est la pâte à façonner, qu'il descend lentement, si on le veut, en exerçant toute sa puissance avec la même lenteur, ou qu'il descend rapidement en donnant un choc violent, comme celui du mouton du balancier des monnaies, à la pâte à mouler.

Le Moulage des assiettes, plateaux et autres pièces plates est soumis à des règles très-différentes du Moulage des pièces creuses telles que tasses, pots à confiture, etc. Je vais décrire l'un et l'autre.

Pour les assiettes, plateaux, etc., les deux Moules, l'inférieur ou le creux C, et le supérieur ou le saillant BB, l'un qui doit donner le dessous de la pièce, l'autre qui doit donner le dedans ou l'intérieur, sont en cuivre jaune, Pl. x, *fig*. 1.

L'inférieur ou le creux est placé sur une plaque de fonte (*ss*) nommée tas, ouverte dans son milieu, sur la table (*s's*) de la presse également percée d'une ouverture correspondante à celle du tas. Ce Moule est fixé par deux bras en fonte qui entrent dans des trous ouverts sur le tas, de manière à ce que son centre soit dans une exacte continuité avec celui de l'axe du piston A de la presse.

On place sur ce Moule, qui est toujours uni, une pièce mince de cuivre jaune qu'on nomme capsule, et qui épouse exactement la forme du Moule, car elle a été repoussée sur le Moule lui-même. C'est dans cette capsule qu'on étend la croûte de pâte qui a reçu, par les moyens connus, le diamètre et l'épaisseur convenables.

On attache avec des vis, sous l'épatement du piston, l'autre moitié du Moule, également en cuivre, et chargée des ornements en creux qui doivent être nettement imprimés en saillie sur l'intérieur de l'assiette.

On a graissé avec de l'huile de térébenthine l'intérieur de la capsule et la surface du Moule supérieur. On peut dire que c'est de cette si simple opération que résulte, en grande partie, le succès du procédé.

Enfin, dans le cas où le moule inférieur est en plâtre, on l'entoure, ainsi que la capsule et la croûte, avec un fort et haut collier en cuivre qui s'ajuste exactement sur la circonférence de ces pièces, et qui a pour objet de maintenir ce moule et d'empêcher la pâte de s'échapper trop facilement de l'entre-deux des Moules.

Tout étant ainsi préparé, on descend lentement le Moule supérieur, et quand on est assuré qu'il entre sans obstacle dans le collier, on le relève et on le descend avec une force, et avec des récidives de forces proportionnées à celles de la pression qu'on veut faire subir à la pâte.

On le relève, et la pièce doit être très-nettement et très-également moulée sans aucune gerçure.

Il faut l'enlever du moule et la sortir du collier. On ne peut le faire avec les mains, on la déchirerait, ou tout au moins on la déformerait. C'est pour éviter cet embarras que M. Matelin a inventé la capsule. On emporte la pièce en prenant la capsule par-dessous; mais on sent qu'il faut la faire sortir hors du collier. Pour cela on l'élève au-dessus du bord de cette enveloppe, soit en la soulevant au moyen d'une espèce de selle ou de plateau en bois ou en cuivre (*o*, *rr*), qui s'élève de dessous la table de la presse, soit par des crochets liés avec le levier de la presse qui enlèvent la capsule lorsque après la pression le mécanicien relève le levier.

Ces moyens mécaniques peuvent être conçus, modifiés, perfectionnés par tous les mécaniciens; ils ne tiennent pas essentiellement au Moulage de la pâte par pression, nous ne devons donc pas nous y arrêter davantage. Ce qui tient plus directement à notre objet, ce sont les formes du Moule, l'enduit d'essence de térébenthine propre à empêcher l'adhérence de la pâte à un Moule métallique, par conséquent à un Moule qui n'est nullement absorbant, et enfin la pression puissante, perpendiculaire au centre des Moules, vive, nette, sans reprise, et par conséquent sans crainte du contre-Moulage.

Le Moulage des pièces creuses exige un appareil différent dont le but principal est le démoulage, c'est-à-dire le moyen de retirer de son Moule la pièce moulée, souvent couverte d'ornements en saillie.

La position du Moule saillant pour l'intérieur de la pièce, *fig.* 2, A *f* et D, est la même à peu près que dans le Moulage d'une assiette; mais celle du Moule creux G et D pour l'extérieur exige une disposition différente. En supposant une tasse, soit droite, soit conique ou à peu près, il faut que ce Moule soit divisé en quatre parties, *fig.* 2, B, qui se sépareront et s'écarteront pour le démoulage; chaque partie est, comme le fait voir la figure C, adhérente à une chappe en fer (*gg*, *o*) également séparable en quatre pièces; une virole H en fer assez forte pour résister à la puissance de pression que le piston ou arbre doit exercer latéralement dans l'intérieur du Moule, les rapproche et les tient réunies.

Lorsque le Moule ou noyau F également en cuivre, essencé comme précédemment, a comprimé la balle de pâte mise dans l'intérieur du Moule G et l'a imprimée sur les parois, il se relève en enlevant la virole H, et par le même mouvement ou par une action particulière, les quatre pièces (*xy*, *fig.* B, C, D) de la chappe en fer ou du Moule, soit en cuivre, soit en plâtre durci, soit en terre cuite, qui y sont fixées, sont retirées de quelques centimètres en suivant une coulisse qui ne leur permet pas de se déranger, et la pièce moulée est mise à nu; on l'élève au moyen d'une bascule placée sous la table de la presse, et on la retire sans y toucher en la prenant par-dessous la plaque de cuivre que nous avons nommée c a p s u l e, et qui présente à son centre le mamelon saillant, ou enfin l'élévation (*o*) qui a dû former la cavité ou l'enfoncement qui se trouve toujours sous le pied des tasses.

Je me borne à cet exposé des principes mécaniques de ce Moulage, les figures et leur explication donneront les détails nécessaires à sa mise en pratique.

Il s'applique à toutes les pâtes céramiques; mais très-difficilement aux pâtes courtes, comme celle des porcelaines.

On ne peut avec ces pâtes approcher du succès pour certaines pièces, telles que des assiettes de déjeuner, qu'en employant pour l'un des deux moules une matière absorbante, telle que du plâtre ou de la terre cuite; mais alors il faut cercler ou garnir les moules d'armatures en fer pour les empêcher de se fendre, et les changer fréquemment.

Lorsque les diverses pièces sont sorties des moules bien et rapidement façonnées, et couvertes d'ornements très-nettement imprimés, on n'a encore rien obtenu si elles ne sortent pas du four de cuisson sans déformation ou gauchissement, sans gerçures et sans ondulations. Il paraît que les pièces en faïence commune et en faïence fine, sont la plupart exemptes de ces défauts, et qu'on peut les faire avec une très-grande rapidité [1]. Je dis qu'il paraît, parce que je ne sache pas, ni que le procédé de M. Matelin, ni qu'aucun autre ait été encore mis en pratique en grand, avec suite et continuité (excepté celui de M. Minton pour les boutons). Quant à la porcelaine, il n'y est pas applicable encore avec un succès assuré. Les pièces qui ont été faites à Sèvres, et qui, sorties de la presse, paraissent parfaites sous tous les rapports, ont presque toutes (au moins quatre-vingt-dix-sept sur cent) présenté, sur toutes les parties plates, après leur passage au grand feu, des gauchissements et des ondulations qui les rendaient défectueuses.

Article III. — FAÇONNAGE PAR COULAGE.

La propriété absorbante des Moules de plâtre suffisamment secs a fait remarquer qu'une pâte liquide que l'on y répand est très-promptement amenée à un état de fermeté analogue à celui des pâtes ébauchées et déjà ressuyées; on a pensé qu'on pourrait faire prendre facilement, promptement et assez sûrement, un grand nombre de formes à des pâtes liquides versées dans les Moules : de là est résulté le Façonnage ou Moulage par Coulage.

Il consiste en général à choisir des pièces qui présentent peu de parties étendues dans le sens vertical ou dans le sens horizontal lorsque ces pâtes sont dans une position à ne pouvoir se soutenir, telles que l'hémisphère supérieur d'un sphère creuse, par

[1] M. Matelin assure avoir fait avec deux aides trois mille assiettes de dessert, couvertes d'ornements en relief, en une journée de dix heures. Je lui ai vu faire, en 1837, avec l'aide d'une seule personne, et avant que son procédé fût complet, plus de 200 petits pots à pommade couverts d'ornements en relief en moins d'une heure.

conséquent, le crâne dans un buste. 2° A faire des Moules pour des vases creux tels que bouteilles, cornues de chimie, dans lesquels on puisse introduire la pâte liquide par une ouverture en forme de goulot et la faire ressortir ou par cette même ouverture ou par une autre ouverture convenablement placée.

Quand une pièce présente ces premières conditions, que le Moule a été disposé de façon à répondre aux secondes, on choisit et on dispose la pâte de manière à ce qu'elle soit propre au Coulage. La pâte de porcelaine la plus favorable au Coulage doit être suffisamment plastique et déjà ancienne ou au moins douée des qualités que lui donne l'ancienneté par l'addition d'environ la moitié de son poids de tournassure [1]. Si on essaye de faire des tables par coulage avec une pâte sableuse, grossière, courte et neuve, on n'obtiendra pas sur 8 coulées une plaque qui ne se fende en plusieurs morceaux immédiatement après son raffermissement sur la première table de plâtre. On amène ensuite cette pâte par une addition suffisante d'eau à l'état d'une bouillie peu épaisse qu'on nomme barbotine et surtout complétement exempte ou de parties granuleuses ou de bulles d'air; pour lui donner cette importante homogénéité, il faut la passer dans un tamis de fil de laiton et ensuite la remuer doucement et longtemps avec une large palette de bois jusqu'à ce qu'on ne voie plus aucune bulle d'air se dégager. Lorsqu'elle est dans cet état d'homogénéité, on la coule avec des précautions nombreuses, même minutieuses, mais importantes, que je vais décrire en prenant ici les exemples de Coulage dans des pièces de formes, de structures, et de dimensions tout à fait différentes.

La condition importante pour les pièces creuses telles que tubes, cornues, vases à une seule ouverture, est de remplir entièrement et promptement le moule, de n'y laisser la barbotine que de 2 à 5 minutes suivant l'épaisseur désirée, et de décanter tout ce qui est resté liquide par une ouverture destinée à cette sortie; le Moule se trouve alors couvert sur toutes ses parties d'un enduit de pâte céramique de 3 à 5 millimètres d'épaisseur suffisamment solide pour se soutenir et qui prend plus de consistance à mesure que

[1] On verra plus bas qu'on appelle ainsi les copeaux qui résultent de l'achevage des pièces tournées.

l'eau pénètre dans le moule de plâtre par l'effet de la capillarité; lorsque l'on juge que l'absorption a atteint ses limites, on coule une seconde couche de pâte de la même manière et ensuite une troisième jusqu'à ce que la pièce ait acquis assez d'épaisseur et de consistance pour pouvoir être dégagée du Moule, être maniée et réparée sans être brisée.

Les coutures des Moules, en général très-peu saillantes, sont faciles à enlever et ne laissent aucune empreinte même sur les pâtes les plus sensibles aux inégalités de pression. Lorsqu'on est parvenu à couler la pâte sans choc, avec égalité, c'est-à-dire sans la faire repasser plus souvent sur une partie du moule que sur une autre, à lui donner une épaisseur convenable, on obtient des pièces légères, d'une épaisseur égale, peu susceptibles de se fendre par dessiccation ou cuisson, et ce procédé semblerait parfait si on pouvait l'appliquer à toutes les pâtes et à toutes les pièces, et si les conditions précédentes ne devenaient pas très-difficiles à remplir lorsque les pièces ont une dimension supérieure à celle d'un buste de demi-nature, d'un cylindre de 6 ou 7 décimètres, d'une plaque de même dimension, etc., et enfin, s'il n'exigeait pas un très-grand nombre de Moules.

Le Coulage s'applique plus particulièrement à la porcelaine soit dure, soit tendre, qu'à toute autre pâte; je ne sache pas qu'on l'ait employé pour les pâtes très-plastiques telles que la faïence et le grès-cérame. Ces pâtes très-argileuses forment tout de suite sur le Moule absorbant un enduit presque imperméable, qui arrête sur le champ l'absorption.

L'idée du Façonnage des pâtes céramiques par Coulage est assez ancienne, elle remonte à plus de 60 ans; mais ce procédé a été peu appliqué, parce que ce n'est guère que dans le Façonnage des porcelaines dures et tendres qu'il peut être employé; il s'est par conséquent peu perfectionné. Je crois que c'est la manufacture royale de porcelaine de Sèvres, qui en a fait en France l'usage le plus étendu et le plus important, et qui a donné à ce procédé des perfectionnements et des applications auxquels on n'avait pas songé. C'est à M. Regnier, chef d'atelier des façons et cuissons, qu'elle les doit presque tous.

Le procédé du Coulage paraît avoir été mis en usage il y a environ 60 ans dans les manufactures de porcelaine tendre de Tournay ; il n'était employé que pour ce qu'on appelle le creux, c'est-à-dire les tasses, pots à sucre, jattes, etc. La pâte de cette porcelaine très-courte ne se prêtant pas à l'ébauche, on forme les pièces en remplissant de barbotine des moules de plâtre très-secs, et les vidant presque aussitôt. Cette opération que par la bienveillance de M. de Bettignie, j'ai vu pratiquer à Tournay en 1835, se fait avec une grande rapidité ; elle exige, en conséquence, une très-grande quantité de moules.

Un ouvrier, nommé Tendelle, a mis aussi en pratique le procédé du Coulage pour la porcelaine dure, vers l'an 1790, dans la fabrique de M. Locré, rue Fontaine-au-Roi. Le musée céramique de Sèvres possède depuis 1819 une tasse, un pot à l'eau à godrons torses, qui a été fait par le procédé du Coulage, dans la fabrique de M. Morel, à la Villette. Il est remarquable par sa légèreté et la netteté de sa forme.

C'est vers l'an 1814 qu'on a commencé à appliquer le Coulage dans la manufacture royale de Sèvres, à la fabrication des plaques à peindre, des tubes, des cornues ; on l'a perfectionné en 1822, en cherchant à faire des bustes de moyenne grandeur par Coulage. Enfin, on a fait vers 1831 des plaques à peindre de plus d'un mètre 25 centimètres de longueur, et depuis cette même époque, on ne fait plus autrement les plaques, les tubes, les cornues, etc.

J'ai vu en 1836, dans la manufacture de MM. Davenport à Burslem, dans le Staffordshire, faire un grand nombre de petites pièces par le procédé du Coulage.

Après ces exemples qui établissent les phases de progrès et d'emploi de ce procédé, j'en vais décrire les applications avec les détails qu'elles exigent pour être bien comprises et pratiquées.

§ 1. — *Coulage des plaques à peindre* [1].

Coulage d'une plaque rectangulaire de 1 mètre sur 80 environ — Le moule est ici une plaque de plâtre (*pp*) qui doit avoir 6 cent. d'épaisseur, 2m. 08c. de longueur sur 1 mètre de largeur ; elle est bordée d'une feuillure destinée à recevoir des tringles de bois (*tt*) qui doivent s'y ajuster très-exactement.

[1] Pl. XLVII, *fig.* 1, 2, 3 ; les figures 4 et 5 sont relatives au transport au feu et à la cuisson.

Ces plaques de plâtre doivent être faites de plâtre fin coulé d'une seule gâchée sur une dalle de pierre bien dressée ; il faut avoir soin de faire dégager toutes les bulles d'air qui peuvent être dans le plâtre en promenant dans cette coulée dans tous les sens, jusque sur la plaque de pierre et comme en sautillant, une règle de champ, de manière à rendre très-homogène cette partie qui porte sur la pierre et qui doit être celle sur laquelle on coulera la plaque de porcelaine; car les moindres inégalités de densité dans cette plaque de plâtre reparaîtraient sur la plaque de porcelaine (1). Lorsque la table de plâtre est sèche, il faut la retourner et la gratter à vif sur la surface qui, appliquée sur la dalle de pierre, était l'inférieure et qui est devenue la supérieure. Ce grattage ouvre un assez grand nombre de petites cavités bulleuses qu'il faut boucher avant d'employer cette table en plâtre au coulage de la porcelaine.

On passe sur la plaque qui vient d'être grattée une éponge imbibée de barbotine de porcelaine très-claire, en y revenant à plusieurs reprises; il se forme une petite croûte de pâte très-mince qu'on enlève avec le racloir de bois, et tous les pores sont bouchés par ce qui reste de cet enduit. Ensuite pour sécher cette surface et l'unir parfaitement, on la saupoudre de poussière très-fine de dégourdi de porcelaine qu'on enlève en la frottant et en la balayant avec une de ces brosses de soies de pores qu'on appelle des demi-quartiers.

Il faut avoir soin que cette table de plâtre humectée par la première opération de lavage, reste plus humide dans son milieu que sur ses bords. Sans cette opération, on risquerait de voir la plaque de porcelaine se fendre sur les bords en prenant sa retraite de toutes parts.

La table de plâtre (*pp*) placée et fixée sur le châssis (*ao*) par les tringles (*tt*) dont on a parlé, est prête à recevoir le coulage de la pâte de porcelaine, mise à l'état de barbotine de consistance convenable, parfaitement homogène et exempte de grumeaux et de bulles par les précautions et moyens décrits au commencement de cet article.

Coulage proprement dit. — On pose à une des extrémités de la table de plâtre, dans une place qui lui est réservée sur le châssis, une auge (*cxze*) garnie en zinc sur toutes ses faces et dont le fond doit être de niveau avec la surface de la table de plâtre ; on ferme cette auge avec une planchette de bois (*e*), et on bouche l'intervalle entre la planchette et la tringle avec des colombins de cire jaune très-maniable pour que la pâte ne puisse pas s'échapper entre la planchette (*e*) et la tringle (*t*).

La table de plâtre est donc entourée de toute part d'une bordure de planches (*cc bb*) élevée d'environ 12 cent. sur les côtés et 18 cent. aux extrémités (*cc*).

(1) J'ai vu sur une plaque de plâtre des taches grisâtres qui indiquaient le centre particulier de prise du plâtre, reparaître constamment sur la plaque de porcelaine au moment du coulage en petit bassin rempli d'eau, et, après la cuisson en saillie comme des pustules plates.

Tout étant ainsi préparé, on incline le châssis (*a*) en le faisant rouler sur son axe T, comme on le voit *fig.* 1, B, et on remplit l'auge en zinc de la barbotine P préparée comme il a été dit. On a soin de l'agiter continuellement avec une palette en bois, mais très-lentement, pour chasser les bulles d'air sans y en introduire de nouvelles.

On a placé la planche (*c*), qui ferme l'auge en avant, dans ses rainures, et en arrière d'un rebord particulier garni en zinc et dont la forme ingénieuse et très-importante est donnée en (*g*), *fig.* 1, A.

On relève la bascule (*dd*) et on met le châssis horizontalement; on enlève la planche (*c*) qui ferme l'auge et retient la barbotine, et celle-ci s'écoule par un flot dont le bord antérieur doit être à peu près droit et avancer le plus parallèlement possible au bord de l'extrémité de la table de plâtre. On incline lentement et sans interruption le châssis dans le sens opposé à sa première inclinaison jusqu'à ce que le flot soit arrivé à l'extrémité de la table de plâtre. Alors on replace cette table horizontalement et on lui donne d'abord, puis quelques minutes encore après, des secousses en la relevant et la baissant sur des supports en fer destinés à la maintenir horizontale.

Le rebord (*g*, *fig.* A) en forme d'arc très-surbaissé, dont j'ai parlé, est élevé transversalement dans son milieu pour que le flot qui avance ordinairement plus rapidement dans le milieu que sur ses côtés, soit ralenti par la partie élevée du rebord en question et coule en conservant le parallélisme nécessaire à l'égalité du flot, et par conséquent à l'égalité d'épaisseur. On ne réussit pas toujours, et alors la plaque de porcelaine cuite présentera de larges ondulations qui rappellent celles du flot.

On laisse alors la coulée de barbotine en repos; elle a environ de 22 à 25 millimètres d'épaisseur; et si elle paraît en avoir plus ou moins à une extrémité qu'à une autre, on règle l'inclinaison de manière à rétablir l'égalité.

Au bout de 45 minutes ou d'une heure et demie, suivant l'état de la plaque en plâtre et l'épaisseur de la barbotine, la coulée est devenue terne à sa surface, ce qui indique qu'elle est suffisamment affermie pour qu'on puisse enlever les planches de bordure (*bb*, *fig.* 1, B). Il faut alors, et sans plus tarder, enlever sur les quatre côtés de cette plaque, en la coupant avec une lame mince, une bande de pâte d'au moins 5 centimètres.

On la coupe et on l'enlève pour deux motifs. D'abord la plaque de porcelaine adhérant plus fortement à son support de plâtre et à ses bordures de bois par ses bords et trouvant de la résistance dans sa retraite, se fendrait; il faut la dégager de ses points d'adhérence. Ensuite les bandes marginales ayant par leur position une tout autre texture ou densité se relèveraient toujours à la cuisson. Ces bandes enlevées, la plaque en se raffermissant prend sa retraite librement et également; mais elle en prend proportionnellement beaucoup plus sur l'épaisseur que sur ses autres dimensions, et au bout de 12 à 18 heures qu'elle est bonne à retourner, de 20 à 25 millimètres d'épaisseur qu'elle avait, elle est réduite à 12, 15 ou 18 millimètres, tandis qu'elle n'a pris qu'environ 4 millièmes de retraite sur ses dimensions horizontales.

Retournement et Séchage de la plaque. — Il ne faut pas laisser sécher cette plaque ni sur la table en plâtre, ni dans la même position où elle a été coulée, c'est-à-dire qu'il faut que la face qui était inférieure et appliquée sur le plâtre devienne la supérieure et exposée à l'air. C'est une opération très-délicate que de retourner une pièce de cette dimension (nous avons admis celle des plus grandes plaques que la manufacture ait faites et qui avaient 1 mètre 34 centimètres sur 1 mètre dans l'état où on les a prises pour les retourner), aussi peu consistante et que le moindre faux mouvement peut casser, gauchir ou é t o n n e r. Ces deux derniers accidents invisibles sont bien pires que le premier ; car dans le premier cas on ne perd que la façon, qui est bien peu de chose, puisqu'elle ne prend pas six heures à trois personnes, un maître-mouleur en porcelaine et deux aides, tandis que dans le second on perd quelquefois la plaque entière avec tout ce qu'elle a coûté de pâte, d'encastage, de cuisson, etc.

On s'y prend comme il suit pour retourner entièrement une pareille pièce. La figure 2, A et B, l'indiquant d'ailleurs très-clairement nous permettra d'abréger cette description qui sera répétée à l'explication des planches.

On commence d'abord par réduire encore ses dimensions en coupant sur tous ses bords une bandelette d'environ 6 centimètres qui s'était déjà un peu relevée et qui se relèverait encore bien plus à la cuisson, et on la transporte avec la table de plâtre (*p*) sur laquelle elle a été coulée, sur un châssis en bois, T', *fig.* 2, A et B; on descend sur cette plaque (*i*) une autre plaque de plâtre (*p'p'*) parfaitement dressée, et on la pose bien parallèlement et très-doucement sur la plaque de porcelaine (*ii*). On place les planches T, puis les traverses (*t*) que l'on serre au moyen des écrous à oreille (*o*) sur les traverses T. On relève alors tout l'appareil et au moyen des demi-cercles (*rr*) on le remet horizontalement, mais dans le sens opposé à celui où il était, en sorte que la plaque de porcelaine (*i*) se trouve retournée, comme on l'a dit plus haut, et placée sur une autre table de plâtre très-sèche (*p'p'*); mais elle ne tarde pas à s'humecter en absorbant assez rapidement l'humidité de la plaque de porcelaine ; on enlève le châssis T', les planches, les traverses, et la table de plâtre (*pp*), en sorte que la plaque de porcelaine (*i*) présente en dessus et à l'air la face qui était appliquée, au moment du moulage, sur la première table de plâtre (*p*). On la laisse sécher tranquillement et prendre sa retraite de dessèchement, qui, si faible sur la première table, est maintenant très-considérable, puisqu'il est d'environ 4 p. 0/0.

Cette plaque a déjà couru des chances de perte, car outre celles qui peuvent résulter des accidents du renversement, elle a pu se fendre en plusieurs pièces presque immédiatement après son coulage ; mais si elle a échappé aux accidents du renversement, on n'a plus à craindre aucune fente entre le moment où elle a été placée sur sa nouvelle table de plâtre et celui où, étant suffisamment sèche, on la prendra pour la porter au feu de dégourdi.

Lorsqu'au bout de dix ou quinze jours, suivant les circonstances de température, d'humidité atmosphérique, d'épaisseur, etc., elle est presque sèche, il s'agit de la porter au four pour lui faire éprouver le feu qu'on nomme de d é g o u r d i ; il faut non-seulement la porter de l'atelier au four, mais la redresser et la t r a n s m e t t r e d'une table ou plaque de plâtre sur une plaque de terre cuite. C'est une opération encore plus délicate que la précédente, car la plaque de porcelaine est plus cassante dans son état de dessiccation presque complète qu'elle ne l'était dans son état de mollesse un peu flexible.

L'opération de t r a n s m i s s i o n d'une plaque de plâtre sur une plaque de terre cuite est à peu près semblable à la première, mais avec quelques modifications rendues nécessaires par le but de l'opération.

Il s'agit d'ôter la plaque de porcelaine (*i*) qui en quinze jours a pris sur la table de plâtre (*p'p'*) sur laquelle elle a été placée par le renversement qu'on vient de décrire, toute la dessiccation nécessaire, il s'agit, dis-je, d'enlever cette plaque pour la transmettre sur la table de terre (*xx*, *fig.* 4, A) où elle doit recevoir son premier feu.

On a préparé un châssis, E, E, *fig.* 3, A, composé de tringles de sapin et muni de quatre poignées; on place sur le sol la table de plâtre (P), *fig.* 3, A, qui porte la plaque de porcelaine en cru (*i*), on y présente le châssis E. Puis on l'y place, le plus parallèlement et le plus doucement possible, et pour l'y affermir solidement et l'y appliquer exactement, on glisse des bandes de papier sous toutes les tringles qui ne portent pas sur la plaque, on garnit tous les angles rentrants (*v*) avec des baguettes (*v*, *fig.* 3, A, B, C) ou rouleaux d'un centimètre de diamètre, au plus, de cire à modeler très-molle de manière à ce que la plaque de porcelaine porte partout sur le châssis lorsqu'elle s'y appliquera.

Le châssis est muni sur le bord (*ff*) qui doit devenir l'inférieur, de tasseaux peu saillants (*tt*) destinés à retenir la plaque de porcelaine lorsqu'on redressera le châssis pour transporter celle-ci, dans une situation oblique, jusque dans le dégourdi du four.

Ces préparations faites, on redresse doucement, et en même temps, la table de plâtre (P) sur laquelle est toujours la plaque de porcelaine (*i*) et le châssis E. Lorsque cet ensemble est devenu vertical on enlève la table de Plâtre (P, *fig.* 3, A) ; la plaque de porcelaine est alors soutenue par les tasseaux (*tt*). On incline le châssis, comme on le voit, *fig.* 4 en *x*, et on transporte ainsi la plaque de Porcelaine au four. Arrivé vis-à-vis le bâtis en brique (M, *fig.* 4 et 5), qui porte, sur une inclinaison d'environ 15 degrés, une table ou plaque de terre cuite (*x*), bien dressée, convenablement sablée, et munie à sa partie inférieure de tasseaux en bois (t'), qui doivent alterner avec les tasseaux (t) qui sont sur le châssis (ff), *fig.* 3, A, on approche la plaque de porcelaine, *fig.* 3, B, soutenue par son châssis E, on relève la plaque de terre (x, *fig.* 4,), on les met toutes les deux dans la position verticale. La plaque de porcelaine porte sur les tasseaux en bois (E); on enlève alors le châssis en bois (t), et la plaque de porcelaine (i), si fragile, si friable, portée sur les tasseaux (t'), et sur la plaque en terre (x), est mise avec celle-là dans la position inclinée où elle doit cuire et que présente la figure 4.

Comme les tasseaux en bois doivent brûler, on élève dans les intervalles un support en brique qui, joignant exactement le bord inférieur de la plaque, doit les remplacer.

Telle est la suite assez longue, très-minutieuse, très-délicate des opérations nécessaires au Coulage, séchage et transport au four d'une grande plaque de porcelaine de 1 mètre 25 centimètres sur environ 1 mètre. Tout ce qui dans cette opération est relatif au Façonnage, se continue jusqu'à son placement au dégourdi. Nous la quitterons là, pour la reprendre lorsqu'à l'article Porcelaine, on parlera de sa mise en couverte et de l'encastage.

§ 2. — *Coulage des tubes en porcelaine.*

Les moules des tubes doivent être faits en plâtre avec les mêmes précautions que les tables à couler des plaques en porcelaine.

Ils sont en deux coquilles avec feuillures et ouvertures en entonnoirs aux extrémités, tenon et ligature, comme l'indique la figure 7, B [1].

Il faut avoir au moins 100 de ces moules pour procéder de suite, pendant une journée, au Coulage et démoulage.

On passe dans chaque partie du moule, avec un gros blaireau, un enduit de barbotine très-claire. On ajuste les deux coquilles l'une sur l'autre, puis on les serre fortement avec un garrot ou avec des écrous. On a alors un canal cylindrique sans noyau.

On a de la barbotine préparée avec la même précaution que pour la plaque, dans un petit baquet, *fig.* 7, P, à robinet, (r).

Au-dessous et au pied du trépied qui porte le baquet à robinet est un autre baquet avec une traverse en bois (b) munie dans son milieu d'un tampon conique en peau. On place l'ouverture du moule que nous appellerons inférieure sur le tampon qui la ferme exactement. On ouvre le robinet (r), et on remplit le canal de barbotine; elle s'affaisse un peu et on la remet au niveau par une addition de barbotine et ainsi de suite jusqu'à ce qu'elle ne s'affaisse plus sensiblement; alors on enlève le moule de dessus le tampon, la barbotine non adhérente s'écoule, il en

[1] Voyez d'ailleurs l'explication de la planche XL.

reste une couche mince sur les parois du canal, mais le tube n'a pas assez d'épaisseur. Or, pendant qu'on fait le même Coulage dans quatre autres moules, cette première couche se raffermit et peut en recevoir une seconde qu'on lui donne de la même manière que la première fois; mais on a soin de mettre le bout inférieur du moule en haut. Si le tube de porcelaine n'est pas encore assez épais, on lui donne une troisième couche, ayant toujours soin de n'introduire jamais la barbotine par la même ouverture.

Lorsque le tube de porcelaine est assez raffermi on coupe la pâte extérieure et on replie même au-dessous de la feuillure extérieure la partie du tube qui la dépasse; sans cette précaution le tube adhérant au moule par ses deux extrémités ne pourrait pas prendre sa retraite et se séparerait transversalement dans les parties plus faibles que les autres.

Au bout de trois ou quatre heures tous ces tubes sont bons à démouler. Les bavures de la jonction des deux coquilles du moule s'enlèvent à la lame et paraissent à peine après la cuisson.

Ces tubes sont en général légers, d'une égale épaisseur, d'une égale densité dans toutes leurs parties et résistent fort bien aux plus hautes températures amenées avec ménagement.

§ 3. — *Coulage des cornues et autres pièces de formes à courbures.*

Les détails du procédé de Coulage doivent varier en raison de la forme des pièces. Ainsi, le façonnage des pièces creuses et courbes, telles que les cornues des chimistes, certains bustes à col étroit, doit être disposé de manière que la pâte en barbotine puisse y entrer et en sortir sans clapotage. Pour éviter cet inconvénient, on coule les cornues dans des moules à deux coquilles qu'on réunit ensuite comme on le fait pour les cornues qui seraient moulées à la croûte. Voici le procédé:

On fait en plâtre, gâché suivant les règles prescrites plus haut, un moule ordinaire de la cornue en deux coquilles, Pl. XI, *fig.* 6, C; on surmonte chaque coquille d'un demi-moule mobile, A, B, D, nommé f a u s s e c o q u i l l e, qui n'est nécessaire que pour élever la pâte à mouler au-dessus du niveau des bords de la pièce, afin que pendant le temps de l'absorption la pâte soit toujours maintenue au-dessus de ce bord. La fausse coquille peut être en métal, en plâtre verni, etc.; l'essentiel est qu'elle ne soit pas absorbante.

Lorsqu'on juge que la couche de pâte déposée est assez épaisse, on ôte les deux fausses coquilles et on a deux moitiés de la cornue C avec un petit rebord saillant nécessaire pour qu'en rapprochant ces deux coquilles ce petit rebord s'écrase et cimente parfaitement les jointures. La cornue est faite; mais pour s'assurer que les joints des deux coquilles sont complétement fermés, on passe dans la cornue environ un tiers de sa capacité de barbotine qui vient remplir les petites cavités qui auraient pu rester dans la jointure. On déverse cette petite quantité de barbotine par le bec de la cornue en la tenant renversée, c'est-à-dire le fond en haut, pour qu'il ne s'accumule pas de pâte dans la panse. Alors les clapotements, les éclaboussures, le délayement, ne sont plus à craindre ; toutes choses qui eussent eu lieu si l'on eût rempli et vidé la cornue par son bec.

On a par ce procédé des cornues légères d'une égale épaisseur et sans suture.

Si on veut éviter l'inconvénient qui est attaché aux pièces de forme sphérique ou qui en approchent, et qui consiste en ce que la partie sphérique supérieure étant étendue horizontalement tombe dans l'inférieure, il faut remplir entièrement le Moule de barbotine et l'y laisser séjourner longtemps, c'est-à-dire, de 5 à 10 minutes ; quand on fait écouler l'excédant la croûte de dépôt a pris assez d'épaisseur et de solidité pour ne plus céder à la pesanteur, elle reste à sa place.

§ 4. — *Coulage des colonnes, pilastres et autres grands cylindres ou cylindroïdes creux.*

Lorsqu'il s'agit d'obtenir par Coulage une colonnette de 80 centimètres sur le diamètre obligé d'une belle colonne qui est de 114 millimètres, si on voulait la remplir de barbotine par l'ouverture supérieure, il résulterait de la chute de la barbotine, quelques précautions qu'on prît, des éclaboussures sur les parois du Moule, des productions de bulles d'air qui rendraient la surface de cette colonne très-raboteuse ; il faut donc introduire la barbotine par la partie inférieure du Moule et la faire monter sans secousse jusqu'à sa partie supérieure, l'y laisser séjourner le temps nécessaire et vider l'excédant par une ouverture ménagée à son extrémité inférieure.

Il y a plusieurs moyens d'obtenir ce résultat, ceux que M. Regnier a employés avec succès sont : ou de pousser la barbotine de bas en haut au moyen d'un piston, Pl. XI, *fig.* 5 ; c'est par ce procédé qu'ont été fabriquées des colonnettes pour pieds de table, de console, de secrétaire, pour colonnes surmontées de grandes pendules, etc; ou bien d'amener la pâte en barbotine dans cette direction en plaçant par un procédé tout hydrostatique, la barbotine dans un réservoir dont le fond doit être supérieur à la partie la plus haute du cylindre qu'on veut obtenir; mais il faut remarquer que, dans ce procédé, il se présente un inconvénient qui paraît être en opposition avec les lois de l'hydrostatique, c'est que la barbotine n'atteint pas dans le canal de la colonne le niveau qu'elle a dans le réservoir; cela tient à l'état pâteux et visqueux de la barbotine : il faut dans ce cas mettre le réservoir beaucoup plus haut que la partie supérieure du canal.

Les pièces fabriquées par Coulage ne présentent point le vissage et les sutures des cylindres qui sont faits par ébauchage et même par Moulage à la housse; elles ne montrent pas non plus les déformations, les bosselages et les longues coutures de ces mêmes pièces faites par le Moulage en deux coquilles. On n'a jamais pu obtenir de cylindres creux et réguliers, droits e à surface unie que depuis qu'on a mis en pratique le procëdét du Coulage.

On peut dire enfin, que ce procédé montre toute sa supériorité, dans le Façonnage des pièces que l'on vient de nommer.

ARTICLE IV. — DU RACHEVAGE.

Je désigne par cette expression technique, toutes les opérations qui ont pour but de perfectionner, finir, orner ou compléter une pièce déjà ébauchée ou préparée par les opérations précédentes.

Le Rachevage qui concerne le fini ou l'ornement des pièces a bien moins d'importance pour ce qu'on appelle la réussite de la pièce que l'ébauchage. Il exige en général de l'adresse, dela finesse de main et de travail, du goût et un talent plus voisin de celui de l'artiste que de celui de l'artisan; mais il est plus commun de le trouver ou de le faire naître, que celui qui constitue l'habile ouvrier ébaucheur; car dans le Rachevage les qualités et la perfection du travail sont, pour ainsi dire, extérieures et peuvent être jugées facilement par un œil exercé, tandis que le mérite de l'Ébauchage et du Moulage est pour ainsi dire intérieur et ne se manifeste que par la dessiccation et la cuisson, et lorsqu'il n'est plus temps de remédier aux imperfections du travail.

Le Rachevage consiste à terminer ou orner des pièces et à les compléter par des garnitures ou des ornements ajoutés.

§ 1. — *Tournassage.*

C'est la seconde partie, le complément du tournage, dont la première partie est l'ébauchage que j'ai décrit plus haut, art. 1, § 2, A.

La fabrication des Poteries grossières rondes ou ovales, faites sur le tour ou sur la tournette, se borne à un ébauchage plus ou moins soigné et qui suffit pour leur donner l'épaisseur et la forme désirées; la plupart des Poteries antiques n'ont pas reçu d'autres façons; mais dans les Poteries modernes et fines, telles que la faïence fine, quelques grès-cérames, les porcelaines, on demande des contours plus arrêtés et des surfaces plus unies : pour y parvenir, on remet sur le tour la pièce dont la forme a été préparée par l'ébauche, lorsqu'elle a acquis assez de consistance pour résister à la pression de l'outil tranchant dont on va se servir ; cette opération s'appelle Tournasser.

Les pièces rondes de Poteries qui doivent être Tournassées sont ébauchées d'autant plus épaisses que la pâte est moins liante et moins plastique. Ainsi, on conserve à l'ébauche des porcelaines dures, une épaisseur telle qu'à peine peut-on présumer sur la vue de l'ébauche la forme de la pièce qu'on veut obtenir; les pièces de faïence fine sont au contraire amenées par l'ébauchage presque à leur épaisseur.

Lorsque l'ébauche, par une dessiccation appropriée et dont on a déjà parlé art. 1, a acquis la consistance convenable, qu'elle n'est pas tout à fait sèche, mais lorsqu'elle conserve encore un degré d'humidité qui permet de la couper en copeau sans la réduire en poussière, on la place sur un mandrin ou dans un mandrin [1] pratiqué sur la girelle du tour; on l'y place de manière à ce que son axe se continue avec celui du tour, et on l'y

[1] C'est comme on sait un support ou fixateur général des pièces, employé et dénommé ainsi dans tous les usages du tour quels qu'ils soient ; tantôt il embrasse la pièce, et tantôt la pièce l'embrasse, etc.

fixe ou par la seule humidité du mandrin, ou au moyen d'un peu d'eau mise avec un pinceau.

Tantôt on se sert pour Tournasser du même tour que celui qui a été employé pour l'ébauche, et alors l'axe de la pièce est vertical; tantôt on emploie des tours particuliers qu'on nomme *tours anglais* ou *tours en l'air*, dont l'axe est horizontal. La pièce se place à l'extrémité de cet axe sur un mandrin qu'on y a établi, et comme elle a acquis par la dessiccation assez de consistance pour se soutenir dans cette position horizontale, on ne craint pas de la lui donner; on la consolide sur le mandrin en pressant le bord de la pièce sur cette sorte de support au moyen de la lame. Dans les fabrications où l'on doit opérer avec une grande vitesse et où il est nécessaire que la main de l'ouvrier soit constamment supportée par un appui, cette sorte de tour et de position sont presque indispensables pour le Tournassage de toutes les petites pièces. Dans les Poteries plus délicates qui ne pourraient recevoir sans se briser une pression et un choc trop forts, comme la porcelaine, on préfère dans le plus grand nombre de cas, le tour à axe vertical au tour à tournasser à axe horizontal.

Les instruments coupants employés par le tourneur pour terminer les pièces, s'appellent *tournassins*, et sont de la plus grande simplicité. Ce sont, pour dégrossir, une plaque d'acier, à bord tranchant droit ou courbe, placée à l'extrémité d'une tige, et perpendiculairement à cette tige. Pour finir, ce sont des lames d'acier, minces, provenant ordinairement de vieilles lames de scies auxquelles l'ouvrier donne lui-même la courbure que doit avoir la pièce sur laquelle il l'applique, comme une sorte de calibre tranchant. C'est en tournassant que l'on forme sur les pièces, les moulures saillantes, les filets, les gorges, etc., qu'aucune sorte d'ébauchage ni de moulage ne peut donner. Enfin, lorsque la pièce a reçu exactement la forme qu'elle doit avoir et une surface unie, le tourneur polit cette surface, c'est-à-dire remplit les petites cavités, abat les petites inégalités au moyen d'une lame mince de corne ou d'acier de ressort de pendule. Ce poli ne se donne pas à toutes les Poteries, ni même toujours à celles auxquelles on l'appliquait quelquefois.

§ 2. — *Sculptage.*

Les bustes et figures, les pièces à ornements en relief, n'ont quelquefois reçu dans le moulage qu'une forme grossière. On a été forcé de laisser pleines certaines cavités, de grossir certaines bases de saillies, ce qui s'appelle engraisser une partie, parce que sans ces précautions, ces parties n'auraient pu sortir du moule. Il faut enlever ces parties en excès et reproduire les cavités. Cette opération est un véritable sculptage qui s'exécute avec l'ébauchoir et la gouge. C'est un travail souvent long, et qui exige de la part de celui qui l'exécute, un vrai sentiment des arts, puisqu'il s'agit de reproduire à la main ce que le moule a ôté, ou ce qu'il n'a pu donner.

Suivant la nature de la pâte, et plus encore la perfection et la justesse qu'on veut donner à la pièce, on se sert avec plus ou moins de suite et de succès de la gouge qui donne de l'effet et de la fermeté aux figures ou aux ornements, ou de l'ébauchoir qui va plus vite, mais arrondit et émousse les formes.

§ 3. — *Réparage et Évidage.*

Ce sont encore des opérations d'achevage des pièces moulées.

La première consiste à enlever les coutures des moules, comme dans le moulage en plâtre, mais dans le Réparage des plâtres les coutures enlevées ne reparaissent plus, tandis que dans celui des Poteries, et notamment des porcelaines, la cuisson fait souvent reparaître, et d'une manière beaucoup trop sensible, les coutures ou sutures. Le mouleur tant en plâtre qu'en Poterie, doit donc apporter la plus grande attention pour que ces sutures soient placées de manière à ce qu'on puisse les enlever facilement et pour qu'elles soient le moins sensibles possible; il faut remarquer à cette occasion, que loin d'abattre les sutures avec l'ébauchoir et de les faire, pour ainsi dire, rentrer dans la pâte, il faut les enlever avec l'instrument coupant et dentelé qu'on appelle gradine.

Le Réparage consiste aussi à boucher avec de la pâte, les bulles, cavités et gerçures que le moulage a fait naître, ou que le tournassage a mises à découvert. Cette opération exige encore des précautions et de l'intelligence pour que la pâte que l'on met dans ces cavités soit de la même densité que celle de la pièce ; il faut donc se garder de la faire entrer avec force au moyen de l'ébauchoir, mais on doit remplir ces cavités avec de la pâte qu'on y introduit légèrement à l'aide du doigt. Sans ces attentions, les gerçures reparaissent après la cuisson, soit en creux, soit en saillie.

On doit opérer ce Réparage presque immédiatement après que la pièce est sortie du moule.

Lorsqu'une pièce doit faire voir des ouvertures ou des jours qui en traversent l'épaisseur, comme dans les corbeilles, le moulage ne pouvant les donner par aucun procédé connu jusqu'à présent, il faut ouvrir tous ces jours à la main, ce qui est une opération longue et assez difficile. Le moulage donne les parties saillantes, et présente en empreinte les parties qui doivent être enlevées pour produire ces ouvertures ; c'est avec une lame de couteau, mince et effilée, que le réparateur ouvre et découpe tous ces jours. Il doit éviter de presser sur la pièce, et de briser ou de fausser les parties imitant les osiers, ou toute autre baguette séparant ces ouvertures et formant ornements ou réseaux.

Lorsque les ouvertures ou jours, au lieu d'être soit ronds, soit en lozánge, sont allongés dans le sens de la hauteur de la pièce, la difficulté devient encore plus grande, et dans les pâtes délicates, on est obligé de mettre une limite très-rapprochée à l'allongement de ces ouvertures, parce que sans cette précaution, les baguettes gauchissent et entraînent la déformation de la pièce.

§ 4. — *Moletage et Estampage.*

On peut enrichir toutes les Poteries sans aucune exception d'ornements variés et même délicats, et qu'on y place à très-peu de frais, pourvu que ces ornements, ou au moins leur champ, soient en creux.

C'est au moyen d'espèce de cachets en métal ou de roulettes de même matière, qu'on nomme Molettes, et dont on a fait dans ces derniers temps de si nombreuses applications, qu'on imprime dans les pâtes céramiques encore molles, les ornements dont on veut les enrichir.

Ce procédé est de la plus haute antiquité. On voit que l'Estampage et même le Moletage ont été employés d'une manière imparfaite, il est vrai, sur les vases antiques vulgairement nommés étrusques, mais d'origine grecque, et qu'on trouve si abondamment en Sicile et dans la Campanie.

Le procédé de l'Estampage avec cachet pour placer à côté les unes des autres des parties indépendantes d'ornement, telles que rosace, culot, etc., et celui du Moletage avec de petites roues ou molettes qui portent gravé sur leur circonférence l'ornement qu'on veut placer sur la surface d'une pièce, sont des procédés et des outils si connus et employés dans tant de genres d'industrie, que nous n'avons pas à les décrire. Mais leur application sur les pâtes céramiques exige des précautions que je dois faire connaître.

Il faut en général que la pâte soit encore assez molle pour recevoir facilement cette empreinte, mais il faut aussi qu'elle ait assez de consistance pour ne point céder sous la pression de l'Estampage ou du Moletage, et pour que la pâte adhérant trop facilement au métal du cachet ou de la molette ne soit pas enlevée par ces instruments. On peut les huiler ou les essencer, mais cette précaution ne suffirait pas si la pâte de la pièce était trop molle.

La seconde et la plus grande difficulté qu'offre ce procédé et qui est telle pour certaines pâtes, comme la porcelaine, que ce n'est que depuis peu qu'on a pu y appliquer le Moletage, résulte de la condition de fermeté qu'il faut laisser acquérir à la pâte, et de la pression qu'on est obligé d'exercer avec le cachet ou la molette, pour imprimer son empreinte sur une pâte déjà ferme, sans briser ou fausser la pièce.

On est parvenu à vaincre cet obstacle en laissant à l'ébauche des pièces destinées à être moletées une très-grande épaisseur, une épaisseur proportionnée à leur fermeté et à leur fragilité. On sent qu'il faut en laisser beaucoup à la porcelaine, dont la pâte a plus de dureté et moins de liant, qu'aux faïences à pâtes plus plastiques. Mais ce moyen est accompagné d'un autre inconvénient; Les ébauches épaisses sont beaucoup plus sujettes à se fendre en séchant que les ébauches minces, et laissent au tourneur une très-grande quantité de pâte à enlever pour que la pièce finie soit amenée à l'épaisseur convenable.

Si, malgré cette précaution, on est obligé, surtout dans l'Estampage, d'appliquer le cachet avec force, il en résulte presque toujours une déformation dans la partie estampée, la pâte ayant reçu dans cette partie, par cette opération, une densité plus grande que celle des parties environnantes. Ces altérations sont très-sensibles sur les porcelaines.

§ 5. — *Guillochage et Gaudronnage.*

On a deux moyens de faire naître sur une pièce ces côtes ou saillies qu'on appelle Gaudrons et ces demi-canaux qu'on nomme Cannelures.

Ces moyens sont le Moulage et le Guillochage ou Gaudronnage au tour.

Avec le premier, on forme en creux sur le moule les parties qui doivent être en relief sur les pièces, et *vice versâ*, en leur donnant les proportions et variations désirées. La pièce moulée offre ces saillies ou canaux qui n'ont plus qu'à être finis par le réparage.

Ce procédé est bon et assez prompt. Les côtes ou canaux restent droits, et il est peut-être préférable à tout autre pour les pièces dont l'intérieur ne doit pas être visible ou peut ne pas être uni ; mais pour les tasses, les jattes, les coupes et toutes les autres pièces dont l'intérieur doit être aussi fini que l'extérieur, il a le grand inconvénient de laisser paraître dans cet intérieur l'empreinte émoussée et imparfaite des côtes ou cannelures.

Pour éviter cet inconvénient, et dans quelques circonstances pour opérer plus vite et obtenir des cannelures ou gaudrons plus vifs que par le moulage, on fait ces sortes de côtes sur le tour dit tour à guillocher ; le même tour que celui qu'on emploie pour guillocher ou gaudronner le bois, le plâtre, les métaux, peut servir pour guillocher, canneler ou gaudronner les Poteries. Cependant M. Baudet a proposé un tour à guillocher encore plus approprié aux arts céramiques, en ce qu'il a un mouvement plus doux, qu'il n'est pas sujet aux mêmes saccades, à ce tremblottement que les tourneurs appellent broutement, et qu'il peut se munir d'un mandrin élastique qui retient plus exactement les pièces sans les serrer (1).

Mais c'est bien plus dans la préparation de la pièce à guillocher ou gaudronner que consistent les différences du procédé, que dans la disposition du tour. Il faut, pour la plupart des Poteries, que cette pièce ait été ébauchée assez épaisse et ait pris assez de force pour résister sans se briser ni se fausser aux secousses qui sont inhérentes à ce genre de façonnage. Comme ici l'outil entame et qu'il n'imprime pas, on peut laisser prendre à la pâte une bien plus grande fermeté que dans l'opération du moletage. J'indiquerai à chaque sorte de Poterie les précautions particulières qu'elles exigent pour que ce genre de façonnage ait tout son succès.

Article V. — RÉUNION DES PARTIES.

Nous avons déjà remarqué que l'ébauchage au tour et même le moulage ne pouvaient donner ou que des parties unies, ou que des portions de vases qui ne présentent aucune partie dégagée et comme indépendante.

Il faut donc, dans toutes ces sortes de Poteries, depuis les plus communes jusqu'aux plus précieuses, faire séparément le corps de la pièce, ses anses, ses becs, les pieds dans beaucoup de cas, les ornements en saillie, et réunir ensuite toutes ces pièces accessoires, qu'on nomme ordinairement de garniture, à la pièce principale par un véritable collage.

Le façonnage des garnitures ne diffère pas de celui des pièces principales soit tournées, soit moulées; mais le collage de ces garnitures est une opération très-délicate.

§ 1. — *Garnissage.*

Le Garnissage consiste dans la préparation des ornements et pièces de garniture et dans leur application. La plupart des garnitures sont moulées; d'autres sont faites par un procédé qui est aussi une sorte de moulage, mais qui a encore plus de ressemblance au tirage à la filière des métaux ductiles.

(1) *Voyez* Brevets d'invention, tome x, page 18, Pl. 1, la description et la figure de ce tour.

Le moulage proprement dit s'applique nécessairement aux parties qui offrant des inégalités de diamètre dans leur longueur, et des ornements soit transversaux, soit longitudinaux, mais interrompus, ne pourraient pas être faites par le second procédé.

Le moulage de ces pièces, anses, becs, pieds, ordinairement déliées, délicates et enrichies d'ornements, demande une grande adresse; car il faut que la forte pression que doit donner l'ouvrier pour obtenir une empreinte nette soit en même temps égale sur toute l'étendue d'une anse qui a quelquefois plus d'un décimètre de longueur. Il faut qu'il fasse sortir du moule cette partie si flexible sans la gauchir, car ce gauchissement reparaîtrait par la cuisson et déformerait l'anse et la pièce dont elle fait partie. C'est en saisissant le moment où la pièce de garniture est assez ferme et a pris assez de retraite pour sortir du moule sans effort, qu'il évite ce premier inconvénient.

Si la pièce de garniture doit être isolée, et si par conséquent elle n'a pas de surface d'application, elle est moulée en deux coquilles, et la partie qui reste en saillie sur l'une des deux sert pour la prendre et la relever du moule. Mais si c'est un ornement d'application destiné à une pièce à surface plane, convexe ou concave, comme le moule doit présenter la même courbure que la pièce sur laquelle on doit appliquer cet ornement, et que celui-ci ne doit faire aucune saillie sur le moule, l'ouvrier ne peut la détacher du moule et l'enlever qu'au moyen d'une petite pelotte de pâte qu'il tient dans sa main, qu'il applique sur la pièce encore engagée dans le moule, et qui, en adhérant à cette pâte, lui permet de l'enlever assez facilement.

La plupart des garnitures se moulent pleines; mais si ce sont des becs de théières ou de cafetières, ou des anses de tasses de grande dimension dont on veuille diminuer le poids, elles doivent rester creuses. Alors on fait une sorte de croûte qu'on applique avec le doigt et l'éponge dans une des coquilles du moule, ayant soin d'unir le demi-canal qu'on réserve dans chacune d'elles, et qui doit former un canal entier par l'application de ces deux moitiés. Il faut passer dans cette espèce de canal droit ou courbe un petit tampon de linge ou d'étoffe porté à l'extrémité d'une tige pour enlever de son intérieur les bavures du moule, en rendre la surface unie, et assurer la jonction parfaite des demi-parties. Les pièces de garnitures ainsi moulées et détachées sont réparées et finies sans délai, et sont placées pour être raffermies et presque séchées sur des supports en plâtre ou en terre cuite, dont la forme est appropriée à celle de la pièce de garniture. On charge quelquefois les extrémités ou bords avec de petites balles de pâte encore humide, pour empêcher ces parties de sécher plus vite que le corps de la pièce, de se relever ou de gauchir. Enfin, suivant les circonstances, tantôt on entretient cette garniture ainsi réparée et prête à être employée, dans un état d'humidité (c'est le cas le plus ordinaire), tantôt on la laisse sécher entièrement.

Lorsque les garnitures, et notamment les anses d'objets d'usage de table ou de toilette, sont sans ornement en saillie, on peut les faire par coulage ; ils sont par conséquent sans coutures, creux et légers. Il faut avoir soin de laisser ou de pratiquer une petite ouverture dans une place peu visible, pour permettre à l'air dilaté par la cuisson, de sortir sans difficulté.

L'autre procédé de préparation des garnitures, qu'on peut appeler procédé de tirage, ne peut s'appliquer qu'à des parties pleines, d'une grosseur qui ne doit pas dépasser un centimètre dans son diamètre, et qui puisse être la même aux deux extrémités, et qu'à celles dont les ornements ne peuvent consister qu'en canaux ou côtes de céleri.

Il faut ensuite que la pâte ait assez de plasticité et de ténacité pour résister sans se rompre, se gercer ou s'allonger, à l'action de pression et de traction qu'elle doit éprouver.

On obtient ces cylindres destinés aux garnitures, à l'aide d'une machine qu'on appelle généralement presse à colombin ; j'en dirai plus bas la raison. On garnit l'ouverture ou trou inférieur de cette presse de l'espèce de filière ou calibre dont la coupe doit être celle de la baguette de pâte qu'on veut avoir pour être employée en garniture. On met dans la boîte cylindrique la masse de pâte destinée à donner les rubans ou baguettes, et faisant descendre le diaphragme ou piston, au moyen de la vis de pression qui le surmonte, on force par compression la pâte à sortir par l'ouverture pratiquée dans le fond de la boîte, garni du calibre qu'on vient de mentionner, et qui donne à la baguette de pâte la grosseur, la forme, les plans et cannelures qu'on veut avoir.

Pour éviter que le poids de cette baguette ne fasse éprouver à ses diverses parties une extension différente, et toutes les défectuosités qui en résulteraient, on la reçoit sur un plan incliné, et on se hâte de la couper à la longueur demandée.

C'est avec ces baguettes de pâte flexibles, qu'on forme, en leur donnant la courbure convenable, les anses d'un grand nombre de vases d'usage, pots à l'eau, théières, cafetières, tasses, etc.

Quand on veut leur donner, au point d'attache, une face plane et ornée, on comprime avec le pouce les extrémités de ce colombin sur un moule de plâtre en forme de cachet, qui présente en creux la palmette, la rosace ou tout autre ornement simple qu'on veut y placer ; il s'y moule en effet et produit à chaque extrémité de l'anse, l'empreinte en relief de ce cachet.

Ce procédé peut très-bien s'appliquer aux faïences fines, et aux grès-cérames. On donne ensuite à l'anse la courbure convenable, et on la colle.

§ 2. — *Applicage.*

Lorsque les garnitures sont réparées, et que les pièces sur lesquelles elles doivent être placées ou appliquées sont également terminées, il s'agit de les y attacher d'une manière propre et solide.

La première condition est que les deux pièces soient à très-peu près dans le même état de dessiccation, ou également humides, ou entièrement sèches l'une et l'autre ; la seconde, qu'elles soient faites de pâtes qui aient la même retraite ; la troisième, qu'il n'est pas toujours possible de remplir, c'est qu'elles aient été faites toutes deux par le même procédé, c'est-à-dire l'une et l'autre moulées. Ce cas est rare ; néanmoins le moulage à la housse dont j'ai parlé art. II, satisfait beaucoup plus souvent à cette condition ; ou bien enfin, il faut qu'elles aient été coulées l'une et l'autre.

Il s'agit d'abord d'ajuster les deux pièces l'une sur l'autre. L'ouvrier trace sur la pièce principale la place des deux attaches de la garniture. Le moule indique souvent l'inclinaison et la courbure du point d'attache ; il les précise en présentant la garniture sur la pièce à plusieurs reprises, et l'y ajustant au moyen de la lame ; enfin, il c h i q u è t e, c'est-à-dire qu'il grave des raies croisées sur les surfaces d'application, afin de rendre ces surfaces rugueuses, et prenant avec un petit pinceau ou une petite palette de cette pâte délayée en consistance de bouillie épaisse qu'on nomme **barbotine**, il en met une couche mince sur la surface d'application et colle promptement la garniture, anse, bec ou ornements saillants d'application.

Il doit avoir soin de ne mettre que le moins possible de barbotine, ce dont il est le maître lorsque les deux surfaces d'application sont exactement sur le même plan, car une épaisseur trop forte de barbotine introduit entre ces deux pièces une partie de pâte d'une densité très-différente qui prend par la cuisson beaucoup plus de retraite, d'où résultent des gerçures désagréables, de vraies défectuosités. S'il n'en met pas assez ou que la barbotine soit trop sèche, le collage ne tient pas. Il doit enlever, sans pression et sans vouloir la faire rentrer dans la fissure de réunion, la barbotine qui excède.

Lorsqu'on attache une garniture moulée sur une pièce moulée, si on a eu égard aux précautions mentionnées plus haut, il n'y en a plus d'autre à prendre que de ne pas presser par le collage le bord de la pièce, car on lui fait éprouver une déformation qui, quoique insensible sur la pièce crue, reparaît au feu.

Mais si c'est une garniture moulée, comme elles le sont toutes, excepté celles qui sont faites à la filière, sur une pièce tournée, il est extrêmement difficile, surtout dans les pâtes délicates, de mettre d'accord la garniture avec la pièce ; celle-ci prenant plus de retraite que la garniture moulée, quelquefois s'en sépare, et plus souvent la déforme et est en même temps déformée par elle. Il faut alors calculer les attaches et les moyens de faire céder la garniture sans déformation. Or ce calcul ou plutôt cette condition est extrêmement difficile à obtenir.

Si l'anse est un peu longue et qu'elle soit attachée, comme elles le sont presque toutes, par les deux extrémités, la pièce en cuisant et se retirant tourne un peu sur elle-même, comme nous l'avons déjà indiqué; elle emporte le bas de l'anse et lui fait quitter la direction perpendiculaire sur le bord ou sur le pied de la pièce, qu'elle devait avoir. Il faut que le garnisseur prévoie et évalue ce mouvement de torsion, et qu'il place son anse hors de la ligne perpendiculaire, afin qu'elle y revienne par la cuisson.

La barbotine suffit pour coller solidement, même avant la cuisson, une garniture humide sur une pièce humide; mais lorsque les deux pièces sont sèches, comme elles ont une grande avidité pour absorber l'eau, la barbotine serait desséchée avant qu'on ait pu appliquer les deux pièces l'une sur l'autre; il faut, pour éviter cette absorption, enduire d'eau gommée les deux surfaces d'application et gommer également la barbotine afin de lui faire contracter avec les deux pièces une adhérence suffisante pour les soutenir jusqu'à ce que la cuisson ait complété cette adhérence.

§ 3. — *Collage*.

Le Collage ne s'applique pas uniquement aux garnitures ; comme on est obligé de faire certains vases et ustensiles de plusieurs pièces soit à cause de leur forme, soit à cause de leur dimension, il faut coller ces pièces ensemble; ce sont quelquefois des parties de grands vases; le Collage exige ici encore plus de soin, d'adresse, d'intelligence et de pratique, pour qu'il soit bon, qu'il ne soit pas trop visible et qu'il n'altère pas les contours du vase; c'est donc ici, qu'il faut apporter encore plus d'attention pour que les parties de ce tout soient d'une dessiccation égale, pour que les surfaces d'application se correspondent très-exactement, qu'elles soient coupées plutôt obliquement à la surface du vase que perpendiculairement à cette surface; enfin, que le Collage puisse s'opérer promptement et cependant avec la précision nécessaire, car une fois les deux parties placées l'une sur l'autre, il faut éviter de les déplacer pour les mettre mieux; il faut aussi éviter d'enlever par le tournassage les parties débordantes.

Ces difficultés et ces précautions s'appliquant beaucoup plus spécialement à la porcelaine dure qu'à toute autre Poterie, j'y reviendrai avec les détails nécessaires en traitant de cette belle Poterie.

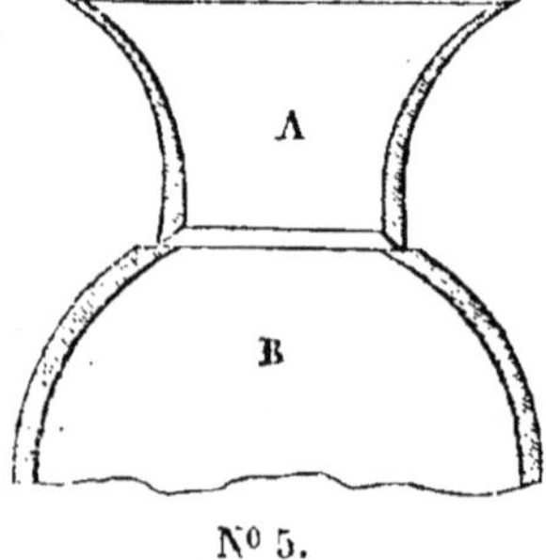

N° 5.

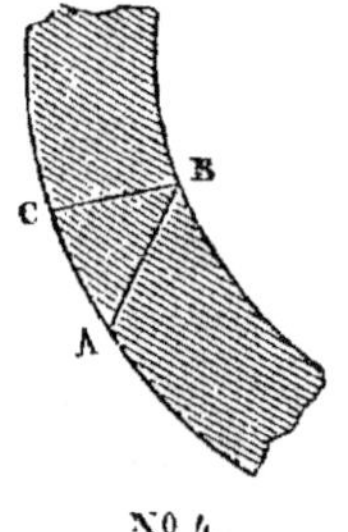

N° 4.

La figure 4 représente un collage en biseau BA, au lieu du collage BC, entre deux parties également humides.

La figure 5 fait voir la disposition du collage d'un collet A presque sec sur un corps de vase B encore humide.

CHAPITRE IV.

DES GLAÇURES OU ENDUITS VITREUX.

(VERNIS, ÉMAIL ET COUVERTE.)

Lorsque les pièces de Poteries sont façonnées, et parfaitement sèches, tantôt on les passe au four immédiatement pour leur donner, ou bien une demi-cuisson, ou bien une cuisson complète. Tantôt, avant toute cuisson, ou après la demi-cuisson, on les recouvre d'un enduit qui doit se vitrifier à une température appropriée, et qui s'appelle vernis, émail, ou couverte.

Cette opération suit donc quelquefois immédiatement la dessiccation de la pièce, et précède toute cuisson ; d'autres fois elle se fait entre deux cuissons. C'est pour ne point séparer ce qui est relatif aux fours et aux cuissons, que je traiterai des vernis vitrifiables avant de traiter des cuissons, la série des opérations dans quelques Poteries me permettant d'adopter cet ordre.

Article Ier. — DES GLAÇURES EN GÉNÉRAL.

Les mots vernis, émail et couverte semblent être synonymes, mais il me semble qu'on peut et qu'on doit même attribuer à chacun d'eux une signification propre.

Nous appellerons vernis de Poterie, tout enduit vitrifiable, transparent et plombifère qui se fond à une température basse et ordinairement inférieure à la cuisson de la pâte (les Poteries communes, les faïences fines) ;

Émail, un enduit vitrifiable, opaque, ordinairement stannifère (les faïences proprement dites) ;

Couverte, un enduit vitrifiable, terreux, qui se fond à une haute température égale à celle de la cuisson de la pâte (les porcelaines dures, quelques grès).

L'objet de ces enduits vitreux, est de rendre la pâte de Poterie imperméable aux corps liquides, et surtout aux corps gras, et de leur donner un éclat et quelquefois des couleurs agréables à l'œil.

Nous allons voir qu'ils sont très-variés, mais ils doivent tous avoir les qualités indispensables à l'objet qu'on se propose.

Il faut donc qu'ils puissent s'étendre complétement sur les pièces, de manière à ne laisser à nu aucune partie qui puisse permettre aux liquides de s'introduire dans la pâte. Cette condition exige une certaine affinité entre la nature de l'enduit vitreux et celle de la pâte. Tantôt, elle dérive de la nature même du vernis, tantôt de celles des pâtes. Ainsi, la chaux est indispensable dans la composition des faïences communes pour leur faire prendre l'émail stannifère. Sans cette condition, les vernis et émaux se réunissent en gouttes, et produisent les défauts qu'on nomme retirement, bouillonnures, et quelquefois même ils se détachent en écailles.

Il ne faut pas non plus que cette affinité soit portée trop loin, car le vernis pénètre dans la pâte, il disparaît presque de la surface des pièces, et cause le défaut auquel on donne le nom de vernis terne, desséché, ressuyé.

Il faut en second lieu, que le vernis ait un degré de fusibilité approprié à la pâte sur laquelle on le place, et qu'il ait éprouvé la température convenable à son degré de fusibilité.

Si le vernis est ce que l'on nomme trop dur, il ne s'étend pas sur la pâte, reste terne, ou se couvre de petits trous qu'on nomme coque d'œuf. Un défaut de feu produit à peu près le même effet.

Si le vernis est très-fusible, il se fond avant que la pâte soit cuite, il coule sur les parties inférieures des pièces, ou pénètre dans le corps de la pâte; il laisse sa surface rude et non glacée. Un feu trop fort produit à peu près le même défaut; on dit que le vernis a été sucé.

Une troisième condition non moins essentielle, non moins difficile à obtenir que la première, est que le vernis soit en rapport de dilatation et de contraction avec la pâte des pièces sur lesquelles on le place. Lorsqu'il ne possède pas cette qualité, il ne peut céder aux mouvements de dilatation de la pâte, et se fendille dans tous les sens. On donne le nom de tressaillage ou de gerçage à ce défaut qui est des plus graves, car ces gerçures ou fissures laissent bientôt les matières liquides, et surtout la graisse, s'introduire dans la pâte où elles s'altèrent et lui donnent une odeur désagréable, la salissent et finissent par faire tomber le vernis en écailles.

Ces tressaillures résultent non-seulement d'une Glaçure dont la dilatation n'est pas en rapport avec celle de la pâte, mais encore, ou d'une trop grande épaisseur dans la Glaçure, ou de ce qu'elle n'a pas été portée à la température nécessaire pour la cuire; il arrive souvent, surtout dans les Poteries à pâte dense comme la porcelaine, que les grandes tressaillures dégénèrent en fentes qui se continuent dans la pâte même de la pièce et la font casser par le moindre choc ou le moindre changement de température.

Lorsque ces tressaillures sont nombreuses, assez également disposées en réseaux, on les regarde comme un accident heureux, on les recherche même dans quelques Poteries telles que dans certaines porcelaines de la Chine, et elles font donner aux pièces qui les possèdent ainsi le nom de porcelaine truitée.

Tels sont les principales conditions exigées dans les enduits vitrifiables et les principaux défauts que l'absence de ces conditions peut faire naître.

On peut arriver par ces remarques à deux résultats généraux :

1° Que les défauts des enduits vitreux se réduisent aux suivants que nous exprimerons en termes techniques puisque nous les avons employés :

Les tressaillures;
La coque d'œuf;
Les trous;
Le retirement;
L'écaillage;
Les ondulations;
Les bouillons ou bulles;
Le ressuie;
Le sucé;

Le coulage;

Le ponctuage.

2° Que le même défaut peut être attribué à des causes différentes, ce qui rend très-difficile et de reconnaître ces causes, et de corriger les défauts qu'elles produisent.

La Tressaillure peut être due à la dilatation du vernis qui n'est point en rapport avec celui de la pâte, à sa trop grande fusibilité, à sa trop grande épaisseur, au défaut de feu.

La Coque d'œuf, les trous et les ondulations à la dureté, au peu de fusibilité de l'enduit vitreux, au défaut de feu, ou au peu d'affinité du vernis pour le biscuit.

Le Ressuie peut être attribué à la dureté du vernis, à l'influence des matières terreuses qui enveloppent la pièce et des vapeurs qui circulent dans le four.

Le Retirement peut venir de la trop grande densité du biscuit qui ne se laisse pas, comme mouiller, pénétrer par le vernis, à la poussière qui était adhérente au biscuit lorsqu'on a placé le vernis, ou à des corps gras qui en enduisaient la surface.

Le Coulage peut s'attribuer à une trop grande fusibilité du vernis, à trop d'épaisseur ou à trop de feu.

Le Sucé peut être dû à une cause opposée à celle du retirement, c'est-à-dire à un biscuit trop poreux qui absorbe le vernis, à un vernis qui devient trop liquide par la fusion, à trop de feu. Ordinairement les pièces dont le vernis a coulé vers le bas ont perdu dans le haut leur enduit vitreux qui semble avoir été sucé par le biscuit.

L'influence des terres des étuis ou cazettes, et même des terres et Poteries non vernies placées dans le four peut produire un défaut semblable à celui qu'on appelle le sucé et qui se confond avec le ressuie.

Les Bouillons ou Bulles peuvent être produits par un excès de feu qui volatilise une des parties du vernis et par une réaction des éléments de la pâte sur ceux du vernis.

L'Écaillage, dans lequel le vernis se détache par écaille du biscuit, est un défaut grave et qui, comme la tressaillure, ne se manifeste quelquefois qu'au bout d'un temps assez long et par l'usage. Il n'a guère lieu que sur les émaux stannifères appliqués sur les Faïences communes, et tient principalement au peu d'affinité qu'il y a entre ce stanno-silicate de plomb et la pâte trop siliceuse et trop argileuse de ces Faïences.

Une disposition puissante à la tressaillure dans des Glaçures terreuses peu fusibles peut aussi produire l'écaillage ([1]). J'ai vu des vases campaniens dont le vernis noir présentait ce défaut.

([1]) On ne parle pas ici de l'écaillage des couleurs vitrifiables placées sur un

Le *Ponctuage*. La Glaçure présente une multitude de petits points noirs après la cuisson, et même après avoir été exposée à une température de beaucoup inférieure à celle qu'elle a éprouvée pour sa perfection, telle qu'est celle de la peinture à la moufle. Ce défaut se montre dans toutes les Glaçures, même dans celles qui ne contiennent pas de plomb; il disparaît quelquefois par une nouvelle cuisson à basse température. On ne sait pas précisément à quelle cause attribuer un phénomène qui paraît rarement, mais presque toujours d'une manière désastreuse pour la fabrication à laquelle il s'attaque.

Article II. — DES DIVERSES SORTES DE GLAÇURES.

Les enduits considérés dans l'état où on les prend pour les employer et non dans celui qu'ils prennent par l'emploi, peuvent être rangés en quatre classes.

1° Les *enduits terreux* purs; ce sont les felspaths, les ponces, quelques scories volcaniques.

2° Les *enduits* qu'on peut appeler *salins* dans l'ancienne acception de ce mot; ce sont le selmarin, les alcalis des cendres, l'acide borique, le phosphate de chaux, le sulfate de baryte.

3° Les *enduits* composés de parties terreuses et de parties métalliques, ou simplement mêlées ou fondues préalablement en verre. Ce sont le plus ordinairement, les verres de silice et de plomb. Les émaux de silice, d'étain et de plomb en offrent des exemples.

4° Les *enduits* composés d'oxyde ou de sulfure *métallique* purs : tels sont l'oxyde de plomb, la litharge ou le minium, l'oxyde de manganèse et l'oxyde de cuivre mêlés avec le premier, le sulfure de plomb appelé *alquifoux* par les Potiers.

J'ai dit que ces corps formaient par leur incorporation avec la matière de la Poterie au moyen du feu, un composé vitreux dans lequel presque aucun des composés des troisième et quatrième classes ne reste dans l'état où on les avait pris pour les placer sur les Poteries. Ces corps salins ou métalliques font avec

vernis plus dur qu'elles et cuit préalablement. Cette considération appartient à l'histoire de la peinture en couleurs vitrifiables.

la pâte céramique un verre dans lequel la matière de l'enduit est plus ou moins dominante; ce verre ainsi composé sur la surface même des pièces et aux dépens de la silice de leur pâte, est ordinairement tendre et facilement attaquable par les acides même les plus faibles, les graisses, etc.

Les enduits vitreux ont encore pour objet d'embellir les Poteries en laissant voir la couleur et rehaussant l'éclat de la pâte de celles qui ont une pâte blanche ou d'une couleur agréable, en cachant ou changeant la couleur des Poteries à pâte d'un ton incertain ou sale.

On a pour obtenir ces résultats trois sortes d'enduits vitreux ou Glaçures :

Les **transparents**, qui sont donnés, en général, par les vernis terreux, salins et vitreux.

Les **opaques**, qui doivent leur opacité à l'oxyde d'étain et quelquefois peut-être au phosphate de chaux.

Les **colorés**, qui sont dus aux oxydes presque purs de manganèse, de cuivre et de fer, ou à l'introduction de ces oxydes et des oxydes de cobalt et de chrôme dans les enduits vitreux, opaques ou demi-transparents.

Lorsqu'on veut cacher la couleur désagréable d'une pâte ou la changer, et qu'on ne peut ou qu'on ne veut pas employer soit les enduits vitreux opaques, soit les enduits transparents, on place sur la pâte et dessous l'enduit vitreux un enduit terreux mince fait avec des ocres, des argiles blanches ou des argiles colorées qu'on appelle **Engobes**. Je reviendrai sur ce sujet important de la coloration et de la décoration des pâtes céramiques.

Article III. — POSAGE DES ENDUITS VITREUX.

Le nombre de pièces qu'on doit couvrir de ces enduits étant toujours considérable, on ne peut employer que des moyens expéditifs et économiques. Par conséquent aucune glaçure ne se pose au pinceau. Outre le temps qu'une semblable opération exigerait, il serait difficile d'étendre également par ce moyen les enduits lourds et courts, très-difficiles à employer.

On pose les enduits vitreux par des procédés qui peuvent se réduire à trois :

L'immersion, l'arrosement et la volatilisation.

§ 1. — *Posage par immersion.*

Ce procédé ne peut s'appliquer qu'aux pâtes suffisamment poreuses pour absorber l'eau avec avidité et assez solides pour être plongées dans ce liquide sans s'y délayer. Pour les mettre dans ces deux conditions, on leur fait éprouver un commencement de cuisson qu'on appelle dégourdi. (Les porcelaines dures, les faïences fines, les Poteries communes.)

L'enduit vitrescible, quel qu'il soit, ayant été finement broyé à l'eau dans des moulins semblables à ceux dans lesquels on broie les parties dures des pâtes [1], on le délaye dans une quantité d'eau convenable, de manière cependant que ce mélange conserve toute sa liquidité aqueuse. Afin d'empêcher la poudre vitrescible de se précipiter au fond du baquet où se font le mélange et l'immersion, on l'agite fréquemment et on y introduit même une certaine quantité de vinaigre qui a évidemment la propriété de retarder notablement cette précipitation.

On plonge rapidement, avec adresse et précaution, la pièce à vernir dans le liquide trouble; elle absorbe l'eau qui dépose à la surface de la pièce, en pénétrant dans son intérieur, la matière vitrescible qu'elle tenait en suspension. Par ce procédé simple et rapide la pièce est recouverte d'une couche de matière vitrescible qui est d'une épaisseur convenable, si on a eu soin de bien doser le mélange d'eau et de vernis, et de ne mettre dans l'immersion que le temps nécessaire, et d'une épaisseur égale, si on n'a pas laissé dans le liquide une partie de la pièce plus longtemps qu'une autre.

A moins que certaines parties d'une pièce ne soient extrêmement minces on ne remarque pas que l'épaisseur de l'enduit vi-

(1) Revoir la Pl. VI, *fig.* 1 et 3.

trescible soit en rapport avec la différence d'épaisseur des parties d'une même pièce, car l'absorption de l'eau ne se fait pas en raison de l'épaisseur de la pièce, mais en raison du temps pendant lequel on la plonge dans le liquide qui tient l'enduit en suspension. Cependant il ne faut pas porter ce principe à l'extrême, il est certain que les pièces minces étant promptement saturées de toute l'eau qu'elles peuvent absorber, il faut pour leur donner un vernis suffisant, les plonger dans une eau qui en soit plus chargée, et si on laisse une pièce dans cette eau, après qu'elle en a été pénétrée dans toute son épaisseur, l'enduit vitrescible se délaye et tombe.

Les bords prennent moins de Glaçure que le milieu, les parties par lesquelles on tient la pièce n'en prennent point. C'est ici qu'on emploie le pinceau pour ajouter ou mettre du vernis sur ces parties. Cette opération est délicate et beaucoup plus difficile qu'on ne le croit, par les motifs que j'ai indiqués au commencement de cet article et qui tiennent à la difficulté d'emploi de ces matières.

On enlève avec une lame et un morceau de feutre la Glaçure des parties qui ne doivent pas en avoir, telles que le dessous des pieds des pièces, les gorges qui reçoivent des couvercles, etc.

J'ai dit que les matières grasses s'opposaient à l'adhérence des enduits vitrescibles; il faut avoir bien soin que les pièces n'en soient pas imprégnées par les mains des ouvriers, mais aussi on trouve dans cette propriété un moyen de laisser sans Glaçure certaines parties que l'on veut réserver mattes, telles que des ornements délicats; on les enduit d'huile avec un pinceau avant de les plonger dans la Glaçure; la graisse fondue et le suif surtout, paraissent préférables parce qu'ils ne s'étendent pas comme l'huile.

Mais lorsque les parties ont une certaine étendue et doivent être nettement séparées de la partie glaçée, on fait ce que l'on appelle des *réserves* en couvrant les espaces, quelles que soient leur forme et leur étendue, d'un enduit de cire mélangé de suif ou de tout autre corps gras, qui puisse s'étendre facilement et rester adhérent jusque après l'Immersion; enfin, lorsqu'on veut qu'une pièce ou qu'une partie de pièce prenne moins de vernis qu'une autre, on la mouille plus ou moins fortement avec le pinceau avant de lui donner l'enduit vitrescible. On peut aussi lui enlever une grande partie de la Glaçure en la brossant.

§ 2. — *Posage par arrosement et aspersion.*

Lorsque la pâte est complétement cuite et qu'elle n'est plus absorbante, on ne peut poser le vernis par simple immersion, il n'en adhérerait pas suffisamment à la surface des pièces.

Alors il faut donner au liquide aqueux qui tient l'enduit vitreux ou vitrescible en suspension, une consistance semblable à celle de la crème ou d'une bouillie assez épaisse; on prend de cette bouillie dans un vase d'une petite capacité et on la verse dans la pièce plate ou sur la pièce ronde à laquelle on veut donner la Glaçure; on imprime à cette pièce un mouvement particulier de balancement qui empêche ce liquide visqueux de la quitter trop promptement et qui lui permet au contraire de s'étendre assez également sur sa surface; une légère secousse fait tomber l'excédant.

Le reste du procédé de retouche, de nettoyage de la pièce dans les parties où il ne doit pas rester de vernis est le même que dans le premier procédé.

Ce procédé s'applique presque exclusivement aux porcelaines tendres et aux grès. Je regarde la mise en Glaçure des faïences fines comme participant à peu près également du procédé de l'immersion et de celui de l'arrosage, quoique le premier semble dominer.

L'Aspersion consiste à saupoudrer la pièce à Glacer du corps qui doit se fondre à sa surface et entraîner une partie de la pâte dans sa fusion. Ce procédé ne s'emploie que pour les Poteries les plus grossières qui ne doivent recevoir qu'un seul et même feu pour la cuisson du biscuit et du vernis et qu'on ne pourrait plonger dans une glaçure délayée sans les briser ou les délayer; l'enduit vitrescible dont on les couvre, est du minium ou de la litharge en poudre. Ce grossier procédé a en outre le grave inconvénient d'être extrêmement dangereux pour la santé des ouvriers qui respirent une poussière doublement dangereuse et comme poussière, et comme matière minérale vénéneuse.

§ 3. — *Posage par volatilisation.*

Ce procédé est des plus remarquables et des plus anciens, mais des plus près d'être tout à fait abandonnés. Il consiste à remplir le four ou les cazettes d'une vapeur saline ou métallique, qui s'étendant sur les pièces portées à l'incandescence, vitrifie leur surface.

Ce Posage a lieu, ou dans le four même et sur toutes les pièces qui le remplissent, ou dans les étuis ou cazettes, et seulement sur les pièces qu'elles renferment.

Dans le premier cas je ne sache pas qu'on ait employé d'autres matières vitrifiantes que le selmarin. Vers la fin de la cuisson, lorsque le four est amené à la plus haute température qu'il doive recevoir, on cesse le feu, on ferme toutes les issues, et on jette dans les bouches du foyer, et dans les foyers incandescents, du selmarin qui se volatilise aussitôt, se décompose sur la surface des pièces, leur cède son alcali qui forme avec la silice de la pâte, un enduit vitreux, mince et fortement adhérent à la pâte. Il a la dureté d'un verre terreux, et ne se lève jamais ni en bouillons, ni en écailles. Le seul défaut que présente ce mode de vernissage, c'est l'inégalité, toutes les pièces et toutes leurs parties n'étant pas toujours également exposées à cette vapeur. Cette glaçure est particulière au grès-cérame, et on y reviendra en traitant de cette classe de Poterie.

Le second procédé de cette sorte de Posage, consiste à enduire la surface intérieure des cazettes ou étuis, de la matière volatilisable et vitrescible, qui doit former l'enduit vitreux des pâtes enfermées dans ces étuis.

On n'emploie guère dans ce procédé très-peu répandu, que de l'oxyde rouge de plomb, de l'oxyde de cuivre? et de l'acide borique. Lorsque le four devient incandescent, ces matières se volatilisent et enveloppent les pièces renfermées dans les étuis, d'une vapeur métallique ou saline, qui en vitrifie la surface. Ce moyen a l'avantage de ne faire que polir pour ainsi dire, par un mince enduit vitreux, la surface des pièces. Il n'a pas l'inconvénient des vernis épais posés par immersion ou arrosement, qui altèrent les formes, et qui détruisent toutes les finesses des ornements délicats dont certaines pièces sont enrichies.

Les étuis qui ont servi à un premier vernissage peuvent servir à un second et à un troisième, sans qu'on soit obligé de leur donner une nouvelle couche de l'enduit vitrescible volatilisable.

Article IV. — CUISSON DES GLAÇURES.

Je ne traiterai ici que des rapports qu'il y a entre la Cuisson de ces enduits et celle de la pâte qu'ils recouvrent. Ces rapports présentent des principes généraux assez remarquables, et que je n'aurai plus qu'à rappeler lorsque je parlerai des moyens de Cuisson des diverses sortes de Poteries.

En considérant sous le même point de vue, celui de la Cuisson complète d'une Poterie, la Cuisson de la pâte et celle de l'enduit vitreux, on arrive à remarquer que les Poteries offrent deux modes généraux de Cuisson, que je désignerai sous les noms de Cuisson simple ou unique et de Cuisson double.

§ 1. — *Cuisson simple ou unique.*

Elle appartient à toutes les Poteries dont la pâte et l'enduit vitreux pouvant cuire à la même température, et par conséquent en même temps, n'ont besoin de passer au feu qu'une seule fois.

On trouve dans cette classe les Poteries les plus grossières et les Poteries les plus fines et les plus dures, les Poteries communes à pâte lâche et à vernis tendre, avec les grès et les porcelaines dures.

Mais la température qu'exigent ces Poteries si différentes présente elle-même des différences considérables.

A. à basse température. — Les unes cuisent à une très-basse température, celle où le four est à peine incandescent. Ce sont les Poteries communes à pâte colorée, lâche et fusible.

couverte d'un vernis où l'oxyde de plomb appliqué presque seul sur la pièce, ne trouve que dans la pâte de cette pièce la silice qui lui est nécessaire pour former un verre très-tendre et très-fusible.

Les Poteries de cette première division à cuisson simple ne sont soumises qu'à une seule opération, c'est-à-dire que le vernis se met immédiatement sur la Poterie sèche, et qu'un seul four dans lequel se place cette Poterie vernissée cuit en même temps la pâte et le vernis. Telles sont les Poteries grossières et communes couvertes d'un vernis transparent, jaune, vert ou brun; telles sont les Poteries grossières de l'Inde, couvertes d'un vernis d'anthracite presque noir, les anciennes Poteries grecques ou campaniennes couvertes d'un vernis noir ou rougeâtre. On voit par les déformations que ces dernières ont quelquefois éprouvées, et qui ne peuvent être attribuées qu'à une inégale pression de leur pâte encore flexible, qu'elles ont été portées au four encore crues, et cependant déjà recouvertes de leur enduit vitreux.

B. à haute température. — D'autres cuisent à une très-haute température, et néanmoins elles pourraient de même n'être soumises qu'à une seule opération. Mais comme ce sont en général des Poteries plus belles, et qui peuvent payer les frais des soins qu'on y apporte, on donne à la pâte ce demi-degré de cuisson que nous avons fait connaître et désigné sous le nom de dégourdi, afin de pouvoir les enduire de leur couverte par voie d'immersion. Si elles n'avaient pas reçu du premier feu de la consistance et de la solidité, on ne pourrait les manier sans craindre de les briser, ni les plonger dans la glaçure sans craindre de les y délayer. Cependant il arrive quelquefois qu'on ne les dégourdit pas, comme nous le ferons connaître au chapitre de la porcelaine. On leur donne cette première cuisson, non pas dans un four particulier, mais dans une partie du four où la température est de beaucoup inférieure à celle où se cuisent complétement le biscuit et la glaçure. Ici, la glaçure se cuit dans la division inférieure du four, et la pâte se dégourdit dans la division supérieure.

Les porcelaines dures, les grès-cérames couverts de vernis terreux ou salins, offrent des exemples de ce mode de cuisson simple à haute température.

§ 2. — *Cuisson double.*

L'enduit vitreux devant cuire à une température inférieure à celle qu'exige la Cuisson de la pâte, il faut cuire séparément ou successivement la pâte d'abord et le vernis ensuite. De là deux opérations, deux Cuissons et souvent deux fours tout à fait distincts.

La première opération est celle de la Cuisson complète de la pâte. On obtient par cette Cuisson ce que l'on appelle le biscuit, qui est en général dense, sonore, et quelquefois susceptible de se ramollir au feu. Tels sont les biscuits de faïence commune, de faïence fine, de porcelaine tendre, et même de quelques grès.

La seconde opération est celle de la Cuisson du vernis ou de l'émail qu'on a mis soit par immersion, soit par arrosement, sur le biscuit.

Cet enduit vitreux est tantôt un vernis vitro-métallique et transparent comme ce que l'on appelle du cristal : c'est celui de la faïence fine et de la porcelaine tendre ; tantôt un émail stannifère, opaque, blanc ou coloré : c'est celui de la faïence commune et même de certaines faïences fines.

Il cuit, comme on l'a dit, à une température de beaucoup inférieure à celle du biscuit, et quand on le place dans le même four, on cuit le biscuit dans la division inférieure, celle qui reçoit immédiatement l'action du feu, et les pièces recouvertes de leur glaçure dans l'étage supérieur.

Mais plus ordinairement, et aussi plus sûrement, on opère ces deux Cuissons successivement ou dans le même four, ou dans des fours différents, surtout en capacité.

Dans la première division, la haute température, qui va quelquefois à 140 deg. du pyromètre de Wedgwood, est aussi bien pour la glaçure que pour la pâte ; dans la seconde division, la haute température, qui atteint rarement 80 deg. du même pyromètre, est pour la pâte ou biscuit, et la basse température pour le vernis ou l'émail.

Tels sont les principes et rapports généraux de la Cuisson des pâtes ou biscuits avec les différentes glaçures (vernis, émaux ou couvertes) qui les recouvrent.

Ces divisions et les observations sur lesquelles elles sont fondées trouveront leur confirmation dans les nombreuses applications que nous en ferons aux diverses sortes de Poteries, et on verra combien il était convenable d'établir ici ces principes, qui ne peuvent être présentés et développés d'une manière aussi générale dans les descriptions particulières d'aucune des classes de Poterie.

CHAPITRE V.

CUISSON DES PATES CÉRAMIQUES.

Le but essentiel de la Cuisson des Poteries est de leur donner assez de solidité pour qu'on puisse les manier sans les briser et assez de densité pour les rendre plus ou moins imperméables aux liquides. On s'est proposé ensuite de leur donner plus d'éclat, d'aviver certaines couleurs, et on a été jusqu'à vouloir donner à la pâte une translucidité flatteuse.

Le premier but est tellement le principal, le seul essentiel, qu'il y a des Poteries qui n'ont reçu aucune Cuisson réelle; les peuples des pays méridionaux, chez lesquels seuls on les a faites, se sont contentés de les laisser fortement sécher à l'ardeur de leur soleil; on en cite de telles dans l'Inde et en Égypte; mais il en est encore un bien plus grand nombre qui n'ont éprouvé que l'action d'un feu si faible, qu'on peut à peine lui donner le nom de Cuisson.

Or, on remarquera que ces Poteries, pour lesquelles on a cru pouvoir se passer de Cuisson, étaient et sont encore par leur destination, rarement exposées à être fréquemment maniées ou à conserver des liquides tels; sont : d'abord les briques non cuites des peuples méridionaux de l'Asie et de l'Afrique, les vases des anciens peuples tels que les Étrusques, presque tous destinés à l'ornement des habitations et à être placés dans les tombeaux : ensuite les vases des Indiens, et de quelques peuples tant modernes que d'une haute antiquité, destinés plutôt à recevoir, conserver ou mesurer des grains, qu'à contenir des liquides.

Presque tous ces vases jaunâtres, rougeâtres ou noirs, tant les anciens que ceux qui sont faits à peu près avec les mêmes matériaux par quelques peuples modernes, très-arriérés dans les arts céramiques, se laissent traverser plus ou moins promptement par l'eau qu'on y met.

Nous allons remarquer dans la Cuisson des Poteries, telle qu'on la pratique dans les pays les plus éclairés, des différences extrêmes de température; dans quelques circonstances, cette température, à peine rubescente, ne peut pas donner à la pâte assez de densité pour la rendre imperméable à l'eau, et cependant la plupart de ces Poteries sont destinées à conserver des liquides et même des liquides bouillants; mais les modernes ont trouvé dans les vernis plombifères placés si communément sur ces Poteries à texture lâche, des moyens faciles et sûrs de les rendre imperméables; j'ai déjà dit que ces vernis n'ont été connus que très-tard et qu'imparfaitement, et que les anciens n'avaient pas ce moyen de donner l'imperméabilité à des pâtes trop fusibles d'ailleurs pour l'acquérir par une haute température.

Une basse température laisse donc aux pâtes céramiques leur porosité et les inconvénients qui l'accompagnent dans les usages domestiques, inconvénients qui ne sont pas compensés par le faible avantage que présentent ces Poteries de supporter sans se briser les changements brusques de température, ni même par l'avantage plus sensible d'être à très-bas prix.

Une haute température exige d'abord une composition capable de la supporter, elle est beaucoup plus dispendieuse, elle donne des pâtes denses, imperméables, solides, mais résistant rarement et toujours imparfaitement aux changements brusques de température auxquels ces Poteries peuvent être exposées, même dans les usages domestiques ; enfin, l'échelle de température de Cuisson des Poteries va depuis 40 ou 50 degrés du thermomètre centigrade (et on peut dire que dans ce cas, ce n'est qu'une dessiccation et un raffermissement de la pâte) jusqu'à 140 degrés du pyromètre de Wedgwood, c'est-à-dire au degré de la fusion de la fonte, en passant par beaucoup de degrés intermédiaires.

Article Ier. — DES FOURS POUR LA CUISSON DES PATES CÉRAMIQUES.

Je ne parlerai ici que des fours destinés à faire cuire les pâtes et les enduits vitreux, mais point de ceux dans lesquels on cuit les couleurs et autres ornements de la surface.

Ces fours sont très-variés, non-seulement selon les époques et les pays, mais aussi suivant la nature des Poteries qu'on doit y cuire. On peut cependant en généraliser encore les formes, la structure, les avantages et les inconvénients sous plusieurs points de vue assez distincts. Le tableau suivant que je vais développer indique ces divisions.

I. Fours en demi-cylindre [1] nommés ordinairement fours carrés.

[1] J'ai cherché autrefois (1807, *Traité élémentaire de Minéralogie*, t. II, p. 316) à déterminer d'une manière générale, et comme le font les naturalistes, les différentes parties qui composent les fourneaux, de manière que ces parties étant déterminées, définies et même leurs variétés décrites, on pût employer ces dénominations avec sûreté, clarté et laconisme dans la description de tout fourneau. L'expérience que j'ai pu acquérir depuis cette époque me fait présumer encore que cette méthode peut être suivie avec quelque avantage. Je me contenterai de répéter ici les définitions des parties principales.

Tout fourneau est composé de quatre parties principales, qui sont tantôt séparées et tantôt confondues, quant à la place, mais jamais quant à l'action.

Ces parties sont le FOYER, la BOUCHE, le LABORATOIRE et la CHEMINÉE.

Le FOYER est le lieu où se place le combustible quel qu'il soit.

La BOUCHE est la partie par laquelle le fourneau aspire l'air nécessaire à la combustion. Sa position et sa direction peuvent varier sans que les autres parties changent, ce qui apporte des différences assez grandes dans l'effet des fourneaux. Les conduits d'air et les machines soufflantes en sont des appendices.

Le LABORATOIRE est le lieu où se met la matière sur laquelle doit agir le combus-

A. Bouche latérale, foyer inférieur, cheminée supérieure multiple, axe de tirage vertical.

tible. — Les creusets, les rigoles, les bassins de réception, les chambres de sublimation, les récipients, etc., en sont des dépendances.

La CHEMINÉE est le chemin que suit le courant de calorique; elle est terminée par un ou par plusieurs canaux qui servent au dégagement des produits de la combustion, et auxquels on donne souvent et plus spécialement le nom de cheminée.

Cette division s'applique à tous les fourneaux quelque compliqués qu'ils paraissent; elle rend leur description plus méthodique et plus claire ; elle permet de l'abréger en la généralisant. Je ne peux pas lui donner ici tous les développements dont elle serait susceptible, je dois me contenter d'en faire quelques applications.

Le FOYER est : — unique et latéral dans les fourneaux à réverbère, dans ceux de coupelle, etc. ; — central dans le fourneau pour l'antimoine, dans celui pour le laiton ; — inférieur dans la plupart des fours à chaux, des poêles d'évaporation, des fourneaux de grillage, etc. ; — supérieur dans les fourneaux de ressuage, d'amalgamation, d'affinage du fer, etc. ; — enveloppant dans les forges de serrurier, dans les moufles où l'on cuit la porcelaine peinte, dans celles où l'on fait les essais docimasiques, etc. ; — ils sont multiples et latéraux dans les fours cylindriques à alandiers pour les faïences, porcelaines, etc. ; — confondus avec le laboratoire dans les hauts-fourneaux, les fourneaux à manche, les fours à cuire le pain, dans ceux à cuire la brique ou la chaux avec la houille, etc.

La BOUCHE est : — inférieure dans la plupart des fourneaux à réverbère, etc. ; — latérale dans la plupart des fourneaux d'évaporation et de distillation ; — supérieure dans les foyers des fours à porcelaine, et dans tous les fourneaux dont le combustible brûle à flamme renversée ; — prolongée dans les fourneaux de fusion, dits à vent, dans lesquels l'air est amené sur le foyer par un canal. Son action est augmentée par les conduits d'air et par les machines soufflantes.

Le LABORATOIRE a des positions déterminées par celles du foyer ; on vient de les indiquer plus haut, il est : — fermé dans les fourneaux de distillation, d'évaporation, de sublimation, et dans tous ceux où la matière soumise à l'action du feu est renfermée dans un vaisseau particulier et ne reçoit pas cette action immédiatement.

La CHEMINÉE est : — immédiate lorsqu'elle part directement du foyer; alors le courant de chaleur ne traverse pas le laboratoire. Les fourneaux construits sur ce principe sont ceux qui dépensent le plus de combustible ; tels sont les fourneaux ordinaires à alambic, ceux à bassine, ceux dont le foyer est supérieur, etc. ; — interrompue lorsque le courant de chaleur traverse le laboratoire ; — interrompue et libre lorsque la cheminée est formée par les matières mêmes qui sont dans le laboratoire : les fours à chaux, les hauts-fourneaux, etc., la plupart des places de grillage ; — interrompue et demi-libre lorsque le courant de chaleur, après avoir traversé librement la matière soumise à son action, est entourée à sa sortie des fourneaux, par un tuyau ; les fourneaux à réverbère, quelques fourneaux à manche, etc. ; — interrompue et entourée lorsque le courant

B. Bouche et foyer latéraux à une extrémité, cheminée latérale à une autre extrémité, axe de tirage oblique.

II. Fours cylindriques verticaux nommés ordinairement fours ronds.

Foyers latéraux et multiples; bouches supérieures.

Cheminées supérieures multiples, axe de tirage vertical.

A. Simple à un ou plusieurs laboratoires.

B. Composé, plusieurs étages, de laboratoires et de foyers.

Les fours qu'on nomme carrés ont été les premiers mis en pratique, mais ils sont presque généralement abandonnés, au moins pour les porcelaines et les faïences fines. La chaleur y était en général très-inégalement répartie, au point qu'on était forcé de fabriquer des Poteries qui pussent être cuites à des températures très-différentes, afin de les mettre dans les différentes parties de ces fours. Les parois et enveloppes présentant plus d'étendue, et par conséquent plus de masses à échauffer, étant situées à des distances inégales du foyer, exigeaient plus de combustible pour être portées à peu près également à la température exigée. Si, comme cela avait lieu quelquefois, le laboratoire était séparé du foyer par des voûtes ou des cloisons nécessairement épaisses, c'étaient autant de masses à échauffer en pure perte à chaque fournée. Enfin, le feu était difficile à conduire, et la cuisson très-longue.

Dans les fours ronds ou en cylindres verticaux à foyers latéraux, la plupart de ces inconvénients disparaissent. Il n'y a que celui qui tient à la conduite égale du feu qui persiste et qui même augmente quelquefois, car il est difficile de faire tirer également quatre et même jusqu'à dix alandiers agissant tous en même temps; mais la cuisson est plus rapide presque dans le rapport de 2 à 3. Enfin les voûtes ou cloisons qui dans les Fours

de chaleur traverse le laboratoire dans un conduit particulier, comme les chaudières traversées par la cheminée, etc.; — multiple lorsque le courant de chaleur et ce qu'il entraîne sortent par plusieurs ouvertures qu'on nomme carneaux; les fours à porcelaine, à faïence, etc.

Dans les descriptions générales nous n'appliquerons souvent le nom de cheminée qu'à la partie qui est au delà du laboratoire.

carrés sont presque toujours indispensables pour séparer le foyer des pièces à cuire, foyer ordinairement unique, qui répand par une seule issue toute la chaleur produite et nécessaire à la cuisson de la masse céramique, n'existent pas dans les fours cylindriques à alandiers.

§ 1. — *Fours en demi-cylindre couché.*

(Pl. XIV, XVIII, XX, XXIII, XXIV, XXXVIII.)

La bouche de ces fourneaux par où l'air est aspiré, et le foyer où se place le combustible sont presque confondus. L'une est toujours latérale, et l'autre tantôt latéral, tantôt inférieur; la chambre du foyer est voûtée et percée d'ouvertures par lesquelles la flamme pénètre dans le laboratoire, qui est lui-même en forme de demi-cylindre ou de parallélipipède voûté à la partie supérieure et percé d'ouvertures qui font l'office de cheminée, par lesquelles se dégagent les produits de la combustion.

Ces Fours présentent encore deux modifications générales qui paraissent liées, comme on va le voir, à la température plus ou moins haute qu'on veut y produire.

A. Bouche latérale, foyer inférieur, un ou deux laboratoires supérieurs au foyer, cheminées nommées carneaux, multiples et supérieures. Axe de tirage vertical.

Ce sont les Fours dans lesquels on cuit les Poteries grossières, les faïences communes, et dans lesquels on a cuit à Sèvres la Porcelaine tendre en biscuit et en émail.

Les figures que je donne et leur explication me dispensent d'une plus longue description.

Ces Fours, encore très-répandus parmi les fabricants de Poterie et de faïence commune, ont pour avantage de tamiser pour ainsi dire la chaleur qui se dégage du combustible, de la répandre assez également dans le Four: la partie supérieure et voûtée du laboratoire compensant par cette forme et la réverbération qui en résulte, l'éloignement où cette partie est du foyer. Quand les proportions sur la hauteur et la largeur sont bien calculées, la chaleur y est plus égale qu'on ne pourrait le croire.

Mais la voûte épaisse qui sépare le foyer du laboratoire consomme, pour être portée à l'état d'incandescence où elle doit arriver, une quantité considérable de combustible, et telle qu'on ne pourrait peut-être pas, avec la dimension ordinaire du foyer, amener le laboratoire à la haute température nécessaire à la cuisson des autres sortes de Poteries. Ces Fours, destinés aux Poteries vernissées cuites à basse température, qui sont les plus anciennes parmi les modernes et le plus répandues, doivent être aussi les plus anciens. C'est, en effet, à peu près la forme des fours dont on trouve les vestiges dans différentes contrées; mais on remarque qu'ils sont compliqués d'une grande quantité de canaux que le perfectionnement des arts céramiques a fait successivement disparaître.

B. Bouche et foyer latéraux à une extrémité.
Cheminée latérale à une autre extrémité.
Axe de tirage oblique.

On obtient avec ces Fours une température des plus élevées, mais elle est distribuée si inégalement dans le laboratoire qu'il faut nécessairement faire des compositions de pâtes plus ou moins fusibles ou cuire des Poteries de différentes qualités pour profiter de tout l'espace. Ainsi, vers l'ouverture du foyer dans le laboratoire, la température est telle qu'elle suffit pour cuire la porcelaine la plus dure. A l'autre extrémité, elle est quelquefois à peine capable de cuire du biscuit de faïence.

Tel est le grand inconvénient de ces Fours; aussi les abandonne-t-on dans presque tous les pays, et bientôt ils ne seront plus qu'historiques.

Ces Fours présentent quelques modifications. Dans ceux qui ont servi si longtemps à cuire la porcelaine dans toute l'Allemagne, et qui sont peut-être encore employés dans quelques fabriques, le sol du laboratoire est horizontal et l'arête de la voûte l'est également ; dans ceux qui sont employés à cuire les grès communs, le sol est oblique et l'arête de la voûte lui est à peu près parallèle. Mais on remarquera que dans les uns et les autres l'axe de tirage est oblique, et qu'il y a peut-être une sorte de perfection et quelque avantage à avoir rendu le sol et le plafond du four, en les inclinant, à peu près parallèles à l'axe de tirage.

§ 2. — *Fours cylindriques verticaux.*

(Pl. XII, XIII, XVI, XLI, L.)

On les appelle aussi Fours à Alandiers, du nom des bouches et foyers qui sont flanqués à leur base. Ils paraissent avoir été établis en France pour cuire la porcelaine dure [1], et ensuite introduits en Angleterre par les fabricants du Staffordshire, et notamment par Wedgwood, pour cuire la faïence fine ; ce n'est que depuis trente à quarante ans qu'ils ont commencé à se répandre dans toute l'Europe et à être appliqués à la cuisson de Poteries très-différentes.

Ils ont, comme l'indique leur définition, la forme d'un cylindre placé sur la base. Le laboratoire a la même forme, mais la base supérieure du cylindre est terminée par un segment de sphère.

Les alandiers font successivement l'office de bouche et de foyer, et bientôt ces deux parties se réunissant, c'est entre les interstices du combustible que s'établissent les bouches multipliées d'aspiration.

En effet, on jette d'abord le combustible dans le fond de l'alandier, et comme l'air est aspiré par son ouverture inférieure, on voit que le foyer est pour le moment séparé des bouches ; mais lorsque le Four commence à rougir, le combustible, et nous ne parlons ici que du bois, se place en talus sur la bouche supérieure de l'alandier. La bouche inférieure est fermée. C'est donc dans ce point que le foyer est transporté, et c'est entre les bûchettes que s'établissent les bouches d'aspiration. Alors la flamme du bois plonge dans l'alandier, se relève pour péné-

[1] Voir, liv. II, chap. VII, l'*Histoire des Fours de la Manufacture royale de Sèvres*.

trer dans le laboratoire ou partie intérieure du Four, et la température du feu croît avec une grande rapidité. Le tirage devient aussi très-vif et tel que la fumée est brûlée; et quand le Four marche bien, il ne s'y produit ni fumée, ni nouvelle braise : les cendres mêmes sont volatilisées. Toute la chaleur produite par la combustion est emportée dans le Four. Les bûchettes, qui ne brûlent que par leur face inférieure, ne laissent sortir aucun rayon de chaleur, et on peut placer la main sur le talus des bûchettes, l'y laisser même longtemps, sans ressentir aucune chaleur, tant que le combustible ferme exactement l'ouverture de l'alandier.

Les alandiers, considérés comme bouches et foyers, varient en nombre depuis trois jusqu'à huit et dix. On peut donc dire que les foyers sont multiples, latéraux, et disposés circulairement.

Le laboratoire est, comme on l'a dit, cylindrique; il communique avec le foyer par des ouvertures quelquefois garnies de piliers qu'on nomme improprement g r i l s. Tantôt il n'y a qu'un laboratoire terminé supérieurement en calotte sphérique percée de plusieurs ouvertures nommées c a r n e a u x, et qu'on doit considérer comme une cheminée supérieure et multiple; tantôt il y a deux et même trois laboratoires placés l'un au-dessus de l'autre communiquant par les carneaux disposés en échiquier, et qu'on doit toujours considérer comme des cheminées. Mais le dernier laboratoire est terminé en cône percé à son sommet d'une ouverture, qui est une cheminée simple, placée dans l'axe de tirage, se prolongeant quelquefois par un canal cylindrique ou prismatique plus ou moins long.

Un coup d'œil sur les figures donnera à cette description générale la clarté et la précision que ne lui donneraient pas de plus longs détails.

Tels sont la forme générale et les principes des Fours à alandiers, que j'appelle :

A. S i m p l e s. Parce que, s'ils ont plusieurs laboratoires, on peut les considérer comme étant la suite l'un de l'autre, comme liés ensemble, ou comme les chambres d'un laboratoire principal. Ce sont les Fours à alandiers les plus ordinaires; mais dans ces derniers temps, c'est-à-dire depuis environ trente ans, on a construit des Fours à alandiers que je nomme :

B. Composés. Parce qu'ils ont, non-seulement plusieurs laboratoires distincts, mais aussi pour chaque laboratoire des foyers qui agissent séparément et succèdent aux premiers. Ce sont les remarquables Fours à plusieurs étages que je vais faire connaître.

Je prendrai le type de ces Fours dans celui que feu M. le marquis Ginori a fait construire dans sa manufacture de Doccia près Florence, en 1822, parce que c'est, à ce que je crois, le premier qui, employé à cuire des Poteries de diverses sortes et qui exigent des températures différentes, ait été publié (1) avec un complet désintéressement; on doit cette publication intéressante au pur amour pour les arts qui animait cet homme généreux. J'ai joui, en 1822, du précieux avantage de le voir fonctionner.

La figure que j'en donne Pl. XII, *fig.* 1, m'exemptera d'une longue et inutile description; l'explication qu'on en trouvera sera suffisante.

On voit que ce Four a quatre étages, composés chacun d'un laboratoire L^1, L^2, etc., et d'un foyer (a^1, a^2) à bouches qui lui sont propres; les cheminées (c^1 c^2, etc.) du laboratoire inférieur se continuent dans les supérieurs; à mesure qu'on met ces laboratoires en action particulière au moyen du feu qu'on allume dans leurs alandiers, la cheminée va pour ainsi dire en diminuant de longueur et le tirage devient moins fort.

On remplit chaque laboratoire de Poteries en plaçant dans l'inférieur la Poterie qui exige la plus haute température pour sa Cuisson complète; c'est, dans l'exemple que j'ai choisi, de la porcelaine dure et de ce qu'on appelle fausses Porcelaines (*Masso bastardo*). Quand cette Poterie est cuite on cesse le feu des alandiers de l'étage inférieur et on l'allume dans ceux de l'étage moyen. Les Poteries qu'il renferme et qui sont en général de nature à exiger moins de feu, sont des biscuits de faïence fine et de faïence commune; ils sont déjà élevés à une haute

(1) Celui de M. Bonnet, d'Apt, dont je parlerai plus bas, est de 1805, mais il n'est point dans le même système et n'a pas toujours le même but que celui de M. Ginori.

température et à moitié cuits, quand on y transporte la combustion. Ces Poteries ne tardent donc pas à être complétement cuites; alors on ferme les alandiers du moyen étage et on établit la combustion dans ceux du troisième et du quatrième étage qui renferment une Poterie dont la cuisson exige encore moins de feu. Ce sont des faïences communes avec ou sans glaçure. Aussi sont-elles bientôt cuites, car quand on y a transporté le feu, cette Poterie avait déjà été élevée à une température voisine de celle qui est nécessaire à sa parfaite cuisson.

On voit qu'à mesure qu'on établit le feu dans les foyers des laboratoires supérieurs on trouve des cheminées plus courtes, moins de tirage, et par conséquent moins de moyens d'arriver à une haute température; mais elle n'est plus nécessaire pour l'espèce de Poterie qu'on y place.

Ces Fours cuisent avec une égalité qu'on n'osait pas espérer ; ils consument beaucoup moins de combustible que trois Fours séparés de même dimension, et la raison en paraît si patente qu'il est inutile de la déduire ; ils doivent donc apporter une assez grande économie dans la fabrication ; néanmoins cette économie ne peut être sensible que dans une fabrique où l'on travaille beaucoup et où par conséquent on cuit fréquemment; car la construction d'un semblable Four est très-dispendieuse, beaucoup plus dispendieuse que celle de trois Fours séparés, parce qu'en raison de la grande hauteur du Four et des mouvements qu'une chaleur incandescente imprime nécessairement au bâtiment qui l'éprouve, il faut donner à ce bâtiment des fondations profondes et solides, il faut les construire avec un soin infini pour que rien ne le dispose à s'éloigner de la verticale lorsqu'il se dilatera par la chaleur qu'il doit supporter; il faut ajouter à ces soins, des moyens d'étayement pris dans les bâtiments dont on doit l'entourer. Telles sont du moins les précautions que M. Ginori a dû prendre, et qui ont rendu son Four difficile et cher à construire; je dois me contenter de donner, dans cet exposé des principes de la fabrication céramique en général, cet exemple d'un Four composé, parce que cuisant différentes classes de Poteries en même temps, il n'appartient en propre à aucune de ces classes ; mais le principe a été appliqué avec diverses modifications à des Fours dans lesquels on ne cuit qu'une seule classe de Poterie; tels sont :

Le Four à deux et trois étages pour cuire les briques et carreaux, de M. Bonnet, fabricant de faïence à Apt [1], Pl. XII, *fig.* 1. Le Four à deux étages et à dix alandiers pour cuire de la faïence commune, de M. Huard de Nothomb, à Longwi.

Celui qui a également deux étages et quatre alandiers, propre à cuire la faïence fine, de M. Boch-buschmann, à Luxembourg (il n'a pas été conservé). Le Four de M. Guignet, à Giey, pour cuire principalement de la porcelaine, Pl. XIII. Le Four rectangulaire de M. Feilner, à Berlin, pour cuire des poêles, baignoires, etc., en Poterie et faïence commune.

Celui de M. Albrecht, aussi à Berlin; c'est un Four rond à deux étages et six alandiers, pour cuire de la faïence.

Je ne fais également que mentionner le Four à deux étages de foyers, dans lesquels on cuit depuis 1842 la porcelaine dure à la manufacture royale de Sèvres. J'en donnerai, dans le livre II, à l'article de cette manufacture, des figures, une description et une histoire détaillée.

Il ne faut pas confondre les Fours composés complets, puisqu'à chaque étage il y a la réunion des parties qui constituent un Four, c'est-à-dire la bouche, le foyer, le laboratoire et la cheminée, avec des Fours à plusieurs laboratoires superposés, tels que beaucoup de Fours à porcelaine, et par exemple celui de la manufacture royale de porcelaine de Copenhague, celui de la manufacture royale de Berlin, etc.; quelques fours à faïence, tels que celui de MM. Fouque et Arnoux, à Toulouse.

Enfin il est une autre classe de Fours réellement composés, mais dans lesquels les fourneaux, au lieu d'être superposés, sont à la suite les uns des autres, dans une position horizontale ou oblique.

[1] Il paraît que c'est le premier Four composé à plusieurs laboratoires et foyers superposés qui ait été construit et employé. C'est en 1805 que M. Bonnet, père du fabricant actuel, obtint un brevet d'invention pour le Four qu'il fit construire à cette époque et qui marche encore avec le même succès. J'en donne la figure (Pl. XII, *fig.* 2), et j'y reviendrai au chapitre qui traitera des Poter es qu'on y cuit.

Tel est le remarquable Four où l'on cuisait à Sèvres, il y a moins de quarante ans, les peintures et dorures en porcelaine tendre.

Je reviendrai sur ces Fours spéciaux, et je décrirai, en traitant des classes de Poteries où ils sont employés, ceux d'entre eux qui par leur particularité et leur spécialité, présentent assez d'intérêt pour mériter ces détails.

Article II. — De l'encastage et de l'enfournement.

La première opération consiste à préparer les pièces à subir, sans être altérées, l'action du feu de cuisson. La seconde, à les disposer convenablement dans le Four.

§ 1. — *Encastage.*

C'est l'action de placer les pièces sur des supports ou espèces de moules (*cast* en allemand) ou dans des étuis de terre nommés cazettes (petites boîtes), et par corruption gazettes. Considérant toujours les opérations céramiques sous le point de vue le plus général, je ferai remarquer que l'encastage est intimement lié avec la nature de la pâte, et comme les pâtes forment deux classes de Poteries très-différentes, celles qui se ramollissent et celles qui ne se ramollissent pas au feu, on a été forcé d'établir deux modes tout différents d'encastage.

A. Des Cazettes et Supports.

Les Poteries de ces deux catégories ont toujours besoin d'être sinon entièrement enveloppées, au moins supportées par différents moyens; si quelques Poteries communes peuvent se cuire pêle-mêle et à nu dans le Four, et en se supportant mutuellement lorsqu'elles sont en biscuit, il faut nécessairement, même pour les Poteries les plus grossières, des supports qui les séparent lorsqu'elles sont couvertes d'un enduit vitreux [1].

[1] On verra à l'article des Poteries tendres vernissées qu'il y en a cependant qui cuisent les unes sur les autres sans aucun corps intermédiaire.

Ces enveloppes et supports qu'on appelle étuis, cazettes, rondeaux, renversoirs, sont faits avec une pâte argileuse qui doit réunir les deux conditions d'être grossière et d'être plus difficile à ramollir que la Poterie qu'on doit y placer.

Il faut qu'elle soit grossière, afin de pouvoir résister à l'action immédiate et inégale du feu sans se briser, et que les étuis et supports qui en sont faits puissent retourner plusieurs fois au feu. La qualité de l'argile et de la marne argileuse qu'on emploie doit contribuer à cette première qualité; mais le ciment plus ou moins grossier qu'on y introduit dans une proportion qui est quelquefois de plus de moitié, y contribue encore plus efficacement.

Il faut qu'elle soit plus infusible, plus solide même que la pâte des pièces qu'on cuit dans ces étuis ou sur ces supports: car lorsque cette pâte tend à se ramollir, il faut que les supports s'opposent autant que possible à la déformation qui accompagne souvent ce ramollissement.

On trouve assez facilement des argiles pour faire les étuis et supports des faïences, des porcelaines tendres, etc., des marnes argileuses peuvent même y être employées efficacement; mais il est très-difficile de trouver des argiles qui réunissent à la plasticité, l'infusibilité nécessaire à la cuisson du grès-cérame et des porcelaines, Poteries qui ne cuisent qu'à une très-haute température. Les argiles plastiques, dans l'acception minéralogique et rigoureuse de ce mot, sont les seules qu'on puisse employer à cet usage. De là une des plus grandes difficultés qu'on trouve dans l'établissement des fabriques de porcelaines.

A ces conditions essentielles aux pâtes des étuis et supports, se réunissent d'autres conditions accessoires qui rendent le choix des terres à cazettes encore plus difficile.

Il faut qu'elles ne renferment ni grains de quarz, ni grains de calcaire, qui, en se brisant et se dilatant, détachent des cazettes des grains qui tombent sur les pièces et les gâtent.

Il faut qu'elles soient exemptes de gypse, qui excite la fusion de la partie où il se trouve; de pyrites, qui produisent le même effet que les grains de quarz et que le gypse, et qui répandent en outre des vapeurs sulfureuses presque toujours nuisibles à la glaçure des pièces, et surtout aux vernis et couvertes colorées; enfin, non-seulement il faut qu'elles résistent une fois sans se briser à l'action immédiate et brusque de la chaleur, mais il faut qu'elles y résistent plusieurs fois sans se fendre, sans se ramollir, sans se diviser en écailles, etc.

On corrige les défauts qui résultent des corps étrangers, sable grossier, petits cailloux, quarz, grains de craie ou de calcaire, cristaux de gypse et de pyrites qui peuvent être disséminés dans les argiles à cazettes, en lavant ces argiles; c'est une opération qu'il est difficile d'éviter. On s'oppose à la chute des grains sur les pièces placées dans la cazette inférieure en vernissant les parties de cazettes qui doivent former le plafond. Cette opération, qui a lieu dans presque tous les genres de fabrication, et qu'on étend quelquefois aux parois latérales de la cazette, s'oppose aussi à l'influence d'absorption que la pâte argileuse matte et poreuse des cazettes, exerce quelquefois sur le vernis des pièces qui y sont renfermées.

On corrige les défauts de qualité des argiles par l'introduction d'un bon ciment et par le mélange d'argile de diverses qualités.

On remarque que les vieilles cazettes, celles qui ont servi plusieurs fois, sont meilleures que les neuves; qu'elles jettent moins de grains et sont moins susceptibles d'agir sur les vernis ou émaux; aussi les fait-on servir, quoique déjà brisées en plusieurs pièces. On est obligé, pour les mettre en place, de les lier momentanément avec des cordes.

Façonnage. — La fabrication des cazettes et supports se fait comme celle des pièces, mais plus grossièrement. La pâte est marchée, pour y incorporer le ciment et les diverses argiles dont elle est composée. Les cazettes, supports et rondeaux sont, les uns tournés, mais simplement en ébauche, et ne sont jamais tournassés; les autres sont moulés.

Les rondeaux ou plaques de terre cuite destinés à porter les pièces se font avec une pâte en général plus sableuse, et on rend leur surface parfaitement plane en l'usant, lorsqu'ils doivent porter des Poteries qui se ramollissent au feu.

Les renversoirs, qui sont des rondeaux qui épousent la forme creuse des assiettes, compotiers, soucoupes, etc., qu'on fait cuire sur eux en biscuit, sont faits avec une pâte plus fine et très-sableuse.

B. Encastage des pâtes non ramollissables, tant en biscuit qu'en glaçure.

L'Encastage consiste, comme on l'a dit, à placer les pièces à cuire dans des étuis, cazettes ou boîtes, et avec toutes les précautions convenables pour leur succès. Lorsque les Poteries ne doivent éprouver aucun ramollissement par l'action du feu nécessaire à leur cuisson, et si elles n'ont encore aucun vernis, on peut les placer les unes sur les autres, de manière à ce qu'elles se soutiennent mutuellement, mais en ne portant pas cet entassement au point que les inférieures soient écrasées ou déformées par les supérieures. Alors elles ne tiennent dans le four guère plus que leur place. Tantôt on les met à nu les unes sur les autres, sans aucun plancher ni support de séparation; c'est le cas des Poteries en terre cuite non vernissées, et assez épaisses pour que les inférieures supportent le poids des supérieures; tantôt on les met encore à nu; mais comme on ne pourrait pas en remplir la capacité du four sans que les inférieures fussent écrasées par le poids des supérieures, on établit plusieurs planchers avec des plaques octogones de terre cuite supportées par des espèces de colonnes ou *piliers* de même nature, et c'est sur ces planchers que s'entassent les pièces à cuire qui n'ont pas de glaçure. Cette méthode s'appelle *Encastage en échappade* ou en *Chapelle*. Tantôt enfin on les met dans des étuis ou cazettes, qui n'ont d'autre objet que de garantir certaines Poteries plus précieuses de l'action trop immédiate de la flamme, de la fumée et de la cendre qui pourrait en salir ou en colorer la surface.

Telles sont les manières d'encaster les Poteries sans glaçure, comme les Poteries grossières, les grès qui ne doivent recevoir aucun vernis, le biscuit de faïence grossière et de faïence fine, le dégourdi de porcelaine, etc.

Mais si ces Poteries sont recouvertes d'un enduit qui doive se vitrifier par l'action du feu, il faut éviter qu'elles se touchent.

et il faut même qu'elles ne touchent que par le plus petit nombre de points possible aux pièces qui doivent les supporter.

Pour atteindre ce but, on les fait porter, par les points les moins nombreux et les plus petits possible, sur des supports appropriés qu'on appelle Pernettes, Colifichets, Pattes de coq [1].

Les pernettes sont des prismes triangulaires à arêtes aiguës en Poterie cuite, qu'on fixe sur trois rangées dans des trous pratiqués dans les parois des cazettes et qui supportent sur leurs arêtes les pièces plates, assiettes, plats, compotiers, soucoupes, etc., qu'on place dans ces cazettes ; afin de mettre autant de pièces que la cazette peut en contenir, on rapproche les pièces autant qu'il est possible de le faire sans avoir à craindre qu'elles se touchent, car alors, elles se colleraient au moyen de leur vernis ; elles se collent bien sur l'angle aigu de la pernette, mais c'est par un point de contact si petit qu'à peine paraît-il sur la pièce. Cependant, on remarquera que toutes les Poteries susceptibles d'être cuites ainsi en vernis, Poteries grossières vernissées, faïence commune, faïence fine, présentent toujours à la face inférieure de leur bord trois petits points sans émail qui indiquent le point de contact des pernettes. Les pièces élevées et creuses, petites ou grandes, comme tasses, pots à l'eau, jattes, etc., se mettaient autrefois dans des étuis et seulement à côté les unes des autres, mais pour économiser la place on est arrivé à les placer l'une dans l'autre ou l'une sur l'autre au moyen de petites cales en terre cuite qu'on nomme colifichets, qui ont des arêtes très-aiguës ou des pointes très-déliées, en sorte que les points de contact de ces pièces sont à peine sensibles.

On conçoit que des pièces aussi plates que des assiettes qui sont comme soutenues en l'air par trois points placés vers leur circonférence ne pourraient être cuites ainsi si elles étaient susceptibles d'éprouver par l'action du feu nécessaire à leur Cuisson le moindre ramollissement qui les déformerait ou les ferait se coller les unes contre les autres.

Lorsque les Poteries sont très-grossières, si elles sont en

(1) Voyez les différents modes d'encastage et de supports, Pl. XXXIV, XLVIII et XLIX, et l'explication de ces planches.

vernis, on les Encaste aussi en échappade, mais il tient moins de pièces sur les plateaux, et les cales ou colifichets qu'on emploie pour les séparer sont beaucoup moins délicats et placés avec moins de soins.

C. Encastage des pâtes ramollissables par la cuisson.

Il est facile de voir que les pièces faites avec ces pâtes doivent être soutenues par une surface ou par des points suffisants pour qu'il n'y ait presque point de porte-à-faux ni de parties en saillie, qui, en s'affaissant par le ramollissement que leur cuisson complète leur fait nécessairement éprouver, déformeraient entièrement la pièce.

Quand les pièces de cette nature n'ont pas de glaçures, on peut en encaster plusieurs l'une dans l'autre si la forme s'y prête comme dans les assiettes et soucoupes, pourvu qu'elles aient bien le même galbe et qu'on ne pousse pas trop loin cet empilage. Mais si ces pièces ont une forme assez roide pour qu'on n'ait pas à craindre l'affaissement, telles que les tasses cylindriques, les tasses hémisphériques, certains vases, on peut les encaster sans supports ni renversoir, en se contentant de placer leur pied sur un rondeau parfaitement plane.

Si au contraire ces pièces présentent des porte-à-faux très-étendus, des parties très-saillantes, il faut les soutenir par des renversoirs ou des supports.

On appelle *renversoirs* des pièces en terre cuite très-sableuses qui offrent en saillie les formes que présentent en creux les pièces qu'on doit cuire dessus. On place sur les renversoirs sablés les pièces trop plates ou à bords trop étendus qui ne pourraient pas se soutenir d'elles-mêmes. Le renversoir est une sorte de moule qui conserve leur forme.

On doit remarquer combien un tel procédé est dispendieux par les façons qu'il exige et par la place qu'il tient au four : lors même que les renversoirs peuvent servir plusieurs fois, quand ils sont disposés de manière à permettre à la pièce de prendre la retraite qu'elle doit éprouver par la cuisson.

Mais lorsque les pièces, par leurs formes, ne sont pas susceptibles de cuire sur des renversoirs, il faut alors en soutenir les parties saillantes au moyen de supports. Ces supports doivent être faits avec la même pâte que les pièces à supporter, parce qu'il faut qu'ils prennent la même retraite qu'elles; il faut aussi qu'ils soient faits avec les mêmes soins pour que la fabrication n'apporte aucune différence dans cette retraite. S'ils ne remplissent pas cette condition, ou bien ils laissent déformer les pièces par affaissement lorsqu'ils deviennent trop petits, ou bien ils les déforment par repoussement lorsqu'ils ne se réduisent pas assez. On sent aussi qu'un support cuit ne peut plus servir pour cuire aucune pièce crue, puisqu'il a pris sa retraite et que cette obligation entraîne, pour chaque pièce à supporter, des frais de pâte et de façon qui n'ajoutent aucun mérite visible à la pièce. Aussi évite-t-on avec soin, dans les fabriques qui travaillent pour le commerce et les usages domestiques, de composer des pièces en pâte ramollissable qui exigent ces frais de support.

Lorsque les Poteries ramollissables par le feu de cuisson ont une glaçure, l'encastage devient encore et bien plus délicat et bien plus difficile, et surtout plus dispendieux par la place qu'exigent les pièces.

Il n'y a plus de possibilité ni de les placer les unes sur les autres avec des colifichets, ni de les soutenir avec des pernettes. Il faut que chaque pièce pose à plat sur un rondeau bien dressé, que chaque assiette ait son étui ou cazette.

S'il y a des parties étendues et en porte-à-faux, telles que les bords des coupes ou des jattes, ou des parties saillantes, telles que des anses, il faut nécessairement les soutenir avec des supports pointus qu'on peut comparer aux colifichets; mais la dimension que doivent avoir ces supports, les positions dans lesquelles on doit les mettre, les moyens qu'il faut leur donner pour suivre la pièce dans sa retraite, sont des difficultés nombreuses qui, appartenant particulièrement à la porcelaine dure, seront traitées et développées à cet article.

Pour les éviter, au moins en partie, on a cherché à faire une Poterie dont la pâte soit seulement ramollissable en biscuit, mais qui ne le soit plus à la température où la glaçure peut être cuite; c'est ce qui constitue la porcelaine tendre. Les pièces faites avec cette sorte de pâte prennent leur forme et leur cuisson complète en biscuit, et par conséquent dans un état où il est facile de les soutenir. Or, comme elles ne se ramollissent plus ou ne se ramollissent que faiblement au feu de cuisson du vernis, on peut les cuire alors avec des pernettes, des colifichets et les autres moyens que j'ai fait connaître en parlant, à l'article précédent, de l'encastage des pièces vernies non ramollissables.

Je dois terminer l'exposé de ces principes d'encastage, en faisant connaître les précautions générales qu'il faut prendre dans cette opération.

D. Précautions générales à prendre dans l'encastage.

Ce sont des préceptes applicables à presque toutes les Poteries. Ils consistent :

1° A bien nettoyer les cazettes et étuis, de manière à ce que rien ne puisse s'en détacher pour tomber sur les pièces;

2° A les garnir intérieurement du vernis ou de la couverte qui, en retenant ces parties, doivent diminuer la qualité absorbante de l'argile pour les glaçures plombifères ou alcalines;

3° A dresser avec soin les rondeaux sur lesquels posent les pièces, pour qu'ils n'aient pas des inégalités de surface, qui se transmettraient aux pièces ramollissables qu'on y place;

4° A couvrir les fonds des cazettes ou les rondeaux de sable ou d'esquilles de silex, pour que les pièces ne puissent pas y adhérer. Le sable doit cependant s'y mettre avec épargne, être menu, lié par un peu d'eau argileuse, pour que l'action du feu ne le fasse pas se détacher et retomber en poussière sur les pièces;

5° Enfin un soin non moins important que doit prendre un bon encasteur, c'est d'épargner la place, de faire tenir dans une cazette le plus de pièces possible, en les emboîtant l'une dans l'autre avec intelligence, et de se tenir assorti de cazettes et de cerces ou hausses de toutes les dimensions.

§ 2. — *Enfournement et Défournement.*

Je n'ai considéré sous le titre d'encastage que l'opération de disposer les pièces à être portées au four; mais comme c'est une des opérations principales de la cuisson, il me reste peu de chose à dire sur l'Enfournement en général, c'est-à-dire sur la manière dont les pièces doivent être placées dans les Fours. On sait que cette manière dépend principalement de la forme des Fours et de la nature des Poteries à cuire.

Il y a trois sortes de méthodes principales d'Enfournement et trois sortes d'Enfournement qui ont déjà pu être présumées par ce qu'on a dit plus haut de l'encastage. La première, la plus simple, la plus ancienne, qui ne peut s'appliquer qu'à des Poteries grossières, solides et sans vernis, consiste à mettre les pièces les unes sur les autres : telle est la manière d'enfourner les briques, les tuiles, les terres cuites, les Poteries communes et même les grès communs (Pl. XVIII, XXIV, XXXVIII). Elle porte quelquefois le nom d'Enfournement en charge, et s'associe même avec les Enfournements les plus soignés, tels que celui de la porcelaine.

La seconde est celle qu'on appelle par échappade, et aussi par chapelle ; elle consiste à placer les pièces sur des planchers faits avec de grandes dalles de terre cuite, et soutenues par des piliers de même nature. Ce mode étant particulier à la faïence commune, nous y reviendrons en parlant de cette Poterie.

Le troisième est l'Enfournement en étui ou cazettes. Les pièces sont placées dans des boîtes en terre cuite, cylindriques, ovales, ou même quadrilatères, suivant leur forme, et le Four est rempli avec ces cazettes rangées en piles verticales (Pl. LII).

Il y a, dans ces trois sortes d'enfournement, des règles générales à suivre et des précautions semblables à prendre.

La première de toutes, c'est de laisser entre les pièces et leurs enveloppes, que ce soit des tuiles d'échappade ou des piles de cazettes, un espace suffisant pour la circulation de la flamme; cet espace que l'enfourneur doit calculer avec beaucoup de soins en se servant de la pratique et de son intelligence dans les cas non ordinaires, car c'est de lui que dépend en partie le tirage, et par conséquent la bonne cuisson.

Il faut que la flamme circule librement et également entre toutes ces pièces ; qu'il n'y ait point de parties qui par leur disposition l'atteigne avec plus de vitesse, et par conséquent en plus grande quantité; qu'elle ne soit pas étouffée, etc.

Quelle que soit la perfection d'un Four sous le rapport de l'économie du combustible et de l'égalité du tirage, il y a toujours des parties où la chaleur est plus considérable. On choisit ces places pour y mettre les pièces qui exigent, pour être cuites, une température plus élevée, et il est d'observation générale que dans toutes les espèces de Poterie, ce que l'on appelle la platerie (assiettes, plats, plaques, etc.), demande plus de feu que ce que l'on nomme le creux (tasses, jattes, pots, vases, etc.). Les pièces qu'on appelle de repassage, c'est-à-dire qui ayant déjà passé au four doivent y repasser pour une cause quelconque, et les pièces en émail ou couverte colorée demandent aussi moins de feu que les autres pièces de la même sorte de Poterie.

Ce sont maintenant, c'est-à-dire dans l'état de perfection où on a porté les fours et les cuissons, presque les seuls rapports qu'on soit obligé d'établir entre les différences de température des diverses parties d'un four et celles qu'exige la cuisson de certaines pièces; mais dans le temps où on se servait pour la cuisson des Poteries qui exigent une haute température des fours de la division B du § 1, c'est-à-dire de ceux en demi-cylindre couché, à foyer et cheminée latéraux, la différence de température était si considérable entre les parties voisines du foyer et les parties voisines de la cheminée, qu'on était obligé de laisser dans la première partie plusieurs piles d'étuis vides et de composer des pâtes particulières plus faciles à cuire pour la partie postérieure du four. Cette pratique a lieu encore dans la cuisson des grès communs. On peut dire qu'on s'en rapproche jusqu'à un certain point dans les fours à alandiers, où l'on cuit en même temps des faïences fines et des grès en émail, parce qu'on a soin de donner à ceux-ci des places particulières, et où on sait que la température est plus élevée.

Pour arriver avec encore plus de sûreté à répartir la température également dans les fours, on coupe quelquefois l'enfournement par des espèces de cloisons à claire-voie qui ont pour objet, non pas de diviser le four en deux parties, de température différente, mais de forcer les courants de flamme, qui pourraient s'établir entre les piles d'étuis, à suivre d'autres canaux : cependant, cet effet, qui est celui qu'on cherche et qu'on obtient, est presque toujours accompagné d'une différence de température assez tranchée entre ces deux parties du laboratoire du four.

On voit un exemple de ces cloisons verticales dans le four à grès-cérame, Pl. XXXVIII, *fig.* 3, A, et des cloisons horizontales dans l'exemple que je donne de l'Enfournement de la porcelaine, Pl. LII, *fig.* 1, A et B.

Dans tous les Enfournements, soit en échappade, soit en cazettes, il faut en général que les piles soient montées bien verticalement. Le sol du four doit donc être maintenu plane et horizontal; on le garnit quelquefois de sable, pour que les premières cazettes posent solidement, sans cependant contracter d'adhérence avec le plancher du four.

Quelquefois cependant ce plancher est légèrement incliné, et les piles sont resserrées vers le haut; ce resserrement s'opère, ou en les inclinant un peu l'une vers l'autre, ou vers l'axe du four, afin que la plus grande force du feu qui est vers les parois, ne puisse pas les faire tomber de ce côté, ou bien en plaçant vers le haut, des cazettes un peu plus larges qu'en bas.

Il faut souvent employer dans le haut des piles, des cazettes plus légères que dans le bas, tandis que dans cette place on doit placer des cazettes plus fortes, très-solides et en état de supporter le poids de la pile, tant pour assurer la solidité des piles de cazettes, que pour empêcher la fumée et les cendres de pénétrer dans les cazettes et d'altérer les pièces qui y sont renfermées.

On lute tantôt toutes les cazettes, tantôt seulement celles de la partie inférieure; ce lut est fait en général d'argile plastique et de beaucoup de sable, afin d'avoir un mélange presque infusible, qui n'adhère pas aux cazettes et qui ne prenne pas de retraite; on les dispose en baguettes ou cylindres très-allongés qu'on appelle colombin; on pose ces colombins sur le bord de chaque cazette; le poids de la cazette supérieure les aplatit et rend la jointure complète et solide.

La porte du four doit être proportionnée à la grandeur des pièces qu'il est susceptible de recevoir; comme cette porte se muraille après l'Enfournement, et que ce mode de fermeture entraîne presque toujours l'emploi de matériaux humides et même mouillés, il faut réduire, autant qu'il est possible, sa dimension afin de réduire aussi l'emploi de ces matériaux qui jettent dans cette partie du Four, du froid et de l'humidité et l'empêchent d'arriver à la température des autres parties.

Article III. — DES COMBUSTIBLES ET DE LA CONDUITE DU FEU.

La fermeture de la porte, est la dernière opération de l'Enfournement; on procède immédiatement à la cuisson qui va nous présenter deux considérations importantes; le choix du Combustible et la conduite du feu.

§ 1. — *Des Combustibles.*

Nous allons voir qu'on peut employer pour la cuisson des produits céramiques, des Combustibles assez divers; mais on peut avancer comme règle presque générale, que pour bien atteindre leur but ils doivent être susceptibles de donner de la flamme en brûlant; les exceptions qu'on pourrait apporter sont rares, et ne s'appliquent ni aux Poteries proprement dites, ni à une véritable fabrication. Ainsi dans la cuisson des briques avec du coke, etc., il y a mélange du Combustible avec l'objet à cuire. Quand les peuples sauvages ou à peine civilisés cuisent les Poteries qu'ils font eux-mêmes pour leur usage, ils entassent tout à l'entour de quelques vases, les braises du foyer; on ne peut pas dire qu'il y ait ici fabrication, etc.

La nécessité de la flamme pour les cuissons céramiques, c'est-à-dire d'une combustion gazeuse qui s'opère ou au moins qui se continue au milieu même des objets à cuire, est tellement sentie, qu'on préfère généralement les Combustibles qui donnent beaucoup de flamme et moins de chaleur, à ceux qui répandent une chaleur vive à l'entour d'eux, mais qui ne donnent qu'une flamme courte, etc. La question ne se réduit donc pas, dans l'art dont nous traitons, à savoir quel est le Combustible qui, au plus bas prix, produit le plus de chaleur: mais quel est celui qui, en remplissant le mieux possible cette condition, répand la chaleur le plus également et le plus convenablement dans le Four.

Les principaux et presque les seuls Combustibles qu'on emploie pour la cuisson des Poteries sont :

A. Le Bois.

B. Le Lignite.

C. La Houille.

D. La Tourbe.

Avant d'étudier particulièrement les propriétés, les meilleures conditions et les meilleurs procédés d'emploi de ces Combustibles, je dois les comparer entre eux, sous le rapport de leur puissance calorifique et sous celui de l'émission et de l'application de cette puissance.

D'abord j'ai énoncé presque comme un principe très-général qu'une des conditions ou qualités essentielles à un Combustible employé à la cuisson des Poteries, était qu'il donnât de la flamme : d'après ce principe on ne voit figurer dans l'état ci-dessus ni les charbons de bois, ni le coke qui est le charbon de la houille; cependant, comme il est quelques cas où il est possible d'employer des Combustibles très-calorifiants, mais à flamme courte et même sans flamme, comme il est possible que par des perfectionnements dans la structure des Fours et le mode de cuisson ces cas se multiplient, il est bon de connaître les différents Combustibles employés ou employables sous le rapport de leur pouvoir calorifique.

Il appartient aux ouvrages de physique et de chimie d'exposer les moyens d'arriver avec exactitude à la détermination du pouvoir calorifique des différents Combustibles. Je ne dois présenter ici que les résultats obtenus et applicables à mon sujet.

Prenant d'abord les quatre classes de Combustibles que l'on vient de nommer, il faut établir l'ordre qui doit régner entre elles sous la considération de leur pouvoir calorifique. Je reprendrai ensuite chacune d'elles pour établir le même ordre entre leurs espèces, leurs variétés ou leurs qualités, et mettre à même le fabricant d'être dirigé dans son choix par des principes rationnels et aussi exacts que l'état de la science puisse les fournir.

Il y a plusieurs manières de déterminer le pouvoir calorifique d'un Combustible. Ce n'est pas ici le lieu ni de les décrire ni de les discuter. Seulement je donnerai la préférence à celui qui permettra d'opérer sur les quantités les plus grandes et par les moyens les plus simples. Car si la science doit n'adopter que les moyens les plus précis pour reconnaître les lois suivant lesquelles les corps agissent, il est permis à la pratique de choisir des procédés moins précis, quand on peut apprécier de combien ils s'éloignent de la rigoureuse exactitude. J'aurais préféré dans les tableaux suivants la méthode de l'échauffement de l'eau de 0 à 100[dc] à celle de la litharge, si la première méthode eût été appliquée à tous les Combustibles dont l'art céramique a besoin de connaître le pouvoir calorifique.

Les sept sortes de corps Combustibles qui sont ou peuvent être employés pour les cuissons céramiques, sont placés dans le tableau sommaire suivant dans le rang que leur assigne leur pouvoir calorifique.

Pouvoir calorifique exprimé en quantité d'eau chauffée de 0 à 100[dc] par un kilogramme du Combustible.

1 kilog.	de charbon de bois.	75 kilog.
—	coke (ou charbon de houille) donnant 15 p. % de cendre.	66
—	houille grasse moyenne.	60
—	lignite.	
—	bois sec.	36
—	bois à 25 p. % d'eau.	27
—	tourbe limoneuse.	25 à 30

(DUMAS, *Chimie*, t. 1, p. 636.)

Ce tableau, encore incomplet, parce qu'il n'indique pas les conditions d'espèce, d'âge, d'état, de qualité, etc., des substances qui y sont mentionnées, sera rendu plus précis par les détails qui vont être présentés en traitant de chaque classe de Combustible :

néanmoins il montre déjà qu'il n'est pas toujours possible de choisir pour une cuisson le corps qui produit le plus de chaleur, parce que la manière dont il la dégage ne peut pas remplir toujours les conditions qui sont exigées pour la cuisson de certaines productions céramiques. Il faut ensuite que le prix des combustibles ne s'élève pas comme leur pouvoir calorifique, et surtout qu'il ne le dépasse pas, comme cela a lieu pour le charbon de bois, dont le pouvoir calorifique est si puissant; enfin il est une multitude d'autres conditions si frappantes, qu'il serait inutile de les énumérer ici.

Je vais chercher à donner dans les tableaux suivants les notions de détail qui me semblent utiles aux Potiers pour apprécier les qualités du Combustible qu'ils emploient, sous le rapport de leur pouvoir calorifiant et de leur état hygrométrique, c'est-à-dire d'humidité et de sécheresse.

Le premier tableau devant fournir les moyens de comparer entre eux tous les Combustibles employés dans l'art céramique, doit précéder l'étude spéciale de chaque sorte de Combustible. On ne peut pas cependant faire abstraction complète de l'eau contenue dans les Combustibles végétaux; mais elle n'y sera, pour ainsi dire, qu'indiquée d'après les expériences faites avant nous, et dont plusieurs sont loin d'avoir la précision désirable.

Nota. L S., dans les deux tableaux, veut dire *laboratoire de Sèvres.* On sait que toutes les expériences marquées ainsi ont été faites sous mes yeux par les chimistes attachés à ce laboratoire; celles de ces tableaux ont été faites par M. Salvétat.

(Tableau n° 1.)

Tableau n° 1. — **Pouvoir calorifique** des différents combustibles qu'on emploie ou qu'on peut employer dans la cuisson des produits céramiques.

ESPÈCES ET QUALITÉS des COMBUSTIBLES.	ÉTAT HYGROMÉTRIQUE.	POUVOIR CALORIFIQUE en calories par la litharge et le calorimètre.		POUVOIR CALORIFIQUE en kilog. d'eau vaporisée par kilog. de combustible.		OBSERVATIONS.
			AUTORITÉS.		AUTORITÉS.	
I. Bois.		. . . . . .	. . . . . .	. . . . . .	. . . . . .	Élève de 26 à 37 kos d'eau de 0° à 100° par k° de combustible. (Dumas.)
1. Chêne	sec.	2875	Berthier.			
	à 7,75 p. 0/0 d'eau.	3013	LS.	3,169	LS.	Le pouvoir calorifique du bois parfaitement sec est à celui du bois d'un an de coupe et à 25 p. 0/0 d'eau dans le rapport de 35 à 26. Suivant Marcus Bull, toutes choses égales d'ailleurs, le pouvoir calorifique du bois ne varie que de 60 à 61.
	sec.	3300	Rumfort.			
2. Bouleau	à 11,57 p. 0/0 d'eau.	2921	LS.	2,955	LS.	
	sec.	3220	Berthier.			
3. Érable.	à 8,37 p. 0/0 d'eau.	2990	LS.			
	très-sec	3013	Berthier.	2,944	LS.	
	très-sec	3600	Rumfort.			
4. Tremble (10 à 30 ans).	à 10,25 p. 0/0 d'eau.	3151	LS.	2,925	LS.	
	très-sec	3335	LS.			
5. Charme	sec.	2875	Berthier.			
	à 8,26 p. 0/0 d'eau.	2875	LS.	2,599	LS.	
	sec.	3187	Rumfort.			

6. Hêtre	à 25 p. 0/0 d'eau. .	3151	Berthier.			
	à 25 p. 0/0 d'eau. .	3375	Rumfort.			
7. Tilleul (4 ans).	sec.	3460	Rumfort.			
8. Sapin	sec.	3337	Berthier.			
	sec.	3375	Rumfort.			
9. Pin de Niederbrunn. .	sec.	3151	Berthier.			
II. Charbon.	. . . .	. . . .	. . . . .	. . . . .	. . . . .	
1. Charbon de bois dur. .	à 2,61 p. 0/0 d'eau.	7038	LS.	7,025	LS.	Élève 75 kos de 0° à 100° par ko de combustible. (Dumas.)
III. Tourbe.	. . . .	. . . .	. . . . .	. . . . .	. . . . .	
1. D'Essone.	. . . .	. . . .	. . . . .	. . . . .	. . . . .	Élève de 25 à 30 kos d'eau de 0° à 100° par ko de combustible. (Dumas.)
2. Tourbe limoneuse . . .		. . . .	. . . . .	3,15?	. . . . .	D'après Gillet de Laumont, les rapports du pouvoir calorifiant entre la tourbe d'Essone, le chêne et la houille, seront comme 4, 5 et 10. (Rapport à la Soc. d'Agric. du dép. de la Seine. 1803.)
IV. Houille.	. . . .	. . . .	. . . . .	. . . . .	. . . . .	
1. Houille grasse	à 0,92 p. 0/0 d'eau.	6256	LS.	6,310	LS.	Élève par ko de combustible de 0° à 100° 72 kos d'eau (Berthier), 60 kos (Dumas). Le pouvoir calorifique de la houille est à celui du bois, à poids égaux, comme 1,87 : 1 ; mais quand le bois est très-sec, on peut l'évaluer : : 1,66 : 1.
V. Coke.	. . . .	. . . .	. . . . .	. . . . .	. . . . .	
1. Coke.	15 p 0/0 cendre . .	6716	LS.			Élève 66 kos d'eau de 0 à 100° par ko de combustible. (Dumas.)

A. Le Bois.

Les Bois dont on fait le plus d'usage suivant les pays ou selon les sortes de Poteries, sont :

Le tremble (*populus tremula*);

Le bouleau (*betula alba*);

Le sapin (*abies picea*);

Le pin (*pinus sylvestris*);

Le chêne (*quercus robur*).

En général, ces Combustibles végétaux doivent être réduits en bûchettes d'autant plus fines, que la température qu'on veut obtenir doit être plus forte et le coup de feu plus vif.

Il en résulte que les Bois qui se fendent le mieux, comme le tremble, le sapin, sont les plus recherchés, parce que la façon du fendage est moins chère. Le chêne, qui ne pourrait donner une flamme longue, qu'étant réduit en bûchettes minces, se prêtant difficilement à cette division, s'emploie aussi plus rarement dans cet état.

Lorsqu'on ne peut pas se procurer aisément d'autre Bois, on emploie alors ce que l'on nomme des fagots ou bourrées, c'est-à-dire des branchages minces, réunis en faisceaux. Ce Combustible, qui est en général à meilleur marché que les autres, est principalement employé dans la cuisson des Poteries communes, quelle que soit la température qu'elles exigent.

Ces Bois doivent être amenés à un état de dessiccation convenable; mais il paraît qu'il ne faut pas qu'elle soit portée trop loin.

Je crois qu'on peut distinguer dans l'humidité des Bois deux origines bien différentes :

Celle qui est due à la séve et celle qui n'est due qu'à l'eau, ou l'humidité des Bois verts et l'humidité des Bois mouillés.

Le Bois de chêne contient sur 1000 parties

D'eau de végétation.	361
Sec, d'eau interposée.	189

(RUMFORT.)

La première y paraît bien plus tenace; elle semble être retenue dans le Bois par une sorte d'action vitale; on ne peut donc l'en dépouiller qu'avec peine, et par une température élevée et longtemps continuée, qui non-seulement chasse l'eau interposée, mais qui agit aussi sur la séve et enlève ainsi au Bois une certaine partie de la matière combustible; ce résultat est controversé [1].

Quel que soit l'effet de l'opération du desséchement, soit du Bois vert, soit seulement du Bois mouillé, il est indispensable; car le Bois humide brûle lentement, une partie de la chaleur produite par sa combustion est employée à volatiliser l'eau; de là une plus grande consommation de Combustible. Cette combustion incomplète est accompagnée d'un dégagement considérable de fumée humide; toutes choses souvent très-nuisibles à la cuisson des Poteries. Il faut donc éviter avec soin les Bois verts; et, sauf quelques moments où on les emploie dans un but particulier, ils sont nuisibles à la fabrication, sous plusieurs rapports.

Mais lorsque des Bois ont perdu leur verdeur, ils conservent encore, selon les circonstances où ils se sont trouvés, une plus ou moins grande quantité d'eau; cette eau y est peu adhérente; quelque temps d'exposition à l'air, au soleil ou dans une étuve, suffit pour les faire sécher. Mais faut-il pousser cette dessiccation très-loin, jusqu'à ce que les Bois aient perdu toute l'eau interposée, et que leur sécheresse presque complète soit indiquée par le son clair qu'ils rendent quand on les frappe? C'est une question qu'il est difficile de résoudre par l'expérience, parce qu'un grand nombre de circonstances viennent compliquer les résultats et les rendre tout à fait incertains.

L'opinion des artisans, qui paraît résulter chez eux, non pas d'observations exactes, mais d'une pratique souvent répétée et qui équivaut presque à des expériences rigoureuses, est le seul moyen que nous ayons jusqu'à présent de répondre à cette question. Il paraît, d'après cette opinion, et d'après ce que j'ai vu moi-même, que du Bois porté à une trop complète dessiccation

[1] BERTHIER, *Essai*, tome 1, page 255.

perd une grande partie de ce que l'on appelle *sa force*; j'ai remarqué plusieurs fois qu'en laissant longtemps sur les séchoirs en été le Bois de tremble fendu fin, destiné à la cuisson de la porcelaine, il fallait pour cuire le même four, quatre à cinq stères de Bois de plus que le four n'en consommait ordinairement pour arriver au même degré de cuisson.

Mais il faut savoir aussi que le Bois sec est très-hygrométrique, et que, suivant le lieu où il est conservé, et même suivant la saison, il reprend une plus ou moins grande quantité d'eau.

Ainsi, du Bois bien sec exposé à l'air et à l'ombre, a, sur 100 parties en poids, repris de l'eau :

ESPÈCES DE BOIS.	En Été à + 16° C.	En Hiver à + 7° C.
Le Chêne.	8,97	16,64
Le Tilleul.	7,78	17,50
Le Peuplier.	6,25	19,55

(RUMFORT.)

Je n'ai pas besoin de dire que le Bois d'un âge moyen, c'est-à-dire de quinze à vingt-cinq ans, donne en général plus de chaleur, surtout parmi les Bois blancs, que le Bois plus âgé; que le Bois altéré en donne beaucoup moins que le Bois sain; que celui qui a crû dans un sol gras et ferme en donne plus que celui qui a crû dans un terrain marécageux ou dans un sol léger et aride, parce que ce sont des faits et des principes qui ne sont pas plus particuliers à l'emploi des Bois pour la cuisson des Poteries, qu'à leur emploi dans tout autre art.

Mais on remarque dans l'art céramique que les Bois fendus sont plus avantageux que les rondins de même grosseur, la flamme qu'ils donnent étant plus vive et plus longue, et leur dessiccation ayant été en général plus parfaite.

Le tableau suivant fera connaître, avec la précision que permet l'état encore peu avancé de la question, les données qui m'ont fait établir les résultats généraux que je viens d'énoncer.

Nota. Les bois verts renferment, tant en eau qu'en séve, de 37 à 48 p. 0/0 d'eau; après un an de coupe, ils en renferment encore de 20 à 25.

Explication de quelques abréviations.

st. = Stère ou mètre cube.
bm. = Bien mesuré.
lm. = Lâchement-mesuré.

(**Tableau n° 2.**)

Tableau n° 2. — Comparaison des Mesures et Poids du bois dans différents états d'humidité et de sécheresse.

ESPÈCES ET QUALITÉS.	AGE. Années	ÉTAT.	MESURE.	POIDS.	AUTEURS	Pesanteur spécifique.	AUTEURS du RÉSULTAT obtenu.	OBSERVATIONS.
I. Chêne.	. . .	très-sec.	. . .	. . .	. . . . .	0,713	LS.	
a. D'un terrain argilo-sablonneux.	. . . .	séché à l'air.	st. lm.	375	. . . . .	. . .	. . . .	Grosses bûches refendues de $1^m,3$ de long.
b. Le même.	. . . .	*Id.*	st. lm.	450	. . . . .	. . .	. . . .	Coupé en 4 dans sa longueur.
c. De Niederbrunn.	. . . .	. . . .	st.	420	. . . . .	. . .	. . . .	Grosses bûches refendues.
d. D'un terrain calcaire . . .	80	1 an de coupe.	st. bm.	525	. . . . .	0,885	Marcus Bull.	En bûches de 1^m long et 5 à 15^{cm} de diamètre.
e. De charbonnage du Cher .	. . . .	. . . .	st.	240	. . . . .	. . .	. . . .	De 220 à 260 kilogrammes.
f. De Pontgibaud	. . . .	très-sec.	st.	333	. . . . .	. . .	. . . .	Branchages de 1 décimètre de diamètre.
II. Bouleau.	. . . .	très-sec.	st. lm.	375	Berthier.	0,550	LS.	
a. De Moulins.	. . . .	séché à l'air.	st. bm.	450	. . . . .	0,530	Marcus Bull.	Coupé en 4 dans sa longueur.
b. De charbonnage de Pontgibaud	jeune.	3 mois de coupe.	st.	225	. . . . .	. . .	. . . .	En taillis.
III. Tremble.	. . . .	très-sec.	. . . .	. . .	. . . . .	0,655	LS.	
a. De charbonnage du Cher.	. . . .	. . . .	st.	205	. . . . .	. . .	. . . .	De 190 à 220 kilogrammes.

Idem	. . .	humide.	st.	220	Hartig.	. . .	. . .	On voit combien ces expériences sont peu comparables, et que j'aurais pu en omettre les résultats, tant ils sont vagues.
b. De moyenne grosseur	30	. . .	st. bm.	256	Hartig.	. . .	. . .	
c. De faible grosseur	30	. . .	st. lm.	220	Hartig.	. . .	. . .	
IV. Charme.	. . .	. . .	. . .	. . .	. . .	0,720	Marcus Bull.	
V. Hêtre.	. . .	. . .	. . .	. . .	. . .	0,852	Péclet.	En gros rondins refendus.
a. De Moulins (Allier)	. . .	très-sec.	st. bm.	440	Berthier.	. . .	. . .	Grosses bûches refendues et gros rondins.
b. Le même vieux, vermoulu	. . .	. . .	st.	375				
c. De Niederbrunn	. . .	. . .	st.	400				
d. De charbonnage de Pontgibaud	. . .	3 mois de coupe.	st.	333				
VI. Sapin.	. . .	très-sec.	. . .	. . .	. . .	0,511	LS.	
a. De Moutiers (Savoie)	. . .	. . .	st.	320	Berthier.	0,657	Péclet.	Gros bois, pèse de 300 à 340.
b. De Pontgibaud	. . .	coupé en mars.	st.	428	Berthier.			En branchages de 1 déc. de diamètre au plus.
VII. Pin.	. . .	. . .	. . .	. . .	. . .	0,482	LS.	
a. De Niederbrunn	. . .	. . .	st.	355	. . .	. . .	. . .	En bûches refendues, de 330 à 380.
b. Le même	. . .	très-sec	st. lm.	250	. . .	0,551	Marcus Bull.	En branchages.
c. De Russie	. . .	. . .	st.	303	Berthier.			
d. Du Fichtelgebirge (Bavière)	. . .	. . .	st.	406	. . .	0,730	Berthier.	En grosses bûches.
e. Le même	. . .	. . .	st.	340	. . .	. . .	. . .	En bûches mêlées à un quart de branchages.

J'ai désiré connaître la quantité de matière végétale et la quantité d'eau qui était contenue dans une mesure déterminée de Bois, placée dans la circonstance la plus parfaite où la pratique puisse l'offrir, c'est-à-dire connaître, pour le premier cas, la pesanteur spécifique du Bois, et, pour le second, la quantité d'eau renfermée dans un Bois bien séché à un air chaud et sec.

La pesanteur spécifique est indiquée par le poids d'un mètre cube mesuré au stère; mais on n'a pas besoin de faire remarquer combien ce genre d'évaluation est vague, incertain, et combien de fois il faudrait le répéter en prenant des circonstances à peu près semblables, pour obtenir une moyenne qui pût être regardée comme vraie.

La méthode des physiciens, pour prendre la pesanteur spécifique des corps, perd de sa précision lorsqu'il s'agit de corps dont l'agrégation même moléculaire est si variable que celle des végétaux, en sorte que les résultats en apparence si précis que donne cette méthode, sont peu applicables à l'industrie.

Sans rejeter néanmoins aucune de ces méthodes, ni les résultats obtenus et publiés, j'ai cru pouvoir contrôler ces résultats par un troisième moyen, qui a consisté à prendre des gros cuboïdes des principaux bois employés dans la cuisson, à les laisser parfaitement et lentement sécher dans un lieu dont la température était assez constamment entre 25 et 30° C., à faire tailler en cubes aussi parfaits qu'il a été possible d'y arriver, ceux qui dans cette lente dessiccation n'avaient été altérés par aucune fente, et à les peser dans une bonne balance.

Les résultats ont été inscrits à côté de ceux qui ont été donnés par le stérage et par la balance hydrostatique, sous la désignation de LS., dans les colonnes des autorités, 8e colonne du tableau n° 2.

On verra que j'ai donné la pesanteur spécifique approchée et comparable, non pas de la sciure de Bois qu'on n'emploie jamais; non pas du Bois desséché à 100 ou 200°, qu'on emploie rarement; non pas du Bois fissuré ou gauche, dans lequel on ne peut évaluer ni le nombre des fissures, ni les vides laissés par le gauche dans le stérage; mais bien celle d'un stère qui serait rempli *sans vide* de la matière ligneuse à employer, qu'on peut ainsi comparer pratiquement à la pesanteur spécifique des Bois de chêne, de bouleau, de tremble, de sapin et de pin.

Quant à l'état hygrométrique, j'ai désiré y arriver aussi par plusieurs voies qui sont indiquées dans chaque tableau.

J'ai conservé, comme tableau particulier, celui qui résulte des expériences faites sur l'état hygrométrique du bois de chauffage aux trois fours de la manufacture en 1842, pour faire remarquer les différences considérables d'eau que les bois contenaient suivant qu'ils avaient été séchés ou non séchés, soit artificiellement soit naturellement par l'avancement de la saison, et combien il est important d'avoir égard à ces différences dans les grandes acquisitions de bois. Ainsi, en février, on a acheté aux prix du bouleau 4 p. o/o de plus d'eau que si on eût acheté ce bouleau en mai. En prenant du tremble non séché, on prend 4 p. o/o d'eau. Non-seulement il y a perte sur la quantité de matière, mais sur l'emploi qu'il faut faire de la chaleur qu'elle produit pour évaporer cette eau, au lieu de cuire avec cette chaleur la Poterie placée dans le four.

(**Tableau n° 3.**)

Essais sur l'État hygrométrique du Bois employé au chauffage des Fours à porcelaine de la manufacture royale de Sèvres.

DATE DE L'EMPLOI.	BOULEAU NON SÉCHÉ.	TREMBLE	
		NON SEC.	SEC.
Du 3 février 1842.	10,00	13,00	9,00
17 » »	9,55	12,75	2,18
3 mars »	»	10,12	9,27
17 » »	»	6,60	5,59
31 » »	6,66	»	»
13 avril »	»	7,33	6,33
29 » »	»	7,50	6,16
4 mai »	6,44	»	»

Ces expériences ont été faites en débitant le Bois à essayer en prismes de quatre centimètres de long sur un de côté, et en soumettant toujours la même quantité à une dessiccation prolongée pendant deux heures; les chiffres indiquent la perte pour cent éprouvée par chaque nature de Bois.

B. Le Lignite.

Pendant longtemps on n'a fait aucun usage des Lignites pour cuire les Poteries. Il y a quelques années que je pris de nouveaux renseignements au sujet de leur application à la cuisson des matières céramiques, et ils semblaient confirmer l'opinion que j'avais qu'on n'en faisait point usage dans ce genre de fabrication. Ainsi, M. Martin, fabricant de Poteries, très-instruit dans les préceptes et principes chimiques de son art, établi à Marseille au milieu de gîtes de Lignites des plus riches et de la meilleure qualité, m'apprit que malgré plusieurs tentatives on n'avait pu encore employer avantageusement ce combustible, même dans la cuisson des Poteries communes qu'on fabrique aux environs de Marseille.

Mais depuis j'ai su qu'on cuisait de la porcelaine dure avec ce combustible. Ce sont des hommes instruits en physique et en chimie, c'est dans la fabrique des frères Haïdinger, dont l'un est professeur de minéralogie à Vienne, fabrique située à Elbogen, près Carlsbad, en Bohême, qu'on a employé pour la première fois, et qu'on emploie encore actuellement avec avantage, le Lignite des environs de Carlsbad pour cuire la porcelaine dure d'Elbogen. Comme c'est le seul exemple que j'aie encore de l'emploi de ce combustible, je le décrirai avec détail à l'article des porcelaines dures allemandes, d'après les renseignements et les dessins que j'ai reçus de M. Haïdinger. Je dois me contenter pour le moment de signaler le Lignite comme un des combustibles employés à la cuisson des matières céramiques.

Les Lignites sous le rapport de la production de la flamme, en donnent beaucoup et produisent même une flamme assez longue; mais elle est, en général, accompagnée d'un faible dégagement de chaleur. Ils présentent un autre inconvénient, c'est un résidu très-abondant de cendre fine et très-légère qui pénètre à travers les fissures des étuis de terre cuite destinés à garantir les pièces.

Mais on verra que suivant la qualité des Lignites qu'on a à sa disposition, on peut diminuer considérablement ces inconvénients et passer outre sur ceux qui pourront rester.

C. La Houille.

On a vu par ce qui précède combien le pouvoir calorifique de la Houille est supérieur à celui du bois, à qualité égale. Or, comme dans beaucoup de cas le prix de ce combustible est loin de suivre ce rapport, on sent combien il doit se présenter de circonstances dans lesquelles il y aurait un grand avantage à se servir de la Houille de préférence au bois; cependant elle n'est abondamment et habituellement employée pour cuire les diverses sortes de Poteries qu'en Angleterre. On en fait bien usage dans diverses parties de l'Allemagne et de la France, mais cet usage est restreint à certaines localités et à certains genres de fabrication.

Cela tient principalement à ce qu'en général et d'après les principes posés au commencement de cet article, il faut pour cuire la plupart des Poteries une flamme longue. Or, pour obtenir cette sorte de flamme avec la Houille, il ne faut employer que celle qui est très-bitumineuse, et ne faire usage que de gros morceaux : les petits fragments et à plus forte raison le poussier doit être rejeté.

Comme le feu de la Houille ne peut être alimenté que par un courant d'air très-vif et qu'il n'y a pas de moyen d'employer de soufflets, on ne peut faire usage de ce combustible que dans les fours à alandiers, en le plaçant sur des grilles, méthode peu usitée, parce que les grilles ne peuvent résister longtemps à la haute température dégagée par ce combustible; plus ordinairement on forme avec de gros morceaux de Houille des espèces de murs à claire-voie à travers lesquels passent l'air et la flamme tant des gros morceaux que des morceaux plus petits qu'on met au devant d'eux ou sur eux comme sur une grille.

Enfin la Houille, quelle que soit la supériorité de sa qualité, donne toujours une grande quantité de cendre, tout à fait terreuse, colorante et légère. Il faut en garantir les pièces par l'encastage en cazette et par un lutage plus soigné, et il faut l'enlever fréquemment; opération qui se pratique rarement dans la cuisson au bois quand elle marche bien.

On conçoit que pour diriger un semblable four il faut de l'intelligence, de la pratique et du soin. Nous y reviendrons avec plus de détails en traitant des faïences fines ou anglaises et des différentes sortes de Poteries dans lesquelles on emploie la Houille assez habituellement, et même de celles dans lesquelles on n'emploie ce combustible que rarement et difficilement.

D. La Tourbe.

On peut certainement l'employer pour cuire les Poteries. J'en connais peu d'exemples; mais j'en puis citer un qui prouve que la Tourbe de bonne qualité possède les conditions nécessaires pour cuire les Poteries qui exigent la plus haute température. C'est celui de la cuisson de la porcelaine, que j'ai vu pratiquer avec succès à Berlin en 1812. Il faut quelques changements dans la disposition des alandiers; ils doivent présenter plus d'étendue afin d'y faire tenir une plus grande quantité de ce combustible, qui donne dans le même temps moins de chaleur que le bois; il est nécessaire de le placer sur une grille qui laisse tomber dans une fosse la grande quantité de cendre qu'il produit. Enfin, comme il donne aussi beaucoup de poussière, les cazettes doivent être lutées très-soigneusement; ce qui n'empêche pas que les pièces qui sont voisines de l'entrée des feux dans le four ne soient ordinairement couvertes de petites taches.

Il faut aussi que la Tourbe soit en mottes solides et d'une qualité qu'on ne trouve pas facilement dans tous les pays.

A cause de toutes ces précautions et du grave inconvénient d'en négliger une seule, on a abandonné à Berlin l'emploi de la Tourbe pour cuire la porcelaine. Je donnerai néanmoins à l'article de cette manufacture un dessin du foyer dans lequel ce combustible était placé.

Article IV. — CONDUITE ET JUGEMENT DU FEU.

§ 1. — *Conduite du feu.*

Malgré les nombreuses différences qui résultent pour cette opération de la forme des fours, de la nature des combustibles, de la sorte de Poterie, on peut encore y reconnaître des règles générales.

Ainsi, il n'y a presque pas de cuisson de Poterie qui ne se divise en deux temps, celui qu'on appelle de petit feu et celui qu'on nomme de grand feu; ce qui prouve que dans toute cuisson céramique il faut chauffer avec ménagement les objets à cuire.

Dans le petit feu; qui n'est bien distinct que dans les fours à alandiers, quelle que soit d'ailleurs leur forme, on jette le combustible dans le fond du foyer, et quelquefois même on le place en avant et auprès de la bouche. Si c'est du bois qu'on emploie, les morceaux sont jetés pêle-mêle, mais croisés, ou dans une position verticale; les bouches supérieures sont souvent fermées avec des plaques ou trappes, et l'air entre par les bouches inférieures. Il se dégage beaucoup de fumée; mais comme on ménage le combustible, le four n'en est pas engorgé.

Lorsque le Feu a acquis une température suffisante, qui varie entre le rouge très-sombre à peine visible et le rouge cerise, on commence le grand Feu; ordinairement le combustible est disposé pour donner plus de flamme, et, si c'est du bois, il est plus menu; on le place avec soin dans une position horizontale ou dans le foyer ou sur la bouche même du foyer; il remplace la trappe qui la fermait; on ferme alors en partie ou en totalité la bouche inférieure, quand les foyers en avaient une. La température croît assez rapidement, et si l'on ne charge pas trop les foyers, que le combustible ne soit pas humide, qu'il soit disposé de manière à permettre le passage facile de l'air entre ses différentes pièces, la fumée diminue, disparaît même entièrement dans la cuisson au bois blanc; il ne se forme plus ou presque plus de braise, et le four acquiert promptement la température à laquelle il doit être porté.

La durée du petit Feu par rapport à celle du grand Feu est très-différente suivant la nature des Poteries; ainsi pour la faïence fine, la durée du petit Feu est environ la moitié de celle du grand Feu, tandis que dans la cuisson de la porcelaine, le rapport est inverse, le petit Feu durant quelquefois le double de temps du grand Feu, mais ordinairement il n'est que d'un cinquième de plus; au reste, cela dépend du volume, de la délicatesse et de l'importance des pièces qu'on a à cuire.

J'ai dit que les fours cylindriques à plusieurs alandiers avaient l'avantage, sur les fours demi-cylindriques à un seul foyer latéral, de pouvoir être élevés dans toutes leurs parties à une température à peu près égale; mais le Feu est très-difficile à conduire pour arriver à obtenir ce résultat; dans le four demi-cylindrique on savait qu'il y avait une grande différence entre le devant et le fond du four, on se réglait là-dessus, et une fois les Poteries fabriquées pour répondre à ces différences, le feu marchait toujours à peu près de la même manière. Dans les fours cylindriques qui ont depuis 3 jusqu'à 8 et 10 alandiers la conduite du Feu est très-difficile; il est rare que les alandiers tirent également; la moindre circonstance influe sur le tirage et donne beaucoup plus de Feu à un côté du four qu'à l'autre. On arrive à la régularité, mais avec peine, et quelquefois même on n'y parvient pas.

C'est à l'aide des portes pratiquées à la partie inférieure des alandiers ou foyers, qui par conséquent peuvent modifier le tirage par la bouche, c'est à l'aide de registres pratiqués au-dessus des alandiers, communiquant dans le four et modifiant par conséquent le tirage de la cheminée, qu'on est parvenu à conduire le Feu avec assez de régularité. Cette conduite s'applique particulièrement à la faïence fine ou anglaise; mais comme elle pourrait s'appliquer à toute autre Poterie, je dois l'indiquer avec plus de détails et à l'aide du four dont je donne la figure; je n'aurai pas à y revenir en traitant de cette Poterie.

Dans les fours à alandiers, Pl. XLI et L, les carneaux percés dans les voûtes et dans les fours anglais à faïence fine, Pl. XXXIV, le carneau (*c*), et la visière(*v*), sont les places qui font juger de la régularité de la marche du feu. Lorsque les flammes sortent en même temps et plus abondamment et plus bleuâtres, par conséquent plus dégagées de fumée, on juge que les alandiers qui correspondent à ces carneaux donnent plus de feu. Si au contraire la flamme est courte ou fuligineuse, c'est un indice ou que l'alandier correspondant brûle moins vivement, ou que la circulation est obstruée; alors il faut, ou ralentir le tirage, en donnant de l'air à l'alandier, ou diminuer la charge de combustible. Cela se fait en ouvrant la plaque z, qui ferme la bouche supérieure de l'alandier, mais jamais complétement, surtout dans les moments où l'on met de nouvelles charges de houille. Néanmoins, tant pour accélérer le feu que pour le concentrer dans l'intérieur du laboratoire, il faut, dans le four dont il est question ici, que les bouches supérieures des alandiers soient exactement fermées pendant le grand feu.

Lorsqu'on voit que la partie inférieure du four est moins avancée que la partie supérieure, on ouvre les bouches supérieures (b) de l'alandier, et la porte du régulateur ou registre (b'); cela concentre le feu dans le bas du four.

C'est par ce moyen qu'on parvient à faire marcher les alandiers à peu près également entre eux, et à répandre ainsi la chaleur de la même manière dans le four.

Cependant, en général, les pièces près de la porte, celles du milieu, les pièces sur le sol, celles qui avoisinent la voûte, sont moins cuites que les pièces placées près de la circonférence du four et dans les parties autres que celles qu'on vient de désigner.

Il faut, en général, éviter les reprises irrégulières de feu, et ne pas croire que si on a négligé quelque temps l'entretien de la combustion dans un ou plusieurs foyers, on regagnera le temps perdu en mettant plus de combustible; il ne peut jamais s'en consumer entièrement, qu'en raison de la quantité d'air que le tirage et la grandeur des bouches de cheminées permettent d'introduire dans le four. Tout ce qu'on met de combustible en excès se résout en fumée, obstrue le four, en ralentit la marche, plutôt qu'il ne l'accélère.

Il faut aussi mettre beaucoup de soin à ne pas se laisser gagner par un excès de température dans une partie du four; car cette élévation de température, augmentant le tirage, va toujours en croissant, et il devient presque impossible, au bout d'un certain temps, de ramener cette partie à la température des autres; il en est de même du ralentissement de combustion dans certains alandiers; il se produit alors beaucoup de braise, qui ne peut pas brûler aussi vite qu'elle se forme, et il en résulte un engorgement qui arrête le tirage et augmente le mal. On voit alors dans les fours à alandiers alimentés avec du bois, une partie de la flamme sortir par les bouches, au lieu de plonger dans l'alandier; on dit alors que l'alandier *boude*. Il n'y a ordinairement d'autre remède que de débraiser, c'est-à-dire d'enlever la braise avec des pelles par la bouche inférieure, opération fatigante pour les ouvriers, qui remplit le four de poussière, de cendre, et y introduit une masse d'air refroidissant. Mais après cette opération, l'alandier reprend souvent avec beaucoup d'activité.

Lorsque l'on passe du petit feu au grand feu, les ouvriers ont l'usage, dans beaucoup de fabriques de porcelaine, d'agiter tous ensemble, et avec des palettes de fer, le bois placé en travers sur les alandiers. Ils appellent cette pratique *laver le four*. Ils introduisent dans ce moment beaucoup d'air dans le four, y établissent peut-être un courant rapide, et que je ne regarde pas comme sans danger. Ils pensent que ce courant d'air doit entraîner toute la fumée produite par le petit feu, et qui serait restée engagée entre les cazettes. J'ai laissé essayer cette pratique à Sèvres pendant plus de six mois, mais j'ai cru remarquer des résultats plutôt défavorables qu'avantageux : j'ai dû la faire cesser.

Outre les difficultés que nous venons d'énoncer, et qui rendent si difficile la conduite du feu dans les fours garnis d'un grand nombre d'alandiers, il est d'autres inconvénients qui, ne tenant pas à cette forme de four, appartiennent à toutes les cuissons.

L'humidité du sol est un des premiers; elle a, dit-on, une influence funeste sur la plupart des enduits vitreux des Poteries. Il est difficile d'en rendre raison; mais l'opinion des fabricants est si unanime à cet égard, les exemples qu'ils citent sont si remarquables, qu'on ne peut guère en douter. On a reconnu que des fours qui allaient bien, avaient cessé d'être bons parce que des aqueducs ou des ruisseaux, avaient été conduits dans leur proximité; que le changement de place d'un four, seulement de quelques mètres, avait eu une influence funeste sur les cuissons, parce qu'en le reconstruisant on l'avait placé sur un aqueduc.

On a cherché à éviter l'humidité du sol en réservant des caves sous les fours; mais les courants d'air qui traversent ordinairement les caves, en rafraîchissant le plancher du four, en ralentissent souvent beaucoup la marche; ainsi, l'humidité et les courants d'air sont deux choses qu'il faut soigneusement écarter des fondations d'un four.

Nous ne devons pas parler de la construction irrégulière d'un four comme obstacle à la conduite du feu, parce qu'il dépend du soin et de la volonté du fabricant d'éviter ce vice; mais nous devons faire remarquer que les fours très-vieux cuisent moins vite et moins bien que les fours neufs; et cette différence est si grande, qu'on a été obligé d'abandonner des fours, non pas parce qu'ils tombaient en ruines, mais parce qu'ils étaient trop vieux; alors ils dévient de la verticale, leurs parties se déforment et ne conservent plus la symétrie nécessaire à un tirage égal; il s'ouvre entre les briques une multitude de fissures qui laissent pénétrer l'air de toutes parts, et qui s'opposent au tirage; mais une autre cause plus remarquable, et dont je ne puis douter, vient des aspérités qui hérissent toutes les surfaces internes de ces vieux fours, et qui font éprouver à l'air un frottement suffisant pour en ralentir considérablement le mouvement.

J'ai remarqué que les fours que j'ai fait construire ont toujours cuit beaucoup plus promptement dans les premières fournées, que dans celles qui ont succédé à la douzième, et dans une proportion de durée comme 3 à 5 et même à 6, pendant les premières fournées, en sorte que l'un de ces fours, dont le grand feu dure maintenant de douze à quinze heures, n'a duré, dans les trois ou quatre premières fournées, que de sept à neuf heures.

Une observation plus directe, équivalant à une expérience qu'on aurait faite exprès, a prouvé encore mieux cette influence des frottements.

Toutes les fois qu'on a réparé non-seulement un gril, mais les parois du four qui y correspondent, ce gril a marché beaucoup plus vite que les autres. Une fois deux grils et toute une moitié d'un four à porcelaine de la manufacture de Sèvres furens refaits presque entièrement; à la cuisson qui suivit cette grande réparation, la moitié ainsi réparée fut cuite 2 ou 3 heures avant la moitié à laquelle on n'avait pas touché.

Les expériences de MM. Biot et Girard, sur les frottements que l'air éprouvait dans les longs tuyaux de conduite, semblent coïncider avec ces observations pour faire attribuer la lenteur de cuisson des vieux fours au frottement que leur surface raboteuse fait éprouver à l'air.

Un vent violent tombant par rafale sur la cheminée d'un four, en dérange ou en arrête même le tirage; il est donc bon que la toiture qui doit empêcher la pluie de tomber dans la cheminée d'un four soit disposée de manière qu'elle garantisse cette dernière de l'action des vents violents, en inclinant cette toiture vers le côté d'où les vents viennent le plus ordinairement.

La chaleur et surtout celle du soleil, donnant sur la cheminée d'un four, en arrête le tirage; j'ai eu occasion de remarquer plusieurs fois que quand une fournée languissante s'était prolongée jusque vers midi, il était presque impossible de la faire monter davantage de midi à 2 heures; qu'il fallait pour ainsi dire l'entretenir dans le même état pendant cet intervalle, et que le four ne reprenait son action que quand le soleil baissait et que l'air redevenait frais. C'est ce motif qui m'a porté à faire finir la cuisson de la porcelaine dans la nuit.

Il ne faut pas croire cependant que ces causes agissent toujours; j'ai vu également les fours à porcelaine continuer de marcher, et de marcher régulièrement pendant les plus violents orages, et dans les plus grandes chaleurs.

§ 2. — *Jugement du feu.*

Nous entendons, par ce titre concis, tout ce qui concerne les moyens de juger la marche du feu, son accélération, l'accroissement de la température dans certaines parties du four et dans la masse du four, et enfin le moment où jugeant que la température a atteint le degré nécessaire à la cuisson des Poteries, il est convenable de cesser le feu, soit brusquement, soit graduellement.

On n'a encore, il faut en convenir, aucun moyen assuré pour arriver à la connaissance exacte de ces circonstances, et par conséquent pour juger avec certitude la marche du feu.

Le jeu des cheminées, qu'on appelle carneaux, la hauteur de la flamme qui en sort, la couleur de cette flamme qui est plus ou moins chargée de fumée, sont les premiers moyens qu'on a pour juger si le tirage est bon et égal.

Lorsque les différentes pièces qui sont dans le four commencent à rougir, on examine, par des visières ménagées dans diverses parties du four, quel est le ton de cette couleur; si elle est rouge sombre, rouge-cerise, rouge-blanc, blanchâtre, incandescente; ces nuances donnent au praticien habile des moyens de juger la force du feu et l'égalité de température. Mais on voit qu'il ne peut porter que des Jugements comparatifs, et qu'il n'a aucun moyen ni de connaître le degré de température auquel est arrivé son fourneau, ni encore moins de le faire connaître. On en est encore réduit, dans toutes les fabriques de Poterie, depuis les plus communes jusqu'aux plus précieuses, à juger la température à laquelle le fourneau est arrivé au moyen de pyroscopes : ce sont de petites pièces de Poterie qu'on nomme montres, et qu'on a mises dans des places de l'intérieur du four, d'où on peut aisément les retirer. L'état de cuisson de ces pièces, qui sont de la même nature que celles que l'on veut cuire, fait connaître assez exactement le degré de cuisson de la Poterie qui remplit le four. Les changements qu'elles éprouvent à mesure que la chaleur s'élève indiquent la marche du feu. La comparaison de ces montres, placées dans diverses parties du four, fait connaître la manière dont la chaleur y est répartie. Enfin, la comparaison des montres d'une fournée avec les montres d'une autre fournée, établit assez bien l'état où il faut les amener pour que la fournée ait le feu qui lui convient.

Quoique ces montres aient été prises parmi les pièces qui sont à cuire, elles n'indiquent pas toujours sûrement l'état de cuisson de la fournée. On conçoit que l'ouverture qu'il faut faire pour les retirer du four permet à l'air froid de s'introduire dans la cazette où elles sont placées et retarde un peu leur cuisson ; qu'elles ne peuvent jamais être placées que vers les parois, où la température est différente de celle du milieu du four; et enfin, qu'un refroidissement prompt peut influer sur leur couleur ou le glacé de leur émail, et par conséquent les mettre dans un état un peu différent de celui de la Poterie qu'on veut cuire. Il faut donc encore des précautions, de l'expérience, et même du tact, pour juger le feu par ce moyen presque direct.

On a dû chercher, et cette recherche a été une des plus suivies par les physiciens qui se sont occupés de l'industrie pyrotechnique, on a dû chercher, dis-je, des moyens de juger d'une manière plus précise, plus absolue, plus transmissible, la marche du feu dans les fours à Poterie, c'est-à-dire à trouver un pyromètre qui la donnât.

On a tenté successivement les pyromètres d'argile, les pyromètres métalliques, les thermomètres à air, etc. : la description de ces instruments, l'histoire de ces tentatives et de leurs résultats serait longue et nous éloignerait beaucoup trop de l'objet de cet article. Je dois me borner à faire voir quelles sont les conditions que doit remplir un pyromètre pour être appliqué utilement aux arts céramiques, et on en déduira facilement pourquoi aucun de ceux qui ont été inventés n'a pu encore y être employé.

Les conditions auxquelles doit être astreint un pyromètre destiné à mesurer les hautes températures du four à Poteries sont : 1° qu'il soit d'un emploi facile, c'est la première de toutes pour l'introduction des instruments mensurateurs dans les arts industriels; 2° qu'il fasse connaître la température de la partie du four où s'opère la cuisson des pièces; 3° qu'il la fasse connaître promptement, c'est-à-dire dans le moment où on l'observe; 4° qu'il puisse indiquer avec sûreté la marche du feu dans le four; 5° qu'il donne ces résultats et ces indications avec exactitude, d'une manière précise, absolue et transmissible dans tous les lieux et dans tous les temps.

Il faut donc qu'un pyromètre qui doit faire connaître la température d'un four à Poterie puisse être placé assez avant dans l'intérieur de ce four pour recevoir la température qu'il est essentiel de juger.

Or, les parois d'un four à porcelaine ont, terme moyen, 7 décimètres d'épaisseur ; il faut que l'instrument pénètre jusqu'à au moins 5 décimètres dans l'intérieur du four, et c'est même très-peu. Il faut par conséquent qu'il fasse connaître la température qu'il a éprouvée, à au moins 13 décimètres de distance du point où il la reçoit, et qu'il la fasse connaître promptement et sûrement.

Le pyromètre d'argile, construit par Wedgwood, et fondé sur la propriété qu'ont les pâtes argileuses de diminuer de volume par la cuisson, faisait connaître la température promptement et commodément. Il ne s'agissait que de retirer les petits cylindres d'argile et d'en mesurer la diminution sur une échelle disposée dans ce but [1] ; il remplissait donc fort bien les deux premières conditions, mais il ne remplissait nullement les autres ; car, suivant qu'on conduisait le feu avec plus ou moins de rapidité, la retraite des cylindres, à température égale, était sensiblement différente, comme l'a très-bien prouvé Fourmy. Ensuite, suivant la nature de l'argile employée pour le faire, la préparation mécanique qu'on lui avait fait subir, la pression que la masse et les dés ou cylindres avaient éprouvée dans la fabrication, ceux-ci prenaient par la même température des retraites fort différentes, en sorte que des cylindres mis dans un four à côté les uns des autres, indiquaient des températures qui auraient différé de 5 à 7 degrés; ils ne faisaient donc connaître la température ni sûrement, ni constamment de la même manière; aussi y a-t-on renoncé en grande partie.

On a passé aux pyromètres métalliques, et comme il n'y a que le platine qui puisse résister sans altération à la haute température de la plupart des fours à Poteries, c'est vers l'emploi de ce métal qu'on a dû nécessairement se diriger ; mais on sait qu'il est un de ceux dont la dilatation est la plus faible, et comme il faut nécessairement : 1° supporter et arc-bouter les baguettes ou petites barres de platine de manière à ce que leur dilatation se reporte et se manifeste en entier à une seule extrémité ; et 2° transmet-

[1] Je ne décrirai pas ici cet instrument, qui l'a été dans tous les ouvrages de physique et sur lequel je reviendrai plus loin.

tre cette dilatation en dehors du four, c'est-à-dire à au moins un mètre trois décimètres du point où elle a lieu; il faudrait établir des supports et des moyens de transmission qui n'éprouvant ni courbure, ni affaissement, ni retraite, à la haute température qu'ils ont à supporter, puissent transmettre exactement cette petite dilatation. Jusqu'à présent ce difficile problème est resté sans solution.

On voit qu'il est presque impossible de remplir ces conditions d'une manière satisfaisante, c'est-à-dire de manière à connaître sûrement la température de la partie du four où l'on a mis le barreau de platine; car certainement ces supports et barres de transmission éprouveront des dérangements et une dilatation qui seront plus considérables, et par conséquent plus sensibles que la petite dilatation du barreau de platine, en le supposant de 3 décimètres de long.

On a proposé le thermomètre à air; il paraît susceptible de mesurer avec précision les plus hautes températures; mais c'est un instrument trop difficile à établir, à manier, à placer convenablement dans un four à Poterie, pour qu'il puisse devenir usuel.

Je l'ai essayé dans les fours de Sèvres et les difficultés qu'il présente pour être placé et pour transmettre sans trop de complications la connaissance précise de la dilatation de l'air à 13 décimètres de distance du réservoir, m'y ont fait renoncer, au moins pour le moment; j'ai crû remarquer que la dilatation de l'air restant, était très-peu considérable vers la fin du feu, c'est-à-dire à une très-haute température.

Enfin, dans ces derniers temps, M. Prinseps a proposé comme un mensurateur exact et comparable des hautes températures, des alliages à proportions bien précises de platine, d'or et d'argent. On a écarté l'argent à cause de la propriété particulière qu'il a de produire en se figeant, des espèces de filaments composés d'un alliage plus fusible qui se sépare de l'alliage principal en faisant varier le moment de la fusion. C'est ce qu'on appelle rochage. On s'est donc réduit à l'alliage en diverses proportions de platine et d'or. Nous avons essayé dans les fours de Sèvres ce moyen d'évaluer la température, c'est M. A. Laurent qui a fait les grains d'alliage et qui a suivi les expériences.

Nous avons vu qu'il était très-difficile de connaître dans un four fermé le moment précis où ces alliages fondaient, que ce moment n'était même pas toujours exactement le même suivant des circonstances que nous n'avons pu apprécier, que les grains d'alliage ne peuvent servir qu'une fois parce qu'à une seconde fusion ils étaient devenus plus ou moins fusibles par les changements que la première avait opérés dans leur structure.

Cependant ces inégalités de fusion, auxquelles on pourrait remédier et qui ne sont inévitables que dans les alliages qui *rochent*, ne nous ont pas empêchés d'obtenir un résultat qui, s'il n'est pas parfaitement sûr, peut au moins donner une idée de la plus haute température qu'atteignent les fours de Sèvres; d'après quatre expériences qui ont été faites par M. Laurent à nos trois fours et qui ont été répétées récemment par M. Salvétat, nous pouvons établir avec quelque certitude que le maximum de température s'arrête à l'alliage $\left.\frac{\text{P}.53}{\text{O}.47}\right\}$ 100, où le bouton est bien formé, qu'à 54 de platine il n'y a que ramollissement. Quand on sera arrivé à pouvoir connaître exactement et *facilement* le moment où s'opère la complète fusion, on aura un mensurateur très-comparable des hautes températures, mais jamais un instrument propre à être employé habituellement dans les opérations industrielles où il ne s'agit pas de connaître le degré de température dans un seul point et à la fin de la cuisson, mais dans plusieurs places et à divers instants pour arriver à *conduire* le feu le plus également possible et à l'arrêter au moment convenable.

Les Potiers sont donc réduits à juger la température par la couleur du four et par les *montres* ou *pyroscopes*. Ceux-ci font connaître cette température tantôt par le glacé de l'émail ou de la couverte, tantôt au moyen du ton que certains vernis colorés acquièrent par la différence des températures. Je parlerai de ces sortes de montres en faisant la description des ordres de Poteries auxquelles elles sont propres.

Article V. — Appréciation des frais de cuisson.

§ 1. — *Considérations générales.*

Il y a dans les arts céramiques deux manières très-différentes de considérer les frais de cuisson.

L'une conduit à connaître ce que chaque pièce, en raison de sa forme, occupe de place dans un four, et combien vaut la place; elle fait connaître et apprécier la perfection des moyens d'encastage, mais ne conduit qu'indirectement à juger le mérite d'un four.

L'autre fait connaître la véritable dépense d'un four pour cuire la même quantité de pâte céramique, et par conséquent, à combustible égal, les qualités économiques de différents fours, ou, le four restant le même, la qualité et la quantité du combustible employé.

Dans l'une et dans l'autre Appréciation, dont les résultats sont si importants pour connaître les pertes ou les bénéfices qui peuvent s'introduire par cette voie, il y a de nombreuses considérations à faire et de nombreuses précautions à prendre pour arriver à une sûre Appréciation de ces frais.

Les unes sont communes aux deux modes d'Appréciation, les autres sont propres à chacun d'eux.

Dans l'un et l'autre cas il faut que l'état du combustible soit connu. Si c'est du bois, il faut avoir soin de noter ce qu'on appelle son essence, c'est-à-dire son espèce, son âge, son état de sécheresse ou d'humidité, le temps depuis lequel il est coupé, et enfin son pouvoir calorifique. J'ai fait connaître au § 1 de l'art. 3 les moyens d'arriver à cette évaluation. On doit avoir égard aux considérations du même ordre pour la houille, le lignite et la tourbe.

L'état des fours, considéré sous le rapport de leur nouveauté ou de leur vétusté, des réparations encore fraîches qu'on peut y avoir faites, de la conductibilité des matériaux qui les composent, doit être soigneusement apprécié.

Le mode d'enfournement, tant du laboratoire inférieur que du supérieur, si c'est un four double qui rend le tirage plus ou moins vif et régulier, doit être scrupuleusement observé.

Enfin, l'état de l'atmosphère relativement au vent régnant, qui, suivant sa direction, accélère ou retarde le tirage; un ciel couvert ou serein, qui, suivant l'heure de la journée où il se trouve dans l'un ou dans l'autre de ces états, a aussi une grande influence sur le tirage, doivent être notés.

Une multitude d'autres circonstances de moindre valeur, telles que des courants d'air, des ouvriers plus ou moins intelligents ou soigneux, ont sur les cuissons une influence qu'il faut connaître [1].

Toutes ces circonstances peuvent agir sur une consommation plus ou moins grande de combustibles dans un même four, et introduire de grandes anomalies dans les calculs d'évaluation dont je vais parler.

§ 2.— *Évaluation des frais de cuisson par les Capacités.*

Ce mode d'Évaluation paraît être le plus simple et le plus sûr, pour des objets dans lesquels les formes et les capacités sont d'une importance et d'une valeur bien supérieures au poids.

Il s'agit, A, de connaître les frais de toutes sortes qu'entraîne la cuisson parfaite de tout ce que peut contenir un four;

B, de connaître la capacité de ce four;

C, de savoir quelle place chaque pièce prend dans cette capacité.

A, Les frais de cuisson se composent :

1° De la quantité de combustible employé pour la cuisson depuis la mise en feu jusqu'à l'extinction et de la valeur de ce combustible.

2° Des dépenses en ouvriers employés pour préparer l'enfournement, c'est-à-dire, nettoyer les cazettes, encaster les pièces,

[1] J'ai eu à Sèvres des ouvriers de four de capacité si différente que j'ai été obligé ou de les exclure des cuissons ou de les faire changer d'alandier toutes les deux heures pour être sûr que les quatre alandiers étaient également chargés pendant la durée d'une cuisson.

les placer dans le four, suivre la cuisson, et opérer le défournement.

3° De la valeur des cazettes mises hors de service à chaque fournée.

4° Du prix du four, réparti sur le nombre de fournées qu'on pourra présumer qu'il pourra faire avant d'être démoli, et des réparations moyennes par chaque fournée.

B. On connaîtra la capacité du four en le cubant suivant les règles ordinaires.

C. Cette capacité étant connue, on détermine combien il en coûte tant en dépense de combustible pour le porter à la température exigée pour l'espèce de Poterie qu'on y place, qu'en autres frais de cuisson; on sait alors ce que doit coûter la cuisson d'un décimètre cube ou de toute autre mesure de capacité.

Pour Évaluer la place qu'une pièce tient dans le four ou le nombre de décimètres cubes qu'elle occupe, il faut la mesurer crue c'est-à-dire avant qu'elle ait pris sa retraite, et mesurer l'espace cubique que remplit sa cazette toujours supposée carrée ou rectangulaire, afin de lui attribuer un quart de l'espace vide qui se trouve entre les cylindres ou ellipsoïde de cazettes, ajouter la moitié de l'espace qu'on est obligé de laisser à l'entour de chaque pile pour le passage des produits de la combustion.

On multiplie par le prix auquel on a porté le décimètre cube, le nombre de ces mesures que la pièce, avec ses annexes, occupe dans le four, et on a fort exactement le prix de cuisson de cette pièce.

Quand plusieurs pièces peuvent être placées dans la même cazette, on partage entre ces pièces le prix de cuisson que coûte la place de la cazette qui les renferme.

Je donnerai à l'article des porcelaines un exemple de ce calcul appliqué à la porcelaine de Sèvres.

On sent combien il est important de faire tenir le moins de place possible à chaque pièce, et qu'on ne peut y arriver que par des constructions et formes de cazettes les plus appropriées à cette condition, que par un assortiment bien complet de cazettes de toutes les dimensions, que par un assortiment non moins complet de petite pièces dites de garniture, propres à être mises dans toutes les places qui resteraient vides sans cela.

Ces soins, cette intelligence, sont d'autant plus importants que les Poteries devant être élevées à une plus haute température coûtent plus cher pour être cuites.

C'est encore à la porcelaine que l'on fera l'application détaillée de ces principes.

§ 3. — *Évaluation des frais de cuisson par les Poids.*

Par le procédé précédent, on connaît assez exactement le prix de cuisson d'une pièce, mais comme chaque pièce est une unité différente, et que, selon la forme des pièces, la quantité de matière à échauffer est aussi très-différente, on ne peut savoir réellement ce que la pâte céramique coûte à cuire, dans quel rapport de consommation de calorique elle est avec ses enveloppes et soutiens, ni si un four est, par la quantité de combustible consommé comparée à la masse de matière cuite, supérieur ou inférieur à un autre four.

L'Évaluation par le poids du combustible employé comparé avec celui de la Poterie cuite résout fort exactement ces questions.

A. Les frais de cuisson se composent des mêmes éléments que dans le premier mode d'Évaluation, mais, si l'on ne veut pas avoir d'autre résultat que la comparaison d'un four avec un autre, d'un combustible avec un autre, il suffit de connaître le poids du combustible employé.

Si c'est du bois, comme il serait ou très-long ou très-compliqué de peser les 30, 60, 70 stères de bois et au delà que peut consommer une fournée, il suffit, après avoir bien, et surtout également, mesuré le bois qu'on suppose devoir employer, d'en prendre un stère ou deux et de les peser. On pourra présumer que les autres ont à peu près le même poids, et que les différences en plus et en moins se compenseront.

Il faut ici avoir égard à l'état d'humidité du bois, qui peut varier beaucoup selon l'âge, l'époque plus ou moins éloignée de la coupe, la saison et le lieu où on le conserve.

On prend au hasard, dans toute la masse à employer, environ 5 hectog. de petits morceaux de bois que l'on réduit en petites baguettes, et on les expose pendant au moins deux heures, dans un vase à large ouverture, à une température de 100 deg. c. On juge par le poids qu'ils ont perdu la quantité d'eau que contient le bois qu'on va employer, et on y a égard dans les résultats.

Après la fournée on mesure exactement ce qui n'a pas été employé, et on connaît alors le nombre de stères, et par conséquent le nombre de kilogrammes de bois qui ont été consommés pour cuire cette fournée.

Si on veut connaître en outre les véritables frais de cuisson, on ajoute au prix du bois les autres frais mentionnés au § 2.

B. Il s'agit de savoir combien de kilogrammes de Poterie on a cuits avec le poids de combustible employé.

Or, le calorique produit par le combustible s'est réparti comme il suit :

A. Une portion a échauffé les parois et toutes les parties du four qui, restant toujours les mêmes, sont censées absorber à chaque fournée la même quantité de calorique ; c'est un nombre à peu près constant qu'on est forcé d'omettre. Cependant, il faut observer qu'un four qui a été longtemps sans servir a absorbé une quantité assez considérable d'humidité et qu'une partie du combustible employé à la première cuisson après ce chômage, est employée à chasser cette humidité ; il ne faut donc jamais établir de résultat sur cette première cuisson.

B. Une autre portion a été employée à échauffer et à porter à la température de la cuisson de la Poterie, les cazettes, acots, bâtis, rondeaux, lut, qui l'enveloppent ou la soutiennent. Ces matières variables en poids à chaque fournée doivent être pesées ; on les assemble par sorte et dimension, et pesant une pièce de chaque sorte et de chaque dimension, puis les débris ou cassons des cazettes rejetées, on évalue facilement le poids de la totalité.

C. Il en est de même des pièces de Poterie, il suffit de peser une pièce de chaque sorte pour avoir le poids du total des pièces de la même sorte, on obtient ainsi le poids de toute la Poterie cuite.

Comparant le total du poids des Poteries, des cazettes et de leurs annexes avec celui du combustible employé, on sait d'abord combien il faut dans tel four de Kilogrammes de combustible pour cuire tant de kilogrammes de pâtes céramiques, soit cazettes, soit Poterie, et si on veut connaître le prix de cuisson d'un kilogramme de la Poterie cuite, on doit appliquer à elle seule comme étant le seul produit utile de la fournée, le poids et le prix du combustible employé.

On apprend à connaître par ce procédé le rapport effrayant qu'il y a dans certaines fabrications, telles que la porcelaine, entre la petite quantité de la matière utile cuite et l'immense quantité de la matière inutile, telle que les parois du four, les cazettes, etc., réchauffée à chaque fournée.

On juge par la quantité de combustible employé pour cuire un kilogramme de Poterie si un four est meilleur qu'un autre, si une fournée a eu des résultats plus économiques que celle qui l'a précédée ou qui l'a suivie, et étant informé ainsi d'une manière très-certaine de l'infériorité d'un four en comparaison d'un autre on est amené à chercher les moyens de le perfectionner et à savoir au juste quand on les a trouvés.

Quoique les mesurages et pesages ne prennent pas autant de temps qu'on pourrait le craindre, il est inutile de les faire à chaque fournée. Il suffit de les renouveler toutes les 10 ou 12 fournées pour voir si le four ou le combustible ont conservé leurs même état et qualité; enfin, on ne doit jamais s'en rapporter à une seule expérience; il faut tâcher de répéter cinq fois le mode d'Évaluation et jamais moins de trois, et même si on trouve entre les trois expériences des différences trop grandes, il faut les pousser jusqu'à cinq et au delà si on le juge nécessaire.

Au reste, on donnera pareillement à l'article de la porcelaine l'application détaillée de ce procédé aux fours de la manufacture de Sèvres et on verra qu'il est possible par ce moyen de comparer les frais de cuisson de tous les fours de l'Europe entre eux, qu'on peut arriver sans beaucoup d'embarras à savoir si les fours de porcelaine en Allemagne cuisent plus économiquement que ceux de France, etc. Les mesures décimales qui ne sont d'aucun pays, mais que tout homme instruit doit connaître, offrent des moyens prompts et faciles de comparaison, qu'on n'obtiendrait pas aussi aisément s'il fallait réduire à la même unité des mesures souvent si diverses.

CHAPITRE VI.

DES PROPRIÉTÉS, QUALITÉS ET ALTÉRATIONS,

TANT PHYSIQUES QUE CHIMIQUES,

DES PATES ET GLAÇURES CÉRAMIQUES.

On a suivi dans les chapitres précédents la formation des Poteries, c'est-à-dire le travail qu'on fait sur les matières céramiques, depuis la connaissance et le choix de ces matières jusqu'au résultat définitif, ce que j'ai appelé la *pâte faite* et la *pièce façonnée*.

Mais les pâtes et glaçures dans leurs différentes phases de fabrication et dans leur état fini, offrent un grand nombre de considérations, de propriétés physiques et chimiques ou d'altération qui doivent être examinées à part. Ces considérations présentent des faits intéressants pour la pratique et pour la théorie. Malgré ce double intérêt elles ont été peu étudiées, parce que l'étude expérimentale de ces propriétés est difficile et longue; elles sont par conséquent peu ou mal connues. En lisant dans la table des matières les titres des 18 à 20 paragraphes qui composent ce chapitre, on peut être frappé des considérations nombreuses, variées et intéressantes qu'il renferme.

Je les examinerai sous deux rapports :

1° Les propriétés physiques des pâtes avant la cuisson, pendant la cuisson et après la cuisson, lorsqu'elles sont *pâtes faites*.

2° Les influences que les pâtes et les glaçures éprouvent

avant, pendant et après la cuisson, de la part de divers agents chimiques.

Article Ier. — PROPRIÉTÉS ET QUALITÉS PHYSIQUES DES PATES AVANT LA CUISSON.

§ 1. — *Finesse des parties.*

Cet état des parties a une grande influence sur plusieurs propriétés des pâtes; elle établit dans la même pâte de grandes différences sous le rapport de la facilité du façonnage, de la netteté des courbes et des contours, et même de la fusibilité et de la fragilité.

J'ai dit au chap. II, art. II, comment on parvient à réduire les matières céramiques en particules très-fines.

Il s'agit d'avoir des moyens d'évaluer cette finesse. Le plus simple, le plus ordinaire, mais qui ne donne aucun résultat déterminable, comparable et transmissible, qui n'est bon que pour les ouvriers ou les personnes qui ont une grande pratique et qui veulent savoir si la matière broyée actuelle est plus grossière ou plus fine que la précédente; c'est le toucher sous les doigts ou sous les dents; ce n'est, comme on voit, qu'un procédé grossier.

Pour arriver à déterminer, avec une certaine exactitude, la finesse d'une matière dure broyée, on peut employer deux moyens.

Le premier est le tamisage à travers les mailles d'un tamis dont la finesse est déterminée par le nombre de fils contenus dans un centimètre carré. Ce moyen a l'avantage de pouvoir être employé pour des pâtes de différentes natures. Il fait connaître quel est le maximum de grosseur d'une partie de la matière broyée, mais il ne donne ni le minimum, ni le rapport qui se trouve entre la quantité de ce minimum et celle du maximum. Il serait néanmoins suffisant, quand le but est de ne pas dépasser ce maximum, s'il ne présentait pas d'autres inconvénients, si par exemple, la matière n'est pas parfaitement sèche, l'adhérence qu'elle contracte avec les mailles les rétrécit; mais avec certaines précautions il peut s'appliquer exactement à des poudres de natures très-différentes ou mélangées.

Le second moyen qui peut servir efficacement dans des cas où l'usage du tamis présenterait des difficultés ou des inconvénients analogues à ceux que je viens d'indiquer, est le temps du dépôt. Il consiste à délayer la matière dont on veut évaluer la finesse dans une quantité d'eau déterminée et à mesurer le temps qu'elle met pour se précipiter jusqu'à une certaine hauteur, dans un vase cylindrique gradué ou dans le même temps de combien elle est descendue dans ce vase.

J'emploie pour connaître la Finesse des parties d'une même matière, un bocal de verre sensiblement cylindrique et gradué en 10 divisions donnant chacune 50 grammes d'eau; on prend une quantité proportionnelle au poids de l'eau, 250 grammes par exemple, de la matière broyée, bien sèche, dont on veut connaître la Finesse, on la délaye dans les 500 grammes d'eau en agitant fortement le mélange dans le bocal gradué et on note à quel degré il correspond; on note également l'heure où on a cessé tout à coup l'agitation. On voit au bout d'une heure exactement à quelle division est arrivée par le repos la matière broyée suspendue. Si cette matière est jugée d'un degré de finesse suffisant pour l'usage qu'on en veut faire, on a soin d'amener celle que l'on broie dans un autre temps, soit à ce même degré de finesse s'il est convenable, soit à un degré de finesse plus grand. Ce qu'on jugera par le temps que mettra pour affleurer la même division, un mélange d'eau et de la matière pulvérisée de même poids que dans la première expérience, qu'on peut appeler expérience ou finesse normale. Ainsi si la matière solide suspendue n'arrivait pas en une heure au même degré de l'échelle, on en conclurait qu'elle est plus fine et d'autant plus fine qu'elle mettrait plus de temps pour atteindre cette division.

Je juge par ce procédé si le reste d'une couverte qui a servi pendant quelque temps est plus grosse qu'au moment où on a commencé à l'employer, et s'il faut la remettre au moulin pendant plus ou moins de temps pour l'amener au degré de ténuité normale ou pour le dépasser d'un quart d'heure, d'une demi-heure, etc., si on le croit convenable.

Ce procédé est loin d'avoir une précision complète, mais il suffit pour la pratique; il ne peut s'appliquer qu'aux différents degrés de ténuité de la même substance, et ne peut servir à comparer la ténuité de deux poussières de nature différente, qui ont avec l'eau plus ou moins d'adhérence, non par une plus ou moins grande finesse de leur grain, mais par leur nature.

On sent aussi qu'il faut avoir de l'eau sensiblement pure, sensiblement chargée de la même quantité d'air; on sait que la chaleur ayant beaucoup d'influence sur la durée de la suspension, il faut tâcher d'opérer à des températures à peu près égales. Tous ces *à peu près* qui ne seraient pas admissibles en physique, n'altèrent pas assez les résultats dans la pratique pour mériter les dépenses, les soins et le temps qu'exigeraient des instruments et une méthode d'une précision inutile pour l'art céramique.

Enfin quoiqu'ils n'aient pas cette précision délicate, ils valent mieux qu'un jugement par le frottement entre les doigts ou le craquement sous la dent qui sont les seuls moyens que les broyeurs de matières dures emploient pour juger la finesse de la matière qu'ils ont broyée.

Ce procédé, si commode, fondé sur le temps de la précipitation, ne peut être employé que pour comparer entre elles la finesse de la même matière dans diverses circonstances de broyage. On sait, par exemple, si telle glaçure, telle pâte actuelle sont plus ou moins fines que les mêmes matières résultant d'un autre broyage ou d'un emploi qui aurait enlevé plus de parties fines que de parties grossières. Par exemple, la même couverte ayant été soumise à cet examen, à environ un an de distance, est descendue, dans la plus ancienne et première épreuve, de la marque 500 à 300, c'est-à-dire de 200 grammes en quatre heures trente minutes. Dans la seconde épreuve, elle a atteint le même chiffre de 300 en deux heures dix minutes. J'en ai conclu que les parties de cette couverte étaient plus grossières que celles de la première, soit que l'immersion eût enlevé les parties les plus fines, soit qu'elle eût été moins finement broyée, et qu'il était nécessaire de la broyer de nouveau pour la rendre plus fine, plus fusible et d'un glacé plus uni. Un nouveau broyage lui a, en effet, rendu sa finesse et ses qualités.

Cet exemple suffit pour faire connaître la facilité d'emploi de ce moyen et son efficacité.

Je dois faire observer que ce procédé ne peut avoir d'efficacité que pour des corps homogènes dont tous les grains ont la même pesanteur spécifique.

Que la plasticité et la sorte de viscosité de certaines argiles, de certaines pâtes peuvent avoir sur le temps de leur précipitation un influence tout à fait différente de celle de la grosseur des parties.

On doit aussi tenir compte de la température à laquelle on opère : les expériences portées au tableau qui va suivre en donnent la preuve.

Certains liquides mêlés à l'eau, comme le vinaigre; certains solides dissous dans l'eau, sans en augmenter notablement la pesanteur, en augmentent considérablement la viscosité et ralentissent beaucoup la précipitation des matières pierreuses pulvérulentes. Ainsi, le vinaigre ajouté à la couverte de porcelaine dans la proportion d'environ 30 sur 100 d'eau, retarde sa précipitation de près de moitié.

J'ai présenté ces différentes circonstances d'une manière très-comparable dans le tableau ci-contre.

TABLEAUX de l'évaluation de la finesse des matières pulvérulentes par le temps qu'elles mettent à se précipiter dans l'eau à divers états.

On a pris pour terme de comparaison le temps mis pour arriver au même degré dans un cylindre divisé en 500 degrés, équivalant chacun à 1 gramme d'eau.

Nature et état des matières soumises comme exemple.	TEMPS mis par chaque matière pour arriver au DEGRÉ **300**.
1° Dans de l'eau pure à température moyenne, c'est-à-dire 20°C.	
1. Sable quarzeux d'Aumont broyé fin	2h. »m
2. Sable d'Aumont obtenu en poudre très-fine par décantation	3 17
3. Couverte felspathique de Porcelaine dure et bien broyée.	4 21
4. Fondant au plomb dit rocaille broyé fin. .	0 37
5. Fondant rocaille en poudre fine par décantation	1 »
2° Dans de l'eau à 65°C.	
6. Sable quarzeux d'Aumont fin par décantation, du n° 2.	2 40
7. Couverte bien broyée du n° 3	3 »
3° Délayées dans de l'eau chargée de diverses matières.	
8. Dans un mélange de 350 grammes d'eau et de 150 DE VINAIGRE, la Couverte n° 3.	6 4
9. Dans 550 grammes d'eau tenant en dissolution 25 grammes de GOMME ARABIQUE, la Couverte n° 3	8 »

NOTA. On peut, pour s'entendre facilement et laconiquement à ce sujet, établir différents degrés de Finesse, que je dénommerai comme il suit :

1er degré de finesse, celle dans laquelle la poussière ne se sépare de l'eau à moitié qu'en	3 h.
2e degré	2
3e degré	1
4e degré	» 30′
5e degré	» 15

Il n'est pas nécessaire d'aller au delà pour notre objet, mais les industries qui veulent évaluer la finesse des matières pesantes par ces mêmes moyens auraient encore à réduire les temps des précipités selon le rapport de la pesanteur et de la finesse.

On a été conduit, par ces considérations, à déterminer, mais par une autre méthode, les proportions d'eau et de couverte de porcelaine qu'il fallait adopter pour mettre en couverte, sous une épaisseur convenable, des petites pièces minces, des pièces de moyenne épaisseur, telles que des assiettes, et des pièces épaisses telles que des vases.

On a pris les trois couvertes nos 1, 2 et 3, bien sèches, et pour plus d'exactitude on a déterminé la pesanteur spécifique de chacune d'elles, qui devait présenter peu de différence; on a pris la moyenne, qui a donné 2,600 (1), puis on a déterminé les rapports d'eau et de couverte de chacun des trois numéros, à l'aide du calcul suivant :

Formule pour déterminer les rapports de la Couverte de Porcelaine et de l'eau dans un mélange liquide pesant 500 grammes.

Soit en général x le poids du volume d'eau cherché, P le poids d'un volume V de la Couverte, dans les proportions qu'il faut déterminer, $P - x$ sera le poids de la Couverte sèche qui fait partie du mélange.

(1) Elle est un peu plus forte que celle du felspath orthose, et indique ainsi la présence du quarz, dont la pesanteur est en effet supérieure à celle de l'orthose, et qui accompagne toujours le felspath à potasse dans la roche de felspath et de quarz, nommée pegmatite, qui seule donne la couverte de porcelaine dure à Sèvres.

Le volume des deux parties x et P est égal à V. Le volume de l'eau est x, le volume de $P - x$ est $\frac{P - x}{d}$. On a donc la relation

$$\frac{P - x}{d} + x = V,$$

d'où l'on tire

$$x = \frac{Vd - P}{d - 1}.$$

Dans cette formule, P est exprimé en grammes, et V en centimètres cubes; d est la densité de la couverte rougie raportée à celle de l'eau.

En l'appliquant à la Couverte de la Porcelaine, en remplaçant d par sa valeur que nous avons déterminée par expérience, on a reconnu que les rapports en eau et Couverte étaient, tant en volume qu'en poids, comme le fait voir le tableau suivant :

Exemple de la détermination de la proportion d'eau pure et de couverte qui se trouve dans les trois couvertes nos 1, 2 et 3.

No I. Pour les pièces minces.

En volumes	Couverte	35,0
	Eau	65,0
En poids	Couverte	58,7
	Eau	41,3

No II. Pour les assiettes et les pièces moyennes.

En volumes	Couverte	22,4
	Eau	77,6
En poids	Couverte	43,1
	Eau	56,9

No III. Pour les grands vases et les pièces épaisses.

En volumes	Couverte	18,8
	Eau	81,2
En poids	Couverte	37,5
	Eau	62,5

§ 2. — *Plasticité.*

J'ai déjà parlé avec quelques détails de cette propriété au § 1. de la section II du chapitre II, je dois y revenir dans ces considérations sur les propriétés physiques des pâtes en général pour développer ou ajouter quelques principes que je n'ai pu qu'indiquer dans l'article IIe de la première section de ce chapitre.

On a souvent parlé de cette propriété, on semble la connaître, mais on n'en a qu'une idée vague, je l'ai définie au paragraphe cité.

Une argile, une pâte argileuse, une pâte de farine, une pâte de cire mêlée d'une certaine quantité d'huile ou de térébenthine, le verre en fusion pâteuse ont tous une Plasticité assez semblable, et cependant, nous voyons ici des corps essentiellement différents.

La Plasticité qu'on a appelée aussi le liant d'un corps, est la propriété qu'a une masse molle de recevoir facilement toute sorte de formes, de s'aplatir sans se gercer, de s'allonger en cylindre délié sans se rompre.

Lorsqu'on ne pense qu'aux pâtes argileuses et farineuses, on croit trouver la cause de cette propriété dans la présence de l'eau et dans sa liaison avec les parties fines et terreuses de ces corps; mais lorsqu'on voit des corps qui, comme le verre simplement ramolli par la chaleur, acquièrent une véritable Plasticité, se laissent pétrir, mouler, étirer mieux que l'argile la plus plastique, lorsqu'on voit la pâte de cire et de térébenthine, et même la cire seule, mais chauffée, avoir à peu près la même propriété, on reconnaît la présence de la Plasticité sans celle de l'eau.

C'est donc une sorte d'adhérence attractive qui lie entre elles les molécules de certaines matières, qui leur permet d'être écartées par le calorique ou par d'autres corps sans se séparer complétement.

Un corps visqueux, c'est-à-dire dont les parties sont douées de cette adhérence, peut la communiquer à certains corps qui ne jouiraient sans cela d'aucune Plasticité; telle paraît être la térébenthine pour la cire pure qui a si peu de Plasticité, la gomme, la colle de farine, le savon noir pour les pâtes céramiques qui sans la Plasticité que ces corps donnent aux matières terreuses, base de ces pâtes, resteraient sans aucun liant, et ne pourraient être façonnées.

Il faut donc que, par une sorte d'action mécanique, ces corps visqueux lient les parties entre elles, mais on ne peut pas attribuer à l'eau la propriété qu'on nomme *viscosité*, et cependant, il est bien sûr qu'elle donne la Plasticité aux argiles. Une argile calcinée n'en conserve aucune et ne peut même la reprendre par humectation ; il faut qu'il y ait ici autre chose qu'une propriété presque mécanique telle que serait la liaison par viscosité, et que l'affinité très-grande de l'eau pour les molécules divisées de l'alumine communique à l'argile une Plasticité analogue à celle que donne la térébenthine à la cire, l'eau et le gluten à la farine ; mais remarquons que j'ai dit *à l'argile* et non *à l'alumine*, car il n'y a rien de moins plastique que l'alumine gélatineuse, même lorsqu'on lui enlève plus d'eau qu'il n'y en a dans une argile ; il est probable que le troisième corps, qui est ici la silice, joue comme le rôle de modérateur dans la liaison, peut-être trop puissante, de l'alumine et de l'eau.

Au reste, la Plasticité est, comme un très-grand nombre de propriétés très-frappantes de certains corps, dont on ne peut pas démontrer, pas même présumer avec quelque vraisemblance la cause ; c'est d'ailleurs une propriété très-importante des pâtes céramiques pour la facilité du façonnage ; une pâte qui n'a pas la Plasticité convenable, est difficile à travailler et d'un façonnage plus cher ; le façonnage des pièces de porcelaine tendre, qui n'avait aucune Plasticité, se payait le double de celui de la porcelaine dure. On verra à l'histoire de cette porcelaine, liv. II, chap. IX, comment on donnait artificiellement à sa pâte la Plasticité indispensable à son moulage à la presse.

Cependant, lorsque la Plasticité est poussée trop loin, elle devient un défaut grave. J'ai dit au chapitre II, sect. II, comment on y remédiait par les matières dégraissantes, et comment quand la Plasticité manquait à une poussière dont on voulait faire une pâte céramique, on lui en donnait une factice, mais encore imparfaite, par l'introduction d'un mucilage dans cette pâte.

On peut évaluer la Plasticité d'une pâte par la longueur qu'acquiert un cylindre de pâte sortant par la filière d'une presse à colombin, avant qu'il se casse par son propre poids.

Mais comme il y a plusieurs circonstances qui peuvent influer sur la Plasticité, il faut savoir les évaluer et c'est ce qui rend l'expérience plus difficile.

Il faut d'abord être sûr que les pâtes qu'on veut comparer ont le même degré de finesse dans leurs parties; on a vu au § I de cet article comment on pouvait déterminer cet état.

Il faut ensuite que les pâtes à comparer soient humectées de la même quantité d'eau, ce dont on s'assure en desséchant complétement les pâtes à la chaleur incandescente, et jugeant par la perte de poids qu'elles éprouvent, la quantité d'eau qu'elles renfermaient.

Je n'insisterai pas davantage sur cette propriété dont j'ai déjà parlé et qui est très-bien appréciée par l'expérience des mouleurs et des tourneurs, qui se manifeste même pour tout le monde, quand les différences sont très-grandes, par la courbure plus ou moins forte qu'on peut donner à un boudin de pâte de la grosseur du pouce avant qu'il se déchire. Mais je dois faire connaître les résultats de quelques essais que j'ai faits pour comparer la Plasticité de diverses pâtes par le procédé que je viens d'indiquer; les tableaux suivants présentent ces essais et eurs résultats.

N° 1. Pâte de PORCELAINE DURE DE SÈVRES (dite de Service), de 1842.

Ire SÉRIE. sur 12 PRESSÉES.	IIe SÉRIE. (24 h. après.) SUR 10 PRESSÉES.	IIIe SÉRIE. (22 jours après.) SUR 12 PRESSÉES.	Moyenne des trois séries, 2^m^,62
mèt. c.	mèt. c.	mèt. c.	
1 — 2 90	1 — 3 10	1 — 2 70	
1 — 2 80	4 — 3 00	3 — 2 60	
1 — 2 10	1 — 2 90	3 — 2 50	
4 — 2 60	1 — 2 80	1 — 2 45	
2 — 2 50	1 — 2 70	1 — 2 40	
3 — 2 40	1 — 2 50	2 — 2 30	
	1 — 2 30	1 — 1 90	
Moyenne, 2 60	Moyenne, 2 82	Moyenne, 2 44	

N° 2. **Pâte de PORCELAINE DURE DE SÈVRES (dite de Service), de 1810.**

Ire SÉRIE. sur 15 PRESSÉES.	IIe SÉRIE. (22 jours après.) SUR 15 PRESSÉES.	IIIe SÉRIE. (2 jours après.) SUR 13 PRESSÉES.	Moyenne des 3 séries, 2m,20
mèt. c.	mèt. c.	mèt. c.	
4 — 2 40	1 — 2 30	2 — 2 50	
5 — 2 30	3 — 2 20	5 — 2 40	
— 2 20	4 — 2 10	4 — 2 30	
1 — 2 10	3 — 2 00	2 — 2 20	
— 1 50	2 — 1 90		
	2 — 1 80		
Moyenne, 2 22	Moyenne, 2 04	Moyenne, 2 35	

N° 3. **Pâte de PORCELAINE DE SÈVRES (dite Chinoise), de 1842.**

Ire SÉRIE. sur 11 PRESSÉES.	IIe SÉRIE. (2 h. après.) SUR 12 PRESSÉES.	IIIe SÉRIE. (22 jours après.) SUR 22 PRESSÉES.	M. des 3 séries, 2m,60
mèt. c.	mèt. c.	mèt. c.	
2 — 2 70	4 — 2 80	3 — 2 50	
6 — 2 60	6 — 2 70	8 — 2 40	
3 — 2 50	2 — 2 60	1 — 2 30	
Moyenne, 2 60	Moyenne, 2 70	Moyenne, 2 40	

N° 4. **Pâte de SÈVRES (dite de Sculpture), de 1842.**

Ire SÉRIE. sur 12 PRESSÉES.	IIe SÉRIE. (24 h. après.) SUR 9 PRESSÉES.	IIIe SÉRIE. (22 jours après.) SUR 11 PRESSÉES.	Moyenne des 3 séries, 2m,69
mèt. c.	mèt. c.	mèt. c.	
1 — 2 7	2 — 3 20	1 — 3 10	
3 — 2 60	3 — 3 10	3 — 2 90	
3 — 2 50	3 — 3 »	1 — 2 80	
3 — 2 40	1 — 2 30	1 — 2 70	
1 — 2 20		2 — 2 60	
1 — 1 10		2 — 2 50	
Moyenne, 2 37	Moyenne, 3 00	Moyenne, 2 70	

N° 5. Pâte de SAXE, de 1836.

Ire SÉRIE. sur 11 PRESSÉES.	IIe SÉRIE. (24 h. après.) SUR 8 PRESSÉES.	IIIe SÉRIE. (22 jours après.) SUR 11 PRESSÉES.	
mèt. c.	mèt. c.	mèt. c.	Moyenne des 3 séries, 2^m^,28
1 — 2 70	1 — 2 90	1 — 2 60	
2 — 2 60	1 — 2 70	1 — 2 50	
2 — 2 50	2 — 2 60	1 — 2 40	
1 — 2 33	1 — 2 30	1 — 5 30	
1 — 2 30	1 — 2 15	3 — 2 20	
3 — 2 10	1 — 2 10	1 — 2 10	
1 — 1 70	1 — 1 50	2 — 1 80	
		1 — 1 70	
		1 — 1 60	
Moyenne, 2 37	Moyenne, 2 36	Moyenne, 2 12	

N° 6. Pâte de CHANTILLY, de 1842.

Ire SÉRIE. sur 12 PRESSÉES.	IIe SÉRIE. (24 h. après.) SUR 8 PRESSÉES.	IIIe SÉRIE. (22 jours après.) SUR 22 PRESSÉES.	
mèt. c.	mèt. c.	mèt. c.	Moyenne des 3 séries, 1^m^,99
1 — 2 00	1 — 3 00	1 — 2 60	
1 — 1 90	3 — 2 70	1 — 2 50	
1 — 1 80	1 — 2 60	1 — 2 40	
1 — 1 70	1 — 2 10	1 — 2 30	
1 — 1 50	1 — 1 80	3 — 2 20	
1 — 1 30	1 — 1 50	1 — 2 10	
5 — 1 20		2 — 1 80	
1 — 1 10		1 — 1 70	
		1 — 1 60	
Moyenne, 1 44	Moyenne, 2 40	Moyenne, 2 12	

N° 7. Pâte de PORCELAINE TENDRE, PHOSPHATO-BORACIQUE (dite porcelaine tendre, anglaise) **DE CREIL, 1843.**

Ire SÉRIE. sur 12 PRESSÉES.	IIe SÉRIE. (4 jours après.) SUR 19 PRESSÉES.	Moyenne des 2 séries, 1^m,48
mèt. c.	mèt. c.	
1 — 1 75	— 1 90	
1 — 1 65	1 — 1 75	
3 — 1 60	1 — 1 70	
2 — 1 50	1 — 1 65	
2 — 1 40	3 — 1 60	
2 — 1 30	5 — 1 50	
1 — 1 20	2 — 1 40	
	2 — 1 30	
	3 — 1 20	
Moyenne, 1 48	Moyenne, 1 48	

N° 8. Pâte de FAÏENCE BORACIQUE (dite demi-porcelaine ou porcelaine opaque) **DE CREIL, 1843.**

Ire SÉRIE. sur 9 PRESSÉES.	IIe SÉRIE. (4 jours après.) SUR 12 PRESSÉES.	Moyenne des 2 séries, 2^m,92
mèt. c.	mèt. c.	
1 — 3 50	2 — 3 »	
3 — 3 40	1 — 2 90	
1 — 3 30	3 — 2 70	
3 — 3 20	1 — 2 60	
1 — 2 20	2 — 2 50	
	3 — 2 40	
Moyenne, 3 20	Moyenne, 2 65	

N° 9. Pâte de FAÏENCE FINE (dite terre de pipe) DE CREIL, 1843.

Ire SÉRIE. sur 7 PRESSÉES.	IIe SÉRIE. (4 jours après.) SUR 12 PRESSÉES.	Moyenne des 2 séries, 3m,01
mèt. c.	mèt. c.	
2 — 3 60	2 — 3 10	
4 — 3 50	2 — 2 90	
1 — 3 40	2 — 2 80	
	1 — 2 50	
	2 — 2 30	
	2 — 2 10	
	1 — 2 00	
	1 — 1 70	
Moyenne, 3 51	Moyenne, 2 52	

N° 10. Pâte de FAÏENCE COMMUNE (dite faïence émaillée) DE M. MASSON, 1843.

Ire SÉRIE. sur 10 PRESSÉES.	IIe SÉRIE. (4 jours après.) SUR 11 PRESSÉES.	Moyenne des 2 séries, 2m,17
mèt. c.	mèt. c.	
1 — 2 45	3 — 2 30	
4 — 2 40	4 — 2 20	
1 — 2 35	1 — 2 10	
2 — 2 30	2 — 1 90	
1 — 1 80	1 — 1 50	
1 — 1 00		
Moyenne, 2 24	Moyenne, 2 09	

N° 11. Pâte de CAZETTE ORDINAIRE de SÈVRES, 1843.

Composée d'argile de Dreux 0 40
— de ciment gros. 0 60

Ire SÉRIE. sur 35 PRESSÉES.	IIe SÉRIE. (24 h. après.) SUR 28 PRESSÉES.	IIIe SÉRIE. (22 jours après.) SUR 26 PRESSÉES.	Moyenne des 3 séries, 1m,09
mèt. c.	mèt. c.	mèt. c.	
1 — 1 10	2 — 1 30	3 — 1 30	
1 — 1 00	25 — 1 20	23 — 1 20	
18 — 0 90	1 — 1 10		
13 — 0 80			
1 — 0 75			
1 — 0 79			
Moyenne, 0 88	Moyenne, 1 20	Moyenne, 1 21	

N° 12. Pâte de CERCE D'ENCASTAGE RÉGNIER, de 1843.

Composée d'argile de Retourneloup. 0 40
— de ciment moyen 0 60

Ire SÉRIE. sur 37 PRESSÉES.	IIe SÉRIE. (22 jours après.) SUR 25 PRESSÉES.		Moyenne des 3 séries, 1m,07
mèt. c.	mèt. c.		
1 — 1 90	6 — 1 30		
11 — 1 00	1 — 1 25		
1 — 0 95	18 — 1 20		
14 — 0 90			
10 — 0 80			
Moyenne, 0 93	Moyenne, 1 22		

N° 13. Pâte de PORTE-PIÈCE D'ENCASTAGE RÉGNIER, de 1843.

Composée d'argile plastique	de Retourneloup .	0 15	
	de Dreux.	0 20	
—	de ciment fin.	0 32	5
—	de sable d'Aumont écrasé	0 32	5

Ire SÉRIE. sur 32 PRESSÉES.	IIe SÉRIE. (24 h. après.) SUR 29 PRESSÉES.	IIIe SÉRIE. (22 jours après.) SUR 25 PRESSÉES.	Moyenne des 3 séries, 1^m^,31
mèt. c.	mèt. c.	mèt. c.	
3 — 1 50	1 — 1 30	1 — 1 45	
17 — 1 40	28 — 1 20	21 — 1 40	
9 — 1 30		3 — 1 30	
3 — 1 20			
Moyenne, 1 36	Moyenne, 1 20	Moyenne, 1 47	

N° 14. Pâte de LUT A CAZETTES DE SÈVRES, 1843.

Composée d'argile de Vanvres.	0	30
— de sable de Villebon.	0	70

Ire SÉRIE. sur 25 PRESSÉES.	IIe SÉRIE. (24 h. après.) SUR 28 PRESSÉES.	IIIe SÉRIE. (22 jours après.) SUR 25 PRESSÉES.	Moyenne des 3 séries, 1^m^,32
mèt. c.	mèt. c.	mèt. c.	
2 — 1 35	2 — 1 40	2 — 1 80	
8 — 1 30	15 — 1 30	3 — 1 70	
6 — 1 20	11 — 1 20	4 — 1 60	
4 — 1 10		1 — 1 50	
2 — 1 00		3 — 1 40	
2 — 0 90		2 — 1 30	
1 — 0 80		5 — 1 20	
Moyenne, 1 22	Moyenne, 1 27	Moyenne, 1 47	

Observations sur les tableaux précédents de Plasticité.

D'après les résultats moyens donnés par les séries d'expériences consignées aux tableaux précédents, les pâtes essayées, classées d'après leur plus puissante Plasticité, tiendraient le rang suivant :

N° 9.	Pâte de Faïence fine (terre de pipe)	3,01
8.	Pâte de Faïence fine, boracique	2,92
4.	Pâte de Porcelaine dure (sculpture) de Sèvres	2,69
1.	Pâte de Porcelaine dure (service) de Sèvres	2,62
3.	Pâte de Porcelaine dure de Sèvres (dite Chinoise)	2,60
5.	Pâte de Porcelaine de Saxe	2,28
2.	Pâte de Porcelaine dure de Sèvres de 1810	2,26
10.	Pâte de Faïence commune	2,17
6.	Pâte de Porcelaine dure de Chantilly	1,99
7.	Pâte de Porcelaine tendre anglaise	1,48
14.	Pâte à Lut de Sèvres	1,32
13.	Pâte de Porte-pièce d'encastage	1,30
11.	Pâte de Cazette de Sèvres	1,09
12.	Pâte de cerce d'Encastage	1,07

Malgré l'imperfection de ces essais, due aux causes que j'ai signalées plus haut, on peut déjà entrevoir quelques conséquences assez remarquables.

1° Ce ne sont pas les pâtes que l'on considère comme les plus plastiques dans la pratique qui ont donné le plus haut degré de cette propriété dans les pâtes essayées de la manière la plus comparative que j'aie pu trouver.

2° On remarquera que beaucoup de ces pâtes ont présenté, dans la longueur de rupture des colombins par leur propre poids, des différences assez considérables, mais qu'on peut attribuer à une bulle d'air, à un petit corps étranger engagé dans le colombin ou à toute autre cause étrangère à la vraie plasticité.

3° On remarquera ensuite que malgré les différences si notables, le second essai de ces mêmes pâtes, fait vingt-quatre heures après le premier, a donné, pour presque toutes ces pâtes, depuis la pâte de porcelaine de Sèvres n° **1**, jusqu'à la pâte de Lut, n° **14**, un accroissement assez frappant de plasticité, comme si cette seconde compression à la presse à colombins les eût améliorées sous ce rapport.

On les a ensuite laissées reposer 22 jours, sans cependant les laisser sécher, les laissant au contraire dans l'état d'humidité où elles étaient à la fin de la seconde série de pressées; quelques-unes d'entre elles semblent être revenues à leur premier état de plasticité, ou du moins elles n'en ont pas augmenté.

Article II. — MODIFICATIONS ET PROPRIÉTÉS PHYSIQUES *des pâtes céramiques dérivant de la cuisson.*

L'action du feu chasse l'eau des pâtes céramiques, rapproche leurs parties et modifie leur volume, leur densité, leur texture; elle leur donne de la dureté et combine leurs parties au point de les amener à la vitrification.

§ 1. — *Expulsion de l'eau.*

J'ai déjà parlé, sect. II du chap. II, du rôle que l'eau joue dans la fabrication des pâtes. J'ai considéré cet agent de fabrication dans les pâtes non faites; les pâtes faites n'en contiennent plus, et si des pâtes qui paraissent faites, c'est-à-dire cuites, en renferment encore un peu, c'est que la cuisson n'a pas été poussée jusqu'aux limites qu'elle pouvait atteindre.

L'eau est donc entièrement chassée par une cuisson complète. Cette expulsion doit se faire, comme on l'a déjà indiqué, avec le ménagement et la lenteur qui assurent que l'expulsion a lieu également dans toutes les parties d'une même pièce. En manquant à ces précautions, on produit dans la cuisson les mêmes accidents de brisure, ou au moins de fissure, que dans la dessiccation trop rapide.

L'eau qui était interposée entre les molécules de la pâte produit, en la quittant, deux résultats différents.

Lorsque l'expulsion de l'eau est entière avant la cuisson complète de la pâte, les parties de celle-ci n'ayant pu se rapprocher, la pâte n'a pas pris sensiblement de retraite; mais il reste entre ces parties des vacuoles qui donnent à la pâte une structure poreuse, et qui permettent aux liquides de la traverser. C'est le cas des vases à rafraîchir l'eau, qu'on nomme alcarazzas. On augmente, il est vrai, cette structure poreuse par d'autres moyens, que nous examinerons en leur lieu; mais la preuve que ces moyens ne sont qu'auxiliaires et que l'expulsion de l'eau suffit seule pour donner aux vases la porosité recherchée, c'est que le dégourdi de porcelaine fait des alcarazzas parfaits.

Lorsque la composition des pâtes permet aux molécules de se mouvoir facilement, qu'aucun corps étranger à l'hydrate d'alumine n'en tient les molécules à distance, alors, privées d'eau, elles se rapprochent par l'expulsion de ce liquide, et dans ce cas la retraite, ou diminution de volume, est le second phénomène qui résulte de cette expulsion. Il est très-important, et nous devons l'étudier particulièrement.

Ce qui distingue l'un de l'autre les deux résultats, c'est-à-dire la retraite par l'expulsion de l'eau de la retraite par simple rapprochement des molécules, c'est que dans le premier cas il y a diminution de poids avec ou sans retraite, et dans le second retraite sans diminution de poids. Il ne se dégage plus d'eau.

L'eau, comme on l'a vu aux articles de l'alumine et surtout de l'argile, et à celui de l'eau considérée comme élément des pâtes en fabrication, est puissamment retenue par les pâtes céramiques très-argileuses, et lorsqu'on croit les avoir parfaitement desséchées par une longue exposition à l'air, elles en renferment encore une certaine quantité qu'une haute température peut seule expulser. J'ai parlé au chapitre II des accidents qui résultent de cette dessiccation trop prompte par l'eau qu'elle emprisonne dans la pâte.

On verra, à l'histoire des Poteries antiques, que la plupart, quoique réellement cuites, contiennent encore une quantité notable d'eau qu'on ne peut guère attribuer à l'absorption capillaire.

Mais quand la cuisson a été portée à l'incandescence, il paraît que toute l'eau a été chassée. On avait cru que le dégourdi de porcelaine pouvait encore renfermer un peu d'eau; nous avons fait à Sèvres, M. Malaguti et moi, une expérience d'une grande exactitude qui ne peut laisser aucun doute sur l'expulsion complète de l'eau dans la pâte de porcelaine amenée à cet état d'incandescence. Du dégourdi a été pesé avec toutes les précautions qu'on emploie pour peser les substances hygrométriques. La quantité pesée dans une balance de précision avant de passer au grand feu était de 20gr,180m. Placée dans la même balance immédiatement après sa cuisson, elle n'avait pas éprouvé la moindre diminution. Il est bien évident ici que la retraite dont je parlerai dans l'article suivant ne peut être attribuée à l'expulsion de l'eau.

Je n'examinerai pas si l'eau est plus adhérente dans certaines matières naturelles ; cet examen serait étranger à mon objet, et même je ne conduirai pas plus loin cette considération, un grand nombre de circonstances et d'analyses viendront à leur rang en faire connaître les détails.

§ 2. — *De la Retraite des pâtes céramiques.*

Ce mot technique [1] désigne les diminutions de volume que prennent les pâtes céramiques d'abord en séchant, ensuite en cuisant.

C'est une des considérations les plus importantes de l'art par les précautions qu'elle requiert et les difficultés d'exécution qu'elle entraîne.

L'étendue de Retraite ordinaire des pâtes céramiques, mesurée depuis la dimension du modèle ou du dessin qui donne celle de la pièce telle qu'on la veut terminée, jusqu'à la parfaite cuisson, varie, suivant les pâtes, de 2 pour cent jusqu'à 20 pour cent, et quelquefois plus, en dimension linéaire.

La Retraite peut se diviser en deux temps. Le premier s'étend depuis le tournassage terminé ou le moulage, la pâte étant encore molle et humide jusqu'à la dessiccation complète à l'air ; le second, depuis cet état de dessiccation jusqu'à la cuisson parfaite de la pièce. C'est ordinairement de ce second point de départ qu'on mesure la Retraite. C'est cependant du moulage ou du tour-

(1) Le mot de Retraite ou de Retrait ne se trouve ni dans le dictionnaire de Napoléon Landais, ni dans celui de l'Académie, sous l'acception matérielle qu'on lui donne dans l'art céramique ; c'est donc une acception technique que nous sommes maîtres de mettre au masculin comme au féminin ; il m'a semblé qu'il était beaucoup plus fréquemment usité dans ce dernier genre que dans le premier.

nage que doit partir le Potier pour que sa pièce ait après la cuisson les dimensions qu'on lui a demandées.

La Retraite n'est pas la même sur toutes les dimensions. Elle est, en général, plus grande dans le sens vertical que dans le sens horizontal, surtout pour les pièces tournées. Nous allons voir que cette différence tient beaucoup plus au mode de façonnage qu'à l'affaissement produit par la pesanteur.

La Retraite et ses différences sont donc dues à deux causes principales que je vais examiner successivement :

1° A la nature des pâtes ;

2° Au mode de façonnage.

A. Influence de la nature des pâtes sur la Retraite.

Les pâtes très-plastiques et les pâtes fusibles sont, en général, celles qui prennent le plus de Retraite, sauf les exceptions que je ferai connaître.

Les pâtes arides ou maigres, et en même temps infusibles, sont celles qui en prennent le moins.

Les pâtes très-plastiques, dans la composition desquelles il entre beaucoup d'hydrates terreux, telles que les grès-cérames, les terres cuites et les pâtes à base de magnésie, doivent leur grande Retraite au dégagement de l'eau. C'est à cette cause que ces dernières, qui sont peu plastiques, doivent la grande Retraite qu'elles éprouvent. Ce sont celles qui, après les pâtes faites directement avec des hydrates d'alumine, offrent le maximum de retraite 25 pour cent et au delà ; elles ne le doivent pas à la fusibilité, car elles sont, au contraire, des plus réfractaires.

Les pâtes fusibles, telles que la porcelaine dure, la porcelaine tendre, qui sont, en général, peu plastiques, et dont la Retraite varie de 10 pour cent à 15 pour cent, ne doivent pas ce changement au dégagement de l'eau, car elles en étaient déjà absolument privées, qu'elles n'avaient pas encore pris de Retraite, mais au rapprochement des molécules par le commencement de fusion qu'elles éprouvent.

L'inverse est exactement vrai. Ainsi, les pâtes dans la composition desquelles on fait entrer beaucoup de sable ou de ciment, tels que les rondeaux propres à supporter les porcelaines, les cazettes, le lut, quelques espèces de briques, ne prennent pas ordinairement plus d'un dixième de retraite, et si l'on augmente la dose de sable au point de rendre cette pâte très-aride, on rend la Retraite presque nulle.

Les expériences que je vais faire connaître et qui sont réunies dans les tableaux n° VII (voyez ces tableaux à l'Atlas) montreront les faits et observations qui ont conduit à ces lois, et expliqueront les exceptions qu'elles semblent quelquefois éprouver.

On remarquera d'abord en étudiant ces tableaux que certaines pâtes qui prennent beaucoup de Retraite, la prennent presque entièrement à la température du dégourdi que nous avons évaluée à 40 degrés du pyromètre de Wedgwood. Ce sont les pâtes à base d'argile plastique, argile renfermant toujours beaucoup d'eau qui y adhère fortement, et qui sont infusibles.

Une température qui doit être très-élevée chasse l'eau qui semble y être bien plus intimement liée que par une simple imbibition mécanique, et cette eau qui ne paraît être complétement chassée qu'à une température incandescente (voyez l'art. précédent de l'Adhérence de l'eau dans les pâtes céramiques et de son expulsion), laisse des vacuoles qui permettent aux molécules de l'argile de céder à leur attraction mutuelle et de se rapprocher. Mais ce rapprochement presque mécanique étant à peu près complet avant 40 (Wedg.) ne va guère au delà par une plus haute température. Or, si on consulte le n° 8, du tableau VII A, les n°s 19, 21, 23 à 28 du tableau VII B, on verra que toutes ces pâtes ont pris leur Retraite, qui est quelquefois considérable, à la température du dégourdi.

On remarquera, par les expériences n° 9 du tableau A, qu'une pâte faite, non sans difficulté, avec une poudre d'argile cuite, par conséquent n'ayant plus d'eau que la petite quantité ajoutée pour la mouler et celle qui se trouve dans le peu d'argile crue également indispensable pour ce moulage, n'a pris que très-peu de Retraite lorsque ce moulage a pu être opéré sous une forte pression, tandis qu'avec de la chaux à haute température sa Retraite a été beaucoup plus considérable (exp. n° 10).

La magnésite (silicate de magnésie infusible) et la giobertite (carbonate silicaté de magnésie), toutes deux complétement infusibles, mais renfermant l'une 20 pour cent d'eau et l'autre 15 pour cent, dans leur état de sécheresse le plus complet, prennent 40 et 42 pour cent de retraite [1] (exp. 5, 6 et 7).

L'expulsion complète de l'eau et le rapprochement des parties écartées par la présence du liquide et rendues à toute leur attraction par l'absence de cet obstacle, est une des causes principales de la Retraite, mais elle n'est pas l'unique; car la Retraite a lieu encore, et très-puissamment, ou dans des pâtes qui n'ayant aucune plasticité et ne pouvant retenir l'eau au delà de 300 degrés centigrades, ne peuvent être regardées comme hydrates; ou dans des pâtes qu'on peut appeler hydratées, et dont on a cependant expulsé toute l'eau par une chaleur incandescente longtemps continuée, comme on va le montrer par les observations et les expériences suivantes.

On remarquera que toutes les pâtes très-plastiques et qui peuvent supporter un très-haut degré de chaleur sans se fondre, prennent presque toute leur Retraite à une chaleur incandescente d'environ 40 deg. (Wedg.), ce qu'on appelle, dans l'art de la porcelaine, *chaleur de dégourdi*, et que si on les soumet ensuite à une chaleur beaucoup plus forte, telle que celle de la cuisson de la porcelaine, évaluée à 135 deg. (Wedg.), elles ne prennent presque plus de Retraite.

Tels sont les vrais Grès-cérames et toutes les pâtes qui leur sont analogues, celles dans lesquelles l'argile plastique, cette argile qui a une si forte attraction par l'eau, est l'élément dominant. Le tableau VII B fait voir une ressemblance presque entière entre les colonnes de Retraite du dégourdi et celles du grand feu. Ainsi, dans les pâtes de faïence fine plus siliceuses (même tableau), la différence entre la Retraite à ces deux températures est de 5 à 9 pour cent (n°s 19 et 20), dans les grès du même tableau (n°s 21 à 28), les différences sont nulles ou de 5 pour cent au plus, dans un seul cas sur huit, et encore est-ce dans une pâte (n° 23) ramollissable au grand feu et d'une composition très-hétérogène.

(1) La porcelaine de Vineuf, à base de magnésie, ne prend que 33; mais il y d'autres éléments qui ne sont pas des hydrates.

B. Influence d'un commencement de fusion sur la Retraite.

La seconde cause de Retraite, entièrement différente de la première, mais qui la suit quelquefois, cause qui me paraît entièrement chimique parce qu'elle est liée à un changement dans la structure moléculaire, résulte d'une véritable combinaison, c'est la fusion ou partielle, ou commencée, ou complète.

Toutes les pâtes ne sont pas susceptibles de montrer cette seconde sorte de Retraite ; il n'y a que celles qui présentent la fusion partielle ou la fusion commencée, c'est-à-dire celles qui peuvent résister à une très-haute température sans se fondre entièrement, ou dont on peut arrêter la fusion avant qu'elle soit complète et qu'elle les ait déformées.

Telles sont les porcelaines dures et surtout les porcelaines tendres des tableaux VII D. F.

On verra, en consultant le tableau VII C, que les porcelaines dures présentent ce phénomène dans tout son développement. Le kaolin, base de leur pâte, est, comme on le sait, un silicate d'alumine hydraté ; mais il l'est moins que l'argile plastique, et il n'entre que pour environ les 6/10 dans la pâte de porcelaine dure. Cette eau est entièrement chassée par la chaleur incandescente du dégourdi, et la porcelaine qui est déjà presque cuite en Grès, n'a pris que 3 pour cent de Retraite. C'est au grand feu, lorsqu'elle éprouve un commencement de fusion, qu'elle se réduit de 7 à 9 pour cent qui complètent sa Retraite.

La preuve que c'est ici le rapprochement des molécules par fusion et non par expulsion de l'eau, qui est la cause de la Retraite, c'est qu'en faisant une pâte presque entièrement composée de poussière de porcelaine (tableau VII D. n°s 56 et 57), c'est-à-dire de matières qui ne renferment d'autre eau que la très-petite quantité qu'on a mise pour la mouler à la presse, elle prend encore jusqu'à 11 et 16 pour cent de Retraite uniquement due au rapprochement des parties par une nouvelle fusion. Le felspath, qui ne prend aucune retraite, produit à peu près le même effet en rendant la porcelaine plus fusible.

L'ancienne porcelaine tendre de Sèvres est une pâte où il n'entre presque point d'argile, par conséquent aucun hydrate proprement dit. Mais c'est une pâte très-fusible et très-vitreuse, la Retraite qu'elle prenait presque entièrement dans le feu de la cuisson était de 14 pour cent (voir le tableau VII E, et le numéro 58).

Si on prend une pâte infusible qui a été cuite, qui a pris toute sa Retraite au dégourdi, et qui, par conséquent ne renferme plus d'eau, qu'on la rende fusible ou au moins qu'on l'approche de l'état de fusibilité par une addition de chaux; elle prend alors une Retraite au grand feu qui a été de 9 pour 100 dans l'expérience n° 10 du tableau VII A; en faisant l'inverse, c'est-à-dire en rendant moins fusible une pâte fusible, on diminue sa Retraite (tabl. VII D. n° 59).

C. Influence du mode de façonnage sur la Retraite (1).

Cette Influence est des plus importantes à considérer, car on peut avancer que la plupart des défectuosités des Poteries délicates, telles que la porcelaine, viennent de cette cause.

Les pâtes céramiques, toutes choses étant égales d'ailleurs, prennent d'autant moins de Retraite qu'elles étaient moins abreuvées d'eau lorsqu'on les a façonnées, et qu'elles ont été plus comprimées dans le façonnage.

Ainsi, et sans exception, toute pièce faite par moulage prend moins de Retraite que celles qui sont faites par ébauchage; de là la difficulté que l'on éprouve d'ajuster régulièrement dans une même pièce les parties tournées, comme les tasses, les vases, les goulots ou parties rondes des pots à l'eau, des pots à lait etc., avec les anses, les collets, etc., qui sont moulés.

Cette différence est si sensible, si délicate dans certaines pâtes très-plastiques, telles que certains grès fins, en même temps plastiques et fusibles, ainsi que dans les porcelaines dures, que la moindre inégalité de compression, soit dans le tournage, soit dans le moulage, se manifeste dans la dessiccation de la pièce,

(1) Tableau VII, H.

au moment où commence la Retraite, et bien plus encore par la cuisson, où la Retraite s'opère complétement.

Ainsi, dans le tournage, la pâte étant plus serrée sur la ligne de la spirale où les mains de l'ouvrier, opposées l'une à l'autre, la compriment entre elles, que sur la ligne intermédiaire de cette même spirale, (voyez Pl. LV, *fig.* 9, B, C, où (*d*) indique la partie de la spirale faites par les mains de l'ouvrier, et (*s*) les parties qui restent en saillie, et qui ont été moins comprimées), cette inégalité de compression se représente à la dessiccation, et surtout à la cuisson et produit le défaut dont j'ai déjà parlé à l'art. VII du façonnage des pièces sous le nom de vissage.

Dans le tournage, quelques saillies circulaires qui paraissent sur les pièces et leur gauchissage, peuvent être également attribués à des inégalités de compression, mais elles peuvent aussi être dues à d'autres causes, ce qui rend la question plus compliquée et le remède plus difficile à appliquer. Les fentes ou fissures qu'éprouvent certaines pièces en séchant et en cuisant, sont aussi dûes à la Retraite, qui, au lieu de se faire vers un seul point qui, pour que la pièce soit régulière, doit être le centre de figure, se fait sur deux points. Ce qui montre que les fentes doivent être attribuées à cette cause, c'est qu'une pièce une fois sèche n'en éprouve plus, c'est qu'on n'en voit que très-rarement dans le sens horizontal, la pesanteur concourant avec la Retraite pour la faire agir dans une même direction. Le Potier doit donc éviter toutes les circonstances de formes qui peuvent déterminer un ou plusieurs centres de Retraite dans une pièce, tels que des amincissements placés entre des parties épaisses, des plis ou sinus profonds et minces dans leur fond, etc. Le procédé du moulage mince et égal d'épaisseur est le plus sûr pour faire réussir toutes les pièces de Poteries qui sont par leur volume plus disposées à fendre que les autres.

Les autres altérations que les Poteries éprouvent dans leur forme, et qui résultent de la retraite, sont principalement applicables au moulage. Ce sont :

1° Les inégalités de surface, dues au tamponnement inégal ou à la pression inégale du rouleau lorsqu'on moule à la croûte. Dans le premier cas, ce sont comme des ondulations; dans le second, ce sont des sillons superficiels.

2° Les lignes saillantes que laissent sur les pièces faites dans les moules, les sutures des différents morceaux des moules; en vain veut-on faire disparaître ces lignes sur la pièce fraîche au moyen d'un réparage très-soigné, la différence de pression, et par conséquent la Retraite différente qui s'opère sur les parties par la cuisson, font reparaître toutes ces lignes de suture.

Tels sont les résultats principaux de la Retraite dans les pâtes céramiques, et les graves inconvénients qu'elle entraîne à sa suite. On a donc dû chercher tous les moyens de les éviter ou de les corriger; j'en ai déjà indiqué plusieurs en parlant, à l'article du Façonnage, des soins que devaient apporter le tourneur et le mouleur pour exercer une pression égale sur toutes les parties de la pièce qu'ils exécutent.

L'ancienneté de la pâte et une manipulation fréquente contribuent à lui donner l'homogénéité de masse. Les matières dégraissantes facilitant d'une part le dégagement égal de l'eau, et de l'autre répandant dans toute la masse argileuse une sorte de réseau non sujet à la Retraite, met obstacle au rapprochement plus rapide dans une partie de la pièce que dans l'autre, égalisent pour ainsi dire la Retraite et concourent, avec le moyen précédent, à en régulariser la marche. A ces moyens, pour ainsi dire intérieurs, on en a ajouté d'autres qui sont presque mécaniques, les cerces, c'est-à-dire le petit cerceau ou couvercle de construction qu'on met sur les pièces rondes pour les empêcher de gauchir, en opposant un obstacle mécanique, maîtrisent ainsi, jusqu'à un certain point, la Retraite en spirale des pièces tournées, car ces cerces prennent une Retraite semblable, mais dans une direction opposée.

Lorsque toutes les circonstances et toutes les précautions que je viens d'énumérer ont été rassemblées pour donner à la pâte l'homogénéité de masse si nécessaire, et à la compression de façonnage toute l'égalité possible, la Retraite se fait avec une constance et une régularité remarquables.

Les mêmes pâtes présentent, avec une exactitude rigoureuse, la même Retraite, en sorte qu'on peut obtenir avec certitude les dimensions déterminées. La Retraite se fait également dans toutes les directions. On le prouve en traçant un cercle avec le compas sur une plaque céramique. Si cette plaque a été moulée avec les précautions indiquées, et qu'elle soit d'une pâte à prendre un dixième de Retraite, le diamètre du cercle a diminué juste d'un dixième, et le cercle est resté parfaitement régulier ; ce qui n'eût pas eu lieu si la Retraite se fût opérée inégalement.

Il paraîtrait, d'après cela, que le pyromètre de Wedgwood, fondé sur la Retraite des pâtes céramiques, devrait être un instrument exact. J'ai déjà annoncé qu'on ne pouvait le considérer ni comme instrument comparable, ni comme un instrument propre à faire connaître avec exactitude et constance la température du foyer où on le place, la Retraite qu'il éprouve dépendant de la nature nécessairement variable de la pâte avec laquelle on l'a fait, de l'état de mollesse dans lequel on a pris cette pâte, de la pression qu'on a exercée pour mouler les cylindres pyrométriques. Or, quelque attention qu'on apporte dans ce moulage, de quelque manière qu'on l'opère, il y a toujours des variations et inégalités de pression qui seraient sans importance pour un vase, mais qui suffisent pour enlever à l'instrument son exactitude ; la Retraite de ces petits cylindres sur leur diamètre est extrêmement petite et doit cependant, pour être sensible, être mesurée avec un instrument qui multiplie par le même quotient les petites inégalités qui résultent nécessairement de toutes les circonstances de leur façonnage. Enfin, je rappellerai que la rapidité qu'on met à cuire une pâte céramique a, d'après les expériences de Fourmy, une influence très-sensible sur la Retraite qu'elle éprouve.

Néanmoins, nous croyons qu'on pourrait donner, au moyen de quelques perfectionnements, assez de précision à cet instrument pour le rendre utile dans la pratique des arts céramiques. J'en ai déjà parlé à l'article du Jugement du feu.

D. Effet de la compression sur la Retraite.

La Compression ne réduit pas la retraite autant qu'on pourrait le croire, si elle n'est pas parvenue à chasser toute l'eau interposée.

J'ai voulu savoir si des argiles plastiques, telles qu'on les trouve dans la terre, soumises par leur position et depuis des siècles à la pression continuelle des couches qui les recouvrent, mais qui n'auraient éprouvé aucun pétrissage, prendraient autant de Retraite que ces mêmes argiles façonnées. On voit par le n° 8 du tableau VII A, qu'elles ont encore pris une Retraite assez considérable, 10 à 11 p. o/o, moins forte cependant que celle des mêmes argiles broyées, abreuvées d'eau et pétries (nos 11 et 12), qui est de 17 p. o/o [1].

Le moulage à la main dans des moules de plâtre donne généralement une Retraite moins considérable que le façonnage par ébauchage et tournassage, et surtout par coulage; cela se déduit des expériences nos 31 et 32 du tableau VII C, et de quelques-unes de celles du tableau VII H.

Le moulage par une forte pression des moules métalliques donne une retraite moins forte, mais encore plus considérable qu'on ne le présumerait. Tableau VII B, n° 22; et tableau H, nos 68 et 69.

Les pièces faites par coulage sont celles qui, comme on devait s'y attendre, prennent le plus de Retraite, ainsi qu'on le voit dans tous les tableaux où ce procédé a été employé, et où, malgré les différences extrêmes des pâtes, la Retraite des pièces coulées est toujours plus ou moins supérieure à celle des pièces soit moulées, soit tournées.

§ 3. — *Ramollissement et Fusions diverses des matières et pâtes céramiques.*

La Fusion est une réelle altération des pâtes céramiques. Elles peuvent l'éprouver lorsque la limite de densité de masse que doit leur donner la cuisson, est dépassée; cette limite est extrêmement variable; la pâte la plus fusible est celle qui se rapproche le plus de la composition suivante donnée par Macquer, et dont l'expérience a confirmé l'exactitude :

[1] J'avais d'abord voulu mettre dans un tableau séparé le résultat de ces expériences, mais j'ai pensé qu'il valait mieux les mettre chacun auprès de la pâte façonnée par la méthode ordinaire, afin de rendre la comparaison plus facile.

Alumine	20
Chaux	20
Silice	60

Si on remplace une partie de la silice par de l'oxyde de fer ou par quelque autre oxyde, la fusibilité est encore augmentée.

On remarquera que les pâtes de Poteries grossières, celles de faïences communes, qui sont extrêmement fusibles, reçoivent dans leur composition des marnes argileuses et calcaires et des marnes sableuses (que l'on appelle *terres franches*) qui rapprochent plus ou moins cette composition des proportions qu'on vient d'indiquer, mais en même temps elles donnent des pâtes à texture poreuse : or, le but, la perfection de l'art céramique est de produire des pâtes denses qui puissent s'obtenir à une basse température ; on ne peut pas arriver au maximum de ce résultat, c'est-à-dire à obtenir des pâtes aussi denses que celles des grès ou des porcelaines qui puissent en même temps cuire à la température à laquelle cuisent les pâtes des faïences communes ; mais il paraît qu'on peut en approcher au moyen de l'introduction dans les pâtes argileuses d'une certaine proportion de silice et de chaux, toute autre que celle qui donne le maximum de fusibilité ; quand ces mélanges sont bien faits, on obtient une pâte d'un tissu serré et imperméable aux liquides, qui se cuit à une température à peu près égale à celle de la cuisson de la faïence commune, mais encore de beaucoup inférieure à celle des grès cérames et des porcelaines dures ; j'en donnerai plusieurs exemples à l'article des grès cérames.

Si, tout en approchant de la fusion dans la cuisson des pâtes, on veut cependant l'éviter, il n'en est pas de même dans la cuisson des vernis, émaux et couvertes : ici on recherche la fusion, et une fusion complète ; néanmoins, il ne faut pas qu'elle soit trop facile, et, si je puis m'exprimer ainsi, trop *liquide*, pour les motifs que j'ai exposés à l'art. Ier du chap. IV des enduits vitreux.

Or, ce degré de fusibilité qu'il est si important de connaître, est très-difficile à apprécier avec une sorte d'exactitude ; j'ai néanmoins cherché à l'évaluer par différents moyens qui n'ont pas encore acquis la précision qui me semble nécessaire au but important qu'on veut atteindre, malgré les secours de conseils et de collaboration que j'ai reçus dans le temps de M. Malaguti.

On sait bien que les vernis plombifères, dans lesquels l'oxyde de plomb entre dans une grande proportion, sont les plus fusibles, et que les vernis purement terreux et alcalins, tels que les felspaths, sont les moins fusibles ; ce ne sont pas ces extrêmes qu'il est difficile de reconnaître, mais ce sont les intermédiaires qui ne diffèrent entre eux que par des nuances légères, d'où dépendent cependant l'éclat et la solidité de ces vernis, et par conséquent une des plus belles qualités des Poteries.

Les pâtes céramiques et les mélanges de diverses terres, exposés à une température suffisante pour les faire fondre, ne passent pas toutes de l'état solide à l'état de fusion de la même manière, et pour parvenir à la Fusion vitreuse-liquide, elles subissent différents états de ramollissement.

En général, il y a quatre modes de fusibilité très-différents :

Le ramollissement sans bulles permanentes ;

Le ramollissement bulleux ;

La Fusion pâteuse ;

La Fusion vitreuse.

Je ne puis entrer dans les détails de ces diverses sortes de Fusion, que toutes les personnes qui ont fait du verre, ou du moins des essais au chalumeau, ou qui ont exposé à une haute température des pâtes céramiques diverses, ont pu facilement observer : mais je dois dire quelques mots de ces différents modes de ramollissement et de Fusion.

Les pâtes qui renferment une assez grande proportion de silice dans un mélange d'alumine avec un peu de potasse et de chaux n'éprouvent qu'une Fusion pâteuse et n'acquièrent jamais la transparence du verre ; c'est le propre de la Fusion de la plupart des pâtes céramiques, et notamment de la porcelaine, dont les éléments basiques ne sont point combinés, par conséquent dissous à l'état de verre dans les éléments acides, tels que la silice ; la viscosité de leur masse en Fusion paraît tenir à la silice ; mais leur opacité tient à l'alumine.

La chaux et les sels calcaires produisent un effet tout différent, en donnant aux pâtes qui renferment une grande portion de cette terre, une Fusion vitreuse et liquide qui acquiert de la transparence avec une couleur verdâtre, lorsque de l'oxyde de fer ne vient pas offusquer cette couleur, comme on peut le voir dans la marne de Petit-Bourg, près Houdan, dans la marne argileuse jaunâtre des environs de Nevers, etc.

Les pâtes qui doivent leur fusibilité à l'influence de l'oxyde de fer se boursouflent considérablement, et ne m'ont pas paru acquérir jamais ni transparence ni homogénéité vitreuse quand elles ne renferment pas une proportion suffisante de chaux ou d'alcali.

Dans ce dernier cas, on a dans les godets de porcelaine où j'ai fait un grand nombre de ces diverses Fusions pour observer l'aspect du mélange fondu, un verre tantôt très-homogène, très-glacé, très-transparent même, et dans d'autres cas dont je n'ai pu établir la loi, un verre verdâtre ou jaunâtre, tantôt ne renfermant que des parties opaques, et tantôt entièrement opaque et composé de cristaux en aiguilles verdâtres ou jaunâtres remarquablement analogues par leur aspect soit à de l'épidote, soit à du pyroxène; ils paraissent dus à la présence du fer : ce sont les marnes colorées qui donnent ce genre de produit vitreux; telles sont :

La marne de Vandeuvre;

La marne marbrée de Montmartre;

La marne argileuse grise de l'Imprunetta, près Florence.

Telles sont les Poteries gauloises noires; elles donnent une masse fondue composée de verre transparent et de parties opaques cristallines.

La Poterie scandinave tant ancienne que moderne;

La pâte de la faïence italienne ancienne, dite majolica;

Celle de la faïence espagnole, remarquablement analogue à la pâte des hydrocérames d'Égypte;

Celle des Poteries égyptiennes antiques attribuées au siècle des Ptolémée;

La pâte des cuviers antiques des peuples de l'Amérique septentrionale.

On trouvera au tableau n° V, sous les n°s 8, 15, 18, 36, 40,

44, 51, 56, 66, 71, 104, 113, etc., quelques exemples de ces différentes Fusions.

Ces résultats ont été obtenus presque tous à la même température; celle du grand feu de la porcelaine dure de Sèvres, par une chaleur graduée et longtemps continuée, tant dans l'échauffement que dans le refroidissement, et c'est probablement cette lenteur de refroidissement qui a fait naître dans ces petites masses vitreuses des cristallites analogues à ceux qu'on trouve souvent dans les pots de verrerie, lorsque le verre a été tenu longtemps à peu près à la même température.

§ 4. — *Changement de couleur des pâtes céramiques par l'action de la cuisson.*

Je ne parle pas ici de l'intention qu'on a de donner à une pâte une couleur déterminée par l'introduction d'une matière colorante particulière, cette considération tient à la décoration générale des pâtes, mais des changements qu'elle éprouve par l'effet de la cuisson.

Ces changements peuvent se classer sous trois points de vue :

1° L'acquisition d'une couleur ou l'augmentation de son intensité;

2° Le Changement de couleur par changement de ton ou par réduction de l'intensité du ton primitif;

3° La destruction entière ou presque entière d'une couleur, et le passage à une autre.

Des Poteries blanches ou presque blanches perdent leur blancheur, et paraissent rougeâtres par un feu trop fort et que l'on appelle impur, et quelquefois par un feu trop faible.

Ainsi le biscuit de la faïence fine devient rouge ou rosâtre par un excès de feu ou un feu trop oxydant.

La porcelaine blanche, passée plusieurs fois au grand feu (7 à 8 fois) perd un peu de sa blancheur, et devient légèrement roussâtre.

Le dégourdi de la porcelaine est beaucoup moins cuit dans les fours des fabriques particulières de Paris, de Limoges, etc., que dans ceux de Sèvres; il a une teinte rose très-distincte; celui de Sèvres, beaucoup plus cuit, ne nous a montré cette teinte que très-rarement. Je ne puis en concevoir la cause.

Il y a des pâtes argileuses grises ou blanches qui prennent par la cuisson un ton jaunâtre ou rosâtre très-agréable sans qu'on y ait introduit artificiellement aucun corps colorant proprement dit; mais elles l'acquièrent seulement par un mélange de diverses argiles.

Un grand nombre d'argiles grises, presque noires, donnent des Poteries de couleur très-différente, et suivant la matière colorante qui est mêlée naturellement avec les argiles, et le degré de cuisson qu'elles ont éprouvé. On voit une multitude d'exemples de ces remarquables Changements dans les Poteries à pâte tendre et perméable des anciens et des modernes.

Si l'argile n'est colorée en noir que par une matière végétale, une matière charbonneuse ou bitumineuse, elle devient grise, presque blanche, par la cuisson, et elle deviendrait même tout à fait blanche si elle ne renfermait pas presque toujours un peu d'hydrate de peroxyde de fer. C'est ainsi que les kaolins d'Aue, près de Schneeberg, base de la porcelaine de Saxe, donnent, quoique colorés et rosâtres, une des pâtes les plus blanches qu'on connaisse.

Dans les deux cas la matière organique, quel que soit l'état dans lequel elle se trouve, se volatilise ou se brûle, et l'argile prend sa couleur naturelle d'abord à la surface de la pièce, puis dans le milieu de son épaisseur si la température a été assez élevée et assez longtemps continuée et la pâte assez perméable pour que l'air aille détruire cette matière colorante, grise ou noire, jusque dans l'intérieur de la pièce.

Cet effet, le passage complet du noir au blanc, est rare, mais celui du noir au rouge et du rouge au noir est bien plus commun.

Il y a bien peu de Poteries communes à pâte tendre et perméable, ancienne ou moderne, qui, ayant été faite avec des argiles noircies par du lignite terreux, et en même temps pétrie de pyrite, chose presque générale en géologie, ne présente à l'extérieur une croûte ou écorce rougeâtre, et dans le centre une zone noire. Des briques, fréquemment des Poteries gauloises ou celtiques, des scandinaves anciennes et modernes, montrent fréquemment cette double couleur ainsi disposée.

Mais l'inverse peut aussi se présenter, et devient plus difficile à expliquer.

On verra à l'article de certaines Poteries qu'il est d'usage de les noircir en les enfumant vers la fin de leur cuisson par des procédés que je décrirai en leur lieu. Ici, c'est le charbon qui pénètre dans la pâte, mais il ne pénètre pas toujours toute l'épaisseur de la pièce, et alors la partie moyenne reste rouge, rougeâtre ou au moins grise. Quelquefois aussi elle n'est noircie que par place, comme on le voit sur le pot indien, Pl. LVII, fig. 1.

Dans quelques cas cet enfumage produit l'effet contraire, il blanchit la pâte qui, sans cette opération, serait restée rougeâtre. C'est le cas des pipes faites en argile plastique grise, qui est nommée terre de pipe, et qui contient toujours une certaine quantité d'oxyde de fer. Cet oxyde, chauffé par une flamme pure et oxydante, passe à l'état de peroxyde rouge, et, quoiqu'en bien petite proportion, il colore les pipes en rosâtre; en le faisant revenir ainsi à l'état de protoxyde vert et presque incolore, on rend à la pâte sa couleur blanche.

Je reviendrai sur ces Changements de couleurs opérés par le feu, lorsque je parlerai des Poteries qui en sont le plus susceptibles. Mais j'ai cru devoir en établir la généralité et la théorie dans cet article, où je ne considère que les Changements opérés sur les pâtes céramiques péndant leur cuisson.

ARTICLE III. — PROPRIÉTÉS DIVERSES DES PATES CÉRAMIQUES APRÈS LA CUISSON.

Avant de terminer l'exposé des considérations générales que présentent les Poteries dans leur fabrication et dans les propriétés que leurs pâtes acquièrent par la cuisson, il nous reste encore à examiner quelques-unes de ces propriétés qui ne dérivent pas immédiatement comme les précédentes de l'influence du feu et du fait de la cuisson.

Ce sont la dilatabilité des pâtes faites, leur ténacité, leur Propriété conductrice pour la chaleur et leur Propriété hygrométrique ; nous allons remarquer avec peine qu'on n'a que très-peu de notions précises sur ces sujets.

§ 1. — *Dureté.*

C'est encore une propriété entièrement due à l'action du feu et à la cuisson ; elle varie considérablement, suivant la nature des pâtes ; elle est souvent en rapport avec la densité de masse acquise par la même action, mais ce rapport n'est pas constant et par conséquent, n'est pas essentiel.

Quelques Poteries peu denses, telles que les briques et les tuiles bien cuites, acquièrent une assez grande Dureté pour faire feu sous le choc du briquet ; mais celles qui prennent ce haut degré de Dureté, ont en général une texture très-serrée, elles le doivent à des causes fort différentes, et qui nous permettent d'assigner des règles générales à la production de cette propriété ; les Poteries dures au point de rayer le verre, l'acier et d'avoir presque la Dureté du quarz, sont :

1° Celles dont la pâte a pour base une argile plastique qui est peu dégraissée ou qui ne l'est que par du sable. Ces Poteries acquièrent sans apparence de réelle fusion, une Dureté considérable, tels sont les grès-cérames et la pâte ou biscuit des faïences fines dites cailloutage.

2° Les Poteries qui, sans renfermer aucune partie d'argile plastique, ont une composition qui leur donne la propriété d'acquérir une texture semi-vitreuse, mais de ne l'acquérir qu'à une très-haute température ; telles sont les porcelaines, non-seulement celles que l'on nomme Dures, mais encore la plupart des porcelaines tendres ; car le nom de ces dernières indique plutôt une facile fusion, par opposition à la fusion très-difficile des porcelaines dures, que leur réelle Dureté physique.

La Dureté est une des qualités importantes des Poteries, et qu'on ne leur a donnée que depuis un bien petit nombre de siècles.

Les deux parties qui composent la plupart des Poteries actuelles, la pâte et la glaçure, peuvent avoir des Duretés très-indépendantes l'une de l'autre; il y a des pâtes dures qui ont une glaçure tendre (les grès-cérames avec glaçure plombifère, les mauvaises faïences fines, les Porcelaines tendres); l'inverse, mais dans un seul cas, est également vrai (la faïence commune).

Ce sont des conditions très-importantes pour les pâtes, elle est liée avec leur imperméabilité et pour les glaçures avec la conservation de leur éclat et de leur durée dans les usages domestiques.

On n'a aucun moyen précis d'évaluer la dureté, et c'est un assez grave inconvénient; car telle Poterie n'est inférieure à une autre du même genre que par sa glaçure un peu moins dure; or, de cette tendreté qui vient souvent de la basse température à laquelle, par vue de spéculation, elle a été cuite, résulte un mauvais emploi et une infériorité de qualité peu visible au premier aspect, mais qui se développe par l'usage.

La Dureté de la pâte, ou, comme le disent les Potiers, du biscuit, est plus appréciable par la pratique. C'est le son, la sonorité vive, métallique, même supérieure à celle du bronze, différente par son éclat de toutes les sonorités ordinaires, qui indique cette Dureté. Elle est surtout très-recherchée et très-bien appréciée par les personnes qui en ont l'habitude, au moyen du choc de deux pièces l'une sur l'autre.

On a cherché pour les minéraux à faire un instrument propre à apprécier exactement la dureté. M. Seebeck, de Berlin, a proposé un mensurateur de Dureté (scléromètre), et a décrit cet instrument [1]. Il consiste en un levier d'acier horizontal, lié par une charnière à une tige verticale fixe; il porte au-dessous de lui une tige terminée par une pointe d'acier, ou de tout autre corps dur, dont la Dureté doit être toujours à peu près la même, et comme cette pointe pèse perpendiculairement sur la surface du corps dont on veut déterminer la dureté, on la fait mouvoir en cherchant à rayer la surface de ce corps. On augmente son action par un poids qu'on éloigne du point d'appui comme dans les balances, dites romaines, jusqu'à ce qu'il raye le corps.

[1] Dr A. SEEBECK, *ueber harteprüfung an Krystallen*, in-4° Berlin, 1832.

Je ne sache pas que cet instrument, qui doit avoir des imperfections, mais qu'il n'est pas de mon sujet de développer ici, ait été encore introduit dans la pratique.

M. Welter a proposé un instrument qui me semblerait susceptible d'être amené à un assez grand degré d'exactitude. Il consiste principalement en un burin de diamant convenablement acéré, monté dans un porte-plume ou tube cylindrique dans lequel est un ressort à boudin. On juge à peu près de la dureté du corps en observant la quantité dont rentre la tige de la pointe de diamant dans son étui, par l'effort qu'il a fallu faire pour arriver à rayer sensiblement le corps dont on veut apprécier la Dureté. On voit qu'on pourrait enlever par quelques dispositions une partie de ce que cet instrument peut laisser d'incertain en raison de l'inclinaison qu'on donne à la pointe, de la finesse et surtout de la profondeur de la rayure, et c'est même ce dernier point qui sera le plus difficile à préciser. Je n'ai point eu l'occasion d'essayer, ni même de voir cet instrument.

On emploie, en minéralogie, pour évaluer la Dureté des différentes espèces minérales, un procédé qui ne donne que des types de comparaison, en faisant juger que la pierre rayée est plus tendre que celle qui la raye. Ce procédé est impraticable en céramique; mais il faut ici, comme en minéralogie, prendre quelques précautions pour rendre le moyen d'appréciation le moins vague possible, tel que d'avoir une pointe d'acier toujours à peu près de la même dureté, de ne pas la laisser s'émousser, de ne pas confondre la raie métallique qu'elle peut tracer avec la véritable rayure, d'agir sur la surface toujours à peu près sous la même inclinaison, etc.

Il ne nous reste donc pour évaluer cette importante qualité que des moyens empiriques. J'ai pris pour mensurateur la pointe d'un couteau de bon acier ou celle d'un burin de graveur en taille douce; ce moyen est efficace pour les pâtes dans lesquelles les légères différences de Dureté ont moins d'importance que dans les glaçures. On peut par ce procédé diviser les Duretés céramiques en quatre degrés : Le *premier* appartient aux pâtes qui se laissent rayer facilement par une très-faible pression de la main; ce sont les Poteries anciennes de tous les pays, les Étrusques, la plupart des Grecques. Dans le *second* degré de dureté, il faut appuyer un peu plus fort pour obtenir une rayure : ce sont, en général, les Poteries romaines, les Poteries vernissées et la pâte de faïence commune. Le *troisième* degré renferme les Poteries qu'on ne peut rayer qu'en appuyant très-fort avec la pointe d'un couteau bien acérée ou celle d'un burin : ce sont les biscuits de quelques faïences fines, les prétendues porcelaines opaques. Enfin, le *quatrième* degré de Dureté est celui des Poteries i n r a y a b l e s, par l'effort le plus puissant de la main avec le couteau ou le burin : ce sont les grès-cérames, les porcelaines dures et tendres, tant françaises que flamandes et qu'anglaises.

Ce caractère, quelque vague qu'il paraisse, m'a appris que toutes les Poteries qu'on nomme a n t i q u e s, de quelque pays qu'elles soient (j'en excepte toujours la Chine), ne dépassaient jamais le deuxième degré, à moins qu'ayant été trop cuites, elles n'aient éprouvé un commencement de fusion. On a vu et on verra de nouveau quel parti j'ai tiré de ce caractère dans la distinction des Poteries antiques et des Poteries modernes.

Il en est de même, ou à bien peu de chose près, des glaçures, quoique ici le caractère soit bien moins tranché. Toute glaçure ancienne, dans l'acception que les antiquaires donnent à ce nom et sans discuter dans ce cas leur degré d'ancienneté, est rayable assez facilement par le burin ; aucune n'y résiste, du moins de toutes celles que j'ai essayées. C'est dans les Poteries modernes seulement, qu'on trouve le troisième et même le quatrième degré de Dureté.

On verra l'application de ce moyen dans l'exposition des caractères distinctifs de chaque classe de Poterie et les exceptions partielles qu'il peut offrir.

§ 2. — *Densité.*

On n'avait de notions sur cette propriété physique dans les pâtes céramiques, que ce qui avait été inséré dans les tables de Brisson, et répété sans examen dans presque tous les ouvrages de physique.

Les pâtes céramiques dont on avait donné les pesanteurs spécifiques, se réduisaient à huit, qui sont dénommées dans la table suivante :

Porcelaine tendre de Sèvres en couverte.	203
— — en biscuit.	210
Porcelaine dure de Sèvres en couverte.	209 214
— — en biscuit.	186
Porcelaine de Saxe.	247
Porcelaine de Limoges.	234
Porcelaine de la Chine.	238
Porcelaine du Japon.	237

Mais d'abord ces observations, qui se bornaient à la porcelaine, ne spécifiaient pas suffisamment à quelle qualité de porcelaine elles s'appliquaient ; elles avaient été faites suivant l'ancienne méthode, qui consistait à peser des fragments, méthode qui donne des résultats bien différents de la méthode par les poudres, accompagnée des soins minutieux qu'on prend actuellement.

On n'avait donc eu aucune direction pour comparer entre elles les Densités des diverses Poteries, et encore moins de la même Poterie dans différents états.

J'ai cru devoir remplir cette lacune, et chercher à déterminer par les moyens les plus perfectionnés et les plus précis les Densités d'un grand nombre de pâtes céramiques dans différents états de cuisson. C'était une suite fort longue d'opérations : je priai M. A. Laurent, attaché au laboratoire des essais de la manufacture de Sèvres, pour m'aider dans toutes les recherches de physique et de chimie propres à éclairer les arts céramiques, de prendre, par les procédés les plus exacts, la pesanteur spécifique d'une série de pâtes céramiques dans divers états de cuisson, et qui font la majeure partie de celles qui sont inscrites dans le tableau n° VIII (1).

Nous arrivâmes à des résultats tout à fait inattendus et entièrement opposés aux idées qu'on a généralement sur les différences de pesanteur spécifique des diverses sortes de Poteries, idées que

(1) Voir ces tableaux dans l'Atlas.

je regardais comme tellement fondées que j'en tirais, avec la plupart des physiciens, si ce n'est pas avec tous, des conséquences qui se sont trouvées totalement démenties par l'expérience.

En effet, en étudiant le tableau n° VIII, A, on voit d'abord quelle différence considérable il y a entre la pesanteur d'une même Poterie prise sur des fragments ou sur la poudre de cette Poterie; ensuite, et c'est ici le fait le plus remarquable, c'est que la pesanteur spécifique, au lieu d'aller en croissant des Poteries les plus lâches, les moins cuites, aux Poteries les plus cuites et les plus serrées, va au contraire en diminuant; en sorte que les briques tendres de Sarcelles, près Paris, les pâtes de faïence et de Poterie grossière du faubourg Saint-Antoine, à Paris, ont une Densité plus considérable que celle de la pâte si dure, si serrée, si cuite des porcelaines dures.

Mais ce fait me parut tellement paradoxal que, malgré la juste confiance que j'ai dû avoir dans la manière si exacte et si adroite d'opérer de M. A. Laurent, dans des expériences faites dans mon laboratoire de Sèvres et la plupart sous mes yeux, j'ai cru devoir les faire répéter, à plusieurs années de distance, par l'habile M. Malaguti, et ensuite tout récemment par M. Salvétat. De ces expériences faites dans des circonstances assez particulières et peut-être uniques, c'est-à-dire par une succession d'hommes habiles voulant bien se prêter à poursuivre des recherches que j'avais demandées avec persévérance à plusieurs personnes, il résulte que la porcelaine dure, à mesure qu'elle cuit, qu'elle se contracte, *qu'elle diminue de volume*, au moins d'un dixième, *diminue aussi de pesanteur spécifique* dans une proportion énorme. On voit que c'est dans le rapport de 2,619 à 2,242, en passant au milieu de sa cuisson, par celle de 2,440. Ainsi, lorsque la pâte est cuite *en dégourdi*, c'est-à-dire lorsqu'elle a été chauffée pendant dix heures à une température incandescente de beaucoup supérieure à la fusion de l'argent, lorsqu'elle est encore poreuse et happante, elle présente, *réduite en poudre*, une pesanteur spécifique de 2,619; lorsqu'on la cuit au grand feu, mais seulement à moitié, la couverte n'étant qu'adhérente mais glacée, sa pesanteur a été réduite à 2,440; lorsque enfin elle est parfaitement cuite, cette pesanteur est descendue à 2,242, et cependant la pâte a pris 10 p. 0/0 de retraite en dimension linéaire!

Je ne chercherai pas à expliquer ce fait [1] : ce n'est pas ici le lieu. Je dois me contenter de dire qu'on doit l'admettre comme certain, d'abord parce que l'expérience a été conduite avec toutes les précautions, toute la précision exigible; ensuite, parce qu'elle se lie avec la loi de changement de la pesanteur spécifique dans les pâtes céramiques, loi qui établit que dans ces pâtes la pesanteur spécifique est en raison inverse de leur degré de cuisson, ou bien, ce qui revient au même, que la Densité de la poudre de ces pâtes est d'autant moindre que la pâte est plus cuite.

Le rapport de changement de Densité, du plus au moins, inverse de celui d'augmentation de cuisson, qui va du moins au plus, n'a lieu que lorsque ces pâtes sont entièrement privées d'eau. Jusque-là leur changement est en raison directe de la cuisson. On peut exprimer par des courbes, comme l'a fait M. A. Laurent, ces changements dans la Densité produite par la cuisson.

Le tableau n° VIII, B présente trois pâtes céramiques dont la Densité a été mesurée à divers degrés de cuisson dans ce but.

§ 3. — *Texture des pâtes céramiques.*

J'entends par Texture des pâtes de Poterie cuite la grosseur et l'arrangement presque mécanique des parties, d'où résultent un grand nombre de qualités ou d'imperfections dans les Poteries.

Les parties (je ne dis pas les molécules) peuvent être ou homogènes de nature et de dimension, ou hétérogènes sous ces deux rapports, d'où résulte pour les Poteries une qualité importante. Dans le premier cas, l'aspect de leur cassure ou de leur

[1] On ne peut attribuer ce changement à la perte de l'eau ou de tout autre corps; des expériences très-précises, que je rapporterai plus loin, prouvent que le dégourdi de porcelaine ne perd rien en cuisant au grand feu.

biscuit à surface uniforme et égale est plus agréable à l'œil. Mais si en outre le tissu est serré, les Poteries sont plus fragiles, tant par le choc que par les brusques changements de température.

Dans le second cas, l'aspect est rugueux, peu agréable; mais les Poteries sont plus résistantes au choc et au changement de température.

La Texture homogène peut être ou grossière ou fine , lâche ou serrée, d'où résulte l'aspect terne ou l'aspect luisant et comme semi-vitreux.

La Texture hétérogène visible présente toujours un aspect grossier et terne.

On voit que plusieurs considérations, telles que la ténacité et son contraire la fragilité, la sonorité, et enfin dans celles qui ont un tissu très-lâche, la perméabilité, résultent de cette considération principale. Nous les examinerons particulièrement; mais je dois traiter ici de la Perméabilité, condition qui est plus intimement liée avec la Texture poreuse , ou même seulement lâche.

Excepté dans quelques cas particuliers, tels que celui des Poteries de jardin, des formes à sucre et des hydrocérames ou alcarazas, le but du Potier est en général de serrer assez le tissu de ses vases, surtout de ceux qui sont destinés à contenir des liquides, pour que les liquides ne puissent pas le traverser. Eh bien ! on verra combien, parmi les vases antiques, il en est peu qui aient cette qualité.

Parmi les vases communs modernes, un grand nombre ont aussi une pâte poreuse et perméable. Mais j'ai dit en parlant des glaçures que ce perfectionnement si longtemps attendu dans l'art céramique avait eu pour objet et pour principal résultat de corriger la perméabilité des pâtes faciles à pétrir, des pâtes peu cuites, et par conséquent des pièces qui, par leur bas prix, devaient être les plus répandues.

C'est dans les vases antiques que ce défaut est le plus sensible; la Perméabilité de leurs pâtes, et surtout leur porosité capillaire, est si générale, que j'ai dit ailleurs qu'on ne peut trop concevoir comment les anciens conservaient leurs liquides vineux, acides ou huileux; comment ils pouvaient faire cuire leurs aliments sans imprégner leurs ustensiles culinaires de la graisse et du jus qui sont un condiment indispensable des viandes qui ne sont pas rôties.

Je n'ai pas voulu élever cette difficulté et tirer les conséquences que je présente, sans m'assurer par de nombreuses expériences de la réalité et de l'étendue de cette Perméabilité.

Je ne les rapporterai pas toutes, mais je citerai seulement celles qui peuvent faire connaître et cette imperfection et les circonstances dans lesquelles elle pouvait être à peu près corrigée.

Tous les vases et ustensiles a surface complétement matte (excepté les grès-cérames), tant anciens que modernes, grecs, étrusques, romains, germains, gaulois, scandinaves, ceux de l'Asie Mineure et de l'Inde, les Poteries brésiliennes, péruviennes, mexicaines et celles des Antilles, absorbent promptement les liquides aqueux ou huileux qu'on y met; souvent c'est à cette absorption que s'arrête la perméabilité et le liquide amené à la surface externe en petite quantité s'évapore sans se réunir en gouttelettes, j'en donnerai des exemples remarquables à l'article des Poteries de l'Amérique méridionale.

Cette absorption et le suintement qui en résulte ne s'établissent quelquefois qu'au bout de 8, 12 et même 24 heures, ce qui donne le temps d'employer ces vases, si ce n'est pour contenir constamment des liquides, au moins pour les transporter.

Tout vase antique couvert seulement à l'extérieur d'un enduit luisant, quelque mince qu'il soit, retient l'eau, même l'eau bouillante pendant son ébullition et après son refroidissement, pendant un temps indéfini. Ainsi, pourvu qu'il n'y ait pas de parties mattes, ces vases grecs ornés, qui par leurs culots et une seule anse de côté ressemblent à nos pots à l'eau, ne perdent l'eau que par le dessous du pied qui n'a point reçu d'enduit luisant.

Quelques vases grecs des îles de l'Archipel et notamment ceux de Milo, qui ont été généralement plus cuits que les autres, conservent assez bien l'eau.

D'après l'énumération que les historiens et les antiquaires nous donnent de l'usage d'un assez grand nombre de vases, on ne peut douter qu'ils ne fussent employés aux usages de la cuisine et de la table ; je donnerai cette énumération à l'article des Poteries antiques à pâte tendre, on y verra des vases à contenir du vin, du vinaigre, de l'huile, des vases à cuire des champignons et des légumes, des plats pour cuire des viandes ou du poisson, qui étaient évidemment en terre cuite. J'ai voulu essayer un de ces plats à manche qui ressemble à nos petits plats à cuire des œufs avec du beurre, figuré ci-contre ; d'abord, son odeur, quoique bien lavé à l'eau bouillante, était des plus repoussantes, ce qui tenait probablement à son long séjour dans des tombes ; j'ai fait néanmoins cuire des œufs dans du beurre et j'ai été étonné de voir que le beurre fondu non-seulement n'avait pas traversé le plat, mais n'avait même été absorbé qu'en petite quantité. Comme on pouvait attribuer cet effet à une imprégnation d'humidité ou de quelque matière qui avait bouché les pores de la terre, je l'ai fait passer au dégourdi des fours de porcelaines ; il est alors devenu plus sonore et absorbant, mais on voit qu'il avait fallu peu de chose pour lui enlever une grande partie de ce défaut. J'ai tenu allumée pendant quelques jours une lampe antique ; je m'attendais à voir l'huile que j'y avais mise, suinter de toutes parts ; elle a été en effet assez promptement absorbée et a traversé l'épaisseur de la lampe, mais elle s'est arrêtée à sa surface extérieure et n'a pas été au delà.

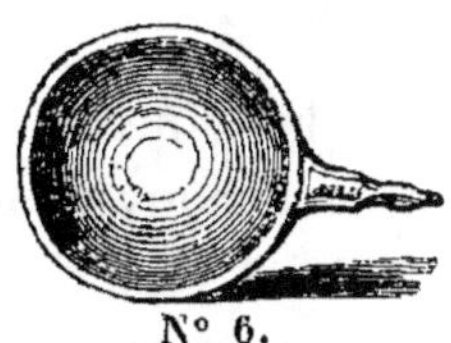

N° 6.

Il est probable que ces Poteries une fois imbibées de la matière graisseuse qu'on y mettait, ne la perdaient pas par suintement continu, et pouvaient conserver celle qui restait, n'ayant d'autre inconvénient (inconvénient qui pourrait être très-désagréable pour beaucoup d'entre nous) que de communiquer aux matières semblables qu'on y mettait de nouveau ce que nous appelons un goût de graillon.

Les Poteries modernes de la classe des Poteries à pâte tendre qui n'ont point eu le lustre des anciens, ou qui n'ont pas voulu employer le vernis plombeux des modernes, sont absorbantes et perméables ; mais on a pu quand on l'a voulu leur enlever au moins en partie ce grave inconvénient en les enduisant de suif ou d'une graisse analogue, comme l'ont pratiqué les Potiers du Pérou, qui font pénétrer cette graisse par la chaleur, ce qui contribue à donner à ces pâtes, d'après le capitaine Bagnold, la couleur noire qu'elles ont généralement (AIKIN). Les anciens, et dans les temps modernes les Espagnols, frottaient avec de la cire les jarres dans lesquelles ils devaient mettre et conserver de l'eau, du vin ou de l'huile (AIKIN).

Il est donc de fait que toutes les Poteries anciennes, c'est-à-dire, jusqu'à l'époque où l'on a découvert le vernis plombeux et le grès-cérame, absorbaient l'eau et tous les corps liquides, par toutes les parties où il n'y avait aucun de ces enduits lustrés; on ne doit excepter de cette généralité que les Poteries grecques ornées, les Poteries romaines rouges et quelques Poteries noires étrusques, présentant aussi un enduit luisant comme vitreux.

§ 4. — *Ténacité et Fragilité.*

La Ténacité est une propriété très-importante pour les usages économiques, car elle est relative à la plus grande résistance que les Poteries doivent offrir à la fracture par le choc ou par le changement brusque de température. Non-seulement le Potier doit chercher à faire des Poteries brillantes, fines, imperméables, mais il doit aussi chercher à les rendre aussi peu fragiles que le comporte la nature de la matière.

La Ténacité des pâtes faites n'est pas toujours, comme on pourrait le croire, en rapport avec leur texture; et la Fragilité elle-même ne suit pas exactement la Ténacité; elle tient autant à la facilité avec laquelle le mouvement du choc se propage dans le corps, qu'à l'adhérence entre elles des parties de ce corps.

On reconnaît, par l'expérience journalière et par l'observation la plus simple, que les Poteries à texture grossière, qui ne se cassent pas facilement par le choc, jouissent cependant d'une très-faible Ténacité. En effet, leurs parties ont peu d'adhérence entre elles, et la plus faible courbure suffit pour les séparer, tandis que la porosité de leur pâte s'oppose à la propagation de la vibration qui résulte du choc.

Parmi les pâtes à pâte dense, on a remarqué que toutes choses paraissant égales d'ailleurs, celles qui étaient composées d'une matière vitreuse alcaline et même en partie vitrifiée, rendue opaque par des matières terreuses comme interposées, avaient beaucoup plus de Ténacité dans toute l'étendue de cette propriété que les pâtes vitreuses à composé presque uniquement terreux. Ainsi, les porcelaines tendres, comme celle de Tournay et même celle qu'on faisait à Sèvres, résistent bien plus fortement à la cassure par le choc que les grès et les porcelaines dures, qui se brisent par le moindre choc.

Il ne faut donc pas confondre dans l'usage, la Ténacité due à la cohésion des parties, qui se mesure par la résistance qu'elle montre à la fracture par pression, avec la Ténacité qui consiste dans une résistance à la fracture par le choc. La porcelaine dure, dont un faible coup détache des éclats avec facilité, présentera beaucoup plus de cohésion que les faïences communes qu'on peut frapper assez fortement sans en détacher aucun éclat.

Mais on voit que ces évaluations de cohésion ne sont qu'approximatives, qu'on ne peut que les présumer sans pouvoir les exprimer ni d'une manière précise, ni même avec certitude.

M. Boch Buschmann, que j'ai eu plusieurs fois occasion de citer dans cet écrit, a inventé un instrument propre à faire connaître, avec une exactitude qui paraît suffisante pour la pratique, le degré de cohésion ou de Ténacité de différents corps fragiles. Cet instrument, dont la description exigerait des détails trop nombreux et une figure très-compliquée, a été décrit dans le *Bulletin des Sciences*, par la Société Philomatique (mars 1809, page 311 et figure, pl. 5). Nous y renvoyons.

On a dû chercher à donner aux Poteries la plus grande Ténacité, c'est-à-dire celle qui les ferait résister à la fracture par le choc, par le changement brusque de température ou par la pression. Mais il est presque impossible de réunir dans une même sorte de Poterie les trois sortes de Ténacités. Il est même très-difficile de les doter de l'une d'elles sans leur donner en même temps des défauts assez graves.

Ainsi, on peut donner à des Poteries la faculté de résister assez bien au choc et au changement rapide de température en rendant leur texture lâche et grossière. Mais elles deviennent alors perméables ou d'un aspect désagréable. Telles sont les Poteries communes à pâte tendre, qui s'écrasent facilement sous une faible pression (les Poteries communes peu cuites, les pots d'horticultures, les creusets et pièces d'encastage faits avec des ciments plus ou moins gros). Elles peuvent avoir une texture fine et serrée, et cependant au moyen de l'introduction presque mécanique d'une matière terreuse ou d'un oxyde métallique, tel que le plomb dans une masse vitreuse, résister très-bien au choc. Les pièces de porcelaine de l'ancien Sèvres, celles qui sont faites à la façon de Tournay, la Poterie nommée *ironstone* en Angleterre, ont éminemment cette qualité. On peut jeter des assiettes faites de ces pâtes avec une certaine adresse sur le plancher, sans qu'elles se brisent; mais elles ne résistent pas à l'action d'une température mal ménagée.

Les Poteries dont la pâte est d'un tissu très-serré, très-dur, et ordinairement très-sonores, sont généralement très-fragiles et par le choc et surtout par l'action d'une chaleur vive et inégalement appliquée; mais elles ont une Ténacité assez puissante pour supporter sans s'écraser une forte pression; telles sont les faïences fines cailloutées, les grès-cérames, les porcelaines dures. Cependant beaucoup de ces dernières peuvent, dans un grand nombre de cas, soutenir une haute et inégale température d'application sans accident. De là tous ces grès et ces porcelaines dits à feu. On ne connaît pas encore très-précisément la cause de cette précieuse qualité; cependant on peut la présumer d'après les observations et même les expériences suivantes.

Il est très-rare que les grès-cérames presque uniquement composés d'argile plastique suffisamment dégraissée par la quantité de sable nécessaire à leur dessiccation et à leur cuisson, puissent supporter sans se briser l'action du feu; les porcelaines dures très-translucides sont généralement dans le même cas; mais quand elles ont pour base un kaolin très-argileux tel que celui des porcelaines de Saxe, de Sèvres, de Bayeux, elles acquièrent, avec de l'opacité et une couleur grisâtre, une assez grande résistance aux changements non ménagés de température; on donne à quelques porcelaines cette même faculté par l'introduction dans leur pâte d'une certaine quantité d'argile plastique. Les Poteries qui sont comme l'intermédiaire entre les grès-cérames et les porcelaines et que Fourmy a nommées hygiocérames sont tout à fait dans ce cas; les hygiocérames que cet habile Potier avait faits, ceux que l'on a faits à son imitation, à Plombières, à Orchamps dans le Jura, à Berlin et près Berlin sous le nom de Poteries de santé, jouissent éminemment de cette qualité, et j'en ai éprouvé des effets qui m'ont étonné.

Le fendillement de la couverte, qu'on appelle gerçure ou tressaillure, quand cette couverte n'est pas trop épaisse, quand ce fendillement n'a pas été trop loin, quand il forme des fentes fines, courtes et multipliées, qui divisent la glaçure en une multitude de petits carreaux, donne aussi aux Poteries à pâte fine, dure et sonore, la propriété réfractaire que nous examinons.

On croit que la coloration de cette couverte terreuse en brun-marron par des oxydes de fer et de manganèse, contribue à donner à ces Poteries la résistance au feu qu'on leur connaît; de là la couleur générale de presque tous les hygiocérames. Je n'ai pas eu occasion de faire les expériences délicates et difficiles qui auraient pu infirmer ou confirmer cette singulière opinion.

La composition matérielle et chimique des pâtes a une grande influence sur leur Ténacité à l'égard du choc et de la température.

Des pâtes à grains extrêmement fins sont plus Fragiles dans ces deux cas que des pâtes à tissu grossier.

La chaux, en quantité notable, en augmentant la fusibilité des pâtes, les rend en général fragiles au point de céder sous le premier choc et au plus faible changement de température, et de se diviser même en mille pièces.

La couverte felspathique ou vitro-terreuse, trop épaisse se gerce, se fissure, et ces fissures, se communiquant dans la pâte, en déterminent la fracture. Si les pâtes, qui ne sont pas de la nature semi-vitreuse de la porcelaine, ni même des grès-cérames, se fendent d'autant moins qu'elles sont peu cuites, il n'en est pas ainsi de ces dernières : la couverte tressaillant plus ou moins visiblement, entraîne dans ce dernier cas la fracture de la pièce.

Les couvertes n'ayant presque jamais le même degré de dilatation et de contraction que les pâtes se fendent, lorsqu'elles sont trop épaisses, par le plus léger changement de température, et entraînent avec elles la fracture de la pièce, surtout si celle-ci a une forme évasée. Je n'ai jamais pu laisser des vases en forme de campanule, qu'on nomme jasmin, mattes en dedans, sans les voir se briser peu de temps et quelquefois même très-longtemps après leur sortie du four. Il a toujours fallu leur mettre à l'intérieur une couche de couverte à peu près aussi épaisse qu'en dehors.

Il est des cas où des pièces complétement isolées de toute cause de rupture se brisent instantanément et comme d'elles-mêmes. Il n'est personne parmi les Potiers, fabricants et marchands qui n'ait été témoin de ces faits. La fracture est comme élastique, les bords s'écartent en coins comme la fente qui se fait dans une pièce de bois sèche.

On ne sait encore à quoi attribuer ce singulier phénomène, qui a lieu si souvent dans des verres qui n'ont pas été bien recuits ; mais dans le cas qui nous occupe, ce n'est pas seulement dans de la porcelaine dure ou tendre que cette fêlure a lieu (elle est même bien plus rare dans cette dernière que dans l'autre), c'est dans des plaques de terre cuite qu'on appelle rondeaux, dont le tissu est grossier et même assez lâche. Il est vrai que ces fractures comme détonnantes ont souvent lieu dans les fours mêmes, ayant encore une haute température. J'y reviendrai en parlant des accidents qui accompagnent la fabricationde la porcelaine dure.

On a présumé que l'état électrique de l'atmosphère où se trouvaient les pièces ainsi détruites par une fracture comme spontanée, pouvait être la cause si puissante et d'une origine encore si obscure, de ce singulier phénomène.

Tels sont les faits qui appartiennent à la considération de la solidité, de la Ténacité et de la Fragilité des pâtes céramiques.

§ 5. — *Dilatabilité.*

La mesure de la Dilatabilité des corps à très-haute température telle qu'il était utile de l'avoir pour les pâtes céramiques cuites, est peut-être encore plus difficile à obtenir dans le cas actuel que celle de la haute température elle-même, et malgré les tentatives nombreuses que j'ai faites pour arriver par une route praticable à une mesure suffisamment précise de cette propriété, je n'ai pu encore obtenir aucun résultat admissible; il faut donc que je répète que nous ne possédons encore aucune notion précise sur ce point important. On sait seulement que les pâtes céramiques cuites sont, en général, comme les pierres, comme les verres, beaucoup moins dilatables que les métaux. L'usage que j'ai fait de l'argent porté sur une barre de porcelaine dégourdie pour mesurer la température des fours dits moufle où l'on cuit les peintures faites sur porcelaine avec des couleurs vitrifiables, m'a fait connaître des différences très-considérables entre la Dilatabilité de ces deux corps vers la température de la fusion de l'argent. Il y a néanmoins dans le peu qu'on sait à ce sujet une considération assez importante à faire et qui peut servir à montrer combien est illusoire l'idée qu'on a eue d'employer le platine comme pyromètre. On remarquera, d'après les expériences de MM. Dulong et Petit, que la dilatation du verre étant exprimée pour une déviation de température de 0 à 300 deg. cent. par 0,003, 032, celle du platine est exprimée pour les mêmes limites par 0, 002, 754. Or si, comme il est probable, les pâtes céramiques, et notamment la porcelaine, ont une dilatation voisine de celle du verre, on voit que le support en pâte céramique infusible qu'on donnerait à un barreau de platine éprouverait au grand feu, plus de mouvement que le barreau lui-même. Mais il est possible que ces rapports changent à de très-hautes températures, puisqu'ils ont déjà changé entre les limites si peu distantes de 100 à 300 deg.

§ 6. — *Conductibilité de la chaleur*.

La solution de cette question qui intéresse et la physique et l'art céramique, quoique plus avancée que quelques-unes des précédentes, est encore loin d'être obtenue. D'illustres physiciens depuis M. Despretz s'en sont occupés dans le laboratoire de Sèvres, et je puis citer M. Melloni et M. Malaguti; mais ces travaux ont fait voir combien cette question était difficile à résoudre, et que ce n'était pas dans une manufacture où tant de recherches tendant plus directement au but industriel qu'on veut atteindre qu'au but scientifique qui ne présente souvent des résultats que dans l'avenir, laissent peu de temps et de moyens pour résoudre avec exactitude ces questions de haute physique.

Cependant j'ai cherché à connaître, ne fût-ce que superficiellement, ce qu'on ne sait pas du tout, ce qu'on ne fait que présumer, c'est-à-dire s'il y a de grandes différences de Conductibilité entre les différentes pâtes céramiques cuites, et quels peuvent être les rapports de ces différences.

Après avoir indiqué ce qui a été fait sur la Conductibilité des corps par les physiciens, je dirai ce que j'ai fait sur celle des Poteries.

Ce qu'on sait sur cette propriété physique des pâtes céramiques est dû aux expériences que M. Despretz a faites sur les lois de la propagation de la chaleur dans les corps solides, mais sans avoir pour objet les Poteries en particulier. Il n'a essayé que deux sortes de Poterie très-différentes par leur nature et leur texture, et les a comparées presque immédiatement avec des corps naturels pierreux ou métalliques.

Comme on devait s'y attendre, la porcelaine et la terre cuite des fourneaux conduisent beaucoup moins bien la chaleur que le métal le moins conducteur, qui est le plomb; c'est probablement en partie à cette propriété, jointe à l'absence de la ténacité, qu'est due la grande facilité avec laquelle les pâtes céramiques très-denses et très-homogènes se cassent par les changements de température. Mais ce qu'il y a d'assez particulier, c'est que la porcelaine dure à texture dense est encore un moins bon conducteur que le marbre blanc à texture grenue et cristalline. C'est du moins ce qui résulte du tableau donné par M. Despretz; dont je n'extrais que les articles suivants, les seuls qui soient utiles à notre objet, et qui font voir les rapports de Conductibilité de deux pâtes céramiques entre elles, avec le corps le meilleur conducteur et avec celui qui l'est le moins.

Or.	1000
Plomb.	179,6
Marbre blanc.	23,6

Porcelaine.	12,2
Terre cuite de fourneau.	11,4

On ne peut pas cependant attribuer beaucoup d'influence à cette propriété sur la fragilité par les changements de température, car il y a une immense différence à cet égard entre la porcelaine et la terre cuite des fourneaux, entre une porcelaine et une autre. On voit qu'il y en a peu dans les propriétés conductrices du calorique des deux pâtes céramiques choisies par M. Despretz.

Pour avoir quelques données à ce sujet, nous avons mis dans une caisse en forte tôle percée latéralement d'ouvertures rectangulaires des baguettes de sept sortes de Poteries, larges de 1 centimètre, épaisses de 4 à 5 millimètres, et longues d'environ 2 décimètres, savoir :

1° Porcelaine dure de Sèvres en biscuit; 2° couverte fondue de porcelaine dure; 3° faïence fine dure, dite porcelaine opaque; 4° faïence fine, dite terre de pipe; 5° faïence commune; 5° Poterie tendre commune en biscuit, et 7° la même vernissée. On les a ajustées et assujetties dans ces ouvertures, de manière qu'il y ait une portion de quatre centimètres de longueur de chacune d'elles qui pénétrait dans la caisse. On a rempli la caisse d'eau, et avec du feu de charbon allumé sous cette caisse, on a porté l'eau à l'ébullition. Un écran en porcelaine dégourdie garantissait les baguettes et la cire de l'échauffement par la chaleur rayonnante de la boîte de tôle. Sur chaque baguette on a placé exactement, à quatre centimètres des parois de la caisse, une petite boule de cire.

La déperdition de chaleur et la faible Conductibilité de ces baguettes de Poterie n'ont pas laissé arriver jusqu'aux boulettes de cire dans l'expérience de l'eau bouillante, une chaleur suffisante pour les fondre.

Alors on a rempli la caisse de plomb, qu'on a laissé pendant une heure à l'état de fusion, et on a observé l'arrivée aux boulettes de cire de la chaleur susceptible de les fondre.

On a répété cette expérience dans les mêmes conditions cinq fois, mais en changeant ces baguettes de place, et on a obtenu l'ordre suivant de Conductibilité dans les Poteries assez conductrices pour avoir laissé arriver la chaleur jusqu'à la boulette de cire.

1° La porcelaine dure sans couverte, dite biscuit;

2° La couverte de porcelaine dure, fondue en baguettes;

3° La faïence fine dure, dite porcelaine opaque;

4° La faïence fine tendre, dite terre de pipe;

5° La faïence commune;

6° La Poterie tendre commune, sans vernis.

Je le répète, cette expérience est bien informe; mais elle indique cependant un ordre de Conductibilité qui paraît être en raison directe de la densité des Poteries en masse, mais qui ne présente aucun rapport saillant entre cette propriété et le degré de susceptibilité que les Poteries ont d'être brisées plus ou moins facilement par l'approche d'un corps élevé à une haute température.

§ 7. — *Action des vapeurs salines, et particulièrement du selmarin sur les pâtes céramiques.*

On ne peut douter de l'influence de la vapeur du selmarin sur les Poteries. J'en ai dit quelques mots à l'article des glaçures données par volatilisation (page 180). J'y reviendrai en traitant des grès-cérames. Il s'agit ici d'étudier cette action en général, et d'en établir, ou au moins d'en chercher la théorie.

L'action du selmarin sur les Poteries est remarquable dans certains cas, presque nulle dans d'autres. Quelles sont les circonstances qui la développent le plus?

Si les expériences que nous avons tentées, M. Malaguti et moi, ne sont pas décisives, quoique répétées cinq fois, elles attestent au moins l'influence que doit avoir l'humidité dans ce phénomène.

Nous avons placé différentes pièces en biscuit dans une cazette, tantôt au commencement du grand feu de porcelaine dure, tantôt à la fin; nous avons projeté du selmarin dans cet étui. Au défournement, les pièces d'essai montrèrent un peu de g l a c é, principalement sur la partie inférieure, qui avait pris en même temps une teinte jaunâtre. Les parois des étuis où la projection du selmarin fut faite, étaient blanchies, et, chose assez remarquable qui se reproduisit constamment dans les cinq expériences, les assiettes placées dans les étuis au-dessous de celui qui contenait les pièces en biscuit, et où s'était faite la projection du sel, offraient de même une coloration jaune qui diminuait avec leur distance à l'étui d'essai.

Une expérience tentée avec du selmarin chimiquement pur, a donné lieu aux mêmes phénomènes.

Ainsi, dans les conditions de nos expériences, l'action exercée par le selmarin a été à peu près nulle sur les pièces qui étaient immédiatement exposées à sa Vapeur, et manifeste au contraire sur celles qui étaient placées au-dessous de cette action : dans les fours à grès-cérame elle est au contraire puissante et presque générale.

Voici comment nous tentons d'expliquer ce phénomène :

On ne peut concevoir l'action de la Vapeur du selmarin sur la silice qu'en admettant l'intervention de l'eau à l'état de vapeur ; c'est précisément ce qui doit avoir lieu dans les fours à grès : ici les pièces ne sont pas enfermées dans des étuis, elles reçoivent directement la vapeur d'eau formée pendant la combustion ; la décomposition du sel et la séparation de la soude peuvent donc s'effectuer.

Dans les fours à porcelaine où nous avons fait l'expérience, ni l'air ni la flamme n'ont un libre accès sur les pièces enfermées dans des étuis, et alors l'Action du selmarin doit être ou nulle ou faible, et c'est ce que l'expérience précédente a fait voir.

Quant aux phénomènes de coloration constatés dans tous nos essais, notamment sur les pièces inférieures à l'étui où on a projeté le selmarin, on peut les expliquer, en remarquant que le chlorure de sodium, en se décomposant au contact de la silice, produit de l'acide hydrochlorique qui se combine avec le fer des étuis et fournit un chlorure de fer dont la Vapeur, plus dense que celle du selmarin, descend et colore les pièces qui se trouvent sur son passage.

De là, décoloration de la partie inférieure de l'étui d'essai, coloration en jaune des pièces d'essai ; coloration des assiettes placées au-dessous. On peut aussi expliquer pourquoi les pièces d'essai ne sont pas aussi jaunes que les assiettes placées dessous. Dans l'étui d'essai, la vapeur de chlorure de fer se trouve mêlée à une grande quantité de Vapeur de selmarin; tandis que dans les étuis inférieurs la Vapeur de chlorure de fer est presque pure.

LIVRE SECOND.

CLASSIFICATION ET CARACTÈRES

DES DIVERSES SORTES DE **POTERIES**,

LEUR FABRICATION ET LEUR HISTOIRE SPÉCIALE.

TABLEAU DE LA CLASSIFICATION DES POTERIES.

CLASSES.	NOMS ET CARACTÈRES.	ORDRES.	NOMS ET CARACTÈRES.
I.	POTERIE A PATE TENDRE, c.-à-d. rayable par le fer, argilo-sableuse, calcarifère, la plupart fusible au feu de porcelaine. *Nota*. Du XIIe siècle avant J.-C. au XVe siècle après, avec une lacune de vingt siècles.	1er ORDRE.	TERRES CUITES. Pâte argilo-sableuse. Surface matte. Sans aucune glaçure. (Sous-ordre.) *A*. La plastique. (moulée.) *B*. Les ustensiles. Briques, fourneaux. (moulés.) *C*. Les Poteries mattes. Jarres, Urnes. (tournées.)
		2e ORDRE.	POTERIES LUSTRÉES. Glaçure mince. Silico-alcaline.
		3e ORDRE.	POTERIES VERNISSÉES. Glaçure plombifère.
		4e ORDRE.	POTERIES ÉMAILLÉES. (Faïence commune.) Glaçure stannifère. (**Appendice**). Carreaux, briques, etc., à glaçure vitrifiée.

II.	POTERIE A PATE DURE, c.-à-d. non rayable par l'acier, opaque, argilo-siliceuse, infusible. *Nota*. Du XVIe au XVIIIe siècle.	5e ORDRE.	FAIENCE FINE. Pâte incolore. Glaçure vitro-plombique.
		6e ORDRE.	GRÈS-CÉRAME. Pâte colorée. Sans glaçure ou glaçure silico-alcaline.
III.	POTERIE A PATE DURE, translucide, argilo-siliceuse, alcaline, ramollissable. *Nota*. Du XVIIe au XIXe siècle.	7e ORDRE.	PORCELAINE DURE. Pâte de kaolin. Glaçure felspathique.
		8e ORDRE.	PORCELAINE TENDRE NATURELLE. Pâte argilo saline, phosphatique, kaolinique. Glaçure vitro-plombique, boracique.
		9e ORDRE.	PORCELAINE TENDRE ARTIFICIELLE. Pâte marno-saline, frittée. Glaçure vitro-plombique.

LIVRE SECOND.

LES DIVERSES SORTES

DE

POTERIES.

Nota. J'ai fait connaître à l'Introduction les principes qui m'ont dirigé dans cette classification, et son objet.

Je n'aurai à y revenir qu'en développant ces principes à la tête de chaque classe et de chaque ordre.

CLASSE Ire. — POTERIES A PATE TENDRE.

D'après les principes de classifications des Poteries, posés et développés dans l'introduction, les caractères distinctifs de ces produits d'un même genre d'industrie, doivent être pris d'abord de la pâte, ensuite de la glaçure; or, les quatre premiers ordres de cette Première Classe, les terres cuites, les Poteries lustrées, les vernissées et les émaillées ne diffèrent pas essentiellement entre eux par la nature de leur pâte (1). Elles sont toutes sableuses, presque toutes calcarifères et la plupart fusibles à haute température (2); toutes ont la texture lâche. Enfin, elles sont tendres, c'est-à-dire susceptibles d'être rayées par l'acier ordinaire, en sorte qu'en donnant à la tête de la 1re Classe les caractères de la pâte, on remarquera que celle-ci étant à peu près la même dans les quatre ordres, les caractères doivent être exprimés par les mêmes termes.

Il ne reste plus qu'à indiquer pour caractères des quatre ordres, ceux qui tiennent à des propriétés moins importantes que celles qui dérivent de la pâte, tels sont les caractères que fournissent les glaçures.

Dans les temps modernes la séparation des Poteries à pâte tendre en deux groupes principaux, les Poteries mattes et les Poteries à glaçure, est difficile et paraît illusoire, car il y a bien peu de Poteries tendres mattes qui ne soient susceptibles de recevoir une glaçure, et bien peu de fabriques de Poterie commune qui ne fassent les deux sortes; mais il n'en a pas été ainsi dans les temps anciens, et même cette confusion est plus commune en Europe que dans d'autres parties du monde.

(1) En général, une classification précise est ici presque impossible, elle est même peu importante, et si je cherche à en approcher, c'est pour grouper les différents procédés de fabrication suivant la sorte de Poteries à laquelle ils sont plus particulièrement applicables.

(2) Ce qu'il y a d'assez remarquable, c'est que parmi ces pâtes tendres, cuites à basse température, il s'en trouve plusieurs dont on aurait pu porter la cuisson à une température beaucoup plus élevée sans les fondre; car j'ai essayé beaucoup d'entre elles au grand feu, et quelques-unes n'y ont éprouvé ni fusion, ni ramollissement; elles sont, au contraire, devenues dures comme du grès; je ferai connaître en leur lieu celles qui ont offert une infusibilité à laquelle je ne m'attendais pas.

Cette séparation est donc assez importante, puisqu'elle marque des époques et des lieux.

J'ai déjà dit que jusqu'à présent on n'avait reconnu aucune Poterie européenne qui avant le XIIe siècle eût reçu une glaçure plombifère; voilà pour le temps, mais pas pour les lieux, car les ustensiles en terre cuite vernissée étaient certainement connus en Orient avant le Xe siècle.

Tels sont les principaux motifs qui m'engagent à traiter séparément ces deux sortes de Poteries, les Poteries mattes et les Poteries à glaçure, et, tout en prenant l'ordre géographique pour première considération, je prendrai ensuite, autant qu'il sera possible, l'ordre chronologique pour seconde considération. Ainsi cette classe sera divisée en quatre ordres : le premier renfermera sous le nom de terres cuites tous les objets en pâte argileuse, quelles que soient leur forme et leurdestination, qui sont généralement sans glaçure; les trois autres ordres présenteront toutes les Poteries recouvertes totalement ou partiellement d'une glaçure, ce qui établit sans hésitation qu'elles sont d'un temps postérieur à la découverte d'une glaçure quelconque.

PREMIER ORDRE. — **TERRES CUITES**.

C'est ici que l'expression de Poteries est inapplicable, et c'est même le genre de produit qui compose ce premier ordre qui m'a forcé à adopter l'expression d'*art* et de *pâte céramique* de préférence à celle de *Poteries;* car on ne peut appliquer ce dernier nom à la plupart des produits de cet ordre où se trouvent réunis les briques, les carreaux, les tuiles, les fourneaux, etc., des ornements, des bas-reliefs et des figures en Terre cuite.

Les produits céramiques de cet ordre renferment la plupart des productions qui faisaient partie chez les anciens de l'art nommé PLASTIQUE, et ils les renfermeraient toutes si la Plastique ne s'était exercée aussi sur des matières susceptibles de recevoir toutes sortes de formes comme l'argile, mais d'ailleurs très-différentes de cette terre par leur nature, telles que le plâtre, la cire, etc.

Les TERRES CUITES sont des produits céramiques à pâte d'une texture lâche et poreuse, quelquefois hétérogène, peu dure, rayable par le tranchant d'un instrument d'acier ordinaire; peu cuites et à son sourd;

N'acquérant, par une haute température, ni la texture compacte, ni la dureté du grès-cérame;

Étant ordinairement sans aucune sorte de glaçure, ou n'en admettant que partiellement et dans des cas exceptionnels.

Leur pâte est composée généralement d'Argile figuline ou de Marne argileuse; elle est marchée ou malaxée, mais rarement lavée.

Elle est dégraissée soit avec du Sable, soit avec du Ciment, des Escarbilles ou autres matières grossières (les briques, les carreaux, les fourneaux).

Quand il y a une glaçure ou enduit vitreux, c'est ordinairement un vernis de plomb (les tuiles de Hollande, les conduits d'eaux).

La fabrication est grossière; elle se fait à la Main, mais aussi, et même souvent, dans des Moules plus ou moins soignés, c'est une de celles à laquelle s'appliquent le plus fréquemment et le plus utilement les moyens mécaniques de pression.

La cuisson est simple, et sa Température s'étend depuis la simple Dessiccation à un soleil ardent, jusqu'à une Cuisson voisine de celle du grès-cérame.

Le four est tantôt nul, c'est-à-dire que les pièces à cuire sont disposées de manière à le former; tantôt c'est une enceinte carrée à Bouches inférieures multiples, sans Cheminées déterminées.

Le Foyer est tantôt inférieur et tantôt interposé dans le Laboratoire avec les pièces.

Le Combustible est soit du Bois en fagot, et alors le Foyer est inférieur, soit de mauvaise Houille, quelquefois même les résidus d'autres fourneaux, soit de la Tourbe, et alors le foyer est interposé. (Cuisson des briques en Angleterre, à Auteuil près Paris, etc.)

Tels sont les caractères de cette fabrication.

On peut subdiviser cet ordre, en raison des nombreux articles qu'il embrasse, en trois Sous-ordres que je désignerai par les noms de Plastique, d'Ustensiles et de Poterie matte.

Le premier sous-ordre, la Plastique, renfermera les pièces de figure et d'ornement façonnées à la main ou moulées.

Le deuxième sous-ordre, les Ustensiles, réunira toutes les pièces diverses d'usage économique ou domestique qui ne sont point destinées à contenir des liquides.

Le troisième sous-ordre, la Poterie, se composera de tout ce qui est creux et destiné à recevoir ou contenir différents objets, notamment des liquides, des grains, des poudres, etc.

1er SOUS-ORDRE. — A. LA PLASTIQUE.

La Plastique, expression empruntée des anciens, et qui indique plutôt un art qu'un produit, renferme pour nous toutes les productions en Terre-cuite auxquelles l'art des sculpteurs, et même celui des statuaires, a contribué.

Il a chez les modernes beaucoup moins d'emploi qu'il n'en a eu chez les anciens, et il peut paraître assez remarquable que les arts céramiques qui, sous le rapport des pâtes et des vernis, sont restés dans l'enfance pendant une si longue suite de siècles, aient été au contraire poussés aussi loin chez les anciens sous le rapport de la Plastique, qui consiste à faire en Terre-cuite des ornements, des ustensiles, des statues même d'une assez grande dimension.

Il reste une multitude de fragments de corniches, d'entablements, de mausolées, de tombes en Terre-cuite qui faisaient partie d'édifices d'une grande étendue, et qui sont ornés de sculptures et de bas-reliefs composés avec autant de goût et de style, qu'exécutés purement; exécution dont le mérite, reconnu et admiré du temps de Pline, donnait à ces produits une valeur considérable.

C'est à Dibutade de Sicyone, établi à Corinthe, qu'on reporte l'invention de la Plastique : ce procédé a été surtout très-fréquemment employé pour faire de petites tombes, dont on trouve encore un grand nombre dans l'ancienne Étrurie, où, suivant Varron, cet art était très-cultivé.

On en faisait aussi en Italie de très-grandes, car Varron et Caton voulurent être placés dans des cercueils de Terre-cuite.

La Plastique d'ornementation a eu un emploi des plus communs dans la fabrication de ces tuiles d'ornement du bord des toits plats qu'on appelle des Antéfixes.

Les figures antiques en Terre-cuite ne sont pas moins nombreuses que les ornements, mais la plupart sont d'assez petites dimensions : cependant les anciens en savaient faire aussi de très-grandes : Pline cite une statue de Jupiter, par Turianus, placée au Capitole, et une d'Hercule nommé Fictilis à cause de la matière dont elle était faite, qui était encore célèbre de son temps ; il ajoute une longue énumération des artistes qui s'étaient distingués dans l'art de la Plastique, tant à Corinthe qu'à Samos.

On voit dans le Musée royal de Naples des statues en Terre-cuite d'une seule pièce ayant près de deux mètres de hauteur, et notamment un Jupiter d'une très-grande beauté ; enfin on vient d'en avoir tout récemment un nouvel exemple dans une figure de bacchante du plus beau travail et de grandeur naturelle, qu'on a découverte à Rome ([1]).

La Plastique des anciens, soit qu'ils l'appliquassent aux statues, aux tombes ou aux bâtiments, était presque toujours colorée soit en bleu, soit en vert, soit en rouge. Cette dernière couleur était le plus fréquemment employée. Pline nous apprend que Dibutade introduisait de la rubrica dans l'argile dont il composait sa pâte pour lui donner une couleur rouge. Ces couleurs étaient terreuses et peu adhérentes ; cependant il est bien rare qu'en les cherchant avec attention on n'en trouve pas quelques restes dans le fond des plis et dans les cavités où elles ont été garanties du frottement. Le musée de Sèvres possède un petit tombeau étrusque où se voient assez facilement les vestiges de la couleur rouge et verte dont il avait été enduit.

([1]) Lettre de M. Pietro Visconti à M. Raoul Rochette, datée de Rome 1er juillet 1829.

MM. le duc de Luynes et de Bacq, architecte, ont trouvé dans les ruines de Métaponte, golfe de Tarente, dans le lieu dit chiesa de Sansone, des fragments de corniche et des têtes de lion très-belles, d'environ quatre décimètres de hauteur, qui étaient enrichies de couleurs brune, rouge, jaune très-vives, et qui paraissaient avoir été cuites avec la terre (1). Ce qu'il y a de remarquable sous le rapport de la fabrication, c'est que cette pâte de Terre-cuite, assez dure, a un grain grossier dans l'intérieur, mais très-fin à la surface, de manière à donner aux détails de la sculpture toute la finesse désirable. On verra plus bas que M. Virebent, de Toulouse, a suivi cette même marche.

Beaucoup d'archéologues regardent la Plastique comme ayant précédé la sculpture en pierre. Il est certain qu'on trouve des figurines en Terre-cuite parmi les objets de la plus haute antiquité, et chez les nations les moins avancées dans les arts.

La planche M, I, du Musée céramique de Sèvres présente plusieurs exemples de Plastique de différents temps et de différents peuples. La figure 2 est une enveloppe de momie égyptienne, et la figure 12 un sceau ou cachet égyptien en Terre-cuite rougâtre, assez dure et coloriée, par conséquent un échantillon de Plastique qui a près de 3000 ans.

La figure 7 est une figurine mexicaine. Je reviendrai sur la Plastique des anciens Mexicains à l'article des Terres-cuites mattes; enfin les figures 8 et 11 offrent des exemples de la Plastique chez les anciens Péruviens.

On peut suivre la Plastique, pratiquée, comme on vient de le dire, dès les temps les plus anciens, sans autre interruption que celle qu'ont causée à toute civilisation ces temps d'ignorance et d'anarchie pendant lesquels les hommes n'ont fait que se disputer, se déchirer et se battre; on peut, dis-je, la suivre par quelques exemples de monuments, et de pièces d'une grande dimension exécutés à différentes époques, notamment dans les XIVe et XVe siècles.

A la fin du XIVe siècle, Nicolo d'Arezzo fit pour divers monuments de sa ville natale de grandes figures en Terre-cuite, et

(1) *Métaponte*, par le duc de Luynes. — Paris, 1833, Pl. VII et VIII.

notamment un saint Antoine pour l'église consacrée à ce saint.

Au XVe siècle, le sculpteur Simon fit pour Florence une statue de Marie-Magdeleine de plus de 2 mètres de hauteur.

Vers la fin du même siècle, Mazzoni Guido Paganino, de Modène, et Delsa, peintre florentin, étaient célèbres comme sculpteurs en Terre-cuite; plusieurs de leurs ouvrages se voyaient à Ferrare, Venise, Naples, Florence.

A ces exemples tirés de l'Italie (1), on peut ajouter les statues colossales en Terre-cuite représentant saint Paul et saint Pierre et un grand bas-relief d'une des portes de la cathédrale de Séville, exécuté par maître Miguel, sculpteur espagnol du XVIe siècle (2); et en France les statues en Terre-cuite de Germain Pilon d'un Ecce homo, d'un Christ au tombeau, d'un saint François, toutes figures de grandeur naturelle exécutées en 1588, et qui se voyaient au musée des monuments français.

On ne peut pas dire que cette partie des arts céramiques ait été inconnue ni même entièrement abandonnée dans les temps modernes; mais il est assez singulier qu'on l'ait presque uniquement appliquée dans le XVIIIe siècle à des objets sans style, sans goût et sans mérite, telles que ces figures habillées dont on peuplait certains jardins, les mauvaises figures allégoriques placées sur les poêles d'antichambres, etc

Cependant, vers la fin du siècle dernier et dans le siècle actuel, on revient avec ardeur, goût et succès à l'emploi de la Plastique, tant pour la statuaire que pour les ornements. Clodion, vers la fin du XVIIIe siècle, a laissé de très-jolies statuettes et de fort jolis groupes en cette matière, et nous avons vu tout récemment au dernier salon d'exposition de 1842 un bas-relief en terre cuite d'une grande dimension, représentant une panthère terrassant un chevreuil, dû à la main habile de M. Mêne (3).

La plupart des sculpteurs ébauchent leurs ouvrages en argile, mais peu actuellement terminent assez ces ébauches pour les

(1) VASSARI, *Vie des peintres célèbres*, trad. fr., 1840, t. II.

(2) TAYLOR, *Voyage pittoresque en Espagne.*

(3) Voyez ce que dit Pline à ce sujet des esquisses en terre cuite de Pasitèle qu'on estimait plus que les marbres (liv. XXXV, chap. XII).

croire dignes de la durée que donne la cuisson ; cependant, dans un grand nombre de cas, les amateurs, tant les modernes que les anciens ([1]), estiment plus, comme art, ces esquisses où se montre le sentiment du maître et l'esprit de sa touche, que les marbres et les bronzes terminés, dont un travail soigné, réfléchi, mais fatigant la main de l'ouvrier, quelque habile qu'il soit, a souvent effacé le premier et naïf sentiment du compositeur.

A ces exemples de Plastique moderne en Europe, j'en joindrai un autre de ce même art, tiré de l'Inde, mais bien informe sous tous les rapports. La figure 10 de la planche M, I, du Musée céramique déjà citée, représente une statue équestre faite dans l'Inde en terre grossière, gris-rougeâtre, sale et peu cuite, rapportée par M. le contre-amiral Laplace, et faite à la manière des chevaux de carton qu'on vend dans nos foires ; elle a un mètre 25 centimètres de hauteur, sur un mètre de longueur.

On fait en outre dans l'Inde et en Espagne des figurines en argile ou plutôt en pâte argileuse à peine cuite, couvertes de vives couleurs non vitrifiables, mais appliquées à l'huile ou à l'essence. La figure 9 est un exemple espagnol, et la figure 6 un exemple indien.

La plupart des figures chinoises si finement et si richement peintes qui représentent de hauts personnages, ont pour base de ces couleurs une argile non cuite, blanchâtre, semblable à l'argile des faïences fines d'Angleterre et infusible comme elles.

La Plastique appliquée aux bâtiments, tant civils que monumentaux ([2]), avec moins de difficulté et de célébrité du côté artistique, a plus d'extension du côté industriel et présente une autre sorte de difficulté. Il faut que la pâte argileuse soit fine, qu'elle soit assez compacte et assez cuite pour résister aux intempéries atmosphériques, et qu'elle conserve après la cuisson la rectitude de lignes qui fait un des mérites, une des qualités essentielles de tout ce qui est architectural. Il faut aussi que son prix soit en rapport avec l'emploi très-en grand qu'on doit en faire. La qualité et la préparation soignée des argiles entrant pour beau-

([1]) Je connais d'Houdon, des bustes en terre cuite plus estimés que les marbres qu'on a faits d'après eux.

([2]) *Kunstlichen Steinmass.*

coup dans le prix, MM. Virebent, architectes à Toulouse, ont trouvé un moyen de satisfaire à ces deux conditions.

Ils font avec une masse de pâte argileuse blanche, fine, solide, sous un ou deux centimètres d'épaisseur, toute la croûte extérieure et visible des modillons, entablements, corniches, bas-reliefs, caryatides, qui doivent être placés dans un bâtiment; ils renforcent cette croûte mince, tandis qu'elle est encore molle, d'une masse de pâte argileuse rougeâtre plus grossière et d'un prix bien plus bas (1). Or, c'est ici qu'est la difficulté; il faut qu'ils composent cette seconde masse, cette pâte de doublure, de manière qu'elle ait, tant à la dessiccation qu'à la cuisson, la même retraite que la croûte. Sans cette condition on conçoit qu'il y aurait séparation des deux pâtes ou au moins déchirement (2).

La plupart des bâtiments de la ville de Toulouse et de plusieurs villes des environs sont enrichis de ces sculptures en Plastique plus solides et surtout à bien plus bas prix que si elles eussent été faites en pierre.

Je viens de dire que la Plastique qu'on pourrait appeler m o n u m e n t a l e, a bien plus d'extension que la Plastique s t a t u a i r e. Je choisis parmi un grand nombre d'exemples ceux que je puis emprunter a des monuments que j'ai vus ou dont le musée céramique de Sèvres possède des échantillons.

A Valentine, près Saint-Gaudens, Haute-Garonne, MM. Fouques et Arnoux ont fait des ornements et des pièces d'architecture pour les bâtiments de la ville de Toulouse à l'instar de MM. Virebent.

Près de Paris, dans le parc de Saint-Cloud, nous avons la copie exacte, et de mêmes dimensions que l'original, du monument en marbre blanc de Lysicrates à Athènes, dit la Lanterne de Diogène. C'est une sorte de petit temple à huit pilastres surmonté d'un dôme porté par quatre colonnes. Le corps principal a 2 mètres 70 cent. de diamètre à sa base; les colonnes de la lanterne ont 3 mètres 60 cent. de hauteur et sont en trois pièces. La coupole, avec sa corniche, a près d'un mètre de haut.

(1) *Mus. cér.*, pl. M, II, *fig.* 1, où cette structure est clairement indiquée par les teintes.

(2) J'ai fait remarquer plus haut que les anciens paraissent avoir suivi ce même procédé.

Il a été mis à l'exposition de 1802, et placé ensuite, en 1808, sur le plateau élevé du parc de Saint-Cloud. Cette grande pièce de Plastique a été exécutée par les frères Trabucci sur les dessins de Molinos, architecte. Mais cette pâte qui ne paraît ni moins dense, ni moins cuite que celle des anciens, est bien plus attaquable dans nos climats que dans les pays méridionaux. Aussi ce petit monument, comme presque toutes les figures en terre cuite qui j'ai vues exposées en plein air, commence-t-il à s'altérer et à tomber en ruines.

Une des plus remarquables pièces de plastique moderne que je puisse citer, est une copie du groupe du Christ au tombeau, monument du XVe siècle qui se voit au château de Biron (Dordogne), et qui, composé de sept figures de 1 mètre 7 déc., de celle du Christ, du tombeau avec un riche soubassement ayant en tout 3 mètres 3 déc. de largeur, a été exécuté en terre cuite d'un blanc un peu jaunâtre dans la fabrique de MM. Virebent frères, à Toulouse, et mis à l'exposition des produits de l'industrie de 1839.

Le musée de Sèvres possède des échantillons de Plastique ayant le même emploi et envoyés de Cassel par M. Wohler, de Pise par M. Picchioli, architecte, etc. [1].

A Dresde, M. Messerschmidt a fait un très-grand nombre de pièces en Terre-cuite destinées aux constructions. On en voit des exemples (M. C., Pl. II, *fig.* 9). A Berlin, M. Feilner a fait en Terre-cuite beaucoup de pièces d'assez grande dimension destinées à entrer dans les constructions civiles ou monumentales, comme matériaux ou comme ornements.

Son argile est lavée dans une auge à patouillet, qu'on appelle aussi auge à débourber; non-seulement il rejette les petits cailloux pierreux ou pyriteux, mais il sépare par ce lavage l'argile en deux parties renfermant des proportions de sable très-différentes. Il mêle l'argile la moins sableuse avec 2 à 3 parties de ciment, et il soumet ce mélange au pétrissage dans la tinne à malaxer (dite *thon maschine*). Cette pâte moulée est cuite à une assez haute température, de manière à ne pas

(1) *Mus. cér.*, Pl. II, *fig.* 7.

craindre l'altération produite par les météores atmosphériques, dans les fours ronds ou rectangulaires à plusieurs étages de laboratoires et d'alandiers, que j'ai indiqués au chap. V, page 195, et qui sont figurés Pl. XIII, *fig.* 1 et 3. La pesanteur spécifique de cette Terre-cuite est, d'après Accum, de 2,12.

A Munich, une grande partie des nouvelles églises et de quelques monuments sont garnis d'Antéfixes et d'autres ornements d'architecture en Terre-cuite, souvent colorés à la manière des anciens.

L'emploi des briques ornées de sculpture et décorées en nuances de couleur, se confond avec la Plastique. J'en renvoie cependant les exemples au deuxième sous-ordre, qui traite des briques et autres ustensiles.

On fait dans ce moment en plastique des figures allégoriques de 2 mètres de hauteur pour décorer extérieurement l'hôtel-de-ville de Paris. C'est M. Demont, fabricant de plastique à Montrouge, qui est chargé de ce travail; il a fait une pâte qui donne l'espérance que ses terres cuites conserveront une longue durée. C'est un mélange d'argile plastique de Bourgogne, et d'une assez grande quantité de pierre calcaire pulvérisée, qui conserve au feu la couleur jaunâtre de la pierre à bâtir de Paris. C'est un silicate de chaux et d'alumine.

Les conditions techniques pour l'emploi des pâtes argileuses à la Plastique sont fort simples et déjà indiquées par la connaissance que j'ai donnée, d'après Schubart, de la composition et des procédés de lavage de M. Feilner, de Berlin. Il faut que cette pâte, facilement maniable, se soutienne bien, ne se dessèche pas trop promptement, ne prenne en séchant et en cuisant ni déformation, ni trop grande retraite, ni fissure, et cependant qu'elle ait un grain très-fin propre à recevoir nettement toutes les délicatesses et finesses du modèle. J'ai rapporté comment les anciens et MM. Virebent étaient parvenus à réunir ces deux conditions. Il faut enfin qu'elle présente après la cuisson une couleur agréable.

Les moyens de lavage, de pétrissage, d'addition de proportions convenables entre l'argile, le sable fin et le ciment, sont de ces préceptes qu'on ne peut donner que d'une manière générale, et que j'ai déjà exposés (livre Ier, chap. II, sect. II), parce que leur application doit varier suivant la qualité des matériaux que le

Plasticien a à sa disposition, et par conséquent suivant les localités.

A Paris, on emploie comme la base de terre à modeler l'argile plastique grise bleuâtre des carrières de Vanvres, de Vaugirard et d'Arcueil, et pour sable celui des buttes de Belleville et du sommet des collines du sud de Paris.

2e SOUS-ORDRE. — B. LES USTENSILES,

BRIQUES, TUILES, CARREAUX, TUYAUX DE CONDUITE, FOURNEAUX, ETC.

§ 1. — *Les Briques.*

Ce sont, en général, des parallélipipèdes ou autres polyèdres de moyenne dimension en pâte argileuse presque toujours durcie par la cuisson, qui sont employés comme matériaux pierreux de construction.

Je dois établir d'abord quels sont les principaux usages des Briques; car les qualités qu'elles doivent avoir sont liées nécessairement avec la destination qu'on doit leur donner, et de ces destinations et qualités résultent les règles de leur composition, de leur cuisson et quelquefois même de leur façonnage.

Les Briques sont des espèces de pierres artificielles destinées à remplacer la pierre naturelle dans la construction des bâtiments et notamment dans celle des fours, fourneaux et cheminées.

Dans le premier cas elles doivent être solides, plus ou moins poreuses et tendres, suivant leur destination spéciale; mais alors par composition appropriée et jamais par défaut de cuisson; car dans ce cas elles se dégradent par l'action des météores atmosphériques. Enfin, quelles que soient leur dureté ou leur tendreté, elles doivent se laisser tailler nettement, c'est-à-dire donner sous le coup de la hachette du maçon l'éclat qu'il veut détacher sans se briser au-delà et sans exiger plusieurs coups inutilement répétés.

Leur homogénéité de texture, quelle que soit cette texture, est la condition essentielle pour qu'elles jouissent de la qualité d'être facilement taillées.

Les secondes sortes de Briques doivent réunir à toutes les qualités précédentes celle d'être infusibles à de très-hautes températures lors même que la fusibilité est facilitée par l'action des cendres. Cette infusibilité a cependant des limites très-différentes. On sait qu'il n'est pas nécessaire que les Briques d'un four de boulanger aient l'infusibilité de celles d'une forge, du fourneau de fusion d'un laboratoire de chimie ou d'un fourneau soit à reverbère, soit à faire de l'acier fondu.

Ces principes posés, nous allons suivre, sans les perdre de vue, toutes les phases de la fabrication des Briques.

A. Histoire.

Il paraît que les Briques ont été les premiers matériaux artificiels employés par les hommes lorsqu'ils ont commencé à bâtir dans des terrains d'attérissement, pays les premiers habités à cause de leur fertilité, mais généralement dépourvus de pierres propres aux constructions, tandis que la matière meuble et plastique de leur sol se prête facilement aux formes qu'on veut lui donner. En effet on voit les Briques entrer dans la construction de la plupart des bâtiments anciens, surtout de ceux que l'on trouve dans les plaines de l'Asie, aux environs du Tigre et de l'Euphrate, où l'on suppose que se sont formées les premières sociétés. Le palais de Crésus, à Sardes, celui de Mausole, à Halicarnasse, celui d'Attale, à Tralles, étaient en Briques très-cuites, dures et rouges. Winkelmann dit qu'on ajoute à l'argile destinée à faire des briques un tuf pilé nommé *sperone* (1), qui devient rouge au feu.

Plusieurs de ces anciennes Briques sont très-grosses en comparaison des nôtres, et n'ont point été cuites, mais simplement séchées au soleil. A l'argile sablonneuse dont elles étaient composées, on ajoutait, pour leur donner plus de solidité, de la

(1) Le *Sperone* des Italiens est, suivant Breislack, Brocchi, etc., une lave ou tufau volcanique à pâte terreuse renfermant beaucoup d'amphigène et de pyroxène et un peu de mica : c'est un vrai *Peperino*. Cette roche est très-abondante aux environs de Rome ; les Orles du cratère du lac Nemi en sont formés.

paille hachée et même des fragments de jonc, ou d'autres plantes de marais ([1]).

Dans ces pays, plus chauds et moins pluvieux que l'Europe septentrionale et centrale, ces sortes de pierres artificielles faites par simple compression se conservent très-longtemps.

On en a des exemples dans les constructions en argile sableuse mêlée de paille, qu'on appelle du Pisé aux environs de Lyon et dans différentes parties de la France méridionale. Pline connaissait ce mode de construction; il décrit très-bien les murailles qu'on faisait par cette méthode en disant « qu'elles étaient plutôt » pétries entre deux planches que construites, » et il signale aussi leur étonnante durée ([2]). M. Lenormant a remarqué la parfaite conservation des Briques séchées et des caractères qu'on y avait gravés dans l'enceinte sacrée de Saïs avant le Caire, et dans celles de *Pisnaula*. Les grosses Briques de la Babylonie et de l'Égypte sont faites entièrement comme du Pisé. Les débris de végétaux qu'on y a introduits y sont encore très-reconnaissables. Elles sont elles-mêmes remarquables par leur conservation au bout de plus de 3000 ans, et malgré leur friabilité.

Celles de Babylone sont presque toutes couvertes d'inscriptions en caractères cunéiformes qu'on ne peut ni comprendre ni lire. Le musée céramique de Sèvres en possède deux échantillons décrits à son catalogue, mais non figurés; elles sont en général carrées et très-grandes, ayant plus de 35 centimètres de côté.

Ces Briques crues, comme l'a observé récemment M. Rich, sont souvent mal façonnées; elles étaient placées dans l'intérieur

([1]) Cette nécessité de l'addition de la paille pour lier l'argile sableuse qui compose ces briques, est bien établie par le chap. V de l'Exode, qui roule presque entièrement sur le refus que le roi d'Égypte fait aux Israélites de leur fournir de la paille pour la fabrication de leurs briques, tout en exigeant d'eux qu'ils en livrent constamment la même quantité.

Les Égyptiens modernes introduisent presque toujours de la paille dans la pâte de leurs briques. (Costaz).

([2]) *Quid? non in Africa Hispaniaque ex terra parietes, quos appellant* FORMACEOS, *quoniam in forma circumdatis utrinque duabus tabulis interjiciuntur verius, quam construuntur, ævis durant, incorrupti imbribus, ventis, ignibus, omnique cæmento firmiores?*

(Pline, Lib. XXXV, chap. XIV).

des massifs, et néanmoins couvertes de ces inscriptions indiquées plus haut, mais posées sur la face inférieure, et par conséquent invisibles dans l'intérieur du monument (AIKIN).

On avait aussi employé dans ces constructions des Briques cuites [1], et même vernissées ou émaillées de couleurs assez vives, et beaucoup plus petites que les autres [2].

Les Romains étaient habiles et soigneux dans la fabrication des Briques, des Tuiles, et en général de tous les ustensiles de Terre-cuite ; je réunirai tout ce qui est relatif à leur fabrication en ce genre à l'article des Tuiles et des tuyaux de conduite d'eau ou d'air.

Les Briques rendues solides par la simple opération de compression et d'une forte dessiccation étaient aussi employées par les Péruviens dans la construction de leurs monuments. D. Ulloa dit que le temple de Pachacamac, au Pérou, était bâti avec des Adoves ou Briques crues très-grosses, solides, sans aucune gerçure, et dans un bon état de conservation.

Si les briques sont les premiers objets fabriqués en Terre-cuite dans les siècles les plus reculés, il est assez remarquable qu'elles n'aient été introduites que très-tardivement dans certaines contrées européennes, où il s'en fait maintenant un si grand emploi.

Le docteur Smolett dit que cet art a été introduit en Angleterre par le roi Alfred, c'est-à-dire au IXe siècle ; d'autres assurent (AIKIN) que l'art de faire des Briques n'a été pratiqué en grand en Angleterre que vers le milieu du XIVe siècle, et que le premier exemple de son emploi est dans une partie du palais de Croydon, vers le milieu du XVe siècle.

Ce n'est également qu'au XIVe siècle que, d'après M. Hope, les

(1) La Genèse ne laisse aucun doute à ce sujet, il est dit chap. XI, vers. 3, « *et ils » dirent* (*les peuples partis de l'Orient et s'arrêtant dans une campagne*) : » *Allons, faisons des briques et cuisons-les au feu. Ils se servirent donc de » briques comme de pierres, et de bitume comme de ciment.* » Trad. de Lemaistre de Sacy.

Hérodote (liv. I, I § 179) le dit également ; elles étaient faites avec la terre retirée des fossés, et cuite dans des fours.

(2) J'en traiterai particulièrement dans l'appendice qui fera suite au 4e et 5e ordre de la 1re classe.

Briques ont été employées en Toscane et dans d'autres parties de l'Italie. La bonne qualité des pierres de construction dans ces parties de l'Italie serait une cause fort naturelle de ce retard.

B. Fabrication.

Il y a peu de pays qui ne puissent fournir de l'argile propre à faire l'une des deux classes de Briques que l'on vient de désigner. Les terrains dits d'alluvion ou d'attérissement, dans lesquels on ne trouve point de pierres, sont précisément ceux qui offrent plus constamment des terres à Briques.

Terre à Briques. — En Hollande, on ramasse avec des filets en forme de poche le limon qui se dépose au fond et sur les bords de la rivière d'Yssel, et on le fait entrer dans la composition des Briques que l'on fabrique à Gouda.

Toutes les embouchures des grands fleuves, tous les delta fournissent abondamment des terres à Brique de construction, et c'est probablement ce qui a permis à plusieurs grandes villes et aux populations qui les accompagnent de s'établir vers les embouchures ou sur les rives des grands fleuves, quoique ces contrées fussent dépourvues de matériaux solides de construction. Ainsi dans le Bengale, ce sont les attérissements du Gange, et en Égypte ceux du Nil qui fournissent les terres à Brique.

Les argiles plus pures et l'argile plastique surtout, propres à faire les Briques de seconde classe, ne peuvent être employées seules; les Briques qu'on en ferait se déformeraient et se fendraient par la dessiccation ou la cuisson : il faut leur enlever ce défaut par des mélanges terreux appropriés; on a cru pouvoir distinguer les argiles grasses des argiles maigres, en attribuant 60 de silice et 40 d'alumine aux premières, et 80 de silice et 20 seulement d'alumine aux secondes (GEBHART); mais la ténuité des parties et leur mode de combinaison entre elles a peut-être plus d'influence sur ces qualités que les proportions des éléments constituants. (Voyez les expériences rapportées liv. Ier, chap. II, sect. II, art. I.) Ainsi, lorsque l'argile est trop tenace, il faut la dégraisser par une addition assez forte de sable ou de terre végtale sableuse; si l'argile que l'on emploie n'est ni calcaire ni trop ferrugineuse, et que le sable qu'on y ajoute ne soit point calcaire. on fait des Briques qui peuvent être cuites et employées à une haute température sans se fondre. Elles acquièrent même une telle dureté qu'elles font feu avec les instruments d'acier; elles sont d'une longue durée; ce sont les seules qu'on puisse employer dans la construction des fourneaux qui doivent éprouver une violente action du feu : telles sont les Briques dites de Bourgogne, faites avec une argile plastique, celles de Perpignan, etc., et enfin toutes celles qu'on appelle Briques réfractaires.

La terre franche, c'est-à-dire la terre végétale jaunâtre la plus commune, qui est composée de sable, de calcaire et d'argile, peut servir dans beaucoup de lieux à faire des Briques; mais ces Briques sont friables, poreuses, durent très-peu, et ne pourraient supporter une haute température sans se fondre.

Les Briques qui sont employées à la construction de presque toutes les maisons de Londres sont faites avec la terre du lieu même sur lequel on bâtit. On l'extrait en faisant les fondations de la maison. Cette terre peu argileuse le paraît encore trop, puisqu'on y ajoute des cendres de houille passées au tamis.

Préparation de la Terre. — J'ai dit que toutes les terres argileuses étaient bonnes pour faire de la Brique, quand on ne cherche pas à en fabriquer qui soient d'une qualité spéciale, et lorsqu'on y fait les additions de sables convenables; il faut aussi avoir soin d'en extraire les fragments de craie qui pourraient s'y trouver, et surtout les morceaux de pyrite (sulfure de fer) qui se rencontrent fréquemment dans les argiles plastiques et dans les marnes inférieures à la craie. Cette circonstance entraîne souvent des préparations spéciales qui augmentent nécessairement les frais d'un produit qui doit être à très-bas prix, car on est obligé de débarrasser ces argiles de ces corps étrangers par des broyages grossiers, des passages à la claie et même au crible, et enfin par des lavages; mais il est rare qu'on ait recours à ce dernier moyen d'épuration, qui devient trop dispendieux pour une telle fabrication. Cependant, dans la briqueterie royale de Joachimsthal, toute l'argile est lavée.

Lorsque la terre est extraite, on la laisse ordinairement plusieurs mois à l'air ; elle y est exposée à la gelée, au soleil et à l'influence des autres météores. Tous les fabricants, depuis les Briquetiers romains ([1]) jusqu'à ceux des temps actuels, assurent qu'une masse de terre à Brique est bien plus ductile, bien moins susceptible de fissures lorsqu'elle a été divisée par la gelée que lorsqu'on veut l'employer avant qu'elle ait éprouvé cette puissante action divisante ; il est même bon de remuer avec la pioche et la pelle les tas extraits de la carrière, afin de faire participer le milieu de ces tas à l'influence météorique si utile à la division de l'argile.

Quand on juge la terre bonne à être employée, on la détrempe peu à peu et avec peu d'eau ; on la place sur un sol uni : un ouvrier la pétrit en marchant dessus pieds nus ; cette opération qu'il fait à deux ou trois reprises, s'appelle, comme on l'a dit aux généralités, *marcher la terre* ; elle lui donne l'homogénéité de masse nécessaire à tout façonnage céramique. On a cherché à remplacer ce pétrissage aux pieds, long, malsain et peu efficace, par des moyens mécaniques tels que des battes à bases larges et plates même, comme les pilons d'un bocard, des cylindres unis ou cannelés comprimant entre eux la masse argileuse et la rendant ainsi plus ferme.

En général, la fermeté de la pâte, due à un battage puissant et à l'introduction de peu d'eau, est la condition essentielle pour faire de bonnes Briques, mais elle en rend le façonnage plus difficile, et par conséquent plus cher ; on verra plus bas comment on a cherché à obtenir la qualité sans augmenter la dépense.

Composition de la masse. — La *composition* de la masse ou pâte varie tellement suivant les destinations de la Brique et les localités, qu'il est impossible de l'indiquer d'une manière générale autrement qu'on vient de le faire ; j'en ferai connaître quelques-unes en citant, après les principes généraux, quelques fabriques particulières.

Cependant aux matériaux généraux que je viens de désigner

([1]) Pline, liv. XXXV, chap. XIV.

on peut dès à présent en ajouter quelques-uns de particuliers; ainsi, au Harz on fait, d'après ce que m'a dit M. Hausmann, de très-bonnes Briques avec le schiste argileux broyé très-finement. A Longport près Burslem dans le Staffordshire, l'argile qui entre dans la composition des Briques rouges qu'on y fait, résulte de la décomposition d'une roche verdâtre enduite sur ses nombreuses fissures de fer oligiste.

Dans l'Amérique septentrionale, dans le North-River, M. William Meade nous apprend qu'il a introduit avec un grand succès dans la masse ou pâte de Brique, de la poussière d'anthracite, si commune dans le pays et même qu'on y brûle; cette matière donne aux Briques une propriété de transmission du calorique qui rend la cuisson plus égale et les Briques plus durables.

Façonnage. — Le façonnage de la Brique qui consiste à lui donner les formes et autres préparations qu'elle doit recevoir avant d'être cuite, doit maintenant se diviser en deux catégories bien distinctes.

1° Le façonnage à la main, ancien, ordinaire et le plus répandu. 2° Le façonnage à la machine, qui est ou partiel ou complet.

Façonnage à la main. — Dans le façonnage à la main, il faut des ouvriers vigoureux, habiles et prompts, une aire plus ou moins étendue, des hangards, des fosses, une table et des moules; il ne faut que ce simple appareil, n'exigeant qu'une faible mise de fonds et n'entraînant aucune dépense extraordinaire de construction, d'entretien et de réparation de bâtiment.

Toutes les Briques ainsi façonnées sont néanmoins moulées.

Les moules sont des rectangles de bois dont les quatre côtés déterminent, par leur hauteur, l'épaisseur ou la hauteur de la Brique; ils sont quelquefois assez longs pour qu'on puisse y mouler deux Briques à la fois; une traverse de bois sépare les deux Briques. Ces moules donnent les formes et dimensions de la Brique, suivant les usages du pays et l'emploi auquel on la destine. En sorte qu'on peut faire des Briques qui s'appliquent à tous les cintres, à toutes les voûtes, à toutes les formes de mur que le commerce demande.

Seulement le Briquetier doit bien connaître la quantité dont la terre à Brique diminue à la cuisson, afin de régler sur la retraite les dimensions des moules; on a vu au tableau n° VII, G, des retraites, exemple de ces réductions. Les Briques d'Anzin prennent par la cuisson 0,02 à partir du moule (CLERE). Le mouleur sable les moules et les place sur une table dont la surface est également couverte de sable, afin que l'argile ne s'y attache pas. Il remplit chaque moule d'une masse de pâte de Brique, qu'il y comprime et dont il enlève l'excédant avec la main, et il unit la surface supérieure avec une espèce de couteau de bois qu'on nomme plane.

Quand la Brique ou les deux Briques sont faites, un apprenti nommé porteur, les transporte avec le moule sur l'aire de la briqueterie ou sol très-uni, battu, solide et sablé; il tient le moule de champ, afin que les Briques ne glissent pas; il les fait sortir du moule en le retournant par un mouvement qui doit être assez régulier pour ne point faire gauchir les Briques; il les pose à plat et en rangs bien alignés pour ne point perdre de place. Elles éprouvent le premier degré de dessiccation; il faut pour que cette opération, qui paraît si simple, soit bien faite et de manière à ne point déformer la Brique, beaucoup d'habileté et de promptitude.

L'opération du moulage est très-prompte : un bon mouleur peut faire facilement, avec un moule simple, 4 à 5,000 Briques dans une journée de douze heures de travail (1). Il ne faut pas que, pour aller plus vite, il emploie la terre trop molle; la Brique perdrait de sa qualité : pour être bonne, elle doit être moulée le plus ferme possible.

Quand les briques commencent à se raffermir, et que le temps

(1) Le nombre des Briques qu'un bon mouleur peut faire en un jour de douze heures de travail varie de 2,500 à 10,000, d'après le récit des personnes qui ont écrit spécialement sur cet art, et les renseignements que j'ai recueillis de plusieurs briquetiers dans des lieux et à des époques différentes.

M. Fourcroy de Ramecourt (Art du Briquetier, pag. 30), dit qu'un bon mouleur peut faire 9,000 Briques en un jour de douze heures. Dans la Remarque (p. 33), on dit 4,000.

M. Clere dit 6,000 en quinze heures, c'est-à-dire 4,000 en douze heures. Puis il a réduit ce nombre à 2,500 pour qu'elles soient bien faites, c'est-à-dire avec une pâte ferme qui ne soit pas trop mouillée.

est sûr, on les relève sur le côté dans la même place où elles étaient à plat; cela s'appelle les mettre de champ. On ne doit même les mettre en haie que lorsqu'on est à peu près sûr du temps, car les Briques posées à plat sur l'aire sont moins gâtées par la pluie que lorsqu'elles sont relevées sur le champ ou mises en haie.

Quand enfin elles ont pris assez de consistance pour se laisser transporter sans être déformées, on les pare, c'est-à-dire qu'on enlève avec un couteau les bavures du moule; on les met ensuite sur un banc et on les rebat sur toutes les faces avec une batte, puis on les place les unes sur les autres, de manière à en former une espèce de muraille à claire-voie, pour qu'elles finissent de se sécher entièrement : cette opération s'appelle les mettre en haie. Ces haies sont en général composées de quatre rangées de briques sur l'épaisseur; la première rangée ou la plus haute est de 17 Briques, la quatrième n'en a que 14.

On évite par ce moyen l'avance de fonds considérable qu'on serait obligé de faire si on voulait les laisser sécher complétement sur le terrain, qui, dans ce cas, devrait être immense.

Néanmoins, il faut des moyens de mettre les Briques à l'abri des pluies abondantes qui les gâteraient entièrement.

Dans la plupart des briqueteries on place les Briques à raffermir sous des hangards, surtout dans celles où, en raison des demandes et de la proximité des lieux d'écoulement, elles peuvent se vendre plus cher que dans la campagne; aussi tous les briquetiers des environs de Paris, possèdent-ils ces grands abris ou hangars couverts. Faute de hangars on cherche à les mettre à l'abri de la pluie et d'une dessiccation trop prompte en les couvrant avec des paillassons qui, partant dans les haies de la rangée la plus basse, forment une espèce de toit convenablement incliné.

L'aire sur lequel on a fait raffermir plusieurs fois des Briques s'imprégne d'humidité, devient mou et se déforme; il faut de temps en temps le rebattre.

Façonnage à la mécanique. — L'autre procédé de façonnage est celui qui s'opère au moyen de machines remplaçant presque tout travail manuel depuis le mélange et malaxage des pâtes jusqu'au transport des briques sur l'aire de séchage.

Ce procédé, dont les résultats paraissent être si avantageux, a séduit presque tout le monde, non-seulement les théoriciens, qui ont fait peu de briques, mais plusieurs praticiens, maîtres de grandes fabriques, car tout le monde convient que s'il doit avoir quelque avantage, cela ne peut être que très en grand.

Le nombre de personnes qu'il a séduites est immense, et je suis loin de les connaître toutes; mais si cette énumération n'était pas aussi longue que fastidieuse et pouvait être utile, j'en citerai plus de quarante depuis environ cinquante ans; et cependant, dans tous les voyages que j'ai faits depuis 1812, en France, en Allemagne, en Italie, en Angleterre, je n'ai pu voir une seule de ces briqueteries à la mécanique qui fût en activité productive et bien assurée depuis plus de trois à cinq ans. Le peu de succès de ces procédés mécaniques d'une apparence si séduisante tient à plusieurs causes.

Le façonnage d'une Brique, et surtout de celles qui sont destinées aux constructions, s'opère principalement par la main de deux ouvriers, un mouleur et un petit porteur; il se fait avec une si grande rapidité, les imperfections qui résultent de cette célérité sont dans le plus grand nombre de cas si peu importantes, et les frais de façonnage, dans lesquels sont compris ceux de transport, de retournage, de mise en haie, sont si peu élevés, quoique très-nombreux, qu'une machine ne peut exécuter toutes ces simples opérations de la main, qu'étant fort compliquée et par conséquent dispendieuse d'établissement, de réparation, et même de manutention. Deux ouvriers peuvent faire en un jour, comme je l'ai dit, 6 à 7,000 Briques. Or, il est difficile qu'une machine, fît-elle dix fois plus de Briques dans le même temps, n'égale pas les frais qu'entraîneraient les vingt ouvriers supposés, et même qu'elle ne les surpasse pas bientôt, pour produire dans le même temps une si grande quantité de briques. Car il faut compter le prix considérable d'une machine qui fait tout, et par conséquent l'intérêt de ce capital, son entretien annuel, les réparations considérables de temps à autre qu'elle exige, les ouvriers qu'il faut pour la conduire, enfin le moteur puissant qui doit lui faire faire toutes ces opérations.

Les Briques, à moins qu'elles ne se fabriquent dans un port de mer, sur les bords d'un cours d'eau navigable ou d'un canal, ne peuvent être transportées fort loin sans que les frais de transport ne viennent augmenter leur prix au delà des limites admissibles. Le voisinage à 3 ou 5 myriamètres est le seul rayon qu'elles puissent parcourir par les voies de transport ordinaire dans les pays les plus favorisés.

Une machine bien faite et bien complète doit, pour payer les frais d'établissement, d'entretien, etc., fabriquer considérablement, et alors il faut une immense exploitation de terre, des aires ou hangars immenses pour mettre en séchage, à l'abri de la pluie, ces innombrables produits. Or, supposons qu'elle surmonte tous ces embarras; alors elle a tant produit qu'elle aura bientôt encombré tous ses canaux d'écoulement. Le chomage devient nécessaire et avec lui toutes les pertes qui en résultent.

Il faut donc une réunion rare de circonstances favorables pour qu'une briqueterie fondée sur l'emploi d'une grande et bonne machine applicable en même temps à la fabrication des tuiles et des carreaux, soutienne la concurrence d'un briquetier qui, sans presqu'aucun frais avec sa femme, ses enfants et le secours de quelques ouvriers ambulants qui viennent lui offrir leurs bras dans le temps convenable, peut faire, dans la saison, près de 2,000,000 de briques.

Cela m'explique le très-petit nombre de briqueteries à la mécanique qui ont eu une existence prolongée au delà des années de l'emploi des fonds d'établissement. Néanmoins il est telles circonstances favorables qui peuvent donner à une machine bien calculée et bien faite une supériorité économique réelle et durable sur la fabrication à la main. Tels sont des établissements d'usines nombreuses dans un pays où il n'y en avait pas, une ouverture particulière d'écoulement dans un port de mer, par des canaux ou des routes qui n'étaient pas encore établis, enfin des constructions immenses en briques près d'une ville où la main-d'œuvre est chère.

Telles sont probablement les causes qui soutiennent plus ou moins longtemps les briqueteries où l'on fabrique les briques par des moyens mécaniques. Je prendrai pour exemple quelques rares briqueteries où on travaille depuis un certain nombre d'années avec des machines, et qui sont encore en activité.

Parmi tous ces procédés mécaniques, les uns se bornent à battre la terre fortement, les autres à mouler les Briques par une puissante pression, d'autres à exécuter toutes les opérations du façonnage. Les uns n'ont été que de simples projets pour lesquels on a cependant demandé des brevets d'invention; d'autres qui ont été mis en pratique, furent bientôt abandonnés après trois ou quatre ans d'exercice. On ne sait, parmi tous ces procédés mécaniques, lesquels choisir pour donner une idée des principes et de leur mode d'application, d'autant plus qu'il est impossible de les comprendre sans des figures toujours très-compliquées.

Dans l'article inséré dans la troisième livraison du tom. II du Porte-feuille industriel, du Conservatoire des arts et métiers, on trouvera à l'occasion de la machine à faire des briques de M. Terrasson-Fougère, une division très-lucide de ces machines d'après le principe fondamental sur lequel repose leur construction et leur effet. On les a divisées de la manière suivante :

1° Machines qui imitent le moulage à la main;

2° Machines qui font le moulage par un mouvement de rotation continu.

3° Machines qui font le moulage avec un moule qui découpe;

4° Machines qui font le moulage au moyen d'une filière, et qui découpent ensuite soit avec un couteau, soit avec un fil.

I. Les machines qui imitent le moulage à la main se composent d'un cadre en fonte auquel on imprime un mouvement continu ou un mouvement de va-et-vient par des combinaisons mécaniques plus ou moins ingénieuses. Dans la première partie de sa course, le moule se remplit en passant sous la trémie qui contient la terre; dans la seconde partie, il passe sous une pièce qui exerce la pression nécessaire, et dans la troisième partie, il déborde la plaque qui fait le fond pour arriver sous un poussoir qui fait sortir la Brique du moule ; puis l'opération se renouvelle et se répète indéfiniment.

Parmi les machines de cette espèce, nous citerons :

1° Celle de M. Kinsley, publiée en 1813 dans le douzième volume du *Bulletin de la Société d'encouragement*, pag. 177 ;

2° Celle de M. Delamorinière, brévеté en 1825 ;

3° Celle de M. Thierrion, d'Amiens, brévеté en 1829 ;

4° Celle de M. Carville, à Issy, près Paris, brévеté en 1840.

II. Les machines qui font le moulage par un mouvement de rotation continu sont tout à fait analogues aux précédentes ; seulement au lieu d'un moule, on en emploie plusieurs qui sont disposés tantôt sur un plateau circulaire tournant autour d'un axe vertical, tantôt sur la face d'un cylindre tournant autour d'un axe horizontal.

Parmi les machines-à-plateau, nous citerons :

1° Celle des environs de Washington, communiquée par M. Doolitle et publiée en 1819 dans le *Bulletin de la Société d'encouragement*, vol. 18, pag. 361 ;

2° Celle de M. Levasseur-Précourt. Un lourd rouleau de fonte commence la compression qui s'achève lorsque les moules remplis de terre, passent entre deux plaques de tôle qui ne sont pas tout à fait parallèles.

Le démoulage s'exécute immédiatement après la compression à l'aide d'un refouloir qui agit de haut en bas, et dont le mouvement doit coïncider exactement avec le passage des moules au-dessous de lui ; les moyens d'obtenir cette simultanéité d'action si importante, sont ingénieux et quoique assez simples, ne pourraient être facilement saisis sans une figure.

Les Briques sont reçues à mesure de leur démoulage sur des planchettes conduites par des plans articulés formant une bande sans fin dont l'axe est perpendiculaire à celui de la machine, en sorte que les Briques sont conduites jusque sur la brouette de l'ouvrier qui les porte au séchage.

Des appendices dont il est facile de se faire une idée, saupoudrent de sable les surfaces métalliques des parties de la machine qui compriment et moulent les Briques, la chaîne sans fin chargée des moules vidés par le démoulage en passant pour revenir prendre d'autre terre à Brique, traverse un bac rempli d'eau; un balai de bouleau placé dans ce bac nettoie toutes les parties des moules sur lesquelles l'argile des Briques aurait pu adhérer. Brévetė en 1826.

3° Celle de MM. Champion, Fabre et Janier-Dubry, de Besançon, brévetée en 1830.

Parmi les machines à cylindre, on citera :

1° Celle de madame la baronne Gavedel-Geanny, brévetée en 1826, et publiée par ordonnance de déchéance, dans le 23e volume des brevets page 95.

2° Celle de M. Naudot et compagnie, brévetée en 1828, à Sainte-Colombe, près Provins.

3° Celle de M. Cartereau, brévetée en 1829.

Lorsqu'on se sert des plateaux tournants, c'est en général par des systèmes de leviers ou de plans inclinés que la Brique est pressée et chassée hors du moule.

Lorsqu'on se sert de cylindres, les moules ont un fond muni d'une queue et un mécanisme particulier pousse la queue pour chasser la Brique hors du moule lorsqu'elle arrive au point le plus bas de sa course.

Tous ces mécanismes sont excessivement compliqués, et il semble en effet, véritablement impossible de les combiner d'une manière simple.

III. Les machines qui font le moulage avec un moule qui découpe, diffèrent des précédentes en ce que la terre doit être préalablement préparée en nappe d'une épaisseur convenable, le moule tombe sur cette nappe avec une pression suffisante pour agir comme un emporte-pièce.

Parmi ces machines on remarque :

1° Celle de M. Cundy, qui a été brévetée en Angleterre, et publiée en 1827, par M. de Saint-Amand, dans le bulletin de la société d'encouragement, vol. 26, page 348.

2° Celle de MM. Bosq frères, Girault et Taxil frères, brévetée en 1829.

3° Celle de M. Virebent de Toulouse, brévetée en 1831 ; mais celle-ci a principalement pour objet d'exécuter par pression divers ornements d'architecture; sous ce rapport, elle appartient à la plastique ; elle semble atteindre son but avec avantage.

IV. Enfin, les machines qui font le moulage par une filière sont, en général, composées : ou d'un piston qui pousse la terre par petites portions, qui la presse et qui l'oblige ainsi à se mouler en passant par le trou de la filière; ou d'un piston qui pousse la terre en bloc et la fait sortir de la filière en prisme d'une forme voulue; dans les deux cas, il faut un couteau ou fil de fer pour couper les Briques d'épaisseur et une à une.

On citera deux machines de cette espèce :

1° Celle de M. Hottemberg, conseiller de l'empereur de Russie; elle était en activité à Saint-Pétersbourg en 1807, et se trouve publiée dans le 12e volume du bulletin de la société d'encouragement, pag. 173.

2° Celle de M. George, de Lyon; brévetée en 1828 et publiée dans le 25° volume des brevets d'invention, page 296.

Tels sont les principes des diverses machines à Briques, qui nous ont paru dignes d'être citées.

Celle de M. Terrasson-Fougères, de Teil, département de l'Ardèche ne rentre complétement dans aucune des catégories précédentes; elle fait le moulage sans moule, et elle découpe 10, 20, 30 ou même 40 Briques à la fois, sans couteau ni emporte-pièce.

Depuis 1828, époque où M. Terrasson obtint la grande médaille d'or de la société d'encouragement, il n'a cessé de travailler avec sa machine, et il est parvenu par cette longue pratique à lui donner un degré de simplicité qui est véritablement très-remarquable; on en pourra juger en comparant la description et la figure donnée en 1829 dans le 28e volume du bulletin de la de la société d'encouragement, page 311, avec celle qui se trouve dans la 3e livraison du tome II, Pl. IX et X du Portefeuille industriel du conservatoire des arts et métiers à laquelle je renvoie, ne pouvant donner dans mon ouvrage une description si longue et des figures aussi détaillées et aussi nombreuses pour un objet spécial. L'emploi réellement économique de cette machine n'est pas encore pour moi parfaitement démontré malgré les trois qui ont été fournies l'une à Saint-Germain chez M. Plency, l'autre à Grenoble et la 3e à Auxonne ; je dois ajouter qu'ayant voulu m'assurer que cette machine établie en 1831 était encore en activité, j'ai écrit à M. Terrasson-Fougère, pour lui demander si elle marchait toujours à sa satisfaction; il m'assure par sa lettre du 30 novembre 1842 que l'activité productrice de sa machine n'avait pas diminué, qu'elle fournissait deux fois autant de Briques qu'on en pourrait faire à la main dans le même temps, mais comme il ne fabrique que des Briques réfractaires, leur prix plus élevé que celui des Briques de bâtiments, permet de porter un peu plus haut les frais de fabrication.

La même assurance m'a été donnée par M. Gueymard, ingénieur en chef des mines à Grenoble, au sujet de celle qui a été établie dans cette ville d'après le modèle fourni par l'inventeur.

La seconde briqueterie mécanique que je citerai particulièrement est celle qui a été établie au lieu dit les Moulineaux, commune d'Issy à environ 8 kilomètres à l'ouest de Paris, par M. Carville aîné; elle a été examinée par une commission de l'Académie royale des sciences composée de MM. Poncelet, Gambey et A. Séguier. On en trouve une courte description dans le rapport que M. Séguier a fait à l'Académie, j'en donne ici un extrait [1].

Le pétrissage et mélange intime de l'argile de Vanvres et du sable qu'on lui associe dans les proportions ordinaires s'exécute dans une tonne cylindrique à malaxer semblable à celle que j'ai figurée Pl. VII, fig. 2 ; la puissance motrice est un cheval.

La pâte ainsi faite, est chassée dans les moules par une ouverture latérale pratiquée vers la base du cylindre.

[1] Voyez le profil A' et le plan B. Pl. XIV, *fig.* 9, de cette machine faits sur les dessins originaux que M. Carville m'a prêtés, contenant les améliorations qu'il y a faites en 1842. On ne peut s'empêcher de remarquer la grande analogie qu'elle présente dans une partie de sa marche, avec celle de M. Levasseur-Précourt, décrite plus haut, la seconde de la deuxième catégorie, et bréveté en 1826.

Une chaîne sans fin traînant des cadres en fonte joints à charnière les uns aux autres, les fait passer sous la base de la tinne cylindrique, ils se remplissent de la pâte à Brique, sortant par une ouverture latérale de cette base.

Cette machine mue par un cheval assez fort et marchant au pas peut mouler et a moulé devant les commissaires de l'Académie 1500 Briques en une heure, ce qui ferait environ 18000 Briques dans une journée de 12 heures de travail.

Il faut pour servir cette machine dans un cas semblable :

Un cheval à.	4 fr.
Deux ouvriers pour humecter et pétrir la terre et la porter à la tinne à malaxer.	5
Quatre enfants..	4
Quatre adolescents ou femmes.	6
Un ouvrier surveillant.	3
	21 fr.

Or, on a vu plus haut qu'un mouleur habile avec ses aides, ou bien une table de Brique composée de

Un mouleur.	4 fr.	
Deux batteurs.	4	
Un brouetteur.	2	
Un porteur.	1	50 c.
Un metteur en haie, ouvrier qu'il faut aussi avec la machine.		
	11 fr.	50 c.

peuvent mouler et transporter au séchage au moins 7000 Briques dans le même temps; en mettant les hommes aux prix portés ci-dessus et supposant deux tables, on aurait 14,000 Briques pour 23 fr. sans autres frais de fabrication. Dans le cas de la machine de M. Carville, que j'ai vue opérer plusieurs fois et qui m'a paru comme aux commissaires de l'Académie, comme à celui de la société d'encouragement une des plus simples et des plus ingénieuses qu'on ait inventées, il faudrait ajouter aux 21 fr. de main-d'œuvre, l'intérêt du capital de la machine, son entretien et ses réparations; or s'il n'y a pas d'erreur dans des calculs dont les données sont si vagues, il y aurait encore un bénéfice assez notable pour couvrir les frais d'intérêt du capital, l'entretien et les déchets.

Cette machine, malgré sa perfection, malgré sa position favorable à la porte d'une ville immense où les constructions nouvelles se suivent sans interruption, malgré le moment le plus favorable pour l'écoulement des Briques à un prix assez élevé, ne détruit pas encore les raisons qui me font craindre qu'une machine à faire des Briques ordinaires de constructions, puisse dans beaucoup de cas l'emporter sur les moyens si simples et si rapides de la fabrication à la main.

Je dois cependant ajouter en faveur des machines à faire les briques que quand ces machines compriment la terre à brique avec une grande force, il est possible alors d'employer une pâte très-ferme, de la réduire par la compression à une fermeté et à un état de sécheresse qui permet de porter les briques au four pour les cuire immédiatement presqu'à leur sortie de la machine. Il paraît que la machine à compression de M. Mollerat (1), dans laquelle on employait l'argile en poudre, donnait ce résultat avantageux sous le double rapport de la qualité et de l'économie.

C. Cuisson.

Les fours à briques se distinguent, en général, en fours à briques proprement dits (*ziegel ofen*), qui ont une sorte de foyer distinct et des murs d'entourage construits en briques, et fours en champs (*meiler* ou *feld-ofen*) (2), qui sont formés en plein air avec les briques à cuire.

Il y a aussi des fours qui ne peuvent entrer ni dans l'une, ni dans l'autre de ces divisions. Ce sont des fours ou cylindriques ou rectangulaires, à alandier et à plusieurs étages de foyer. Tels sont ceux que M. Bonnet d'Apt, et que M. Feilner de Berlin, ont établis (3). Ils sont très-favorables pour cuire, à la haute température qui leur convient, les briques nécessaires dans certaines opérations où elles doivent être très-réfractaires, avoir des formes et des dimensions particulières, et qui, en raison de ces quali-

(1) Ces Briques ont été mises à l'exposition de 1819, et le procédé est indiqué dans le *Dictionnaire technologique*, art. Brique, t. III, p. 492.

(2) *Gebhardt. Ziegel fabrikation*, 1 vol. in-12, Leipzig, 1835, page 24.

(3) Je les ai décrits à l'article des Fours composés, liv. Ier, ch. V, art. Ier, p. 103, Pl. XII, *fig.* 2.

tés spéciales, peuvent supporter un prix plus élevé que celui des briques ordinaires.

La Cuisson dans les fours fermés se divise en trois époques : le petit feu, le moyen feu et le grand feu. Les deux premiers durent deux jours et deux nuits. Les derniers commencent à l'incandescence et durent sept jours, en tout neuf jours consécutifs. C'est la marche la plus générale pour ces fours. Mais il est un grand nombre de circonstances où cette marche est tout à fait modifiée.

Les briques sont presque toujours cuites par des associations d'ouvriers absolument indépendants de ceux qui les font.

Il y a trois manières de cuire les briques, savoir : à la houille, au bois et à la tourbe. Les principes d'après lesquels les fourneaux sont construits sont très-différents et tiennent à la manière de brûler de ces combustibles.

A. **A la houille.**— La cuisson des briques à la houille par la méthode flamande est un des actes industriels des plus remarquables. Quand on songe aux difficultés de toutes les sortes qu'il faut savoir surmonter d'abord pour former et élever à plus de 3 mètres de hauteur un massif d'environ 90 mètres cubes, composé de 4 à 500 mille petits prismes de terre friable, qui loin d'être liés par aucun ciment doivent, au contraire, être souvent éloignés les uns des autres et posés sur des lits de matière dure, irrégulière de forme et de grosseur ; quand on sait qu'il faut que ce massif reste, sans s'écrouler, droit et solide malgré les efforts du vent et les dérangements que, d'abord une dilatation très-sensible, puis une assez forte contraction fait éprouver à toutes ses parties ; ensuite quand on voit ces adroits et hardis ouvriers continuer d'élever ce massif en en parcourant la surface, tandis que le feu qui le cuit à sa base, les inonde de chaleur et de fumée, et cela pendant huit ou dix jours de suite ; quand on se figure la longue série de peines et de travaux, accompagnés d'incertitude du succès et souvent suivis de pertes, on conçoit les détails indispensables dans lesquels je vais entrer pour donner une idée des précautions qu'il faut prendre pour que 500 mille Briques environ, puissent être cuites suffisamment, à peu près également et économiquement en une seule fournée.

L'association d'ouvriers qui se chargent de cuire une fournée de Briques se nomme, dans le département du Nord, où l'on cuit toujours à la houille, une main de briqueteurs et se compose de quinze hommes pour une fournée de 500 milliers de briques.

Comme la houille ou charbon de terre ne peut brûler qu'à l'aide d'un courant d'air rapide, pour remplir cette condition il faut faire venir dans les fourneaux ordinaires l'air par-dessous le combustible, au travers d'une espèce de grille. Mais la construction d'un pareil four serait très-dispendieuse et embarrassante à cause de son étendue; on dispose donc les briques à cuire de manière à les faire servir elles-mêmes de grille. On les couvre d'une couche de houille, et on place ainsi successivement des couches de houille et des assises de briques qui laissent entre elles des ouvertures et de espaces suffisants; ce sont autant de foyers de combustion répandus au milieu de la masse de briques. A l'aide de cette ingénieuse disposition, on les cuit assez également et avec économie.

Le fourneau pour cuire les Briques au charbon de terre se construit donc avec les Briques mêmes qui sont à cuire [1]. On commence d'abord par niveler parfaitement le sol sur lequel on doit placer le massif de 3 à 500 mille Briques, qui est un parallélipipède ou plutôt une pyramide dont le grand côté de la base a trois fois et demie la hauteur et le plus petit seulement trois fois. Les faces de cette pyramide sont très-peu inclinées sur l'axe. Le pied du fourneau ou la base, est la seule partie faite quelquefois avec des briques cuites; mais cette condition n'est ni nécessaire, ni même souvent remplie. Cette base est formée de sept assises dans lesquelles on pratique des canaux voûtés, longitudinaux et parallèles, où se place le bois qui doit allumer le charbon de terre. Les Briques sont posées les unes de champ, les autres à plat; celles de chaque nouvelle assise croisent à angle droit celles de l'assise inférieure. Lorsque le massif ou four-

(1) Voyez Pl. XVI, *fig.* 1 à 5, et l'explication des planches à la fin du deuxième volume.

neau est monté à la septième assise, on met le feu au bois placé dans les canaux ou foyers, et on allume le fourneau dès ce moment même, sans attendre qu'il soit terminé.

L'enfourneur continue d'élever le fourneau en y plaçant de nouvelles assises de briques et de nouvelles couches de charbon, qu'il répand également de trois en trois assises. Il a soin de construire les parois ou les parements du fourneau avec une grande régularité, pour qu'ils ne s'écroulent pas à mesure qu'il les élève; il les revêt extérieurement d'un placage d'argile mêlée avec beaucoup de sable et de paille pour qu'il ne se détache pas et ne se fende pas trop. On commence cette opération lorsqu'on en est à la dixième assise(1). La construction d'un massif qui se compose de vingt-huit assises, et renferme environ 200 milliers de briques, dure huit à dix jours.

Les briques des assises inférieures cuisent donc pendant que l'enfourneur place celles des assises supérieures. Cette pratique rend son travail et celui de ses aides tellement fatigant, qu'il est obligé de se reposer très-souvent; mais on doit remarquer qu'il est difficile d'employer le combustible avec plus d'économie, puisque la chaleur s'en dégage au milieu même de la masse qui est à cuire. Ici, pour appliquer la terminologie que j'ai adoptée (2), on dira que les foyers et le laboratoire sont confondus.

Ce fourneau étant construit en plein air, est assez difficile à conduire; les coups de vent lui nuisent; on l'abrite, autant qu'il est possible, en l'entourant d'une haute muraille de paillassons portés sur des perches, en ouvrant ou fermant, selon le besoin, les canaux ou foyers inférieurs dans lesquels on a placé le combustible, etc.

Les Briques de l'intérieur étant toujours plus cuites que celles des bords et prenant plus de retraite, le fourneau s'affaisse davantage dans son milieu que sur ses bords. L'enfourneur, pour

(1) Les détails de construction d'un tel fourneau, et les précautions à prendre sont connus. Il serait impossible de les décrire clairement sans de longs développements et de nombreuses figures. On trouvera ces développements et ces figures dans l'ouvrage in-8° de 188 pages et 4 planches, publié sur ce sujet par M. Clerc, ingénieur des mines, en 1828, à Paris.

(2) Voyez liv. I, chap. V, art. Ier, LES FOURS, pag. 188, note (1), description générale des fours et terminologie de leurs diverses parties.

rétablir l'équilibre, élève les bords moins que le milieu ; ce qu'il fait en inclinant ou en mettant à plat les Briques voisines du parement, tandis qu'il met de champ celles du milieu.

Une fournée est composée depuis 200 jusqu'à 500 milliers de briques ; il faut, à partir de la septième assise, douze à quinze jours pour cuire un massif de 200 mille briques, et vingt à vingt-cinq jours pour un massif de 500 mille briques.

Cette manière de cuire très-en grand les briques avec de la houille n'est pas la seule. On les cuit aussi, mais en bien moindre quantité, dans des petits fours fermés. On y joint celle de la chaux et des tuiles, et l'on peut dans de tels fours (Pl. XV, *fig.* 1 et 2, A, B, C) cuire jusqu'à des briques de différentes dimensions, des tuiles, et environ 2 à 3 mètres cubes de chaux.

M. Carville, que j'ai cité plus haut pour la fabrication à la mécanique, cuit ses Briques à la houille dans de grands fours fermés et qui m'ont paru très-bien disposés. Le bulletin de la société d'Encouragement (1) en a donné une figure que je répète ici (Pl. XIV, *fig.* 12, A, B) revue sur les fours actuellement en service. On y cuit 80,000 Briques avec 160 hectolitres de houille. Les éperons, en opposant une suffisante résistance à la poussée de dilatation empêchent les murs latéraux de se déverser.

On attribue une grande supériorité à la Cuisson à la houille, sur la Cuisson au bois ; la surface durcie et légèrement fritée des briques cuites à la houille leur donne une plus grande liaison avec le mortier et une sorte de garantie contre les actions atmosphériques destructives ; on croit avoir remarqué que les briques du département du Nord (2), ainsi cuites, sont généralement meilleures que celles du centre de la France et que c'est principalement à cette Cuisson que l'on doit attribuer cette supériorité.

(1) 1841, 40e ann., p. 153, Pl. CDXLIII.

(2) On en fabrique dans ce département, toutes les campagnes, de 80 à 100 millions, les unes rouges, les autres jaunes. Il n'y a entre ces Briques d'autre différence que la couleur. (CLERE.)

Pour cette Cuisson, on préfère à la houille grasse la variété de houille voisine de l'anthracite qu'on appelle souvent charbon de brique, charbon de fours à chaux, et que M. Clere nomme houille sèche et maigre; elle s'étend mieux sur les assises de briques, laisse mieux passer l'air et donne plus de chaleur que la houille grasse.

B. **Cuisson au Bois.** — La Cuisson des briques au moyen du bois, se fait d'une manière tout à fait différente; ce combustible brûle très-bien par une bouche de foyer ou courant d'air latéral; il donne peu de cendres, mais il a besoin d'être renouvelé souvent pour produire la même chaleur que la houille : il doit donc se placer dans des foyers particuliers et au-dessous de la masse à cuire.

Le fourneau (Pl. XV, fig. 3, A, B, C) peut être divisé comme la plupart des fourneaux, en foyers et en laboratoire.

Les foyers (*f*, *f*, *f*) sont multiples et inférieurs et même souvent enfoncés dans le sol, ils consistent en deux ou trois canaux, selon la grandeur du fourneau, voûtés et parallèles. La voûte de ces canaux, au lieu d'être pleine, est composée de neuf à douze arceaux transversaux (*a*), qui laissent entre eux une fente assez large. C'est par ces fentes que la flamme du combustible mis dans les foyers, doit pénétrer dans le laboratoire du fourneau

Le laboratoire (*l*, *l*) placé directement au-dessus des foyers, est un prisme à quatre pans; ces pans ou murailles sont construits solidement en Briques cuites. Il y a quelquefois une double muraille extérieure et l'espace entre les deux murailles est rempli de matériaux divers; cette disposition concentre la chaleur. Le corps de ce fourneau est rempli de Briques à cuire; elles y sont placées de champ et laissent entre elles un peu d'espace; les Briques de chaque assise croisent celles de l'assise inférieure. On élève ordinairement la masse des Briques à cuire d'un mètre environ au-dessus des murs qui forment les parois du fourneau (les fig. 3, A, B, C, représentent ce fourneau et cette disposition en M).

On commence par faire très-peu de feu dans les foyers, on l'augmente ensuite jusqu'à faire devenir blanches les ouvertures de ces foyers. Le feu dure en tout environ trois ou quatre jours.

Le rédacteur de l'article Briquetier, de l'*Encyclopédie Méthodique*, dit avoir appris de Schreber, savant suédois, qu'on peut construire des fourneaux semblables au précédent en terre à brique mêlée de paille, pétrie en grande masse et le plus ferme possible ; on les bâtit à la manière des maisons faites en pisé. Les fourneaux construits d'après cette méthode coûtent moins et sont plus durables que ceux qu'on bâtit en Briques, qui ont besoin de fréquentes réparations. Mais comment en séchant et surtout en subissant la haute température de la Cuisson, ne se fissurent-ils pas de toute part par l'effet de la retraite?

En décrivant quelques briqueteries particulières, je reviendrai sur les fours à Briques fermés.

C. **Cuisson à la Tourbe.** — La troisième sorte de combustible employée pour la Cuisson des Briques, est la tourbe; elle doit contenir encore beaucoup de filaments de végétaux peu altérés, afin de donner la flamme longue qui est nécessaire, et comme les foyers n'ont point de cendrier, il est bon qu'elle donne peu de cendre.

Les fours sont construits à peu près sur les mêmes principes que les fours à cuire au bois.

Comme la Cuisson à la tourbe est principalement employée en Hollande, j'en décrirai les détails plus bas à l'article des Briques de Hollande.

Quelques effets de la Cuisson. -- Les Briques perdent de leur poids et diminuent de dimension en séchant et en cuisant. Ces réductions sont assez différentes, selon les diverses qualités de ces matériaux.

M. Fourcroy de Ramecour a évalué à 4 p. cent la retraite sur la longueur qu'éprouve une Brique en passant de l'état sec à celui de parfaite Cuisson.

Il a évalué les pertes en poids qu'éprouvent les Briques de Flandre en passant du moulage à une dessiccation complète à 0, 23, et en passant de cette dessiccation à une cuisson parfaite à 0, 055.

D. Qualités et particularités des Briques.

Les qualités que doivent posséder les Briques sont en raison des usages auxquels on les destine.

Les unes, destinées aux constructions extérieures, et surtout à celles qu'on veut faire sous l'eau, doivent être sans boursouflures ni vides, suffisamment compactes, sonores et dures, au point de faire feu sous le choc du marteau acéré du maçon. Cependant ces conditions ne sont ni toujours ni toutes de rigueur. Certaines constructions basses et transitoires faites dans des pays secs peuvent admettre des Briques poreuses, légères, faciles à tailler et économiques par ces qualités.

D'autres doivent, au contraire, présenter à l'extérieur les qualités de *compacité* et de résistance à la pression, ce sont celles qui servent à faire des voûtes et des arceaux; tandis que d'autres doivent avoir la dureté du grès; telles sont celles qui servent à paver les trottoirs et même les routes, comme en Hollande.

Une des qualités importantes et recherchées dans les briques qui doivent servir à construire ou au moins à faire la chemise intérieure des fourneaux et fours qu'on chauffe à très-haute température, c'est la propriété de résister sans se fondre et même sans se ramollir à ces hautes températures plusieurs fois répétées ou longtemps continuées.

On appelle généralement Briques *réfractaires* celles qui possèdent complétement cette inaltérabilité par l'action d'un feu violent.

On a fait un grand bruit de la fabrication de ces Briques, et cependant leur principe de fabrication est des plus simples et des plus facilement applicables. Il se réduit à *posséder* une argile déjà très-réfractaire par elle-même, celle dont j'ai défini ailleurs les caractères sous le nom d'*argile plastique*. Il faut que cette argile, qui est une réunion, en partie par mélange en partie par combinaison, de silice et d'alumine, ne renferme disséminés ni gypse, ni pyrites entières ou décomposées, ni fer oligiste terreux, ni grains de calcaire (je ne puis supposer du carbonate de chaux ni même du silicate, ce serait aller contre la définition de l'argile plastique); mais elle peut renfermer du charbon, ce qui la rend noire sans altérer ses propriétés.

On lave cette argile pour en séparer les petits cailloux ou les parties grossières que je viens d'indiquer. Si elle ne contient ni trop de gypse, ni trop de peroxyde de fer, ce lavage suffira pour lui donner le degré de pureté nécessaire.

Mais cette argile, beaucoup trop plastique, a besoin d'être dégraissée. Or c'est ici qu'il faut prendre garde de la rendre fusible par ce dégraissage, ou même trop attaquable à la potasse volatilisée dans les fourneaux chauffés au bois. Ce n'est donc pas du sable quarzeux, même le plus pur, qu'il faut employer, mais du ciment de cette même argile, fait exprès et réduit par la pulvérisation et le tamisage à la grosseur nécessaire [1].

Suivant la qualité plastique de l'argile on ajoute 60, 70, 75 même de ciment sur cent parties, en sorte qu'il n'y a quelquefois qu'un quart d'argile pure.

Toute Brique faite dans ces conditions sera réfractaire, et si toutes celles que l'on donne pour telles ne le sont pas également, cela tient à la nature de l'argile plastique plus ou moins riche en alumine ou en silice. Or, le lavage le plus soigné (et s'il était si soigné il deviendrait beaucoup trop cher pour des Briques), ne peut pas la débarrasser, non-seulement de l'excès de silice qu'elle peut renfermer en combinaison, mais même de l'excès de sable siliceux, s'il est très-fin.

Il ne faut pas croire cependant que la présence du sable quarzeux ajouté à une argile plastique la rende fusible à la température du four à porcelaine. Cette addition ne donne la fusibilité qu'en raison de la nature de l'argile et de la proportion de sable qu'on y ajoute.

J'ai fait à Sèvres, à plusieurs reprises, des Briques qui devaient être réfractaires puisqu'elles devaient entrer dans la *chemise*

(1) Je ne dois pas répéter ici ce que j'ai dit dans les principes généraux de l'art céramique, sur ce qu'on entend par ciment, sur l'influence de la quantité et de la grosseur des parties de ce ciment, sur les propriétés plastique et de retraite, etc.

du laboratoire du grand feu ; les compositions ont varié comme il suit en raison des argiles employées.

Argile plastique bleuâtre de Vanvres au sud de Paris.	50
Sable un peu ferrugineux des hauteurs de Meudon.	33
Ciment de Brique réfractaire de Bourgogne et de cazette. . .	17

Ces Briques ont résisté, sans se fondre ni même se ramollir à la sortie des feux, et cependant elles étaient composées, comme on voit, de matériaux assez impurs. Elles sont absorbantes et ne vaudraient rien en plein air.

La composition suivante a donné des Briques encore plus inattaquables par le feu, plus compactes, et par conséquent meilleures en tout.

Argile plastique de Vanvres	66
Ciment de Brique réfractaire et de cazette très-réfractaire. . .	34
	100

Les Briques fabriquées à Paris dans les briqueteries de M. Duchemin pour le four à double laboratoire de 1842, mentionné tome 1er, page 195, ont été composées :

D'argile plastique de Bourgogne, près du lieu dit Retourneloup, près Épernay, lavée	50
De ciment des débris de Briques résultant de la démolition du four précédent	50

Elles ont présenté en façonnage, solidité, facilité de taille et infusibilité, toutes les qualités désirables.

Je donne ces compositions comme exemple, en répétant qu'elles doivent varier suivant la nature de l'argile. Ainsi, avec l'argile plastique de Dreux, département de l'Eure, il faudrait au moins 60 de ciment de cette argile et 40 d'argile pure non lavée. Mais c'est une argile trop chère pour jamais être employée à une fabrication suivie de Briques.

Je choisirai pour exemples de Briques réfractaires, les plus connues comme telles en France et en Angleterre, celles dont le musée céramique de Sèvres possède des échantillons, et surtout celles qui ont été essayées sous ces rapports. Ainsi sont éminemment réfractaires :

Les Briques de Mouchy, Saint-Éloy (Oise), fabriquées par M. Deyeux.

Les Briques de Septveille, de M. Naudot et compagnie, près Provins.

Celles de Saint-Vallier, près d'Oriol.

Elles n'ont éprouvé aucune altération; mais les Briques de Bourgogne, de Préau-Huré, dites *bonne marque;* celles de M. Revol, à Saint-Uze (Drôme), et celles de Baltimore, quoique employées dans les fours à anthracites, se sont un peu vernissées et ont éprouvé un commencement de ramollissement sur les angles. Celles de Laurent-Gilbert, d'Orléans, se sont vernissées et un peu ramollies. Enfin, celles d'Andresberg, au Harz, ont complétement fondu en verre liquide, et même celles de Stourbridge, en Worcestshire, qui ont une si grande réputation, sont devenues d'un rouge brun, et se sont complétement ramollies.

Toutes ces Briques, dites réfractaires, ont été exposées ensemble à la température la plus élevée du four à porcelaine à l'abri de l'action directe de la potasse des cendres.

Je dois ajouter les briques d'Andennes en Belgique, qui se façonnent à la main en quantité immense, et telle, qu'il faut une machine à vapeur de 60 chevaux pour la préparation des terres.

Jugement des qualités. — On peut juger la qualité des Briques par des moyens appropriés à l'usage qu'on en veut faire.

Si ce sont des briques pour construction ordinaire; il faut 1° qu'elles supportent une pression déterminée sans s'écraser; 2° qu'elles ne se désagrégent pas dans l'eau, et qu'elles n'en absorbent pas une trop grande quantité. Pour apprécier cette dernière condition, on les pèse sèches, on les laisse dans l'eau pendant douze heures; on les laisse égoutter pendant environ un quart d'heure; on les essuie et on les pèse de nouveau. On juge par l'augmentation du poids combien elles ont absorbé d'eau. 3° Si elles renferment des nodules de calcaire ou des grains de pyrite non entièrement décomposés, ces parties se gonfleront et briseront la Brique lorsqu'elle aura été retirée de l'eau après y avoir séjourné quelque temps. 4° Si on veut juger la qualité réfractaire d'une Brique, c'est de faire un petit massif de six ou huit de ces Briques sur deux rangs, et de l'exposer, un rang en avant, dans un four à porcelaine à l'entrée du feu dans le four. Le poids affaissera les inférieures si elles sont seulement ramollissables. Le rang antérieur ne doit pas entrer dans le jugement; il est toujours attaqué, quelque réfractaire qu'il soit; mais il sert à garantir le rang postérieur de l'action de la potasse des cendres à laquelle la terre la plus réfractaire ne peut résister. C'est donc sur les altérations de ramollissement, de fusion ou de boursouflement du rang postérieur qu'on peut juger la qualité réfractaire d'une Brique.

Aucun moyen d'analyse ou d'essai en petit ne peut suppléer à ces véritables essais techniques.

Les moyens 2° et 3° peuvent également servir pour apprécier les qualités des tuiles.

E. Fabrications locales ou particulières.

Il y a peu de cantons de quelque étendue, même dans les pays riches en pierres de construction, où l'on ne trouve des fabriques de Briques, tuiles ou carreaux. Les pays du nord tels que la Scandinavie souvent dépourvus, par la nature de leur terrain de cristallisation, de gîtes abondants et fréquents de terres argileuses et d'ailleurs riches en bois, sont ceux qui fabriquent le moins de Briques. La statistique de ce genre de fabrication remplirait des volumes, mais ne serait pas sans intérêt; je suis loin même d'en essayer une partie, mais je dois dire deux mots de quelques fabrications locales de Briques qui peuvent présenter plusieurs faits dignes d'être notés ou qui me sont plus particulièrement connues.

France. — Environs de Paris. — M. Sargent a fait à Auteuil sur le bord de la grande route de Versailles, à Passy, etc., des Briques qu'il appelle anglaises parce qu'elles sont faites et cuites à la manière anglaise, c'est-à-dire *in clamps* avec les débris de houille qui tombent des grilles des fourneaux où l'on emploie ce combustible; il les regardait comme très-convenables pour les habitations parce qu'en raison de leur texture poreuse, elles ne condensaient pas, lors de l'exhaussement de la température dans les dégels, l'eau tenue en dissolution dans l'air, et qu'elles paraissaient ainsi beaucoup plus sèches que les Briques dures ; c'est à ce que je pense une idée inexacte due à ce que les Briques denses par leurs masses froides, se couvrent bientôt de l'humidité de l'air qu'elles condensent plus promptement, abondamment et visiblement. Les dimensions des Briques de M. Sargent sont de 10 et 4 centimètres ; le poids d'un millier est d'environ 1,700 kil.

Elles coûtent sur les lieux de 28 à 32 fr. le millier suivant leur qualité et leur degré de Cuisson.

On distingue dans le commerce de Paris, deux sortes principales de Briques.

Celles qu'on appelle Briques de Paris ou de pays et celles qu'on nomme Briques de Bourgogne.

Les premières se faisaient autrefois presque uniquement à Sarcelles, gros bourg à 15 kilomètres au nord de Paris.

Mais depuis qu'on cuit à la houille la plupart de ces ustensiles en terre cuite, il s'est établi plusieurs centres de fabrication aux environs de Paris, sur tous les lieux où l'on trouve l'argile et le sable propres à cette fabrication.

Ces lieux principaux sont :

Igny, près Jouy. — Sur la rivière de Bièvre et dans un terrain qui par sa position géologique fournit abondamment, et facilement les argiles et les marnes convenables.

Massy. — Celles-ci reviennent sur les lieux, savoir : celles qu'on appelle moule de Bourgogne et d'assez bonne qualité, ayant 22^{cent}, 11^{cent} et 5^{cent},5 à. . . . . 40 fr.

La tendre, un peu plus petite, à. 26

Claye — Assez bien faite.

La Villette, buttes Chaumont. — En moule de Bourgogne.

Celles qu'on fabrique maintenant dans Paris même et aux barrières, sont en général mieux faites, plus cuites, plus solides, moins fusibles, recevant dans leur composition une certaine proportion d'argile plastique d'Arcueil, Vanvres, etc., avec des cendres et des escarbilles de houille, aussi sont-elles beaucoup plus chères. On cuit le grand et le petit moule de Bourgogne.

Le petit moule se vend, rendu, déduction faite du droit d'octroi; le mille. . . . . de 38 à 44 fr.

Le grand moule; le mille. . . . . de 48 à 54

Sarcelles. — C'était il y a 15 ans le centre principal des fabriques de Briques de Paris.

Les ouvrages en terre cuite qu'on y fait sont :

LES DIMENSIONS SONT EN CENTIMÈTRES.	Long.	Larg.	Épais.	PRIX le 1,000.
Des briques ordinaires.				28fr.
Des briques carrées pour fondations, rouges et peu cuites.	20	7	7	
Des briques carrées pour fondations, fort cuites, brun rouge.	19	6,8	6,8	
Briques ordin. lisses, rouges, 1re gr.	22	11	5	42
Briques ordin. lisses, rouges, 2e gr.	19	10	4,5	32
Carreaux quadrang., dits briqueteaux.	16,1	16,5	2	
Carreaux hexagones, côté	9	9	2,7	

La Brique ordinaire est composée avec les terres argileuses qu'on prend sur le lieu même.

1° De la terre supérieure qu'on appelle *forte* et quelquefois *terre franche*. C'est une argile sableuse ferrugineuse, jaunâtre ou brunâtre, qui ne fait point effervescence. Elle entre dans la masse pour. 66

2° De marne sableuse, grisâtre, inférieure à la précédente, faisant une vive effervescence, mais partielle et de peu de durée. 34

La première est exploitée à l'automne, réunie et laissée à l'air tout l'hiver jusqu'au 1er avril que commencent les travaux.

A cette époque elle est mêlée avec l'inférieure à l'aide de la pelle et de la *marche*, l'ouvrier entre dans la masse de pâte jusqu'aux genoux.

Les carreaux et les briqueteaux se font avec la marne argileuse de la montagne d'Écouen, formant un banc composé de lits de plusieurs nuances dont la principale tire sur le vert : elle est marchée.

Une compagnie de briquetiers se compose de quatre ouvriers, un qui mêle, marche et prépare la terre, deux mouleurs dont l'un se détache de temps en temps pour aller chercher la terre préparée et un garçon pour démouler les Briques et les placer sur l'aire; une telle compagnie fait 7,000 Briques ordinaires, par journée de quatorze heures dont deux heures de repos, reste douze de travail ([1]).

Les Briques qu'on y fait sont en général du petit modèle, rouges ou jaunâtres, peu cuites, et par conséquent absorbantes, faciles à tailler et fusibles à haute température.

La Cuisson se faisait autrefois au bois, avec des branchages réunis en faisceau qu'on nomme bourrée ou fagot, on y employait même des souches de jeunes troncs de bouleau, enfin tous les bois qu'on appelle de rebut. Le four, qui a peu changé de forme, est un grand parallélipipède fermé de murs de trois côtés, ouvert sur le devant, où sont les bouches de trois foyers en arceaux; le tout recouvert d'un toit léger et à claire-voie. Il peut contenir plus de cent milliers de pièces, Briques, tuiles et carreaux; ces deux derniers ustensiles forment le milieu de la masse à cuire.

Le petit feu se fait avec des souches d'arbres et d'arbrisseaux, et dure quinze jours. Le grand, avec des bûches de bouleau, et dure cinq jours.

Plusieurs briquetiers de Sarcelles cuisent encore (1843) de cette manière.

Mais M. Lefort, un des plus grands briquetiers de cet endroit, et de qui je tiens la plupart des renseignements suivants, cuit à la houille depuis environ six ans; c'est de la houille de Fresne, dite *Galeterie*.

Ses fours diffèrent peu des anciens fours à bois; ils sont carrés et ont trois foyers; chaque foyer a une bouche *sur grille*, il est voûté et a un cendrier.

Le four renferme 60 à 70,000 Briques; il faut de neuf à dix jours pour les cuire, environ six jours de petit feu et quatre

([1]) On voit que tous ces nombres s'accordent assez bien avec ceux que j'ai donnés dans le cours de cet article; ce qui montre qu'ils ne sont pas exagérés, comme je l'avais soupçonné dans l'origine.

jours de grand feu, ce qui est, comme on le voit, beaucoup plus prompt qu'au bois.

Il consomme 150 hect. de houille.

M. Lefort m'a fait comparer les avantages de l'emploi de la houille, même à la porte de Paris, sur celui du bois, pour cuire une matière qui a peu de valeur. Ainsi, en bois, il consommait 1,600 fagots et 20 stères de bois. Il y avait environ 5,000 Briques de déchet par fournée. A la houille il n'y a que 500 briques environ de perte sur 60,000.

Trois cuiseurs conduisent quatre fours, cuisant à la houille.

A la houille, la Brique est plus rouge; au bois, elle est plus pâle.

La seconde sorte de Brique qu'on emploie à Paris, principalement dans toutes les constructions de four ou fourneaux d'usine, s'appelle Brique de Bourgogne, parce qu'en effet les premières sont venues uniquement de cette province, et que c'est encore elle qui en fournit le plus aux travaux de Paris et des environs. C'est, en effet, comme la géologie nous l'apprend, le pays le plus voisin de Paris où se présente la meilleure argile plastique propre à faire des Briques réfractaires; elle est supérieure à la craie ou au moins au calcaire jurassique, et surtout exempte de cristaux de gypse et de pyrites.

On la dégraisse avec du sable.

Ces argiles viennent principalement de Villeneuve-le-Roi, de Pont-sur-Yonne, de Sens. Les plus recherchées sont ces dernières, étant surtout, comme très-réfractaires, plus propres qu'aucune autre à la construction des fourneaux. L'argile plastique de Montereau donne aussi de très-bonnes briques, mais moins estimées cependant que les précédentes.

La dimension du grand modèle ou moule est de 21^{cent}, 11^{cent} et $5^{cent},5$. Il en entre 720 dans un mètre cube.

Rendues à Paris sur les ports, elles se vendent (sans le droit d'octroi), le mille 73 à 84 fr., et celles de Montereau ne se vendent, le mille, que 64 à 65 fr.

Elles sont, en général, bien faites, solides et cependant faciles à tailler, et lorsqu'elles sont bien choisies, elles peuvent résister aux plus hautes températures sans se fondre ni même se ramollir, quand d'ailleurs elles sont à l'abri de l'action des cendres végétales; elles sont cotées alors à un prix plus cher suivant leur couleur.

La rouge pâle. . . . . 84 fr.
La blanche. . . . . 103 fr.

Elles portent souvent les marques des fabricants. Celles qu'on estime le plus, et qu'on dit être de bonne marque, portent les lettres JD—LR—EP.

Loiret. — **Orléans.** — On fabrique à Orléans, en raison de la proximité d'une grande forêt et des moyens faciles de transport, beaucoup de matériaux de bâtiment en terre cuite, notamment des Briques et des Tuiles.

Les principes et procédés généraux sont semblables à ceux que j'ai fait connaître, mais je dois y noter deux particularités.

M. Valentin Feau-Béchard a construit pour ses Briques un four d'une forme toute particulière. Il appartient par la forme générale à ce qu'on nomme four carré. Le plan du laboratoire est un rectangle qui a environ 4 mètres et demi de profondeur, 3 mètres de largeur et près de 8 mètres de hauteur jusqu'au commencement de la cheminée. Le foyer latéral s'ouvre en voûte demi-conique dans le laboratoire.

C'est, avec ces dimensions, la hauteur énorme de la cheminée qui en fait le caractère particulier. Cette cheminée, en pyramide très-aiguë, a, depuis sa base, c'est-à-dire depuis le plan où finit la partie prismatique du laboratoire et où commence la pyramide, 17 mètres. M. Feau a établi sur le principe d'élévation de la cheminée une proportion d'économie du combustible, qui, si elle est exacte et qu'elle n'entraîne pas l'inconvénient d'une très-grande inégalité dans la cuisson, offre une économie de combustible assez spécieuse. Il assure que quand la cheminée n'a que la faible hauteur ordinaire, ou plutôt quand il n'y en a pas, comme c'est le cas de la plupart des fours à Briques, on brûle, pour cuire un mille de Briques, du bois stérable pour 7 à 8 fr., que quand on lui donne 10 mètres de hauteur on peut cuire la même quantité avec des branchages ou bourrées de chêne valant 4 à 5 fr., et enfin que si on l'élevait jusqu'à 17 mètres, la dépense du même combustible, pour mille Briques, était réduite jusqu'à 3 francs.

On suit à Orléans, dans quelques fabriques, la méthode de façonnage, pour les Tuiles, soit flamande, soit alsacienne; la première consiste principalement à étendre la croûte de pâte sur un moule de bois un peu bombé, et qui donne à la Tuile une espèce de rebord relevé qui entre dans le demi-canal latéral de la Tuile sa voisine. Cette disposition empêche toute introduction d'eau par les côtés, sans qu'on ait besoin de donner aux Tuiles cet énorme recouvrement qui alourdit si considérablement une toiture. Il résulte de ce façonnage à la manière flamande, que la quantité de tuiles nécessaires pour couvrir une surface de 4 mètres, ne pèse que 150 à 155 kilogrammes, tandis qu'en Briques ordinaires, se recouvrant de près de moitié, le poids, pour la même surface, serait d'environ 380 kilogrammes, plus du double.

La méthode alsacienne, de façonnage, est trop compliquée pour être décrite ici, je me contenterai de l'indiquer en disant qu'elle consiste à étendre et mouler la croûte sur une toile tendue sur une planche un peu convexe; un cadre ou moule en fer pose sur cette toile qui est fixée à la planche par un de ses deux grands bords. Le bord opposé est libre, mais garni d'un fort ourlet ou coulisse, dans laquelle est un rouleau de bois, qui sert à soulever la toile et la Tuile moulée pour la porter sur l'aire. Il résulte des retournements qu'on a fait subir à la Tuile, qu'elle présentera à la pluie le côté lisse qui, dans ce cas, est opposé au crochet; avantage très-grand pour éviter les mousses et altérations qui résultent des aspérités que présentent en dehors les Tuiles faites par le procédé ordinaire (1).

Angleterre. — A Londres et aux environs, où à défaut de pierres solides et taillables toutes les maisons sont bâties en briques, on a établi, surtout au nord de la Tamise, à Stepney, Hackney, Tottenham, Hammersmith, Brentfort, etc., un grand nombre d'exploitations et de fabriques qui fournissent des Briques de diverses couleurs et qualités appropriées aux bâtiments selon leur impor-

(1) Je tiens ces détails de M. Edmond Feau-Béchard, fils de M. Valentin, et qui a été pendant deux ans élève de la Manufacture royale de Sèvres.

tance ou la durée qu'ils doivent avoir, et même aux diverses parties d'un bâtiment, telles que les caves, les voûtes, les encadrements de croisées. On en exporte une très-grande quantité pour les colonies d'Amérique, Quebec, etc.

S'il est un cas où les moyens mécaniques peuvent avoir quelque succès, c'est bien celui où s'ouvre à ce produit un écoulement si immense.

Le façonnage est comme on l'a décrit plus haut. Un bon ouvrier doit fabriquer 5 à 6,000 briques par jour; il y en a qui en font jusqu'à 10,000 (1).

Ces briques se font avec la terre argileuse qu'on retire des fondations et qui appartient à ce qu'on appelle en géologie l'argile de Londres; elle est souvent mêlée d'une assez grande proportion d'argile plastique, ce qui oblige à la dégraisser par une addition d'un peu de craie, de sable ou de cendre de houille, dans des proportions différentes suivant la qualité de l'argile; c'est ce qui constitue les deux sortes de Briques nommées les unes, *malmbrick*, faites avec le terrain très-sableux et crayeux de la surface, et les autres, *stockbricks*, dans lesquelles il entre une plus grande quantité d'argile plastique presque sans calcaire.

On cuit en Angleterre les Briques à la houille presque partout, et surtout dans les environs de Londres, à peu près de la même manière, c'est-à-dire en plein air, sans four de construction. Cette méthode s'appelle cuire *in clamps* ou *clamp burnt;* les Briques qui font partie des parois de ce fourneau temporaire sont bien moins cuites que celles du centre.

La cuisson des Briques en massif en plein air, que je viens d'indiquer, ne paraît s'appliquer qu'aux Briques pour les constructions de maisons; mais celles qui sont destinées à la construction des fours agissant à haute température, sont

(1) M. Aikin (*Rapport de la Société des Arts et Manufactures*, 1830 et 1832, t. XLVIII, p. 494) exprime la même opinion que moi sur le façonnage à la mécanique, en disant qu'en supposant seulement 5,000 Briques faites à la main par un ouvrier ordinaire, l'idée de les faire avec une machine compliquée à établir, entraînant aussi des réparations dispendieuses, ne pourrait être qu'une spéculation ruineuse.

faites avec des argiles infusibles et cuites dans des fours fermés, où elles éprouvent un feu plus intense et acquièrent une très-grande dureté.

Parmi les nombreux exemples qu'on pourrait donner, je citerai la fabrication des Briques, des tuiles, des carreaux, etc., de Longport, près Burslem en Staffordshire, que j'ai eu occasion de voir.

L'argile qui en est la base ([1]) fait partie d'un terrain qui paraît avoir une stratification oblique, mais qui n'est peut-être que fissurée sous toutes sortes de directions. Les parties solides de ce terrain présentent une roche grenue, d'un jaune verdâtre, tendre, extrêmement fragmentaire, et dont toutes les fissures sont enduites de fer oligiste. C'est de cette roche décomposée que paraît venir l'argile généralement rouge, quelquefois marbrée de verdâtre, dont on fait les Briques de Longport. Ces deux argiles sont employées pures, c'est-à-dire sans addition de sable. La masse est pétrie, coupée, comprimée sous un cylindre de fonte, traversé d'un axe vertical armé de couteaux, et mu par un cheval.

Les Briques sont façonnées comme à l'ordinaire, à la main et bien faites. Lorsqu'elles sont complétement sèches, on les place, très-régulièrement, dans le laboratoire d'un petit four d'environ 1 mètre de diamètre sur 3 mètres de haut, dont je donne la figure (Pl. XVI, *fig.* 6); elles sont posées de champ et croisées à peu près comme on le fait dans la cuisson flamande (même planche, *fig.* 1, B); il y a entre elles suffisamment d'espace pour la circulation de la flamme.

Le four, qui a huit petits foyers latéraux, est chauffé à la houille, et les Briques y sont cuites à très-haute température; elles sont très-pesantes et très-dures.

On fait avec cette même argile des tuyaux de conduite d'eau, qui, en raison de leur couleur presque noire, ressemblent à des tuyaux de fonte.

Cette fabrication est très-répandue dans tous les environs de Burslem.

([1]) Et que j'ai déjà indiquée en parlant des matériaux divers dont on compose la pâte des Briques (§ 1, B., p. 321).

Ces Briques se vendent 50 fr. le mille; celles de Stourbridge, plus estimées quand elles sont tout à fait réfractaires, valent sur le lieu environ 106 fr. le mille.

Hollande. — On conçoit qu'un grand pays peuplé comme la Hollande, couvert de bâtiments de toutes sortes, qui n'a point du tout de pierre de construction, mais qui offre à très-peu de profondeur, presque au-dessous de la terre végétale et surtout près des rives et des embouchures des grands cours d'eau tels que l'Issel, le Leck, le Vegt et les autres bouches du Rhin et de la Meuse, une terre propre à faire des Briques, placée à côté des chemins et canaux qui lui apportent pour combustible, la tourbe également et abondamment répandue sur tout le pays, et qui peuvent transporter au loin et à peu de frais les Briques produites par sa fabrication; on conçoit, dis-je, que cette réunion de circonstances si favorables, a dû donner à cette fabrication une extension et une activité remarquables, et que ses habitants aient acquis en fabriquant beaucoup, l'expérience nécessaire pour bien fabriquer.

Non-seulement toutes les maisons sont construites en Briques, mais les canaux en sont revêtus, les trottoirs des villes et les routes en sont pavés, et les Hollandais après avoir fait par la Cuisson, les petites pierres artificielles qui remplaçent ce que nous appelons des moellons, sont arrivés aussi à faire de très-grandes pièces représentant jusqu'à un certain point ce qu'on nomme pierre de taille.

On fait aussi en Hollande des Briques et des tuiles vernissées qui s'exportent dans les pays du nord, dépourvus, par la nature de leur sol, des terres propres à faire économiquement des Briques et des tuiles.

On fait donc en Hollande, des Briques et des tuiles presque partout, mais c'est principalement sur les bords de l'Issel près de Gouda, aux environs de Delft, d'Harlingen dans l'Est-Frise que sont établies les plus grandes Briqueteries et tuileries; car ces deux sortes d'ustensiles de terre cuite se ressemblent tellement par leur nature et leur mode de fabrication qu'on les fabrique presque toujours ensemble; on fait dans les environs de

Gouda, au moins quatre-vingt-huit millions de Briques par an.

La base de la pâte des Briques de ces cantons est le limon des bords de l'Issel mélangé suivant la qualité des Briques que l'on veut avoir avec d'autres terres d'alluvion ou de sédiment plus ou moins argileux, sablonneux ou même calcaire et surtout avec le sable des bords de la Meuse.

Le mode d'extraction et de préparation de ces terres, le façonnage de la pâte en tuiles ou en Briques, ne présente rien d'assez remarquable pour être décrit; on dit qu'un bon mouleur assisté de ses quatre aides ordinaires, qui composent ce qu'on nomme une *table de Briques*, peut fournir jusqu'à 16 mille Briques par jour, ce qui ne sera pas si loin, qu'on pourrait le penser, de s'accorder avec ce que nous avons rapporté plus haut, quand on comparera d'abord la composition de l'association d'ouvriers et ensuite la dimension, les Briques de Hollande étant en général plus petites que celles qu'on emploie à Paris, etc.

Les petites Briques à paver ont, étant cuites, de longueur 15 à 16 cent. — de largeur, 7 à 10, — d'épaisseur, 4 à 5. Les grandes Briques soit à paver, soit de construction ont :

De longueur.	20 à 25cent
Largeur.	9
Épaisseur.	4 à 5 [1]

Cuisson de Briques. — Il y a des fours qui peuvent cuire de 1,100 à 1,200 milliers de Briques à paver (JARS); d'autres ne cuisent que 350 à 400 milliers de Briques à bâtir qui sont beaucoup plus grandes que les précédentes, c'est de ces divers fours qu'il va être question, Pl. LVI

On cuit en Hollande des Briques avec de la tourbe. Le fourneau dans lequel on les place est un bâtiment à peu près carré de cinq mètres [2] environ de côté, formé de quatre murailles perpendiculaires l'une sur l'autre et légèrement inclinés vers l'axe; elles

[1] Ces proportions varient comme je l'ai indiqué d'après JARS et d'après les échantillons que j'ai recueillis, et qui sont au Musée céramique de Sèvres sous le n° 5723.

[2] JARS donne 10 mètres, 9 mètres et 6 mètres (1766); la figure d'EVERSMANN, qui est postérieure (1792), et qui est celle que je donne, indique les mêmes proportions. La description de JARS, quoique de beaucoup antérieure à celle d'EVERSMANN, est beaucoup mieux faite.

ont deux mètres d'épaisseur et sont faites en Briques cuites. Trois portes C E F, situées à différentes hauteurs, permettent de placer les Briques dans le four à mesure que le massif s'élève. Les deux murs qui ferment les côtés du four, en prenant pour le devant celui dans lequel est ouverte la porte C, sont percés vers leur base de six ou huit et même de douze bouches de foyer s'ouvrant dans les canaux longitudinaux qui traversent tout le four; ces ouvertures et ces canaux sont voûtés en ogive (*fig.* 4); leur nombre n'est pas toujours proportionné à la grandeur du four.

On place sur le sol du fourneau deux lits de Briques cuites (C. d. *fig.* 2) posées de champ, puis au-dessus les Briques à cuire au milieu desquelles on réserve des canaux vis-à-vis des ouvertures. Au dixième lit, ces canaux sont fermés par les Briques qu'on continue de placer sans laisser d'intervalle entre elles. Ces canaux sont les foyers dans lesquels on jette la tourbe.

On croise, suivant le besoin, les briques qu'on met au-dessus des canaux et celles qui approchent des murs du fourneau. On les met de niveau au moyen de paille ou de vieilles nattes de jonc, et pour que l'ouvrier en marchant sur le rang de Briques posé, pour en placer un second, ne les dégrade pas avec ses pieds et ne fasse pas tomber entre les interstices des Briques inférieures le sable qui adhère aux Briques qu'on apporte, on étale sous ses pieds une grande nappe de toile, qu'on replie à mesure qu'il place de nouvelles Briques.

On laisse un intervalle entre le massif des Briques et les murs du fourneau, et on le remplit de sable. Lorsqu'on arrive à la hauteur du mur permanent, on fait une hausse d'environ 2 mètres percée d'ouvertures pour la sortie de la fumée, et on dépasse encore cette hausse par deux lits de Briques, dont le dernier est posé à plat. Le tout est recouvert d'un toit ou permanent (*fig.* 5) ou simplement transitoire; il y a en tout ou 45 ou 80 lits de Briques, ce qui donne à ce massif environ 9 mètres de hauteur suivant l'épaisseur des Briques. Quand le laboratoire du fourneau est chargé complétement, on muraille les portes et on ferme toutes les ouvertures ou bouches des foyers d'un même côté; on introduit alors la tourbe, par les bouches de l'autre côté restées ouvertes, en chargeant ensuite toutes les deux heures. Puis au bout de vingt-quatre heures, le cuiseur jugeant ce côté suffisamment chauffé, ouvre les bouches du côté opposé, et les charge de même durant vingt-quatre heures, et ainsi de suite pendant deux à six semaines, suivant la grandeur du four. C'est la tourbe de Frise et de Groningue que l'on emploie; elle est mieux coupée que celle de Hollande, donne une flamme plus longue et plus claire, et produit moins de cendre.

On voit que dans ce fourneau les foyers sont multiples, inférieurs, à bouches opposées, alternativement ouvertes et fermées, que le laboratoire est supérieur, qu'il n'y a point de cheminée distincte, les interstices en font l'office.

L'enfournement d'un four, contenant de 11 à 12 cent mille Briques, dure trois semaines. Le feu dure, suivant l'état plus ou moins favorable de l'atmosphère, de 15 à 18 jours, et souvent beaucoup au delà, en raison de la grandeur du four. On consume 3 à 4,000 tonnes de tourbes, composée chacune de 80 à 90 pièces (*stuck*).

Le temps que dure le feu combiné avec l'état de l'atmosphère, est le seul moyen qu'on ait de présumer que les Briques doivent être cuites.

Après le feu on ferme toutes les bouches du foyer; le refroidissement n'est complet qu'au bout de cinq à six semaines, ce qui fait en tout onze semaines pour une fournée de l'importance de celle qu'on a prise pour exemple.

Une fournée donne plusieurs sortes de Briques : les unes, considérées suivant leur qualité et leur emploi; les autres, d'après leur forme et leur dimension.

Sous le premier rapport, on distingue les grosses Briques de construction en rouges et jaunes.

Les Briques petites et moyennes, un peu déformées, extrêmement cuites, presqu'à l'état de verre compacte et noir, se nomment généralement *Klinkert*. Elles sont jaunâtres ou bleuâtres, et souvent vernissées à l'extérieur. On les emploie principalement pour le pavage des trottoirs et des routes, en les posant de champ.

Enfin les Briques de déchet, employées à toutes sortes d'ouvrages secondaires. On évalue les déchets à environ 10 p. o/o d'une fournée.

Le gouvernement hollandais a fait des ordonnances sur la fabrication de ces matériaux pour en assurer la bonne qualité; ainsi on ne peut en mouler que pendant vingt semaines, qui finissent au 8 septembre, parce que l'on a remarqué que les gelées qui peuvent survenir alors, nuisent à la bonté des Briques (1).

Chine — Fabrication des Briques et Tuiles (2). — Le choix et le mélange des terres ne présentent rien qui puisse être apprécié. Mais le marchage se fait par des bœufs que le conducteur pousse en avant dans un bassin où est le mélange. La figure 4 de la planche XLII de la fabrication de la porcelaine, indique assez bien cette manœuvre.

Les Tuiles étant généralement des rectangles courbes sur les grandes dimensions, la croûte se moule sur des noyaux un peu coniques placés sur la tournette chinoise Pl. XVII, *fig.* 4. Le moule ou le noyau (*n*) est divisé par quatre lignes saillantes perpendiculaires à sa base, qui indiquent ou tracent plutôt la séparation de la croûte en quatre Tuiles. Les croûtes faites d'avance, réduites à la hauteur de la Tuile, s'appliquent sur le noyau et y sont comprimées au moyen des contre-moules représentés bien distinctement en (*tt*).

Les Tuiles sont séchées comme à l'ordinaire, puis placées, pour être cuites, dans le four *fig.* 8. On les y cuit au bois. Lorsqu'elles sont élevées à la température convenable, un ouvrier (*a*) portant deux seaux (*ss*) au moyen du levier (*l*) placé sur ses épaules, en répand le contenu par l'ouverture supérieure ou cheminée du four (*f*). Le texte dit que c'est un liquide qui doit

(1) Tiré en grande partie de JARS, *Voyage Métall.*, t. III, 1765 et 1766, p. 374, et d'EVERSMANN, *Technolog. Bemerkunger auf einer reise durch Holland.* 1 vol. in-12, Freyberg, 1792, p. 148, Tab. IV.

(2) M. Stanislas Julien a eu l'obligeance de me faire connaître un livre chinois intitulé *Thien-Kong-Khai-We*, ce qui veut dire à peu près Développement des choses par la vertu du Ciel, publié, en 1628 et 1644, en 3 vol., et accompagné de figures au trait dans le texte. Il a eu la bonté de me lire ce qui, dans ce livre qui traite d'un grand nombre de métiers, est relatif aux arts céramiques. C'est l'extrait du passage qui parle des Briques et des Tuiles, et la copie des figures qui y sont relatives, qu'on trouve ici et (Pl. XVII). Je donnerai, à l'ordre des Porcelaines dures, l'explication des autres figures.

se tourner en vernis. Ce procédé assez singulier n'est pas cependant tout à fait insolite, car il est assez semblable au salage des grès-cérames. Il est vrai que dans cette opération on répand le sel en poussière, tandis qu'ici le texte et la figure indiquent clairement un liquide.

Les Tuiles se cuisent au bois. L'ouvrage dit combien il faut de bois et de temps pour cuire une fournée, et combien elle dure suivant la dimension du four de 24 à 28 heures environ, ce qui suppose des fours très-petits.

Les Briques se moulent comme les nôtres, dans des cadres de bois; mais elles sont plus grandes, comme la *fig.* 2 (*a* et *b*) le fait voir. On enlève l'excédant avec l'archet à fil de fer comme avec le fil de laiton, que nos Potiers nomment s c i e.

Les Briques sont vernissées comme les Tuiles, et par un procédé qui semblerait être le même que le précédent; on les cuit au bois; mais on les cuit aussi à la houille. On forme un four composé de Briques et de sphéroïdes de poussière de houille d'environ 25 cent. de diamètre façonnées à la main, comme le montrent les ouvriers (*fig.* 3 *a*, *b*). Les Briques et les masses sphéroïdales de houille sont disposées en couches stratifiées (*h*, *b*, *h*, *b*, etc.) et constituent à elles seules le four (*fig.* 4), qui n'a aucun revêtement, exactement comme cela se pratique en Flandre, mais sur une échelle bien plus grande.

Quand on cuit au bois, on ouvre trois trous latéraux pour la sortie de la fumée. Lorsque le feu est à son maximum de température, on bouche ces ouvertures pour mettre le vernis. (C'est précisément ce qu'on fait quand on passe les grès à la glaçure de sel.) Le four chauffé à la houille doit être deux fois plus p r o f o n d que celui qui est chauffé au bois.

Lorsque cette glaçure n'est pas assez cuite, elle reste matte. Lorsqu'il y a trop de feu, les Briques fondent et se déforment. Lorsque le vernis a eu le feu qui lui convient, il est inaltérable.

F. Briques légères.

On pourrait établir une classe toute particulière de ces Briques différentes de toutes celles dont on vient de parler par leur composition et par leurs propriétés.

Au lieu d'avoir pour base une terre argileuse pétrissable, c'est une poussière siliceuse difficile à mettre à l'état de pâte façonnable. Ces briques infusibles sont d'une légèreté remarquable due à la porosité qui résulte de la nature de leurs éléments.

Ce sont les Briques légères déjà célèbres chez les anciens; car il en est fait mention dans presque tous les auteurs qui ont écrit sur la géographie ou sur des arts. On les connaissait sous le nom de pitachnes, parceque les premières fabriques furent établies à Pitanée en Asie. Possidonius, et après lui Strabon [1] disent qu'on trouvait à Maxima et à Calento, en Espagne, une terre légère, sèche, susceptible de polir l'argenterie, dont on faisait des matériaux de construction qui se soutenaient sur l'eau. Pline n'a pas oublié d'en faire mention.

On l'a trouvée aussi en Grèce, près de Zante, où elle était connue sous le nom de mortier à four. (EHRENBERG.)

Celles d'Italie étaient faites avec une terre blanche pulvérulente, connue en Toscane sous le nom de farine fossile ou de montagne. Fabroni crut avoir retrouvé la matière des Briques flottantes de Pline dans une terre d'un blanc cendré également pulvérulente, donnant par simple pression une poudre fine, dure, susceptible de nettoyer, et même de polir l'argent. Cette terre, silico-magnésienne, venait de Santa-Fiora, entre Arcidasso et Castel-del-Piano, sur le territoire de Sienne, en Toscane. Il la désigna sous le nom de farine fossile (*bergmehl*). Il analysa cette terre, et reconnut par son analyse, quelque imparfaite qu'elle fût, que loin d'être une argile, c'était une espèce de terre siliceuse qui serait composée, en soustrayant l'eau, la perte et un peu de fer, d'environ :

Silice	65
Magnésie	17
Alumine	14
Chaux	4
	100

Elle se délaye dans l'eau et y forme une masse pâteuse sans aucune consistance, qui devient très-dure par l'action du feu de

(1) Liv. XIII. — PLINE, liv. XXXV, chap. 14 ; il la prend pour pierre ponce, *terra pumicosa*.

porcelaine, et prend à cette haute température une retraite de 0,23. Fabroni, en y ajoutant un vingtième d'argile, en fit des Briques qui, suffisamment cuites, conservaient encore une grande légèreté et une solidité égale à celle des Briques ordinaires avec une pesanteur spécifique inférieure à celle de l'eau [1]. Enfin, ces Briques poreuses étaient de très-mauvais conducteurs du calorique, ce qui les rendait précieuses pour entourer les objets que l'on voulait abriter de la chaleur d'un foyer voisin.

Faujas de Saint-Fond, professeur de géologie au Muséum d'histoire naturelle de Paris, mort en 1820, trouva, entre deux bancs puissants de basalte, dans les monts Coirou, département de l'Ardèche, sur la route de Loriol à Roche-Sauve, une matière terreuse grise, pulvérulente, sèche, quelquefois feuilletée, qu'il pensa pouvoir employer pour faire des Briques légères.

Je fis, à la Manufacture de Sèvres, en 1803, sur la demande de Faujas, quelques essais de cette terre. Ils donnèrent, comme la terre de Santafiora, des Briques infusibles au feu de porcelaine, y prenant, comme celle de Fabroni, une retraite considérable, qui égale presque 0,23 de leur dimension linéaire, et devenant alors compactes, pesantes et très-dures.

Tant que ces Briques sont peu cuites elles sont légères. Cette qualité, réunie à leur solidité, les rend très-propres à entrer dans la construction des voûtes qui doivent avoir peu de poussée; elles sont aussi, en raison de leur porosité, de très-mauvais conducteurs du calorique, et peuvent, comme celles d'Italie, être utilement employées pour enfermer des objets que l'on veut garantir de l'action du feu, telles que des archives, et surtout pour entourer la soute aux poudres des navires, d'une enveloppe presque impénétrable à la chaleur.

L'expérience faite par Fabroni, avec ses Briques de Toscane, a prouvé qu'un vaisseau pouvait brûler et couler bas avant que la chaleur les ait traversées, et ait mis le feu aux poudres qu'elles enfermaient.

M. Fournet a reconnu près de Ceyssat entre Clermont et Limoges et dans la prairie de Randanne en Auvergne, une terre

[1] Les nombres donnés supposeraient une légèreté de beaucoup inférieure à celle de l'eau.

siliceuse d'un blanc légèrement jaunâtre, traçante comme la craie, friable et se réduisant entre les doigts en une poussière impalpable, mais ne se délayant pas dans l'eau comme l'argile. Il faut pour la travailler y ajouter un vingtième d'argile; alors on peut en faire des Briques légères et très-solides, semblables en tout, quand elles sont cuites, à celles de Fabroni et dont la pesanteur spécifique est plus faible que celle de l'eau de près de moitié.

Cette terre est presque entièrement composée de silice gélatineuse dissoluble dans les alcalis, comme l'indiquent les résultats suivants de l'analyse qu'en a faite M. Fournet.

Silice pure.	87
Eau, acide carbonique et matière organique. . .	10
Fer et alumine.	3

Mais ce qui ajoute un grand intérêt scientifique à celui que cette terre siliceuse présente déjà comme matière céramique, c'est l'origine organique de cette silice et de presque toutes celles qui lui ressemblent, origine découverte par les curieuses observations microscopiques de M. Ehrenberg. Elles sont trop étrangères à mon objet pour que je puisse me permettre de les développer. Je dois me contenter de rappeler que les silices pulvérulentes sont presque entièrement composées de carapaces et de débris d'animaux infusoires microscopiques de la famille des cypris, des daphné et des bacillaires. Que les terres siliceuses légères, infusibles, qu'on peut rendre plastiques par l'addition d'un peu de bonne argile, sont beaucoup plus répandues qu'on ne le pense. Le sol de Berlin, celui des bords de la Sprée, à peu de profondeur, en est presque entièrement composé, et M. Ehrenberg voulant joindre à ses belles découvertes scientifiques une application industrielle, a présenté à l'Académie de Berlin, en mai 1842, des Briques faites avec cette matière et cuites au grand feu de la manufacture royale de porcelaine de Berlin, ayant toutes les propriétés qu'on vient d'indiquer et ne pesant que le quart d'une Brique ordinaire d'une même dimension. En y ajoutant de l'argile, pour en rendre le façonnage plus facile et la solidité plus complète, elles n'acquièrent encore que la moitié du poids des Briques ordinaires.

On a cherché à faire des Briques légères par un autre procédé, et qui me paraît assez singulier. Il consiste à mêler à la pâte de Brique des petits fragments de pomme de terre qui, en se brûlant par la cuisson, laissent les Briques criblées de petites cavités. C'est, m'a-t-on assuré, à Bellingen, près Berlin, qu'a été appliqué ce procédé; mais sera-t-il applicable en grand?

§ 2. — *Des Tuiles et des Carreaux.*

A. Tuiles.

La fabrication et la cuisson de la Tuile ont de grandes ressemblances avec celles de la brique. Les principales opérations sont les mêmes.

La terre préparée pour la brique peut également servir pour la Tuile : elle a seulement besoin d'être plus fine, il n'est jamais nécessaire qu'elle soit infusible.

Quand le mouleur veut former une Tuile plate et rectangulaire, il place sa terre préparée dans un moule de bois formé de quatre règles : celle d'une des extrémités a une échancrure carrée. La Tuile, moulée comme on l'a décrit pour la brique, est glissée sur une palette de bois que présente un apprenti : la saillie produite à l'un de ses bouts par l'échancrure du moule est relevée avec le doigt par l'apprenti ; elle devient le crochet que l'on remarque à toutes les Tuiles, et qui sert à les attacher aux lattes des couvertures.

On porte ces tuiles sur l'aire de l'atelier, pour leur faire prendre un commencement de dessiccation. Lorsqu'elles ont acquis la consistance nécessaire, un ouvrier placé à cheval sur un banc, les bat l'une après l'autre sur le plat et sur le tranchant, et les dispose en haie de la même manière que les briques.

Dans le façonnage ordinaire des Tuiles, la partie la plus lisse qu'on appelle la croûte, celle qu'il serait utile de mettre en dessus, pour que les eaux pluviales s'y arrêtent moins et les pénètrent moins, pour que les mousses y croissent plus difficilement, est au contraire inférieure, parce que les bords de la Tuile se relèvent en se séchant et cuisant, et qu'il faut mettre en dessus la partie convexe. M. Valentin Féau-Bechard, d'Orléans, est parvenu à faire des Tuiles à deux croûtes qui répondent à toutes ces conditions, et qui par suite de son mode de façonnage sont plus solides sans être plus lourdes.

La porosité des Tuiles ordinaires en les rendant facilement pénétrables à l'eau, et permettant aux mousses d'y croître facilement, accélère leur altération et leur destruction; une des qualités principales des Tuiles est donc d'être imperméables à l'eau, on a cherché à leur donner cette qualité par différents moyens.

Les uns consistent à les pénétrer d'une matière huileuse et bitumineuse, tel que l'a proposé M. Toffler, médecin dans le gouvernement de Polosk, et beaucoup d'autres personnes. C'est un procédé étranger à l'art céramique.

D'autres à donner une grande densité aux Tuiles, par une puissante pression ou par une composition dans laquelle l'argile plastique entre pour une forte proportion.

Les moyens mécaniques de compression sont analogues à ceux qu'on a appliqués aux briques. J'en ai remarqué un des plus simples dans la tuilerie du prince Clary, à Tœplitz. Lorsque la masse a été préparée et bien battue à la main, on en forme de gros parallélipipèdes qu'on divise avec le fil de laiton, en tranches de l'épaisseur qu'on veut donner aux Tuiles. On place ces lames presque carrées dans un moule de fer placé au fond d'une fosse évasée, sur le bord de laquelle se tient un ouvrier les jambes écartées. Elles y sont fortement comprimées et moulées par un volumineux et puissant balancier semblable à celui avec lequel on frappe la monnaie. Un ouvrier fait mouvoir ce balancier, celui qui est dans la fosse place la lame d'argile dans le moule et la retire comprimée et moulée en Tuile.

Deux ouvriers façonnent ainsi cinq mille Tuiles en un jour.

Le four, assez haut à foyer inférieur et bouche latérale, est chauffé quatre jours, deux jours au bois, deux jours au lignite.

Les produits de la tuilerie de Bordes, près Vallières, département de la Moselle, sont aussi comprimés par des moyens mécaniques, pour lesquels l'inventeur, M. Chevreuse, a pris un brevet d'invention.

Le troisième moyen qui est le plus efficace, mais le plus cher, est de vernisser les Tuiles du côté qui doit être extérieur. Les matériaux de cette glaçure et les moyens de l'appliquer ne diffèrent pas sensiblement de ceux qu'emploient les Potiers de terre vernissée, et qu'on décrira en traitant de cette classe de Poteries. On ne fera ici que l'indiquer.

On emploie quelquefois du minerai de plomb que les ouvriers appellent alquifoux (c'est de la galène ou sulfure de plomb). On la choisit sensiblement exempte de roche, on la broie finement, on y ajoute une partie de sable qui égale ordinairement en volume celui de la galène pulvérisée. On trempe la Tuile bien sèche dans ce qu'on appelle l'eau grasse, c'est de l'eau dans laquelle on a délayé une certaine quantité d'argile.

On saupoudre sur une des faces de la Tuile le mélange de galène et de sable préparé, et on porte au four les Tuiles après les avoir laissées sécher de nouveau.

C'est surtout en Hollande qu'on donne ce genre de glaçure aux Tuiles. Le procédé hollandais est un peu différent du précédent. On prend vingt parties de litharge broyée et trois de manganèse, on y ajoute de l'argile délayée dans l'eau, de manière à faire du tout une bouillie assez épaisse, pour qu'une petite balle d'argile ne s'y enfonce point. On verse de cette composition sur une des faces de la Tuile crue et bien sèche; mais on a soin de n'en point mettre dans les endroits où les Tuiles doivent se toucher dans le four. On les place dans la partie du four où la température est la plus élevée et toujours de champ.

Il y a un autre procédé, très-différent des précédents, pour vernir les Tuiles; il a la plus grande analogie avec la glaçure des grès au selmarin, et ce sel entre également dans la composition qui doit donner le glacé. Il est dû à M. Niesmann, potier à Leipsick, ou au moins décrit par ce Potier (1).

Le four doit être fermé en haut par une voûte, et le foyer placé à une extrémité opposée à celle où s'ouvre la cheminée.

On fait un mélange de selmarin et de litharge, le tout finement pulvérisé. On y ajoute un peu d'ocre rouge. Un ouvrier jette ce

(1) *Neues Mag. all. Neu. Erfindungen*, t. I, 2e liv., p. 109.

mélange dans le four quand il est en grand feu, tandis que l'autre entretient l'activité de la combustion en jetant constamment dans le foyer du bois saupoudré du mélange à glaçure. On remarque qu'il faut que ce mélange tombe sur le combustible enflammé, et non sur la braise, pour que la glaçure soit complète; car, dit le Potier qui a décrit ce procédé, la flamme seule peut volatiliser la glaçure et la faire pénétrer dans les Tuiles. L'aspersion de la poudre vernissante doit se faire trois fois.

On a peut-être plus employé les Tuiles vernissées dans le moyen âge qu'on ne le fait actuellement. Beaucoup d'églises d'Italie ont été recouvertes de tuiles vernissées de diverses couleurs. On vient de faire renaître cet usage en Bavière au moyen de Tuiles vernissées, seulement sur la partie qui est à nu, avec des émaux brillants, brun chocolat, brun jaunâtre, bleu vert, et jaune (1). On voit, dans le Musée céramique de Sèvres, de grandes faîtières venant de Tarulon en Espagne, couvertes d'un beau vernis vert.

Les Tuiles et les Carreaux se cuisent au bois, à la tourbe et à la houille, comme les Briques, à peu près de la même manière qu'elles, c'est-à-dire qu'il faut laisser entre elles assez d'espace pour que l'air puisse circuler librement et également dans toutes les parties.

Les premières assises d'une fournée, qui sont les plus voisines des foyers, sont faites avec des Briques crues, qui cuisent en même temps que les Tuiles.

Le four dans lequel on fait cuire les Tuiles en Hollande, avec de la tourbe, ressemble entièrement au four pour cuire les Briques au bois; il n'en diffère que parce qu'il est fermé par une voûte percée de trous carrés qui correspondent aux ouvertures des arceaux transversaux des foyers. Ces fourneaux contiennent, d'après Jars, quinze à seize milliers de tuiles. Il faut quarante heures pour les cuire, et trois jours pour laisser refroidir le fourneau.

Quand on veut donner aux Tuiles ou aux Carreaux cette cou-

(1) *Catalogue du Musée Céramique*, M. Pl. 11, *fig*. 15 et *fig*. 19.

leur gris-de-fer, qu'on leur trouve en Hollande, on les enfume de la manière suivante :

Lorsqu'elles sont suffisamment cuites, mais pendant qu'elles sont encore rouges, on fait brûler auprès des bouches qui sont fermées, des feuilles de sapin, afin d'entretenir la chaleur dans cette partie du four pendant qu'on jettera dans les foyers ouverts des petits fagots de bois vert de verne ou d'aune, humides et munis de leurs feuilles; on en jette six par foyer; on muraille aussitôt les ouvertures du foyer, et on ferme toutes les ouvertures supérieures avec des carreaux; on recouvre le tout d'une couche épaisse de sable mouillé; on ne défourne qu'au bout de huit à dix jours; les Tuiles ont pris alors la teinte gris-de-fer qu'on veut leur donner.

La forme ordinaire des Tuiles est presque un carré; cependant cette forme varie dans quelques circonstances. On en fait de trapézoïdales pour couvrir les toits circulaires des tours et des colombiers; on les nomme Tuiles gironnées. On en fait en forme de gouttières, que l'on nomme faîtières, et qui sont mises sur l'arête des toits.

Enfin, on en fait aussi qui ont une double courbure inverse en forme d'S; elles se mettent à recouvrement l'une sur l'autre, de manière à se servir mutuellement de gouttière. La façon de celles-ci est plus compliquée : après les avoir moulées planes dans un moule carré ordinaire, on les transporte sur un moule qui a la forme qu'on veut leur donner.

Les Tuiles ordinaires, c'est-à-dire planes et rectangulaires, se placent sur les toits, de manière que leurs bords inférieurs soient horizontaux et que les bords latéraux soient perpendiculaires sur les précédents; le recouvrement est tel qu'il n'y a qu'un tiers de la tuile d'apparent, ce qui charge considérablement la charpente du toit; on a cherché différents moyens d'alléger cette charge et de diminuer en même temps le nombre des tuiles employées, en modifiant tantôt leurs formes, tantôt leur disposition entre elles; un architecte, M. Cathala, les a fait faire carrées et les a fait poser diagonalement : le crochet doit être alors à un des angles, qui devient l'angle supérieur; on gagne par ce procédé près de moitié sur le nombre des Tuiles; et comme le bâtiment est moins chargé, la charpente peut être beaucoup plus légère.

Dans le canton de Lucerne, à Malten, on fait les Tuiles longues et terminées en pointes : des sillons, creusés sur la surface supérieure, conduisent les eaux pluviales vers la pointe de chaque Tuile : ces Tuiles sont appliquées à côté les unes des autres en lignes perpendiculaires au faîte du toit; des petites lames de bois, placées sous les joints, conduisent au bord du toit, l'eau qui passe dans les lignes de jonction. Elles sont longues et trop lourdes (38 cent. sur 17 et 2 d'épaisseur).

Ces considérations et toutes celles qui sont relatives aux diverses formes qu'on peut donner aux Tuiles, aux bords relevés, aux échancrures et aux autres particularités de leurs formes, ayant pour but de rendre leur jonction impénétrable à l'eau de la pluie sans augmenter leur poids, sont des dispositions qui appartiennent plus à l'art des constructions qu'à l'art céramique et qui sont étrangères à l'objet principal de ce traité.

D'autres procédés ayant le même objet, se rattachent plus immédiatement à la partie céramique de l'art.

Ainsi, M. Chevreuse a cherché à donner à ses Tuiles, qui ont 28 cent. sur 15, beaucoup plus de légèreté en formant en dessous quatre dépressions ou canaux transversaux très-peu creux.

Les Tuiles de Tœplitz dont on a décrit plus haut le façonnage par une puissante percussion, n'ont sur une assez grande dimension (37 centimètres sur 9), qu'une très-faible épaisseur (12 millimètres au plus).

Les Anciens, et particulièrement les Romains ont su fabriquer des Tuiles; les Potiers qui les fabriquaient étaient nommés, à Rome, *figuli ab imbricibus* (Muratori dans Mongez); il reste dans toutes les parties de l'Europe occupées par ce peuple, des Tuiles et des Carreaux de revêtement en grand nombre, pièces qui, par leurs dimensions et leur compacité, toujours plus grandes que celles des Briques à cause de l'usage auquel elles sont destinées, ont pu résister à toutes les actions destructives.

C'est par leurs formes et par quelques dispositions ornementales qu'elles diffèrent des nôtres. Elles sont généralement presque carrées, très-grandes ([1]), ayant jusqu'à 60 centimètres de côté, souvent avec deux rebords, comme le présente la figure 21. Ces rebords, sur les pièces antiques qu'on a également nommées Tuiles quoiqu'elles ne puissent avoir cet usage, étaient très-variés de formes et de positions, et montraient que ces pièces étaient plutôt des portions de caniveau que des Tuiles véritables ([2]). Elles étaient marquées du cachet du fabricant (M. C. *fig.* 20) ou des numéros de la légion qui les avait faites. Cet usage s'est continué en Italie jusqu'à la fin du XVe siècle; on marquait à Pesaro, lieu si célèbre par ses fabriques de Poteries, les plaques de terre cuite du nom du fabricant, de celui du propriétaire ou de celui du seigneur. On en trouve encore beaucoup qui portent les armoiries et même le nom de Costanza Sforza, seigneur de Pesaro (PASSERI).

On confond souvent sous le nom de Tuiles, de grandes plaques de terre cuite, qui devaient avoir servi de Carreaux, soit de couverture de canaux, soit de caniveaux ou de revêtement de murs, qui, beaucoup plus grandes que les Briques et les Tuiles proprement dites, avaient jusqu'à 8 décimètres de côté (plus de 2 pieds romains); on les appelait *bipeda*.

Celles qu'on a trouvées dans l'Essex, et qui ont été décrites par Thomas Walford ([3]), avaient 16 et 21 centimètres de côté sur 11 centimètres d'épaisseur, ce qui ne peut être appliqué à une Tuile comme nous l'entendons; elles étaient couvertes sur une de leurs faces des ornements gravés que j'indique ici :

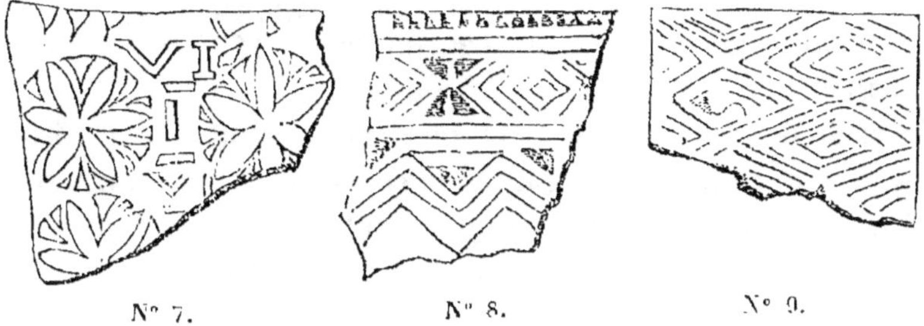

N° 7. N° 8. N° 9.

([1]) *Musée Céramique*, M, Pl. II, *fig.* 20 et 21.

([2]) Edm. TURNER, *Mémoires de la Société royale de Londres*, vol. XXII, p. 32, Pl. I.

([3]) *Mémoires de la Société des Antiquaires de Londres*, vol. XIV, p. 64 à 72.

B. Carreaux.

La fabrication des Carreaux propres aux planchers des habitations, a la plus grande analogie avec celle des Briques et des Tuiles. Elle demande cependant une pâte plus fine, dont ordinairement l'argile ou la marne argileuse qui en fait la base, a été lavée, un façonnage plus soigné, pour que les pièces puissent se placer exactement les unes à côté des autres, et une cuisson qui les rende assez durs pour résister au frottement des chaussures.

Pour leur donner la netteté de forme et les arêtes vives exigées par leur usage, on les applique lorsqu'ils ont été moulés et qu'ils sont presque secs, sur un modèle ou forme en bois dont les bords sont revêtus d'une lame de fer, ou mieux encore de cuivre. On bat fortement les Carreaux, dans tous les sens, avec une batte de bois, puis on enlève, avec un instrument tranchant, tout ce qui excède les bords du modèle sur lequel on les applique successivement.

Les Carreaux étant destinés pour l'intérieur des habitations et quelquefois même pour des pièces assez ornées, on a voulu les faire entrer dans la décoration de ces pièces et leur donner des couleurs agréables, surtout y introduire par voie d'incrustation des ornements divers et résistant aux frottements très-rudes auxquels les Carreaux sont soumis.

Un grand nombre de fabriques ont tenté et exécuté ce genre d'ornementation, et comme on sentait qu'il fallait qu'il s'exécutât rapidement, c'est ici qu'on a jugé que les moyens mécaniques devaient être employés.

Je viens de dire qu'on avait proposé un grand nombre de procédés pour ce genre de fabrication, et cependant, il en est comme des Briques à la mécanique, très-peu ont résisté à l'épreuve de l'expérience continuée. Ce résultat tient à une autre cause. A l'exception des vestibules, des salles à manger et autres pièces de rez-de-chaussées, les personnes qui ont assez de fortune pour mettre quelque luxe dans le planchéïage de leur appartement, préfèrent le parquet. Dans les autres classes de la société, un carrelage ornemanisé est toujours trop cher. Ces considérations restreignent donc considérablement l'emploi des Carreaux ornés même par les moyens mécaniques les plus efficaces.

Tous ces moyens consistent à préparer une pâte argileuse très-fine, d'une couleur rougeâtre ou jaunâtre, qui soit susceptible d'acquérir par la cuisson une grande dureté sans déformation, et à la façonner par une forte pression mécanique. Les moules ou espèces d'estampilles en cuivre, entre lesquelles la pâte est comprimée, leur impriment en saillie à la surface inférieure, les aspérités qui doivent lier ces Carreaux très-solidement au plâtre ou au mortier*, et en creux à la surface supérieure, les dessins qui doivent recevoir la pâte de couleur, ordinairement brune, destinée à faire ressortir ces dessins. On voit, Mus. Cér. Pl. II, *fig.* 10 et 12, des exemples de cette sorte d'ornementation par incrustation.

On obtient ces incrustations par différents procédés qui partent à peu près du même principe.

Ordinairement le Carreau est formé de deux pâtes de même nature et composition, mais différentes par leur finesse. L'une, qui fait la partie principale et inférieure, est assez grosse ; l'autre, qui ne forme qu'une couche mince à la partie supérieure, est très-fine ; c'est dans cette partie qu'on imprime par voie de pression plus ou moins puissante et au moyen d'une estampille, les ornements en creux. Ces cavités sont ensuite remplies de la même pâte, mais colorée par des oxydes métalliques infusibles, tels que le manganèse, le chrôme, etc. On enlève avec une lame ou racle en corne, les parties qui ont empiété sur le fond et on nettoie même celui-ci avec une éponge.

Quand ce façonnage se fait avec des estampilles dans des moules métalliques bien disposés et au moyen d'une presse, quoique assez compliqué, il n'augmente pas le prix des Carreaux au delà de la perfection et de l'ornementation qu'ils acquièrent.

La plus grande difficulté à vaincre est d'obtenir que la pâte colorée qui forme les ornements, prenne à la cuisson le même degré de retraite et de dureté que celui des Carreaux.

Les fabricants français qui me paraissent avoir obtenu dans ce genre, les résultats les plus satisfaisants, à en juger par les échantillons que j'ai vus et que possède le Musée céramique de Sèvres.

Sont :

M. L'hôte, à Montereau. Des Carreaux rouges de la dureté du grès cérame, avec des ornements incrustés parfaitement de niveau avec le fond rouge.

M. Julien, à Orléans, en 1819 et 1823. Des Carreaux de deux couleurs qui, par leur ajustement, forment des carrelages de mosaïque.

M. Matelin, à Orléans, en 1823, mais pas encore en activité. Carreaux faits à la mécanique, rouges avec ornements noirs incrustés, un peu saillants sur le fond ; il avait employé le procédé des emporte-pièce.

M. Courtat, à Paris, 1823. Carreaux avec des ornements incrustés.

M. Leblanc-Paroissien et Comp., à Saint-Cyr, non loin de Tours. Des Carreaux faits à la mécanique avec une grande précision et quelquefois marbrés de diverses couleurs.

Parmi les fabriques étrangères, je citerai celle de M. Minton, à Stoke-upon-Trent en Staffordshire, qui a fait avec une pâte jaune de paille, fine et dure comme du jaspe, non-seulement des Carreaux, mais des plates-bandes ornées d'inscrustation de deux couleurs. Dans la figure 10 de la Pl. II (Desc. du Mus. Cér. de Sèvres), les feuilles de vignes sont vert foncé, avec les nervures et la bordure d'un noir violâtre. Le dessous de ces pièces est haché pour donner adhérence au mortier.

Les Carreaux de terre cuite se nomment mallon, en Provence ; M. Bonnin fils, a donné et décrit en 1824 un procédé mécanique qui paraît assez simple pour les découper exactement et former sur leur bord une rainure qui, en permettant au mortier de s'y loger, donne au carrelage une grande solidité, tout en laissant les lignes de réunion si peu sensibles, qu'on croirait qu'il n'y a aucun mortier entre les carreaux [1].

M. Ch.-Fr. l'Herminier a fait à Fosse, près Forges (Seine-inférieure), des espèces de Carreaux ou plutôt des Briques presque

(1) *Brevets d'Inventions*, t. XVIII, p. 153, Pl. XXX.

cubiques, par conséquent des pavés en terre cuite de 29 centimètres en tous sens.

Parmi les ustensiles en terre cuite qu'on ne peut pas regarder comme des Tuiles ou Carreaux, il faut ranger les plaques carrées [1] d'environ 22 centimètres de côté sur 3 centimètres de haut, en pâte noire très-dure qui ressemble à de la fonte, creusées de 64 alvéoles carrées, percées chacune de 5 trous, destinées à former les planchers sur lesquels on fait sécher l'orge dans les brasseries anglaises.

Je viens de parler dans les deux premiers paragraphes, avec détail et peut-être même avec trop de détail, des objets en terre cuite qui entrent dans les maisons, comme matériaux de construction depuis les temps les plus reculés. L'histoire des Briques, sujet du 1er paragraphe, leur immense fabrication, toutes les considérations de façonnage, de nature, toutes les variétés de formes et même de destination de cet ustensile de construction, auraient pu m'entraîner dans bien plus de détails, si je n'avais eu soin de séparer ce qui tient à la céramique proprement dite, de ce qui tient à l'architecture, quand du moins les formes demandées par cet art n'exigaient pas certaines particularités dans la composition des pâtes et dans le façonnage des pièces.

On a employé les terres cuites à bien d'autres usages dont je dois également parler, toujours néanmoins avec la même réserve, c'est-à-dire en ne considérant que la nature de la pâte qui doit convenir à chaque sorte d'ustensile, sans m'occuper du mérite de la forme dans les applications de ces ustensiles.

§ 3. — *Fourneaux, Réchauds, etc.*

Je ne parle pas ici des fours bâtis en Briques ou Tuileaux, mais du Fourneau qui reçoit des Potiers fournalistes la forme qu'il doit avoir suivant sa destination et qui est composé, tantôt d'une seule pièce, tantôt de plusieurs pièces qui s'ajustent pour composer le Fourneau.

Ces ustensiles sont destinés à éprouver quelquefois une tempé-

[1] *Catalogue du Musée de Sèvres*, Pl. II, *fig.* 22.

rature des plus élevées et longtemps soutenue. Tels sont les Fourneaux de laboratoires de chimie ou des arts qui en dépendent, tels que les Fourneaux de fusion, d'essai etc.

La qualité essentielle de ces Fourneaux, est de résister au feu sans se fondre et sans se fendre; la pâte doit donc être poreuse, très-grossière et quelquefois réfractaire.

On se sert, pour faire ceux qui ne sont pas destinés à des fusions docimasiques, de l'argile commune, pourvu qu'elle ne contienne ni chaux ni sulfure de fer, la couleur n'y fait rien. On y ajoute du gros ciment de grès-cérame ou d'autre Poterie dure, et quelquefois des escarbilles ou scories de verrerie; on pétrit le tout ensemble.

Les Fourneaux, Réchauds etc., sont façonnés à la main par le fournaliste : il ne se sert point de tour.

Lorsque le Fourneau a pris une certaine consistance, l'ouvrier tasse la terre en la battant avec une palette de bois et ensuite il l'unit.

Les Fourneaux ne recevant qu'une demi-cuisson, se cuisent dans des fours particuliers; tantôt c'est un rectangle voûté et ouvert seulement par un bout; à quelque distance du sol est une forte grille de fer sur laquelle on place les Fourneaux; lorsque le four est rempli, on le ferme en élevant une muraille de Briques, qui part de dessus la première barre de la grille et ne va pas tout à fait jusqu'à la voûte; on met le bois dessous la grille, la flamme circule entre les Fourneaux, et sort par l'ouverture antérieure laissée entre le bord supérieur de la cloison et la voûte [1].

Tantôt c'est un four en forme de hotte d'une construction assez remarquable (Pl. XXIII, *fig.* 1), et qui a par la disposition du foyer, par la séparation du laboratoire et de l'ouverture inférieure de la cheminée, quelque analogie avec celui que je viens d'indiquer et dans lequel on ne cuit que des Fourneaux de laboratoire de chimie et de pharmacie, tandis que dans celui de la figure 1 on cuit un grand nombre d'objets de terre cuite, Briques, Tuiles, pots

[1] *Art du Potier de terre*, par DUHAMEL DU MONCEAU, 1 cahier in-fol., 1773, Pl. XVI, *fig.* 8, 9 et 10; on y voit aussi, Pl. II, *fig.* 10, 11 et 12, le dessin du four à Potier.

d'horticulture etc., il a été dessiné sur celui de M. Follet et j'y reviendrai, en parlant aux Poteries à pâte tendre, matte, de cette sorte de Poterie; l'explication des planches en fera d'ailleurs connaître les détails.

Les Fourneaux ou Réchauds domestiques propres aux opérations culinaires présentent plus de variétés de formes qu'on ne pourrait s'y attendre tout en ayant le même principe, c'est-à-dire un foyer inférieur, une bouche latérale, un laboratoire mobile, qui est un vase ordinairement rond, convexe, qui s'appliquant sur l'ouverture supérieure du foyer ne laisserait aucune cheminée, si on n'en pratiquait une petite latérale ou si on n'échancrait le bord supérieur de ce foyer; les Réchauds de ménage les plus communs présentent cette disposition, elle est la même dans les Réchauds antiques ainsi que nous le montre une peinture de Pompéi, dont je donne ici (Pl. XVIII, *fig*. 6) la figure [1].

On a représenté dans la Pl. II du catalogue du musée céramique de Sèvres un assez grand nombre de ces Fourneaux ou Réchauds antiques. La figure 6 est un Réchaud tout à fait semblable aux nôtres, venant de la Cochinchine.

La figure 3 en est un autre qui est au contraire bien différent, quoique établi sur le même principe. Il est de Lannilis dans le Finistère.

La figure 12, est un assez grand Fourneau qui, en raison du point de vue d'où il a été pris, ne laisse pas voir les pièces en saillie qui empêchent le laboratoire d'étouffer le foyer. Il vient de Baltimore.

Un quatrième, figure 17, qui vient de Madrid, présente une forme singulière; ici ce ne sont pas des échancrures pour la sortie des produits de la combustion, mais des ouvertures rondes.

Les petits ustensiles nommés chaufferettes sont des espèces de boîtes dont la partie supérieure et le couvercle sont percés de trous destinés à laisser sortir la chaleur de la cendre chaude ou de la braise qu'on met dedans pour chauffer les pieds des femmes qui sont obligées d'exercer leur commerce en plein air etc.

[1] Tiré du *Recueil* de MM. Roux et Barre, t. III, Pl. CXLIII.

§ 4. — *Tuyaux de conduite de chaleur et de fumée.*

Les Potiers en terre cuite confectionnent des Tuyaux ou canaux de conduite qui ont des usages très-différents et qui doivent par conséquent être fabriqués avec des pâtes d'une composition différente.

Les uns sont destinés à conduire des fluides élastiques qui doivent les échauffer, mais qui n'exercent sur leurs parois aucune pression, et les autres sont des conduits d'eau.

Conduits de chaleur. — Pour la fabrication de ceux-ci, qui font le premier objet de ce paragraphe, toutes les pâtes sont bonnes pourvu qu'elles se laissent travailler facilement, qu'elles ne se fissurent point à la cuisson, ni dans l'emploi. On ne leur demande ni infusibilité, ni imperméabilité. Mais ces Tuyaux exigent un façonnage prompt et précis, et des formes très-convenablement appropriées à leur emploi.

Les anciens dans leurs bains ou thermes conduisaient non-seulement l'eau chaude, mais l'air chaud, par des canaux d'une forme et d'une ornementation particulières, et dont il nous reste de nombreux exemples.

Ces exemples ont été trouvés principalement en Angleterre et en France dans les provinces occidentales. Ce sont des parallélipipèdes creux ouverts aux deux extrémités, et présentant sur un de leurs pans une ouverture rectangulaire comme celle qu'on voit représentée, Pl. XVIII, *fig.* 4, sur un de ces conduits trouvé en Angleterre, et qui est conservé au musée Asmoléen à Oxford; il a 4 décimètres de long. Les deux qui sont figurés ici, sont des antiquités romaines. Le n° 10 a été trouvé à Caerhun, dans le Caernarvonshire; le n° 11, vient des bains de Saintes, et faisait partie d'un canal qui, comme nos calorifères, prenait la chaleur dans l'hypocauste des Thermes et la portait dans les appartements. M. de Caumont en a parfaitement fait connaître la destination et la disposition dans son cours d'antiquités monumentales [1].

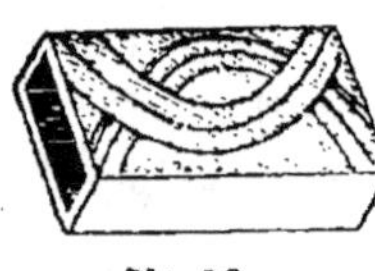

N° 10.

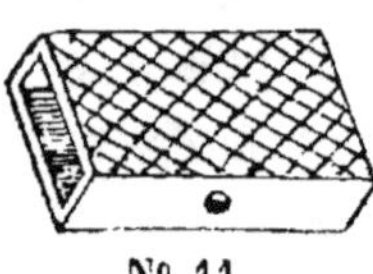

N° 11.

[1] T. II. p. 172, Pl. XXII, *fig.* 4 et 5.

Le genre d'ornement est assez remarquable. Quoique varié, il possède un style particulier. Ce sont des linéaments soit en losange, soit en rubans croisés, soit en lignes sinueuses et comme ondulées. Tous présentent ce même système.

Tuyaux de Cheminée. — Une autre application des terres cuites, des plus remarquables et des plus récentes, est celle qu'on a faite de cette pâte à la fabrication de ces longs canaux qui conduisent en dehors de nos habitations la fumée du combustible:

Les Tuyaux de cheminée étant généralement faits ou en plâtre ou en Briques ordinaires qui, fréquemment dilatées par la chaleur, finissaient par se disjoindre, on a pensé à faire des Tuyaux de cheminée comme moulés en terre cuite. Tels sont les ustensiles, mal à propos nommés b r i q u e s, qui ont été d'abord inventés en 1823 par M. Gourlier, architecte, pour servir à la construction simple et solide des Tuyaux de cheminée dans l'épaisseur des murs [1]; puis modifiés et même perfectionnés quant au système d'assemblage, par M. Courtois en 1835, et ensuite par M. Fonrouge en 1839 [2].

Ces applications appartenant plus particulièrement à l'art des constructions qu'à l'art céramique, il suffit donc de les indiquer en faisant remarquer que c'est ici que les moyens mécaniques sont d'un emploi fort avantageux en raison de la complication de ces formes et du prix que ces matériaux de construction peuvent supporter. Aussi M. Courtois, M. Fonrouge et M. Gourlier surtout, se sont-ils aidés avec intelligence et succès du secours des machines.

Je crois suffisant d'indiquer le système de forme et d'assemblage qu'on donne aux cylindroïdes qui, placés bout à bout sans joints continués, suivant le principe des constructions, forment des canaux solides, tenant peu de place, ayant une longue durée et d'une nature à résister à tous les dérangements que la chaleur apporte dans les constructions composées d'un grand nombre

(1) *Cat. du Musée céramique de Sèvres*, Pl. II, *fig.* 8 et 23, déjà citées

(2) Description des machines et procédés consignés dans les *Brevets d'Inventions*, t. XX, p. 99, Pl. XIV, et p. 197, Pl. XVIII.

Une série de ces pièces de terre, composant plusieurs corps de cheminées, se voit dans le Musée céramique de Sèvres.

de petites pièces telles que des Briques. Il suffit de jeter un coup-d'œil sur la figure N° 12, A, B, C, ci-contre pour prendre une idée de ce système, et de la facilité qu'une pâte plastique et susceptible d'acquérir une grande dureté par la cuisson, pouvait seule le donner à cette fabrication.

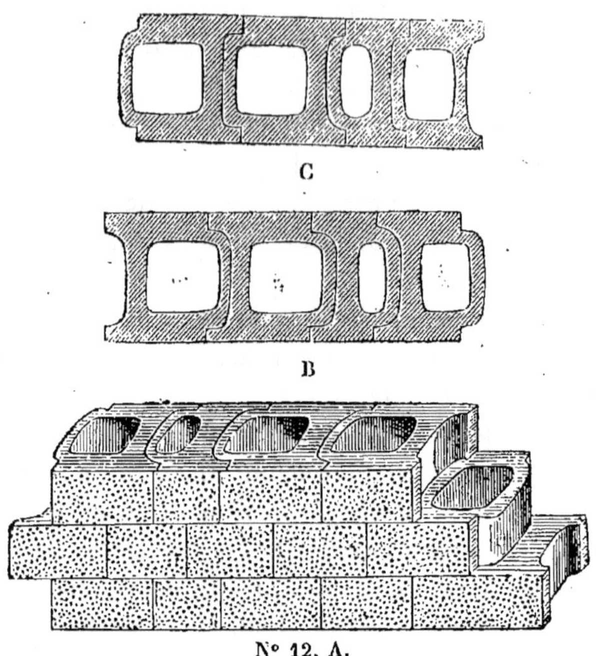

N° 12, A.

On a multiplié à l'infini les formes de ces cylindroïdes, leurs dimensions, la manière de les joindre, de diriger les longs canaux qu'ils produisent par leur jonction. Toutes ces considérations sont étrangères à l'art céramique. Il a rendu par la nature, les propriétés et les qualités de ses produits, un grand service à l'art des constructions. C'est aux constructeurs à en tirer tous les avantages qu'il leur a présentés.

§ 5. — *Tuyaux de conduite d'eau.*

Les Tuyaux que l'on fait pour conduire par-dessous la surface du sol des eaux ordinaires ou des eaux minérales exigeant une assez complète imperméabilité, sont faits plutôt en grès-cérame grossier qu'en terre cuite proprement dite. Le façonnage à la main est, à peu près le même; celui qu'on exécuterait à la mécanique, c'est-à-dire par pression, s'appliquerait aussi aux deux classes de Poteries; mais comme les Tuyaux de grès sont bien plus employés que les autres, c'est sur eux seuls que j'ai vu l'application de la presse; c'est donc à cet article (6e ORDRE) que je décrirai ce procédé.

Lorsque l'eau ne fait que traverser momentanément et sans pression les Tuyaux qui doivent la conduire d'un lieu dans un autre, on se contente des Tuyaux de terre cuite parce qu'ils sont à un prix de beaucoup inférieur à ceux de grès-cérame. Néanmoins ils doivent présenter le tissu le plus serré qu'on puisse obtenir d'une marne argileuse ou d'une argile figuline dégraissée avec beaucoup de sable.

Il paraît qu'on y est parvenu, car je connais des fabrications de Tuyaux de conduite d'eau en véritable Poterie à pâte tendre, mais suffisamment dense pour leur emploi : à Bournon, dans le Puy-de-Dôme ; à Castelnaudary, dans le département de l'Aude. MM. Fouque et Arnoux font même des conduits pour le gaz, de cette sorte de Poterie à Valentine, Haute-Garonne. Le musée de Sèvres en possède des échantillons.

Les Tuyaux de latrines qu'on nomme des b o i s s e a u x, ont besoin d'une imperméabilité encore plus complète, et appartiennent presque tous cependant à ce premier ordre de terre cuite à pâte tendre.

MM. Payan et Charnier, fabricants de Poteries, de Briques et d'autres ustensiles de Poterie, à Gap, ont employé un procédé de façonnage particulier pour leur donner exactement et sans difficulté la forme conique qui est nécessaire pour leur emboîtage.

Ce procédé qui paraît propre à abréger la fabrication, consiste à faire des croûtes trapézoïdales et plus minces à une extrémité qu'à l'autre. En enroulant ces croûtes sur le moule en plâtre, l'extrémité mince recouvre l'autre extrémité, elle y est soudée par la main de l'ouvrier, et donne sur-le-champ un cylindre imparfait ou plutôt une portion de cône tronqué très-aigu dont la base plus large s'emboîte dans le sommet plus étroit de la pièce qui lui est inférieure ([1]).

§ 6. — *Objets divers.*

Un autre groupe d'ustensiles en t e r r e c u i t e, se compose d'objets qui ont été inventés pour donner à diverses parties des bâtiments plus d'économie, de solidité, et cependant plus de légèreté et plus de garantie contre les incendies.

([1]) *Brevets d'invention*, t. XXXVIII, p. 156. Pl. XIV, *fig.* 2 et 3.

Ce sont 1° ce que l'on appelle des Briques creuses pour faire des murs de refend et des cloisons légères, en tout préférables aux cloisons de bois ou de plâtre, 2° des petits cylindres creux et fermés, dits pots creux, manchons ou globes, pour les planchers et les voûtes (1). Tous objets d'une pâte analogue à celle des Briques, mais se rapprochant davantage par sa finesse, son homogénéité, son façonnage nécessairement plus soigné, de celle des carreaux.

Les principes de composition de la pâte, du façonnage et de la cuisson, sont à peu près les mêmes que ceux qui s'appliquent aux carreaux. Je n'ai donc qu'à indiquer les principales différences de fabrication.

Ainsi, lorsqu'on a voulu donner à ces matériaux de construction, avec la solidité des Briques, la forme parallélipipédique qui en rend le posage si prompt et si solide, tout en les allégeant par une cavité, on a pensé à y appliquer la presse à tuyaux (*fig.* 1, A, B, Pl. IX). Ce n'était pas de donner à la cavité une base carrée où était la difficulté, ni même d'établir une cloison dans le milieu de cette cavité, mais c'était de tenir fermée une des extrémités de cette cavité. M. Boch-Buschmann a obtenu facilement ce résultat par la modification figurée ci-contre, apportée à la presse à Tuyau qui sera décrite au 6e ordre. Les additions qu'il y a faites ne partent que de la partie de la boîte où est placé le noyau. Elles consistent, comme le montre la figure no 13 ci-contre, en deux noyaux (*n n'*) au lieu d'un, suspendus dans le cylindre (*c*), qui contient la terre (*b b b*);

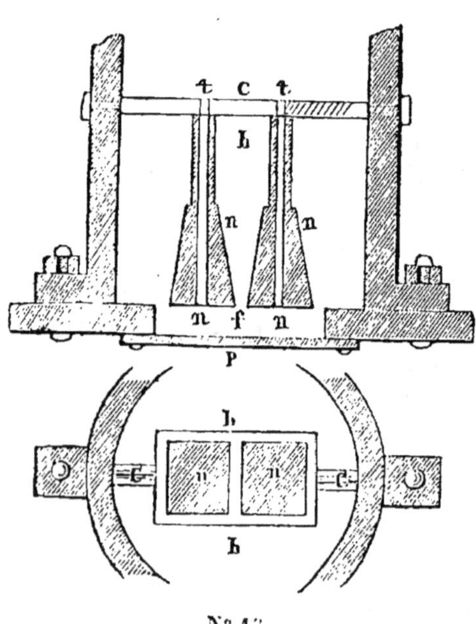

No 13.

(1) *Cat. du M. de S.*, Pl. 11, *fig.* 13.

(*p*) est une planche adaptée par des vis au cylindre; on y a réservé l'espace vide (*f*) où doit se mouler la tête ou partie fermée de la brique.

On ferme l'ouverture (*f*) par la planchette (*p*), de manière à ce que, quand on presse la terre du cylindre, elle pénètre dans l'espace (*f*), le remplit et forme la tête de la brique; on continue de presser en détachant la planchette (*p*) jusqu'à ce que la brique ait la longueur voulue. Alors on la coupe avec le fil de fer et on l'enlève sur la planchette (*p*).

Il a été nécessaire de permettre à l'air de s'introduire dans la cavité (*f*) au moyen d'un petit conduit pratiqué dans les noyaux (*n n*) par leurs tiges (*t t*); sans cette précaution, la pression atmosphérique empêcherait la terre de se détacher des noyaux. On obtient par ce moyen, avec beaucoup de célérité et par conséquent d'économie, des briques parallélipipèdes et creuses A, néanmoins très-solides, de 38 centimètres de longueur sur 18 et 12 centimètres de côtés, figurées ci-contre nº 14.

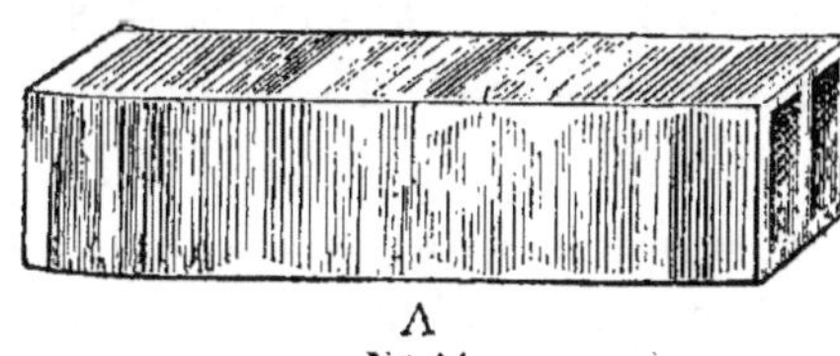
A
Nº 14.

3e SOUS-ORDRE. — POTERIES TENDRES MATTES,

C'EST-A-DIRE SANS GLAÇURE.

(Poterie de terre. — Poterie commune.)

Pièces d'usage domestique propres à contenir des liquides ou des matières pulvérulentes, à pâte tendre et texture poreuse sans glaçure.

Pâte quelquefois hétérogène, souvent grossière. Composée d'argile figuline, de marne argileuse et de sable.

Texture lâche et perméable, aspect terne.

Tendre, se laissant facilement rayer par le fer.

Opaque, colorée.

Ordinairement fusible à haute température.

Glaçure nulle, sauf quelques exceptions, et alors c'est un vernis plombifère appliqué partiellement. (Jarres d'Aix en Prov.)

Surface matte, quelquefois rendue luisante par un frottement antérieur, mais très-rarement postérieur à la cuisson.

Son généralement sourd, quelquefois sonore.

Façonnage, tantôt grossier et fait à la main sans le secours du tour; tantôt soigné, délicat et fait sur le tour.

Cuisson simple, à basse température; pâte quelquefois à peine cuite.

Fours très-variables de forme, mais toujours à un seul laboratoire.

Point d'encastage, enfournement en échapade ou en charge.

C'est une des Poteries les plus répandues et des plus anciennes. C'est la première et la plus simple des Poteries. C'est aussi, dans beaucoup de cas, la plus grossière et la plus imparfaite sous tous les rapports.

Ces Poteries diffèrent des terres cuites parce qu'elles sont généralement à contours courbes, qu'elles sont faites souvent sur le tour, ou à la main par colombins; elles sont rarement moulées. Enfin, parce qu'elles sont généralement creuses et destinées à contenir ou renfermer des liquides, des grenailles, des poudres, etc.

La Poterie à pâte tendre et fine, et à surface matte, n'est ordinairement autre chose que la Poterie de même pâte à laquelle on n'a su ou on n'a pas voulu donner le vernis plombifère qui caractérise le troisième ordre.

Il n'y a de différence entre les Poteries de cet ordre et celles du premier ordre que l'homogénéité et la finesse de la pâte, le volume des pièces et le façonnage quelquefois très-soigné sur le tour, que leur moyen volume, leur pâte et leur destination permettent de leur donner.

La plupart des Poteries anciennes de l'Europe, excepté celles des Grecs et des Romains des premiers siècles, toutes les Poteries anciennes de l'Asie, de l'Afrique et des deux Amériques, appartiennent, comme on va le voir, à ce sous-ordre.

Enfin, dans un grand nombre de fabriques des campagnes de

l'Europe, et notamment dans presque toutes celles de l'ancien continent, on ne fait encore, même en Poterie fine, que de ces Poteries sans vernis.

Leur pâte présente des différences extérieures et quelques différences de composition qui pourraient faire établir entre elles des subdivisions assez bien fondées que je suivrais comme plus rationnelles que l'ordre géographique et chronologique si elles ne rompaient des rapports qui offrent, sous un autre point de vue, des considérations intéressantes et même assez importantes. Je dois donc me contenter d'indiquer ces diverses sortes de pâtes susceptibles d'être distinguées par leurs carectères extérieurs et même par leur composition.

On peut y établir les divisions suivantes qui, fondées sur la couleur, indiquent suffisamment, en attendant que des analyses encore plus nombreuses les modifient, des différences de composition dans les pâtes.

Je réunirai donc en quatre groupes les Poteries à pâte tendre, uniquement sous le rapport de la couleur de la pâte et sans égard à la glaçure.

1er Groupe. Pâte jaunâtre pâle, presque blanche.

2e Groupe. Pâte rouge ou rougeâtre, sale, passant au brun rougeâtre.

3e Groupe. Pâte grise ou gris de cendre, plus ou moins foncée.

4e Groupe. Pâte noire, matte ou brillante, soit par polissage, soit par lustre antracitique.

Je vais développer les caractères chimiques de ces groupes et donner plusieurs exemples de chacun d'eux pris dans les pâtes, sans avoir égard au lustre dont quelques-unes sont recouvertes.

On verra dans le tableau qui doit suivre l'exposition des caractères de ces quatre groupes, que ces pâtes qui ont, en général, une composition semblable, offrent cependant des différences, légères il est vrai, mais qui sont liées avec leur couleur.

Premier groupe. Ainsi les pâtes de couleur jaunâtre, pâle, si pâle quelquefois qu'elles passent au blanc sale, ne renferment, comme l'indique cette couleur, que très-peu de fer, au plus 6 p. o/o.

Je donne comme exemple de ce groupe les vases, jarres, amphores.

Grecs. (Amphores de Tarente.)
Gallo-romains. (Jarres et amphores.)
D'Espagne. }
De Naples. } . . . . (Hydrocérames.)
D'Algérie. }
De France. D'Orléans. (Formes à sucre.)
De Champagne. (Vases culinaires à feu.)
De Lannilis. (Cruches, poëlons.)
Du Gard. (Assiettes, etc.)

Le second groupe renferme les pâtes rouges ou rougeâtre sale, passant quelquefois au brun-rougeâtre.

Je donne pour exemple de ce groupe,

Les Poteries romaines du Ier siècle de différentes contrées de l'Europe.

Les Poteries :
égyptiennes. (Cônes de Momies, vases peints du temps des Ptolémées.)
grecques anciennes, de toutes localités, de toutes formes. (A tous usages.)
grecques actuelles, de l'Archipel. (Cruches et autres pièces.)
gallo-romaines de divers lieux. (Principalement les bouteilles de voyage.)
péruviennes anciennes. (Grandes amphores, bouteilles, figurines.)
péruviennes actuelles. (De toutes formes et à tous usages.)
chiliennes actuelles de Talcahuana.
indiennes de Pondichéry.
cochinchinoises.
françaises de Saint-Samson. (Coquemars, etc.)
de Malansac [Ille-et-Vilaine]. (Tines à lait, cruches.)
d'Agen. (Cruches.)
de Marseille. (Formes à sucre.)

Dans le troisième groupe qui renferme les Poteries à pâte, gris de cendre, plus ou moins foncé, le fer à l'état de protoxyde, est maintenu à cet état par la température très-basse de leur cuisson.

On peut donner pour exemples :

Les Poteries romaines postérieures au IVe siècle.
germaines ou celtiques.
slaves.
gauloises.
scandinaves.
de Corse. (Les urnes funéraires actuelles.)
d'Égypte. (Quelques hydrocérames.)

Le quatrième groupe renferme les Poteries presque noires et quelquefois d'un noir mat de velours; elles ont la plupart des caractères chimiques qui se lient avec les caractères extérieurs. Elles se ramollissent au feu et même se fondent en se boursouflant, mais sans se réduire en un verre coulant.

Elles sont à peine cuites, et quand on les porte à une haute température, elles deviennent rouges.

Les exemples peuvent être pris des Poteries suivantes :

Mattes.

Poteries étrusques, de Volterra.
gauloises.
indiennes, du Bengale.
américaines, du Pérou.
françaises, de Cessel.
de Bourzy. } (Les cuviers.)
de Thuir. }
Portugaises, de Schavo. (Faites par enfumage).

Luisantes par frottement.

Du Jutland.
De Madagascar.
De la Colombie.

Luisantes par une sorte de lustre d'Antracite, — comme celui du coke, et faisant le passage aux Poteries lustrées du deuxième ordre.

Indes, Calcutta.
Les Briques noires de Hollande.

On connaît assez bien la cause de cette couleur et les moyens d'introduction du charbon que ces Poteries contiennent, et qui malgré sa si petite proportion (deux millièmes quelquefois) conserve sa propriété colorante si tenace et si puissante.

Ces Poteries à peine cuites, sans autre lustre que celui qu'elles ont reçu du polissage, telles que celles des Gaulois, de Madagascar, doivent en partie leur couleur noire au fer qui a conservé la couleur de son protoxyde par l'influence des matières organiques existantes ou introduites dans l'argile, base de la Poterie, puis au charbon lui-même résultant de la décomposition de ces matières organiques.

On peut donc, parmi les Poteries noires, indiquer encore cinq divisions sous le rapport de la cause de cette couleur.

Les unes ont la pâte entièrement noire sans vernis et paraissent devoir cette couleur au charbon. Elles sont tantôt mattes, tantôt brillantes, mais elles ne doivent cet éclat qu'à un polissage avant leur cuisson.

Les secondes également noires, souvent jusque dans l'intérieur de la pâte, doivent cette couleur à l'enfumage.

Les troisièmes à pâte noire ou grise doivent leur poli à un enduit de graphite.

Les quatrièmes sont brillantes, elles tirent cet éclat d'anthracite d'un enduit charbonneux qui a été placé liquide [1].

Les cinquièmes enfin, à pâte rouge, reçoivent leur couleur noire d'une vraie glaçure posée sur la surface du vase, qui la couvre quelquefois si complétement qu'on ne peut voir la couleur de la pâte que par une cassure.

Les Poteries noires, bien cuites, telles que celles des cuviers du midi de la France, des vases d'usage de l'Inde, cités plus

[1] Voir Pl. LVII, *fig*. 1.

haut, doivent leur couleur au procédé d'enfumage qui a déjà été décrit à l'article des Briques et à celui des Cuviers.

Je n'y reviendrai donc pas, me réservant de donner en traitant de ces Poteries à pâte tendre et fine, à leur ordre géographique, les détails de fabrication qui seront propres à plusieurs d'entre elles.

Dans le tableau qui va suivre, donnant les résultats de l'analyse de ces Poteries, on trouvera les caractères extérieurs qu'elles présentent et les éléments de la division que j'ai indiquée.

Il résulte des analyses qu'il renferme que les Poteries grises et noires provenant des différentes localités ci-dessus désignées, ont été colorées par enfumage ou peut-être par du charbon introduit dans la pâte. La coloration s'y est maintenue parce que la température à laquelle ont été cuites ces Poteries a été peu élevée, comme il est facile de s'en assurer par la proportion d'eau combinée qu'elles renferment encore après avoir été séchées pendant douze heures à la température de 100^{dc}; le fer y est à l'état de p e r o x y d e. Différents essais tendant à y déceler la présence du protoxyde ont été sans résultat.

On remarquera peut-être que les quantités de chaux et d'acide carbonique indiquées par l'analyse, ne sont pas dans le rapport défini de cet acide avec sa base dans le carbonate de chaux, et que la chaux est souvent un excès; comme l'analyse de la faïence commune présentera le même résultat, nous en donnerons l'explication à l'article de cette Poterie.

On a placé dans la colonne d'annotation du tableau suivant les résultats qui font connaître quelles sont celles de ces Poteries qui, exposées au feu de porcelaine, sont susceptibles d'y fondre, quel genre d'altération ou de fusion elles y éprouvent, quelle sorte de produit elles donnent depuis le lustre vitreux et le ramollissement jusqu'à la fusion en verre parfait. La connaissance que l'on a de leur composition, pouvant donner à ces résultats quelque intérêt.

ANALYSES des POTERIES rouges, grises et noires provenant de différentes localités, séchées pendant douze heures à + 100° centigrades.

DÉSIGNATION DES POTERIES.	MATIÈRES COMPOSANTES.									ANNOTATIONS.
	Silice.	Alumine	Oxydes de fer et de mang.	Chaux.	Magnés.	Eau.	Acide carbon.	Charbon	Perte.	
A. 1er GROUPE. Poterie à pâte tendre, jaunâtre, pâte quelquefois presque blanche.										La plupart de ces poteries ont été essayées à l'acide nitrique. Toutes ont été exposées au grand feu de Porcelaine dure.
1. Poterie gallo-romaine, du Luxembourg. .	47 52	14,22	4,28	18,74	0,00	9,00	6,24	0,00	0,00	Fait une vive effervescence. Fond en vert bouteille foncé.
2. Poterie jaune du moyen âge	72,55	20,27	2,54	1,04	traces.	3,00	0,00	0,00	0,60	Ne fond pas, n'éprouve aucune altération, devient un peu rougeâtre.
3. Poterie moderne d'Espagne.	53,04	19,11	6,01	14,01	0,00	2,06	5,77	0,00	0,00	Effervescente. Fond complétement en un verre brun foncé verdâtre, cristallisé.
B. 2e GROUPE. Poterie à pâte tendre, rouge ou rougeâtre.										La plupart des Poteries de ce groupe, B, font effervescence.
1. Poterie de Portugal (Estremos)	54,02	20,00	9,76	4,76	1,45	5,97	4,04	0,00	0,00	Fond moins que la précédente, boursouflée, lustre ferrugineux.
2. Poterie moderne de Pondichéry.	63,48	15,55	7,49	5,67	0,79	7,00	0,00	0,00	0,02	Fond comme la précédente, boursouflée, lustre ferrugineux.
3. Poterie d'Égypte ancienne	56,13	18,54	9,00	5,24	1,07	5,56	4,46	0,00	0,00	A bien fondu en émail concave, brun rouge de fer.

C. 3e GROUPE. *Poterie à pâte tendre, grise.*										*Quelques-unes de ces Poteries font effervescence.*
1. Poterie romaine de Souaire, près Bourges.	61,58	25,78	4,27	2,17	3,05	2,04	0,00	0,99	0,12	Ne fond pas, se colore en brun rouge foncé.
2. Poterie gauloise grise.	40,42	15,09	4,00	20,13	0,17	3,78	16,14	traces.	0,27	Fond complétement en verre translucide verdâtre avec nombreuses lamelles brillantes. Fait effervescence. La quantité de calcaire restée en partie, à l'état de carbonate, est remarquable.
3. Poterie germaine grise	63,90	12,76	10,24	1,04	0,52	9,98	0,00	1,02	0,54	Fond, boursouflée, brun rouge foncé, lustre faible, ferrugineux.
4. Poterie scandinave grise	64,02	10,77	11,23	2,48	0,05	9,97	0,00	1,00	0,48	Exactement comme la précédente.
5. Poterie hydrocérame d'Égypte	52,18	15,50	2,00	23,64	0,00	1,05	5,63	traces.	0,00	Fait effervescence. Fond en émail vert jaunâtre, sale, cristallise en prismes aciculaires divergents.
D. 4e GROUPE. Poterie noire.										Ces Poteries et quelques-unes des Poteries grises du 3e groupe sont colorées en noir par le charbon.
1. Poterie gauloise des environs d'Abbeville.	62,22	18,36	5,71	1,17	0,47	10,56	0,00	0,78	0,73	Ne fond pas, devient rouge avec taches ou grains polyédriques blancs.
2. Poterie de Bourzy.	66,13	23,50	8,00	1,29	0,28	0,00	0,00	0,00	0,80	Se ramollit, se glace à la surface et devient rouge ferrugineux lustré.
3. Poterie du Jutland..	70,27	14,17	10,29	1,49	0,98	0,26	0,00	1,55	0,99	Fondent toutes trois de la même manière, comme C. 3 et 4, et diffèrent très-peu d'elles dans leur composition.
4. Poterie péruvienne antique.	67,04	10,83	10,17	3,24	0,28	7,07	0,00	1,00	0,47	
5. Poterie étrusque antique	64,02	12,49	8,53	3,00	1,83	8,13	0,00	2,00	0,00	
6. Poterie de Madagascar..	44,00	31,20	7,05	1,25	0,00	15,24	0,00	1,26	0,00	Est devenue rougeâtre à lustre brun rouge, ne fond pas du tout, aucune déformation.

Nous allons passer maintenant à l'examen des Poteries de cette classe dans divers lieux et à différentes époques, et suivre par conséquent l'ordre géographique et l'ordre chronologique; mais j'ai cru devoir les séparer, et je ferai remarquer que les fabrications européennes étant en général très-différentes de celles qui sont pratiquées dans les autres parties de la terre, on peut couper ce sous-ordre en deux sections, fondées sur des considérations suffisantes pour les motiver.

Le premier, sous le titre de Poteries mattes à pâte tendre grossière, renfermera les pièces remarquables par leur volume, la grosseur de leur pâte et leur mode de façonnage, à peu près le même sur toute la terre.

Le second, Poteries mattes à pâte tendre fine, réunissant tous ces petits et moyens vases, à pâte fine, à façonnage souvent si parfait, qu'ils étaient regardés dans l'antiquité comme la Poterie la plus précieuse, et que, dans beaucoup de cas, elle est encore une des plus remarquables.

Cette seconde section sera elle-même susceptible d'être partagée en deux sous-sections, qui me permettront de faire ressortir certains caractères qui, par des circonstances locales, offrent quelque intérêt.

La première présentera des exemples, aussi nombreux que j'aurai pu en rassembler, des Poteries des fabrications européennes, tant anciennes que modernes. La seconde englobera toutes les Poteries à pâte tendre et sans glaçure des peuples extra-européens. On verra les remarquables différences que présentent ces deux divisions.

Je ne suivrai pas dans la description et l'histoire des Poteries qui appartiennent à ce troisième sous-ordre, la classification par couleur dont je viens de donner le tableau, cette marche désunirait d'une manière presque choquante des groupes ou séries de Poteries qu'on est habitué à voir ensemble, parce qu'elles viennent ou du même lieu ou d'un même peuple. Il m'a suffi de faire ressortir par ce tableau les rapports qu'elles ont entre elles.

Je suivrai seulement la division en deux groupes, que je

viens de caractériser, savoir : le premier, renfermant les Poteries grossières, et le second les Poteries fines.

Je décrirai les unes et les autres dans l'ordre géographique des peuples et des lieux, c'est-à-dire que les Poteries grecques seront ensemble, de quelque colonie grecque qu'elles viennent. Les Poteries romaines seront réunies par le même lien en suivant pour chaque peuple l'ordre chronologique.

Ainsi, la première subdivision ou groupe A renferme les grandes pièces dont la pâte est généralement plus grossière et dont la fabrication et la cuisson diffèrent de celles du second groupe B qui renfermera toutes les petites pièces d'ornement ou d'usage, tant anciennes que modernes, qui sont faites avec une pâte plus fine et avec plus de délicatesse.

Observations sur les Poteries tendres mattes.

S'il est permis dans un ouvrage du genre de celui-ci, d'aborder une question métaphysique, parce qu'elle y trouve une de ses plus remarquables applications, aussi bien dans la sous-division des Poteries grossières, que dans celle des Poteries fines, de l'ordre des Poteries mattes à pâte tendre, je parlerai du luxe de l'ornementation. Il y a deux sortes de jouissances : la négative, qui est l'absence de la douleur, telle que celle qui résulte de l'éloignement de la faim, du froid, de la fatigue, etc.; la positive, qui est une jouissance ajoutée, mais qui est si peu nécessaire, que si nous ne l'avions pas connue une fois, nous n'en remarquerions pas l'absence. Le luxe, et surtout celui des ornementations, est une des jouissances positives les plus générales. Je ne parle pas de celui que le Créateur a donné à ses créations en les couvrant d'ornements si variés et si brillants, non pour elles-mêmes, car elles ne peuvent en jouir, mais pour les êtres susceptibles comme l'homme de les apprécier; mais je parle de la jouissance de luxe que les hommes les moins avancés en civilisation cherchent à se procurer, en ajoutant toujours sur leurs productions les plus grossières, les plus altérables, sur celles même qui doivent être faites aux prix les plus bas pour être consacrées aux derniers usages, quelques parties inutiles à l'emploi de cet objet, uniquement dans la pensée de l'orner. Ainsi, il n'y a pas une Poterie sur cinquante, parmi celles qu'on va décrire, et qui appartiennent presque toutes à la classe des Poteries, les plus grossières et les plus communes, qui ne présente quelques ornements, barbares si l'on veut, mais ce sont toujours des inutilités uniquement ajoutées pour les jouissances de l'œil.

Tantôt ce sont des lignes blanches plus ou moins senties, comme des bandes de papier, placées dans toutes sortes de sens; tantôt des lignes ou rayures disposées avec une sorte de régularité; tantôt enfin, quand le Potier n'a pas même su tracer les plus simples ornements linéaires, ce sont des taches de couleur, de petites parcelles ou relèvements de pâtes tirées ou placées de diverses manières et répandues sur la surface du vase; enfin ce ne sont quelquefois que quelques piqûres, quelques coupures faites avec le couteau ou le poinson sur les anses ou sur toute autre partie de la pièce.

On voit des exemples de ces diverses dispositions dans les figures de Poterie du catalogue du musée céramique de Sèvres, et je ne puis m'empêcher de citer comme un exemple frappant de ce sentiment de l'ornement, sorte d'instinct de l'espèce humaine, des piqûres régulièrement faites à coups de poinçon sur des anses larges de pots des plus communs, comme pour leur ôter leur nudité.

1er Groupe ou A. — Poteries à pâte tendre, mattes, Grossières.

JARRES, CUVIERS ET AMPHORES.

Les produits les plus étonnants de la fabrication de la Poterie à pâte tendre sans glaçure, ce sont ces Jarres et Cuviers énormes qu'on fabrique, on peut dire, sur toute la terre depuis un temps qui remonte à peut-être bien des siècles avant l'ère chrétienne. Les fabriques de ces pièces remarquables par leur dimension toujours très-grande, quelquefois gigantesques, sont peu nombreuses, mais il y en a dans tous les pays, comme on va le voir : en Afrique; en Asie; dans l'Europe, en Italie, en Espagne, en France; en Amérique.

On les appelle Amphores (*Pithos* chez les anciens Grecs), — Jarres et Cuviers, en France. — Tinajas, qu'on prononce tinacas, en Espagne.—Orcia, en Toscane, et aussi cziro et coppo.—Koupchines, en Arménie.— Camucis, au Brésil.

Le mode de façonnage et de cuisson de pièces aussi immenses est intéressant et presque le même partout; je ne sache pas cependant qu'il ait encore été décrit, au moins dans aucun ouvrage de technologie.

Je donnerai l'énumération des lieux où je sais qu'on fabrique ces grandes pièces, et je choisirai comme exemples ceux que j'ai visités ou sur lesquels j'ai eu des renseignements exacts.

Modernes.

France. — Dans les départements du Puy-de-Dôme et de l'Allier, il y a plusieurs fabriques de ces Poteries.

C'est aux environs de Lezous et au sud-ouest de Thiers, à Bourzy, commune de Saint-Pourçain-de-Bore, dans les hameaux dits chez Chaudet, chez Gagnat et à la Garde, etc., que se font, et par le même procédé, les grands Cuviers à lessive dont un est figuré dans ce traité Pl. XVIII, *fig*. 8 A.

Leur pâte est assez grossière, composée, dans des proportions variables, d'une argile figuline grisâtre, marbrée d'ocre jaunâtre et d'un sable argileux très-micacé.

Cette pâte, bien maniée et marchée, est mise en colombins, et c'est avec ces colombins qu'on fabrique à la main les plus grands Cuviers.

L'ouvrier prend un petit trépied d'environ 5 décimètres de haut [1]; il met dessus une planche (*p*), dont la largeur est un peu supérieure au fond du Cuvier. Il place en cercle, mais à vue seulement, un premier colombin (*a*) qui doit faire le fond du Cuvier.

Vers le bord de ce fond circulaire, il monte un second colombin (*b*) qui commence la partie montante du Cuvier. Sur ce

[1] Pl. XVIII, *fig*. 8, B et C

deuxième colombin, il en place un troisième (*c*), et ainsi de suite jusqu'au bord terminal du Cuvier. Il unit avec ses mains, tant l'intérieur que l'extérieur du Cuvier.

Le façonnage du plus grand Cuvier ne prend que deux ou trois jours.

Lorsque les Cuviers terminés sont suffisamment secs et même fermes, on les place dans le four.

Le four (Pl. XVIII, *fig.* 1, A, B, C) est ovale, il a des murs épais et droits sans voûte ni courbure.

Le foyer (F, *fig.* A et B) est inférieur, divisé par deux rangées d'arceaux (*a*) séparés par une épine (*d*).

La bouche (*b*) s'ouvre dans une chambre (F) qu'on appelle b o m b a r d e dans les fours à briques et qui précède les arches (*a*) du foyer, c'est là que commence le feu. Sur le côté gauche, et vers le haut du four est une grande porte P par où se fait l'enfournement et le défournement des Cuviers.

Les murs du four M, vont en retraite depuis la première assise des grands Cuviers jusqu'à la troisième.

C'est dans le laboratoire L, vu en coupe transversale *fig.* 1, A, et en coupe longitudinale en B, que se placent les Cuviers à cuire lorsqu'ils sont parfaitement secs.

On les met les uns sur les autres à b o u c h e t o n s : les moyens et les petits sont mis dans les grands (*ooo*) qui sont généralement placés dans la partie inférieure du laboratoire.

Il y a trois ou quatre rangées dans le sens horizontal et quatre assises seulement dans le sens vertical. Il en tient en tout soixante tant grands que petits; les grands ont un mètre de diamètre sur 0,85 centimètres de hauteur.

Le feu dure douze heures. On cuit d'abord avec du bois de corde et on finit avec des bourrées de genêt. On consume trois ou quatre cordes de bois (environ 20 stères).

La flamme circule à travers les Cuviers et sort par la partie supérieure du four. Tantôt il n'y a point de cheminée spéciale ni de couvertures ou toit au bâtiment qui renferme le four, c'est le cas de celui que j'ai vu, et qui est figuré Pl. XVIII. Les pièces sont simplement couvertes par de grands fragments de Cuviers (*t t*) qu'on met en imbrication à côté les uns des autres pour les garantir de la pluie et concentrer un peu de chaleur.

Tantôt le four est terminé ou surmonté d'une voûte en briques très-mince, par conséquent légère et s'appuyant sur les parois confondues alors avec le mur d'enceinte; le tout est couvert d'un toit plat en tuiles, c'est le cas du four de Bourzy près Saint-Pourçain de bord, figuré ici, n° 15.

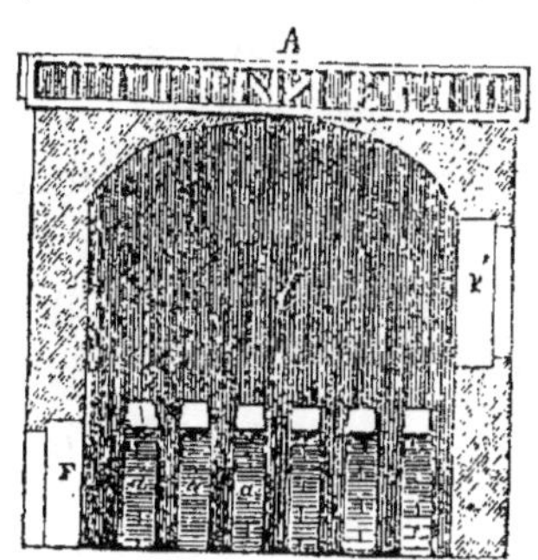

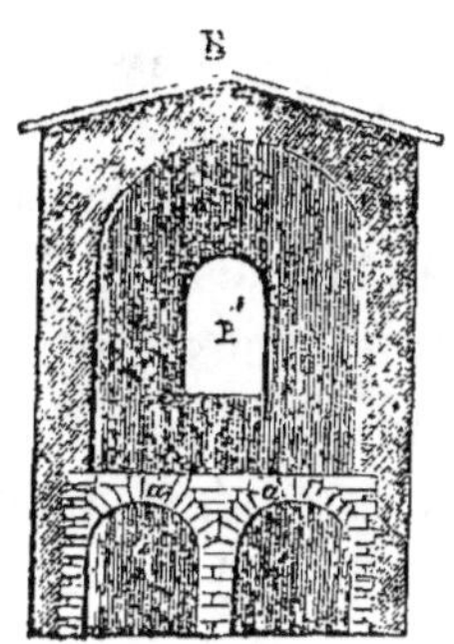

N° 15.

Les Cuviers deviennent généralement d'un rougeâtre brun; beaucoup présentent de grandes parties noires irrégulièrement disposées; on remarque que ce sont ordinairement les Jarres qui sont placés le plus bas qui sont ainsi bigarrées.

Les plus grands Cuviers se vendent sur place 15 fr. — Les moyens 10 fr. — La troisième grandeur 6 fr.

Les terrines, cruches et autres Poteries grossières noires de Bourzy, commune de Saint-Pourçain de bord, Puy-de-Dôme, sont faites avec une pâte assez plastique, rougeâtre, micacée, qui est composée de trois parties d'argile figuline grise, marbrée de rougeâtre et micacée, elle vient de Clair-Matin, près Ravel, et d'une partie d'argile sableuse, micacée, gris verdâtre, qui vient de Ravel même (1).

Les Potiers attribuent à la première, la propriété que possède la pâte de devenir noire par enfumage, et à la seconde qui est

(1) C'est de M. Marnat de Lezoux, élève de l'école centrale des arts et manufactures, que je tiens ces notes et le croquis de four ci dessus. Il pense que l'argile sableuse et micacée résulte du lavage des arkoses désagrégées qui forment la base du terrain alluvial de Ravel.

très-siliceuse, la propriété qu'a cette Poterie de résister au feu sans se briser.

Ces Poteries se font comme celles de la Péchadoire et se cuisent dans des fours trop semblables aux précédents pour qu'il soit nécessaire d'en donner une autre figure que le croquis ci-dessus; mais ces fours ont deux ouvertures; l'une est celle du foyer ou la bouche, l'autre, qui est pratiquée vers le haut du mur opposé P, donne issue à la fumée et représente la cheminée.

Pour rendre ces Poteries noires, lorsqu'on les juge assez cuites, on ôte la braise du foyer, et on y jette du bois vert; on bouche alors les deux ouvertures de manière à ce qu'il n'y ait plus de courant d'air. La fumée du bois vert rend ces Poteries assez également noires jusqu'à 5 à 6 millimètres de leur surface. S'il se trouvait quelque ouverture par laquelle l'air pût entrer et les produits de la combustion sortir, la Poterie sortirait rougeâtre.

On fait également à Magnac-Laval, département de la Haute-Vienne, de grandes cuves ou Jarres destinées aux lessives, elles ont quelquefois 1 mètre de diamètre sur 7 à 8 décimètres de profondeur. Cette Poterie est d'un noir brillant, mais sans vernis; elle résiste bien au choc et aux changements de température, et contient sans transsudation la lessive bouillante.

On suit, pour lui donner cette couleur noire, le procédé qu'on vient d'indiquer en décrivant les Cuviers à lessive de Bourzy; la Poterie sortant du four est d'un noir mat; on lui donne le brillant en frottant la surface avec une poignée de foin (ALLUAUD).

On cite (BOYER) des Poteries noires de Saint-Eutrope, dans la Charente [1], qui sont noircies par un procédé semblable au précédent.

Enfin, il paraît que les Poteries noires, à texture très-grossière, qu'on fait à Moulin et à Ussel, département de l'Allier, doivent leur couleur noire charbonneuse à un semblable enfumage.

[1] Je ne puis assurer que ce que M. Boyer dit de ces Poteries noires se rapporte à celles de la Charente, dont il parle dans l'alinéa précédent. *Manuel du porcelainier*, etc., t. II, p. 177.

Il y a à Giat, arrondissement de Bellac, Haute-Vienne, une fabrique des mêmes grands Cuviers à lessive. Le Musée céramique de Sèvres en possède un acheté à Limoges, qui a 1 mètre, 25 centimètres de diamètre à l'ouverture, sur 65 centimètres de hauteur verticale. Il est noir, avec des ornements en relief [1]. Ces Cuviers sont, fabriqués au colombin, par des femmes, sur une espèce de tournette. La terre employée est rougeâtre, elle devient noire par enfumage.

On connaît aussi ce genre de Poteries dans le nord-ouest de la France. C'est dans le département de la Sarthe que se trouvent les fabriques de grands Cuviers à lessive.

Tout à fait dans le sud de la France, à Thuir près Perpignan, Pyrénées-Orientales, M. Marco, Potier dans cette résidence, fait aussi de grands Cuviers à lessive, de formes à peu près semblables aux précédents, de même nature et probablement fabriqués par les mêmes procédés. Le Musée de Sèvres en possède un qui lui a été donné par ce fabricant; il est figuré dans le catalogue de ce Musée, M Pl. XI, *fig.* 2. Il a 1 mètre de diamètre, sur 0^m,95 de hauteur.

J'ai dit que cette remarquable fabrication était répandue sur toute la terre. Je vais en donner quelques exemples.

Il existe plusieurs fabriques de ces Jarres en **Italie**, notamment en Toscane, dans les environs de Livourne, où on les appelle coppo. On les nomme cziro dans le Siennois, et orcio dans la province florentine. On cite plusieurs fabriques dans cette province, notamment celles de Montelupo et d'Imprunetta. Cette dernière, située à sept milles à l'est de Florence, est la plus estimée. On a fait de ces Jarres qui ont jusqu'à 3 mètres de diamètre? Le Musée de Sèvres en possède une qui n'a pas cette dimension, mais qui est cependant d'une grandeur remarquable. Elle est représentée, M Pl. V, *fig.* 1 de son catalogue raisonné. Une semblable est figurée dans ce traité, Pl. XVIII, *fig.* 7.

L'argile avec laquelle on fait ces grands vases est, d'après M. Bianchetti, un silicate d'alumine magnésien-ferrugineux avec

[1] *Mus. cér.*, M Pl. V, *fig.* 3.

excès d'alumine. L'échantillon qui accompagnait la Jarre du Musée de Sèvres est une marne argileuse d'un gris tirant un peu sur le verdâtre; elle est très-plastique. On prétend qu'elle est due à la désagrégation d'un calcaire argileux brun, compacte, de cette partie des Appennins.

On brise cette argile, on la crible et on la fait détremper de manière à la réduire en une pâte homogène. (On ne dit pas qu'on y fasse aucune addition.)

Pour façonner les Jarres, l'ouvrier après avoir formé le plateau qui doit servir de fond et l'avoir laissé se raffermir, élève les parois par le moyen ordinaire de colombins (1) qu'il courbe en cercle et qu'il applique successivement les uns au-dessus des autres jusqu'à ce qu'il ait atteint l'ouverture; il les comprime avec les mains extérieurement et intérieurement en donnant aux parois une épaisseur parfaitement égale. L'ouvrier travaille toujours en dehors; mais pour atteindre dans l'intérieur et faire la partie supérieure, il s'élève sur une sorte d'échafaud à mesure qu'il élève la Jarre. Il attend ordinairement que la partie qu'il a élevée dans la journée soit assez raffermie pour supporter, sans s'affaisser, le poids d'une autre zone.

Pour que les Jarres de grandeur ordinaire soient assez sèches pour être portées au four, il faut attendre environ un mois et beaucoup plus longtemps pour les Jarres de dimension extraordinaire. Quand elles sont bien sèches, et avant de passer au four celles qui sont destinées à contenir du vin ou de l'huile, on les enduit intérieurement d'une glaçure ou vernis composé de sable et d'oxyde de plomb; on l'y applique au moyen d'une peau d'agneau imprégnée de cette glaçure.

On les laisse de nouveau sécher et on passe la pièce au four.

Le four dont je donne la figure, Pl. XVIII, *fig.* 2. A B C, n'a pas la forme des fours de l'Auvergne et paraît beaucoup plus parfait. Il y en avait trois accolés latéralement dans la fabrique de l'Imprunetta d'où cette figure a été tirée.

On place sur l'extrados des arches plusieurs lits de matériaux de terre non encore cuits, tels que des briques, des tuiles, des

(1) Ces rouleaux d'argile s'appellent ici *lucignoli*, mèches.

carreaux qui doivent former une couche d'environ 1 mètre, destinée à recevoir la première impression du feu. Sur cette couche on pose les Jarres et autres vases ou ustensiles plus délicats.

Le combustible, qui est du bois, se place pendant les premières vingt-quatre heures dans les foyers qui sont inférieurs; c'est du bois de chêne de dix ans; le jour suivant on emploie du bois blanc beaucoup plus fin. La cuisson dure en tout quarante-huit heures, et le refroidissement trois ou quatre jours.

La dimension ordinaire ou plutôt la contenance ordinaire de ces Jarres est de 10 à 13 barriques pesant chacune 300 hectogr., parconséquent 3,000 à 3,600 hectogr. On en fait qui contiennent jusqu'à 35 barriques ou 9,500 hect.

Les Jarres ordinaires coûtent en fabrique environ 1 fr. 25 cent. par barrique, par conséquent 12 à 15 fr.

Ces vases sont principalement destinés à contenir de l'huile, et dans ce cas on les recouvre avec un couvercle en bois; mais quand elles doivent recevoir du vin, on leur donne un col allongé fermé par un couvercle en terre cuite luté. On tire le vin avec un robinet.

Celles dont la cuisson est imparfaite servent à conserver des grains.

C'est en **Espagne**, et dans un grand nombre de lieux, que se font les plus grandes Jarres de terre cuite que je connaisse, on les nomme *Tinajas* [1].

On en fabrique dans le royaume de Murcie à Lorca, celles-ci sont d'une qualité inférieure et plus petites; dans la Manche, à Toboso; en Andalousie à Lucena; près de Madrid, à Colmenar de Oréja; à Castello de los Jarrès, à 6 kilomètres de Valence.

On extrait ordinairement les argiles et le sable dont on compose les pâtes très-près des lieux de fabrication; quoique ces

[1] Les notions que je vais donner sur la fabrication de ces pièces de Poteries sont tirées des renseignements écrits que je dois à M. Dauzat, à M. le comte de Rotova, à feu M. Guttiérez, professeur de mathématiques à Madrid, et enfin à un passage très-détaillé, rédigé autrefois par Percy, et inséré dans le recueil de ses œuvres.

terres soient en général des argiles figulines assez sableuses, elles présentent quelques différences entre elles suivant les lieux ; celle de Castello de los Jarrès est une argile figuline assez plastique, marbrée de bleuâtre et de jaunâtre.

La pâte se fait ou avec une seule de ces argiles et la proportion de sable que demande sa plasticité ou avec le mélange de plusieurs argiles de qualités différentes ; celles qui ne sont composées que d'argiles sont plus estimées, plus imperméables, mais plus chères, parce qu'elles sont plus sujettes que les autres à se fendre à la cuisson.

On concasse, on pile même ces matières, on les humecte et on les laisse prendre la plasticité convenable au façonnage en abandonnant pendant plus d'un an la pâte préparée, à l'influence des matières atmosphériques (Guttiérez et Dauzat).

On rend la pâte très-homogène en tamisant les matériaux, les laissant parfaitement s'humecter et les pétrissant avec le plus grand soin à l'aide des mains, des pieds, et même de battes de bois. C'est de ces préparations préliminaires, non moins que du mélange bien approprié de différentes sortes d'argile et du sable, que dépend le succès très-important de ces différentes Jarres, d'abord à la dessiccation sans fissure, puis à la cuisson sans avarie.

Le façonnage se fait à peu près comme celui de toutes ces grandes pièces ; c'est ordinairement en hiver qu'on le commence sous de grands hangars où les pièces sont à l'abri de la gelée et d'une dessiccation trop prompte.

On fait d'abord un grand plateau rond en plâtre qui doit servir de base à toutes les pièces. On place sur cette base circulaire un premier colombin, puis successivement tous les autres, ayant soin de les mettre de même épaisseur et de les comprimer fortement avec les mains pour les lier intimement entre eux.

Quand on arrive vers le milieu de la Jarre, partie où elle est renflée, il faut soutenir cette partie pour lui donner la force de porter, sans s'écarter ni s'affaisser, les colombins aplatis en zone qu'on va mettre dessus. Tantôt (comme à Colmenar de Oréja), on l'entoure de paillassons que l'on soutient avec des étais en bois qui portent obliquement sur le sol, ou bien avec une corde de sparterie dont on l'entoure. On conduit ainsi la plus grande Jarre depuis son fond jusqu'à son ouverture sans le secours d'aucun autre instrument que des mains, et quelquefois d'une petite batte en bois pour réunir plus solidement les colombins en dedans.

On mène ordinairement le façonnage de 6 à 8 Jarres ensemble afin de laisser se raffermir les zones de colombins qu'on a placées dans la journée avant de les charger du poids d'une autre zone; on a soin seulement d'entretenir frais les bords supérieurs de ces zones en les couvrant de linges mouillés.

L'épaisseur est proportionnée à la dimension et aux parties de la Jarre; ainsi, vers le bas, les parois sont plus épaisses et vont en s'amincissant à mesure qu'ils approchent de l'ouverture ou bouche de la Jarre.

On dit qu'on fait sur le tour les petites Jarres de 5 à 25 arrobes et quelquefois le culot des moyennes Jarres (Cte de Rotova).

La pièce étant terminée et suffisamment sèche on la retourne en mettant la bouche en bas et la posant sur deux bâtons, afin que la partie inférieure devenue supérieure, puisse sécher aussi bien.

Lorsque ces Jarres sont parfaitement sèches on peut les manier avec la plus grande facilité; on les retourne de nouveau, puis on les transporte en les roulant, on leur fait même descendre des escaliers lorsqu'ils sont en pente douce et qu'on peut conduire doucement ces pièces fragiles.

Les Jarres commencées en octobre, restent dans les ateliers pour se sécher jusqu'en mai, c'est-à-dire environ sept mois; on ne les porte au four qu'en juin.

Je ne possède point de figures des fours où l'on cuit les Jarres espagnoles, ni même de descriptions suffisamment claires ou détaillées pour qu'on puisse s'en faire une idée exacte, On voit cependant que ce sont des fours dont le laboratoire très-grand est un parallélipipède, dont la paroi supérieure est voûtée, dont le foyer est inférieur et la bouche d'un seul côté; que le foyer est enfoncé dans le sol, que le laboratoire a alors son plancher au niveau du sol de manière que les Jarres peuvent y être conduites de plain-pied; les murs sont renforcés par des contre-murs en saillie, le mur antérieur du laboratoire est complétement ouvert et n'est fermé en maçonnerie que quand le laboratoire est rempli des pièces à cuire.

Le plancher du laboratoire étant de niveau avec le sol, l'enfournement se fait assez facilement et néanmoins, avec précaution et à l'aide de beaucoup d'ouvriers.

Un grand four reçoit ordinairement 40 Jarres depuis celles qui contiennent (1) environ 4,200 kil. jusqu'à celles qui ne contiennent que 60 à 70 kil.

On occupe pour placer une grande Jarre vingt hommes, dix se placent à l'entour, l'ouverture étant en bas; ces ouvriers lui tournent le dos et se baissant tous en même temps, ils la saisissent par le rebord et l'enlèvent. D'autres ouvriers placés plus haut la soutiennent et la dirigent avec les cuisses et les genoux et donnent à ceux d'en bas le temps de la retourner. On place à mesure du remplissage du four les petites Jarres entre les grandes. Il faut beaucoup d'intelligence et d'expérience pour arriver malgré la différence des hauteurs à faire ces sortes de lits de Jarres à surface supérieure à peu près horizontale, ce qui est une condition nécessaire pour éviter les chutes pendant l'enfournement et pendant la cuisson. On emploie au moins un jour pour placer les quarante Jarres.

Le four est chauffé d'abord très-modérément pendant huit et douze heures; puis deux hommes le poussent avec activité pendant quarante-huit heures.

On le laisse refroidir pendant huit jours, mais au bout de ce temps il est encore assez chaud pour que la nouvelle fournée qu'on fait après celle-ci puisse profiter de ce reste de chaleur.

Le combustible employé est du genêt, du romarin, du sarment de vigne, des branches d'olivier et tout autre bois qui produit beaucoup de flamme.

Pour cuire une fournée de quarante Jarres, pouvant contenir environ quatre mille arrobes, on consume quinze cents arrobes de ce bois, valant 250 fr.

(1) 300 arrobes. L'arrobe est une mesure de poids qui équivaut à 12 kilog. 5 hectog.

Il y a à peu près 10 p. o/o d'avarie par fêlure.

Les Jarres d'Espagne, comme celles d'Italie, servent aux usages déjà indiqués, c'est-à-dire à contenir du vin, du vinaigre, de l'eau et de l'huile. Pour que ce liquide si pénétrant ne les traverse pas, on imbibe les Jarres d'eau avant d'y mettre de l'huile, et cette préparation suffit pour qu'il se forme une espèce d'enduit qui retient l'huile lors même que l'eau semble être entièrement évaporée.

Dans les Jarres trop peu cuites ou simplement fêlées, on y met du grain et de la farine.

La valeur d'une Jarre de dimension ordinaire (deux cents arrobes), est de 1 franc par arrobe, c'est-à-dire environ 200 fr.

Il paraît qu'autrefois on faisait des Tinajas encore plus volumineuses que les plus grandes qu'on fasse actuellement à Colmenar. Des Espagnols instruits (1) m'ont assuré en connaître et en avoir vu qui avaient une contenance presque double de celle du Musée de Sèvres (2), et que les citernes de Grenade ne sont composées que de ces immenses Jarres.

On va voir que le procédé que je viens de décrire et qui est suivi dans le royaume de Valence est assez notablement modifié dans d'autres parties de l'Espagne, pour que je doive en donner la description; j'y suis d'autant plus disposé que la fabrication de pièces de Poteries aussi immenses, aussi répandues, est peu connue; je ne l'ai trouvée décrite que dans peu d'ouvrages de voyages, et encore d'une manière très-incomplète, j'en excepte celle qui a été faite par un homme de beaucoup d'esprit et d'érudition, que j'ai déjà eu occasion de nommer.

C'est dans les œuvres chirurgicales de M. Percy (3), chirurgien

(1) MM. Barcia et Buevesino, négociants.

(2) La grande Jarre que possède le Musée céramique de la Manufacture de Sèvres, et qui est représentée M, Pl. v, *fig.* 2 de son catalogue, a été rapportée de Séville par M. le baron Taylor. Elle a 3 mètres 8 centimètres de hauteur, sur 1 mètres 6 centimètres de diamètre à la panse. Sa contenance est de 4197 litres, ce qui répond à 335 arrobes espagnoles. Elle vaudrait donc à Séville 335 francs, à raison de 1 fr. par arrobe.

(3) *Histoire de la vie et des ouvrages du baron Percy, chirurgien en chef des armées impériales, membre de l'Académie royale des sciences*, publiée par M. Laurent, son neveu. 1 vol. in-8°, Versailles, 1827.

en chef des armées impériales, que je prends la description de ce procédé céramique, que certes on ne s'attendrait pas à y trouver.

Les Jarres nommées, comme je l'ai dit, Tinacas (1) en Espagne, sont énormes et en grand nombre dans les caves royales de Cortéjo, à trois quarts de lieue du château d'Aranjuez; elles sont destinées à recevoir le vin, le vinaigre, l'eau-de-vie et l'huile, ces dernières sont toujours enterrées; dans d'autres circonstances, elles servent de citernes, de caisses pour des orangers. C'est des fabrications de Colmenar de Oréja, à six lieues d'Aranjuez, que Percy a tiré la description dont je donne l'extrait.

Parmi les Jarres ou Amphores, dont Percy a mesuré les dimensions, il en a trouvé qui avaient 4 mètres de hauteur sur environ 2 mètres de diamètre, et 35 millim. d'épaisseur.

Elles sont fabriquées avec une argile grasse que les Espagnols nomment *creda*.

L'argile est délayée et passée au tamis; on la met dans une fosse où elle doit rester quarante jours avant d'être employée.

Au bout de ce temps, on la pétrit en la marchant et en y ajoutant environ un sixième de sable très-fin : sans cela la pâte se fend. On fait avec cette pâte des plaques carrées qui ont 3 décimètres de longueur, 22 centimètres de largeur, 8 à 11 centimètres d'épaisseur; on les conserve entassées dans un caveau humide.

Pour faire une Tinajas, l'ouvrier a un cylindre de bois de 65 centimètres de hauteur sur 45 de diamètre et placé verticalement de manière que sa base supérieure soit bien horizontale; il pose sur cette base une masse de pâte d'environ 5 kilogrammes, l'y arrondit et lui donne une forme cylindrique de 16 centimètres de haut. Il perce cette masse avec les doigts, le pouce restant en dehors et il forme en tournant autour une cavité et des rebords de 16 centimètres; ce culot n'a d'épaisseur que 7 centimètres, l'ouvrier polit ensuite le dedans et le dehors avec une estèque.

(1) Ce nom, dit Percy, est africain; il a remplacé, au XIIIe siècle, celui d'amphore.

On laisse sécher cette base sept à huit jours; elle est encore assez molle pour que l'ouvrier puisse faire déverser au dehors le rebord de 16 centim., il le coupe en biseau incliné en dehors : il prend un colombin de pâte, le place sur ce bord en l'élevant seulement de 8 centim., avec les deux mains, l'une en dedans, l'autre en dehors. Au bout de quelques jours, la Jarre croît tout à coup de 22 centim., au moyen des plaques rectangulaires conservées dans le caveau et entées sur le bord taillé en biseau. On donne à la Tinajas une forme parfaitement circulaire au moyen du Chablon ou règle graduée, placée transversalement sur une tringle qui fait l'axe de la Jarre.

Lorsque la Jarre est assez élevée pour que ses parois molles ne puissent plus se soutenir d'elles-mêmes, on les entoure de tresses de jonc un peu serrées jusqu'à ce que la Tinajas ait atteint son plus grand diamètre. Car, passé ce point, les zones, diminuant et rentrant, peuvent se soutenir d'elles-mêmes.

Arrivée à une certaine hauteur, plusieurs hommes l'enlèvent de dessus son cylindre de bois, et la posent à terre; pour l'emporter ils s'élèvent successivement sur des barres, des tréteaux, enfin sur un échafaud qui sert en même temps à soutenir la Jarre.

Le rebord de l'ouverture fait avec la main se pose d'un seul morceau. Percy dit avoir vu faire ce travail qui, suivant l'habileté de l'ouvrier, est plus ou moins soigné.

Le poids d'une Tinajas, des moyennes aux plus grandes, est de 100 à 200 kilogr. A peine achevées on peut les mouvoir, et les déranger de leur place sans les briser.

On en mène toujours plusieurs à la fois; leur construction dure de quinze jours à un mois selon leur volume. On les fait ensuite sécher au soleil, puis on les passe au feu.

Le four est d'une forme circulaire de 5 mètres environ de diamètre sur 2 mètres 6 décim. de profondeur. Il est revêtu intérieurement d'un mur qui sert de soutien à une grille composée de grosses barres de fer enduites d'une couche épaisse d'argile. En dessus est une enveloppe de maçonnerie en forme de dôme ayant 8 mètres de hauteur avec une large ouverture qui sert de porte. Dix à douze hommes habitués à ce travail portent dans un filet de jonc, et tour à tour, les Jarres à cuire; ils placent celles du premier rang debout, l'orifice en bas sur les barres de fer, celles du deuxième rang l'orifice en haut, le fond sur celui des Jarres du rang inférieur et ayant le ventre appuyé contre les parois du four. On bouche la porte, et pendant trente à trente-six heures, on fait un feu d'abord modéré et ensuite très-ardent avec du bois d'olivier et de chêne vert.

On laisse refroidir les vases pendant huit jours avant de les sortir du four.

Le prix courant des Tinajas est de deux réaux (50 centim.) par arrobe à la fabrique. Ainsi, une Tinajas contenant deux cents arrobes revient à 100 fr. sur les lieux (1). On a des moyens de les transporter de manière à ce qu'il n'arrive que très-rarement des accidents.

Koupchines de l'Asie. — La seule description qui, à ma connaissance, ait été publiée sur le mode de fabrication des grandes Jarres de l'Arménie, est celle qu'ont donnée d'une part M. Parrot et de l'autre M. Frédéric Dubois de Montperreux, dans son voyage autour du Caucase (2).

Ces Jarres sont faites à Cakbesh, en Arménie. On les nomme *koupchines*. Elles ont 2 mètres 3 décimètres de haut sur 1 mètre 3 décimètres de diamètre et 15 millimètres d'épaisseur. Il y en a qui ont jusqu'à 3 mètres de haut et jusqu'à 2 mètres au moins de diamètre.

La pâte est préparée avec soin par un lavage préliminaire de l'argile, et ensuite par le battage et le coupage répétés, avec une lame de bois

On modèle à la main sur un petit banc très-bas le fond ou base de la Jarre, puis on l'élève en lui appliquant successivement des colombins jusqu'à la hauteur où la pâte étant molle pourrait s'affaisser. On recouvre alors le bord de feuilles fraîches pour qu'il ne se sèche pas, et on va porter plusieurs autres Jarres au même degré d'élévation.

(1) On remarquera une variété dans les prix qui inspirera quelques méfiances sur les renseigments donnés, ou bien tiendrait-elle aux localités?

(2) T. IV, p. 208, IVe sér., Pl. VII, *fig.* 8, et Pl. IX, *fig.* 16.

Pendant ce temps la première s'est assez raffermie pour qu'on puisse y ajouter une nouvelle zone de pâte composée de colombins qu'on lie bien entre eux avec les mains, tant au dehors qu'au dedans.

Lorsqué le Potier arrive au ventre du vase, les précautions précédentes ne suffisent pas pour l'empêcher de s'affaisser sur lui-même. Alors il l'étaye avec des pierres ou des petites pièces de bois.

Ces vases faits, ils se cuisent deux à deux dans des fours enfoncés en terre.

On n'y applique aucun vernis.

Les Koupchines sont sans anses, à col beaucoup plus ouvert que les Amphores grecques, parce qu'on y puise le vin avec un gobelet à longue queue nommé puisoir. Lorsqu'elles sont pleines de vin, on les enfonce dans le sable. (Voir Pl. XIX, *fig.* 1. Cette Koupchine a près de 3 mètres de hauteur sur au moins 2 de diamètre.)

En **Afrique**, dans le pays des Hottentots Boschiman, on fait des Jarres semblables, pour les dimensions, les formes et les usages, à celles qu'on vient de décrire.

Les renseignements que nous a donnés Daniell sur leur fabrication, et surtout les figures qui font partie de son grand atlas, font voir la remarquable analogie qui se trouve entre cette fabrication de l'Afrique encore sauvage et celle des Européens les plus civilisés.

Ce sont les femmes, comme le fait voir la *fig.* 5 de la Pl. XIX, qui fabriquent et élèvent jusqu'à près de 2 mètres 1/2 ces énormes vases. Ils sont faits avec de l'argile, ne sont que fortement séchés au soleil ardent de l'Afrique méridionale, puis recouverts d'une peinture rouge composée de l'ocre dont ces peuples font un si fréquent usage. Ils sont élevés sur un pied de bois pour empêcher l'humidité du sol de les pénétrer. Ces vaisseaux leur servent à conserver leurs grains.

On fabrique à **Java** des Cuviers au moins de la grandeur de ceux d'Auvergne, qui ne servent qu'à mettre de l'eau dans la maison et à y conserver des poissons rouges vivants. Ils sont en terre rouge et cuits seuls à basse température (Diard, 1843).

Anciennes ou Amphores.

Les Jarres que je viens de citer ou décrire appartiennent toutes aux temps modernes et se font encore. Mais, comme je l'ai annoncé au commencement de cet ouvrage, on faisait dans les anciens temps des vaisseaux en terre cuite de cette nature, qui approchaient plus ou moins des dimensions des grands Cuviers d'Auvergne.

Nous avons connaissance de ce genre de fabrication par celles de ces Jarres qu'on a découvertes, soit entières ou presque entières, dans différentes parties de l'Italie, soit par les fragments trouvés sur un grand nombre de lieux de l'ancien et du nouveau monde. On juge des dimensions de celles-ci, qu'on n'a jamais vues entières, par la nature de leur pâte analogue aux grands Cuviers modernes, par l'épaisseur et par la courbure très-faible des fragments qu'on en a recueillis.

Je vais faire connaître quelques-uns de ces faits.

D'abord en présentant dans l'introduction l'histoire générale des Poteries et l'état de l'art céramique chez les anciens, j'ai déjà dit quelques mots des grandes Jarres et Cuviers comme exemple du talent des Potiers de l'antiquité.

En effet, on connaît par les récits des auteurs grecs et latins que j'ai cités à cet article, et par des débris plus ou moins volumineux, les formes et la capacité que les anciens avaient données à ces grands vases ayant chez eux les mêmes usages que chez les modernes.

Les plus grands connus sont des Jarres rondes généralement à large ouverture, de 2 mètres de hauteur sur 7 décimètres de diamètre, trouvées dans diverses parties de l'Italie, et notamment aux environs d'Anzio, autrefois *Antium*, dans le territoire de Cumes. Je les ai citées au § 3 de l'art. 11 du premier chapitre, pag. 24.

La Jarre ou Cuvier dans lequel habitait Diogène [1] et que nous

[1] Pl. XIX, *fig.* 4. On a douté autrefois que l'habitation de Diogène fût un grand vase de terre cuite. Les objections portaient sur la grandeur et surtout sur la fragi-

avons nommé tonneau, était bien une Jarre en terre cuite ayant par sa forme beaucoup d'analogie avec celles de Florence et même avec quelques Cuviers des Pyrénées, notamment avec celle dont je donne la figure [1], et qui fait partie du Musée céramique de Sèvres.

On voit sur d'autres Jarres également des sillons transversaux qui indiquent la place des liens destinés à les maintenir.

Les Amphores à fonds plus ou moins pointus sont des vases du même ordre, les uns grecs, les autres romains, employés à contenir du vin. Ils étaient enfermés dans le sable des caves. On sait qu'on en a trouvé un grand nombre dans une cave d'une maison de Pompéïa, par conséquent leur usage n'est pas douteux. Il n'y a pas de voyageur qui n'en cite dans diverses parties de l'Italie. A Acri, en Sicile, un grand nombre de ces Cuviers servant de citerne, se trouvent enterrés près des théâtres antiques. A Catane, dans le palais du prince Biscari, on voit de ces grandes Jarres de près de 2 mètres de hauteur.

La pâte de ces pièces, quoique entamable par le couteau, est cependant plus dense que celle de la plupart des grandes Jarres, et surtout des Cuviers dont il va être question.

Le bey de Tunis a envoyé au Musée britannique une de ces Jarres ou Amphores de grande dimension destinées à mettre le vin. Elle avait été trouvée dans le territoire de Carthage. Les antiquaires anglais ont déterminé, par les noms des consuls Longinus et Marius inscrits sur ces vases, qu'ils avaient dû être fabriqués en l'année 105 avant l'ère chrétienne.

On faisait du temps des Romains en Auvergne, outre les Poteries rouges dont il sera question plus loin, des Cuviers

lité d'une telle demeure. Les exemples de Jarres et de Cuviers tant antiques que modernes, dont je donne la description et la figure, ne peuvent laisser de doute ni sur la dimension ni sur la forme, car l'analogie de formes est frappante entre le Cuvier de Diogène, représenté Pl. XIX, *fig.* 4, et les Cuviers ou Jarres de l'Imprunetta et de l'Auvergne, dont je viens de citer les figures. Quant à la fragilité, les Cuviers anciens et modernes ont une épaisseur et une ténacité qui les rendent assez solides pour que, même crus, on puisse les rouler sur un escalier à pente douce, de l'atelier où on les fait dans le four où on doit les cuire, comme on vient de le voir à l'article des Tinajas d'Espagne. (Voir *Encycl. méthod. Antiquités*, vol. II, au mot DIOGÈNE.)

[1] Musée céramique, M, Pl. V, *fig.* 1 et 3, et Pl. XI, *fig.* 2.

au moins égaux en dimension à ceux que je viens de décrire. Le Musée de Sèvres possède un fragment d'un de ces Cuviers gigantesques qui vient des fouilles de Gergovia près Clermont; la pâte en est noire-grisâtre à l'extérieur avec une croûte rougeâtre à sa partie extérieure sur laquelle le feu a agi plus directement; cette pâte est grossière, remplie de grains blancs de sable quarzeux et de mica. Elle ne fait aucune effervescence avec l'acide nitrique. Le fragment qui indique des moulures saillantes, a une épaisseur de 3 centimètres et demi.

Le Musée possède le fragment d'un autre Cuvier qui, à en juger par son épaisseur (près de 35 millimètres) devait avoir une très-grande dimension; on a trouvé des parties qui indiquent un diamètre d'un mètre 25 centimètres; il vient d'Apt dans le département de Vaucluse [1]; la pâte est d'un rouge rosâtre, très-solide, très-bien cuite; elle renferme pour tenir lieu de ce que nous appelons ciment, de nombreux grains blancs, larges de 3 à 5 millimètres qui ne sont point en quarz, mais en calcaire spathique très-laminaire, qui n'a éprouvé par la cuisson d'autre altération que de devenir blanchâtre, et il n'a point perdu son acide carbonique; ces grains en se désagrégeant par l'action de l'air ont laissé à la surface du vase de nombreuses cavités dont la forme rhomboïdale ne laisse aucun doute sur la matière que ces cavités renfermaient.

On a découvert, il y a peu de temps (1838), sur les plaines de Selles, près d'Aspres, village situé à peu de distance de Gap, quatorze Jarres ou Amphores de plus de 2 mètres 3 décimètres de hauteur. C'est dans le territoire de la ville gallo-romaine nommee *mons Seleucus*, ou Labatie Monsaleon, que ces Jarres étaient enfouies; quelques-unes étaient racommodées avec des liens de plomb, comme celles d'Antium, de Diogène, etc. [2].

Des fragments de Poteries à peu près de même nature

[1] Il a été envoyé comme débris d'une amphore romaine par M. Bonnet, faïencier très-instruit à Apt.

[2] Le Musée de Sèvres a reçu, par les soins éclairés et obligeants de M. Grille de Beuzelin, un dessin d'une de ces Jarres, qui avait 1 mètre 60 centimètres de hauteur, sur 1 mètre 30 centimètres de diamètre, et était à large ouverture, et un fragment exactement de la même pâte et avec les mêmes grains de calcaire spathique que celle d'Apt, que je viens de décrire.

ayant probablement fait partie de grands Cuviers, ce qu'indique leur faible courbure et leur épaisseur, mais d'une pâte moins grossière et beaucoup plus noire, ont été trouvés dans les environs de Dieppe, à la cité de Limes dans des tranchées et ont été recueillis, les uns, par M. Ant. Passy et les autres par M. Féret, bibliothécaire de cette ville.

Nous avons reçu en 1832 de feu M. Brard, homme très-instruit en minéralogie, en géologie et en industrie, des fragments de Cuviers venant de la grotte à ossements fossiles de Miallet, près d'Anduze dans le département du Gard; ces fragments indiquent par leur peu de courbure un grand Cuvier avec une petite gorge vers ses bords supérieurs où son épaisseur est d'environ 17 à 18 millimètres; la pâte est noire intérieurement, rougeâtre-sale extérieurement; elle est très-grossière et remplie de gros sable blanc et un peu micacé; elle ne fait pas effervescence.

Les fragments de ces Cuviers, qu'on regarde comme gaulois et d'une très-ancienne fabrication, placés dans le fond d'une grotte naturelle d'une formation antédiluvienne, pêle-mêle avec des ossements d'animaux de race perdue, ont soulevé de grandes questions géologiques pour savoir s'ils avaient été amenés dans cette place par la même catastrophe que les ossements, et si ces produits de l'industrie humaine et par conséquent si les hommes qui les avaient faits, étaient contemporains de ces races éteintes. La solution d'une telle question est étrangère à l'objet de ce livre; néanmoins elle nous fait toucher à l'un des points où la céramique peut venir prêter aide à cette solution si intéressante pour une autre science; elle nous montre à quelles importantes questions se rattache cet art dont les produits sont plus indestructibles sous tous les rapports, qu'aucun autre indice de la présence de l'homme sur la terre.

M. Marcel de Serres cite des fragments semblables à la Poterie grossière des Cuviers dans les cavernes à ossements de Bize, département de l'Aude.

J'ai parlé au § 3, p. 31 de l'histoire générale de l'art céramique, des secours que cette industrie prête aux sciences et de ses relations avec la géologie, et j'ai cité et développé l'observation faite par M. Reynaud, ingénieur des mines, sur la présence, dans l'île de Breha, de gros fragments de Poterie avec un diluvium granitique. Je rappelle ce fait, j'en relate ici un autre qui a quelque analogie avec lui.

M. Boucher de Perthes m'a envoyé un grand nombre de petits fragments d'une Poterie analogue, toujours par sa nature, sa couleur et la forme des vases que ces fragments indiquent, à la fabrication gauloise et qu'il a recueillis dans la sablière de Machecœur, près d'Abbeville, au-dessous, dit-il, des ossements de rhinocéros et d'éléphants que cette carrière renferme.

La réunion très-fréquente de ces produits dans les dépôts meubles des grottes, des fentes, etc., avec des ossements d'animaux antédiluviens, avec des pierres dures taillées en forme de hache, de fer de lance ou de flèche, permettent d'attribuer à ces Poteries et à l'industrie qui les a produites, une haute antiquité, une antiquité qui en reporte certainement l'origine aux temps si anciens des premiers efforts de l'intelligence humaine.

On trouve en Allemagne quelques exemples de ces grandes Jarres, que j'attribue à la fabrication gallo-germaine.

J'ai reçu de M. Hausmann un fragment d'une Jarre qui devait avoir la dimension des Cuviers (Mus. Cér. M, Pl. XVIII, *fig.* 8), mais avec une ouverture moins évasée. Sa pâte est grossière, noire en dedans, rouge dans les parties où elle doit avoir éprouvé une plus vive action de feu. On y voit les grains quarzeux signalés dans tous les exemples précédents. Elle ne fait pas effervescence, son façonnage très-grossier a cependant la prétention d'une sorte d'ornementation. Cette Jarre a été trouvée à Broirsches, près Bautzen, en Lusace.

J'ai dit qu'on avait fabriqué de ces grandes Jarres sur toute la terre, et que ces pièces que nous considérons comme des chefs-d'œuvre de l'art céramique, paraissent cependant avoir été faites par les premières sociétés humaines, par les peuples les moins avancés en industrie. J'en ai donné un exemple, pris chez les Cafres, en Afrique, j'en présenterai deux pour l'Amérique.

Sur les bords de l'Ohio, à Chawnes-Town, on trouve des fragments de Cuviers qui devaient avoir la dimension de ceux de l'Auvergne, ils sont faits avec de l'argile grise, très-plastique, mêlée comme matière dégraissante d'une grande quantité de petits débris de coquilles fluviatiles qui jouent ici le rôle du quarz, du sable, du felspath, du mica et du calcaire spathique dans les Jarres précédentes. La pâte est d'ailleurs assez fine, solide, à peine cuite; la pièce à l'extérieur est couverte de rides, les unes irrégulières, les autres plus petites, parallèles, croisant les premières, comme si elles étaient dues à l'empreinte d'une toile grossière. (Musée cér. M. Pl. IV, *fig.* 4-6-7).

Au Brésil, ces grandes Jarres se présentent encore, mais avec un tout autre usage, ce sont des urnes funéraires (Traité, Pl. XIX, *fig.* 6). On y place un peu recourbés, les corps réduits en momies, des chefs de tribus ou des guerriers renommés, revêtus de leurs ornements et accompagnés de leurs armes. On nomme ces urnes Camucis; on les trouve enfouies au pied des grands arbres dans la tribu du Guaytokarès, maintenant civilisée et nommée Coroados dans l'Aldea de san fidelis, village sur les rives du Paraïba, à six lieues de Campos [1].

2e Groupe ou B.—Poteries à pâte tendre matte Fines, tant anciennes que modernes.

L'examen technologique de toutes les Poteries de l'antiquité, les unes si connues, si célèbres même, et depuis longtemps, sous les noms de Poteries étrusques, grecques, samiennes, romaines, les autres moins célèbres, peut-être moins anciennes, toujours moins belles, qui seront désignées sous les noms de Poteries gauloises ou celtiques, scandinaves, germaines, etc., nous conduit nécessairement à conclure que toutes ces Poteries appartiennent à la classe première, celle des Poteries à pâte tendre, d'après l'ensemble de tous leurs caractères exposés à la tête de cette classe; je ne les rappellerai pas, mais on pourra remarquer qu'ils conviennent, à bien peu de chose près, aux Poteries antiques, quel que soit d'ailleurs le

[1] DEBRET, *Voyage au Brésil*, t. II, p. 19, Pl. IV.

mérite de ces dernières sous le rapport de l'art, c'est-à-dire des formes, des compositions et des dessins.

Je subdiviserai cette grande série de Poteries en deux groupes. Le premier réunira celles qui sont de fabrication européenne; le second, celles qui appartiennent à la fabrication extra-européenne, et je les examinerai successivement, autant qu'il est possible, dans l'ordre géographique, en commençant, dans chaque pays, par les plus anciennes pour arriver aux modernes.

Les généralités différentielles de ces deux groupes ressortent facilement, et comme d'elles-mêmes, des caractères qui appartiennent à chacun d'eux.

Fabrication européenne.

Poteries mattes italiennes et grecques antiques.

La connaissance du lustre coloré donné à certaines Poteries, connaissance qui a devancé de plus de vingt siècles celle du vernissage, paraît appartenir si complétement à la Grèce et à l'Italie, qu'il est difficile de citer parmi les Poteries antiques faites chez ces peuples et dans leurs colonies, des séries de Poteries mattes qui ne soient mêlées de Poteries lustrées.

Dans les Poteries grecques, qui paraissent être les plus anciennes, les Poteries mattes sont en minorité. On les regarde, en général, comme les premières de cette grande série. Elles sont trop semblables par leur forme, la couleur de leur pâte, le mode de fabrication aux poteries lustrées du même peuple pour en être séparées. L'absence de l'espèce de glaçure que j'ai appelée l u s t r e, paraît être plutôt due à une exception volontaire qu'à l'impuissance de la faire. Je renverrai donc ce que j'ai à dire de ces Poteries à l'article des P o te r i e s l u s t r é e s g r e c q u e s.

Mais il n'en est pas ainsi des P o t e r i e s é t r u s q u e s. Celles-ci, par le grand nombre des pièces non lustrées, par la forme, la pâte, le mode de fabrication de ces pièces, tous caractères qui indiquent, si ce n'est un temps différent, au moins des ouvriers différents, bien moins savants dans leur art que les Grecs puisqu'ils ne possèdent ni le lustrage de la surface par fusion, ni le façonnage par le tour, bien moins adroits puisque la plupart de leurs vases sont de travers, mal moulés, sans symétrie, épais et sans égalité d'épaisseur; ces Poteries, dis-je, me paraissent appartenir à l'enfance du métier, je ne dis pas tout à fait de l'art, puisqu'on y voit des formes agréables et variées, des ornements d'une bonne intention et même des bas-reliefs assez estimés.

Ces considérations et d'autres que je vais faire connaître, m'engagent à mettre les Poteries étrusques, proprement dites, au moins celles des premiers temps, à la tête de la fabrication italienne des Poteries tendres mattes.

Poteries étrusques.

Ces Poteries qu'on regarde comme les véritables vases étrusques, puisqu'elles se trouvent dans toute l'ancienne Étrurie, mais dont une partie paraît néanmoins avoir été fabriquée par des Potiers grecs de l'île de Samos si célèbre par l'habileté de ses ouvriers, celles enfin qu'on attribue particulièrement aux Étrusques, sont de deux sortes, dont les extrêmes sont parfaitement distinctes, mais dont les intermédiaires se confondent.

Les premières sont caractérisées par une pâte noire, souvent grossière, à ton rougeâtre sale; elles ne présentent jamais les peintures d'ornements et de figures, qui caractérisent les vases campaniens, elles sont donc, sauf quelques exceptions, ou entièrement rouges, ou entièrement noires, mais on voit sur presque toutes ces Poteries des ornements en relief, tantôt seuls, tantôt accompagnés de figures.

La pâte de ces vases a été analysée par plusieurs chimistes attachés au laboratoire de Sèvres, et celle de l'un d'eux par M. Berthier. Le tableau suivant va en faire connaître les éléments. J'ai cherché à arriver par des voies différentes et nombreuses à un résultat assez certain pour qu'on puisse en tirer des caractères propres à les faire distinguer des Poteries campaniennes, ainsi qu'on le verra à l'article de celles-ci.

DESIGNATION DES POTERIES ET AUTEURS DES ANALYSES.	ÉLÉMENTS QUI LES COMPOSENT.						
	Silice.	Alum.	Oxydes de fer et de mang.	Chaux.	Magnés.	Eau.	Charb.
Dans le laboratoire de Sèvres, Par M. Salvetat.							
N° 1. Grande hydrie de Civita-Vecchia. Pâte noire micacée, devenant rouge au feu.	63,00	14,44	7,75	3,00	1,83	8,45	1,5[illegible]
2. Hydrie à dessins ponctués. Pâte noire, venant de Chiusi.	60,00	16,21	7,89	3,00	1,33	8,65	3,0[illegible]
3. Coupe à bas-reliefs circulaires de Chiusi. Pâte noire, rouge au feu, sans vernis; peu micacée; donne de l'eau à la distillation.	63.50	14,21	7,02	2,18	1,84	9,55	1,7[illegible]
4. Goulot d'une hydrie, de Chiusi. Pâte noire, devenant rouge au feu, sans vernis; donne de l'eau à la distillation.	64,00	12,51	8,00	3,51	1,83	8,15	2,0[illegible]
5. Vase à pâte grisâtre; des tombeaux de Chiusi. Déjà cuite, devient rouge par une forte calcination.	69,49	14,63	8,75	3,73	1,47	0,73	1,9[illegible]
6. Coupe cylix; pâte noire, rougit au feu; sans vernis; donne de l'eau par calcination.	60,00	14,49	7,13	3,95	4,43	8,50	1,5[illegible]
Moyenne des six analyses. .	63,34	14,42	7,90	3,25	2,12	7,34	1,8[illegible]
En 1829, *dans le laboratoire de Sèvres, par* M. Buisson.						par dess. à + 100 8 par calc. 5	Perte
7. Pâte noire de Volterra.	65,0	21,5	8,3	5,0	0,0	13,0	0,[illegible]
8. Pâte rouge d'Arezzo.	52,0	28,0	5,0	10,0	3,0	00,0	2,[illegible]

9. *Par* M. Berthier, *insp. gén. des mines.*

Des tombeaux de Chiusi

Oxyde de fer et alumine soluble. .	14
Argile et sable	74
Carbonate de chaux.	01
Eau et charbon	11
	100

Lorsqu'on l'a traité par l'acide muria-tique, le résidu est d'un gris noir; mais il devient parfaitement blanc par le grillage; après avoir été longtemps exposé au feu, il perd alors 0,03 de son poids, ce qui indique une proportion peu ordinaire de charbon.

Mais ces vases n'avaient pas uniquement pour destination de servir aux funérailles et d'être placés dans les tombeaux ; il n'y a pas de doute que la plupart de ces Poteries servaient aux usages domestiques, et on rapporte que Porsenna, 507 av. l'ère chrétienne, avait un service de table, composé de cette Poterie qu'on regardait comme très-propre à cet usage. C'est probablement pour ce motif que ces Poteries et les vases qui en sont fabriqués, ont été pendant longtemps, et surtout avant la découverte des tombes de Vulci, Chiusi, etc., beaucoup plus rares que les Poteries campaniennes, et qu'il a été si difficile avant ce temps de trouver entières des pièces un peu volumineuses. D'abord on voyait peu de différence entre les vases et ces pièces ; mais depuis les découvertes récentes, on a reconnu de grandes différences entre les Poteries étrusques, suivant les lieux où on les trouve, et par conséquent suivant les fabriques où on les a faites, et malgré qu'on prétende qu'elles aient été toutes fabriquées par des Potiers grecs de Samos. Je vais revenir sur cette considération.

Un grand nombre de ces vases se sont trouvés dans les tombeaux, plusieurs même étaient destinés à y être placés et construits tout à fait dans ce but, tels sont ceux qui se rapprochent plus ou moins du singulier vase représenté Pl. XX, *fig.* 6, et qu'on a trouvés dans les tombes ou chambres sépulcrales les plus anciennes de Chiusi.

Ce sont, comme on le voit, des vases pyriformes portés sur un socle en pierre, munis de deux anses à peu près perpendiculaires à la base. La partie supérieure était composée de deux bras, un col et une tête qu'on croit avoir dû être le portrait du défunt dont les cendres étaient renfermées dans le vase. Cette tête avec le col qui la portait, était mobile et attachée au collet du vase par une cheville en bronze (*h*). Les bras traversant ces anses étaient également mobiles et attachés de la même manière au corps du vase.

On mettait les cendres du mort dans le vase, on les y trouve quelquefois, et pour que la vapeur qu'elles pouvaient encore répandre pût s'exhaler, on pratiquait à la partie supérieure du vase une ouverture latérale de chaque côté, qui se continuait dans les bras et aboutissait au trou ouvert en (o) dans la main [1].

La deuxième sorte qui se rapproche des vases grecs, qui y passe même par des nuances insensibles, a, en général, une pâte fine d'un rouge jaunâtre plus pur, d'une plus grande densité, que les vases campaniens ; les vases sont, comme eux, couverts d'un vernis mince qui avive la couleur de la pâte. Pendant très-longtemps on n'a trouvé aucun vase peint dans l'Étrurie.

Les vases et autres Poteries des fouilles d'Arezzo sont en terre rouge vernissée, avec des ornements en relief et le nom de la fabrique en caractères romains. Pline les compare aux Poteries de Samos et de Sagonte en Espagne, ville non moins célèbre que Samos par ses Potiers et ses belles Poteries d'un rouge de jaspe. Ces Poteries, et d'autres plus grossières, avaient assez de densité pour servir dans les usages culinaires. Elles étaient très-estimées des Romains, pour cette qualité que leur Poterie d'alors ne possédait pas aussi bien.

On a découvert depuis peu (1825), aux environs de Chiusi et en général dans l'Étrurie centrale, des tombeaux ou plutôt des chambres sépulcrales remplies d'un grand nombre de vases étrusques parmi lesquels plusieurs présentaient des sujets peints en noir sur un fond jaune et des ornements en relief sur les anses, les bords du bec, du collet et sur la panse; la pâte en est assez grossière, les ornements et les figures ont par leur style et leurs vêtements, tous les caractères d'une époque très-ancienne.

Les urnes Pl. XX, *fig.* 3, 4, 5, 7, 8, en terre noire, caractère des vases funéraires, portent des têtes d'animaux en relief, de petites chasses etc. ; l'une d'elles montrait une chimère ; elles ont en général des formes et des ornements très-distincts de celles des vases campaniens; néanmoins dans un grand nombre de cas, ces Poteries peintes sont très-difficiles à distinguer des Poteries grecques de la Campanie. MM. Dorow [2], Creutzer, etc., en conviennent et regardent ces pièces comme des plus anciennes.

(1) MICALI, *Storia degli antichi popoli italiani. Firenze*, 1832, t. III, p. 7, Pl. XIV, *fig.* 1.

(2) *Voyage Archéolog. dans l'ancienne Étrurie*, 1827.

On a trouvé en outre dans ces fouilles des vases noirs dont la fabrication et la pâte rougeâtre dans le milieu, sont grossières, bien différents par leur forme et leur lourdeur des vrais vases étrusques noirs luisants qui sont légers de forme avec des ornements en relief du goût le plus parfait, et qui viennent des environs d'Arezzo, de Volterra, etc. Ces vases portent des figures en relief et comme appliquées après coup, et des ornements en points enfoncés (1). On n'y reconnaît aucune imitation ni des Grecs, ni des Romains, mais plutôt quelque analogie avec les vases germains des bords du Rhin et les vases gaulois (Dorow) (2); ce qu'il y a de remarquable c'est que beaucoup de ces vases n'ont pas été cuits, mais simplement séchés au soleil; aussi sont-ils très-fragiles. Je partage sur leur ressemblance avec les vases germains, l'opinion de l'illustre antiquaire que je viens de citer et je l'étends aux vases que je décris comme gaulois.

On a découvert ce que nous appellerons un troisième gîte de Poteries étrusques dans les environs de Vulci qui a fourni de 1827 à 1830 de 4 à 5000 de ces vases, dont la description a été publiée par le prince de Canino, M. Millingen et M. Raoul-Rochette; ces vases, quoique évidemment trouvés sur le territoire étrusque, présentent tous les caractères des vases grecs même dans leurs détails.

Ils sont d'une très-grande dimension, couverts d'inscriptions grecques, dialecte attique, ayant principalement rapport aux prix donnés aux athlètes, et de figures qui fournissent de nombreuses notions pour l'histoire de l'art grec et pour les rapports qui existaient entre les Grecs et les Étrusques. Quelque variété qu'on trouve dans leur style, on y reconnaît toujours les caractères grecs dans l'association des couleurs, c'est-à-dire, des figures brunes sur fond jaune, des figures noires sur fond rougeâtre et des figures rougeâtres sur fond noir; on ne voit sur ces vases que des sujets grecs avec les divinités, les costumes et les usages de l'Attique.

Quelques vases néanmoins portent des inscriptions en carac-

(1) Atlas du Mus. céramique, Pl. VI, *fig.* 7, 8, 10, 16 et 17.

(2) *Poteries étrusques proprement dites*, un cahier in-4° avec planches; traduction d'Eyries. 1829, p. 25, 26, 31, 32 et 37.

tères étrusques et en caractères grecs disposés arbitrairement, par conséquent inintelligibles, et que les Potiers y plaçaient pour donner, dit-on, à leurs produits l'apparence d'une haute antiquité.

Les antiquaires rapportent la fabrication de ces vases au quatrième siècle environ avant Jésus-Christ, et les regardent comme plus anciens que ceux de la Pouille et de la Basilicate; quelques-uns sont considérés comme ayant été faits par des Potiers étrusques voulant imiter les vases grecs (1). (GERHARD.)

Il est assez difficile de concilier des Poteries si différentes entre elles sous tous les rapports de pâte, de couleur, de façonnage (les unes faites à la main, les autres sur le tour), de forme, de décoration, et trouvées cependant dans le même lieu, à peu près dans la même position, rapportées au même peuple et presque aux mêmes siècles, par des raisons archéologiques que je n'ai pu qu'indiquer.

On peut supposer néanmoins qu'elles sont d'époques différentes, quoique peu éloignées. Les vases noirs, non cuits, les vases rougeâtres cuits quoique faiblement, offrent des différences bien tranchées; cependant on peut, comme je le suppose et comme le pense M. Lenormant, admettre que faites à peu près dans le même temps et chez le même peuple, elles ont pris leur différence de l'importance des fabriques où elles étaient faites et de l'habileté des ouvriers travaillant dans le même pays, et peut-être dans la même ville. On fabrique dans le même temps à Limoges, dans le Staffordshire, à Berlin et à Paris, des Poteries bien plus différentes entre elles sous tous les rapports de pâte, de glaçure, de forme, de décoration, de cuisson, etc., telles que la porcelaine, la faïence, la Poterie matte et vernissée, que ne le sont les Poteries noires, mal façonnées et non cuites, et les Poteries rouges tournées et bien faites, qu'on est obligé de rapporter toutes, par les motifs archéologiques que je viens de rappeler, au peuple et au pays étrusques (2).

(1) Lettre de M. Gerhard à M. Panofka, du 17 août 1831, dans les *Ann. dell' instituto di corrispondenza Archeologica*, vol. III, Roma, 1831.

(2) Les pièces représentées sur la planche VI du *Musée céram.*, *fig.* 2, 4, 8, 10, 11 et 12, avec ornements en relief ou gravés, sont en pâte noire non cuite.

Mais on fait tous les jours dans ces pays si intéressants pour l'histoire, de nouvelles fouilles qui conduisent à de nouvelles découvertes et répandent de nouvelles lumières; attendons que la suite de ces recherches nous amène des faits propres à lever ces doutes historiques.

Poteries romaines.

On attribue aux Potiers romains ou de l'école romaine, répandus partout où les Romains ont étendu leur empire, soit immédiatement, soit par leurs armées ou leurs colonies, trois ou quatre sortes de Poteries très-distinctes qui diffèrent par les époques, les matériaux et les principes de fabrication.

La première sorte, la mieux caractérisée, et pour moi la seule évidente, ce sont les Poteries à pâte et lustre rouges; elles se trouvent partout, mais surtout en France et en Angleterre.

La seconde, ce sont les Poteries à pâte soit rougeâtre, soit grisâtre, fine, avec un lustre brun-noir souvent très-brillant. Elles se rencontrent plus particulièrement dans les contrées voisines du Rhin, près de Mayence, près de Coblentz, etc.

La troisième renferme les Poteries à pâte grisâtre et noirâtre, même entièrement noire, sans aucun lustre, quoique assez luisante quelquefois. Elles sont abondamment répandues dans toute la France et toute l'Angleterre, et se confondent aisément par leur caractère céramique avec les Poteries germaines et les Poteries gauloises.

Enfin, les Poteries de la quatrième sorte, très-différentes de toutes les autres, sont à pâte jaunâtre, rosâtre et même blanche, et toujours sans aucun lustre; ce sont en général des Poteries d'usage domestique, les unes sont petites et moyennes à pâte fine, les autres sont très-grandes, ce sont les amphores à pâte grossière. Les premières se trouvent le plus ordinairement dans

Les pièces, *fig.* 1, 2, 3, 4 et 5 de la Pl. VII, sont en pâte rougeâtre, lustrées en noir et tournées.

Les pièces, *fig.* 6, 8, 9, 13, 14 et 15, sont en pâte noire, lustrées à la surface par polissage, et les figures 7, 8, 10 et 13 ne sont pas tournées.

les pays allemands des bords du Rhin, les autres partout, mais principalement en Italie.

Je vais les examiner successivement.

1re *Sorte.* — **Poteries romaines rouges lustrées.** — On trouve dans tous les pays qui ont été sous la domination romaine, des Poteries entières, mais bien plus souvent des débris de Poteries qui se ressemblent toutes sous tous les rapports.

Leur p â t e est d'un rouge de cire à cacheter, assez beau, avec un lustre brillant vitreux, très-mince, qui par lui-même paraît sans couleur, mais qui rehausse celle de la pâte.

Les pièces faites de cette Poterie, les vases les plus riches, les plus grands, les mieux façonnés, sont constamment sans aucune sorte de peinture, mais elles sont enrichies d'ornements ou de figures en relief, de même couleur et de même nature que la pâte. Elles ont un style si particulier, qu'il fait reconnaître le plus petit fragment de cette sorte de Poterie, de quelque lieu qu'il vienne. Je reviendrai sur cette considération que je ne mentionne ici que comme signe de reconnaissance de la Poterie romaine.

Cette p â t e est souvent très-fine, très-compacte, assez dure, mais rayable au burin, souvent perméable dans les parties qui n'ont point de lustre ; à haute température, elle devient d'un brun rouge foncé, se ramollit et se boursoufle un peu.

Je donne dans le tableau suivant la composition élémentaire de cette pâte, ainsi que celle de quelques Poteries et lustres romains, telles qu'elles résultent des analyses qui en ont été faites par les chimistes qui y sont désignés.

Les analyses des pâtes ont été faites sur des échantillons parfaitement dépouillés de leur lustre.

OMPOSITION DE LA PATE ET DU LUSTRE DE DIFFÉRENTES POTERIES ROMAINES.

DÉSIGNATION DE L'OBJET ET SON ÉTAT.	Silice.	Alumine	Oxyde de fer.	Chaux.	Magnés.	Eau.	AUTEURS ET OBSERV.
PATES.							
terie rouge de localités incon.	56,00	25,00	7,00	9,00	2,00	0,00	Buisson.
erie rouge de Gergovia. . . .	49,00	24,00	6,00	2,00	0,00	18,00	Berthier.
terie rouge du Châtelet	64,00	17,77	10,23	4,86	0,00	2,29	Salvétat.
terie rouge du Luxembourg. .	54,39	24,24	10,24	9,25	0,00	1,68	*Id.*
terie grisâtre du Luxembourg.	69,03	12,50	12,00	1,74	0,70	4,00	*Id.*
terie jaunâtre du Luxembourg.	47,49	10,27	8,20	18,27	0,00	9,09	*Id.* (1)
terie jaunâtre de Souaire. . . .	65,55	22,43	8,07	1,62	tr.	1,50	*Id.* (2)
terie jaunâtre du Luxembourg.	69,00	9,70	12,84	1,22	0,00	5,71	*Id.* (3)
terie noire de Noyelles-sur-Mer	76,40	9,90	9,04	2,00	0,65	0,00	*Id.* (4)
LUSTRES.							
istre un peu mêlé de pâte. . . .	59,00	1,00	4,00	10,00	2,30	0,00	Buisson.
même, en déduisant la pâte.	64,00	0,00	11,00	0,00	0,00	0,00	*Id.* (5)

Le l u s t r e n o i r r o m a i n paraît être, comme le lustre rouge, un silicate alcalin et terreux; c'est probablement le même lustre que la glaçure noire grecque, du moins tous les essais comparatifs auxquels ils ont été soumis nous ont conduit aux mêmes résultats.

Toutes les recherches faites dans le but d'arriver à la connaissance de la nature de l'e n g o b e b l a n c h e appliquée sur les vases romains dont la pâte est rosâtre, ont fait savoir que cette engobe n'est qu'une terre argileuse très-siliceuse. En enlevant avec précaution la partie externe de l'engobe, afin de l'avoir à peu près pure, on peut en faire l'analyse qui a donné la composition suivante :

Silice.	70,17
Alumine.	29,00
Oxyde de fer.	0,83
	100 00

(1) Acide carbonique 0,68. Fait effervescence.

(2) Recouverte d'une engobe blanche.

(3) Recouverte d'un vernis noir.

(4) Charbon 0,76.

(5) Soude 20,00.

Sa glaçure très-mince, due sans aucun doute, non pas à un polissage de la pâte encore humide, mais à une vitrification superficielle, ce que prouvent les écailles qui s'en détachent et les fissures et tressaillures qu'elle fait voir, est d'une nature très-difficile à déterminer, et je puis dire qu'elle est encore imparfaitement connue.

Dolomieu avait avancé, il y a longtemps, qu'il n'y avait aucun oxyde métallique dans cette glaçure. MM. Rever, Daudin et de Caumont de Caen, pensent que c'est une terre très-fine appliquée au pinceau sur la pièce crue et rehaussant en se vitrifiant la couleur de la pâte.

Les analyses données à la suite du tableau précédent, font connaître tout ce qui a été fait sur ce sujet, et par conséquent, tout ce qu'on en sait jusqu'au moment actuel.

M. Malaguti, après avoir cherché à séparer ce vernis de la pâte avec soin, a analysé le peu qu'il en a pu recueillir ; or, ce qui résulte de ses travaux et de ceux qui sont cités à ce tableau, c'est que ce lustre est dû à un enduit très-mince, d'un silicate à base alcalino-terreuse, coloré par un oxyde de fer. L'altération dont il est susceptible confirme cette composition. Le Musée céramique de Sèvres possède une coupe de cette Poterie rouge dont la surface est devenue matte et terreuse, et dont les ornements ont été en partie effacés par l'altération que le lustre a éprouvée.

On place la fabrication de cette Poterie romaine rouge, lustrée, dans une période de temps, qui s'étend de la fin du Ier siècle avant J.-C. à celle du IIIe siècle de l'ère chrétienne.

Ce que présente de très-remarquable cette Poterie antique, comme le montrent, au reste, mais d'une manière moins caractérisée et moins frappante, les Poteries grecques, germaines, gauloises, etc., c'est la ressemblance de finesse dans la texture, de densité et surtout de couleur rouge de ces Poteries dans tous les pays. Cette ressemblance qui a frappé tous les observateurs, est une sorte d'énigme difficile à résoudre d'une manière satisfaisante ; car quand on énumère les lieux nombreux éloignés les uns des autres, différents par la nature de leur sol, où se trouvent des Poteries romaines de cette sorte, on s'explique difficilement comment les Potiers romains pouvaient faire partout des pâtes si semblables entre elles, avec des matériaux nécessairement très-différents; car on ne peut pas supposer qu'ils apportaient avec eux leur provision de pâte; mais on peut présumer que, choisissant des argiles presque sans couleur, et propres à fournir une pâte fine et dense, ils leur donnaient la couleur rouge capucine, par des proportions appropriées d'ocre rouge introduite dans la pâte (1).

Quoique ces pâtes denses fussent à peine perméables, elles devenaient tout à fait imperméables par le lustre vitreux qui les recouvrait. Comment s'appliquait ce lustre, était-ce par un enduit au pinceau, on n'en voit aucune trace; par immersion dans un liquide qui le tenait en suspension? cette opinion paraît la plus vraisemblable.

Façonnage. — Ces Poteries étaient façonnées avec une grande perfection, et à l'aide de la plupart des procédés et moyens qu'on emploie actuellement dans la fabrication la plus parfaite.

L'usage du tour est constant dans toutes les pièces rondes. Les contours, baguettes, filets, saillants ou creux, sont très-régulièrement faits; les bords, les pieds, le dessous des pièces et celui des pieds sont souvent ornés de baguettes ou de moulures faites sur le tour.

Les ornements en saillie, extrêmement multipliés sur toutes les pièces, s'exécutaient par trois moyens différents.

Les uns, tels que ceux qui sont représentés sur les figures 5, 10, 13, 15 et 17 de la Pl. XXX, étaient faits au moyen de moules. Ils avaient la saillie et la dépouille convenables pour être facilement et nettement moulés. Les moules dont le Musée de Sèvres possède un grand nombre d'échantillons, étaient en pâte rouge, semblable à la pâte des pièces; mais en général, moins dense et plus absorbante.

Ces moules étaient d'une seule pièce, ils n'avaient donc pas

(1) C'est l'opinion de MM. Revers et Jollois.

besoin de chappe ; plusieurs moules indépendants, tantôt représentant le même sujet, tantôt des sujets ou ornements différents, étaient posés à la suite les uns des autres pour compléter la décoration de la circonférence d'une coupe ou d'un vase.

On a trouvé beaucoup de ces moules dans les emplacements des anciennes fabriques. M. Grivaud a donné le premier la figure de deux d'entre eux trouvés en 1801, dans les fouilles faites au Luxembourg ; je donne celle d'un moule romain des environs de Lezoux, Pl. XXX, *fig.* 1, et d'un autre que j'ai rapporté d'Arezzo, *fig.* 8, et qui fait partie du Musée de Sèvres.

On a trouvé aussi avec ces débris et surtout dans les lieux où il y avait eu des fours, les poinçons, ébauchoirs, styles et autres petits instruments en cuivre ou en ivoire, dont se servaient les Potiers romains pour finir leurs ouvrages.

Le second moyen consistait dans l'emploi de roulettes portant les ornements qui devaient former des zones circulaires sur la circonférence des vases ou des coupes. Ces molettes ou roulettes étaient ou en terre cuite, Pl. XXX, *fig.* 3 (et Mus. cér., Pl. IX, *fig.* 8), ou en métal.

Des ornements isolés formant rosace, des figures d'animaux destinées à être placées au milieu des ornements ou des sujets de l'extérieur des vases, étaient faits avec des espèces de cachets, estampilles ou empreintes en terre cuite, portant une espèce de queue qui servait de manche. Ces estampilles avaient souvent la courbure de la pièce sur laquelle elles devaient s'appliquer. (Pl. XXX, *fig.* 2, A, B, et 4 A, B).

Les noms que les ouvriers Potiers plaçaient si constamment tantôt sous le pied d'un vase, tantôt au milieu du fond saillant d'une coupe, étaient gravés sur des espèces d'estampilles en terre cuite ou en métal. M. Grivaut en a fait figurer plus de cent. J'en donne comme exemple un seul en terre cuite, *fig.* 9, A, B, et un en métal, Mus. cér., Pl. IX, *fig.* 19.

Ces inscriptions indiquent tantôt le nom du Potier au nominatif, suivi ou précédé alors de la lettre F (exemple : *Montanus* F), ou au génitif, accompagné de la lettre M, voulant dire *manu* ou *magnarii*, de la main ou du magasin d'un tel (1) (Exemple : *Crispini* M.).

Avec l'O ou l'OF, elle veut dire *officina*, fabrique d'un tel. — Quelquefois elle donne le nom du lieu où était située la fabrique, *Vapuso*, *Cabillo*.

On voit aussi sur quelques-uns de ces vases des marques gravées avec une pointe après la cuisson.

On a remarqué que sur les Poteries romaines trouvées en France, quoique le plus grand nombre des noms fussent latins, il en était néanmoins quelques-uns de Gaulois, tels que DIVIX, VEXIVIX, BITURIX, etc. (DE CAUMONT).

Le troisième procédé d'application d'ornements en relief est des plus remarquables et tout à fait propre aux Poteries romaines. Je ne sache pas qu'on ait vu ailleurs que sur ces Poteries l'application complète de ce procédé.

Il consiste à placer et à étendre sur les pièces avec un pinceau, une pipette ou une spatule en forme de cuiller, la pâte dont on les a chargées à l'état de cette liquidité visqueuse qu'on nomme barbotine, et qui ressemble à de la boue; de figurer avec cette bouillie épaisse les contours, de modeler les épaisseurs diverses qu'on doit donner à cette application, soit qu'on veuille représenter des tiges, des feuilles de lierre ou d'olivier, soit même des animaux à membres déliés, comme des cerfs, des chiens, etc. Les formes arrondies, inégales, souvent mal contournées, de certains ornements et de certaines figures ne peuvent pas laisser de doute sur l'emploi de ce procédé (2).

J'ai reçu de M. Schweigheuser un petit fragment de Poterie sur lequel, contre les usages ordinaires, on a modelé, avec une pâte blanche, une portion de rameau à fleur. On voit ici clairement par les différences de ton qui résultent des différences d'épaisseur, la manière dont ce fleuron a été modelé sur la pièce rouge avec une bouillie de pâte blanche.

(1) Golbert et Schweigheuser, *Mém. de la Société des Antiq. de France*, t. VII, Pl. LXXIII. — De Caumont, Antiquités gauloises ou gallo-romaines, *Cours d'Antiq. Monum.*, Caen, 1831, t. II, p. 185 et suivantes.

(2) *Musée céram.*, Pl. IX, *fig.* 17. Cette planche est entièrement composée de Poteries romaines des diverses sortes.

M. le chevalier de Saint-Thomas, à qui on doit peut-être la première idée et la première explication de ce genre de modelage (¹), a trouvé à Lezoux une des pipettes mentionnées plus haut, dans laquelle on mettait la barbotine qu'on faisait écouler sur les pièces en suivant les contours qui devaient donner la forme de l'objet qu'on voulait y représenter. L'ouverture inférieure de cette pipette avait des formes différentes, appropriées probablement à la largeur de l'ornement qu'on voulait dessiner en relief.

On vient d'imiter ce procédé d'ornementation en relief avec la pâte de porcelaine. Les Chinois en ont beaucoup approché dans leurs ornements en relief.

Les vases *fig.* 1, 2 et 4, Pl. XXIX, ont été très-certainement faits par ce procédé (²).

Cuisson. — Je parle toujours des Poteries rouges à relief.

On a découvert un assez grand nombre d'anciens fours romains en Allemagne sur les bords du Rhin, surtout près de Rheinzabern; en Angleterre; en France, en Auvergne, au Châtelet, etc.

En Angleterre, ces fours étaient, d'après ce qu'on a pu y reconnaître, très-compliqués, ainsi que l'indiquent suffisamment les figures de la Pl. IV; ils étaient encombrés de sable et de terre, à moitié démolis ou détruits; il a donc été difficile de se rendre un compte exact de la position relative des foyers et de leurs bouches, des conduits de la chaleur, de la place et de la forme du ou des laboratoires, de la manière dont agissait la chaleur sur les Poteries qui y étaient placées, comment les produits de la combustion s'exhalaient; par conséquent on ne peut se faire une idée claire de la marche réelle de tels fours, car on ne connaît clairement un four que quand on peut voir les rapports d'action de toutes ses parties.

Je donne trois exemples de fours romains. Le premier, Pl. IV, *fig.* 4, a été découvert dans l'emplacement d'une Poterie romaine à Normanton-Field-Castor, dans le comté de Norwich.

(¹) M. de Caumont l'a indiqué dans son *Cours d'Antiq. Monum.*, publié en 1831, p. 200.

(²) Voyez aussi les figures 3, 4, 5, 10, 15, 16, 17, 18, 20 et 21 de la Pl. IX de l'Atlas du *Catalogue du Musée céramique de Sèvres*.

Il a été figuré par M. E.-F. Artis, qui a donné au Musée de Sèvres la lithographie dont est tirée la figure citée. Mais n'ayant pu voir M. Artis, je n'ai pu connaître d'autres détails sur la structure de ce four que ceux qui sont inscrits sur la planche même; je n'ai pas eu connaissance des vases trouvés dans ce four.

Il est enfoncé dans l'ancien sol d'environ 1 mètre, et recouvert d'une épaisseur à peu près égale de terre transportée.

Il se compose d'un foyer en canal voûté, dont la bouche (*c*) est à quelque distance du corps du foyer. Celui-ci se prolongeait probablement par les deux voûtes sous le sol plat du laboratoire (*d*), et la flamme du combustible, ou au moins la chaleur dégagée, pénétrait dans le laboratoire où les pièces étaient placées, par les ouvertures (*o*) régulièrement disposées en deux cercles. Une espèce de pilier G, très-solide, soutenait le plancher du laboratoire par son milieu. La paroi appuyée contre le sol n'avait pas besoin d'une grande épaisseur, et si la figure 4 représente le laboratoire dans son entier, on voit qu'il n'avait guère que 8 décimètres de hauteur sur 12 à 13 de diamètre. C'est un très-petit four que M. Artis compare à nos moufles à cuire les couleurs sur la porcelaine.

Il est probable qu'un couvercle en plaques de terre couvrait la partie supérieure et entièrement ouverte de ce four, et que les produits de la combustion se dégageaient à travers les interstices de ces sortes de tuiles.

On va voir que ce four, très-différent et surtout beaucoup plus simple que ceux de l'Alsace, était cependant établi sur les mêmes principes. Servait-il à cuire la même Poterie?

Un assez grand nombre de fours romains propres à cuire la Poterie ont été découverts sur les bords du Rhin, dans les environs ou à peu de distance de Strasbourg.

On en cite dans la ville même de Strasbourg, et à Rheinzabern, village situé à quatre lieues de Lauterbourg, sur la rive gauche du Rhin. On en a reconnu plus de quinze dans un espace peu étendu.

Un de ces fours très-bien conservé se voit à Heiligenberg, village près Milz, dans la vallée de la Bruch, non loin de Strasbourg, mais à vingt lieues de Rheinzabern, et un autre à Itten-Weiler, à quatre lieues au sud de Heiligenberg.

C'est d'un des fours de Heiligenberg que je donne la figure Pl. IV, *fig.* 1, 2 et 3, et la description d'après M. Schweigheuser.

Il est romain et était appliqué à la cuisson de la Poterie rouge, ce qui est évidemment établi par les débris de cette Poterie qu'on a trouvés à l'entour.

Le foyer est un canal long, voûté en ogive, dont la bouche est à environ 2 mètres 1/2 de l'espace où se rassemblaient la flamme et la chaleur au-dessous du laboratoire. — Des tuyaux en terre cuite nombreux, et de deux grosseurs, partaient de la partie supérieure ou plancher de cette chambre et allaient distribuer la chaleur ; les uns plus petits (*t*) étaient à la circonférence, et, ce qui paraît bien singulier, dans l'épaisseur du mur d'entourage du laboratoire ; les autres, plus gros, au nombre de douze ou quinze, allaient s'ouvrir dans le plancher du laboratoire pour répandre la flamme et la chaleur à l'entour des pièces qui y étaient placées, du moins c'est ce que semblent indiquer les figures et la description qui m'ont été communiquées par M. Schweigheuser. Ces canaux ou tuyaux devaient éprouver une forte chaleur, car ils sont quelquefois devenus durs, à tissu serré comme du grès et même boursouflés et presque fondus, comme le montre une des pièces du Musée céramique de Sèvres [1], Pl. XXX, *fig.* 19.

On ne peut voir par les coupes de quelle manière sortaient les produits de la combustion. Il est probable que la partie supérieure du four a été détruite et que les terres de déblais en ont pris la place.

Des massifs de maçonnerie puissants séparent et garnissent l'espace entre la bouche du foyer et les parois du laboratoire. Le sol de celui-ci est formé de dalles ou grands carreaux en terre cuite.

Les canaux qui conduisent dans le laboratoire la flamme et la chaleur, et à l'extérieur les produits de la combustion, peuvent être bouchés plus ou moins complétement par des tampons cylindriques en terre cuite qu'on a trouvés dans ce four, les uns épars, les autres en place, et dont un est représenté figure 18.

Ces fours, au nombre de plus de quinze, trouvés à Rheinzabern,

[1] Elle vient de M. Schweigheuser. Je ne puis citer à chaque fait le nom de ce savant et complaisant archéologue, qui a enrichi le Musée de Sèvres d'un grand nombre d'objets de Poterie romaine, germaine et gauloise, très-intéressants.

étaient les uns ronds et les autres carrés, mais construits sur le même système, c'est-à-dire que la flamme et la chaleur du foyer dont la bouche était placée à quelque distance du laboratoire, se rendaient par un canal en voûte ogivale d'environ 1 mètre et demi de long, tantôt droit, tantôt coudé, sur 80 centimètres de largeur et de hauteur, dans l'espace au-dessous du laboratoire, et s'y distribuaient par des canaux et des ouvertures disposées en échiquier en nombre qui varie suivant le four, de 16 à près de 60, si les plans qu'on m'a communiqués sont exacts.

Ces fours étaient enfoncés d'environ 70 centimètres au-dessous de l'ancien sol, et de plus d'un mètre au-dessous du sol de transport moderne, comme on l'a fait remarquer pour le four de Normantonfield; le plancher du laboratoire était à près d'un mètre en contre-bas du bord supérieur de ses parois; une espèce de toit en tuiles le recouvrait.

La maçonnerie était faite avec de grandes masses d'argile de 70 centimètres de long sur 40 de largeur et d'épaisseur. Dans tout le passage du feu, les parois de cette maçonnerie étaient vitrifiées.

Les cintres qui portent le plancher du laboratoire étaient, dans quelques fours, en briques revêtues d'un enduit argileux.

Le combustible consistait en bois de sapin, ainsi que le font connaître les charbons trouvés dans les foyers.

Il paraît que les pièces mises dans le four étaient portées sur des supports, du moins on regarde comme tels les pièces cuites en cylindre aplati, qu'on a trouvées en grand nombre dans les fours et soutenues par des espèces d'appuis ou accots d'une forme très-particulière donnée par les doigts de l'enfourneur à des galettes de pâte pliées en deux. On en a trouvé des quantités considérables dans les fours des bords du Rhin, ayant tous la même forme générale dont les figures 7, A, B, C, peuvent donner une idée.

Une troisième sorte de four a été découverte en Angleterre, en 1822, à Castor près Norwich, par M. Ch. Layton [1]; il est

[1] *Archeologia*, etc., ou *Mém. de la Soc. des Antiq. de Londres*, vol. XXII, p. 413, Pl. XXXVI.

entièrement différent des précédents et d'une construction si singulière, si obscure, que si on n'eût trouvé dedans les Poteries en train de cuisson et des restes de combustible, on douterait que ce fut un four; j'en donne la figure Pl. XXV, *fig.* 20. A, est la moitié du plan du four tel qu'il s'offrit dans son entier lorsqu'on le découvrit enfoui sous une masse de terre assez épaisse, mêlée d'un grand nombre de débris de Poteries. Il avait 2 mètres environ de longueur sur 1 mètre 15 centimètres de largeur; son enveloppe ou mur (*a*) était formé avec une pâte d'argile bleue, tenace, sous une épaisseur de 15 centimètres; la surface intérieure (*b*) de ce mur était devenue rouge par l'action du feu.

Dans l'intérieur de la masse dont on voyait la coupe horizontale, on remarquait des espèces de larges fentes linéaires (*c*) ou des veines courtes et larges (*d*) formées par un combustible noir qui paraissait être de la tourbe carbonisée; cette masse était en outre séparée par des espèces de cloisons (*e*) interrompues, d'argile bleuâtre dont les intervalles étaient remplis de pièces de Poterie entières ou en fragments (*g*).

La coupe, *fig.* B, fait voir ces mêmes parties, c'est-à-dire la cloison d'argile (*e*); les veines de combustible (*d*), et les Poteries entières et en fragments (*g*); mais elle montre en outre ce qu'on peut regarder comme les foyers en T. Ces foyers en voûte ogivale étaient remplis dans leur partie inférieure d'une terre rougeâtre comme brûlée, et dans leur partie supérieure, de tourbe.

Enfin, ce four reposait sur une couche naturelle et friable de sable jaune S.

La Poterie renfermée dans ce four montrait différents degrés de cuisson par sa solidité et sa couleur; les deux urnes renversées (*h*) étaient remplies de sable blanc. On trouvait dans les environs beaucoup d'urnes romaines entières ou en fragments.

L'auteur ne s'explique pas clairement sur la nature de cette Poterie, mais il me paraît par son silence même, par le nom d'urnes qu'il donne aux Poteries, que ce four était destiné à donner aux vases à pâte grisâtre ou blanchâtre, principalement funéraires et nommés urnes, le faible degré de cuisson qu'on leur connaît, et que c'était un four à urnes et non un four à Poterie romaine rouge que les historiens et antiquaires anglais appellent Samienne.

La petitesse en général de ces fours antiques, le nombre assez considérable qu'on en trouve souvent rassemblés dans le même lieu, l'absence de tout bâtiment d'habitation, la présence des pièces de Poteries en train de cuisson qui sont restées dans plusieurs d'entre eux, celle de la grande quantité de débris qui les entoure, semblent indiquer que ces fours, élevés à peu de frais, étaient abandonnés par les troupes ou les familles de Potiers qui étaient venues s'établir momentanément dans ce lieu, et que la cuisson encore imparfaite produisait beaucoup de pièces défectueuses et cassées.

Décoration. — En parlant du façonnage, j'ai été conduit à parler aussi du mode de décoration en relief, qui est le principal et presque l'unique dans les Poteries romaines rouges, et il ne reste à traiter que du système ou style général des formes et des décorations, non pas sous le point de vue de l'art, mais comme moyen de distinguer les Poteries de ce temps et de ce peuple.

Il serait très-difficile de donner une idée claire par des descriptions ou des explications, quelque longues qu'elles fussent, du style qui leur est propre, quoique ce style soit parfaitement caractérisé; les figures que j'ai réunies dans ce but, Pl. XXIX et XXX, me paraissent suffisantes en y ajoutant celles qui font partie des planches VIII et IX de l'Atlas du Musée céramique de Sèvres.

On fera remarquer que les formes sont généralement solides, peu légères, que les pièces hémisphériques, coniques, cylindroïdes sont les dominantes, et qu'elles sont ce qu'on appelle peu élégantes.

Que les ornements habituels sont : parmi les quadrupèdes, les lions, les chèvres, les lièvres et les lapins, les biches Pl. XXIX, *fig.* 1, 2, et Pl. XXX, *fig.* 1 et 10, et, parmi les oiseaux, les colombes, les aigles, les corbeaux.

On verra que les carreaux et godrons des figures 1, 10, 13 et 17, les perles, *fig.* 8, les pois et rubans des *fig.* 5 et 8, se répètent très-souvent. Que les feuilles de lierre, de vigne, de convolvulus, *fig.* 10, 13 et 15, sont les végétaux ordinaires. Que les rinceaux avec des oiseaux de la figure 15, sont très-souvent répétés.

On conçoit ces répétitions; elles avaient pour but de faire servir un grand nombre de fois les mêmes moules ou poinçons que j'ai décrits plus haut.

Usage. — On ne peut douter que ces Poteries ne servissent dans les usages domestiques, soit comme vases culinaires ou de table, soit même comme vases d'ornement.

Cependant l'absence de vases élevés et à rebord ou à collet rétrécis, paraît indiquer qu'ils n'étaient pas employés comme les vases grecs campaniens, ni comme les vases modernes, à orner les appartements, mais que ces vases étant admis dans les repas, on les avait plus ou moins couverts d'ornements comme on le fait sur toutes les pièces du service de table. Leur solidité et leur imperméabilité les rendaient propres à ce même service.

Quelques-unes telles que des terrines [1], ont dû servir, soit dans la cuisine, soit dans la pharmacie, comme mortiers ou vases à broyer des matières friables, ainsi que l'indique l'aspérité régulière de la terrine se terminant nettement à une certaine distance du bord.

Aucune de ces Poteries ne peut avoir été employée comme urne cinéraire, ni avoir été considérée comme vase de funérailles, car on n'en trouve pas dans les tombeaux, ni avec des cendres et des os comme c'est le cas des véritables urnes cinéraires, ni placées comme hommages ou sacrifices auprès des morts auxquels ils avaient appartenu, ou avaient été consacrés.

2e *Sorte.* — **Poteries romaines à pâte rouge ou grise, lustre noir.** — Cette seconde variété de Poterie que l'on attribue à la fabrication romaine, quoique moins bien caractérisée que la première, ne laisse cependant aucun doute sur son origine. C'est en général le même système d'ornements, de figures, de mode de façonnage et d'application; les formes sont néanmoins assez diffé-

[1] *Mus. Céram.*, Pl. IX, *fig.* 20 et 21.

rentes; on n'y retrouve presque plus les coupes, terrines et plateaux si communs dans la première sorte, ils n'en sont pas cependant entièrement exclus, le fragment (1) qui est couvert d'un beau lustre noir a bien le style de forme des Poteries rouges; mais on trouve dans cette série beaucoup de ces vases fermés auxquels on donne le nom d'urnes (2), tandis qu'on en connaît à peine quelques-uns dans la série des Poteries rouges. Voyez Pl. XXIX, *fig.* 1, 2, 3 de cet ouvrage.

Cette sorte de Poterie diffère aussi par la pâte qui, encore rouge, est d'un ton moins pur, est aussi quelquefois grise et même noirâtre, généralement moins fine et moins dure que celle de la première sorte. Mais elle en diffère essentiellement par la glaçure qui, aussi mince en général que celle des Poteries rouges, est d'un noir quelquefois assez pur et plus souvent brunâtre (3); on doit néanmoins distinguer deux légères différences dans ces glaçures: l'une, quoique mince, indique une certaine épaisseur, elle est brillante mais sans reflet métallique (les *fig.* citées); l'autre, qui semble n'être qu'un enduit métallique déposé par une vapeur, a le lustre noir métalloïde du graphite (*fig.* 14).

Les ornements qui représentent des figures d'animaux, de fruits ou de végétaux, la plupart semblables à ceux de la première série, sont en relief; d'autres qui ne sont que des linéaments semblent avoir été faits par une mollette ou roulette (figures citées).

Cette variété ne se trouve guère que dans les contrées de la rive droite du Rhin, dans les environs de Rheinzabern, Bonn, etc.; elle paraît appartenir en grande partie aux urnes cinéraires; la *fig.* 3, Pl. XXIX, a été trouvée dans un tombeau romain à 2 mètres de profondeur, à 1 kilomètre environ de Bonn. Le fragment *fig.* 1, qui indique une urne de plus de 4 décimètres de hauteur sur au moins autant de diamètre, est remarquable par ses ornements en relief faits à la barbotine, on y voit exactement les mêmes feuilles hastées que sur les figures 20 et 21 appar-

(1) Atlas du *Musée Céramique de Sèvres*, M, Pl. IX, *fig.* 18.

(2) Atlas du *Musée Céramique de Sèvres*, M, Pl. IX, *fig.* 2, 3, 11, 12 et 14.

tenant à la pâte à glaçure rouge; il vient de Rheinzabern [1].

3e *Sorte*. — Il est une autre variété de Poterie romaine qui n'est pas seulement noire à sa surface et par sa glaçure, mais dont la pâte est, ou entièrement gris noirâtre, et souvent même d'un beau noir, ou gris rougeâtre dans son intérieur, avec un engobe ou enduit épais de près d'un quart de millimètre sur toute sa surface, et toujours sans glaçure, quelque luisante qu'elle paraisse. Cette Poterie, qui ressemble à la Poterie noire des Celtes ou Gaulois, s'en distingue dans un grand nombre de cas par la finesse de sa pâte, la ténuité de ses pièces et la perfection de son façonnage sur le tour, et enfin par ses formes. Je donne comme exemple de cette Poterie romaine les pièces figurées dans l'Atlas du *Musée Céramique*, Pl. VIII, *fig.* 2 et 16, et Pl. IX, *fig.* 7 et 19, qui sont des pièces à pâte gris noirâtre.

Le Musée Céramique de Sèvres possède les débris d'un vase ou coupe venant de Souaire, près Bourges, à pâte brun rougeâtre assez dure, mêlée d'un grand nombre de petites paillettes de mica; sa surface est d'un beau noir, sablé de paillettes de mica. L'égalité et la ténuité de son épaisseur, ses arêtes vives, ses filets nets et sa surface parfaitement unie et même luisante, sont l'effet d'un tournage des plus parfaits. Sa couleur noire est due à l'engobe mentionnée plus haut, et le brillant au poli que l'estèque du tourneur lui a donné; le dedans de la coupe, qui n'a pas reçu le poli sur toute sa surface, est mat avec plusieurs cercles brillants dus à un poli partiel.

Un collet de vase, trouvé dans la fouille des puits d'exploitation des Romains, à la butte Sainte-Geneviève à Paris [2], montre absolument les mêmes dispositions.

La coupe M, Pl. VIII, *fig.* 16, du Musée de Sèvres, de forme analogue à celle qui précède, est entièrement en pâte noire plus grossière, un peu micacée, sans lustre ni poli.

(1) Voir à l'explication des figures la couleur, l'origine, etc., des Poteries romaines représentées sur les Pl. XXIX et XXX.

(2) Nous tenons ces fragments et ces renseignements de M. Le Chatelier, ingénieur des mines.

4e *Sorte.* — Ces Poteries qu'on regarde comme de fabrication romaine, ne laissent dans plusieurs cas aucun doute sur leur origine, mais dans beaucoup de circonstances il devient très-difficile de les distinguer de certaines Poteries germaines, de celles qu'on appelle gallo-romaine, et même de celles auxquelles j'applique spécialement le nom de gauloises.

Ce sont néanmoins de véritables Poteries à pâte tendre et sans glaçure qui présentent encore deux sortes de pâtes un peu différentes.

Les unes sont à pâte grossière blanc grisâtre ou jaunâtre, tirant plus ou moins sur le rougeâtre; ce sont en partie des pièces volumineuses, épaisses, sans aucun ornement; les jarres, amphores et cuviers romains appartiennent à ce premier groupe. Le *monte Testaceo* à Rome, amas immense de débris de Poteries, présente principalement des fragments de ces amphores.

Les autres, à pâte moins grossière, parce qu'elle a servi à faire des pièces plus petites, plus minces et plus légères, sont quelquefois ornées de zones, de lignes, de taches, de feuilles plutôt indiquées que faites en rouge ocreux sale appliqué et cuit au même feu que la pâte. (*Mus. Céram.*, Pl. VIII, *fig.* 5, 10 et 14.)

Les formes générales des amphores sont celles qui sont figurées, Atlas du *Musée Céramique* (Pl. IV, *fig.* 2, 5, 8), et dans ce Traité, Pl. XXIX, *fig.* 14 et 21.

Une circonstance que les figures ne peuvent pas faire voir, c'est que ces Poteries à pâte quelquefois rosâtre et jaunâtre, sont tendres, d'un blanc mat et pur par un véritable engobe de terre blanche, à la manière des vases athéniens, mais plus dur et très-également étendu, qualité à laquelle se prête le tournage net et parfait de ces jolies Poteries, la *fig.* 17 a reçu cette engobe, le petit vase, figure 20, est d'une pâte blanche par elle-même et micacée.

Usage des Poteries romaines de la seconde et troisième sorte. — Les urnes et autres Poteries romaines, gallo-romaines et gauloises ont eu plusieurs usages dont le plus remarquable et peut-être le plus ordinaire est d'avoir servi comme urnes cinéraires et vases funéraires, à la manière de la plupart des Poteries antiques.

Des quatre sortes de Poteries romaines que je viens de décrire il paraît que la seconde et surtout la troisième ont eu plus particulièrement cette destination ; je ne connais pas d'exemple qui nous apprenne que la première sorte (la Poterie rouge) ait servi à cet usage.

Tant que l'usage de brûler les corps dura chez les Romains et dans les Gaules, c'est-à-dire environ pendant les deux premiers siècles de l'ère chrétienne, les cendres étaient recueillies avec les restes d'ossements et placées dans des urnes assez grandes, à ouverture large, en pâte noire ou grise, à ornements simples, caractère de la troisième sorte, et variées de forme, de grandeur et d'ornementation suivant la position de la personne dont elles renfermaient les cendres ; près de ces urnes on plaçait différents instruments et surtout un assez grand nombre de petits vases dont l'usage n'est pas assez bien déterminé pour être indiqué sans une discussion étrangère à cet ouvrage.

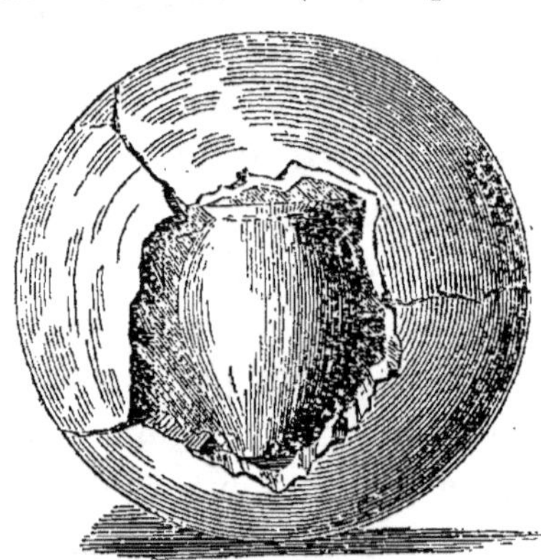

N° 16.

Ces urnes étaient souvent renfermées dans des cercueils ou enveloppes de différentes formes et nature ; une des plus remarquables et qui rentre dans mon sujet, est celle qui a été découverte par le rév. John Carters, décrite dans une lettre adressée à M. Pownall et figurée dans les Mémoires de la Société des Antiquaires de Londres [1], je la reproduis ici.

C'est, comme on le voit, une urne d'une assez bonne forme, enfermée dans une sphère creuse de Poterie grossière ayant une ouverture propre à laisser passer cette urne.

Pendant quelque temps la combustion des corps et l'ensevelissement marchèrent simultanément suivant les opinions et

(1) *Monument Sépulcral, découvert à Lincoln ;* par M. Pownall, *Mém. de la Soc. des Antiquaires de Londres*, vol. XII, p. 108, Pl. XIV, *fig.* 7 et 8.

usages des populations. M. Jouannet a reconnu des exemples de cette simultanéité à Terre nègre, près Bordeaux, lieu si riche en antiquités de toutes sortes et notamment en Poterie; ce savant évalue à 20,000 le nombre des urnes et des petits vases qu'on y a trouvés.

Vers le commencement du troisième siècle, l'usage de brûler les corps cessa entièrement dans la Gaule, mais point celui de placer dans les sépultures des vases funéraires. On a trouvé dans beaucoup de tombeaux romains ou d'indigènes postérieurs à cette époque, de petites urnes et vases accompagnant les corps dans ces tombes, mais qui ne renfermaient ni cendres, ni ossements, seulement quelquefois un peu de charbon.

Les petites urnes que j'ai données comme exemple, Pl. IX, *fig.* 12, 19 et 23 de l'Atlas du *Musée Céramique*, et Pl. XXIX, *fig.* 11, 19 et 20 de ce traité, se ressemblent tellement qu'on peut dire que ces six figures les représentent toutes, quelque multipliées qu'elles soient.

On les attribue, et il me semble avec grande raison, à la fabrication gallo-romaine, car elles participent des deux fabrications en couleur, forme et façonnage; comme il est facile de le voir en comparant cette troisième série de Poterie romaine avec les Poteries gauloises.

Les chrétiens, sans adopter entièrement les usages des Romains et des Gaulois, ont placé pendant longtemps et jusque vers le XIVe siècle de petites urnes dans leur sépulture à côté des squelettes et dans des positions constantes que les antiquaires ont reconnues et même cherché à expliquer. Ces pots ou urnes en Poterie matte dans les temps où le vernis plombifère n'était pas connu, ces Poteries, quelquefois vernissées depuis cette époque, étaient assez souvent au nombre de deux, l'une à la tête du squelette, elle avait renfermé de l'eau bénite, l'autre à ses pieds ayant contenu de l'encens avec des charbons allumés; ces observations expliquent pourquoi on a trouvé de ces urnes dans les tombes placées sous le sol des églises chrétiennes et dans des cimetières chrétiens, elles expliquent l'origine des cendres et des charbons que quelques-unes renferment; enfin, elles nous apprennent que ces Poteries faites à l'instar des antiques Poteries gauloises et romaines sont cependant loin d'avoir l'antiquité des Poteries trouvées dans de véritables et anciens tombeaux gaulois ou romains dont l'époque ancienne est déterminée par les armes, les ustensiles et les médailles qu'on y trouve.

Je reviendrai sur ce sujet, en traitant des Poteries que je regarde comme gauloises ou plutôt comme plus gauloises que romaines.

Pays et lieux où se sont trouvées des Poteries romaines. — Ces Poteries, beaucoup plus répandues que les Poteries grecques, se sont par conséquent trouvées dans un grand nombre de lieux différents, mais plus ou moins nombreuses et plus ou moins abondamment, suivant les usages auxquels elles étaient destinées. Et ici la règle, l'espèce de loi de conservation que j'ai assignée aux Poteries antiques, ne se dément pas.

Les Poteries à pâte à lustre rouge étaient bien certainement des objets de service domestique. Elles n'avaient donc pas l'usage religieux auquel on doit la conservation d'un si grand nombre de Poteries grecques, gauloises, germaines, etc., et devraient être rares, et cependant on en trouve assez fréquemment dans une grande partie de l'Europe. Il y a deux considérations à faire pour expliquer cette sorte d'exception.

D'abord ce n'est que très-rarement qu'on les trouve dans l'intérieur des bâtiments ruinés, c'est presque toujours dans les lieux où l'on avait établi des fabriques de ces Poteries, et souvent tout près des fours dépendant de ces fabriques. Or, comme on l'a déjà remarqué, ces fabriques et ces fours étaient presque innombrables dans le vaste empire romain.

Ensuite on remarquera qu'on trouve peu de pièces intactes; la plupart quoique d'un petit volume, d'une assez grande solidité, d'une assez forte épaisseur, ont été brisées. Il n'y avait presque point de vases d'ornements, plus exposés que les autres pièces à la destruction.

Ce qu'on trouve assez communément, ce sont des moules, et même des moules assez bien conservés. J'ai cité ceux que j'ai fait graver sur nos planches [1].

[1] *Musée Céramique*, M, Pl. IX, *fig.* 1. Traité, Pl. XXX, *fig.* 1 et 8.

Les Grecs moulaient aussi plusieurs de leurs pièces, ne fût-ce que les rhytons, et cependant je n'ai pas connaissance qu'on ait trouvé nulle part aucun moule de Poteries grecques, ni même étrusques, où cependant les pièces en relief, les pièces ovales, si rares chez les Grecs, sont ici si nombreuses. Les Poteries romaines se trouvent principalement dans les lieux de fabrication, par conséquent avec les ustensiles de fabrication, les moules, etc.; tandis que les étrusques, grecques, etc., ne se trouvent que dans les lieux de conservation.

Je crois devoir chercher à donner une idée de l'abondance de ces Poteries, de leur position particulière, suivant leurs variétés, en indiquant les principaux lieux où on a trouvé des Poteries romaines et même gallo-romaines, et notant les circonstances de leur présence dans ces lieux.

France. — Un des lieux les plus célèbres par son étendue et la quantité d'antiquités romaines qu'on y a comme exploitées en 1772, sont les ruines d'une ancienne ville romaine, sur la petite montagne du Châtelet, entre St-Dizier et Joinville, en Champagne. Elles ont été le sujet d'une dissertation de M. Grignon [1].

On a déblayé en deux mois environ 2,500 mètres carrés de terrain. On a mis à découvert onze rues et quatre-vingt-dix maisons, et, ce qui nous intéresse tout particulièrement, deux fours à Potiers dont la base était carrée, de 2 à 3 mètres de côté, avec une arcade, sur un des côtés, d'environ 5 décimètres de largeur sur 65 centimètres de hauteur. C'était la bouche du foyer qui avait 1 mètre 65 centimètres en carré.

On y a trouvé des vases culinaires en terre rouge : les uns sans glaçure, les autres recouverts d'un lustre rouge très-éclatant et très-luisant, avec des ornements en relief riches et élégants, représentant divers sujets, notamment des chasses. Tous ces vases portent le nom imprimé en creux du Potier qui les a faits, dont l'auteur cite un grand nombre.

[1] Sous le titre de *Bulletin des fouilles faites par ordre du Roi*, etc. Paris, in-8°, 1774; par M. Grignon, correspondant des Académies royales des Inscriptions et Belles-Lettres et des Sciences.— Plusieurs de ces Poteries ont été figurées sous la direction de M. de Tersan, dans l'ouvrage de M. Grivaud de la Vincelle, intitulé : *Arts et Métiers des anciens*.

Ce sont bien là tous les caractères de la Poterie romaine de la première série. D'ailleurs j'ai vu un grand nombre d'échantillons de cette Poterie rouge qui ne peuvent me laisser aucun doute sur leur nature. Ils font partie du Musée Céramique de Sèvres, et viennent du cabinet de M. l'abbé de Tersan, qui a fait la découverte de cette ville romaine.

Mais outre ces Poteries qui me semblent fort bien caractérisées, Grignon dit qu'on a trouvé aussi dans ces fouilles une espèce de Poterie de terre d'un blanc lavé de jaune avec un vernis de plomb. C'étaient deux fragments d'assiette et d'une espèce d'aiguière. Puis une autre Poterie d'une terre grise, rougeâtre, très-dure, ressemblant à du grès, et ayant donné des vases très-épais et d'une grande dimension analogues aux jarres ou amphores.

D'autres pièces, de la forme de nos plats et de nos assiettes, qui étaient recouvertes d'un vernis brun ou noir, et enfin des vaisseaux très-matériels en terre noire.

Quant à ces descriptions et à celle des fours et des autres Poteries, je suis obligé de me renfermer strictement dans les expressions de l'auteur qui n'ayant sur ces matières aucune des connaissances et des idées que nous avons acquises depuis cette époque, n'a pu penser à chercher si ce qu'il nomme *vernis de plomb*, *vernis brun*, *vernis noir*, etc., étaient bien ces glaçures si diverses et par leur nature et par l'époque où on les a employées pour la première fois, auxquelles nous appliquons à présent ces noms bien définis.

Il s'agit maintenant de savoir à quelle époque cette ville a été détruite, si après les anciens Potiers romains il n'est pas venu s'établir sur ses ruines, et même à diverses reprises, des Potiers du Xe et du XIIe siècle sachant faire la Poterie vernissée, ou même si ces fragments de Poterie n'ont pas été amenés au milieu de ces ruines par des événements postérieurs à la destruction de l'ancienne ville romaine. J'ai donc cité le Châtelet, non comme une preuve de l'existence de la Poterie vernissée à l'époque romaine, non comme un objet de discussion archéologique, mais uniquement comme une immense et fort remarquable réunion de Poteries, principalement romaines, de la première sorte de variété. Ce que je dois rappeler, c'est que la grande fabrication des Poteries romaines de cette première sorte est du 4e siècle, qu'on regarde les ruines du Châtelet comme de l'époque de l'invasion d'Attila au ve siècle, et que l'emploi de vernis plombifère ne peut guère remonter qu'au 10e siècle.

Seine. — Paris. — On a recueilli dans les fouilles faites pour l'arrangement du jardin du Luxembourg en 1801, un grand nombre de vases, d'urnes, de pièces de Poteries rouges, grises et noires qui ont été publiées par Grivaut de la Vincelle.

La réunion de ces diverses sortes est un indice, si ce n'est une preuve, que ces Poteries ont été fabriquées à peu près dans le même temps.

A la butte dite montagne Sainte-Geneviève, lorsqu'en 1757 on fouilla pour la construction du Panthéon, on trouva les traces d'une manufacture de ces Poteries, des fours, des puits d'où l'on avait extrait de l'argile et de nombreux débris de Poteries rouges et grisâtres avec glaçure noire. Tout récemment encore des fouilles ont fait découvrir de nouveaux débris de cette Poterie. J'ai parlé plus haut des pièces en pâte rougeâtre recouvertes d'un enduit noir poli.

Dans une excavation faite en 1829, près de Saint-Pierre-aux-Bœufs, en la Cité, on trouva un amas de débris de ces Poteries de même sorte, entre autres le bord d'une coupe d'une grande délicatesse de travail.

Anières. — En excavant le terrain, non loin du bord de la Seine, à Anières, on découvrit, couchés dans le sable, un assez grand nombre de squelettes humains à côté desquels étaient rangées des espèces de bouteilles de terre cuite de différentes couleurs et des coupes en terre rouge sigillées (1). Les caractères romains observés sur quelques fibules et autres ornements métalliques, trouvés avec ces Poteries, pouvaient être rapportés, dit Dulaure, au IVe siècle.

Oise. — Compiègne. — Au mont Ganelon ou de Clairoy, près Compiègne, on rencontre souvent des débris de tuiles à rebords et des Poteries fines rougeâtres, avec ou sans reliefs.

(1) C'est le nom qu'on donne en général aux Poteries romaines rouges, à cause des figures et ornements qu'elles portent en relief.

Bratuspance. — Près de Breteuil, sept lieues au nord de Beauvais, sur l'emplacement présumé du *Bratuspentium* des anciens, on trouva avec les nombreux débris de Poteries rouges à relief dont Caylus a fait figurer plusieurs échantillons, des vases en terre commune, de forme élégante; c'est sur les débris de ces vases que Cambry, dans sa description du département de l'Oise, établit la grande ressemblance qu'il leur trouve avec ceux qui se font actuellement dans le voisinage, à Saveignies, à La Chapelle-aux-Pots, etc. Je doute que ces dernières pièces soient du même temps que les premières, et comme elles de fabrication romaine.

Normandie.— A **Limeray** et à Cot-Côte, près Dieppe, on a découvert des Poteries très-bien conservées de la seconde sorte. Ce sont des vases ovoïdes à collet, de 3 décimètres de haut, des aiguières ventrues de 15 centimètres de haut sur 11 de diamètre, en pâte fine, gris cendré, très-faiblement cuite, et enfin une urne, figurée Pl. XXV, *fig.* 19, en même pâte et très-remarquable par les cinq dépressions qu'elle présente et qui étaient destinées à recevoir cinq petites urnes.

M. Feret, bibliothécaire de la bibliothèque communale de Dieppe, a trouvé lui-même ces petites urnes appliquées contre la grande. Il rapporte ces Poteries romaines au temps des Antonin, c'est-à-dire au IIe siècle de l'ère chrétienne.

Dans les ruines romaines de *Maulevrier*, près Caudebec et de la forêt de Brotome, non loin de cette même ville, on a trouvé des Poteries à pâte rouge lustrée avec ou sans reliefs et des Poteries noires mattes, paraissant provenir d'urnes cinéraires et de vases domestiques. Les médailles impériales qui accompagnaient ces débris dans la forêt de Brotome sont du règne de Gallien, c'est-à-dire du milieu du IIIe siècle, et à Maulevrier, de celui de Constantin, ou du commencement du IVe siècle. On ne mentionne d'ailleurs aucun débris de Poterie vernissée.

Sarthe.— On a trouvé au Mans, en 1809, en faisant la fondation du pont sur la Sarthe, plus de 2,000 pièces de Poteries romaines rouges de la première série de variété, ensevelies sous 3 à 4 mètres de sol d'atterrissement, toutes ornées diversement, la plupart avec les noms des fabricants ou des ouvriers, précédés de l'abréviation of., qui veut dire *officina Severi*, *Bassi*, *Coci*, *Crassi*, etc. Ce sont tous des vaisseaux d'usage domestique. Tous étaient brisés, à l'exception d'une sorte de jatte assez riche d'ornements et portant le nom de *Tertiolus*. On a trouvé aussi des briques vitrifiées à leur surface, ce qui indique un four [1].

Loiret. — **Orléans**. — Le cimetière de cette ville est un des gîtes les plus remarquables et les plus instructifs; il a été découvert récemment et décrit par M. Jollois, ingénieur des ponts-et-chaussées. Les puits d'exploitation d'argile mis à découvert font présumer que ce lieu fut l'emplacement d'une manufacture, quoique aucune trace de four ne soit venue confirmer cette supposition. Les débris, et surtout des vases trouvés entiers, appartiennent, pour la majeure partie, à la série des Poteries rouges, dites sigillées, du plus beau style et du lustre le plus éclatant. Nous en avons fait figurer un échantillon, Pl. XXX, *fig*. 15. Il s'en est aussi trouvé quelques-uns avec le lustre noir de la seconde sorte. Le reste se composait de Poteries plus ou moins communes, à pâte grisâtre, jaunâtre ou rougeâtre, appartenant à la troisième et à la quatrième sorte.

Pas-de-Calais. — **A Brequeruque**, faubourg de Boulogne-sur-Mer, on trouva, en 1827, des tombeaux romains qui renfermaient des restes de Poteries rouges à reliefs, d'un très-beau vernis, circonstance de position assez remarquable par sa rareté.

Somme. — Les déblais d'une habitation romaine à **Noyelles-sur-Mer**, produisirent des débris très-variés de ces Poteries, tant à pâte rouge, qu'à pâte noirâtre, grisâtre et jaunâtre; un fragment de cette dernière série est assez fortement cuit pour ressembler aux grès communs des fabriques actuelles aux environs de Beauvais. Le Musée de Sèvres possède un petit fragment de Poterie rouge trouvé dans la Somme, à Abbeville, en 1835, dont les ornements ont cela de particulier qu'ils sont gravés en creux, circonstance d'ornementation assez rare.

Cher. — Les travaux du canal de Bourges ont fourni des

[1] DAUDIN et de CAUMONT, *Arts Céram. chez les Anciens*, 1 cah. in-4° de 33 pages avec figures, 1829.

débris de Poteries rouges à reliefs, des fragments d'amphores, etc.

A Souaire, près cette ville, des travaux de défrichements, entrepris par M. Deseglise, propriétaire, ont amené la découverte de nombreux débris de Poteries romaines de diverses sortes; principalement de celles de la troisième série, à pâte gris noirâtre plus ou moins foncée et micacée, ayant appartenu, pour la plupart, à des urnes. J'ai déjà cité deux de ces pièces, et parlé des circonstances particulières de leur fabrication.

Vosges. — On trouve aussi à Esclas, au nord et non loin de Darney, arrondissement de Mirecourt (Vosges), village qui offre de nombreux restes d'antiquités romaines, des débris de Poteries rouges à reliefs et de quelques autres séries plus communes; M. Jollois leur a consacré la Pl. XVI de sa description des antiquités du cimetière d'Orléans.

Haute-Vienne. — On a trouvé pareillement à **Limoges** de nombreux débris de ces Poteries rouges qu'on nomme sigillées; deux coupes dont l'une a été tirée du fond d'un puits, ont été figurées par Tripon dans son histoire de l'ancienne province du Limousin; ceux qui ont été recueillis dans les provinces limitrophes à **Poitiers** et à **Saumur** présentent absolument tous les caractères d'art et de fabrication de cette première série.

Gironde. — La quantité et la variété de vases et de débris recueillis à Bordeaux ainsi que dans l'ancien cimetière de cette ville appelé **terre nègre,** présentent dans leur ensemble des exemples de tous les procédés de fabrication et d'art pratiqués par les Potiers de cette antique époque; pâte rouge fine, à lustre transparent, à lustre noir du plus bel éclat; pâtes grises, noirâtres, blanchâtres, jaunâtres, rougeâtres [1].

Puy-de-Dôme. — A l'ouest de Thiers, près la petite ville de Lezoux. M. de Beaumesnil fit, en 1780, la découverte d'une manufacture de Poterie romaine rouge et d'un four de forme elliptique; ses explorations postérieures ont établi à n'en pas douter que cet établissement fut un des plus vastes que les

[1] Les fig. 5, 14, 17 de la Pl. VIII et la Pl. IX, fig. 7, 18 du *Catalogue du Musée Céramique*, représentent des vases et des fragments qui en proviennent. Consulter sur cette localité le Mémoire que M. Jouannet de Bordeaux a publié à leur sujet (*Antiques sépult. de la Gironde, rec. acad. de Bordeaux*, 1831).

Romains aient fondé dans les Gaules; le Musée de Sèvres doit à M. le chevalier de Saint-Thomas, quelques fragments de ces Poteries et celui du moule Pl. IX, *fig.* 1, ainsi que plusieurs cachets et molettes qui servaient à faire des empreintes dans ces moules, *fig.* 8 et 13.

Gergovia. — A deux lieues de Clermont, sur l'emplacement de l'antique Gergovia, on trouve abondamment et depuis long-temps de ces débris de Poteries.

Rhône. — Les fragments de Poteries que l'on a trouvés à **Lyon**, et à **Vienne** en Dauphiné, ont été très-souvent décrits ou mentionnés; on a extrait, en 1804, des fouilles faites par les ordres de M. Ladoucette et renouvelées depuis, en 1836, à **Labathie-Mont-Saléon**, près d'Aspres (Hautes-Alpes), que l'on croit être l'emplacement de l'ancien **Mont-Seleucus**, les quatorze grandes amphores dont j'ai parlé page 408.

Gard. — On connaît la prodigieuse quantité de débris de Poteries romaines que l'on rencontre à Nîmes, dont les manufactures approvisionnaient, selon Caylus, une partie des Gaules.

Lot-et-Garonne. — Au domaine de Lamarque, près d'Agen, des fragments de Poteries rouges, à lustre rouge et noir, mais d'un polissage inégal et d'un façonnage grossier.

Italie. — Il est assez remarquable que ce soit l'Italie quinous fournisse le plus petit nombre d'exemples de Poterie romaine antique. Je ne puis citer que Rome où se trouve cet amas immense de débris de Poteries (1) qui a formé une petite butte nommée le *monte Testaceo*, butte remarquable en outre par la fraîcheur qu'elle répand et qui l'a rendue propre à y établir de très-bonnes caves.

C'est à la porosité de cette Poterie et de la masse caverneuse que forment ces débris qu'on doit ce vent frais signalé par Desaussure. Ces débris viennent presque tous d'amphores.

On a trouvé à **Arezzo** de vraie Poterie rouge. L'exemple du

(1) J'ai dit, p. 435, que ces débris avaient presque tous appartenu à de grandes amphores. Les portions de col avec leurs anses, dont M. Descloizeaux a enrichi tout nouvellement le Musée Céramique de Sèvres, confirment pleinement ce que M. Le Normant m'en avait déjà dit.

moule que j'ai déjà cité, et qui a été rapporté par moi, et la collection du chevalier Bacci, à Arezzo, qui en renferme un assez grand nombre, indiquent suffisamment qu'il y avait une grande fabrication de ces Poteries dans les environs de cette ville.

Pesaro. — Les nombreux débris de tuiles à rebord, d'amphores et de Jarres que l'on trouve dans les excavations du territoire de Pesaro, ville de l'État romain, sont le témoignage, dit Passeri, § 3, que ce lieu fut anciennement le centre d'une grande fabrication de Poteries, d'autant mieux que le nombre et la vaste dimension de ces vases doivent faire croire qu'ils n'étaient pas apportés de loin. On y a aussi trouvé des débris de Poteries fines lustrées, à pâte rougeâtre et rosâtre, faites dans une telle perfection qu'elles peuvent être comparées à celles de *Samos* (1). Il s'en est aussi trouvé de vernissées en noir du plus bel éclat. La plastique y fut aussi pratiquée. Enfin, on a découvert, dans la propriété du docteur Giorgi, un atelier qui, par la manière dont les vases, les urnes, etc., étaient entourés de terre, devait être celui d'un Potier.

On cite des Poteries romaines trouvées dans les ruines d'Herculanum et de Pompéïa.

Voici à peu près ce que dit d'Hancarville (2) à ce sujet.

« Dans les excavations faites à Herculanum, à Pompéïa et à » Stabbia, parmi un très-grand nombre de *vases d'une terre* » *fort commune, il s'en est trouvé quelques-uns d'une* » *extrême délicatesse, mais on n'y a pas découvert un seul* » *vase peint.* Etonné d'un fait qui m'avait paru presque in- » croyable, *j'ai très-souvent examiné les fouilles faites dans* » *tous ces endroits; j'y ai reconnu, à la vérité, une très-* » *grande quantité de fragments de* VASES VERNISSÉS EN NOIR, » mais pas un seul qui indiquât quelque peinture, ce qui fait voir » clairement que dans le temps où ces villes ont été renversées, » c'est-à-dire dans celui de la mort de Pline, *les vases à vernis* » *noir qu'on faisait en Italie y étaient très-communs.* »

(1) De là le nom de Poterie Samienne, que les antiquaires anglais donnent aux Poteries romaines de ce genre, qu'on trouve en Angleterre.

(2) T. II, p. 93.

Enfin tout le monde connaît les amphores renfermant encore l'extrait desséché du vin qu'elles contenaient, trouvées dans les caves de la maison de Diomède à Pompeïa.

Angleterre. — Après la France, c'est en Angleterre qu'on a trouvé le plus de débris de Poteries romaines appartenant aux divers groupes de variétés que j'ai indiqués plus haut.

Cependant je crois qu'on peut admettre qu'en France ce sont les fabriques de lustre du premier groupe ou de Poteries rouges lustrées qui sont dominantes, et qu'en Angleterre ce sont plutôt les grises de la troisième sorte c'est-à-dire sans aucun lustre, qui sont les plus abondantes. En outre on remarque dans les planches publiées par les antiquaires anglais, et dont je ne puis extraire que quelques figures, que ces urnes ont un caractère tout particulier de forme et d'ornementation tel qu'il serait assez difficile, sans les circonstances accompagnantes, même de présumer que ces Poteries soient plutôt romaines que germaines ou saxonnes; or, je me permets de dire qu'il serait très-possible qu'on trouvât dans les mêmes lieux et dans les mêmes tombeaux des Poteries faites par ces Potiers de nations différentes, et continuant de suivre en Angleterre le procédé de fabrication de leur maître.

J'établis ces relations sur la ressemblance, je puis dire complète, des Poteries de caractère germain trouvées dans les provinces rhénanes et en Angleterre. Je les citerai à mesure des descriptions très-succinctes que je vais donner de plusieurs localités remarquables qui ont présenté des Poteries romaines évidentes, c'est-à-dire les rouges de la première sorte, et des poteries moins évidentes ou romaines de la troisième sorte ou peut-être saxo-romaines.

Londres et environs. — Dans Londres même ou plutôt sur les rives de la Tamise, près du nouveau pont de Londres, à Crooked-Lane, on a déterré un grand nombre d'objets d'antiquité parmi lesquels se sont trouvées des Poteries et des tuiles qui, la plupart, doivent être rapportées à la véritable fabrication romaine, car ce sont de ces Poteries à pâte rouge lustrée, avec des figures et des ornements en relief auxquels on a donné en Angleterre, le nom de Poteries samiennes. M. Alfred-John Kempe les a décrites et figurées dans le volume XXIV des Mémoires de la Société des Antiquaires de Londres. Les figures de la Pl. XLIII de ce recueil, représentent un grand nombre de Poteries tellement semblables à tout ce que nous connaissons, qu'il m'a paru inutile de les figurer de nouveau; mais je citerai particulièrement hors de la première sorte (Pl. XLIV, *fig.* 1) une amphore un peu différente par la forme de celle que présentent ordinairement les amphores du Continent. (Pl. XXIX, *fig.* 14.) Ces espèces de terrines à parois épaisses nommées mortiers, dont le fond rugueux avait pour but de rendre la trituration plus efficace; ils étaient peut-être employées à triturer du grain. Des marques de Potiers, des urnes de pâte noire (*fig.* 8 et 9) et bien d'autres objets de Poteries, de verre, de bronze, dont l'origine romaine n'est point du tout évidente.

Comté de Glocester. — M. S. Lysons a décrit et fait figurer [2] des urnes en terre brune, trouvées dans ce comté près Cirencester; elles étaient sphériques, Pl. LV, *fig.* 12, hautes d'environ 20 centimètres, larges de 8, et remplies à moitié d'os broyés; l'ornementation a beaucoup de ressemblance avec celle des urnes germaines. On a trouvé dans le même canton, près de Kingsholm, des urnes funéraires, également en terre brune, d'une tout autre forme; elle est analogue, par son galbe assez pur et grec, avec celle de l'urne qui est figurée M, Pl. VIII, du Musée Céramique de Sèvres.

Kent. — Dans le comté de Kent, près Southfleet, on a trouvé de grandes urnes ou plutôt des amphores, contenant des os brûlés et des débris de verre. Ces vases en Poterie rouge, circonstance rare dans ce genre de vases, avaient une grande épaisseur, ils étaient presque sphériques et pouvaient contenir environ quatre-vingt-dix litres (vingt gallons). La figure donnée dans le Recueil des Mémoires des Antiquaires de Londres [3],

(1) *Mém. de la Soc. des Antiq. de Londres*, vol. XXIV, p. 190 et suivantes, Pl. XLIII, XLIV et XLV.

(2) *Mém. de la Soc. des Antiq. de Londres*, vol. X, p. 131, Pl. IX, *fig.* 2.

(3) Vol. XIV, p. 37, Pl. VI, *fig.* 1; par RASHLEIGH.

représente, moins le col qui est brisé, une amphore absolument semblable à celle qui est représentée Musée céramique, M, Pl. IV, *fig*. 8.

Norfolk. — M. Gibson a fait connaître [1] des urnes découvertes à Colney, canton de Norfolk, d'une forme et d'une décoration assez particulières pour que j'aie cru devoir les reproduire Pl. LVII, *fig*. 14. Ces urnes sont en pâte grossière, noirâtre dans le milieu de son épaisseur, brun rougeâtre à sa surface, mais de couleur plus foncée à l'extérieur du vase que dans son intérieur; la surface extérieure était polie. Elles renfermaient des os, des cendres et du charbon. Leur hauteur est de 38 centimètres, leur diamètre à la panse est de 32 centimètres.

Northamptonshire. — Un des lieux les plus remarquables, que j'ai déjà cité pour les fours romains qu'il présente dans un état encore très-reconnaissable, ce sont les environs de la ville ou village de Castor. On n'y a trouvé que de la Poterie rouge lustrée; mais aucun vestige de cazettes pour la cuire, remarque que fait M. Artis, et qui est une conséquence de l'inutilité de ces enveloppes pour des Poteries qui, n'ayant pas de vernis, peuvent être placées les unes sur les autres sans se coller [2].

A Castor, paroisse de Merkeshall, près de Norwich et d'un camp romain, on a découvert un assez grand nombre de vases d'une forme analogue à celle des vases germains, représentés Pl. XXV, *fig*. 1 et 3, et Pl. XXVII, *fig*. 3 et 5, mais avec un mode de décoration assez différent de ceux que j'ai vus sur les urnes de ce pays (Voir Pl. LVII, *fig*. 11). Leurs dimensions sont en hauteur de 16 ou 24 centimètres, et en diamètre de 12 à 16 centimètres [3].

Ils appartiennent à la troisième série de variété, étant d'une pâte noirâtre et d'une assez grande solidité. C'étaient bien des urnes cinéraires renfermant des os calcinés.

Dans le **Wiltshire**, mais dans une position assez différente des autres, puisque c'était dans trois tumulus nommés Corton, Boyton et Harring, situés sur la colline de Barrowhill, à environ 1 mille anglais de la rivière Wily : M. W. Cunnington a trouvé

(1) *Soc. des Antiq. de Londres*, vol. XIV, p. 1.

(2) SHAW, *Potery*, 1838, p. 390, note.

(3) *Soc. des Antiq. de Londres*, vol. XVIII, p. 456, Pl. XXVIII, *fig*. 1 et 2.

et décrit [1] des urnes si semblables à celles des Germains que malgré leur richesse, je n'ai pas cru utile d'en donner la figure; la figure 6 de la planche x du Musée céramique la représente exactement pour la forme et à peu près pour le système d'ornementation. M. Cunnington reporte les tumulus et les Poteries qu'ils renfermaient aux IIe ou IIIe siècles de l'ère chrétienne et paraît les regarder plutôt comme bretonnes que comme romaines; cependant, la plus grande des coupes trouvées avec les urnes, est en Poterie rouge semblable à la Poterie romaine de cette variété; elle est moins cuite que cette Poterie.

Les ornements très-riches sont faits à la main; mais des Poteries analogues par la nature de la pâte, un peu par le système de forme et d'ornementation, renfermant des ossements, ont été rapportées par M. Pownall et le docteur Gordon, à la fabrication romaine [2]. Les figures données par ces antiquaires, établissent une grande ressemblance entre les urnes considérées comme romaines et celles qui sont représentées d'après les antiquaires allemands venant des tumulus germaniques et que j'ai reproduites Musée céramique, M, Pl. VIII, et Pl. XXVII de ce Traité, *fig.* 1, 6. C'est aux antiquaires à éclaircir ces questions archéologiques, j'ai tâché de leur prêter tous les secours que l'art céramique pouvait leur fournir.

Yorkshire. — C'est à Newton, très-près de Leeds, à l'embouchure même de la Tamise, derrière les sables de Margate, dans le lieu appelé canal de la Reine, qu'ont été trouvés une ancienne fabrique de Poterie romaine et un assez grand nombre de vases qu'on dit grossiers et communs, portant inscrit le nom d'ATTILIANUS, nom romain qui ne laisse aucun doute sur l'origine de ces Poteries. Des recherches ont fait connaître qu'environ 200 ans avant la conquête de la Grande-Bretagne par Jules César, il existait sur une île, dont il ne reste plus que le banc de sable de Margate, une fabrique de Poteries possédée par Attilianus [3].

(1) *Soc. des Antiq. de Londres,* vol. XV, p. 343, Pl. XVII, *fig.* 1.

(2) *Soc. des Antiq. de Londres,* vol. X, p. 345, Pl. XXXIII, *fig.* 7, 9 et 10.

(3) *Trans. Phil.*, vol. XIV, p. 319. — Dans SHAW, *Hist. of the Staffordsh. Poteries*, p. 95.

Allemagne. — C'est ici que se présente la plus grande difficulté pour distinguer les Poteries et urnes germaines des Poteries et urnes de fabrication romaine.

Il n'y a presque plus de fabrique authentique de fours, de grands dépôts de cette Poterie rouge si caractéristique des fabrications romaines, il faut pour arriver à cette détermination le secours de la céramique, de l'art et de l'archéologie.

La céramique nous en donne peu, les urnes germaines s'approchant beaucoup par la nature et la couleur de leur pâte de quelques urnes romaines; l'art en donne davantage, car, quand il y a des ornements sur les urnes ou sur les vases, ils présentent un système et un style très-différents suivant les origines des Poteries; dans les Germains, comme on le verra plus bas, ce sont toujours des linéaments ou quelques saillies sans aucune coloration.

Dans les Romains ce sont bien quelquefois aussi des linéaments, mais plus ordinairement ce sont des zones, des touches, des feuillages rougeâtres, comme je l'ai déjà dit plus haut.

Cependant, à l'aide de ces caractères céramiques, à l'aide des associations d'instruments, d'armes, de médailles, moyens que ces objets fournissent aux archéologues et aux historiens pour établir les siècles et les peuples, on arrive à reconnaître, sinon sûrement, du moins avec beaucoup de probabilité, à quel temps et à quel peuple peuvent appartenir les Poteries, toujours en fragments, qu'on trouve éparses dans la croûte superficielle de la terre.

C'est surtout dans les provinces Rhénanes de la France et de l'Allemagne que se rencontre, comme je l'ai déjà annoncé, le plus de débris de Poteries romaines des quatre séries de variétés; j'ai déjà cité ces lieux, Rheinzabern près Strasbourg, Heilengenberg, etc., pour les restes de fours romains qu'on y a découverts et par conséquent pour les Poteries romaines qui les accompagnaient.

M. Schweighœuser, que j'ai été dans l'heureuse et honorable position de citer souvent, a décrit ou plutôt figuré (car je ne sache pas que le texte ait encore paru) en quatorze planches in-4°

qu'il m'a envoyées en 1833, un grand nombre de parties de vases de la Poterie romaine de la première série, qui présentaient la réunion de presque tous les genres d'ornements qui caractérisent cette première série. Quoique je ne croie pas que cette collection de planches ait été mise dans le commerce, je n'en figure aucune partie, car ce serait répéter les ornements, attributs, figures d'hommes, d'animaux et de végétaux, dont les planches du Musée céramique et celles de ce traité donnent une idée suffisante pour caractériser cette série.

Coblentz. — Les environs de Coblentz ont fourni depuis peu un assez grand nombre de Poteries à pâte tendre et sans glaçure; mais la position de cette ville, lieu de passage si général, réunion d'ouvriers de pays si différents, a dû produire un mélange difficile à débrouiller des produits céramiques de fabrication et de fabricants très-différents. On a nié (le docteur Klein) qu'il y eût rien de romain dans cette ville, mais des Poteries présentant les caractères qu'on peut attribuer aux quatre séries de Poteries romaines fournissent à M. Aug. Wilhelm de *Kloster Rosleben*, avec d'autres objets qu'il regarde également comme romains, des preuves pour établir le séjour des ouvriers de cette nation dans cette ville. Ce sont plusieurs formes de plats ou d'écuelles, de bouteilles, en pâte fine, grisâtre, jaunâtre et rougeâtre, bien cuits et décorés quelquefois de ces caissons qui sont un des ornements caractéristiques de la Poterie romaine de la première série [1]. Des urnes à pâte brun-rouge, avec un lustre noirâtre, de la seconde série, renfermant des os à moitié calcinés; enfin des pots en pâte blanc-jaunâtre sale, assez perméable, avec des zones de couleur rouge brique mat, semblables à celui qui est figuré Musée céramique, M, Pl. VIII, *fig.* 1, qui vient de Rhindorff.

Dans les provinces de la Hesse-Rhénane, M. le docteur Jos. Émile, en décrivant, dans une dissertation qui a paru à Mayence en 1825, les Poteries romaines de cette province, distingue très-bien trois qualités de Poteries provenant toutes trois de Potiers

(1) Aug. Wilhelm, de *Kloster Rosleben*, dans Kruse *Deutsche alterthumer*, t. III, 3e partie, 1829, p. 11, Pl. 1, *fig.* A à L.

romains. La rouge, lustrée dure, qu'il appelle, à la manière des Allemands, terre sigillée. Une autre, à pâte brun rougeâtre, moins fine que la précédente, à lustre brun-rouge foncé, c'est notre seconde variété; enfin la troisième sorte, à pâte grossière, blanc sale, matte, couleur extérieure rouge-briqueté, tendre et très-altérable, c'est ma quatrième variété très-commune aux environs de Bonn, et dont j'ai donné des exemples (1).

Les terres dont ces Poteries sont faites se trouvent, dit le docteur Émile, dans le pays même, c'est-à-dire aux environs de Saarbruck, de Weisenau, de Kastel. On a reconnu dans ces lieux d'anciens ateliers de ces Poteries.

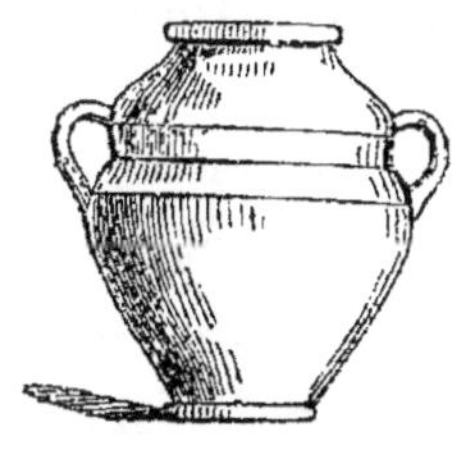

N° 17.

Ratisbonne. — Je ne citerai plus qu'un exemple de cette fabrication romaine trouvé en Allemagne; c'est le vase de la forme singulière figurée sur cette page, n° 17, qui a été trouvé dans la ville de Ratisbonne avec deux autres semblables, mais plus grands. Celui-ci a 20 centimètres de diamètre sur 24 de hauteur. Je l'ai vu dans le cabinet historique de Ratisbonne, où il est placé comme vase romain. Sa pâte est rougeâtre, très-cuite; il est sonore, et a été fait avec soin sur le tour.

Espagne. — En recherchant dans ce royaume des antiquités céramiques, on n'en trouve de remarquables, et encore en bien petit nombre en comparaison de la quantité qu'on en fabriquait du temps des anciens Romains, que dans deux localités : aux environs de Murviedro (l'ancienne Sagonte) et de Tarragone.

Les Poteries de Sagonte nous ont été signalées par Pline (2), qui semble les placer au troisième rang des meilleures Poteries de fabrication romaine; puis rappelées par tous les historiens, qui ont porté le nombre des Potiers de cette ville et de ses environs jusqu'à douze cents; mais aucun n'en a donné une

(1) *Musée céramique*, M, Pl. VIII, *fig.* 10.

(2) Livre XXXV, chap. XII, *ad finem.*

description suffisante pour qu'on puisse en tirer des caractères précis. M. Alexandre de Laborde a inséré, dans son *Voyage*, quelques notes à ce sujet, mais entièrement sous le rapport historique... Comme je n'ai vu qu'un très-petit nombre d'échantillons des Poteries sagontines, j'extrairai, avant d'arriver à la détermination de ces échantillons, de l'ouvrage de M. de Laborde quelques passages (¹).

« Les vases de terre fabriqués à Sagonte par les Potiers » romains étaient encore plus célèbres que ceux de Tarragone. » Cette fabrication remontait aux siècles les plus reculés. Plusieurs » de ces vases sont marqués d'inscriptions celtibériennes et de » bas-reliefs semblables à ceux des médailles inconnues. La plu- » part ont conservé le nom des familles romaines de » Sagonte. »

Les Romains y fabriquèrent plusieurs des sortes de Poteries que j'ai distinguées plus haut, mais surtout la mieux caractérisée, celle dont l'origine romaine est partout signalée par la ressemblance complète (ce qui est toujours pour moi un sujet d'étonnement) de la pâte, de la glaçure et des décorations en relief.

M. de Laborde admire le vernis brillant, mais il en exagère et l'éclat et l'épaisseur, comme toutes les personnes qui n'ont point étudié ces matières.

Je n'ai pu acquérir une juste idée de ces Poteries que du moment où M. Th. Pichon, consul de France à Barcelone, en a pu recueillir quelques débris dans les environs de Murviedro, sur le sol même de l'ancienne Sagonte, mais ils étaient bien suffisants pour établir leur identité si complète avec les autres Poteries romaines rouges que je viens d'énumérer, que si je ne le tenais d'une personne que je connais aussi bien que M. Pichon, je pourrais douter que ces échantillons ne vinssent, ou de France, ou d'Angleterre.

Ils sont de deux sortes : les uns appartiennent à la Poterie rouge décrite p. 432, et figurée Pl. XXX; un seul présente des ornements en relief : ce sont des portions de rosace et de

(¹) *Voyage pittoresque en Espagne*, in-fol., 1806, t. Ier, p. 89.

rinceaux qui appartiennent au style d'ornementation de ces Poteries. Les décrire avec plus de détails ce serait répéter mot pour mot le passage que je viens de citer.

Les autres appartiennent à la pâte plus grossière indiquée par M. de Laborde : elle est néanmoins rouge, mais d'un rouge qui paraît moins vif, parce qu'étant privée du lustrage, ce lustre mince n'en a pas avivé la couleur comme dans les échantillons précédents; d'ailleurs c'est bien la même pâte, même couleur, même dureté, même façonnage. Les échantillons que le Musée céramique de Sèvres possède, sont des bords à bourrelets arrondis de jarres, de cuviers, ou d'amphores de très-grandes dimensions, à juger par la faible courbure de ces fragments; le bourrelet du plus volumineux a 5 cent. de hauteur sur 4 cent. 6 mill. d'épaisseur. Il porte d'une manière très-distincte le cachet du fabricant. Le corps de ce cuvier avait 1 cent. d'épaisseur. Un autre débris de ce même lieu est d'un rouge plus foncé et est encore plus dur; la pâte est remplie de points blancs de la grosseur de grains de millet, qui sont, non pas de calcaire spathique, comme dans les cuviers d'Aspres, etc., mais de quarz blanc. Le vase d'où vient ce petit fragment avait 5 mill. d'épaisseur.

Italie. — **Poterie moderne**. — La Poterie de cet ordre a été fabriquée en Italie, d'abord concurremment avec la Poterie lustrée des Romains jusqu'à la fin du IIe ou IIIe siècle, époque à laquelle le procédé de cette glaçure paraît avoir été perdu. Elle dut alors avoir été continuée seule en Italie et dans toute l'Europe jusqu'au moment où l'on eut notion de la glaçure plombifère des Arabes au IXe ou Xe siècle, par conséquent pendant environ cinq à six cents ans.

Il ne paraît pas que cette notion introduisît encore les Poteries vernies au plomb; par conséquent les Poteries à pâte tendre et à surface matte, continuèrent à être fabriquées presque seules et partout, ou du moins rarement accompagnées de quelques Poteries vernissées, jusque vers le commencement du XIIe ou XIIIe siècle, époque où le vernis plombifère fut bien connu, d'abord en Italie, puis en peu de temps dans toute l'Europe.

Il ne nous reste rien de cette Poterie tendre, perméable,

destructible, qui ne pouvait être employée qu'à un petit nombre d'usages, et qui ne pouvait avoir, comme les Poteries très-destructibles d'autres peuples, son refuge habituel dans des tombeaux.

Je n'ai donc à examiner, et à indiquer plutôt qu'à faire réellement connaître, ce qu'on fabrique dans ce genre chez quelques peuples de langue italienne.

Sicile. — Les Poteries de Sicile qui appartiennent à cet ordre sont des plus grossières : leur pâte est brun-rouge, absorbante ; mais on remarque dans l'intérieur de quelques pièces un lustre mince, qui paraît être dû à un enduit très-mince de litharge.

Sardaigne. — Outre les Poteries vernissées, dont je dirai quelques mots en leur lieu, M. de Lamarmora nous a fait connaître, en sagace observateur et en géologue, des débris de Poteries antiques, tendres, mattes et façonnées sur le tour, qu'on a trouvées à un mille de Cagliari, à 45 mètres au-dessus du niveau de la mer, avec des coquilles terrestres calcinées, au-dessous de la terre végétale et immédiatement au-dessus des terrains tertiaires. Le Musée céramique en possède des échantillons.

France italienne. — **Corse.** — On trouve dans cette île italienne des Poteries tendres, mattes, de deux époques assez distantes l'une de l'autre et toutes deux fort remarquables par leur fabrication.

Les premières sont des urnes ou vases funéraires dont l'époque précise de fabrication n'est pas connue, mais ce sont tous des vases qui ont eu cette destination et d'une date certainement très-ancienne (1). J'en représente une moitié ci-contre n° 18.

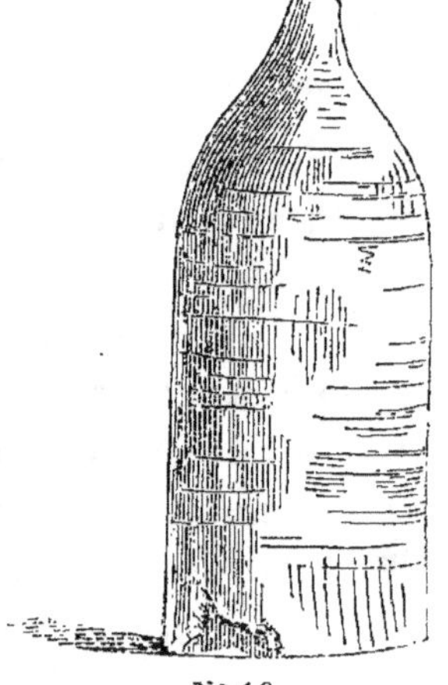

N° 18.

On les a trouvées sur la route de Sartenes à Propiano. Ces urnes ont cela de remarquable que quand on les trouve entières elles sont fermées de toutes parts sans qu'on puisse y apercevoir d'abord de trace de soudure. Chaque urne est composée de deux parties à peu près d'égale di-

(1) *Mus. céram.*, M, Pl. IV, *fig.* 10.

mension et s'emboîtant l'une dans l'autre, et si bien lutées qu'elles ont paru au premier et superficiel examen avoir été cuites avec le corps ou au moins avec les os qu'elles contiennent. Diodore de Sicile dit, en parlant des usages des habitants des îles Baléares, que ces peuples brisaient les cadavres avec des bâtons et les déposaient rendus flexibles par ce procédé dans une jarre de terre. (Note de M. Mérimée.) On voit le singulier rapport qui se trouve entre cette pratique et celle des anciens Brésiliens, que j'ai rapportée p. 411, et figurée Pl. XIX, *fig*. 6.

Une des Poteries du façonnage le plus imparfait que j'aie vues, façonnage qui est même inférieur à celui des peuples aborigènes de l'Amérique, des îles de la mer du Sud, etc., est celle que l'on fait encore actuellement en Corse, principalement à Monaccia et à Canaggio.

La pâte est grise, rougeâtre, noirâtre, selon le feu qu'elle a reçu, peu dure, mais elle offre assez de résistance au choc et aux changements de température : cela tient à un procédé tout particulier, unique même dans les arts céramiques ; c'est à l'introduction que font les Potiers de ces lieux, d'une certaine quantité d'amiante dans leur pâte argileuse, renfermant un peu de calcaire encore à l'état de carbonate.

Ces pièces sont façonnées à la main : elles sont minces ; ce sont des marmites à une anse, des pots à aller devant le feu. Les formes de la pièce et de son anse sont tout à fait irrégulières, gauches, bosselées.

Ce sont les femmes qui fabriquent et façonnent cette Poterie, et on assure qu'elles la font cuire dans le four où elles ont cuit leur pain.

Ces imperfections tiennent peut-être à l'introduction de l'amiante, matière filamenteuse et non plastique, qui s'oppose à un façonnage sur le tour pour les pièces rondes, ou dans des moules pour toutes les autres formes. (Voir Mus. cér. de Sèvres, M, Pl. XI, *fig*. 5 et 7.)

Grèce proprement dite.—*Poteries mattes antiques.* — Dans la Grèce antique, et dans toutes ses colonies, on a fait, peut-être dans les temps les plus anciens, et avant la connaissance du beau lustre grec, puis concurremment avec les vases ornés de ce lustre, des Poteries mattes en grand nombre, qui présentent les mêmes formes que les Poteries lustrées, mais qu'on ne peut pas regarder cependant comme étant toujours ces mêmes Poteries, auxquelles par des motifs quelconques on n'avait appliqué ni le lustre qui paraît rouge, ni le lustre noir; car la pâte de ces Poteries est souvent très-différente de celle des Poteries lustrées, et par la grosseur de son grain et par sa couleur d'un blanc sale; elles ne paraissent donc pas, la plupart, susceptibles de recevoir ni l'un ni l'autre lustre; cependant on rencontre assez fréquemment des pièces qui ne diffèrent des pièces lustrées ni par leur forme ni par leur couleur et la finesse de leur pâte.

Je rappellerai celles-ci en traitant de l'ensemble des Poteries lustrées, me bornant à parler ici des Poteries grecques à pâte tendre et surface matte, dont la pâte diffère de celle des Poteries lustrées.

Comme les formes et le façonnage sont à peu près les mêmes que dans les Poteries grecques lustrées, je m'étendrai très-peu sur ces Poteries mattes, qui appartiennent : les unes, aux plus anciens temps de la Grèce; les autres, aux mêmes temps que les Poteries lustrées, puisqu'elles se trouvent souvent ensemble.

On peut reconnaître dans ces Poteries mattes, grecques et antiques, trois Groupes.

Le premier Groupe à pâte grossière et grise, ayant à peu près, quelquefois exactement les mêmes formes que les Poteries lustrées; formes semblables ou analogues à celles qui sont représentées, Pl. XXXI, *fig.* 4, et Mus. cér., M, Pl. XIII, *fig.* 1, 3, 5, 6, 7 et 12; Pl. XXIV, *fig.* 6 et 11; Pl. XXV, *fig.* 1 et 4; Pl. XXVI, *fig.* 5, 6 et 13; Pl. XXVII, *fig.* 2, 3, 6, 7 et 8; Pl. XXVIII, *fig.* 1, 3, 8, 9, 12, 13 et 14.

Ces Poteries ne peuvent pas être regardées comme des pièces commencées et non finies, car leur pâte est différente de celle des Poteries fines lustrées; quoique entamable, elle est dure; plusieurs ont été enduites d'un engobe blanc de la même nature que celui dont j'ai donné l'analyse p. 421. Les vases faits avec ces pâtes paraissent avoir pu servir dans les usages domestiques, et même culinaires, telles sont les pièces dont le trait est ci-contre, tel est le petit poêlon à queue qui est figuré p. 287, n° 6; cependant quelque durs, quelque sonores qu'ils paraissent, tous ceux que j'ai essayés, notamment les vases des figures ci-contre, nos 19 à 25, qui m'avaient paru les plus denses, les plus imperméables, se sont laissé pénétrer par l'eau jusqu'à leur surface extérieure en douze à dix-huit heures.

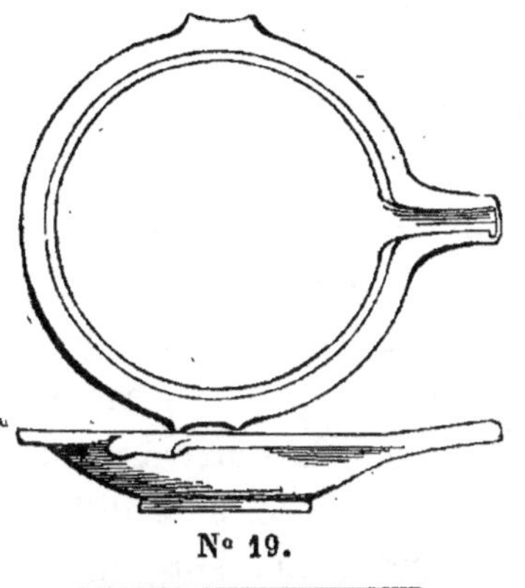

N° 19.

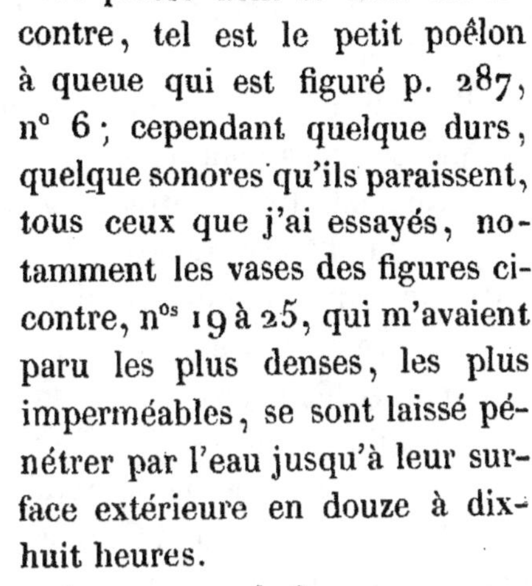

N° 20.

Le second Groupe renferme des Poteries d'un tout autre système de forme et de fabrication. (Voyez Mus. céram., M, Pl. XIII, *fig.* 1, 3, 6, 7 et 12, et ci-dessous nos 26, 27 et 28.)

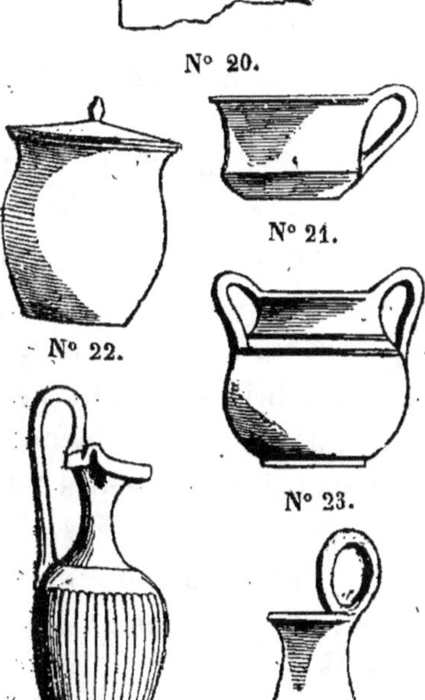

N° 21. N° 22. N° 23. N° 24. N° 25.

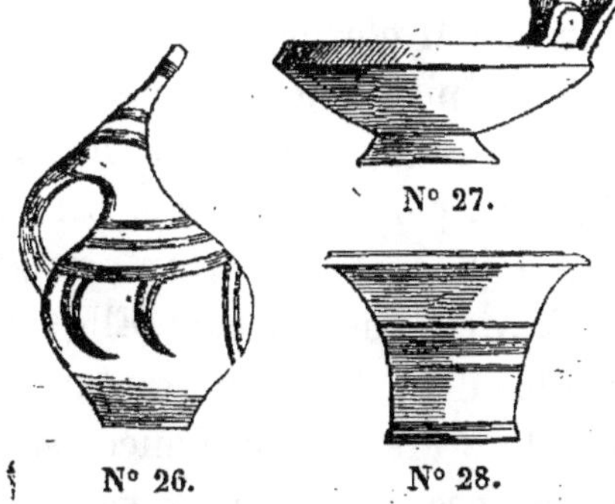

N° 26. N° 27. N° 28.

Elles ont été faites dans l'île de Milo; leur pâte est grisâtre, tirant sur le jaunâtre, fine, dure, assez sonore, imperméable; leurs formes se distinguent de toutes les autres Poteries grecques antiques par leur étrangeté. Les ornements bruns, quelquefois un peu rougeâtres, s'éloignent considérablement du style d'ornementation des Poteries italo-grecques, de celles de toutes les îles de l'archipel grec, et même de celles des colonies grecques d'Afrique et d'Asie; les figures citées en donnent la preuve. Les trois que j'ai essayées dans ce groupe, nos 26, 27 et 28, ont tenu l'eau, sans en être pénétrées, pendant trente-six heures.

Le troisième Groupe de Poteries grecques à surface matte ne renferme pour ainsi dire qu'une seule sorte de pièces, à pâte, forme, et ornementation toute particulière, si riches, si parfaites, si bien conservées, que s'il n'était pas arrivé plusieurs exemples de ces pièces de différents lieux, placées dans différents cabinets d'antiquités, je douterais de leur origine antique.

Le Musée céramique de Sèvres en possède six dont deux sont figurées Pl. XIII, *fig.* 8 et 9; j'en représente une Pl. LVII, *fig.* 15.

Leur pâte est fine, brunâtre ou rouge, d'une assez grande dureté, néanmoins rayable au couteau, imperméable.

Les pièces, dont la forme dominante est celle des figures citées, ont un façonnage très-délicat : elles sont minces et couvertes d'ornements en relief obtenus par un moulage fait d'après des modèles très-finis. Il n'y a aucune peinture, mais quelquefois un lustre noirâtre extérieur.

Des six pièces du Musée céramique, deux, l'une M, Pl. XIII, *fig.* 9, et l'autre, Pl. LVII, *fig.* 15, du Traité, ont été trouvées en 1828, par M. Garneray, dans des tombeaux de l'île de Milo. Elles sont à pâte noire un peu grisâtre. La troisième, M. cér., *fig.* 8, vient aussi de Milo. Elle est à pâte rougeâtre avec un lustre noirâtre d'un éclat de graphite, mais peu brillant. M. Gaspari, consul de France à la Canée, en 1828, de qui nous la tenons, dit que ces petites urnes se trouvent dans l'intérieur des tombeaux grecs, des grottes et cavernes de Milo. Les deux dernières, c'est-à-dire 4 et 5, viennent du cabinet Durand, où elles étaient inscrites sous les nos 1472 et 1473, et comme trouvées en Grèce. Leur pâte est rouge. Les formes sont pures, les ornements du même style que ceux des précédentes, quoique les détails en soient différents; le n° 1473, très-bien façonné sur le tour dans toutes ses parties nues, est enduit extérieurement d'un assez beau lustre noir.

La sixième pièce, beaucoup plus grande que les autres, d'une tout autre forme (voir ci-contre nos 29 et 30), est en pâte rouge, fine, dure, sonore; elle est très-mince et son culot est couvert des ornements figurés n° 30. Elle vient aussi du cabinet Durand, et y portait le n° 1436. Sa parfaite conservation, sa couleur vive et non altérée, sa propreté pourraient faire croire qu'elle est une de ces pièces que l'on fabrique dans tous les lieux célèbres par leur antiquité, pour tromper les amateurs empressés et crédules.

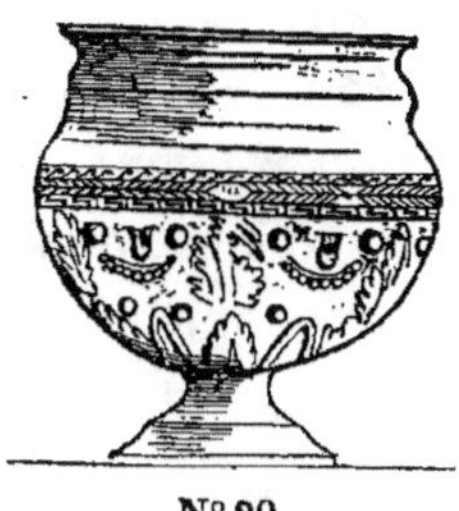

N° 29.

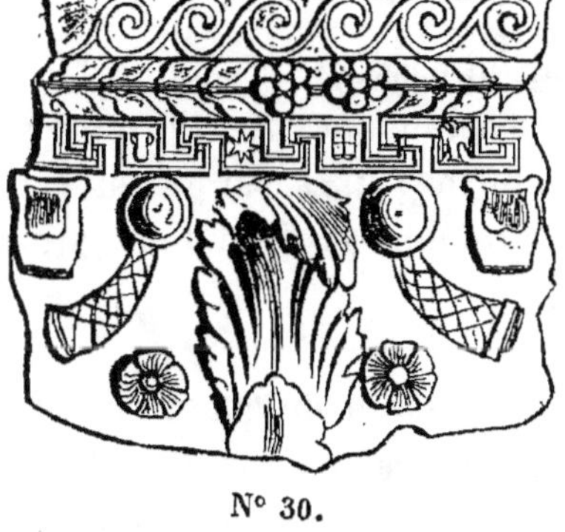

N° 30.

Quoi qu'il en soit, les trois premières pièces ne peuvent me laisser douter que ces urnes ne soient de fabrication antique. Mais je ne puis admettre qu'elles soient de fabrication grecque, quoique trouvées dans des pays et tombeaux grecs. Pas plus que les Poteries romaines trouvées en France, en Allemagne, en Angleterre ne sont nécessairement de fabrique allemande, française ou anglaise.

En examinant la pâte rouge ou noire, fine, dure, bien façonnée sur le tour, bien moulée; en étudiant les ornements qui, malgré qu'ils soient en relief, ne sont pas étrusques, qui, par cela même qu'ils sont en relief, ne sont pas grecs, on voit par tous leurs détails de feuilles recourbées, de feuilles en lances, de rosaces saillantes, de guirlandes, de frises, composées tantôt de postes, tantôt de grecques, tantôt de culots, on voit par la forme de la lyre répétée sur deux de ces pièces, par la réunion de tous ces ornements beaucoup plus dans le système des Poteries romaines de la première série que dans aucun autre système, soit étrusque, soit grec campanien, de l'Archipel ou des colonies, on voit, dis-je, que ces Poteries ne sont pas de fabrication grecque. Je les regarde donc comme appartenant à la fabrication romaine, et faites en Grèce par des Potiers romains avec leurs moules, leurs estampilles et leur pâte, soit rouge, soit noirâtre. Je ne réponds pas de l'authenticité originale du vase n° 1436.

Enfin les anciennes Poteries de fabrication romaine trouvées dans des tombeaux grecs, si bien faites, si solides, quelquefois d'un rouge si vif, quelquefois un peu lustrées surtout en noir, n'auront-elles pas été également faites à Samos, et ne serait-ce pas là l'origine du nom de Poterie-samienne, que les antiquaires anglais et de quelques pays donnent aux Poteries romaines rouges de ma première série?

Cette Poterie *greco-romaine* fait le passage très-naturel des Poteries grecques mattes aux Poteries romaines moitié mattes, moitié lustrées, et nous conduiront même, mais par ce seul rapport, aux Poteries grecques à lustre rouge avec fond ou peinture en lustre noir.

Poteries mattes modernes. — Je passe maintenant aux Poteries qu'on fait dans les temps modernes, c'est-à-dire depuis deux ou trois siècles, et encore actuellement dans presque tous les mêmes lieux où se fabriquaient autrefois les Poteries presque mattes antiques dont je viens de parler, et les Poteries lustrées dont je parlerai à leur ordre.

Dans les mêmes lieux où on fabriquait il y a bien des siècles des vases à pâte tendre, mais si fine, à lustre rouge et noir si brillant, à formes généralement si pures et si bien tournées, on fait maintenant beaucoup de Poteries à pâte assez grossière, de couleur généralement rougeâtre, quelquefois rosâtre, quelquefois grisâtre, sans *aucune glaçure*. Les formes, sans être aussi pures, le façonnage, sans être aussi soigné, tiennent encore un peu de celles des Poteries antiques de ces mêmes contrées.

Je parlerai d'abord des Poteries de plusieurs îles de l'Archipel, dont les noms rappellent ceux qui sont si souvent cités lorsqu'on parle des Poteries de l'ancienne Grèce.

Siphanto. — C'est une terre rougeâtre, brune; la pâte est à texture grossière, mais égale de grain; elle est sableuse, remarquablement micacée, bien cuite, très-sonore, ce qu'elle doit en grande partie au sable qu'elle renferme; les formes sont simples, bien façonnées, tournées, mais n'ont rien de remarquable.

Syra. — Les Poteries mattes de cette île ont beaucoup de ressemblance avec celles de Siphanto, par la couleur de la pâte, sa texture, le mica qu'elles renferment et une sonorité due à une bonne cuisson; elles sont bien tournées. (M, Pl. XII, *fig.* 12.)

Égine. — Les Poteries antiques d'Égine sont célèbres par leur légèreté : à peine sont-elles glacées, et on peut présumer que la finesse de la pâte, la perfection du tournage leur donne ce demi-lustre; néanmoins les Poteries modernes de cette île, d'une couleur rosâtre, sont absolument mattes; elles sont peu dures, peu sonores et absorbent promptement l'eau.

Les Poteries modernes de l'île de Milo, rapportées également par M. de Blosseville, ont une pâte plus grossière que les anciennes, citées plus haut (p. 439), d'une teinte grise, tirant sur le rougeâtre sale, assez bien cuite, presqu'en grès, aussi sont-elles très-sonores malgré leur texture grossière.

Les pièces sont minces, bien tournées jusque sous le pied, et de formes qui, quoique variées, ont encore entre elles un caractère particulier. Des bandes mises comme au hasard, constituent une sorte d'ornementation. (Mus. céram., M, Pl. XII, *fig.* 11).

La pâte des Poteries mattes et modernes de l'île de Candie est d'un rouge de brique, elle est susceptible, comme la plupart des pâtes de cette couleur, due à une peroxydation du fer, de devenir noire dans la place où elle a été chauffée par un feu désoxydant; elle est fine, assez bien tournée, bien cuite et sonore, par conséquent assez dure.

Les Poteries de l'île de Metelin ressemblent beaucoup à celles de Candie; mais les pièces que j'ai vues sont plus grossièrement façonnées, de formes assez bizarres; la pâte moyennement cuite, facilement rayable par le couteau, et très-perméable, est cependant assez sonore. — De grossiers dessins blancs ou rubans larges, contournés, rappellent l'ornementation des Poteries modernes de Milo. Ces ornements ont le même style sur les pièces diverses que le Musée céramique de Sèvres possède (M, Pl. XII, *fig.* 14).

Les Poteries mattes modernes d'Athènes sont assez semblables à celles de Metelin; mais on retrouve dans la finesse de la pâte, même des pièces les plus épaisses, et dans les formes grecques, le caractère des Poteries de la grande Grèce. Elles sont peu sonores et assez tendres.

Les Poteries de l'île de Chio que j'ai vues, sont à pâte rougeâtre assez fine, très-dure, presque comme du grès, sonores; mais mal façonnées (M, Pl. XII, *fig.* 15). Si on les a laissées mattes, c'est qu'on l'a voulu ainsi, puisque le Potier connaissait le vernissage au plomb; car l'ornementation consiste en rubans et en linéaments en blanc d'argile, avec quelques filets et quelques touches de vernis plombeux verdâtre foncé.

Celles de Samos leur ressemblent en tous points, et surtout par le genre d'ornementation en rubans blancs avec des rehauts de vernis plombeux vert.

Ces exemples de Poteries à pâte tendre et sans aucune glaçure, de la Grèce moderne, me paraissent suffisants pour donner une idée de la fabrication actuelle de ces contrées si célèbres par leurs antiques productions céramiques.

Turquie d'Europe. — On fait à Bourgaz, en Romanie, une Poterie fort remarquable, et qui n'a d'analogie, par la pâte et le façonnage, que dans certaines pièces du Mexique et des Antilles, dont je parlerai en leurs lieux; comme celles-ci elles n'ont été ni tournées, ni cuites. Ce sont des petites tasses ou coupes hémisphériques, sans pied, à pâte d'un rouge laqueux, lustrée, mais par polissage, avec des ornements extérieurs, comme gravés, d'un assez bon goût, et une abondante dorure, tant en dehors qu'en dedans, qui n'a pas non plus été fixée par la cuisson (Mus. céram., M, Pl. XII, *fig.* 13). Quelques têtes de pipes de la même terre, du même lieu, sont dorées de la même manière.

Crimée. — Les Poteries de Crimée, que nous devons au voyage de M. de Demidoff, et celles qu'a publiées M. Dubois de Montperreux, dans son *Voyage au Caucase*, ont un caractère gréco-oriental. Leur pâte est rouge rosâtre, assez fine, très-absorbante, tendre, par conséquent sourde. L'ornementation consiste dans des zones ou rubans blancs, ou en raies transversales; mais ici elle est disposée avec régularité et assez de goût.

Je donne la figure de plusieurs vases de cette sorte de Poteries,

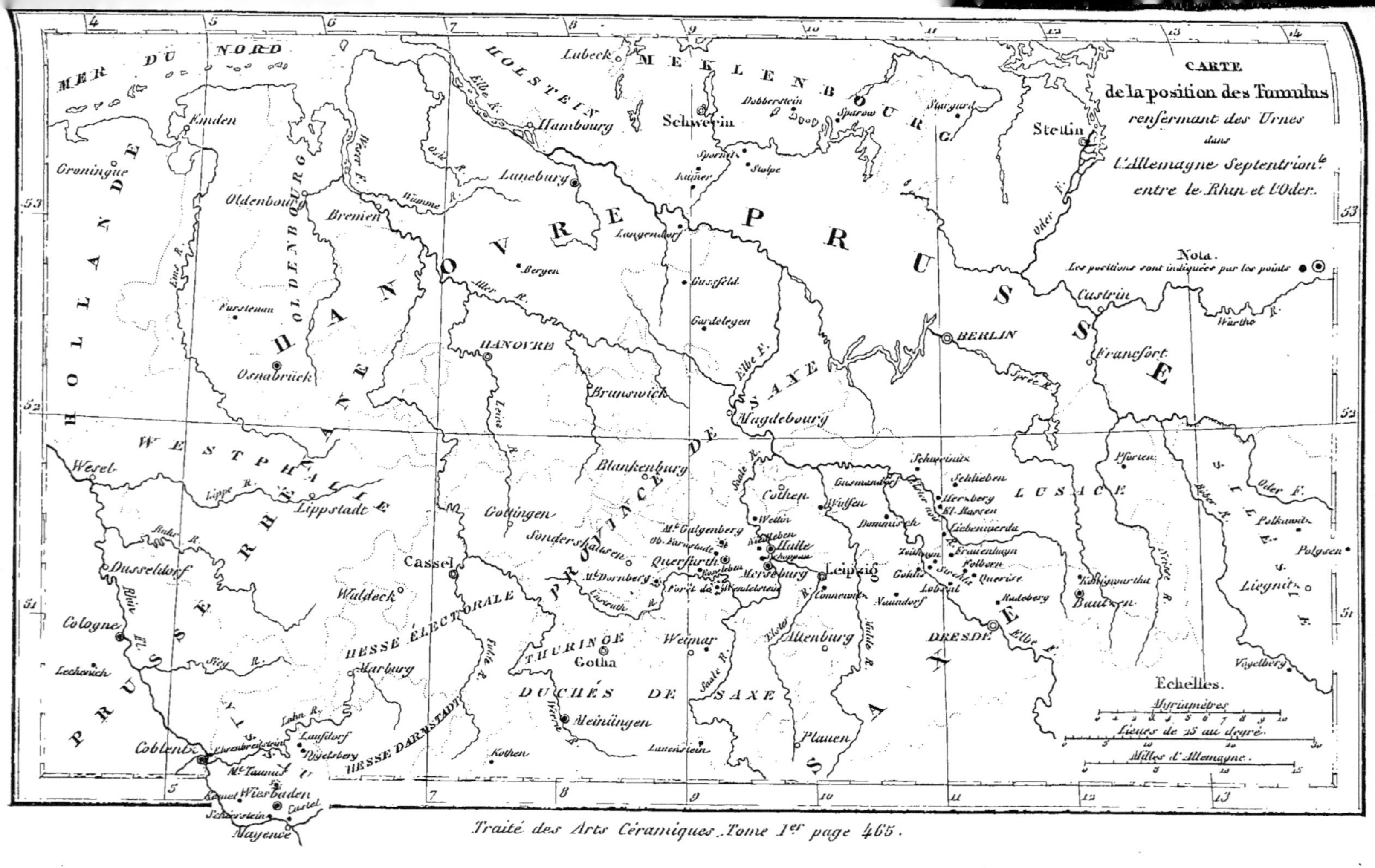

Traité des Arts Céramiques. Tome 1er page 465.

Pl. LVII, *fig*. 2, 3, 4, 5 et 6, elles sont tirées de l'ouvrage de M. Dubois de Montperreux, on y voit les ornementations en blanc, dont je viens de parler.

On fait en Crimée, à Xara-san-Basar, une autre sorte de Poterie d'une pâte beaucoup plus fine, d'un ton jaunâtre pâle, tirant sur le rosâtre. Cette pâte est assez dure, sonore; les pièces sont minces, bien tournées, et l'ornementation se compose de lignes, de rectangles, de touches rouges, brunes et blanches (1).

L'ordre historique, l'ordre géographique même devrait me faire continuer l'histoire des Poteries grecques, en passant des Poteries mattes qu'on a faites dans la Grèce et ses colonies, aux Poteries couvertes de cette glaçure noire si brillante, faites dans les mêmes lieux que les Poteries mattes, souvent à la même époque, et peut-être par le même ouvrier; mais l'ordre technique souvent d'accord, comme je l'ai fait remarquer plusieurs fois, avec l'ordre chronologique, me force de poursuivre sur toute la terre la fabrication des Poteries mattes, de cette fabrication si simple, que presque toutes les Poteries antiques et anciennes lui appartiennent, et que partout elle a précédé, et souvent de beaucoup, les Poteries à glaçure quelle qu'elle fût.

Par conséquent, au lieu de passer des Poteries mattes grecques aux Poteries lustrées du même peuple, je continuerai l'histoire des Poteries en allant de l'Orient à l'Occident, puisque j'ai commencé par la source ou au moins le centre de la fabrication céramique, qui se trouve vers l'orient de l'Europe.

Poteries germaines.

On trouve dans des tumulus ou buttes artificielles de terre, très-nombreuses dans plusieurs parties de l'Europe septentrionale et principalement de l'Allemagne, des Poteries peu variées de couleur, mais très-variées de formes, quoique ces formes soient cependant limitées par un système commun original, quelques-

(1) *Mus. céram.*, M, Pl. XII, *fig.* 6 et 7.

unes se rapprochant des formes simples et pures de l'ancienne Grèce, d'autres un peu du style oriental, mais ayant néanmoins un caractère propre et bien à elles. Ces Poteries sont caractérisées surtout par des ornements très-simples qui, malgré leur variété, offrent encore une disposition de linéaments et de points comme gravés qu'on ne retrouve dans aucune autre Poterie que dans quelques-unes de celles qui ont été faites dans des pays très-éloignés tels qu'en Étrurie et dans les Gaules [1]. Elles paraissent avoir été fabriquées par des peuples qui, ayant ensemble des analogies de position, de mœurs, d'idées, etc., avaient dû imprimer aux grossiers produits de leurs simples arts des caractères généraux partant de leur manière de sentir.

Ce sont ces Poteries que nous nommons germaines, et qu'il est souvent difficile de distinguer des Poteries slaves, celtiques ou gauloises et scandinaves, lorsqu'on les trouve sans caractère précis d'origine et sur la limite des territoires attribués à ces différents peuples.

Ces Poteries consistent principalement en vases de petite et moyenne dimension, d'une pâte noirâtre, gris cendré, jaunâtre ou rougeâtre sale, faite, dit M. Klemm, avec les argiles des lieux voisins.

La composition de cette Poterie est assez semblable à celle qui a été faite par des peuples, si ce n'est de même origine, au moins de même industrie céramique, tels que les anciens habitants du Jutland, de la Gaule et de la Germanie; en comparant les analyses que j'ai inscrites dans le tableau p. 386 de la composition des

[1] On conçoit l'analogie de formes des vases germains avec les vases gaulois, mais il paraît plus difficile de l'admettre pour les étrusques. Le Musée de Sèvres et celui du Louvre possèdent quelques coupes étrusques, qui, par la forme, mais surtout par les ornements en lignes de points enfoncés, ont avec des coupes germaines et gauloises une ressemblance telle que sans la certitude qu'on a de l'origine des pièces étrusques, on les placerait parmi les Poteries noires de la Germanie. Voyez Traité, Pl. XX, l'urne étrusque, *fig.* 4, comparée avec l'urne gauloise (*Mus. céram.*, M, Pl. X, *fig.* 1). Dans la Pl. XXI du Traité, le pot à l'eau étrusque, *fig.* 11, avec ses bosselures et ses lignes de points, comparées avec les bosselures et les ornementations analogues des Poteries germaines, Traité, Pl. XXVII, *fig* 13, 15 et 17, et surtout avec les formes, couleurs, ornements en lignes anguleuses de points enfoncés des vases étrusques (*Mus. céram.*, M, Pl. VI, *fig.* 7, 16 et 17) montrant le même système de décoration de la plupart des urnes et vases représentés sur les planches XXVI et XXVII du Traité.

Poteries tendres-mattes de divers pays, on jugera les différences et les ressemblances qui se sont présentées dans la composition des n°s 3 et 4 du troisième groupe et 2 du quatrième groupe. On trouvera la même ressemblance dans l'analyse moins comparable faite en 1830 par M. Buisson.

Je rapproche ici ces quatre analyses pour rendre la comparaison plus facile, je supprime les fractions d'unité.

POTERIES.	Sil.	Alum.	Fer.	Chaux.	Magn.	Eau.	Charb.	Pert.	Aut.
Germaines grises. . . .	64	13	10	1	0,5	10	1	0,5	Salv.
Gauloises noires. . . .	63	19	6	7	3	E. ded.	5	0	Buiss.
G. d'Abbeville grises.	40	15	4	20	0	4	tr.	0,3	Salv.
G. *idem*. noires.	62	18	6	1	1	0,1	1	1	Salv.
Scandinaves grises. .	64	11	11	2,5	0	10	1	0,5	Salv.
Sc. du Jutland. noires.	70	14	10	1,5	1	0,3	1,5	1	Salv.

Cette Poterie n'a aucune glaçure, et comme elle est très-peu cuite et tendre, elle est très-perméable et très-fragile, excepté cependant les vases qui se trouvent dans les environs de Radeberg. Ceux-ci, décrits par M. Preusker, ont une pâte sableuse rougeâtre, remplie de paillettes de mica blanc, qui semble avoir été introduit dans la pâte avant la cuisson.

Les autres couleurs qui, comme je l'ai dit, sont très-peu variées, dépendent plutôt de l'argile, qui fait la base de cette Poterie, que d'aucun mélange. Cependant on dit en avoir trouvé près de Bergen, pays de Hanovre, en argile grasse avec un enduit bleuâtre, et dans le même pays, dans la Wendenland, entre Cacherin, Gisborn et Langendorf, de bruns et de gris. Ceux de Lauensteinischen sont gris et bien cuits. En Saxe, en Lusace et en Silésie, on trouve de ces urnes en grande quantité, jaune-rougeâtre pâle, grises, presque noires.

Leur façonnage a été assez habilement conduit. Ces vases sont souvent minces, tantôt tournés et tantôt faits à la main.

Dans les lieux où l'on a trouvé réunis des vases faits par ces deux procédés, on a remarqué que les petits vases étaient faits à la main, et que les grands paraissaient avoir été tournés; mais souvent aussi ces derniers étaient dans une position supérieure aux premiers (aux environs de Querfurst); enfin, M. Klemm et d'autres érudits supposent que les Potiers germains de cette époque tenaient le tour des Romains (1).

J'ai eu occasion de voir dans les collections d'antiquités de l'Allemagne, dans les bibliothèques et dans quelques-uns des ouvrages assez nombreux publiés sur les vases germains, un grand nombre d'exemples de ces Poteries, tant en nature qu'en figures. J'ai choisi parmi ces innombrables vases et ustensiles de toute espèce, ceux qui m'ont paru devoir présenter, de la manière la plus claire, les caractères, les usages et quelques particularités de ces curieuses Poteries, et je les ai fait représenter sur les Pl. XXVI et XXVII. Ces figures sont bien moins terminées que celles des autres planches, parce que ces dernières ont été faites d'après nature, tandis que celles dont je vais parler n'ont pu être exécutées que d'après des figures tirées d'autres ouvrages, ou faites par moi d'après les vases mêmes. Mais si je n'ai pas su donner à ces figures la perfection de dessin qu'elles auraient eue de la main d'un artiste, je me suis attaché à leur conserver le caractère de forme et d'ornementation, qui devait dans ma pensée en signaler la patrie.

Je ne décrirai pas ici tous ces vases; ces détails se trouveront à l'explication des planches. Je me bornerai à parler des plus remarquables comme exemples choisis de Poterie germaine.

Parmi les antiquaires allemands qui ont le plus étudié ce sujet sous le rapport de l'histoire et des antiquités, je dois citer M. Klemm, conservateur du musée de Dresde (2). Il a cherché à établir une classification parmi ces Poteries si nombreuses et si variées.

M. Klemm a suivi le principe de classification par les for-

(1) Les érudits allemands pensent que le tour à Potier est venu chez les Germains par les Romains, à moins qu'ils ne l'aient reçu des Celtes ou Gaulois; j'ai exprimé la même opinion dans le chap. Ier, p. 23.

(2) *Handbuch der germanischen alterthumskunde, von dr Gust.* KLEMM, inspecteur de la collection royale de porcelaines de Saxe, etc. Dresde, 1836. 1 vol.

mes, le même que celui que j'ai adopté et que j'exposerai à la fin de cet ouvrage. Il fait abstraction de ce qu'il appelle les appendices, tels que manche, anse, goulot, bec, et prend ses principales divisions dans la forme du corps (*boden*) du vase, et ses subdivisions dans la position du ventre ou partie renflée tantôt au milieu ou moyenne, tantôt supérieure ou inférieure.

Il regarde la soucoupe (*schale*) comme la forme la plus simple, la forme primitive d'où est née par aplatissement la coupe, l'assiette, le plateau, et par relèvement la jatte et l'écuelle (*napf*), puis par redressement, avec addition d'une anse (*henkel*), la tasse; avec un plus grand redressement, le bocal (*becher*), qui avec l'anse a donné la cruche (*krug*), et avec l'adjonction d'un bec (*ausguss rohren*), est devenu le pot à l'eau ou à café (*kann*).

Les tasses ovoïdes sans anse (*napf*) sont ordinairement très-grossièrement faites à la main et non sur le tour. Les tasses à anse (*tasse*) sont semblables à ce que nous appelons génieux; Celles des tombeaux de l'Elster noir sont sans anses; celles des environs de Bautzen sont les unes d'argile rougeâtre, les autres de terre gris foncé.

M. Klemm considère comme une bouteille le vase représenté Pl. XXVI, *fig.* 2, qui est très-riche d'ornements, et qui a été trouvé dans le bois d'Unterweeden, colline au nord d'Oberfarrenstadt en Saxe; elle a un rebord, ce qui est une exception au système général des formes germaniques.

L'urne est un vase ventru à large ouverture et devenu par le rétrécissement et l'allongement de cette ouverture, la bouteille (*flasche*), forme très-rare dans les vases germains, mais dont je donnerai un exemple dans les vases gaulois. Le nom d'urne s'applique particulièrement à ceux de ces vases qui, trouvés dans les tumulus, contiennent ordinairement la cendre ou les ossements brisés du corps qui avait été brûlé.

L'urne de la forme que M. Klemm appelle bocal, Pl. XXVI, *fig.* 10, est en terre jaunâtre, richement ornée; elle vient de

in-8° avec planches. Le mot *Boden* est pris comme nom technique du corps d'un vase.

la colline des Tombeaux dans la forêt de Wendelstein, en Thuringe. La figure 7, qui a quelque analogie de forme et de décoration avec la précédente, vient des environs de Weimar.

Les urnes provenant du centre de la grande Germanie, c'est-à-dire du pays entre le Weser et l'Oder, ont des ornements soigneusement exécutés.

Ces vases n'ont presque jamais de rebord, ce qui les distingue des vases de fabrication romaine. Ceux du centre de l'Allemagne sont généralement plus ornés que ceux des parties septentrionales. Ils sont presque tous de forme circulaire; cependant il y en a quelquefois d'ovales : on les regarde comme des vases ou boîtes à parfums. Parmi ceux-ci, et même parmi les vases circulaires, quelques-uns sont divisés intérieurement par des cloisons médianes ou croisées (Pl. XXVII, *fig.* 19, 20 et 23). Ils ont quelquefois des anses proportionnées à la grandeur de la pièce, telles que sur les tasses, mais très-petites sur les urnes (Pl. XXVI, *fig.* 2, 10, 12, 13. — Pl. XXVII, *fig.* 2, 3, 11, 20).

Ces vases, par leur nature, n'étaient pas susceptibles d'être enrichis d'ornements coloriés. Les anciens Germains n'ayant probablement pas les moyens de fabriquer des couleurs propres à être mises solidement sur les Poteries, les ont ornées de dessins en lignes, disposées avec une variété très-ingénieuse, au point qu'on admire comment avec des rayures, des points enfoncés et quelques bosselures, ils ont pu varier autant l'ornementation caractéristique de leurs Poteries.

M. Kruse a donné plusieurs dessins développés de frises les plus ordinairement employées sur les bords des urnes cinéraires. On y remarque particulièrement le méandre à bâtons rompus, ornement généralement attribué aux Grecs, mais que nous retrouvons sur les vases de toute nature et par toute la terre.

Les ornements qui les accompagnent sont tantôt des séries de points enfoncés, tantôt des linéaments disposés en lignes droites ou sinueuses parallèles, mais réunis en groupes inclinés régulièrement l'un sur l'autre et alternativement dans des sens opposés, tantôt des dépressions, des plis à bords arrondis, des bosselures, des espèces de mamelons, etc., toutes espèces d'ornements que je n'ai jamais vus que sur des vases de cette origine et que

M. Hausmann considère, ainsi que moi, comme caractères des Poteries germaines.

On remarque cependant sur quelques-uns de ces vases en pâte noirâtre qui se trouvent aux environs de Merseburg, des méandres grecs, ce qui est pour les antiquaires un caractère qui doit les faire attribuer à une époque postérieure à l'invasion romaine.

Enfin, il y en a d'autres sur lesquels les ornements toujours très-simples, sont de diverses couleurs, rougeâtres, jaunâtres ou noires, disposées en lignes ou zones parallèles. Les premières couleurs sont données par des ocres, la couleur noire qui est brillante est donnée par du graphite. Près de Kœnigwarth, de Halle, etc., on a déterré des vases d'un jaune pâle avec des cercles rouges. M. Braumuth a trouvé dans un tombeau du Högelberg, près de Landshut, un morceau de graphite auprès des urnes qu'il avait servi à noircir (Klemm). Ces urnes, excepté les noires, sont très-rares; je n'ai pas eu occasion d'en voir.

Usage et position. — Ces Poteries ont eu, suivant les peuples et les époques, deux destinations très-différentes. Les vases qu'on appelle urnes avaient pour objet principal de renfermer les cendres et les os des morts après que le corps avait été brûlé; ils sont souvent enfouis dans la terre des tumulus, entourés de toutes parts de terre meuble ou de sable et fermés avec un couvercle. Quelquefois ces vases sont renfermés dans un autre qui est d'une pâte et d'un travail plus grossier; aucun squelette ne les accompagne, ce sont généralement les plus anciens, Pl. 1, *fig.* 2.

Les autres urnes sont dans des tombes avec les squelettes des corps qui y ont été placés, Pl. 1, *fig.* 1; elles sont souvent accompagnées d'autres vases plus petits et disposés avec beaucoup de régularité et même de symétrie, quand ils n'ont pas été dérangés par les affaissements du sol ou les éboulements et le désordre que les Lemmings (animal du genre des rats de Linnée) et les lapins y ont causés en s'y introduisant. Ce sont donc des vases funéraires ou consacrés aux morts comme hommages ou objets auxquels ils avaient mis quelque prix pendant leur vie. Tels sont les petits pots en terre cuite percés de plusieurs trous et remplis de petites pierres qui font entendre un bruit assez clair quand on les agite. On peut les comparer aux hochets qu'on donne aux enfants

(*Kinder-Klappern*, près Bautzen), les autres petits pots qui les accompagnent étant aussi des jouets ; on remarque qu'on les trouve principalement dans des tombes d'enfants. Outre les ustensiles de métal et de pierre qui se présentent dans les mêmes tombes, et qui servent à constater le peuple et à peu près l'époque auxquels appartiennent les tombes et ce qu'elles renferment, on a trouvé dans les tumulus ou sépultures d'autres objets qui, étant en terre cuite, doivent entrer dans nos recherches.

Ce sont 1° des espèces de marteaux (1) qui servent à rendre plus lourds les filets des pêcheurs ; 2° des petites sphères trouées qui probablement avaient le même usage ; 3° des disques percés de cinq trous, qu'on présume avoir servi de couvercles à certaines urnes ; 4° des disques doubles réunis par une tige, trouvés en Silésie (Busching) ; 5° enfin des baguettes d'argile d'environ 7 cent. Les fragments de ces baguettes n'ont été vus que dans les foyers de sacrifice (D. Wagner).

La planche 1re de ce traité représente, *fig.* 1, une tombe de famille découverte dans le milieu d'un tumulus à Unterweeden, près d'Oberfarrenstadt (2), dirigée, comme toutes celles de ce canton, de l'est à l'ouest ; elle était soigneusement fermée et divisée transversalement en deux chambres ; il y avait dans chacune d'elles un squelette avec des urnes ayant, en général, la forme de bouteilles, Pl XXVI, *fig.* 2. D'autres pièces de Poterie avaient la forme de jattes représentées même planche, *fig.* 19 et 20. Cette dernière, avec ses petits pieds, est une forme presque exceptionnelle. Ces vases, et plusieurs autres, étaient richement ornés, comme le montre la figure citée. Leur pâte rouge-brunâtre et comme gris-noirâtre est très-peu solide. Les plus grands avaient environ 3 décimètres de hauteur.

La *fig.* 2 de cette même planche représente une autre sorte de tombe formée de blocs irréguliers, de pierres accumulées en voûte et se décelant quelquefois à l'extérieur par ces petites buttes coniques ou en petites collines qu'on nomme *tumulus*. Cette

(1) *Hammer*, Klemm, § 49, renvoyant au § 31.

(2) Par M. Ad. Bergner, dans Kruse, Ier vol., 6e cah., p. 25, Pl. II, *fig.* 1 et 2.

tombe diffère de beaucoup d'autres, que j'omets de citer, en ce qu'elle ne renferme pas de squelette ; il paraît que le corps dont ce devait être la sépulture avait été brûlé, et ses os friables et brisés réunis à la cendre de ses parties molles avaient été placés dans les urnes représentées ici et enfermées dans cette tombe.

Les tombes de cette sorte se trouvent près de Radeberg.

Près de ce même lieu, à trois lieues de Dresde, M. Preusker a trouvé dans une tombe rectangulaire des urnes tout à fait particulières; elles sont en argile cuite, d'une couleur brunâtre, placées dans de petites niches creusées dans les parois du tombeau et disposées régulièrement. La forme de ces urnes s'éloigne beaucoup de ce qu'on connaissait, et les caractères singuliers qui y sont tracés s'éloignent encore davantage du système d'ornementation des vases germains. Elles ont 25 cent. de hauteur sur 16, avec une anse d'un côté et un petit mamelon au côté opposé à la panse. Ces vases d'argile brunâtre, très-cuite, un peu luisants extérieurement, ont été tournés. Les espèces de caractères qui en font l'ornement sont gravés assez profondément. (Voir ci-contre n° 31.)

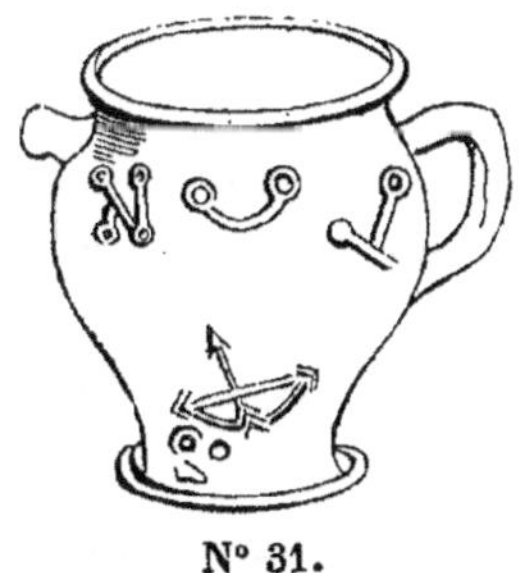
N° 31.

En décrivant les différentes sortes de vases, d'urnes et d'ustensiles de terre cuite qu'on trouve si abondamment dans les parties de l'Allemagne septentrionale qui sont entre l'Oder et le Weser, etc., j'ai dû parler déjà des usages ou destinations de ces différents objets. On a vu qu'une des principales destinations était ou de recevoir les cendres et les ossements calcinés des morts dans les pays et les temps où il était d'usage de brûler les corps, ou, lorsque cet usage a cessé, d'accompagner, comme hommage ou sacrifice au défunt, son corps dans la sépulture. L'état de ces vases et de ces urnes en pâte poreuse, sans solidité, sans éclat, et cependant ornés autant qu'il était possible, suffisait à cette destination.

Des plats, des coupes, des espèces de jattes à bords, ayant la même pâte, la même texture, le même système d'ornements, trouvés dans le même lieu que les tombes, quelquefois dans les tombes mêmes, mais à leur entrée, ont été regardés par les érudits comme des vases ou coupes (Pl. XXVI, *fig.* 17, 19, 20 et 21) employés dans les sacrifices qui accompagnaient la cérémonie des funérailles.

Il était impossible que ces urnes, par leur nombre prodigieux dans les parties de l'Allemagne que je viens d'indiquer, échappassent à la connaissance du paysan le moins observateur, et que leur position, toujours souterraine, ne l'étonnât pas. Aussi combien d'opinions plus ou moins ridicules n'a-t-on pas émises sur leur origine, et remarquons que ce n'était pas dans les temps les plus reculés que ces opinions se sont fait connaître, mais dans les XVe et XVIe siècles, plus près de nous encore, puisqu'on remarque avec éloge qu'il y avait au XVIe siècle des hommes tels qu'Agricola, Albinus, etc., qui avaient exprimé sur ces urnes des opinions plus raisonnables (1).

Je me garderai de raconter, d'exposer même, toutes les opinions qu'on n'a pas craint d'avancer sur l'origine de ces urnes souterraines déterrées, depuis un temps immémorial, dans les environs de Limbourg et dans la basse Lusace.

Le peuple les croyait le produit de la fabrication d'un monde nain (*Zwergen-Welt*), et les appelait des pots nains (*Zwergen-töpfe*). C'est encore l'opinion des paysans à Dessau et à Torgau, que ces nains qui vivent sous terre continuent de les fabriquer. Les habitants de la Lusace croient qu'ils poussent comme des truffes, qu'on ne peut les déterrer qu'en été, parce qu'en d'autres saisons ils sont de 5 à 7 mètres plus enfoncés sous le sol, mais qu'en mai ils croissent, se relèvent et indiquent,

(1) Voici ce que dit AGRICOLA :

Après avoir parlé des ossements qu'on trouve pétrifiés près d'Hildesheim, Lunebourg, etc., il ajoute : *in terram etiam reperiuntur vasa fictilia quorum collum plerique est strictum, venter tumidus, quædam ansas habent singulas, alias binas, partim ternas, non nulla operculis sunt tecta*, etc.

Il dit qu'on déterre ces vases dans plusieurs lieux, mais principalement en Saxe, en Lusace, en Thuringe, etc. ; que le vulgaire ignorant de Saxe et de Lusace se persuade qu'ils sont nés dans la terre et avaient été employés par les nains qui habitaient les cavernes du Segeberg ; mais il affirme que ce sont de véritables urnes, dans lesquelles les anciens Germains, avant d'être convertis au christianisme, avaient déposé les cendres des morts, qu'on en trouvait dans toutes, dans quelques-unes du charbon, dans d'autres des anneaux, etc. *Georgii* AGRICOLA *de ortu et causis subterraneorum..... de natura fossilium*, etc., éd. de Bâle, 1546, in fol., p. 128.

comme le font les truffes, leur présence par une sorte de tuméfaction du sol, etc.

Dans le *Wendenland* hanovrien on considère ces vases comme urnes cinéraires des anciens Vandales, et les paysans cassent tous les pots de cette sorte qu'ils rencontrent, parce qu'ils croient que l'âme du Vandale, dont ils renferment les cendres, reparaîtrait et inquiéterait celui qui emporterait ce vase.

On les appelle aussi quelquefois pots à lait (*milchtopfe*), parce qu'on croit que le lait qu'on y met produit de meilleure crême et de meilleur beurre [1]; qu'en mettant dans les urnes rondes l'eau que l'on donne à boire aux poulets on les garantit de maladie, etc., etc.

On a remarqué que toutes les Poteries ou urnes germaines enfermées dans la terre ou placées dans des tumulus sont trouvées au nord du Danube, où l'on n'en connaît aucune de romaines; tandis qu'au sud de ce fleuve les Poteries romaines étaient en nombre considérable, tandis que les germaines s'y rencontrent fort rarement.

C'est donc principalement dans les provinces d'Allemagne, au nord de ce fleuve, dans l'espace limité à l'ouest par le Weser, à l'est par l'Oder, et au sud par l'Erzgebirge, montagne septentrionale de la Bohême, dans les pays ou cercles de basse Saxe, de Thuringe, de haute Saxe et de Mecklenbourg, principalement dans la Lusace et la Silésie, que se trouvent comme réunis en groupes composés d'un grand nombre de tumulus et de sépultures moins visibles, les urnes, vases et autres ustensiles de Poterie, si variés de formes et de dimension, tout en conservant une sorte de caractère national que je viens de signaler et de figurer.

Dans quelques localités, la position de ces urnes offre des circonstances assez particulières d'accumulation, de disposition et de réunion, qui ont été décrites avec beaucoup de détails par les antiquaires allemands, je me bornerai à en citer quelques exemples :

Dans une rangée de Collines funéraires ou tumulus, près

(1) Treuer, *Beschreibung der Toden topfe*, p. 3, dans *Klemm.* — Rhode, *Cimbr. Hoslt. Antiquitaten-Remarken.*

Schkopau, dans les environs de Merseburg, collines dont le nom était celui de *Suevenhock*, que les habitants ont transformé en *Schwenden Hügel*, colline des Suédois [1], on a trouvé un grand nombre de ces tombes plus ou moins bien construites et conservées, renfermant une multitude de vases, malheureusement la plupart brisés par l'introduction des lapins.

En Saxe, entre Dresde et Meissen, on connaît de nombreuses et vastes réunions d'urnes enfouies à 1 ou 2 mètres de profondeur; près de Leipsig, et particulièrement du village de Connevitz, on a découvert un lieu qu'on a nommé le cimetière des païens (*Heiden Kirchöfe*), où les urnes de différentes dimensions et rassemblées en grand nombre, sont comme protégées contre la pression des terres par des espèces de petites pierres et de tessons; d'autres urnes qui leur servent d'étais, de fondation et de couvercle. Je donne ici, n° 32, la représentation d'une de ces urnes [2]. Ce nombre est si considérable dans quelques parties de l'Allemagne, que certaines collines sont couvertes de leurs débris, comme celle de Schkopau dont j'ai parlé.

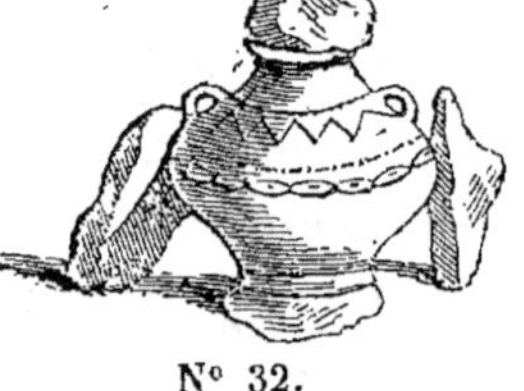

N° 32.

A l'embouchure de l'Elster noir, dans l'Elbe, cercle de Schweinitz et de Liebenwerdaer, duché de Saxe, on a ouvert en deux ou trois ans 800 *tumulus* dans lesquels on a trouvé, outre une multitude d'urnes, de coupes à sacrifices, des vases en forme de ces pots qu'on nomme *Kanne* en Allemagne, d'une mesure de quart (*Viertel*), en terre cuite très-solide, et surtout de ces vases ronds ou ovales séparés par une ou deux divisions, en deux ou trois parties, et qu'on croit avoir servi à renfermer des parfums (Voir Pl. XXVII, *fig.* 19, 20, 23), et, ce qu'il y a de plus remarquable, de petits vases renfermés dans de plus grands [3]. On a vu cette même particularité dans un cimetière attribué aux Romains à Lincoln en Angleterre.

(1) Dr Fr. Kruse, *Deutch Alterthumer*, Hall. 1824, 1 vol., 1 cahier, p. 73, Pl. I.

(2) Klemm, p. 115, Pl. VIII, *fig.* 2.

(3) Dr Wagner, dans Kruse, *Arch.*, vol. III, *pars* IIa. p. 16 et suiv., Pl. I et II.

Sur la rive droite de l'Elbe, presque en face de l'embouchure de l'Elster noir, le docteur Wagner a déterré plus de 150 de ces urnes placées dans des Tumulus très-nombreux dans ce canton, et surtout près de Gusmandorf.

Je terminerai cette indication des lieux qui renferment des urnes et autres Poteries germaines, par celle de deux localités situées sur les confins de la Germanie, et qui présentent des doutes sur le pays des morts qui ont été ensevelis et des Potiers qui ont fait les urnes.

Dans le premier, le Mecklenbourg, on trouvera le passage aux caractères des Poteries scandinaves; dans le second, le pays de Nassau, presque tout paraît plus romain que germain.

Le Mecklenbourg, qui s'éloigne vers le nord des contrées de la Germanie où se trouvent un si grand nombre d'urnes et de Poteries portant des caractères de forme et d'ornementation assez particulières, renferme aussi des urnes et des ustensiles de Poteries assez différentes des précédentes, et se rapprochant un peu des Poteries scandinaves anciennes et modernes. M. Eud. Schrötter et Fr. Lisch (1) ont publié la description d'un nombre assez considérable de ces vases avec des figures qui montrent un système de forme et d'ornementation différent de celui des urnes et Poteries de l'Allemagne. Elles sont généralement mal faites, et autant qu'on puisse en juger par les figures, elles n'ont point été tournées, mais assez grossièrement façonnées à la main, avec quelques ornements qui semblent n'avoir été tracés qu'avec le doigt du Potier. Quelquefois cependant il y a des lignes droites ou ondulées, des séries de points enfoncés, qui paraissent avoir été faits par des instruments tranchants ou piquants, telle est l'urne représentée ci-contre, n° 33, dont la pâte est dans l'intérieur d'un gris foncé, à grains fins, avec des parcelles de mica. L'extérieur est noir. Elle a été trouvée à Sparow avec des urnes d'une forme un peu différente, mais ayant la même pâte parsemée de lamelles de Mica.

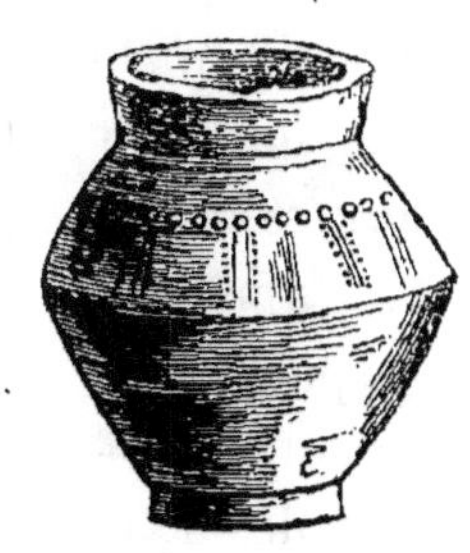

N° 33.

(1) *Museum Friderico-Franciscum*, ou collection des Antiq. germaines et

Ces urnes sont souvent remplies d'ossements mêlés de terre et de charbon, et accompagnés de différents petits ustensiles. M. Schrötter dit que dans une de ces urnes on a trouvé avec différents objets assez insignifiants, un anneau nuptial avec l'inscription *Ave Maria?* Elle était placée sous des Tumulus.

Les lieux où ces sépultures ont été reconnues et citées par MM. Schrötter et Lisch sont :

Kummer ;

Stolpe ;

Dobbersten dans le Jungfertanner ;

Spornitz ; le vase figuré ci-contre, n° 34, est de ce lieu, la pâte en est jaunâtre à gros grains ;

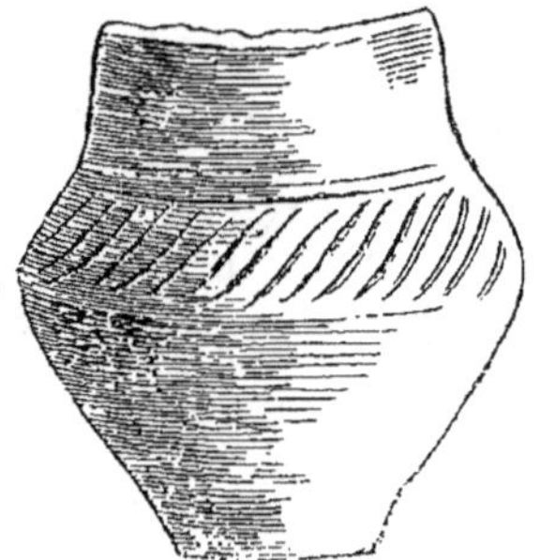

N° 34.

Marnitz ;

Ludwigslust ;

Timkenberg ; très-grande urne de 5 déc. de hauteur sur 38 cent. de diam. ;

Stargard ; c'est l'espèce de pot à l'eau orné qui est figuré ici sous le n° 35 ; on voit qu'il se rapproche plus de la mauvaise et laide Poterie scandinave que des vases de la Germanie centrale. Il est en pâte noire assez sonore. Sa hauteur est d'environ 27 cent.

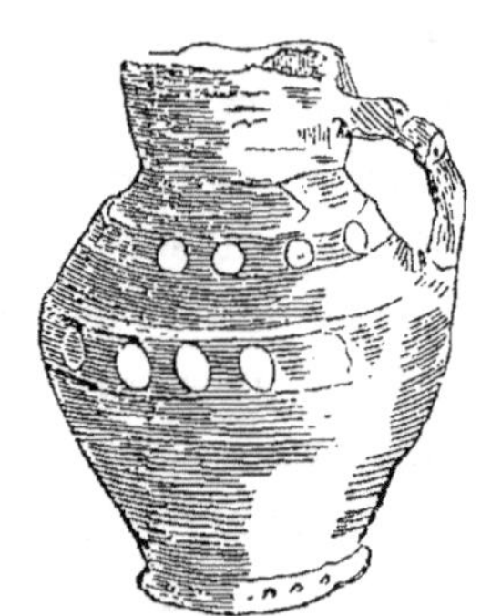

N° 35.

Vers l'extrémité occidentale des pays allemands, dans le duché de Nassau, et près de la vallée du Rhin, nous retrouvons encore des sépultures renfermant des vases, mais l'attribution et des tombes et de ce qu'elles renferment surtout en Poteries, n'est plus si claire et si précise ; on hésite entre les Romains et les Germains ; d'après les formes de ces urnes, bien tournées, ayant un rebord et un pied, d'après les différents objets qui les accompagnent, je serais disposé à les regarder plutôt comme de fabrication romaine que comme de fabrication germaine. Ils ont été publiés dans les Annales de la

slaves du grand-duché de Mecklenbourg ; par Eud. Schrötter et Fr. Lisch, Leipsik, 1827.

société des antiquaires de Nassau. Je donne ici la représentation de trois de ces vases : l'un, n° 36, trouvé dans les environs de Schierstein, contenait de petits os de volailles, restes, dit l'auteur des Mémoires, du repas funéraire; l'autre, n° 37, du même lieu, est une véritable urne, mais toujours avec le rebord qui lui ôte, suivant M. Klemm, son caractère germanique; le troisième, le n° 38, dont je ne connais pas l'origine, a encore plus que les autres un caractère romain.

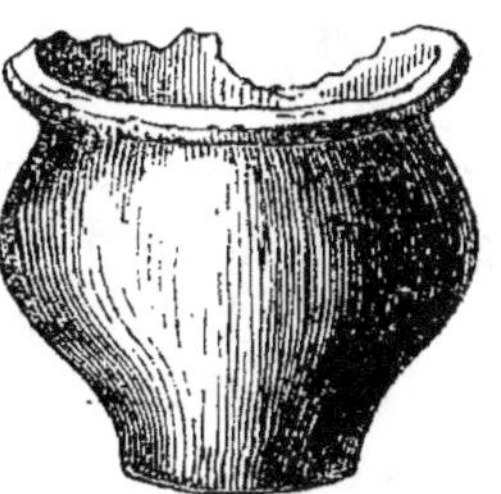

N° 36.

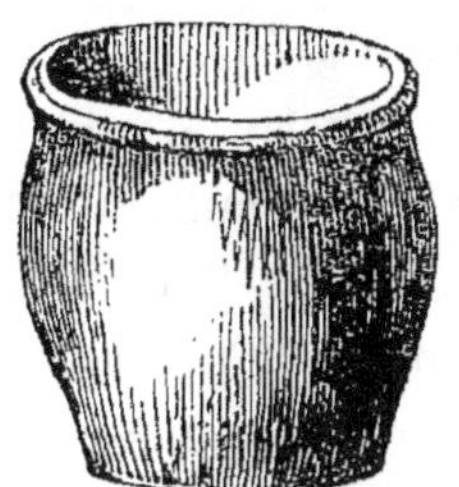

N° 37.

Les autres lieux du duché de Nassau où l'on a découvert de ces Poteries, sont Kemel, district d'Egelskerb, à l'ouest de Gladbacher, près de Lanfdorf, dans le Solms Braunfels; ce dernier est donné par cet auteur comme tiré d'un Tumulus germain (1).

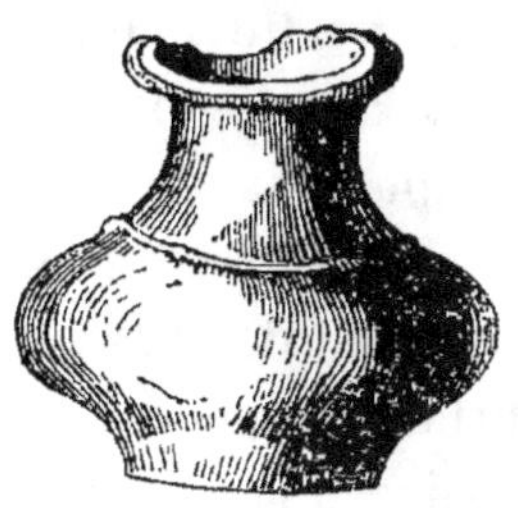

N° 38.

Les anciens Germains des parties de l'Allemagne que j'ai dénommées, après avoir fait tant de pièces de Poterie sans aucune glaçure, n'ont pas été imités par les populations qui leur ont succédé dans les lieux qu'ils habitaient, car on ne trouve ni dans ces contrées, ni dans les autres parties de l'Allemagne, aucune fabrication moderne de Poteries tendres, mattes, qui mérite d'être citée. Il me semble qu'il y en a même moins que dans aucune autre partie de l'Europe. Cela pourrait résulter de la découverte qu'on fit en Allemagne, il y a environ 600 ans, de la première et véritable glaçure plombifère, et de l'empressement que les peuples au milieu desquels cette découverte prit naissance ont mis à en jouir et à se débarrasser ainsi de tous les inconvénients qu'ils avaient rencontrés dans les anciennes Poteries mattes et perméables.

(1) *Annales de la Société des Antiquaires de Nassau*, Wiesbaden, 1827-1834.

Poteries scandinaves.

Scandinavie. — Les Poteries de l'antique Scandinavie ont une pâte grossière mêlée de débris de calcaire et de parcelles de mica. On les trouve dans la terre accompagnées de flèches en silex et de restes d'armes en fer. (Mus. cér., M, Pl. X, *fig.* 10, 11 et 16.)

Jutland. — On y fabrique des Poteries entièrement noires et mattes dans toutes les parties qui n'ont pas été polies lorsque la pièce était sèche, mais non cuite.

Cette Poterie, d'un noir foncé, est solide ; sa pâte paraît assez fine ; quoique faiblement cuite, elle devient dure, dense et sonore, par la cuisson. Son façonnage est encore tel (1838) que les anciens Scandinaves le pratiquaient, c'est-à-dire que toutes les pièces se font à la main sans le secours du tour à Potier, ce qui est à cette époque un fait industriel très-singulier.

On cuit cette Poterie à une faible température ; mais elle est ménagée de telle manière, me dit M. Forchhammer, que la fumée du combustible s'introduit dans la pâte et lui donne la couleur noire intense que présente la Poterie.

On en fait des vases de ménage et de cuisine qui résistent sur le fourneau, et pendant plusieurs années, à toutes les températures nécessaires à la cuisson des aliments [1].

Poteries gauloises

OU CELTIQUES ET BRETONNES.

On trouve dans plusieurs parties des Gaules, dans des lieux où l'on ne découvre aucun vestige de la présence des Romains, dans des positions qui semblent n'avoir éprouvé aucun dérangement depuis qu'elles ont été établies par les Gaulois longtemps avant l'invasion romaine, des urnes ou petits vases de pâte noire qui, par la nature et l'aspect de cette pâte, par le style simple et toujours le même de leurs formes, par les ornements d'incrustation qu'ils présentent quelquefois, ont dû être faits

[1] *Mus céram.*, M, Pl. XI, *fig* 9, 10 et 11.

de la même manière et de la même pâte, par le même peuple.

Ce sont ces Poteries si caractérisées que j'appelle Poteries gauloises.

Sans suivre ni même examiner les différents systèmes historiques qui ont été émis sur l'identité des Gaulois et des Celtes, sur la position plus spéciale de cette sorte de confédération dans certaines parties de l'Europe, telles que les parties moyennes et occidentales de la Gaule, la partie occidentale et centrale de l'Espagne, où elle s'établit sous le nom de Celtibériens et toujours dans les parties les plus boisées, ce qui leur a fait donner le nom de *Gaulois des forêts* ou de *Celtes* (1). Il me suffit de reconnaître que les historiens ont admis leur présence dans presque toute la France et notamment en Auvergne, dans les Cévennes et dans la Bretagne; en Angleterre, sous le nom de Bretons, fuyant jusque dans le nord des Iles Britanniques en Écosse et en Irlande, enfin dans la haute Italie où aucune tribu Celtique ne paraît les avoir suivis, car on n'y trouve aucune trace de ce nom.

Ces faits généralement reçus (2), suffisent à mon objet qui est d'appliquer avec quelque fondement le nom de *Gaulois* ou de *Gallo-Romains*, aux vases et à toutes les Poteries qu'on trouve dans les pays que je viens de nommer et qui présentent des ca-

(1) *Ceilt* et *Ceiltach* dans l'idiome gallique actuel, voulant dire habitant des *forêts* (Schoell).

(2) Voir Amédée Thierry, *Histoire des Gaulois*, vol. in-8°, introd., p. xxix et xxxvii. — Fréd. Schoell, *Tableau des peuples de l'Europe*, etc., 1 vol. in-8°, Paris 1812, p. 23, où il établit l'identité d'origine et même des peuples en disant que les *Celtes* s'appelaient *Gail* ou *Gœl*, dont les Grecs ont fait *Keltes*, et les Romains *Galli*. Le nord de la Gaule était habité par les Celtes nommés Bretons.

Th. Berlier (*Précis historique de l'ancienne Gaule*, etc., 1 vol. in-8°, Bruxelles, 1822), fait voir que les Celtes et les Gaulois étaient le même peuple qui avait porté, suivant les lieux et les circonstances, tantôt le nom de Celtes, tantôt celui de Gaulois; néanmoins que le premier était plus général que le second.

Ces opinions, que je ne puis discuter, émises par des hommes compétents, me suffisent pour n'être point obligé de chercher à distinguer les Poteries gauloises des Poteries celtiques. Elles se ressemblent encore plus que les tribus d'un même peuple, et de ce qu'on les désigne, tantôt sous le nom de Poteries celtiques, tantôt sous celui de Poteries gauloises, cela n'établit pas deux sortes de Poteries différentes, mais plutôt des positions géographiques différentes.

ractères et entre eux des ressemblances céramiques très-frappantes.

Cependant si à l'aide de ces caractères il est possible de distinguer avec certitude les Poteries trouvées dans ce pays et auxquelles nous donnerons le nom de *gauloises*, de celles qu'on nomme *scandinaves* et souvent de celles qu'on appelle *germaines* malgré qu'elles se confondent encore quelquefois par les mêmes caractères, il est bien plus difficile de distinguer les unes des autres les Poteries faites par les différentes tribus de ce même peuple, par exemple, celles des Gaulois du sud ou Celtibériens, de celles des Gaulois de l'occident plus souvent nommés Celtes, enfin de celles des Gaulois établis en Angleterre, Poteries désignées par les antiquaires sous le nom de galloises ou de bretonnes; cependant quand il n'y a pas un mélange de peuples et d'ouvriers plus récents, les Poteries gauloises, de quelques pays qu'elles viennent, ont des caractères très-frappants que je vais faire ressortir.

Mais après l'invasion romaine, il est très-présumable que les habiles Potiers romains ont servi de modèles et d'émules aux grossiers Potiers indigènes des pays où ils transportèrent leur industrie et jusqu'à leurs ateliers et leurs fours, et que la pâte, la forme et les ornements se sont un peu modifiés tant dans l'est de la France, que dans le sud et le sud-est de l'Angleterre; delà les Poteries gallo-romaines difficiles à distinguer des Poteries romaines de la seconde et de la troisième série; enfin, les Potiers placés sur les limites de la Gaule et de la Germanie ont aussi comme fondu ensemble leurs procédés et leur style, d'où résulte la difficulté très-grande de distinguer dans ces contrées les Poteries gallo-romaines, des gallo-germaines et même des germaines, ainsi que je viens de le faire voir plus haut.

Néanmoins, sauf quelques exceptions, les Poteries gauloises pures, c'est-à-dire, celles qu'on trouve dans des lieux, des positions et des circonstances qui excluent tout mélange de Poteries d'autre origine, se distinguent très-nettement par les caractères suivants.

J'ai désiré connaître quels en étaient les principaux éléments

La pâte des Poteries gauloises est en général noire ou brune, grossière, sableuse et souvent micacée.

et surtout quelle était la matière qui la colore en noir, et j'ai prié M. Buisson attaché en 1830 au laboratoire de Sèvres, d'en faire l'analyse. Quoique j'attache peu d'importance aux résultats si souvent vagues et inexplicables que donnent de semblables analyses, cette pâte serait composée d'environ :

Silice.	63	Analyse qui s'accorde assez bien avec celle qui a été faite dix ans après par M. Salvétat, et qui est insérée dans le 4ᵉ Groupe, n° 1, du tableau d'analyse de Poteries à pâte tendre, etc., donné au 3ᵉ sous-ordre p. 386 et 467.
Alumine.	19	
Chaux.	07	
Magnésie.	03	
Oxyde de fer.	06	
Charbon.	00,1	
	98,1	

Le charbon est clairement manifesté par la distillation avec l'oxyde rouge de mercure, et cette petite quantité a suffi pour donner à cette pâte la couleur noir foncé qu'elle présente ; mais comment y a-t-il été introduit, c'est ce que j'ai cherché à expliquer en faisant connaître la composition des Poteries mattes à pâte tendre, p. 383, et dont les figures 1, 2, 3, 4 et 5 surtout, 7, de la Pl. XXV, donnent plusieurs exemples. L'urne qui est représentée dans le catalogue du Musée céramique de Sèvres [1] est une des pièces les plus authentiques de la fabrication gauloise que j'appelle pure.

Ces formes sont caractéristiques des Poteries gauloises, et cependant j'ai vu classer sous le nom d'étrusque des vases qui par cette même forme et la couleur de la pâte leur ressemblaient à s'y méprendre.

On en trouve un grand nombre qui ont été faites sur le tour et quelquefois même avec une grande pureté de contour et de détails. Elles appartiennent probablement à une époque plus récente que les autres et qu'on pourrait regarder comme postérieure à l'invasion romaine. On donne souvent le nom de gallo-romaine à celles qui présentent ces qualités. La pièce représentée Pl. XXV, *fig.* 18, pourrait bien appartenir à cette divison.

Il n'y a quelquefois aucun ornement, mais lorsqu'il s'en présente, ces ornements peuvent être employés comme caractères ; ce sont, ainsi qu'on le voit sur les figures, des linéaments formant

(1) M Pl. X, *fig.* 1.

des angles, des zigzags, des croissants; ce sont des points enfoncés ou saillants, *fig.* 1, 2 et 3, des reliefs ou imitation de lettres disposés en zones, *fig.* 4 et 5; ce sont enfin des représentations les plus grossières des faces humaines, Pl. XXVI, *fig.* 1, 3 et 4; mais ici commence la confusion entre les Poteries gauloises et les Poteries germaines, les figures citées paraissant être plutôt caractéristiques de ces dernières que des premières.

On remarquera la grande analogie qu'il y a entre les formes, la matière et la couleur de la pâte des cinq vases figurés Pl. XXV, *fig.* 1 à 5 [1].

On ne connaît pas l'origine précise des trois premiers; mais ils sont des Gaules, et leur caractère est trop tranché pour qu'on puisse se méprendre sur leur origine. Ils ont pour type celui de la *fig.* 5, qui est lui-même une sorte de répétition de l'urne gauloise figurée dans le catalogue du Musée céramique de Sèvres, M Pl. X, *fig.* 1, et qui a été comme trouvé sous mes yeux.

C'est à Delincourt, près de Gisors, dans un lieu nommé le cimetière des Gaulois, qu'il a été découvert, en 1820, par M. de Martel, et donné par M. Coquebert de Montbret au Musée de Sèvres; il était placé dans un cercueil de pierre en forme d'auge. Sa forme est celle de l'urne de la *fig.* 5; il a 12 centimètres de hauteur sur 12 d'ouverture.

Sa pâte, qui a tous les caractères que j'ai énumérés plus haut, sa forme, ses ornements très-remarquables, pourront servir de type authentique pour déterminer les vases qu'on peut rapporter aux Gaulois de la même époque. Un vase du musée de Bonn, rapporté également aux vases gaulois, diffère un peu de ceux-ci par la forme, mais il s'y rattache par la nature de la pâte.

Ces vases faits, à ce qu'il paraît, dans la même période de temps et d'après les mêmes principes, seraient, avec les armes en pierre de différentes natures qu'on nomme tantôt *céraunite* et tantôt *casse-tête*, les restes les plus anciens de l'industrie gauloise.

(1) Celui de la *fig.* 1 vient du cabinet du grand-duc de Darmstadt; la *fig.* 2 est tirée du t. II du *Cours d'Antiq. Monum.* de M. de Caumont, il est en terre grise; la *fig.* 3 est prise sur le vase de la Bibliothèque de Strasbourg; M. Sweighœuser en possède un plus petit parfaitement semblable; la *fig.* 4, de la Bibliothèque royale de Paris, et la cinquième du Musée royal. Voyez d'ailleurs l'explication des planches.

Cette Poterie grossière à texture lâche, facile à entamer avec le couteau, à surface souvent raboteuse, presque toujours noire, quelquefois grise, est en général très-fragile. On conçoit alors que des pièces en terre à peine cuite, d'objets aussi fragiles, doivent être fort rares; celles qu'on découvre de temps en temps se trouvent assez ordinairement ou dans de véritables tombes avec des squelettes ou des restes de squelettes, ou dans des positions qui indiquent qu'ils ont été enfouis dans des tombeaux. Ces vases pouvaient être aussi employés à certains usages domestiques; quelques formes, comme celle de la tasse, *fig.* 10, de la bouteille, *fig.* 6, semblent l'indiquer.

Plusieurs des ornements en creux qu'on remarque sur ces vases évidemment gaulois, tels que sur celui de la figure 5 et sur celui de Gisors, décrit plus haut, sont ou réellement des ornements, ou des caractères d'écriture. Leur netteté, leur exacte répétition dans une même frise porteraient à croire que ce sont plutôt des ornements, et qu'ils ont été appliqués par une sorte d'estampage, emploi bien remarquable d'un procédé dont la délicatesse ne s'accorde guère avec la haute antiquité de ces vases faits en des temps où les arts industriels devaient être dans l'enfance. Cependant, comme je l'ai déjà fait remarquer ailleurs, ils offrent dans leur façonnage une autre circonstance, c'est d'avoir été fabriqués au tour. Tous ceux que j'ai eu occasion d'examiner en portent l'empreinte évidente. On y voit les lignes en spirale des mains ou de l'estèque du tourneur, et lorsque le pied du vase n'est pas excavé, il porte, de la manière la plus distincte, l'empreinte de l'instrument coupant que le tourneur appelle s c i e, et qui sert à détacher le vase de dessus la girelle ou tête de tour.

C'est également dans des tumulus que se trouvent les vases gaulois, c'étaient donc aussi des vases funéraires, et je ne connais de bien authentique parmi les vases attribués à ces peuples que des urnes qui avaient ou devaient avoir cette destination. On en cite néanmoins d'une très grande dimension en Auvergne, et qui pouvaient servir aux mêmes usages que les grands cuviers qu'on fait dans le pays.

Bretonnes. — Je ne donne qu'un exemple de ces Poteries an-

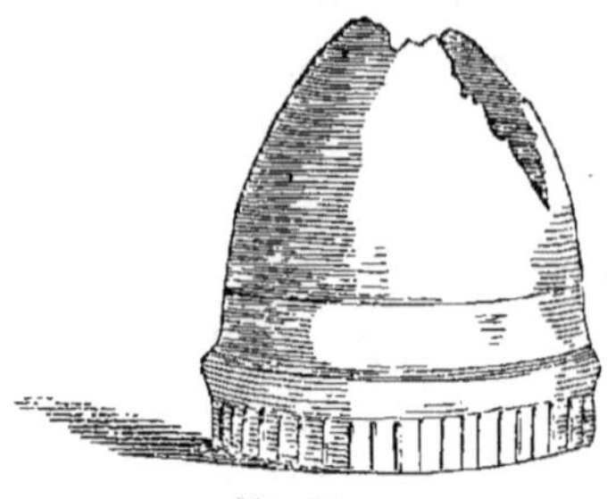
N° 39.

ciennes, si difficiles à distinguer des Gauloises et même des Romaines, dans l'urne trouvée à Buxton-Common, à 9 milles au N. de Norwich. Elle était en Poterie grossière, friable, à peine cuite. Elle avait cela de particulier, qu'elle fut trouvée renversée et recouvrant un petit tas d'ossements calcinés. Plusieurs urnes du même style étaient disposées de même.

France. — Aux Poteries mattes et aux Poteries seulement lustrées qui ont été fabriquées les unes par les Gaulois, les autres par les Romains et très-probablement par les Francs eux-mêmes dans les diverses provinces dont la réunion forme la France actuelle, ont succédé des fabrications de Poteries françaises, d'abord mattes, et dont il ne reste de débris que ceux qu'on trouve dans quelques tombeaux qui appartiennent à des temps presque modernes, ensuite celles qu'on fabrique dans quelques parties de la France soit seules, soit en concurrence avec des Poteries vernissées. Je vais choisir parmi cette fabrication, si peu importante et cependant si répandue, les exemples et les faits qui me paraîtront avoir quelque intérêt.

Allier. — On y fait deux sortes de Poteries mattes bien différentes les unes des autres (1).

L'une à Lurcy-le-Sauvage, dans les environs de Moulins, est à pâte rouge un peu micacée fort dure, très-voisine des grès, mais façonnée grossièrement.

L'autre est à pâte très-noire extérieurement, grisâtre intérieurement, dure, à façonnage assez soigné. Elle se fabrique à Cessel, dans les environs de Gannat.

On fait enfin dans ce même lieu des cruches ou buires en pâte jaune brunâtre assez minces, assez sonores, qui sont presque des hydrocérames ou cruches à rafraîchir.

Puy-de-Dôme. — J'ai déjà parlé des Poteries noires de ce département en traitant des grands cuviers dans la première divi-

(1) Voir *Mus. Céram.*, M, Pl. XI, *fig.* 8, de Moulins; — *fig.* 12, de Cessel.

sion des Poteries de cet ordre. On fait aussi à Saint-Pourçain-de-Bord, à Lezoux, à Bourzy, des petites et moyennes pièces, comme coquemars, poêlons, casseroles, en pâte complétement noire, avec un lustre dans lequel on voit briller comme des grains d'anthracite ou de graphite. Cette pâte est très-dure, assez sonore et ressemble à de la fonte (1).

Haute-Garonne. — **Agen.** — Poteries à pâte rougeâtre, très-sonore, pièces minces, bien tournées.

Hautes-Pyrénées.—**Tarbes.**—Pâte rougeâtre, très-micacée. Des pièces assez épaisses sont quelquefois faites à la main sans le secours du tour.

Ordizan, près Bagnères-de-Bigorre.—Pâte brun rougeâtre, pâle, tendre, absorbante, micacée comme la précédente. La plupart des pièces faites dans ce village sont façonnées à la main, même les rondes. Elles sont cuites en plein air, au moyen de la flamme des tas de feuilles de fougère dont on les entoure. Cette manière de cuire donne aux paillettes de mica blanc une couleur jaunâtre métallique qui les fait ressembler à des paillettes d'or (2).

Loire-Inférieure.—**Labollay.** —Poteries à pâte presque noire, avec quelques places rougeâtres, ce qui indique que c'est l'enfumage qui leur donne la couleur noire, car la pâte est rouge. Mais cette teinte noire, également répandue, est en dedans de la pièce et en dessous du pied. L'enfumage a donc pénétré partout et couvert tout d'une couche très-mince de couleur noire.

La pâte est dure, absorbante, et cependant assez sonore. Les grandes pièces que j'ai vues sont minces, bien tournées, et d'une forme assez pure.

Ile-et-Vilaine.— **Malansac.**— Pâte rouge jaunâtre passant au brun, fine, micacée, sonore. Façonnage très-délicat, exécuté par des femmes.

Loire-Inférieure. —**Herbignac.** —Grandes buires rougeâtres, légères, avec des places rendues noires par l'action du feu. Pâte assez dure et sonore (3).

(1) *Mus. céram.*, M, Pl. xi, *fig.* 1, grande cruche à eau de Bourzy.

(2) *Mus. céram.*, M, Pl. xi, *fig.* 4, espèce de marmite en pâte rougeâtre micacée. Échantillons et renseignements donnés par M. Boubée.

(3) La figure 3 de la Pl. xi du *Mus. céram.* représente une de ces buires.

Morbihan. — **Rieux.** — Les pièces de Poteries mattes sont aussi très-légères, à pâte rougeâtre, solides, quoique minces et très-sonores.

On voit ici le besoin de l'ornementation par deux lignes saillantes, étroites, dentelées, un peu courbes, et descendant obliquement de l'angle de réunion du col sur la panse jusqu'à sa moitié. Ce sont des femmes qui les fabriquent.

Oise. — **Environs de Beauvais, Savignies, Saint-Samson.** — C'est le pays des Poteries de grès-cérames; on y fait aussi des Poteries à pâte rouge qui, sans être un véritable grès-cérame, participe un peu de sa dureté. Elles sont façonnées de la manière la plus grossière. C'est avec les lits d'argile supérieure, d'un beau rouge, et remplis quelquefois de pyrites, qu'on fait cette laide et informe Poterie.

Espagne. — **Estramadure.** — On fait en Estramadure une Poterie noire de charbon, très-remarquable par cette couleur, ses formes et ses ornements. Le fond de la pâte est grisâtre, la surface est d'un noir de charbon ou plutôt de coke, avec des parties qu'on a laissées mattes, et d'autres qu'on a rendues luisantes par un polissage antérieur à la cuisson.

Ces Poteries, dont une sorte de petite buire à deux ouvertures a été figurée Pl. XII, *fig* 5, du catalogue du Musée de Sèvres, est enrichi, comme le montre cette figure, d'ornements saillants en bandelettes dentelées semblables à ceux qu'on voit sur le cuvier à lessive représenté Pl. XI, *fig.* 2.

La pâte est peu dure, absorbante dans les parties polies comme dans les parties mattes.

Zamora (royaume de Léon. — Cette Poterie est remarquable par sa ténuité, sa légèreté, son parfait façonnage. Sa pâte est d'un jaune pâle presque doré; elle est remplie de mica talqueux qui lui donne un véritable éclat. Elle est peu dure, néanmoins très-sonore. On en fait des coquemars.

Il paraît qu'elle a été faite avec la partie argileuse du kaolin, qu'on trouve à Zamora.

Nouvelle-Castille. — **Madrid.** — La Poterie grossière que l'on fait à Madrid semble être blanche; mais en mettant à nu l'intérieur de la pâte, on voit qu'elle est rougeâtre et qu'on doit attribuer la couleur blanche très-faiblement jaunâtre de l'extérieur à une engobe d'argile blanche. Cette pâte est assez fine et tendre.

On fait aussi en Espagne, en pâte rougeâtre de nature analogue à celle de nos Poteries de grès, mais beaucoup moins dure, des pots qu'on appelle Noyas, et qui, attachés à la corde des espèces de machines hydrauliques que nous nommons Noria, servent à monter l'eau. (Voyez Musée céram., M, Pl. XII, *fig*. 3.) Cette Poterie matte perméable est cependant très-sonore, car les clochettes que l'on pend au col des vaches, et qui ont en effet un son très-clair, sont faites de cette pâte ou rouge ou jaunâtre.

Cette sonorité est une assez singulière faculté dans une pâte aussi poreuse; nous la retrouvons dans plusieurs pays. Ainsi, le Musée de Sèvres possède des sifflets sous toutes sortes de formes venant du Montferrat en Piémont, de Bidache Hautes-Pyrénées, de Valparaiso et du Pérou antique, qui ont un son très-aigu; des flûtes à bec, percées de trous, sur lesquelles on peut moduler quelques airs, et des trompettes à pavillon, qui sont fabriquées à Truxillo, au Pérou, avec une pâte analogue à celle des clochettes d'Espagne et des Pyrénées. On fait aussi avec ces mêmes pâtes, mais plus dures et denses, des cornets à rappeler les bestiaux, à Savignies (Oise).

Cette sonorité n'est pas tout à fait la même que celle dont j'ai parlé aux propriétés physiques des pâtes céramiques après la cuisson (art. III, § 1, p. 279). Celle-ci se manifeste par la percussion ou choc dans des pâtes dures. Celle de la pâte dont il est ici question, qui est assez grossière et perméable, mais très-homogène, se manifeste par la vibration de l'air; car par le choc cette pâte ne donne qu'un son sourd.

Pendant que je traite d'une sonorité qu'*à priori* on n'aurait guère prévue, je dois ajouter que, profitant de cette propriété, on fait en Andalousie les caisses presque hémisphériques de Sambonbas, espèce de tambour dont on se sert aux fêtes de Noël.

Portugal. — J'ai à citer dans cette division des Poteries mattes à pâte tendre, deux sortes de Poteries assez remarquables; les unes fabriquées à Estremos, dans l'Alentejo, ont une pâte dure d'un rouge agréable, tirant tantôt sur le rosâtre, tantôt sur le brun rougeâtre. On en fait des bouteilles légères, semblables aux bouteilles de verre; elles ont un lustre qui les fait d'autant plus ressembler à des bouteilles de grès-cérame, que la pâte est assez dure et très-sonore; mais en y regardant avec quelque attention, on voit que le lustre est dû à un véritable poli donné à la surface de la pâte encore crue, en agissant avec le polissoir de haut en bas.

Les autres, du même lieu, d'une pâte d'un rouge encore plus vif, sont remarquables par leur genre d'ornementation. Ce sont des espaces rhomboïdaux de hachures profondes, sous plusieurs inclinaisons, puis des petits boutons, ou plutôt des boulettes de la même pâte, appliquées sur la pièce, et garnies chacune de trois fragments de quarz blanc disposés en triangle. Le dessous du pied présente ces mêmes hachures disposées très-symétriquement, tant a été porté loin le goût de l'ornementation.

Les paysans du Val d'Ilhavo, près Aveiro, fabriquent avec une rare perfection de façonnage sur le tour, du moins pour les pièces que j'ai vues, des Poteries et principalement des coquemars en pâte noirâtre remplie de paillettes de mica blanc qui font un très-riche effet sur le fond.

Ces Poteries sont légères, minces, assez sonores, quoique absorbantes et peu dures. Elles portent le nom de terre à feu à cause de leur faculté d'aller sur le feu sans se briser [1].

Fabrication Extra-Européenne.

Généralités.

Il est assez remarquable que la plupart des Poteries fabriquées par les indigènes de l'Asie, de l'Afrique et des deux Amériques, par ceux du moins qui ont conservé la tradition de l'art telle qu'elle leur a été transmise par leurs pères, aient à peu près le même aspect, le même mode de composition, les mêmes propriétés principales. Ainsi, toutes ces Poteries à pâte tendre

[1] Les figures 1, 4 et 8, de la planche XII du Mus. cér., représentent des Poteries mattes modernes de Portugal, fabriquées à Estremos dans l'Alentejo.

sont généralement ou rouges ou noires; leur pâte tantôt assez grossière, tantôt fine a toujours une texture lâche; elle est par conséquent peu sonore, fragile, perméable.

La base de cette pâte est en général un limon d'atterrissement soit ancien, soit moderne, laissé par les grands cours d'eau qui traversent le pays; si ces cours d'eau viennent de terrains à roches micacées, le limon qu'ils ont déposé renferme des paillettes de mica et la pâte des Poteries en contient aussi qui fait l'effet de petites paillettes d'or, telle est celle des Indes Orientales. Un mélange de limon argileux avec un limon plus sablonneux, donne à cette pâte le liant nécessaire pour être facilement travaillé; du sable tiré des mêmes terrains, est la matière dégraissante lorsque le limon est trop argileux.

C'est sur le tour ou plutôt, sur la roue du Potier que ces pièces sont tournées, mais dans l'ancien continent seulement et quelquefois avec une pureté de contours très-remarquable; quelques-unes sont ornées de côtes ou gaudrons saillants, disposés avec assez de symétrie et de régularité; en général comme ces Potiers n'ont point de moules pour les garnitures, celles-ci faites à la main, sont souvent grossières et très-irrégulières.

Il y a presque toujours deux sortes de Poteries, les rouges ou brun rouge et les noires ; il paraît par l'aspect de ces dernières et par ce que j'ai appris de leur mode de fabrication qu'elles doivent leur couleur noire à un enfumage comme les Poteries de Magnac, etc., citées plus haut, page 394.

Cet assortiment de Poterie rouge et de Poterie noire se présente sur tous les parages de l'Inde, comme on va le voir plus bas à l'aide des échantillons que le Musée céramique de Sèvres doit au zèle éclairé de ce jeune marin si regrettable, M. Jules de Blosseville, et à l'obligeance persévérante de M. le contre-amiral Laplace.

Ils offrent, comme cette description le montrera, une similitude de fabrication qui permet d'établir les généralités que je viens de présenter; aucun de ceux qui sont faits suivant la méthode qu'on peut appeler indigène, ne présente de vernis plombifère, ils sont luisants par frottement ou par enfumage; quelques-uns sont garnis d'ornements les uns comme sculptés, les autres évidemment imprimés avec des espèces de cachets (ceux de Trinquemalay).

La plupart de ces Poteries sont à peine cuites, et il paraît qu'il n'y a pour cette opération aucun four proprement dit, on les réunit en tas et on les entoure de combustible.

Le peu que nous savons de la fabrication des Poteries en Afrique, nous montre que ce sont encore des Poteries grossières, faites en Égypte avec le limon d'atterrissement du Nil, au Sénégal, avec une terre rougeâtre et donnant des vases sans glaçure et très-peu cuits, tantôt rouges, tantôt noirs et quelquefois gris, lorsqu'ils ont été à peine cuits, comme le sont les Balasses Égyptiennes.

Les vases et Poteries qu'on a faits et qu'on fait encore chez les indigènes des deux Amériques, offrent et la même pâte lâche et la même couleur dominante; le rouge sale et le noir avec l'absence de vernis et une cuisson au moins aussi faible que celle qu'on a fait remarquer chez plusieurs peuples de l'ancien monde. Les matériaux paraissent être à peu près les mêmes; néanmoins, les Poteries de ce continent que la manufacture de Sèvres possède dans sa collection [1] ne montrent pas autant de mica que celles de l'Inde.

La pâte a souvent une texture très-grossière, mais leur fabrication encore plus imparfaite que dans l'ancien continent, présente une différence très-remarquable avec celle des Poteries asiatiques; il est certain que le tour à Potier n'était connu nulle part dans les deux Amériques et qu'il ne l'est pas encore chez les Potiers indigènes. Toutes les pièces se fabriquent à la main; les Potiers, ou les femmes quand ce sont elles qui se livrent à ce travail, pétrissent la pâte entre leurs mains, elles façonnent et amincissent les parois des vases avec les mêmes moyens; aussi, voit-on plus de pièces ovales ou non circulaires dans ce pays, que je n'en ai vu provenant de l'ancien continent; au reste, il est aisé de reconnaître sur les pièces rondes qu'elles n'ont point été faites au tour; cette remarque, et ce que j'ai pu apprendre de diverses personnes qui ont visité ces contrées, me permet d'as-

(1) Elle les doit principalement à M. Roulin et à M. d'Orbigny.

surer que le tour ou la roue du Potier étaient absolument inconnus en Amérique et que ces instruments n'ont même pas été introduits par les artisans européens dans les lieux éloignés des grandes villes et habités par les indigènes.

Après ces considérations générales que j'ai cru devoir étendre à tout ce qui n'est pas fait par les peuples de la race caucasique, quelques contrées de la terre qu'ils aient habitée, parce que cette race a porté partout avec elle ce qui résultait de son organisation, tant de celle du siége de la pensée, que de celle de ses membres, je vais parcourir les différentes parties de la terre et faire ressortir les différences que présentent les Poteries qu'on y fabrique et les procédés qu'on y suit.

Je ferai remarquer encore que c'est principalement sur les Poteries à pâte tendre et à surface matte, que je dois établir les comparaisons, car ce sont les premières faites, celles que tous les hommes sachant manier une terre molle et plastique, ont pu faire, celles que l'on trouve partout et d'autant plus abondamment que les peuples sont plus éloignés d'une civilisation avancée, toujours accompagnée d'une industrie perfectionnée.

Je passe très-naturellement des Poteries de l'Orient de l'Europe, de cette grande partie qui se prolonge et se fond dans l'Asie, aux continent et îles asiatiques.

Asie.

Asie mineure.—**Anatolie**. — Poterie rouge à pâte fine assez bien cuite, sonore, ornements en linéaments ; des bouteilles qui tiennent bien l'eau d'Ak-Kueüe.

Smyrne. — Deux sortes de Poteries : l'une assez grossière, rougeâtre, mal façonnée, peu dure, très-absorbante, avec de grossiers ornements en relief rehaussés d'un vernis vert plombifère et des zones blanchâtres.

L'autre, noirâtre très-micacée, dont on fait des espèces d'Écuelles comme celles de Brousse.

Brousse. — Poterie très-grossière à pate très-rougeâtre et comme bronzée extérieurement, quelquefois noirâtre intérieurement.

Elle est comme pétrie de mica, et c'est ce mica pulvérisé qui lui donne un brillant pailleté dans la cassure et un lustre comme bronzé à la surface. On dirait que la pâte est faite avec un micaschiste argileux broyé; elle présente une structure presque feuilletée qu'elle doit au mica. Le schiste avec le mica sont devenus rouges par l'action du feu. Cette Poterie n'a, malgré sa cuisson, qu'une très-faible consistance dans le sens parallèle à ses faces. Le mica tient bien; le frottement, avec un linge même mouillé, ne l'enlève pas.

On en fait des plats plus ou moins profonds et des casseroles qui vont fort bien sur le feu. Ce sont les ustensiles culinaires ordinaires de la population; elles sont moins perméables à l'eau qu'on ne devrait s'y attendre.

Arabie. — Hedjas, La Mecque. — Poterie à pâte blanc jaunâtre pâle, paraissant absorbante; elle est assez dure. Tournée. (Cruches ou plutôt bouteilles à eau, etc.)

Djedda. — Il y a deux sortes de Poteries qui me paraissent bien distinctes.

La première, à pâte rougeâtre, fine, assez dure, assez cuite, est néanmoins très-absorbante, et cependant on en fait des vases culinaires qui sont d'une tout autre forme que ceux de Hedjas. Les pièces que j'ai sous les yeux, quoique rondes, ne sont pas faites sur le tour. Destinées à aller sur le feu, elles n'ont point de pieds; leur fond est en calotte sphérique.

La seconde pâte, rougeâtre, grossière, sableuse, très-micacée, très-tendre, très-perméable; son sourd.

Terrines ornées de linéaments larges ou espèces de zones croisées, ondulées, etc. Tournées, au moins sur les bords fort arrondis.

Has, dans l'Yémen. — Pâte encore plus rouge à l'extérieur avec des linéaments et zones noirs. D'ailleurs même dureté, même façonnage, même destination que la précédente. (Cafetières de terre cuite pour faire le café par ébullition, Pl. XII, *fig.* 10.)

A Sana. — On fait pour les pipes, nommées *houka*, des têtes en Poterie rouge très-dure, mais absorbante, très-bien façonnée sur le tour et enrichies de petits ornements en creux faits avec des poinçons ou des estampilles.

Indes. — La plupart des Poteries des Indes orientales, de ces contrées si voisines de la Chine où presque toutes les Poteries sont couvertes de glaçures diverses, appartiennent cependant aux Poteries sans glaçure réelle.

Elles se divisent en deux séries, les unes à pâte généralement rouge ou jaunâtre, les autres à pâte noire; les premières sont les plus abondantes.

Leurs formes ont entre elles certaine ressemblance. (Mus. céram., M Pl. XVI.) Ce sont, en général, des vases bas à large ouverture, des bouteilles sphéroïdales à long col; mais ce qui se fait remarquer plus particulièrement, c'est l'absence de pied et même de base plane. La plupart des vases d'usage domestique sont terminés en calotte de sphère, ce qui indique leur usage culinaire pour la cuisson du riz, en les rendant propres à être placés sur les fourneaux et à recevoir plus convenablement l'action du feu.

Ils sont presque tous minces, par conséquent légers et très-bien tournés.

On augmente la densité de la pâte dans la partie qui fait le fond des pièces destinées à la cuisson du riz et des autres aliments en comprimant cette partie par le moyen suivant: Le Potier introduit dans l'intérieur de la pièce une sorte de tampon A en pierre dure à surface très-unie, qui est comme un noyau sur lequel il va mouler sa pièce par voie de tamponnage. Il opère cette sorte de moulage à l'aide d'un battoir en bois assez dur B.

Je donne, n° 40, la figure de ces deux instruments et j'ai fait connaître leur mode d'action d'après les objets et les renseignements qui m'ont été donnés par M. de Blosseville.

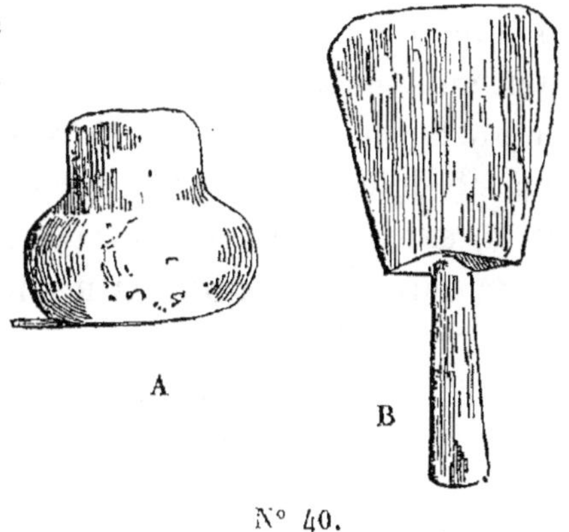

N° 40.

Plusieurs de ces poteries sont à peine cuites et d'autres ne le sont pas du tout. Ces dernières pièces ont la forme de petites soucoupes minces en segment de sphère, sans pieds; elles sont aromatisées avec du musc. Les Indiens, et notamment les femmes, achètent ces petites galettes argileuses et aromatisées pour les manger ou au moins les croquer.

Chandernagor. — On y fabrique deux sortes de Poteries; une brun rouge foncé, très-solide, assez dure, mais qui cependant se laisse rayer, et une noire plus abondante et beaucoup plus remarquable par sa couleur noir pur ou noir tirant sur le brunâtre. Mais ces couleurs foncées ont un brillant dû à un lustre qui a un éclat semblable à celui de l'anthracite quand il est noir, et du diamant noir quand il a une teinte brune. Ce lustre extrêmement mince, est très-solide; le frottement ni avec le linge sec, ni avec le linge mouillé, ne lui enlève rien; on ne peut l'attribuer à la seule action du feu sur une pâte noire, par du charbon ou par du fer, car on remarque : 1° qu'elle n'est noire ni dans l'intérieur, ni sous le pied; 2° que cette couleur noire manque dans certaines parties exposées à la flamme qui les entourait; 3° que ce lustre a été liquide, puisqu'on voit, qu'il a coulé sur des parties restées mattes. (Pl. LVII, *fig.* 1 [1].) Il est si mince qu'il n'a pas été possible d'en déterminer encore la nature; mais il est certain qu'il ne peut être dû à du graphite; car toutes les Poteries qui doivent leur lustre à cette substance déposent par frottement une teinte noire sur le linge.

La pâte des Poteries de Cossépaleon, près Pondichéry, est composée d'un sable grossier, impur, en partie siliceux, en partie granitique et de limon argileux d'atterrissement, brunâtre, un peu micacé. On y fait également deux sortes de Poteries : l'une à pâte d'un rouge sale très-pâle, rendu d'un beau rouge par un enduit ou engobe mince d'ocre rouge mise au pinceau à l'extérieur; le façonnage au tour est très-parfait en ténuité ou minceur et pureté de contours. La décoration consiste en cordons, filets saillants et ornements comme gravés en creux. La pâte assez cuite et assez dure, très-sonore est néanmoins absorbante, par conséquent perméable.

L'autre est noirâtre, même quelquefois d'un beau noir luisant à la surface extérieure; assez dure, assez cuite et cependant absor-

[1] Le Musée de Sèvres possède plusieurs pièces de Poteries noires de l'Inde qui indiquent que le lustre noir est dû à un enduit liquide ou liquéfié; mais aucune ne m'a paru le prouver d'une manière plus évidente que celle que j'ai fait figurer sur la planche LVII. Comme cette preuve de liquidité se montre en dedans de la pièce mieux que partout ailleurs, il a fallu, pour la faire voir, scier cette pièce en deux parties.

bante. Elles sont aussi bien façonnées que les pièces précédentes.

A Karical, sur la côte au sud de Pondichéry, on fabrique une Poterie d'un rouge brunâtre dont on fait des espèces de coupes, lampes, etc., destinées à être placées dans les pagodes. La pâte est assez solide quoique peu cuite. Ces pièces sont couvertes d'un enduit talqueux métalloïde d'un éclat et d'une couleur absolument semblable tantôt à de l'or massif et tantôt à de l'argent. Cet enduit résiste assez bien au frottement des doigts, mais il s'enlève en partie avec le linge sec et complétement avec un linge mouillé.

Calcutta. — Poterie à pâte rougeâtre sale, assez fine, légère, très-micacée, assez bien façonnée au tour. Faiblement cuite, peu dure, absorbante, avec un enduit brun rouge, mince, non glacé, inégalement mis au pinceau.

Pegu. — Les Poteries de Rangoun, à l'embouchure de l'Ava, sont les unes noires, les autres à pâte très-rouge, assez fine et légère, sonore, mais son sourd; elles sont peu dures et peu cuites, très-absorbantes.

Très-bien façonnées au tour, portant des ornements saillants qui paraissent avoir été faits avec des cachets sur lesquels ils étaient gravés en creux.

Ces Poteries semblent se ressentir du voisinage de la contrée d'où sont sorties depuis des siècles tout ce que les arts céramiques ont produit de plus beau et de plus parfait. Le vernis plombifère verdâtre sale y est souvent employé. La pâte est plus dense et plus cuite que celle des autres Poteries indiennes.

Cochinchine. — Poteries à pâte très-rouge assez fine, assez dure, légère. Peu cuite, absorbante, façonnage bon, fait au tour.

Manille (île de Luçon). — Je connais deux sortes de Poterie tendre, matte de cette ville.

L'une, qui paraît plus réellement indigène que l'autre, est aussi en pâte rouge, mais sale et grossière et tout à fait matte; elle est très-dure, assez sonore, et cependant très-absorbante.

Le façonnage est fait au tour.

L'ornementation me paraît consister, du moins sur les pièces que j'ai sous les yeux, en lignes courtes et en points ronds faits en argile blanche.

La seconde sorte, par sa ressemblance complète avec les Poteries de l'Amérique fabriquées par les Espagnols, paraît avoir été importée par ce peuple dans les îles Philippines; mais les pièces que nous avons reçues de différents voyageurs qui nous ont assuré qu'elles étaient fabriquées à Manille et non importées ni du Brésil ni du Mexique, ne peuvent me laisser de doute.

On verra à l'article des Poteries d'Amérique le développement des caractères que présente cette Poterie à pâte rouge luisante par polissage, dans son façonnage à la main, son ornementation en blanc et ses formes lourdes.

Ceylan. — Les Poteries de Trinquemalay ressemblent beaucoup sous tous les rapports de couleur, dureté, perméabilité de pâte à celles de la côte orientale de l'Inde. Leur pâte est, comme dans celles-ci, composée d'un limon argileux brun rougeâtre. Elles sont, comme elles, recouvertes entièrement d'un enduit talqueux bronzé, mis par frottement.

Certains vases à forme et fond sphéroïdal ont le fond fait à la main; mais le goulot circulaire est fait au tour. Ils sont destinés à mettre des fleurs et enrichis sur l'épaule d'ornements en creux faits avec des poinçons.

Java. — Poterie rougeâtre, très-pâle et sale; à pâte fine, légère, serrée, peu absorbante; très-bien façonnée sur le tour; bien cuite, assez dure.

Des ornements simples composés de zones, filets et bordures sont faits avec de l'ocre rouge rendue adhérente par le feu.

Une espèce de poêlon rapporté de Batavia a dans l'intérieur un enduit jaunâtre mis inégalement au pinceau.

A Andromayo, la pâte des Poteries est polie avant la cuisson.

A Bantam, les théières et autres pièces semblables sont polies avec une corne, un morceau de bambou, ou même une pierre polie [1].

Sumatra. — Poterie pâle, rouge brun, assez fine, peu dure, peu cuite, très-absorbante; très-bien façonnée au tour. Des orne-

[1] Communication du Javanais accompagnant M. Diard.

ments en creux, perles, linéaments simples; et en relief des cordons.

Ce sont principalement des bouteilles à eau qui servent en même temps à la tenir fraîche.

Les Poteries de cette sorte se font principalement à Palembang, sur la côte orientale de Sumatra.

L'argile employée est micacée, assez solide pour qu'on en fasse les buses de soufflets pour les fourneaux à fondre le minerai d'étain à la catalane.

On les cuit dans des espèces de fours cylindriques de 3 mètres de diamètre et à murs droits, de 1 mètre à 1 mètre 50 cent. de hauteur. Il y a quatre bouches de foyer par lesquelles on fait entrer le combustible. Les grandes pièces sont placées sur le sol. Les moyennes et petites sur des briques disposées en arceaux sous lesquels on place le bois. Lorsque ce fourneau est rempli jusqu'au niveau des murs verticaux, on couvre les pièces avec un lit de paille de riz qui brûle, mais qui est assez naturellement chargé de silice pour former une sorte de voûte poreuse assez solide [1].

Afrique.

Poteries Égyptiennes. — On a fait en Égypte trois sortes de Poteries, non pas dans le même temps, mais à des époques différentes; toutes sont à pâte tendre.

1° Des Poteries complétement mattes, à pâte grise, rougeâtre, ou même noire.

2° Des Poteries à pâte presque dure, lustrée, soit par le polissage, soit par une glaçure si mince, que son épaisseur n'est pas appréciable.

3° Des Poteries à pâte blanche, sableuse, mais toujours tendre, susceptible de recevoir une très-brillante glaçure, et qu'on a nommée improprement P o r c e l a i n e; c'est celle que l'on regarde comme la plus ancienne.

Je vais les examiner successivement; mais pour ne pas trop disperser des fabrications dont les unes ont eu un grand in-

[1] Communication de M. Diard.

térêt, mais qui ne se font plus, dont les autres ont une fabrication très-restreinte et peu remarquable, je ne renverrai pas chacune de ces sortes à son ordre céramique, l'intérêt qu'elles peuvent offrir portant principalement sur les pays où on les a faites. Je traiterai donc, sous le nom de Poteries Égyptiennes, de tout ce qui s'est fait en Égypte, tant dans l'antiquité que dans les temps modernes, sauf à les citer simplement à l'ordre céramique dans lequel on doit les classer.

Première sorte. — **Les Poteries mattes égyptiennes antiques** peuvent encore se diviser en deux variétés différentes de pâte et d'époque. Les unes et les autres consistent en vases, en vaisseaux et en ustensiles de formes assez variées.

On remarquera que ces peuples, si originaux dans leurs instruments, leurs costumes, leurs statues même, et surtout dans leur architecture, n'ont laissé aucun caractère frappant dans la forme de leurs vases et ustensiles céramiques, comme l'ont fait les Chinois, les Grecs, les Germains, les Gaulois, les Romains, les Mexicains et les Péruviens; on peut s'en convaincre en étudiant les Pl. LXXV et LXXVI du grand ouvrage sur l'Égypte. On ne peut extraire des nombreuses pièces qu'elles représentent que douze à seize formes assez particulières à l'Égypte. J'ai réuni sur la planche XXII les formes qui m'ont paru les plus caractéristiques [1], on verra, à l'encontre de ce qui s'observe dans les Poteries grecques, romaines, etc., qu'il n'y a aucun style de forme particulière aux Poteries égyptiennes anciennes qui ne se retrouve dans les Poteries modernes.

Je ne parle ici que des ustensiles et vases de terre cuite, car on a représenté, sur les murs des tombeaux de Beni-Hassan, un grand nombre de vases très-ornés, et de formes tout à fait particulières à l'Égypte, par conséquent caractérisées par leur style comme le sont les formes de tous leurs meubles, etc.; mais non-seulement rien ne nous dit que ces vases fussent en matière

(1) Voyez aussi la planche XXI de ce Traité, les figures 1, 2, 3, 4, 5, 6 et 10, qui représentent des Poteries égyptiennes de diverses époques, et la planche du *Mus. céram.* M Pl. XIV. Tout ce que renferme cette planche appartient à la fabrication céramique égyptienne antique. L'explication, à la fin du 2e volume, fera connaître les détails des planches XXI et XXII.

céramique, tout nous indique au contraire qu'ils étaient en métal émaillé; car on n'a jamais trouvé, que je sache, en Poteries antiques, rien qui se rapprochât de ces formes; peut-être même n'étaient-ce que des représentations de vases qui n'ont point été exécutés; je n'ai vu non plus aucun vase, grand ou petit, en métal ou en pierre, qui rappelât ces formes si particulières, et M. Léon de Laborde m'a confirmé cette opinion négative.

Ces vases auraient cependant produit un bel effet en exécution. J'ai fait copier en porcelaine, à Sèvres, d'après les dessins relevés dans les tombes par M. Champollion, et qu'il a eu la bonté de me confier, trois ou quatre de ces vases, et ils ont, par leur style particulier, piquant sans être baroque, attiré l'attention des artistes ornemanistes et des gens de goût; on en trouvera la représentation Mus. céram. P, Pl. III, *fig.* 5, et Pl. IV, *fig.* 4 et 5.

Si l'on juge de la nature de la pâte des Poteries mattes ou lustrées de l'ancienne Égypte, par celle dont on se sert actuellement dans ce pays, et dans les contrées voisines, comme à Constantinople et dans d'autres parties de la Turquie, ce devait être une argile assez pure, assez onctueuse, facile à travailler sur le tour, et même à modeler et à tailler. Les Poteries de cette sorte sont ou rouges et un peu purpurines à l'extérieur quand elles sont peu cuites, ou d'un rouge jaunâtre quand elles sont plus cuites (1); mais leur pâte est d'un jaune sale; leur couleur purpurine est due à du peroxyde de fer, peut être naturel, peut-être-artificiel, qu'on enlève facilement avec un linge mouillé sur la pièce peu cuite.

Elles sont très-absorbantes, cependant l'eau ne les traverse pas, même au bout de quarante-huit heures. Les vases que j'ai vus et essayés sous le rapport de leur perméabilité, après avoir été remplis d'eau se couvrent en séchant d'une efflorescence blanche et saline.

Une autre particularité de ces Poteries, c'est de se laisser

(1) Pl. XXI, *fig.* 2, 3, 4, 5 et 10. — Les Poteries anciennes sont lustrées plutôt par polissage que par glaçure appliquée; elles donnent une idée de la couleur de la pâte, le lustre avivant plutôt qu'il ne cache cette couleur.

polir, soit avec l'ébauchoir, soit avec une étoffe de laine ou avec de la peau, et de conserver ce poli après la cuisson à une température qui est à peu près celle de nos moufles.

Presque toutes les Poteries égyptiennes que l'on fait encore sont dépourvues de vernis; il n'y a que peu de temps qu'on a fait des Poteries vernissées par les procédés européens.

On trouve aussi dans les tombes égyptiennes quelques pièces de Poteries noires antiques qui ont été recouvertes dans certaines places d'un vernis noir souvent de nature organique.

Le vase biforme, représenté Pl. XXI, *fig.* 6, est à pâte grossière, à façonnage lourd et grossier; il a été lustré par polissage, ce qui a beaucoup rehaussé sa couleur noire. Il fait partie des antiquités égyptiennes du Musée royal.

Les Poteries à pâte tendre matte, sont représentées dans l'Atlas de ce Traité sous les figures 1, 2, 3, 4, 6, 7, 9, 11 et 13 de la planche XXII ([1]).

Leur pâte n'a pas été analysée, mais il est à présumer que sa composition diffère peu de celle des hydrocérames d'Égypte, dont l'analyse a été donnée dans le tableau page 386, 3e Groupe, n° 5.

La seconde variété de Poteries mattes, dont l'époque n'est pas parfaitement déterminée, que les antiquaires nomment gréco-égyptienne, qu'ils regardent comme de fabrication plus moderne que les autres Poteries antiques dont je viens de parler et qu'ils rapportent au temps des Ptolémée, c'est-à-dire vers le milieu du IIIe siècle avant J.-C, est généralement à pâte rougeâtre ou d'un rose pâle et sale, tantôt très-grossière, hétérogène et mêlée d'une multitude de petits grains de pierre blancs ou grisâtres (les premiers sont du calcaire, les seconds me paraissent être des grains de pierre argileuse), et tantôt à pâte plus homogène et plus fine.

La couleur extérieure de ces Poteries est, ou d'un ton pâle tirant sur le gris ou sur le rosâtre, ou d'un ton rougeâtre de briques, ou, enfin, gris foncé. L'intérieure ou celle de la pâte cuite, est tantôt d'un rouge pâle et sale assez également répandu, tantôt rougeâtre à l'extérieur et noire dans le milieu; ce sont les

([1]) Et dans l'Atlas du *Mus. céram.* M Pl. XIV, *fig.* 1, 4, 5 et 6.

pièces à parois épaisses qui présentent cette disposition; le milieu est grisâtre, presque noir et les parties voisines des surfaces sont rouges ou au moins rougeâtres, se fondant dans le gris du centre à mesure qu'elles s'en approchent. On voit dans cette disposition l'influence évidente de l'action du feu.

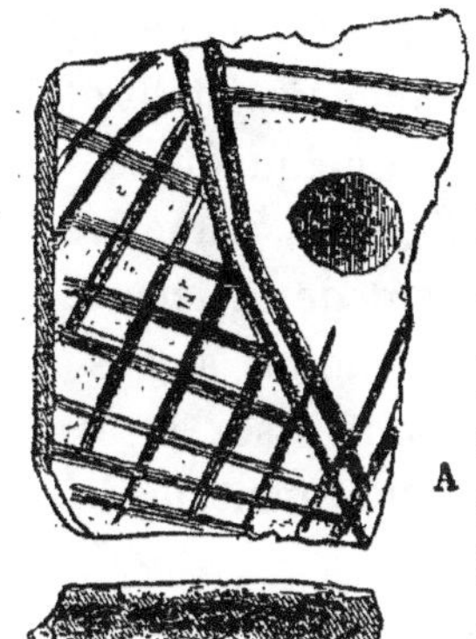

N° 41.

Ces Poteries sont décorées extérieurement dans un style tout particulier dont les *fig.* 14, 15, 16, 17, 18 et 19 de la Pl. M XIV du Musée céramique peuvent donner une idée. On voit que ce sont principalement des lignes noires croisées, des espèces de bandelettes avec figures d'oiseaux voisins des grues ou des hérons, mêlées de lignes et de linéaments rouges.

Ce ne sont pas des couleurs vitrifiées, ni même vitrifiables, mais des couleurs terreuses minérales qui ont adhéré fortement à la pâte par l'action du feu employé à la faible cuisson de cette poterie.

Plongées dans l'acide nitrique, les pièces *fig.* 14 et 19 qui sont épaisses et qui renferment des grains blanchâtres, font une effervescence partielle et momentanée qui est due à la nature calcaire de ces grains. Le morceau qui est représenté ci-contre, n° 41, en A sur la face ornée de linéaments noirs, et en coupe B sur la tranche, fait voir la couleur noirâtre de son intérieur et les deux croûtes rouges qui l'accompagnent.

Ces couleurs ne s'en vont pas à l'eau, quelque frottement qu'on leur fasse éprouver avec un linge. Elles sont inattaquables par une chaleur rouge cerise et par l'acide nitrique étendu d'eau dans lequel on les a tenues une demi-heure. Elles ont donc un ensemble de caractères et une solidité très-remarquables; les pâtes sont cependant de nature différente : les unes ne font aucune effervescence dans l'acide nitrique ; telle est celle de la *fig.* 18, d'autres en font une seulement partielle due aux grains de calcaire disséminés : ce sont les fragments figurés n°s 14 et 19;

et cités plus haut. Les pièces *fig.* 15 et 18 n'ont éprouvé au grand feu d'autre altération que de prendre une couleur d'un brun rouge très-foncé et de devenir un peu luisantes à leur surface. Les autres, *fig.* 14, 17 et 19 ont fondu en un verre très-liquide, par conséquent très-étendu, opaque, brun rougeâtre foncé. Mais la pâte de la pièce *fig.* 19 qui renferme visiblement de la chaux, a donné un verre opaque, vert foncé, sale, entièrement cristallisé, c'est-à-dire composé de cristaux en aiguilles quelquefois séparées et comme isolées dans des cavités. C'est un caractère assez général des pâtes de Poteries qui renferment de la chaux.

Ces Poteries égyptiennes, moins anciennes que les autres, appartenant tout à fait aux Poteries mattes, sont assez rares. Les échantillons que j'ai cités viennent de M. Lenormant qui les a rapportés d'Égypte.

Le vase figuré Pl. XIV, *fig.* 23, de l'atlas du Musée céramique, appartient aux Poteries de cette sorte, et probablement de l'époque indiquée.

Deuxième sorte. — **Les Poteries que j'appelle lustrées** ont un poli souvent peu éclatant, mais quelquefois assez égal. On ne sait à quel procédé l'attribuer, si c'est à une glaçure vitreuse extrêmement mince ou à un poli mécanique; ces Poteries se confondent entre elles encore plus en Égypte que partout ailleurs, lorsqu'il s'agit de Poteries à pâte rouge qu'on a laissée matte, car les Poteries grises sont toujours mattes; les Poteries à pâte jaune, comme le canope représenté, Pl. XXI, *fig.* 5, doivent certainement leur brillant au polissage; mais les Poteries à pâte d'un assez beau rouge, comme celles qui sont représentées même planche, *fig.* 2, 3, 4 et 10, semblent devoir leur poli à une mince glaçure alcalino-terreuse. Leur pâte est généralement plus fine, quelquefois presque dure comme du grès; elles sont plus cuites et mieux façonnées que celle de la première sorte. Je n'ai donc à ajouter à ce que je viens de dire au sujet de cette sorte de Poterie égyptienne, que de faire observer que quelques bouteilles à anse, semblables à celle qui est représentée *fig* 4, quelquefois d'une pâte d'un jaune si pâle qu'elle paraît blanche, sont recouvertes d'une engobe argileuse blanche, qui a acquis par le polissage, avant la cuisson, un luisant assez vif.

Nous avions d'abord regardé ces vases comme d'origine grecque; mais ceux que M. Rosellini a découverts en Égypte placent dans les Poteries égyptiennes demi-dures, les vases de cette nature de pâte et de cette forme qu'on voit dans les collections. J'ai donné la composition chimique de cette pâte, notamment de la variété rouge, dans le tableau d'analyse de diverses Poteries, page 386 deuxième groupe, n° 3.

La troisième sorte est celle des Poteries à pâte sableuse recouvertes d'une glaçure épaisse, brillante, colorée presque toujours en bleu verdâtre ou en vert, avec des ornements noirs. Les pâtes qui reçoivent cette glaçure sont blanchâtres ou grisâtres et sableuses. Les parties sont dures, mais la masse n'a pas de ténacité. La cassure terne et terreuse, est bien loin de présenter la compacité, l'éclat vitreux et la translucidité de la porcelaine dure, chinoise ou européenne. Néanmoins, on s'est hâté de la nommer porcelaine, et sur ce nom, appliqué sans avoir cherché quels étaient les vrais caractères de la Poterie qu'on devait appeler ainsi, on s'est empressé de dire que les Égyptiens avaient fait de la porcelaine de temps immémorial. Outre les caractères extérieurs déjà suffisants pour distinguer cette pâte de celle de la porcelaine, elle n'en a nullement la composition. Par quatre analyses faites dans le laboratoire de Sèvres sur des pièces diverses, en des temps différents, par différents chimistes, cette pâte sableuse s'est trouvée composée à peu près comme il suit :

	Buiss.	Laur.	Malag.	Salvét.	OBSERVATION.
Silice.	81	88	91	92	M. Malaguti n'a fait qu'une analyse qualitative et sommaire. Mais elle suffit pour établir avec celles de M. Buisson, de M. Laurent et de M. Salvétat, que c'est une pâte sableuse ne renfermant d'argile que ce qui était indispensable pour lier ce sable, et que la petite quantité d'alcali qui s'y trouvait y avait été introduite par la glaçure dont je parlerai ailleurs.
Alumine.	13,5	6	6	4	
Chaux.	3	3	traces.	2	
Magnésie.	traces.	. . . .	2	0,6	
Oxyde de fer. . .	1	. . . .	. . . . . .	. . . . .	
Eau.	. . . .	. . . .	. . . . . .	1	
	98,5	97	. . . . .	99,6	
Cuivre, soude et perte.	1,9	3	. . . . . .	4	

Cette prétendue porcelaine a pour pesanteur spécifique, comme on le voit au tableau des densités, 2,613. Elle n'est point fusible, pas même ramollissable au plus grand feu de la porcelaine dure; on en a fait principalement des figurines; elle doit avoir par sa composition très-peu de plasticité, et être par conséquent très-difficile à façonner en vases et autres pièces rondes et creuses faites sur le tour. Je devrais renvoyer au livre II des décorations des Poteries par couleur vitrifiable, l'étude de son vernis, qui est plutôt une coloration d'ornementation qu'une vraie glaçure ayant pour but de rendre une pâte imperméable; mais je ne puis séparer le résultat de cette étude de celle de la pâte qu'il recouvre, et je dois indiquer sa composition qualitative, sauf à y revenir en traitant des décorations en couleur vitrifiable.

Ce vernis a été examiné par MM. Buisson, Laurent, Malaguti, Salvétat qui l'ont trouvé composé de silice et de soude, et coloré par du cuivre. Ils se sont assurés qu'il ne contenait pas de plomb, mais ils n'ont pas été également d'accord sur la présence ou l'absence du cobalt. On voit que c'est le cuivre qui est ici le métal colorant en bleu, et en bleu quelquefois si beau qu'on l'a attribué au cobalt. Il y a à ce sujet dissentiment entre plusieurs chimistes, qui, sans admettre que le cobalt soit la matière colorante principale, ont cru y reconnaître sa présence, quoiqu'en faible quantité. Ce n'est pas le lieu d'agiter cette question, qui sera reprise au livre III. Ce vernis, souvent très-épais, est tendre. Comme il doit sa couleur bleue à l'action alcaline de la soude ou de la potasse sur l'oxyde de cuivre, il est susceptible d'être attaqué par l'action de l'air, et de se couvrir d'efflorescences salines.

Les pièces représentées Pl. XXI, *fig.* 1, et dans l'Atlas du Musée céramique, Pl. XIV, *fig.* 9, 10, 11, 12, 13, 20, 21, 22, 24, 25 et 26, doivent être rapportées à cette Poterie sableuse et vernissée.

On remarquera que les Égyptiens, après avoir découvert leur glaçure si belle par les couleurs vives qu'on pouvait lui donner, ont bien vu qu'elle ne pouvait pas s'appliquer sur leurs pâtes argileuses, parce que l'emploi du plomb, qui aurait pu lier cette glaçure avec cette pâte, ne leur était pas connu, et que, placée sur leur Poterie de première et deuxième sorte, elle aurait ou bouillonné, ou grésillé, ou serait tombée en écailles. Les Égyptiens, qui faisaient bien le verre, mais assez mal la Poterie, avaient probablement découvert la glaçure bleue de cuivre avant de savoir si elle pourrait aller sur leurs pâtes céramiques; ils ont donc été obligés d'en inventer une particulière qui pût recevoir et retenir ce beau verre; ils ont alors composé comme excipient cette pâte presque entièrement siliceuse et poreuse, n'ayant d'argile que ce qui était indispensable pour qu'on pût la manier et la façonner, pâte à laquelle les antiquaires ont appliqué le nom de Porcelaine.

Les Égyptiens plus rapprochés de nos temps, mais ayant encore conservé quelques traditions de leurs anciens arts, ont continué dans les IIe et IIIe siècles, sous la domination romaine, à faire leur glaçure vert de cuivre et à l'appliquer sur de véritables Poteries à pâte grossière et assez tendre. On voit dans la collection égyptienne du Musée royal une lampe dont la forme a plus de rapport avec le style romain qu'avec l'égyptien, couverte d'un brillant vernis vert, mais bien moins beau que les glaçures vertes et un peu bleuâtres des anciennes Poteries égyptiennes. Elle est représentée Pl. XXI, *fig.* 9.

Le façonnage de ces Poteries était, en Égypte, très-différent dans l'antiquité, de celui qu'on pratique actuellement. Les figures tracées sur les murs des hypogées de Thèbes et de Beni-Hassan, qu'on peut rapporter, les premières, entre le XVIIIe et le XIXe siècle avant J.-C., et les secondes au XIXe siècle, nous ont donné des notions très-curieuses sur la fabrication de ces Poteries depuis le marchage de la pâte jusqu'à la cuisson des pièces.

J'ai déjà parlé de ces figures si intéressantes, et cité les planches [1] qui les représentent, aux articles des différents procédés

(1) Traité, Pl. III, déjà cité à l'article du Tournage chez les Anciens, p. 19, et de leur Forme de Four, p. 26.

qu'on y voit; mais je dois réunir ici toute la série des opérations.

On voit, Pl. III, la série complète des opérations du façonnage et de la cuisson. La figure 1 représente deux ouvriers marchant la pâte; la figure 2 un ouvrier la relevant pour faire le ballon, que l'ouvrier, *fig.* 3, porte aux deux tourneurs, *fig.* 4 et 5. Le tour est ce que nous appelons une tournette. On voit sur un autre tableau comment il la fait aller; c'est avec la main gauche qu'il donne une forte impulsion à la table du tour afin que le mouvement qu'elle a acquis soit assez puissant et assez durable pour que le tourneur puisse finir sa pièce. L'ouvrier, *fig.* 4, détache du ballon la quantité de pâte nécessaire pour la tasse qu'il veut faire; le second tourneur a percé le ballon et fait le dedans et le dehors de la tasse ou du vase avec l'index et le pouce opposés l'un a l'autre, et, comme je l'ai déjà fait remarquer, p. 19, il prend et donne alors à son bras une position et un arrondissement, le même que celui que prennent nos tourneurs pour une semblable opération.

La figure 6 représente le four cylindrique avec sa bouche latérale et son foyer inférieur dans lequel l'enfourneur-cuiseur met le bois; il est en feu. La figure 7 fait voir très-vraisemblablement le défournement; la bouche du foyer est de l'autre côté. L'enfourneur monte sur une pierre pour retirer, par l'ouverture supérieure du four, les pièces cuites et les remettre à un autre ouvrier, ce qui doit faire supposer que ces fourneaux avaient au moins 2 mètres de hauteur.

Il y avait quelques couleurs sur les tableaux des tombeaux qui représentaient cette opération; M. Champollion les a copiées, et elles viennent à notre aide pour compléter cette explication.

Tant que la pâte et les pièces ne sont pas cuites, elles sont colorées en gris foncé; mais celles que l'enfourneur, *fig.* 7, retire du four étant cuites, elles ont pris la couleur rouge que j'ai dit être en général celle des anciennes Poteries égyptiennes.

Les vases placés à côté de la figure 3, et entre les deux tourneurs, sont ceux dans lesquels les Potiers mettent l'eau pour mouiller leurs mains et tenir leur pâte dans un état de mollesse convenable au façonnage.

Dans les catacombes, ces tableaux, ces figures et ces opérations sont représentés plusieurs fois avec quelques modifications; j'ai choisi celles qui m'ont paru suffisantes pour établir cette curieuse et intéressante analogie entre la fabrication céramique de la Poterie en Égypte, il y a au moins 3,500 ans, et celle que pratiquent nos Potiers des campagnes.

Après avoir fait connaître, autant qu'il était en moi, la matière des Poteries de l'ancienne Égypte et leur mode de fabrication, je dois ajouter quelques mots sur leur emploi.

Tous les écrivains conviennent que la civilisation de l'Égypte est très-ancienne, et les écrivains sacrés vont jusqu'à dire que 500 ans avant l'émigration de Jacob, environ 2,000 ans avant J.-C., le royaume d'Égypte, en grande prospérité, renfermait les plus habiles Potiers du monde connu.

On leur attribue, et peut-être avec quelque raison, l'idée d'avoir revêtu d'une glaçure vitrifiée certaines Poteries trop perméables pour contenir des liquides. Je viens d'examiner cette question, j'y reviendrai dans une autre occasion.

Il paraît cependant que ces Poteries étaient peu d'usage dans les repas, ou au moins dans ceux des hommes riches, qui préféraient la vaisselle de métal. En effet, les Poteries mattes ne pouvaient avoir aucun usage de luxe, et les Poteries vernissées en glaçure bleu de cuivre ne pouvaient en avoir qu'un dangereux; car, comme je l'ai dit, cette belle glaçure est tellement attaquable que les pièces de nos collections ont la plupart une saveur salée lorsqu'on les passe sur la langue.

Ainsi, dans les descriptions des cuisines et d'un repas égyptien, on cite peu de pièces de terre cuite; cependant on parle ailleurs d'une sorte de buffet chargé de plats et d'assiettes en Poterie d'une forme élégante (WILKINSON). C'était probablement des pièces à glaçure bleue qui étaient placées comme ornements dans ces sortes de dressoirs, ainsi qu'on le pratiquait au XVIe siècle pour la faïence de Bernard Palissy.

Mais un usage tout particulier au pays était d'employer les vases que l'on transportait de la haute Égypte, où se trouvait la fabrication de Poterie la plus active, dans l'Égypte inférieure, non pas comme lest aux bateaux, mais, au contraire, comme soutien. Les bateliers attachaient la Poterie aux radeaux qui descendaient le Nil. Arrivés dans le Delta, ils défaisaient ces radeaux, et les pièces creuses qui les composaient étaient livrées à la consommation soit de l'Égypte inférieure, soit des pays européens avec lesquels les Potiers de la haute Égypte avaient des relations de commerce. (NORDEN.)

Coptos était renommé par ses nombreux ateliers de Potiers, mais surtout pour les vases à rafraîchir dont je parlerai ailleurs, parce que les environs de cette ville fournissaient une argile très-propre à la fabrication des Poteries de cette sorte.

Il paraîtrait donc que la fabrication moderne a succédé presque sans interruption à la fabrication ancienne. Cela peut être ainsi pour les formes et la nature des Poteries, mais cette continuité ne peut s'admettre pour les procédés de fabrication tant mécanique que chimique, ainsi qu'on va le voir.

J.-C. Wilkinson avait déjà remarqué que les Poteries de l'ancienne Égypte ressemblaient beaucoup par leur forme à celle de l'Égypte moderne ; mais il fait également remarquer la différence qui se trouve entre les formes et le façonnage des Poteries d'usage populaire et ces mêmes qualités dans les vases riches.

Les Potiers de l'Égypte moderne ne font généralement que de la Poterie matte (sauf quelques exceptions). Ils tirent leur argile (*eltyn*) des plaines contiguës à la vallée de l'Égarement, près des villages *D'el bacâtyn* et *Deyr el tyn* ou de l'argile. C'est un sol d'alluvion résultant des dépôts du Nil. Il faut que l'inondation ait séjourné deux fois sur le sol pour y former de bonne argile; c'est ce que nous appelons le limon du Nil (1). On laisse cette terre, mêlée naturellement de beaucoup de sable, dans des fosses pour se pourrir; elle est ensuite marchée, pétrie et battue, préparation universelle de façonnage.

Les pièces soignées et de luxe, telles que les fourneaux ou têtes de pipes, sont faites en argile rougeâtre fine, qui doit venir d'un autre lieu; la description de l'Égypte ne nous le fait pas connaître.

(1) Voyez-en les caractères Tableau n° V, A, n° 56.

Le façonnage se fait sur le tour à Potier décrit d'une manière générale livre Ier, p. 119; mais celui des Potiers égyptiens présente une forme ou plutôt une position différente de celle de nos tours européens; il est figuré Pl. XXIV, *fig.* 1, A et B. On voit que le plateau est dans une position oblique à l'horizon, cependant peu incliné; on prétend que la roue motrice et la girelle avec les pièces qu'elle porte, se présentent d'une manière plus favorable l'une au pied du tourneur, l'autre à sa main pour exécuter son travail. L'axe passe dans une pièce de bois perpendiculaire à sa direction, une autre pièce de bois, dirigée dans le même sens, est jointe à la première par une traverse sur laquelle s'accote l'ouvrier. Le tourneur travaille au Caire debout; mais à Edfou il travaille assis, position si ordinaire aux peuples du Midi, qu'il est étonnant que le tourneur du Caire l'ait abandonnée, tandis qu'elle est constante en Europe. La figure 2, partie inférieure de la planche, montre comment le tourneur peut travailler debout en s'accotant, mais seulement pour avoir libre le pied avec lequel il fait tourner la roue. On voit combien ce tour et le procédé de tournage des Égyptiens modernes diffèrent de ceux des anciens. Nous allons remarquer une différence encore bien plus grande dans le four.

Le four est représenté Pl. XXIV, *fig.* 2. A est le plan qui fait voir que ce four est elliptique, la *fig.* B, le montre en élévation, et la *fig.* C, en coupe longitudinale. C'est un four très-compliqué pour une fabrication aussi simple qu'est celle d'une Poterie peu cuite et sans glaçure. La planche s'explique presque d'elle-même. On voit qu'il a deux étages. Au premier, celui du niveau du sol, est le foyer et sa bouche en *b* F. Il a aussi deux laboratoires.

L'espace paraît immense pour le volume et le nombre des pièces qu'on y met, et on ne voit pas très-bien la place du combustible; la chaleur passe par les carneaux *l* à *c'* pour aller cuire les Poteries sur le sol du laboratoire du second étage. Il est probable que ce sont celles qui doivent être moins cuites, car le grand ouvrage de la description d'Égypte ne donne aucune description claire de ce four, ni de sa marche, ni de ce qu'on y cuit, ni du combustible qu'on y emploie, etc.

C'est dans la haute Égypte, et particulièrement à Meylaouy et à Manfalout, que se font les grandes jarres et terrines à indigo, avec une argile jaune nommée *taf*, bien différente certainement de l'argile limoneuse du Nil. On ne donne d'autres notions sur leur fabrication que de dire qu'elles sont tenues très-épaisses, faites en plusieurs pièces, et qu'elles reçoivent une forte cuisson. Les jarres pour l'eau, à l'usage des grandes maisons, sont de deux sortes, les *Zelah Belady*, qui sont rouges et faites avec l'argile nommée *zyr*.

Les *Zelah Moghraby* sont blanches et viennent de Barbarie. Elles diffèrent beaucoup par la forme des jarres vulgaires qu'on nomme aussi *zyr* (1).

D'autres vases également très-cuits, et par conséquent peu perméables, ne se fabriquent que dans le village de *Belady-Ballas*, du nom qu'on donne à ces vases.

Les hydrocérames ou Bardaques se font à *Qené*. J'y reviendrai en traitant de cette Poterie.

Aucun des vases fabriqués en 1800, au Vieux-Caire, à Gyseh, à Rosette, n'était vernissé.

Mais on faisait alors dans quelques ateliers du Caire, des Poteries vernissées au plomb et même à l'étain, par conséquent des faïences; telles sont les tasses à café blanches et à fleurs bleues et rouges nommées *fingân belady*, et des carreaux également vernissés nommés *Gey Chany*.

Algérie et Tunis. — Les Poteries fabriquées dans cette partie de l'Afrique septentrionale par les Arabes indigènes sont en général grossières, à pâte jaunâtre sale, rougeâtre, blanchâtre : il y en a même de presque blanche. Quelques pièces à pâte rouge, comme celle de Tunis, qui est figurée Pl. XV, *fig.* 9, sont minces et bien tournées. La pâte est fine, dense, dure, au point de se laisser difficilement rayer. Les ornements, d'un caractère particulier, sont bruns, noirs, sur un engobe blanc en dehors, et

(1) BOUDET, *Descript. de l'Égypte, état moderne*, petit in-folio, t. II Pl. XXII.

grossières et mal façonnées, servent aux Arabes du désert; d'autres, à pâte blanche, comme les Poteries de terre de pipe, sont aussi très-mal façonnées, et quoique rondes elles ne paraissent pas avoir été faites sur le tour. Elles ont pour ornementation des linéaments ou zones croisées brunâtres, toujours du même style.

Madagascar. — On fait dans cette île, dépendante de l'Afrique orientale, deux sortes de Poteries (peut-être plus, mais je n'en connais que deux), l'une complétement noire pure, l'autre d'un rouge brun très-intense.

L'une et l'autre ont cela de particulier qu'elles ne sont pas façonnées sur le tour, mais à la main, et ensuite parfaitement polies d'une manière très-brillante. C'est surtout la Poterie noire qui offre cette particularité.

La pâte est gris de cendre, un peu micacée, comme sableuse, n'ayant acquis sa solidité, qui est assez grande, que par l'action de la chaleur solaire. Cette pâte est couverte d'un enduit noir de graphite, qui frotté avec un polissoir, a pris le poli brillant qu'on lui voit.

La Poterie à pâte brune, rouge foncé, est cuite, quoique facilement entamée par le couteau. Elle est très-sonore, a une texture assez fine, mais comme sableuse. Elle est remplie de paillettes de mica qui sont d'un jaune d'or, probablement dû à l'action du feu.

L'enduit anthracitique noir qui constitue les Poteries noires est quelquefois appliqué en bordures brillantées par le poli, aux Poteries rouges.

Ces Poteries ont certainement été polies avant la cuisson, car le polissoir d'agate ne donne plus aucun brillant aux parties qui sont restées mattes, tandis qu'on polit par ce moyen les parties mattes des Poteries noires.

Amériques.

Amérique septentrionale. — Nous trouvons dans des parties de l'Amérique septentrionale des Poteries entièrement différentes de celles qu'on fabrique dans la moitié méridionale de cette partie du monde. Les formes que j'y connais ne sont pas originales, baroques, comme le feront voir celles du Pérou, du Chili, du

Brésil, même du Mexique. Les formes, les ornements et la couleur noire ou grisâtre de la pâte, sa grossièreté, son hétérogénéité, son façonnage, et enfin son ornementation linéaire, ponctuaire, en chevrons, etc., se rapprochent quelquefois, à s'y méprendre, des Poteries celtiques, gauloises, scandinaves et germaines.

On pourra juger de ces ressemblances par les descriptions et les figures que je vais en donner. Ces exemples sont peu nombreux, j'en conviens, mais les caractères différentiels sont si tranchés qu'on ne peut s'empêcher de voir qu'un Potier indigène péruvien ou brésilien n'a jamais pu rien fabriquer de semblable au Potier indigène de la Louisiane et du Canada; ce sont deux races de Potiers, car je n'ose pas dire que ce sont deux races d'hommes différentes.

La plupart de ces Poteries d'un petit format se trouvent soit presque entières dans des *tumuli* ou tertres assez élevés, notamment à 15 milles de Saint-Louis, côte méridionale de la rivière Merrimack; ce sont des urnes renfermant les cendres des morts; soit en débris nombreux dans les environs de ces petits monticules artificiels.

Les Poteries qu'on a rencontrées dans tous les tertres des contrées du Nord et sur les bords du lac Érié, sont en générales grossières.

Celles que l'on extrait des tombeaux sur les bords de l'Ohio, sont au contraire très-bien façonnées et mêmes polies. Les naturels se servaient d'une Poterie de cette espèce à l'arrivée des Européens. On remarque dans ces vases d'argile des grains de quarz incrustés.

On a trouvé dans l'État de l'Ohio, dans un tertre sur le petit Muskingum, non loin de Marietta, des pièces de Poteries assez solides et assez bien conservées [1].

Les peuples Mingo, anciens Iroquois et autres peuplades des bords de l'Ohio, aux environs du Marietta, ont fait aussi des vases ou espèces de cuviers qui, à en juger par les fragments que j'ai vus, devaient avoir une grande dimension. Car ces fragments, quoique petits, indiquent par leur faible courbure un grand diamètre.

[1] Warden, *Antiq. mexicaines*, Supplém., p. 15 et p. 25.

Ces débris qui viennent tous des bords de l'Ohio, sont d'une pâte tantôt noire, tantôt blanche, qui est composée d'une argile impure, pétrie avec des débris de coquilles bivalves d'eau douce, probablement des genres Mya, Anodonte (1), soit pour donner à cette pâte plus de ténacité, soit pour y introduire comme ornements un grand nombre de lames brillantes et même un peu irisées. Ces débris de coquilles sont très-sensibles; sur six des fragments que le Musée de Sèvres possède, deux seulement ne les montrent pas avec autant d'évidence.

L'ornementation a pour moi cela de remarquable, qu'elle est très-variée, souvent très-riche et dans beaucoup de cas très-régulière, et cependant elle ne se compose réellement que de lignes, de quelques points enfoncés et de quelques saillies (2).

M. Hildrett a rapporté d'une caverne sépulcrale, près de Steubenville, sur les bords de l'Ohio, et déposé dans le Musée céramique de Sèvres, des fragments de vase d'une forme assez pure, ayant environ 16 à 20 centimètres de hauteur sur 15 de diamètre à la panse. Il y avait dans cette caverne près de soixante squelettes, et trente de ces urnes dont quelques-unes contenaient encore des os de dindon et d'opossum, restant des parties de ces animaux qu'on avait mis dans ces vases comme aliments. Des pipes, des armures et flèches en silex les accompagnaient (3).

En Virginie. — Ce sont des femmes indigènes qui se livrent plus particulièrement à la fabrication des Poteries. Quoique façonnées à la main, elles sont très-bien faites et très-minces. On a trouvé quelques-uns de ces vases à une assez grande profondeur; ils avaient une capacité d'environ 30 à 35 litres; on en conserve un de cette dimension dans le Musée de Shawnectown. Quelque-

(1) J'ai déjà décrit cette pâte dans le premier paragraphe des Poteries à pâte tendre, comme grande Jarre, et il est présumable que les fragments désignés ici sont des portions de grands vases semblables, à ornementation très-remarquable et très-caractéristique.

(2) *Mus. céram.*, Pl. XX, *fig.* 12 à 24.

(3) *Voyage à la chute de Cuyahaga*, *Journal des sciences* de SILLIMAN, 1836, vol. XXXI, p. 9.

fois la pâte de ces vases renferme des débris de coquilles; ils sont peu cuits et enrichis extérieurement de dessins ou ornements linéaires. Ils ont donc beaucoup d'analogie avec ceux des bords de l'Ohio qu'ils avoisinent également, si ce ne sont pas les mêmes (1).

Tenessée, Trafalgar. — Il paraît que l'introduction de débris de coquilles fluviatiles à test mince et nacré est une particularité propre à beaucoup de Poteries de l'Amérique septentrionale, car outre les exemples que je viens de citer, on a trouvé tout récemment (1833), à Trafalgar, dans le comté de Knox, État de Tenessée, des Poteries dont la pâte est pénétrée de ces débris brillants et dont la surface est en outre comme enduite de ces fragments; puis à côté, sur les mêmes monticules, des amas de ces coquilles qui, pulvérisées, étaient employées à ce genre d'ornementation. Ces Poteries abondent dans le voisinage des anciens tertres. Elles sont en général très-peu cuites (2).

Louisiane. — Ici la fabrication est toute différente et se rapproche davantage de celle des Poteries de l'Amérique méridionale. Ce sont des Poteries à pâte noire, grossière, peu cuite, tendre, sourde, étant devenue rougeâtre sale dans le vase (Mus. céram., Pl. XX, *fig.* 18) et dans les parties de ce vase où il paraît qu'il a reçu plus de feu; le façonnage grossier est toujours fait à la main, les ornements sont de larges linéaments croisés, en points enfoncés, etc.

Mexique. — *Poteries anciennes.* — On a trouvé dans le territoire de la partie méridionale de l'Amérique septentrionale que nous nommons le Mexique, trois sortes de Poteries antiques. Les premières, peu nombreuses, d'une détermination fort difficile, et dont je n'ai vu que deux échantillons, *fig.* nos 42 et 43, que je n'ose regarder encore comme parfaitement authentiques,

(1) Schoolcraft, *Travels in the central parties of the Missisipi Valley*, New-York, 1825, dans Warden, *loc. cit.*, p. 56.

(2) Dr John Kain, dans Silliman, *Journal of sciences*, etc., vol. XXVII, p. 175.

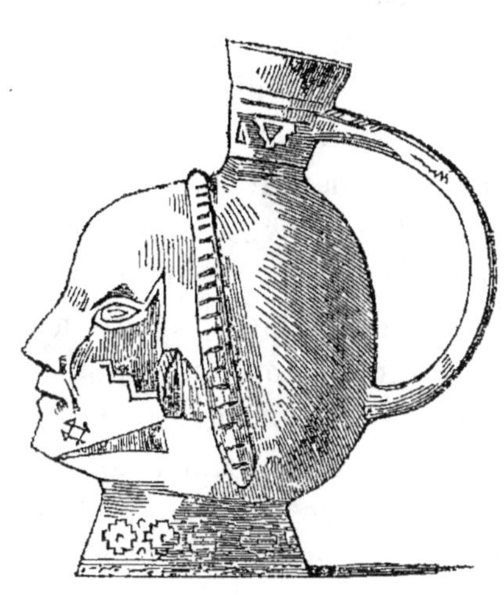

N° 42.

parce que je n'en connais pas l'origine; ils sont d'une parfaite conservation. On les attribue aux anciens Mexicains, ou Aztèques, c'est-à-dire au vrai peuple de ce nom, tel qu'il existait lors de la conquête. Les secondes viennent de l'antique Mexique (Mitla et Palenque) dont je vais parler. La troisième sorte vient du pays de Copan, qu'on regarde encore comme de nation mexicaine, et a été découverte tout récemment.

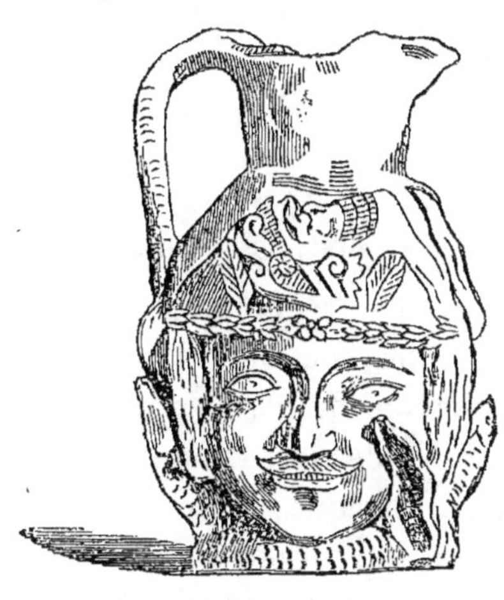

N° 43.

L'une des deux pièces aztèques (n° 42), faisant partie du Musée royal du Louvre, m'a été signalée par M. Dubois. C'est un pot à l'eau sous la forme d'une tête mexicaine; il est en pâte rouge très-fine, bien cuite, et par conséquent très-dure, luisante par polissage. Mais ce qu'il présente de remarquable, outre le caractère de tête si tranché, si général, ce sont les ornements, les uns gravés en creux, les autres peints en noir luisant, qui recouvrent certaines parties. Ce noir n'est ni une couleur vitrifiable, ni même une couleur de nature minérale; il est attaqué facilement par les acides et les alcalis, mais point par l'alcool; il a de l'analogie avec l'encre. Cette pièce m'a paru d'une origine vraie.

L'autre pièce (n° 43) est encore un pot à l'eau beaucoup plus grand, composé de deux têtes de Mexicains accolées, avec tous les attributs des divinités mexicaines. Sa pâte est grise, plus grossière, sans aucune coloration. Il a été donné tout récemment au Musée céramique de Sèvres, par M. le baron Taylor.

Les autres Poteries, beaucoup plus anciennes, ont été trouvées dans les environs de Mitla et de Palenque, deux villages au nord du district de Carmen, province de Chiapa, gouvernement de Guatemala, sur les limites du Yucatan. La découverte qu'on fit dans ces lieux presque déserts aujourd'hui, de ces monuments si remarquables par leur style particulier, par leur solide construction en bonne pierre de taille, par leur grande dimension, leur nombre et leur étendue, frappa vivement tous les hommes instruits. Ce furent deux aventuriers espagnols qui les virent pour la première fois, en 1750, sans y faire une grande attention, car jusqu'en 1786 il n'en fut plus question, et ce n'est qu'en 1805, puis tout récemment en 1828, qu'on commença à les étudier sérieusement.

Je n'ai d'abord vu que peu et que de très-petites pièces des Poteries trouvées dans ces lieux, mais je puis tirer des belles figures, des descriptions et des observations réunies dans le grand ouvrage intitulé *Antiquités mexicaines* (1) quelques faits intéressants pour l'histoire des Poteries.

Les principaux sujets recueillis aux environs de Mitla (on n'a trouvé aucune Poterie, aucune terre cuite, sur le territoire de Palenque) sont d'abord des statuettes en terre cuite et des figures grotesques accroupies ayant servi les unes de pot à l'eau, d'autres, Pl. XXVIII, *fig.* 13, probablement de porte-torche, ce que semble indiquer le tube creux qui est derrière la tête.

Le Musée céramique de Sèvres possède quelques petites têtes, la plupart, peut-être toutes, en terre cuite, qui lui ont été données par M. le baron Taylor et par M. V. Schœlcher comme provenant des ruines de Mitla et de Palenque et des environs de la Puebla.

Les unes sont grisâtres, les autres sont rouges, toutes deux sont très-dures, presque comme du grès-cérame; leur texture est grenue, avec quelques lamelles brillantes. Les grises ont tout à fait l'aspect du trappite felspatheux; les rouges ont entièrement

(1) *Antiquités mexicaines; Relation des trois expéditions du capitaine Dupaix pour les recherches des antiquités de Mitla et Palenque, avec les dessins de Castanède*, etc.; par MM. Alex. Lenoir, Warden, Charles Farcy, etc. 4 vol. in-fol., Paris, 1834.

celui d'une Poterie rouge dure. Je n'ose assurer que les grises appartiennent aux terres cuites. La petitesse des échantillons, l'impossibilité de les briser pour opérer des cassures fraîches et de les analyser, etc., ne me permet pas de prononcer sur leur nature; mais les rouges me semblent appartenir aux produits céramiques. Un des caractères tirés de la *fig.* 13, c'est sa couleur rouge extérieure qui est en couche assez épaisse, mais d'inégale épaisseur et noire à l'intérieur, comme le présente un grand nombre de Poteries de cette couleur.

Il n'entre pas dans mon sujet de parler des caractères de ces têtes, mais je ne peux me défendre de faire remarquer la disposition toute particulière des oreilles, des yeux et surtout de la bouche toujours entr'ouverte, en ellipse allongée et à dents très-visibles (¹).

On a encore trouvé dans ces ruines un vase d'argile à peine cuit et cependant renfermant de l'eau (cette pièce est comme exceptionnelle); puis des Poteries plates et des Poteries creuses rougeâtres, des briques bien cuites également d'un rouge foncé; des plats en terre cuite portant des têtes de morts, et dans la même fouille des espèces de soucoupes plates portées sur trois pieds, des vases creux que les auteurs comparent à nos marmites (Pl. XXVIII, *fig.* 9). Un vase employé dans les funérailles, appelé chez les Mexicains *popo caxtti*, en pâte assez fine et bien cuite. Ce qu'il y a de remarquable dans cette pièce, c'est le vernis doux au toucher dont le capitaine Dupaix dit qu'elle est recouverte. Cette apparence de vernissage pourrait être attribuée au poli qu'on donne à certaines Poteries avant la cuisson; mais il ajoute qu'il était de *couleurs vives, qu'on y voyait des fleurons, des croix et des compartiments tachetés de jaune, de noir, de blanc et d'autres couleurs melangées.*

Cet exemple n'est pas unique. Le capitaine Dupaix a décrit une sorte de jarre en terre fine bien cuite, sonore, recouverte d'un vernis ou vitrification, c'est son expression, couleur de brique, avec certains reliefs à mascaron. Il n'en donne pas de

(¹) Il faut voir dans le livre des *Antiquités mexicaines* cette disposition frappante dans les Pl. XLI, *fig.* 89, Pl. LV, *fig.* 104 et 105.

figure; mais il décrit ensuite et figure une autre jarre peu différente de la précédente, jaspée ou picotée de jaune et de vert foncé très-brillant, et supportée par trois pieds. (Pl. XXVIII, *fig.* 10.)

Toutes ces Poteries se sont trouvées dans des tombeaux, des espèces de mausolées ou cryptes enfoncés, dans des tertres coniques ou *tumuli* artificiels très-élevés avec des ossements humains, soit entiers ou brisés, soit épars dans les environs de ces tertres. C'est, comme on l'a vu, la position ordinaire de ces Poteries dans tout l'ancien continent. On remarquera qu'elle est à peu près la même dans le nouveau.

Excepté la première pièce, toutes sont bien cuites, et enfin un certain nombre d'entre elles seraient couvertes d'une glaçure vitrifiée. La description si positive donnée par M. Dupaix de plusieurs de ces pièces ne peut guère laisser de doute sur cette circonstance si rare chez les anciennes Poteries de l'Europe.

Néanmoins, j'avais tant lu de descriptions de Poteries couvertes d'un vernis qui, à l'examen, se reduisait à être un simple polissage ou un vernis organique, que je doutais encore de la réalité de celui-ci, lorsque j'eus le bonheur de voir chez M. Martin, ancien consul de France à Mexico, une réunion de 16 à 18 pièces des Poteries de Mitla desplus belles et desplus intéressantes. Parmi ces pièces se trouvait un pot de 16 centimètres de hauteur, ayant la forme d'un tatou (voyez ci-contre n° 44), et couvert en dehors et en dedans de la glaçure décrite par M. Dupaix. J'ai pu, grâce à la complaisance de M. Martin, l'examiner attentivement et faire représenter en couleur cet instructif et singulier vase. La pâte en est rougeâtre, fine, compacte et dure, cependant rayable au couteau. Ce vase est partout, tant en dehors qu'en dedans, couvert d'une glaçure ayant une épaisseur très-distincte, d'un

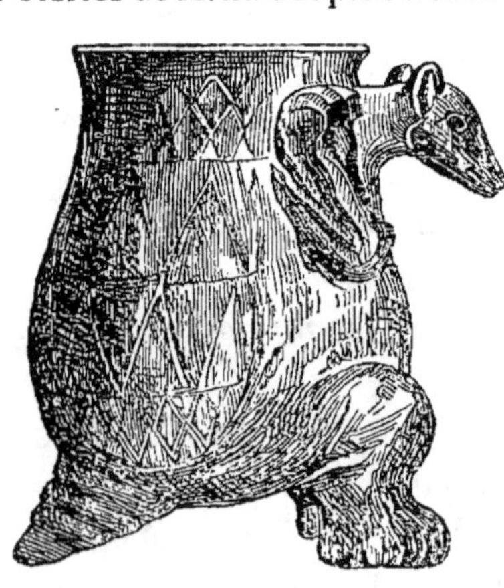

N° 44.

brun verdâtre ou jaunâtre avec quelques reflets métalloïdes. Elle est d'une dureté de beaucoup supérieure à celle des vases grecs et égale à celle des couvertes felspathiques, car elle est inattaquable par la pointe acérée d'un bon couteau. On n'a pu faire l'analyse de cette vraie glaçure; mais son aspect et sa dureté nous portent à croire que c'est un lustre silico-alcalin renfermant du fer, peut-être du manganèse, et non pas un vernis plombifère.

Les autres pièces sont de ces divinités mexicaines particulières peut-être au territoire de Palenque, dont 3 ont environ 5 décimètres de hauteur. Elles sont en pâte grossière assez bien cuite, ou grise, ou même presque noire, quelquefois un peu lustrée par polissage. Elles sont toutes liées par derrière à un vase cylindroïde propre à contenir un liquide.

L'origine de ces pièces est évidente et claire. M. Martin les a retirées de fouilles qu'il a fait faire exprès dans des tumulus du territoire de Mitla.

Il a rapporté aussi des tumulus de Baxilio, près Salamanca, dans le Yucatan, par conséquent dans un territoire peu différent de celui de Palenque, des petites pièces de Poterie encore assez dure, et dans lesquelles nous reconnaissons des objets déjà signalés dans différents lieux de l'Europe : un sifflet, une flûte de 15 centimètres, à 6 trous, ayant un son aigu mais assez pur, un jouet d'enfant ayant la forme d'une sphère, encore percée de petits trous, et renfermant de petits corps durs qui font du bruit quand on l'agite; enfin une espèce d'estampille ou sceau rectangulaire de 8 centimètres sur 3 et demi, avec un manche au milieu, et présentant en relief des ornements en méandre, ou grecque mexicaine Toutes ces Poteries sont assez dures.

On regarde les ruines de Mitla et de Palenque comme appartenant à un empire de beaucoup antérieur, à celui des Mexicains du XIIe siècle et même aux peuples qui les ont précédés sur le territoire où on les a trouvés. On les porte donc, à plus de 1,000 ans avant l'ère chrétienne. Mais c'est une conjecture qui n'est appuyée sur aucune donnée certaine; ce qu'il y a de positif c'est que, sans assignation de temps, on peut attribuer à ces ruines une très-haute antiquité. Enfin, les auteurs des Antiquités mexicaines pensent que les statuettes en terre cuite sont plus anciennes que les figures en pierre.

Ce n'est pas à moi à discuter ces questions archéologiques; il doit me suffire de faire remarquer que ces Poteries, évidemment très-anciennes, sont très-différentes en nature, mais pas beaucoup en forme, des Poteries mexicaines anciennes, qu'elles sont très-cuites, peut-être plus cuites que les vases grecs si anciens, qu'elles sont couvertes d'une glaçure qui paraît être un vrai lustre silico-alcalin bien différent par son aspect de vitrification et par ses couleurs, des plus beaux lustres grecs et romains. On voit enfin que cet ancien peuple aurait trouvé, il y a environ vingt siècles, une glaçure vitreuse propre à rendre les vases imperméables, tandis que les Européens ne connaissent, que depuis dix siècles au plus, le vernis plombifère. On remarquera enfin que le tour à Potier grec maintient sa priorité, car il paraît qu'aucune de ces Poteries n'a été faite sur le tour.

Je ne vois que les Chinois, les Égyptiens et peut-être les Arabes qui puissent être associés ou au moins comparés pour cette immense perfection des arts céramiques à l'ancien peuple qui vivait autrefois sur le territoire de Mitla et de Palenque.

Il est bien regrettable que le défaut d'échantillon authentique, et en ma possession, ne m'ait pas permis de parler d'une manière plus positive de la composition et des qualités céramiques de la pâte et de la glaçure de ces antiques et curieuses Poteries.

Une troisième position et sorte de Poterie antique a été trouvée dans un territoire de l'Amérique centrale, qu'on peut appeler encore mexicain, entre Mexico et Guatémala, dans une localité presque ignorée jusqu'à la publication du voyage de M. John S. Stephens, fait en 1839.

Les lieux où se sont trouvées les pièces de Poteries qu'il a décrites très-succinctement, et dont il a figuré plusieurs, notamment les trois vases représentés ici, sont la ville ou village de Copan, présentant des ruines de monuments énormes et tout à fait extraordinaires. M. Stephens a trouvé dans des sépulcres voûtés, une accumulation de plateaux et d'urnes en Poteries rouges, placés à terre ou dans des niches, et renfermant des ossements humains entourés de chaux; puis, plus au N.-O., entre Guatémala et Mexico, sur les bords du Rio Chinaca, et près des ruines appelés les *Cuevas* ou caves, au lieu nommé Gueguetenanco, dans des monticules, les vases figurés ci-contre.

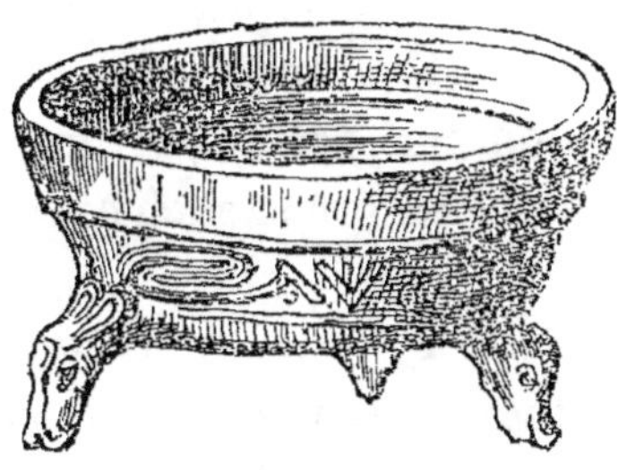

N° 45.

Le n° 45 est une sorte de coupe ou jatte à trois pieds, trouvée dans un tombeau. Elle avait environ 30 cent. de diamètre, sa surface était polie, on y remarquait des ornements un peu différents de ceux des Mexicains aztèques. La jolie urne, n° 46, d'environ 15 cent. de hauteur, a sa surface très-ornée et polie. Le n° 47, d'une forme ovale très-singulière avait 26 cent. de long, sa surface était terne. M. Stephens regarde le peuple qui a laissé ces monuments si énormes, couverts d'une sculpture si riche, comme beaucoup plus ancien que les Aztèques, et peut-être du même temps que celui de Palenque, ce qui donnerait à cette Poterie une bien grande antiquité.

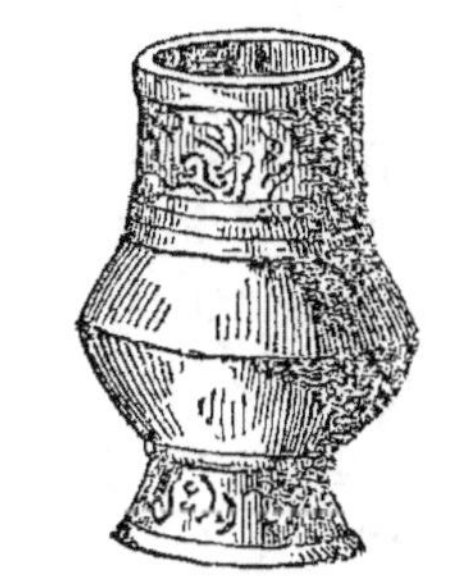

N° 46.

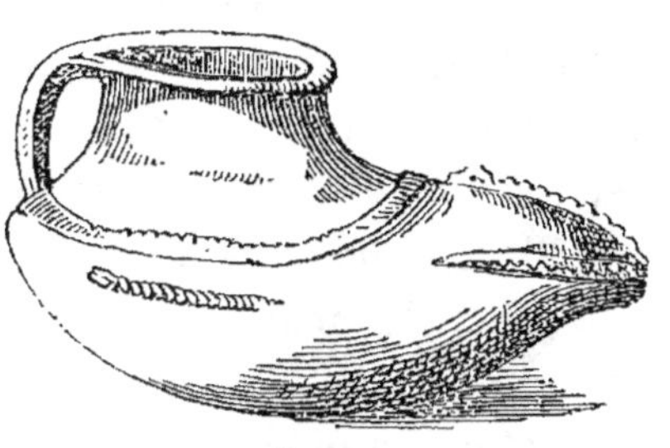

N 47.

A Santa Cruz del Quiché, entre Guatémala et Mexico, se présentent encore des ruines importantes dans lesquelles l'auteur a trouvé une petite figure en terre cuite d'environ 30 cent. de hauteur, dans la position qu'on appelle accroupie, mais elle montre ce fait remarquable qu'étant creuse, ses genoux et ses coudes sont percés d'ouvertures rondes assez grandes, à peu près comme le sont les bras des urnes à tête humaine du tombeau étrusque de Vulci, cité p. 415, et figuré Pl. XX, *fig*. 6. M. Stephens regarde ces dernières ruines et ce qu'elles renferment comme postérieures à la conquête, et par conséquent beaucoup moins anciennes que les précédentes. Il n'en dit pas davantage sur ces Poteries. Il est malheureux qu'aucun échantillon, qu'aucune description plus technique ne puisse nous faire mieux connaître des Poteries encore si anciennes.

Quant aux *Poteries modernes* du Mexique, certaines ont un caractère tout particulier. Leur pâte est fine, absorbante, à peine cuite, et cependant difficilement perméable. Leurs couleurs ordinaires sont le blanc sale, le gris perlé, le rouge très-vif de la plus belle ocre, et enfin le noir.

Il paraît que les Poteries dont la pâte est rouge et celles qui le sont seulement à leur surface doivent cette couleur soit à l'ocre introduite dans la pâte, soit à un frottis ou enduit de cette ocre argileuse. Lorsque cet enduit n'a pas été frotté et poli par une sorte de brunissage, il reste mat. C'est du moins ce que semblent indiquer clairement les pièces que j'ai eues sous les yeux et qui ont été fabriquées la plupart par les indigènes de Tonala, province de Guadalaxara, au Mexique.

Ces Poteries sont souvent légères, d'une ténuité remarquable, jamais faites au tour, mais façonnées à la main avec une grande perfection. La jatte ovale rouge à larges canaux adoucis, figurée sur la Pl. XX, *fig.* 7, est un exemple frappant de ces Poteries à pâte gris pâle, mais d'un beau rouge luisant à leur surface, d'une grande ténuité et très-sonore.

Les Poteries à pâte gris de lin, façonnées en coupes ou vases à boire, de toutes sortes de formes, sont ornées de dessins noirs, bleuâtres, gris foncé, qui ne sont pas superficiels, mais qui sont dans l'intérieur même de la pâte. Beaucoup de ces vases, fabriqués à Mexico, étant perméables, font l'office d'alcarazzas, ou vases à rafraîchir.

Il y a aussi des dessins réellement superficiels; tels sont les ornements d'un éclat métalloïde bronze qui garnissent l'intérieur de la jatte citée plus haut.

On fait également dans les Antilles, à la Martinique surtout, des Poteries semblables à celles qui ont la pâte grise avec des ornements bruns et bleuâtres.

Ces Poteries, et les rouges principalement, communiquent à

l'eau un goût argilo-ferrugineux qui plaît beaucoup aux femmes de ce pays, même des classes les plus élevées, au point que plusieurs dames aiment à croquer les débris peu durs de cette Poterie à peine cuite.

Parmi ces Poteries, on remarque des petits vases d'une forme assez pure pour engager d'admettre qu'ils ont été faits sur le tour. Tel est le vase rouge qui vient de Saint-Pierre-Martinique, Pl. XX, *fig.* 10.

Amérique méridionale. — La fabrication de la Poterie est connue de toutes les nations de l'Amérique du Sud, excepté chez les peuples *Pampéens* de M. Alc. d'Orbigny. On trouve des fragments de vases presque partout, dans des contrées où il n'y a pas trace de monument.

Les Poteries de l'Amérique méridionale peuvent et doivent même être séparées comme celles de l'Europe et surtout de la Grèce en deux époques parfaitement distinctes établies encore plus par leur emploi que par la chronologie.

Poteries antiques. — Les premières sont les Poteries anciennes fabriquées avant la conquête et déposées comme chez la plupart des peuples de l'ancien continent, et surtout de l'Europe, dans des tombeaux.

Ces Poteries présentent, comme le font voir, au moins en partie, les planches de la description du Musée céramique de Sèvres et celles du présent ouvrage, des faits très-remarquables sous tous les rapports.

Leur pâte est tantôt rouge comme chez les Grecs, tantôt noire comme chez les Étrusques. Elle est généralement matte ou rendue luisante plutôt par frottement que par glaçure. Elle est peu cuite, perméable.

Les pièces sont souvent assez légères; leur façonnage est très-soigné; leurs formes ovales ou rondes sont assez pures, et cependant il est sûr qu'aucune pièce n'a été façonnée sur le tour ni faite dans un moule : toutes ont été faites entièrement à la main sans le secours d'aucun moletage, même pour les ornements en relief.

Leurs formes souvent bizarres ont cependant dans quelques pièces une assez grande simplicité et un ensemble de contours qui les rapprochent un peu des vases grecs, et quelquefois, mais plus imparfaitement, des étrusques et des chinois [1].

Les têtes et faces humaines qui forment l'ouverture et le goulot de certains vases, ou qui sont simplement ou grossièrement façonnées en relief ou en linéaments sur ces parties des vases, rappellent ces mêmes dispositions dans les vases étrusques et dans les vases germains [2].

Mais c'est surtout par le genre d'ornementation que les anciennes Poteries péruviennes et chiliennes se rapprochent le plus des anciennes Poteries grecques [3]. Les méandres, les bâtons rompus qu'on appelle grecques, les frises qu'on nomme des postes y sont fréquemment dessinés ou peints en diverses couleurs sur ces vases anciens, ainsi que le montrent les figures que je viens de citer.

Ulloa avait été déjà frappé de ces analogies lorsqu'il dit qu'on trouve dans les tombeaux des Indiens de l'Amérique méridionale

(1) Consultez les planches du *Catalogue du Musée céramique de Sèvres*. Je puis citer comme analogues aux formes grecques, la Pl. XVII, *fig.* 1, 3, 5 et 8, Pl. XVIII, *fig.* 6, 11 et 12; et aux formes chinoises, la Pl. XVIII, *fig.* 3, et, dans l'Atlas de d'Orbigny, les figures de monstres, Pl. XVII, *fig.* 6, Pl. XX, *fig.* 1.

Une des ressemblances les plus remarquables entre les vases de l'Amérique méridionale, notamment entre les péruviens et les vases chinois, se montre dans le vase biforme à col étranglé semblable à certaines gourdes, et qui est représenté dans l'Atlas de d'Orbigny, planche, n° 19, *fig.* 5, et dans celui de ce traité, Pl. XVIII, *fig.* 3.

On trouve cette forme toute particulière en porcelaine de Chine. Mais ce qu'il y a de plus frappant, c'est que dans les vases de ces deux contrées si complètement séparées, on voit sur le chinois le lézard passant de la sphère inférieure à la supérieure, et sur le péruvien une espèce de petit singe dans la même position ayant l'un et l'autre cette particularité de la queue bifurquée qu'on n'avait encore vue que dans les vases de la Chine. Je ne tire aucune conséquence de ce fait singulier; je dois d'autant mieux me contenter de le signaler qu'il ne peut offrir quelque intérêt qu'aux historiens et aux géographes, toutes considérations étrangères à mon sujet. Je donnerai néanmoins à l'article des Porcelaines chinoises la figure comparée de ces deux vases, que le Musée céramique de Sèvres possède.

(2) Voyez l'Atlas d'Antiquités péruviennes d'Alc. d'Orbigny, Pl. n° XV, Pl. n° XVI, Pl. XVIII, *fig.* 1 et 6, Pl. XIX, *fig.* 4, Pl. XX, *fig.* 4 et 5, Pl. XXI, *fig.* 1.

(3) Pour l'analogie de décoration grecque, le *Musée céramique*, Pl. XVIII, *fig.* 5, 6 et 12, Pl. B, les *fig.* 3, 6, 8, 11 et 12.

des vases de terre cuite très-semblables à ceux des Grecs, des Égyptiens et des Romains, les uns en terre blanchâtre, les autres en terre noire (1).

Poteries modernes. — Les Poteries modernes de la Colombie, du Pérou, du Chili, du Paraguai et du Brésil, ont aussi des caractères généraux qui leur sont propres, qui, dans un sens, les distinguent des Poteries européennes et, dans un autre, les rapprochent des Poteries indiennes.

Comme dans ces dernières leur pâte est rouge ou noire; presque tous semblent avoir été vernissés ou au moins lustrés par un enduit fondu au feu à la manière des vases grecs. Mais il n'en est rien; cet éclat, ce luisant, presque toujours, peut-être même toujours, est dû à un polissage de la pâte ou à une engobe ocreuse très-mince et d'une belle couleur rouge qu'on a mise sur les pièces avant la cuisson, qu'on a polie et ensuite cuite.

Dans d'autres cas le brillant est dû à un vrai vernis; mais c'est un vernis spiritueux ou huileux avec lequel on a non-seulement couvert les pièces d'une belle couleur rouge, jaune ou brune; mais on les a ornées en outre de figures d'animaux, d'oiseaux et particulièrement de rinceaux. Ces couleurs non cuites ont un éclat qui fait illusion; elles sont si brillantes qu'on les croit de nature vitrifiable. Les imitations en terre peu cuite des Pagodes de l'Inde, les figurines espagnoles, ont été colorées de la même manière par ce même procédé si simple et si naturel, qu'il n'établit aucun rapport de communication entre ces différents peuples.

Mais un autre caractère des Poteries de l'Amérique méridionale qui leur est commun avec celles de l'Inde, c'est la forme bombée dérivant d'une sphère, que présente leur base, en sorte qu'on ne peut faire tenir ces pièces sur leur base sans les placer dans une sorte de godet.

Ces Poteries, non-seulement les antiques trouvées dans les tombeaux, mais les plus modernes, sont, en général, mal façonnées, épaisses, irrégulières dans leur forme, non tournées, mais faites à la main, ce qui explique ces imperfections.

(1) D. ULLOA, *Sur l'Amérique*, t. II, p. 90.

Les formes de ces Poteries sont baroques, souvent très-lourdes, surchargées d'anses contournées, sans grâce et sans richesse. Beaucoup, surtout celles du Pérou et du Chili, représentent très-grossièrement, non-seulement des fruits, des animaux ou parties d'animaux, mais aussi des hommes et des têtes humaines dont on a fait des vases à boire. Au reste, ce singulier goût s'est présenté chez des peuples bien plus avancés dans les arts, et qu'on a donné même comme des modèles de bon goût; d'abord chez les Grecs, mais avec une sorte de correction, puis chez les Étrusques et chez les Égyptiens, point chez les Romains, ou du moins si rarement que je n'en ai vu aucun exemple; puis chez les Anglais, les Saxons, les Français. En traitant de quelques-unes de ces Poteries en particulier je donnerai des exemples de cette généralité et ferai remarquer les exceptions.

La cuisson de toutes ces Poteries, et chez tous les peuples de l'Amérique méridionale, s'opère à l'air, sans four, ni aucune autre enveloppe que le bois enflammé qui les environne. Quelquefois cependant on les place dans des fosses peu profondes creusées dans le sol.

Pérou. — Les Péruviens, tant anciens que modernes, et surtout les Guaranis et les Quichuas, sont regardés comme les peuples de l'Amérique méridionale les plus habiles dans l'art céramique. Ce sont ceux qui ont fabriqué et qui fabriquent encore, quoique amenés à la civilisation européenne, les vases les plus remarquables par la variété et quelquefois même par la pureté de leurs formes et aussi par leurs dimensions.

M. d'Orbigny fait remarquer que dans les pays bas, sur les côtes, notamment à Lima et à Quito, les formes sont plus baroques. Ce sont des jeux hydrauliques à deux, trois ou plusieurs compartiments, des animaux, des fruits, tandis que sur les plateaux élevés les vases sont plus simples et d'un style plus sévère. Ne dirait-on pas que sur les côtes les Potiers sont conduits par tous les caprices des modes de l'ancien monde, tandis qu'abandonnés à eux-mêmes dans des lieux moins fréquentés, ils ont obéi à leurs seules et simples inspirations?

Les vases antiques se sont toujours trouvés dans des tombeaux à côté du mort auquel ils avaient appartenu, et quelques-uns, dit M. d'Orbigny, renferment encore une partie de la boisson dont on les avait remplis.

Lima et Callao. — On y fait une Poterie rouge, luisante par enduit très-mince d'une ocre rouge, poli avant la cuisson. Elle se polit aussi un peu après la cuisson, mais imparfaitement, et ce luisant est bien inférieur à celui des parties polies avant la cuisson; la pâte est un peu micacée, peu cuite, peu dure.

Un de ces vases fait voir clairement comment, dans quelques circonstances, la pâte devient noire et luisante par l'action du feu. Cette pièce a été faite avec une pâte qui, peu cuite et non polie, est d'un gris rosâtre sale, a été enduite d'un engobe d'ocre rouge et poli. Les parties qui n'ont eu que le feu juste sont restées telles qu'on les a mises, mais celles qui ont eu trop de feu ont perdu une partie de leur couleur et de leur poli; enfin celles qui ont été exposées à l'action de la flamme sont devenues d'un beau noir de charbon avec un luisant ou vernissage anthracitique, tout en conservant leur poli. Ce qui me semble prouver que ce lustre noir, dont j'ai déjà parlé, n'est pas toujours dû à un enduit charbonneux, appliqué sur la pièce avant son passage au feu.

Le façonnage à la main est assez soigné, et on rencontre souvent des pièces très-minces.

Ces Poteries sont extrêmement perméables, et répandent, quand on y met de l'eau, une odeur argileuse désagréable.

On apporte à ces deux marchés de Lima et de Callao, des Pots moyens de Poteries rougeâtres grossières à parois plus épaisses, qui ont été évidemment faits sur le tour; ils sont également très-perméables.

On imite à Payta, sur la côte du Pérou, les Poteries noires antiques, analogues par leur forme et leurs ornements aux vases bouteilles, figurés dans le Musée céramique de Sèvres, Pl. XVII, *fig.* 6, et dans le voyage de M. d'Orbigny, aux vases, *fig.* 3, Pl. n° 20, des antiques.

Poterie d'Itaty (1), village des Américains-Guaranis. — On la fait avec une argile noire, grossière, qu'on nettoie de ses petites pierres en la pétrissant à la main sans aucun lavage préalable.

Ce sont principalement les femmes qui font ces Poteries, elles les façonnent sur une planchette en commençant par la base du vase. Elles laissent sécher cette première partie jusqu'à ce qu'elle soit assez ferme pour supporter une seconde zone en tenant le bord humide, et ainsi de suite jusqu'à ce que le vase soit parvenu à sa hauteur. Tout est fait, uni et poli avec les doigts et avec tant de précision, que la pièce a l'air d'avoir été façonnée sur le tour. On laisse alors le vase sécher entièrement et on le cuit.

On fait aussi de grandes jarres, nommées comme en Espagne Tinajas, destinées à contenir de l'eau et placées d'une manière permanente dans un coin de la salle à manger; elles ont de hauteur 1 mètre 30 à 40 centimètres.

On colore quelquefois ces vases avec un frotti de terres ocreuses, ou bien on y fait des ornements avec ces mêmes terres colorées.

Ces Poteries se cuisent, suivant leur dimension, de deux manières, mais toujours sans four.

Pour cuire les petits vases et autres ustensiles de ménage ou d'amusement, on pratique une fosse longue de 2 à 2 mètres 5 cent., large d'environ 60 cent. et profonde de 50 cent. au plus. On y entasse les Poteries non vernissées, et on les couvre de branchages qu'on allume; on entretient le feu jusqu'à ce que la Poterie soit cuite.

Pour les grandes Jarres, on les réunit dans un champ et on les couvre de la quantité de bois sec nécessaire pour les cuire, mais disposé de manière à ce qu'étant allumé, la chaleur soit également répartie, ayant soin, lorsqu'il fait du vent, d'en mettre davantage du côté d'où il vient. Ce feu bien entretenu dure quelquefois plus d'un jour.

(1) Itaty, village au nord de Corrientes, au confluent du Paraguay et du Parana. Voyage dans l'*Amérique méridionale*, par M. Alc. d'Orbigny, *Itinér.*, t. I, p. 199.

Le vernissage au plomb de quelques Poteries n'est pratiqué que depuis la conquête, et encore ne l'est-il que comme exception.

On remarquera que le tour à potier n'était pas encore connu en 1827, époque où M. Alc. d'Orbigny visita les indigènes Guaranis du village d'Itaty, célèbre par sa Poterie dans toute cette partie de l'Amérique méridionale.

Les formes et les ornements de ces vases ont un caractère particulier, on en verra des exemples pris sur la suite que M. d'Orbigny a donnée au Musée de Sèvres, et dans le catalogue de ce Musée, Pl. XIX, *fig.* 1, et Pl. XXXII, *fig.* 12.

Ainsi, dans le singulier vase d'Itaty, qui représente un Tatou (Musée céramique, Pl. XIX, *fig.* 4), trois matières colorantes, le rouge, le noir et le blanc, ont été employées pour indiquer les bandes qui composent l'enveloppe squammeuse de cet animal.

Chili. — On y fabrique des Poteries très-semblables à celles du Pérou moderne par la couleur constante ou noir grisâtre ou rougeâtre de la pâte avec engobe d'un beau rouge pour l'une et d'un noir assez pur pour l'autre. Le polissage, la perméabilité complète et rapide, le façonnage sont les mêmes qu'au Pérou.

Dans les tirelires de Valparaiso, *fig.* 13, Pl. XIX du Mus. cér., la pâte est très-fine, blanche, grisâtre dans les rouges, gris de cendre dans les noires; l'enduit d'un rouge ocreux ou d'un mat pur, a un poli extrêmement brillant. Parmi ces pièces, plusieurs sont couvertes d'ornements en argile blanche posée après coup, et qui ne paraît pas avoir reçu l'action du feu.

Paraguay. — Je n'ai d'exemple de Poterie fabriquée dans cet État de l'Amérique méridionale qu'une bouteille de cultivateur, pyriforme, de pâte noirâtre, très-grossièrement façonnée, assez dure, un peu sonore, et qui tient très-bien l'eau. (Mus. cér., Pl. XIX, *fig.* 10.)

Brésil. — C'est un des pays de l'Amérique où, après le Pérou, on ait fabriqué le plus de Poterie, tant avant l'arrivée des Européens que depuis leur établissement. Les indigènes ne connaissaient pas le tour, je l'ai déjà dit, et s'ils le connaissent actuellement, ils ne l'emploient pas généralement. Nous possédons dans le Musée céramique de Sèvres des vases d'ornement, Pl. XIX, *fig.* 8 et 12, dont les collets ont été très-certainement faits sur le tour.

On cite trois points principaux de fabrication.

Le premier, à Parahiba, province de Fernambouc.

Le deuxième près de Bahia, entouré de villages habités par des Potiers qui approvisionnent Rio-Janeiro.

Le troisième est à Sainte-Catherine.

On fait à Parahiba des vases en terre jaune rosâtre, rehaussés à l'intérieur d'un enduit rouge d'une vive couleur et couverts d'ornements blancs en forme de poires, de fleurons, de feuilles, de petites palmettes. Ils sont semblables en tout, et comme je l'ai déjà annoncé, aux Poteries de Manille. Les ornements blancs sont en terre blanche qui n'a presque point d'adhérence avec la surface du vase.

Ces trois centres de fabrication fournissent depuis l'an 1500 la série nécessaire de vases usuels à tout le Brésil. On en voit un grand nombre de figurés dans le voyage de M. Debret au Brésil (1). Je donne quatre figures de ceux qui m'ont paru les plus remarquables.

La *fig.* 16 de la Pl. XXVIII, représente un vase à contenir de l'eau, en terre rouge, à ornements repoussés à la main. Chaque anse a une petite tête vernissée en vert. La *fig.* 12, une soupière nommée *Panellas*; la *fig.* 11, de la planche 6 *bis* de Debret, est un vase à eau nommé *Falhia*, jarre; les figures de la même planche sont des vases à boire nommés *Morinhas*.

Tous ces vases, peu cuits, laissent transsuder l'eau, qui s'y tient assez fraîche. Aussi est-on obligé de les élever sur des espèces de petits trépieds.

Ce sont les femmes aborigènes qui font ces Poteries, et même les grandes jarres nommées Camucis, décrites plus haut, p. 411.

Pour les cuire, elles creusent une fosse assez profonde pour que le plus grand vase puisse s'y tenir debout, sans en dépasser les bords. Elles la remplissent de branchages, qu'elles allument afin de chauffer d'abord ce vase très-doucement. Puis,

(1) J.-B. Debret, *Voyage pittoresque et historique au Brésil*, de 1816 à 1831, 3 vol. in-fol., avec un grand nombre de planches, Paris, 1834.

quand ce bois est réduit en braise, elles placent dessus cette braise toutes les petites pièces, les recouvrent de nouveau de branchages secs, les allument et terminent ainsi la cuisson du grand vase et des petites pièces. (Debret, *ibid.*, p. 53.)

Je dois rappeler, pour compléter l'histoire de l'art céramique au Brésil, ce que j'ai dit sur les grandes jarres et leur singulière destination, au livre II, p. 411, de cet ouvrage.

Appendice au 1er ordre — ou des poteries mattes.

Beaucoup des Poteries dont je viens de parler peuvent être indistinctement ou mattes ou couvertes d'une glaçure, suivant la volonté du Potier; il a quelquefois peu de changements à faire à leur pâte pour la rendre propre à recevoir la glaçure, et quelquefois même il n'y en a aucun.

Mais certaines Poteries qui doivent nécessairement être mattes et perméables, suffiraient pour constituer à elles seules l'ordre des Poteries mattes. Ce sont :

Les hydrocérames ou alcarazzas.

Les Poteries, vases ou pots d'horticulture.

Les formes à sucre.

Je dois donc en traiter séparément.

1re *Sorte*. — Les hydrocérames [1].

La plus remarquable de ces Poteries, celle qui est faite dans toutes les parties chaudes de l'ancien monde et dans quelques contrées du nouveau, sous des noms différents, mais qu'on ne fait avec succès et avec raison que dans les climats à température qui est, au plus bas terme, de 15 degrés centigrades, s'élevant souvent au delà de 30 degrés, sont des Poteries à pâte perméable qui ont la faculté d'abaisser la température de l'eau de

[1] C'est-à-dire vase à eau ou vase qui sue : c'est Fourmy qui, vers 1809, a donné ce nom univoque et assez significatif, à cette réunion de vases ayant tous le même objet avec des noms différents dans chaque pays où on les fait mais point de nom commun ; c'était le cas de faire un nom général.

5 à 8 degrés centigrades au-dessous de celle du lieu où elles sont placées, en lui communiquant quelquefois un goût argileux qui ne déplaît pas à certains peuples.

On leur donne suivant les pays, et même quelquefois suivant les formes, des noms différents, que nous réunissons sous le nom générique et assez significatif d'HYDROCÉRAMES.

On les appelle :

Alcarazzas ou alcaradzas en Espagne et en Portugal, du nom du lieu où on va chercher l'argile qui sert à les faire. (LINK, *Voy. en Port.*), et aussi catimploras et bucaros. Ceux-ci sont rouges.

Gargoulettes dans l'Inde.

Qoulleh, bardaques ou bardach et balasse, du lieu où on les fabrique, en Égypte.

Canaris, dans les colonies de l'Amérique.

Les détails de la fabrication diffèrent un peu selon les lieux. Il me semble important, avant de parler de ces différences, d'en établir le principe.

Le but qu'on se propose est d'avoir des vases qui, sans laisser l'eau s'écouler à l'état liquide, s'en laissent pénétrer et traverser, de manière à ce qu'arrivée à la face extérieure, elle s'y étende et présente à l'air une grande surface qui favorise une évaporation assez rapide pour opérer un rafraîchissement susceptible d'abaisser la température dans nos climats de 4 à 7 degrés centigr.

Il faut donc donner à la pâte de ces vases une porosité telle, qu'elle entretienne constamment la pénétration de l'eau et l'humectation du vase, sans permettre un écoulement rapide.

On y parvient en rendant poreuse par l'addition d'une certaine quantité de sable fin, soit une argile figuline, soit une marne argileuse, et en ne faisant cuire ces pièces qu'à une faible température; ou bien en introduisant dans la pâte des poussières qui sont enlevées soit par la cuisson, soit par l'eau, telles que du selmarin qui laisse, par suite de sa dissolution, un grand nombre de petites vacuoles.

Les formes que l'on a données à ces vases sont très-nombreuses, très-singulières quelquefois; mais elles tendent la plupart au but qu'on veut atteindre, qui est une rapide évaporation par l'extension des surfaces ([1]).

Pour préciser suffisamment ces principes de composition, je vais présenter quelques exemples de fabrication, principalement en Espagne, pays le plus voisin de la France où ces vases rafraîchissants sont en assez grand usage

M. Lasteyrie est le premier qui nous ait fait connaître cette fabrication, dans un Mémoire lu à la Société philomatique et inséré dans le Journal des Mines (an v (1797), n° 34, p. 791).

Les hydrocérames d'Espagne, Alcarazzas, ont pour base une marne argileuse qui contiendrait, d'après les essais de Darcet, environ 60 pour 100 de carbonate de chaux. Le reste est silice, alumine et un peu de fer ([2]). Lorsque cette terre a été bien pétrie, on y ajoute du selmarin peu à peu, jusqu'à environ 5 kilogrammes pour une marchée ou 100 kilogrammes de pâte. Percy dit également qu'on y ajoute du sel qui a été séché au feu, finement pulvérisé, et passé au tamis de soie. M. Shaw donne pour la pâte des alcarazzas qu'on a faits en Angleterre à l'imitation de ceux d'Espagne, une composition très-différente. C'est le corps de pâte qu'on y appelle *red bodie*, qu'on emploie et qui a pour éléments : silex, 36 ; — argile rouge et marne, 56 ; — argile à brique, 8. On y ajoute un peu de sel, et on donne une faible cuisson. Cette pâte poreuse a cependant assez de solidité.

On place ces vases rafraîchissants ou seuls dans un four à Potier dont on élève peu la température, ou avec d'autres Poteries dans les parties de ce même four où la température est la plus basse.

Le façonnage est à peu près le même, dans plusieurs de ses parties, que celui de toutes les Poteries dont la pâte se manie facilement, qui ne se ramollit, ni ne gauchit au feu, et qui n'est qu'ébauchée sans être tournassée.

([1]) Les planches XXI, XXII et XXIII du Musée céramique donnent une idée des variétés de formes très-nombreuses que présentent ces vases dans toutes les parties chaudes de l'ancien monde, surtout en Espagne et dans l'Inde. Je vais en spécifier quelques-unes.

([2]) Voyez au tableau des analyses de Poteries celle d'un hydrocérame d'Égypte, qui n'indique que 29 p. 0/0 de carbonate de chaux.

Cependant il y a dans certains Alcarazzas d'Espagne un genre d'ornements si singulier, si extraordinaire même, et par conséquent si compliqué, qu'il serait curieux de savoir comment il se pratique. Les *fig.* 6, 8, 9, 10 et 11 de la Pl. XXIII, et encore plus les *fig.* 7 et 5 de la Pl. XXII du Musée céramique, donnent une faible idée de cette extravagance de forme. On a de la peine à croire que tous ces appendices, dont plusieurs, tel qu'on le voit dans la *fig.* 5, sont suspendus au vase par des fils de fer, aient pour but unique de multiplier les surfaces; et d'ailleurs comment des figures et des ornements dans l'intérieur même du vase (1) pourraient-ils, plongés dans l'eau, en accélérer ou en augmenter l'évaporation ?

Le lieu le plus renommé pour la fabrication des Alcarazzas qui sont blanc grisâtre, est Andujar, dans l'Andalousie. La marne argileuse est prise dans les environs de cette ville et c'est dans la pâte de ces Alcarazzas que l'on ajoute du sel.

On en fait dans plusieurs autres parties de l'Espagne, notamment aux environs de Valence, dans la Murcie, etc.

Les bucaros que l'on fait à Salvatierra, en Estramadure, sont rouges et moins poreux que les Alcarazzas; ils rafraîchissent moins l'eau, mais ils lui communiquent un goût qui plaît aux femmes de Madrid.

Il paraîtrait qu'en Portugal, d'après le récit très-circonstancié de Link, on n'introduirait point de sel dans la pâte des Alcarazzas, qui ne devrait sa porosité qu'à un mélange convenable de sable et à une faible cuisson. Il est certain que Fourmy a fait ses hydrocérames sans sel, et que le dégourdi de porcelaine remplit parfaitement bien, comme on va le voir, l'office de vase rafraîchissant.

(1) Pl. XXIII, la figure 6 (*b*) fait voir les ornements dont est rempli l'intérieur de l'hydrocérame espagnol, *fig.* 6 (*a*). Le Musée céramique possède cinq à six vases avec ces dispositions singulières; ils ont été rapportés d'Espagne par M. le baron Taylor. J'ai appris que ces pièces étaient des vases de simple ornement, qu'on plaçait remplis d'eau sur la table dans les grands repas, mais qui ne servaient que dans ces occasions, et que souvent même ils ne servaient qu'une fois, tant ce façonnage si compliqué était peu cher. En effet, nous voyons sur nos tables des croquantes de pâtisseries représentant des objets d'architecture très-riches, et qui faites exprès pour la circonstance, sont détruites immédiatement.

On fait jouer en Portugal un rôle pour ainsi dire inverse aux Alcarazzas qu'on fait dans ce pays. Ils servent à mettre du tabac en poudre, et pour donner à cette poudre l'humidité qui lui convient, on plonge les vases dans l'eau qui pénètre par attraction capillaire jusque dans le centre de la masse de tabac.

Les Hydrocérames d'Égypte, qu'on nomme généralement *bardach*, sont tous fabriqués dans la haute Égypte entre Denderah, Kené et Thèbes, et principalement à Balasse. Non-seulement ces vases servent à rafraîchir l'eau, mais aussi à clarifier les eaux du Nil, le mouvement de suintement de l'intérieur à l'extérieur entraînant vers les parois la partie terreuse qui trouble l'eau. La base de ces Hydrocérames est une terre argilo-sableuse à laquelle on ne fait subir d'autre préparation que le pétrissage et le tournassage. On fait d'abord raffermir ces vases à l'ombre, puis au soleil, et on leur donne en outre une faible cuisson avec un feu de paille.

On boit à même dans ces vases, et pour éviter que l'eau n'afflue trop rapidement à la bouche, l'ouverture de l'étranglement du vase est garnie d'une espèce de grille en terre de même nature que la bardach n° 48. On les parfume quelquefois, comme en Perse, de divers aromates [1].

Ces vases se fabriquent par milliers, et ils sont à si bas prix qu'on aime mieux en avoir de nouveaux quand ils ne vont plus bien, que de chercher à les nettoyer.

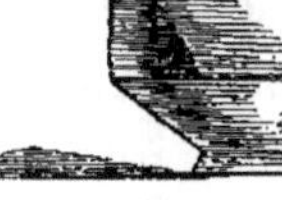

N° 48

On fait en Perse des Hydrocérames, notamment dans la ville de Cora, où Chardin était en 1672; il les vante beaucoup. Ils sont blancs. On les humecte d'abord d'eau de rose, puis on les suspend enveloppés d'un linge mouillé. Ces vases ne peuvent servir que cinq ou six fois, les pores se bouchant bientôt [2],

[1] DENON, *Voyage en Égypte*, 1802, p. 276. Il fait remarquer que leur forme est généralement simple et pure, ce qui est vrai, qu'ils sont de toute antiquité, car on les trouve représentés sur les monuments les plus anciens, et que ces formes simples et pures ont été le modèle toujours suivi par les Potiers égyptiens modernes.

[2] CHARDIN, *Voyage en Perse*, t. I, p. 202.

et l'eau non-seulement ne les traverse plus, mais elle prend un goût désagréable.

Les Hydrocérames de l'île Bourbon sont faits avec une argile rouge qui paraît résulter de la décomposition des roches volcaniques (1).

J'ai dit que l'objet principal d'un Hydrocérame était de rafraîchir un peu l'eau, et que tous les vases poreux jouissaient de cette propriété. Il y a néanmoins plusieurs conditions à remplir pour qu'ils fassent le plus complétement possible les fonctions d'Hydrocérame. Leur *position* en est une. Il faut qu'ils soient isolés, suspendus, exposés à un courant d'air; que leur forme soit plutôt cylindrique et longue que sphéroïdale; il est plus avantageux de distribuer la même quantité d'eau dans plusieurs Hydrocérames de deux litres au plus, que de la mettre dans un grand vase. Enfin il faut faire attention qu'au bout d'un certain temps leurs pores s'obstruent d'autant plus promptement que l'eau est moins limpide, et qu'alors ils perdent leur propriété transsudante.

L'abaissement de la température n'est pas très-considérable. Je ne connais pas d'expérience faite avec exactitude dans les pays chauds sur le degré de cet abaissement. On dit bien qu'elle n'est en général que de 4 à 8 d. R. en une heure environ; mais ne trouvant rien de plus précis, j'ai cherché à l'obtenir. J'ai fait à ce sujet quelques expériences, à Sèvres, dans le milieu de l'été.

J'ai placé, suspendu dans un courant d'air, à la fin de juillet, trois Hydrocérames de trois origines différentes, et je les ai mis, autant qu'il m'a été possible, dans les mêmes circonstances, plaçant près d'eux un vase imperméable, d'à peu près la même capacité, et rempli d'eau à la même température que celle que j'avais versée dans les Hydrocérames.

L'un était un Hydrocérame rapporté d'Espagne par M. Lasteyrie, l'autre un Hydrocérame de la fabrique de M. Fourmy, vers 1800, le troisième, un vase ayant la forme d'une petite amphore pointue, fait en dégourdi de porcelaine de Sèvres. J'ai laissé ces vases en expérience au moins quatre heures.

J'ai obtenu de ces observations les résultats consignés au tableau suivant :

(1) Bory St-Vincent, *Voyage à Bourbon*, t. III, p. 236.

TABLEAU de l'abaissement DE LA TEMPÉRATURE DE L'EAU par l'effet des Hydrocérames.	TEMPÉRATURE					Maximum d'abaissement de la températ.
	de l'air libre à l'ombre.	DE L'EAU				
		dans un vase.	dans un hydrocér. d'Espagne	dans un hydrocér. de Fourmy.	dans un hydrocér. de dégourdi.	
1re EXPÉRIENCE ; suspendu près d'une porte . . .		17	14	14	14	3
2e EXPÉRIENCE ; suspendu au courant d'air d'une fenêtre au N. N. O. .	24	18	15,5	15,5	14,5	4,5
3e EXPÉRIENCE ; même position au soleil couchant donnant sur les vases.	»	20	16,5	16	15	5

On prétend avoir porté beaucoup plus loin cet abaissement de température, mais c'est plutôt par supposition que par expérience. Ainsi, O'Reilly (1) dit que le terme moyen des observations qu'il a faites en été à Paris donne de 3 à 9 degrés d'abaissement à l'ombre, et de 6 à 15 au soleil, et que dans les climats chauds l'effet est beaucoup plus prononcé. Mais c'est à la température de l'air qu'il a comparé celle de l'eau de l'hydrocérame, tandis que j'ai cru devoir la comparer à celle de l'eau mise dans un vase imperméable. On voit que si dans la deuxième expérience on eût voulu comparer la température de l'eau de l'hydrocérame à celle de l'air, on eût compté 9^d5 d'abaissement au lieu de 4^d5.

Je ne sais si l'abaissement de température est plus considérable dans les pays à haute température. Ce serait assez présumable, d'après la différence que l'on remarque entre le refroidissement de la première expérience et celui de la troisième. Mais les circonstances de position ont sur ce refroidissement la plus grande influence (2).

(1) *Ann. des Arts et Manuf.*, Paris, an XIII (1805), t. XXI, p. 84.

(2) On rapporte que dans l'Inde, près Benarès, on obtient de la glace par un refroidissement qui ne paraît pas dû uniquement à la radiation, quoique cette action y entre pour beaucoup. On remplit d'eau le soir plusieurs milliers de petits plats de terre non vernissés, on les expose dans un lieu non abrité, placés sur un lit de feuilles sèches et de bourre de maïs, et le lendemain matin on

Il est certain que les Hydrocérames n'ont eu aucun succès dans le nord de la France ni dans aucune contrée tempérée de l'Europe, parce que l'extrême chaleur, dont l'effet est si sensible, se présente rarement, et qu'à température moyenne, et surtout dans un air humide, l'effet des vases rafraîchissants est presque nul.

On dit que les Alcarazzas ont été introduits en Espagne par les Arabes. M. Lasteyrie assure qu'on ne les connaît pas en Sicile; mais le Musée de Sèvres en possède plusieurs, rapportés de cette île par M. Taylor.

Percy, qui en a suivi la fabrication en Espagne, rappelle que les anciens connaissaient la propriété que possède l'évaporation de l'eau de produire du froid, que les soldats de l'armée d'Antiochus faisaient rafraîchir l'eau dans des vases d'argile, qu'ils les mettaient pendant la nuit sur des terrasses où des enfants étaient chargés de les arroser extérieurement, puis ils la transvasaient dans de grandes amphores garnies extérieurement de paille, où elle se tenait très-fraîche. Du temps de Gallien, on suspendait aux fenêtres des vases de terre remplis d'eau, pour qu'elle s'y rafraîchit. D'après ce que j'ai fait si souvent remarquer sur la porosité et la perméabilité des Poteries anciennes, on concevra fort aisément que, sans avoir été faites pour être des vases rafraîchissants, ces Poteries pouvaient très-bien en faire l'office, lorsqu'on les mettait dans des circonstances favorables à l'évaporation, comme celles que je viens de rapporter.

2e *Sorte*. — LES VASES D'HORTICULTURE.

La seconde sorte de Poterie est essentiellement matte; peu importante sous le rapport de la fabrication par la simplicité de sa composition, elle est très-importante sous celui de son immense emploi. Ce sont les vases que l'on nomme pots de jardinage, ou d'une manière plus précise vases d'horticulture.

Il y a pour la bien faire deux conditions à remplir, l'une tout à fait technique est relative à la nature et aux qualités de la pâte, l'autre à celle de la commodité et de la convenance des formes.

trouve l'eau convertie en glace. Ce phénomène ne tiendrait nullement à notre sujet si on n'ajoutait *qu'il n'aurait pas lieu du tout si on mettait l'eau dans des vases ou plats de Poterie compacte.*

La pâte des Poteries d'horticulture les plus ordinaires appliquées à l'usage de tous les jardiniers, est, suivant les localités, ou une argile figuline, ou même un argile plastique brune, telle que celle qu'on emploie à Paris et qui est tirée dans les plaines d'Ivry. On la dégraisse avec du sable siliceux extrait de même au sud de Paris; on l'y ajoute dans des proportions qui diffèrent suivant que l'argile est plus ou moins grasse ou plastique. La pâte de la Poterie de Paris se compose ordinairement de deux tiers d'argile et d'un tiers de sable.

Le façonnage n'a rien de particulier. Comme je ne parle que des Poteries ordinaires et simples, toutes les pièces sont rondes et faites au tour; quand il y en a de carrées, on les moule rapidement et grossièrement.

On les cuit à nu. Le four du Potier qui sert à cette cuisson et à d'autres semblables, c'est-à-dire à celles qui n'exigent point d'encastage, est représenté Pl. XXIII, *fig.* 1. Cette figure a été faite sur celui de M. Follet, un des plus habiles et des plus ingénieux Potiers en objets d'horticulture.

On les pose l'un sur l'autre en prenant les précautions nécessaires pour qu'ils ne s'écrasent pas. On fait avec des briques à cuire, un plancher factice qui couvre le sol du four, et c'est sur ce plancher que se placent les Vases de jardinage, les plus grossiers en bas, les plus délicats en haut, vers la voûte et vers l'extrémité du laboratoire.

La condition d'emploi des Vases d'horticulture est fondée sur la porosité et la perméabilité de la pâte. Leurs qualités sont fondées sur le convenable mélange de sable et surtout sur le degré de cuisson. Il faut qu'ils soient bien cuits. Quand cette condition n'est point remplie, cette Poterie, perpétuellement abreuvée d'eau, se désagrége, et les vases, perdant leur solidité, ont très-peu de durée. C'est au son qu'on reconnaît leur qualité, et c'est à la couleur blanc jaunâtre qu'on la présume à Paris; car il y en a ailleurs d'un assez beau rouge qui sont fort estimés.

On peut admettre une différence de durée de deux à vingt ans entre ces pots, suivant leurs qualités. On en connaît au Jardin du Roi à Paris, qui durent depuis 1824, exposés en plein air dans l'école de botanique : ils sont assez épais.

On fait de ces Poteries communes presque partout; mais en général les plus estimées sont celles d'Angleterre et de Belgique, dont la pâte est rouge, fine et serrée.

Il nous en est venu au Musée de Sèvres de divers départements. Celles de Braisne sont jaune pâle et dures; celles de M. Desoteux, à Samer, dans le Pas-de-Calais, sont jaune rosâtre et ont presque la dureté du grès. Il en est de même de celles de Desvres qui sont grossièrement faites, mais qui approchent aussi de la dureté du grès; les pots de Bournon, dans le Puy-de-Dôme, sont rosâtres et micacés, ce qui indiquerait l'emploi de l'arkose d'Auvergne dans la composition de leur pâte.

Enfin le Musée céramique en a reçu de Baltimore qui sont en pâte fine et rougeâtre, ayant aussi presque la dureté du grès.

J'ai vu des Vases de la Chine destinés à conserver ou a transporter des plantes; mais comme si dans ce pays on ne savait faire que du grès et de la porcelaine, et aucune de ces Poteries que nous appelons communes, des deux seuls vases que j'ai vus, l'un est en porcelaine grossière craquelée, et l'autre en grès avec une couverte terreuse.

On fait aussi des Vases destinés à conserver les plantes dans la terre où elles croissent et propres à être placés dans les appartements. M. Follet, que j'ai déjà cité, a donné à cette branche de l'art céramique une sorte de luxe et une grande extension. Les pièces qui composent ses Poteries fines sont d'une pâte tantôt rouge, tantôt presque blanche. Leurs formes extrêmement variées sont souvent pures et assez élégantes; elles sont même quelquefois riches par les ornements en relief qu'il y a introduits. Cette application des formes agréables a permis l'introduction des plantes vivantes et continuant de croître dans les appartements, sans être obligé ni de les mettre dans des vases de Porcelaine ou de faïence revêtus d'émail, enduit imperméable qu'on regarde comme nuisible à la végétation, ni de cacher les sales et vilains pots ordinaires au moyen d'enveloppes nommées *cache-pots*, qui donnent au vase un volume et une lourdeur d'aspect hors de proportion avec les végétaux généralement assez petits qu'ils doivent contenir.

3e *Sorte*. — Les ustensiles dits FORMES A SUCRE.

Une troisième sorte d'ustensiles de terre cuite qu'on laisse ordinairement sans aucune glaçure sont ceux qu'on nomme Formes à sucre.

Ce sont des cônes creux dans lesquels se moulent les cônes solides qu'on appelle pains de sucre.

La composition de la pâte est à peu près la même que celle de toutes les Poteries communes; sa base est une argile figuline et plastique.

La préparation de l'argile par coupage, pétrissage, etc., ne diffère pas des autres préparations; l'argile n'est pas lavée mais coupée à la doloire pour être plus facilement débarrassée des corps étrangers visibles.

Lorsqu'elle est suffisamment épluchée, on la détrempe et on y ajoute la quantité de sable qu'elle demande, suivant sa qualité, pour être convenablement dégraissée. La masse ou pâte ainsi composée, est pétrie aux pieds, c'est-à-dire marchée jusqu'à ce que le mélange d'argile et de sable soit bien complet; elle est alors en état d'être façonnée.

C'est sur le tour qu'on lui donne, par cette sorte de combinaison du moulage et du tournage qu'on désigne sous le nom de moulage à la house, la forme conique qu'elle doit prendre.

Le tourneur chargé de ce façonnage corroie encore la pâte et en fait une balle de la grosseur nécessaire pour la forme qu'il se propose d'exécuter, il la porte sur le tour, où il fait l'ébauche de la pièce. Jusqu'à présent c'est la marche ordinaire de cette première partie du façonnage; mais le reste est plus particulier à la pièce qu'il veut obtenir. Il porte son ébauche sur un autre tour où est fixé un moule ou mandrin en métal ou en bois cerclé de métal. L'ouvrier fait descendre sur ce moule un cercle en bois ou en métal sur lequel doit reposer la forme, afin d'obtenir la dimension demandée. Il graisse le moule, prend son ébauche et en coiffe ce moule, puis appuyant en tournant sur la house, il fait monter la tête ou sommet du cône et descendre jusqu'au cercle de fer, ce qui en fera la base. Mais pour enlever de dessus le moule les Formes ainsi obtenues, il faut percer le sommet du cône. Sans cette précaution la pression de l'air les y ferait tellement adhérer qu'il ne pourrait les enlever que par morceaux. Quand la pièce a pris une certaine consistance, on ôte le cercle de la base et on en arrondit le bord.

Les Formes sont ensuite polies en dedans le plus complétement possible afin de faciliter la sortie du pain de sucre qui s'y sera moulé en cristallisant.

On les laisse sécher et on les cuit. Les Formes faites à Orléans avec l'argile plastique supérieure à la craie, acquièrent par la cuisson, quoiqu'elle n'ait pas lieu à une haute température, une dureté presque égale à celle du grès-cérame, qualité que l'on y recherche afin qu'elles puissent mieux résister aux chocs répétés qui accompagnent toujours l'opération de la cristallisation du sucre.

Cette description de la fabrication et du façonnage des Formes à sucre, est relative à celle d'Orléans, où l'on fabrique non-seulement pour les sucreries de la ville, mais pour être souvent transportés assez loin, un grand nombre de ces ustensiles. C'est à M. Gaspard Gilbert, chef d'une des fabriques les plus accréditées de cette ville, que je la dois.

Suivant les lieux où on les fabrique, elles ont une couleur et une dureté assez différentes. Celles de M. Gilbert, d'Orléans, sont rougeâtres, très-dures et très-sonores. La dimension des échantillons que le Musée céramique possède est de 55 centimètres de hauteur. Celles qu'on fait à Marseille, dans la fabrique de M. Martin, sont jaunâtres, assez dures aussi, et d'une grande dimension Le cône a 78 centimètres de hauteur sur 45 de diamètre à la base.

DEUXIÈME ORDRE. — POTERIES TENDRES LUSTRÉES [1].

Je reviendrai, à la suite de la description des Poteries du quatrième ordre, les Poteries émaillées, sur les différentes sortes de glaçures et leur division; mais je dois rappeler la définition que j'ai déjà donnée de cette glaçure si différente des autres, que j'ai appelée l u s t r e, et qui a été la seule glaçure connue des anciens, glaçure que nous ne faisons plus, et que nous ne savons même pas encore faire.

C'est en général une glaçure essentiellement composée de silice, rendue fusible par l'introduction d'un alcali, potasse ou soude, constamment colorée par un oxyde métallique introduit primitivement dans sa composition, ou qu'elle prend dans la pâte qu'elle recouvre.

Dans le premier cas, elle peut être épaisse; c'est la glaçure nommée improprement vernis ou émail des Égyptiens, et celle de beaucoup de carreaux, briques et plaques orientales.

Dans le second cas, elle est mise tellement mince, qu'on ne peut la détacher de la pièce. C'est le lustre des Poteries romaines, et notamment le lustre noir des Poteries grecques campaniennes. J'ai parlé des premières à l'ordre des Poteries tendres mattes, parce que celles-ci sont bien plus nombreuses que les lustrées. Je vais, par suite de la même considération, traiter particulièrement des Poteries lustrées grecques; troisième exemple des Poteries lustrées par une glaçure que je définis par sa nature silico-alcaline et par sa ténuité dans son application.

C'est avoir fait un grand pas dans l'art céramique que d'être arrivé à mettre sur une Poterie à pâte fine, mais tendre, perméable et cuite à très-basse température, une glaçure mince, solide, imperméable, et, ce qui est plus remarquable encore, inattaquable par des agents puissants auxquels ne résistent ni nos vernis des premiers temps ni ceux des temps modernes, ni même nos vernis cristallins, d'ailleurs si éclatants.

Cette glaçure, que j'ai distinguée sous le nom de l u s t r e, parce

[1] Voir le tableau de classification, p. 300.

que souvent elle ne fait que donner un lustre vitreux à la surface des Poteries, qu'elle est tellement mince qu'on ne peut la séparer, même à la vue, de la pâte qu'elle glace, cette glaçure, dis-je, a une composition si remarquable, si difficile à atteindre, que, malgré les efforts de nos plus habiles chimistes, qui, à Sèvres, se sont occupés spécialement d'en rechercher la nature, malgré les recherches suivies avec tant de sagacité et de persévérance par M. le duc de Luynes, on n'est pas encore arrivé à l'imiter complétement dans toutes ses qualités de densité, de parfaite étente, de résistance aux alcalis et aux acides, de solidité et d'absence complète d'oxyde de plomb. On en a néanmoins, tout récemment, considérablement approché, comme on va le voir plus loin.

Ce progrès, ou plutôt cette découverte si ancienne, car pour que ce fût un progrès il eût fallu qu'on sût ce qui l'a précédé, méritait bien que l'on fît un ordre particulier de cette sorte de Poterie dont la source, très-circonscrite, a cependant répandu ses produits, il y a 3,000 ans, sur presque toutes les parties du monde occupées par les Grecs et les Romains, et dont les premiers et réels ouvriers en chef n'appartiennent qu'à ces deux peuples, et bien plus encore aux premiers qu'aux seconds.

Aussi ai-je placé dans la céramique romaine les Poteries lustrées avec les Poteries mattes, le lustre étant secondaire et à peine distinct de la pâte; tandis que chez les Grecs, les Poteries lustrées, l'emportant en tout sur les mattes, méritaient de constituer à elles seules un ordre entier.

La Poterie tendre lustrée se distingue des autres Poteries par les caractères suivants :

Pâte homogène, fine, mais à texture lâche, à cassure matte.

Tendre, son sourd.

Opaque, plus ou moins colorée en jaunâtre, rougeâtre ou grisâtre.

Surface luisante par un enduit vitreux, très-mince, alcalifère, rougeâtre, et souvent d'un beau noir.

Façonnage soigné, fait au tour ou au moule.

Cuisson simple à basse température.

Pâte composée principalement de silice, d'alumine, de fer et de chaux.

Fusible à la température d'environ 40^d Wedgwood.

Fours à un seul laboratoire?

Point d'encastage, enfournement en échappade.

C'est avec les Poteries étrusques, une des plus anciennes, mais toujours plus perfectionnée qu'aucune autre Poterie antique; c'est à cet ordre qu'appartiennent les célèbres vases grecs à pâte fine, à parois minces, si remarquables par leur légèreté, la pureté de leurs formes et par le dessin simple et aussi caractérisé que naïf de leurs figures et de leurs ornements.

Cet ordre ne renferme jusqu'à présent que 4 genres de Poteries :

Les Poteries romaines lustrées, dont j'ai traité avec les Poteries mattes de même origine.

Les Poteries égyptiennes lustrées, qui, en très-petit nombre, n'ont pas été séparées des Poteries mattes du même peuple.

Quelques Poteries étrusques, mais encore d'une manière très-incertaine pour moi,

Et enfin les Poteries grecques, campaniennes, italo-grecques, grecques de l'Archipel, et de bien d'autres lieux.

Ce sont les seules qu'il me reste à faire connaître.

Poteries grecques.

Poteries campaniennes ou italo-grecques.

Ces Poteries, que l'on considère comme les plus anciennes, sont celles qu'on a désignées pendant longtemps sous le nom impropre de Poteries et vases étrusques. Mais les antiquaires et tous les érudits qui ont fait attention aux lieux d'où ces vases ont été tirés, qui ont étudié les sujets qu'ils représentent, les inscriptions qu'ils portent, ont admis que la fabrication de ces Poteries datait d'un temps antérieur aux Étrusques, qu'elles étaient d'origine grecque et des plus anciens temps de la Grèce. Winkelmann, faisant remarquer que ces vases ne se trouvaient point en Toscane, mais toujours dans ces parties de l'Italie qu'on appelait la grande Grèce, et notamment dans la Campanie, leur donna le premier le nom de vases campaniens. C'est particulièrement sous ce nom et sous celui de vases grecs qu'on les désigne maintenant, et que nous allons en parler.

L'origine de cette erreur, dénoncée par Winkelmann et entièrement détruite par d'Hancarville, vient, dit-on, de l'interprétation que les Toscans ont voulu faire en faveur de l'ancienneté de leurs ancêtres, les Étrusques, d'une épigramme de Martial, qui a appliqué le nom d'étrusque à des vases d'*Arezzo*, faits dans cette ville par des ouvriers grecs venus de Samos. Les Toscans ont appliqué cette dénomination à tous les vases semblables déterrés en Italie.

Or, tous ces vases ont des caractères communs qu'on va indiquer; mais ils en ont d'autres historiques que les antiquaires ont su remarquer. Tel est le style et la nature des sujets qui y sont représentés, et qui sont toujours relatifs à la mythologie, aux usages et au costume des anciens Grecs, telles sont les inscriptions grecques placées sur ces vases, et qui indiquent par la forme des lettres, les changements arrivés à diverses époques dans l'écriture grecque, caractères et disposition qui ne permirent pas à des hellénistes, d'ailleurs très-instruits, d'y reconnaître la langue grecque (1).

La pâte de ces Poteries est toujours rougeâtre, quelquefois cependant d'un gris rougeâtre pâle; elle est en général fine et légère, à texture lâche, et, comme nos Poteries communes, elle laisse transsuder l'eau, lorsqu'elle n'a été enduite d'aucun vernis; elle est tendre et se laisse facilement entamer par le couteau; elle n'a reçu qu'une faible cuisson.

Lorsqu'on met de l'eau dans ces vases, ils répandent une odeur argileuse des plus sensibles. L'eau ne les traverse pas tout de

(1) La bibliothèque de la manufacture royale de Sèvres possède trois mémoires manuscrits *sur les vases grecs vulgairement nommés étrusques*, sans nom ni date. Néanmoins je crois, par des raisons qu'il serait trop long de développer, pouvoir les attribuer à d'Hancarville. Il y expose les motifs qui lui font regarder tous les vases peints comme étant de fabrication grecque et non étrusque, et parmi ces raisons il raconte à ce sujet une anecdote assez piquante, et qu'on aurait de la peine à admettre si elle n'était revêtue de son autorité. « Le chanoine Mazzo- » chi, très-savant helléniste, prit et donna pour étrusque une inscription d'un vase » de la collection de Mastrillo. D'Hancarville la fit lire à M. Martorelli, qui, » sur la foi de Mazzochi, commença par nier le fait; mais en la lui faisant épeler » lettre à lettre, il lui montra qu'il lisait du grec. Son étonnement fut extrême » et depuis lors il admit comme grecs la plupart des vases nommés étrusques. » D'Hancarville cite le vase figuré planches numérotées 24 et 25 du premier volume de son ouvrage, publié à Naples en 1766. C'est le vase de la Chasse au sanglier, et qui était, lorsqu'il écrivait ce mémoire, dans le Muséum britannique.

suite ; mais au bout de 10 à 20 heures elle suinte en gouttelettes très-petites de presque toutes les parties où il n'y a pas de lustre.

Composition des pâtes et glaçures. — Cette Poterie s'approche davantage par la composition de la Pâte des faïences, que de celle des Poteries communes. Elle fond complétement à la température de la cuisson de la porcelaine, et renferme une assez forte proportion de chaux, mais elle ne fait pas effervescence.

Au reste, le tableau qui va suivre fera connaître, aussi bien qu'il sera possible, sa composition moyenne et la nature de ses lustres transparent et noir.

Le lustre transparent est tellement mince qu'il n'a pas été possible d'en détacher une quantité assez considérable et surtout assez exempte de la pâte pour arriver à connaître sa composition même par approximation. On a pensé, d'après sa ressemblance avec le lustre des Poteries romaines, qu'il pouvait avoir la même composition. Quant au lustre noir brillant qui est tantôt employé comme fond général et tantôt comme couleur d'ornements, on est arrivé non-seulement à en connaître la composition, mais à la prouver par synthèse. L'examen qu'on avait fait de ces deux glaçures, la rouge pâle et la noire, avait néanmoins été suffisant pour confirmer ce qui avait été avancé par Chaptal et par plusieurs autres chimistes, c'est que ni l'une ni l'autre ne contenait de plomb, mais que la dernière pouvait être due à la vitrification de quelques produits volcaniques.

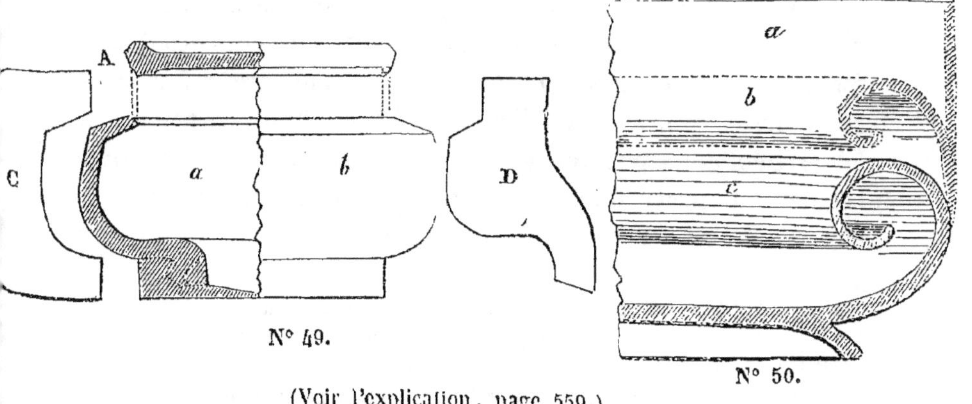

N° 49.

N° 50.

(Voir l'explication, page 559.)

COMPOSITION DE LA PATE ET DU LUSTRE NOIR DES POTERIES CAMPANIENNES.

DÉSIGNATION DE L'OBJET ET SON ÉTAT.	Silice.	Alum.	Oxyde de fer	Chaux.	Magnés.	Eau.
Fragments de pièces du Mus. céram. de Sèvres.	63,00	20,50	4,00	9,00	2,00	2,00
	59,00	19,00	7,00	10,00	3,00	2,00
Vase de Canino.	55,49	19,21	16,55	7,48	1,27	0,00 (1)
Phiale campanienne. . .	52,95	27,15	12,89	5,25	1,76	0,00
Grande cylix campan^{ne}. .	55,10	18,36	16,54	9,00	1,00	0,00
Petite cylix campanienne.	60,00	13,63	19,00	5,91	1,46	0,00
Petite cylix campanienne.	57,50	18,00	14,21	7,73	2,56	0,00
Vase de forme campan[ne].	54,25	18,91	15,51	9,50	1,83	0,00 (2)
Moy. des anal. Salvétat.	55.88	18,88	15,80	7,48	1,63	0,00
LUSTRES.						
Lustre noir d'un vase campanien qui écaillait. . .	46,30	11,90	16,70	5,70	2,30	0,00 (3)
Lustre noir, qui écaillait, d'un vase bien glacé.	50,00	»	17,00	»	»	» (4)

Les analyses des pâtes ont été faites sur des échantillons soigneusement dépouillés de leur lustre. Les deux premières analyses et la dernière sont de M. Buisson, les autres sont de M. Salvétat.

Ce tableau nous fournit les moyens de comparer les compositions de la pâte des Poteries campaniennes avec celles des Poteries étrusques noires dont nous avons donné l'analyse à l'article de ces Poteries (p. 414) et d'en tirer d'assez bons caractères que les archéologues pourraient peut-être employer pour distinguer ces deux Poteries quelquefois si semblables extérieurement, et cependant si différentes essentiellement.

(1) Les analyses ont été faites sur des poudres chauffées au rouge.
(2) La pâte de ce vase était rouge avec lustre noir très-épais.
(3) Plus 17,10 d'alcali.
(4) Avec traces de cuivre; les autres éléments n'ont pas été dosés.

Ainsi, la pâte des Poteries campaniennes contient moins de silice, plus d'alumine, plus de chaux, plus d'oxyde de fer, moins de magnésie, que celle des Poteries étrusques. La première a été cuite à une assez haute température; l'autre est *crue* ou *cuite à une très-douce chaleur;* elle est colorée par une matière charbonneuse qui se détruit à une température rouge sombre. Alors elle devient rouge comme la pâte des Poteries campaniennes. L'analyse fait voir qu'elles ne sont pas faites avec la même argile. Le lustre des Poteries campaniennes doit sa couleur rouge au fer; quelques-unes à lustre noir contiennent du manganèse qui n'y est pas accidentel. La fusibilité de ce lustre est due à la présence d'un silicate alcalin.

Traitée par les acides, aucune de ces Poteries ne fait effervescence. La chaux n'y est pas à l'état de carbonate; elle a peut-être été introduite à l'état de silicate dans les Poteries étrusques qui en renferment au plus 3,95 pour 100, tandis qu'elle a probablement été introduite avec les marnes dans les Poteries campaniennes. Peut-être est-ce à l'état de chaux hydraulique.

Sous l'influence des acides bouillants les vases étrusques et campaniens abandonnent de l'alumine et de l'oxyde de fer. L'acide sulfurique les attaque promptement; l'acide nitrique mêlé à l'acide hydrochlorique leur enlève une forte proportion d'alumine et d'oxyde de fer, surtout aux vases étrusques à pâte noire qui résistent moins bien à ces dissolvants.

La pâte des vases étrusques passée au dégourdi, perd sa couleur noire due à une matière charbonneuse et acquiert plus de dureté, en même temps qu'elle prend un peu de retraite. Au grand feu, elle fond en masse opaque, boursouflée, brun rouge.

La pâte des vases campaniens passée au grand feu fond complétement et se liquéfie en émail brun jaunâtre à surface brun foncé, non métalloïde.

M. Salvétat, sur le désir que je lui ai manifesté de connaître enfin par des analyses raisonnées et plus persévérantes, la nature des glaçures des Poteries grecques, et sur les questions que je lui ai posées avec quelques développements, est arrivé par des expériences dont j'ai consigné les résultats dans le tableau précédent, à donner la théorie de ces glaçures et à la prouver par la synthèse. J'ai pensé que ces expériences, ces résultats et cette théorie pourraient intéresser les archéologues et les chimistes en faisant connaître aux premiers la nature des glaçures des vases grecs, et aux seconds, des verres silico-ferrugineux et manganésiens dont on s'est généralement peu occupé.

Lorsqu'on soumet des fragments de vases grecs avec leur lustre jaune ou noir à l'action de la potasse caustique et fondue, la décomposition du vernis est prompte ; si on reprend par l'eau, et qu'on sature l'excès de potasse par de l'acide nitrique, la liqueur soumise aux réactions convenables décèle les principes colorants du lustre noir, consistant en oxyde de fer et en oxyde de manganèse ; ce sont les éléments indispensables.

La composition de ce lustre, telle qu'elle se présente à l'analyse, offre beaucoup d'analogie avec celle des verres ; ses autres propriétés remarquables ajoutent encore à cette ressemblance.

Soumis, comme nous l'avait déjà appris M. le duc de Luynes, dans une note qu'il voulut bien me remettre en 1843, à l'action des acides même les plus énergiques, tels que l'acide sulfurique bouillant, l'eau régale également bouillante, il ne subit aucune altération ; les alcalis à l'état de concentration ordinaire ne l'attaquent pas non plus ; mais, comme on vient de le dire, la potasse caustique en fusion, sous l'influence d'une haute température, le dissout complétement et met à nu la terre rouge sur laquelle il est appliqué.

Le verre soumis aux mêmes essais donne les mêmes résultats.

Lorsqu'on fait chauffer un fragment de cette Poterie recouverte de son lustre noir, et qu'on projette dessus un petit fragment de potasse solide, la potasse fond, dissout une partie du lustre, tandis que l'autre se détache en éclats qu'il est facile de garantir de l'action postérieure de l'alcali en jetant le tout dans l'eau froide. Les éclats se retrouvent au fond du vase.

Ces éclats sont minces, d'une assez grande densité, attirables à l'aimant ainsi que nous l'avait annoncé M. le duc de Luynes ; vus au microscope, ils sont moitié vitreux, moitié opaques et, comme le lustre essayé sur les tessons, difficilement fusibles au chalumeau dans le borax ; cependant, à la longue ils finissent par disparaître. L'expérience répétée à différentes reprises sur des fragments différents, a donné des éclats d'une fusibilité très-variée, quand on les soumettait seuls à l'intensité de chaleur donnée par le chalumeau ; la plupart ont paru à peu près infusibles.

Le caractère de l'infusibilité de ce vernis ferait rejeter au premier abord la composition que M. Salvétat lui assigne. Mais, dit-il, lorsqu'on prend en considération les modifications qu'ont pu subir ces lustres depuis qu'ils sont sortis des mains du Potier, si l'on pense qu'ils sont restés pendant des siècles abandonnés dans des lieux humides, où se trouvaient réunies toutes les conditions les plus avantageuses pour opérer une altération analogue à la dévitrification, on trouve déjà une première cause à cette infusibilité ; si enfin l'on ajoute que la composition du vernis a dû nécessairement être modifiée par son contact avec la terre siliceuse sur laquelle il est appliqué, surtout à la température de sa fusion, on comprendra qu'il ait perdu beaucoup de sa fusibilité en devenant moins alcalin, et par conséquent moins altérable. La glaçure au sel-marin offre le même mode de décomposition.

La glaçure noire exposée à la température du dégourdi des fours à porcelaine pendant toute la durée de la cuisson, devient parfaitement rouge, la couleur de l'oxyde de manganèse disparaît. L'état d'oxydation du manganèse change probablement. L'oxygène paraît en effet jouer un rôle important dans ce changement de coloration; la couleur noire persiste quand on met le tesson dans un creuset rempli de charbon : elle disparaît toujours quand on remplace le charbon par du peroxyde de manganèse ou du chlorate de potasse et qu'on lute le couvercle du creuset.

Cette influence destructive de l'oxygène semble indiquer la nécessité pour la réussite des pièces noires, d'une atmosphère réductive dans le four où se cuisaient ces Poteries. Cette condition explique d'une manière assez satisfaisante ces tons si différents, ces nuances si variées qu'on rencontre dans le vernis noir souvent sur une même pièce (1).

Les vases dont le lustre est complétement rouge, et qui par leur forme, leurs ornements, leur mode de façonnage se rapportent évidemment à la fabrication italo-grecque ne sont pas cependant toujours des vases complétement manqués. Les Grecs connaissaient bien les deux lustres, le rouge et le noir; on en trouve une preuve dans certaines coupes qui présentent à l'intérieur des zones concentriques alternant en rouge et en noir.

Comme ornements sur les fonds noirs, on trouve des retouches en blanc et en rouge de différentes nuances. Ces retouches sont faites très-simplement, les blanches avec une argile blanche, les rouges avec des ocres appliquées sans fondant sur le vernis qui, par sa fusion, les a fait adhérer, comme il est facile de s'en convaincre en grattant ces retouches; les places qu'elles occupaient sur le vase sont noires, mais elles ne brillent pas; deux de ces terres blanches empruntées à des vases différents ont donné des compositions différentes.

	I.	II.
Silice.	62,0	54,5
Alumine.	34,0	43,0
Chaux.	3,5	0,5
Fer oxydé.	traces.	2,0
	99,5	100,0

Les retouches en rouge n'ont pas été soumises à l'analyse quantitative; l'analyse qualitative n'y décelant que fort peu de silice.

(1) On cite et j'ai vu des vases grecs à fond noir qui sont nuancés de verdâtre, de jaune sale et de rouge comme ce qu'on appelle de l'écaille.

A côté de ces retouches en saillies et mattes, sur le lustre noir, on en trouve quelquefois d'autres glacées de couleurs rouges variées, appliquées seulement sur les figures réservées en rouge dans le fond noir; elles sont de même nature que le vernis rouge lui-même, la nuance seule de l'oxyde de fer est différente (1).

Tels sont les résultats que l'analyse et l'observation ont fournis sur les lustres des vases grecs, et que M. Salvétat a pu confirmer par synthèse.

Pour obtenir un fondant convenable, on prend :

Carbonate de soude fondu	48	parties.
Sable d'Étampes tamisé	53	»
Craie lavée	5	»

On fond à une chaleur très-intense dans un bon fourneau à vent.

Cette matière pulvérisée, appliquée mince sur la pâte des vases grecs, se glace très-bien.

Pour avoir un vernis plus fusible pouvant glacer après l'addition d'un mélange intime de parties égales d'oxyde de manganèse et d'oxyde de fer, on prend :

Carbonate de soude fondu	48	parties.
Sable d'Étampes tamisé	40	»
Craie	12	»

On fond comme précédemment; et on obtient une masse qui, broyée avec des quantités variables du mélange d'oxyde de fer et de manganèse, a donné des noirs de tons variés, et bien glacés. La température de la cuisson de ce lustre est à peu près celle de la fusion de l'or fin.

Les vernis ainsi composés sont éminemment alcalins; cependant quand ils sont appliqués, ils résistent comme les vernis anciens aux mêmes influences; il est probable que l'excès d'alcali pénètre un peu dans la pâte elle-même. La chaux qui se trouve dans les deux lustres, facilite sans doute cette cémentation.

La glaçure noire écaille quelquefois. J'en ai vu des exemples sur deux beaux vases de Cumes de la collection Durand.

Façonnage. — Le façonnage de ces Poteries est souvent et en tout très-parfait et très-soigné; toutes les pièces que j'ai vues et qui peuvent être rapportées aux Poteries campaniennes, et on sait qu'elles sont en nombre immense, ont été tournées et tournées avec un soin, une délicatesse et une recherche admirables, au point que le dessous des pieds de certains vases présente des

(1) Le Musée céramique possède un fond de coupe ayant une tête au centre, dont les yeux sont d'un rouge brun glacé.

moulures très-peu saillantes, tournées avec une grande pureté. On sait que pour tourner les pieds en dessous d'une pièce quelconque il faut la renverser et maintenir sa partie supérieure dans un mandrin, opération assez difficile sur des pièces de Poteries crues, aussi minces, aussi délicates, par conséquent aussi fragiles qu'étaient les vases campaniens avant d'être cuits.

Des instruments semblables à nos molettes et à nos cachets ont souvent été employés pour former des ornements comme gravés sur différentes parties de ces vases. La ressemblance de ces ornements et la manière dont ils sont comme estampés sur la pièce, ne laissent aucun doute sur ce mode de fabrication, que Caylus avait déjà supposé.

Des côtes arrondies et des godrons délicats, mais prononcés avec fermeté, ornent le corps de beaucoup de pièces, leur irrégularité prouve qu'ils ont été faits à l'outil et non au tour sur la pièce encore fraîche; leur obliquité sur le pied de la pièce, due à la retraite en spirale qu'elle a prise en cuisant, prouve qu'ils n'ont pas été faits dans un moule.

Les garnitures, anses, becs, sont en général simples. Les anses présentent souvent des méplats tellement sentis et réguliers qu'ils sembleraient avoir été faits à la filière, mais cela n'est pas probable; il est plus vraisemblable que la partie un peu bombée de l'anse, qui fait ordinairement sa partie supérieure, était donnée par une sorte de rigole creusée dans une pâte à mouler, et que c'était dans cette sorte de rigole que le Potier moulait un long et plat colombin; il l'enlevait de cette rigole avec le fil de laiton, le coupait en morceaux d'une longueur appropriée à celle de l'anse, puis courbée ensuite elle était attachée à la pièce par ses deux extrémités, comme est l'anse de la pièce figurée Pl. XXXIII, *fig.* 3, et Musée céramique, Pl. XXV, *fig.* 14; des côtes peu saillantes, parallèles aux bords ou en torsade, allégissent les anses sans leur ôter la solidité qui leur est nécessaire. Les collages sont proprement et solidement faits. On conçoit qu'on trouve et surtout qu'on transporte encore plus de fragments de vases brisés que de vases entiers, les anses et les becs saillants sont les parties les plus altérables; or, on remarquera qu'on voit plus de becs et d'anses cassés que décollés, ce qui indique un collage solide de ces garnitures sur le corps des pièces. Il n'en est pas tout à fait de même des pieds qui sont assez souvent séparés du corps des vases, et qui laissent voir sur le plan du collage le chiquetage qui avait servi à recevoir la barbotine.

La plupart de ces vases ont été ébauchés d'une seule pièce, mais quand ce mode de façonnage n'était pas praticable, soit en raison de la forme de la pièce, soit en raison de sa grandeur, le collage des pièces est en général si exact et si parfait, qu'il est très-difficile d'en découvrir les traces, et par conséquent de déterminer avec certitude le mode de façonnage.

Quelques vases sont sans fond et ouverts de part en part, ce qui prouve qu'ils n'étaient considérés que comme de simples ornements. Il y a des vases qui semblent destinés plus que les autres à être ainsi percés, tels sont ceux qu'on a figurés Mus. céram., Pl. XXVII, *fig.* 3.

La forme ronde est tout à fait dominante; les formes ovales, contournées, ou à plusieurs pans, sont au contraire très-rares; elles ne se présentent que sur des espèces de vases en forme d'outre (Mus. céram., Pl. XXV, *fig.* 8), sur des canards, des osselets, sur quelques vases imitant des nacelles et nommés Scapha. Ces pièces et les figures des rhytons sont moulées en deux coquilles.

Quelques pièces godronnées ou à côtes fines, ayant à peu près la forme de nos théières et de nos pôts à crème, ont des couvercles qui sont ajustés par le procédé que nous appelons à baïonnette, de manière à ne pas tomber lorsqu'on verse la liqueur. (Pl. XXXIII, *fig.* 6, A et B.)

Les anses sont attachées comme on les place encore actuellement; mais on voit par l'attention qu'ont mise les Anciens à représenter cette opération sur des pierres gravées [1] quelle importance ils y attachaient.

Caylus émet sur le mode de façonnage de ces vases quelques opinions que nous pouvons regarder comme très-admissibles.

Les terres, probablement de deux sortes, les blanches et les

(1) *Vases antiques* par DUBOIS DE MAISONNEUVE, 1808, t. I, frontispice tiré d'une cornaline gravée en entaille.

On voit un Potier assis attachant une anse à un vase nommé Diota, devant lui est le petit four ou moufle pour cuire ce vase.

noires, et très-certainement marneuses (voyez les analyses, p. 550), devaient être choisies et lavées avec soin. Les vases étant façonnés et tout à fait terminés, on devait leur donner une première et légère cuisson, après laquelle on mettait la fine glaçure qu'on y voit tantôt rouge pâle et tantôt noire. On faisait les figures et les ornements rouges en enlevant la couleur noire par grattage pour faire reparaître le fond rouge; puis probablement on mettait les fonds ou rehauts rouges et blancs, qui, à base argileuse, restaient mats et étaient peu adhérents. Caylus croit qu'ils n'étaient pas cuits; mais leur adhérence, quoique faible, ne pourrait résulter, dans l'état où ces rehauts se sont conservés, que de l'action du feu. D'ailleurs la place matte qu'ils laissent sur le vase confirme cette action.

Il y a parmi les Poteries grecques, campaniennes, des pièces qui par leur forme et leur destination, présentent à l'ouvrier moderne le plus habile, des espèces de problèmes de fabrication qu'il est curieux de résoudre, non par des explications, mais par la pratique. Je l'ai donc mise en usage pour certaines pièces qui m'ont paru d'une construction plus difficile à saisir que les autres. M. Régnier, chef de cette partie à la manufacture de Sèvres, a fabriqué sous mes yeux, avec une pâte plus plastique que la pâte de porcelaine ordinaire, plusieurs de ces pièces et je vais en faire connaître les procédés.

Ce ne sont pas les plus grandes pièces qui exigent pour leur façonnage le génie industriel du Potier, et qui lui font chercher et trouver les meilleurs moyens d'exécution; ce sont, au contraire, des pièces d'une petite dimension. Telles sont celles que j'ai choisies et dont je vais faire connaître la construction par une brève description aidée de figures.

1° Une sorte de petite Bouteille en forme de couronne, représentée Pl. XXXI, *fig.* 10, dont les détails de construction sont donnés ci-contre et de l'autre part, n° 51.

Le tourneur, après avoir posé sa balle sur le rondeau de la tête du tour, l'aplatit, la creuse à son centre sans la percer, et relève le bord de cette sorte de galet en un assez fort bourrelet (*a*), n° 51, A. Il prend ensuite aux dépens du bord intérieur de ce bourrelet assez de pâte pour élever un canal (*b*), qu'il ouvre avec l'estèque jusqu'à gagner le rondeau de plâtre, pour faire la grande ouverture (*b*) de la couronne. Il courbe suffisamment en dehors, comme le montre la fi-

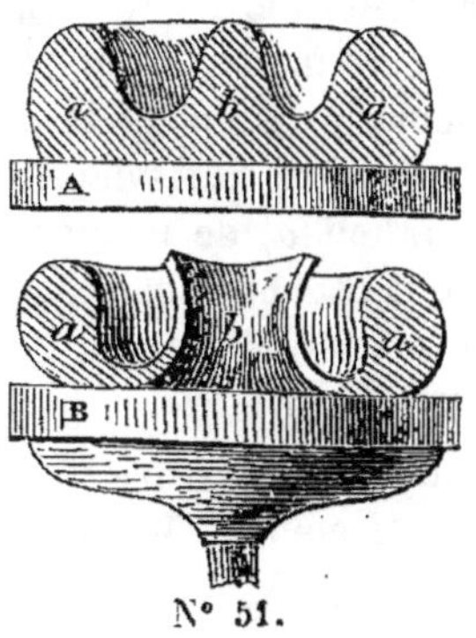

N° 51.

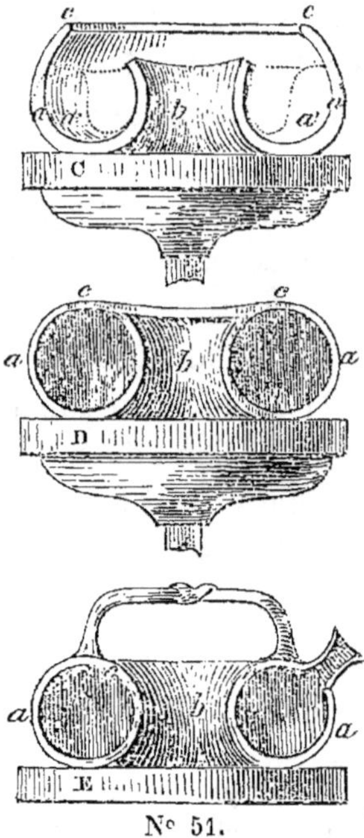

N° 51.

gure (B), le bord du canal. Il reprend la pâte (a) qui reste du bourrelet, et, en l'amincissant, il élève le bord extérieur (ac), *fig.* C, du canal circulaire de la bouteille jusqu'à lui donner assez d'étendue pour que ce bord, coupé en biseau (c), vienne en se rabattant s'appliquer exactement, sans faire de bavure (ce que prouve la coupe transversale de la bouteille), sur le bord également coupé en biseau inverse du côté intérieur du canal, *fig.* D, côté qui, replié aussi, a donné la grande ouverture interne (o, *fig.* 10, B, Pl. XXXI), de cette couronne. Le plus difficile est fait. L'estèque donnant le contour à l'extérieur comme à l'intérieur, la pièce est finie. On a fait tout le travail, on a donné à la pièce toute la pureté de ses contours, sans tournassage, mais avec trois estèques, un pour l'extérieur et deux pour l'intérieur, le premier pour la concavité du côté du centre (b) de la couronne, le second pour la courbe concave de la partie extérieure (a) de la couronne. Les garnitures se mettent comme à l'ordinaire. Il ne s'agit plus que du godronnage dont je parlerai plus bas.

2° Cette pièce est une Hydrie utriforme assez commune, souvent très-volumineuse chez les Grecs, n° 52. Une des plus petites est représentée Pl. XXV, *fig.* 8, du Musée céramique. Elle semble ovale et cependant elle ne l'est pas. Elle a été tournée et non moulée. Voici comment on peut la faire et il est probable que le Potier grec n'a pas suivi une autre méthode.

Il ébauche et met à épaisseur une espèce de gobelet cylindrique B à bords plus ou moins élevés suivant la hauteur qu'il veut donner à ce vase utriforme. Lorsqu'il a atteint cette hauteur et pendant que la pièce est encore molle, il rapproche les deux bords (aa), qui s'allongent dans un sens en passant de la ligne courbe à la ligne droite. Il les colle l'un contre l'autre, et les déprime dans leur milieu (a) de manière à produire la courbure concave (b a c). Il pince, ferme et forme en pointe les commissures (b) et (c), mais il ferme la commissure (b) et allonge et ouvre la commissure (c) pour y placer le goulot. On voit qu'on obtient cette forme par le tour et sans moulage.

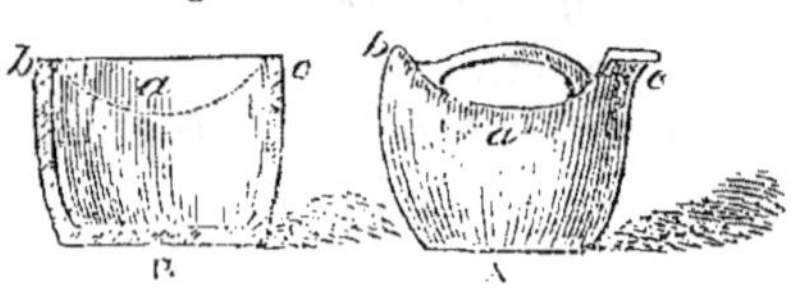

N° 52.

Je ne parle pas du pied ni de l'anse. Cependant c'est pour cette anse que M. Régnier a employé le procédé du canal creusé dans une plaque de plâtre faisant les fonctions de moule.

3° C'est une de ces écuelles ou coupes à boire qu'on nomme *cothon* et qui servaient aux soldats pour boire sans trop de dégoût l'eau trouble qu'ils rencontraient dans leurs marches. Le rebord rentrant dans la coupe, Pl. XXXIII, *fig.* 1, A, B, C, ou se recourbant même en dedans comme dans la *fig.* 11, A, B, C, Pl. II, empêchait la vase de suivre l'eau dans la bouche.

Cette pièce (voir n° 50, p. 549) devait s'ébaucher comme une jatte, mais en donnant à ses bords (*a*) une élévation propre à fournir l'étoffe nécessaire pour être repliés et même recourbés sur eux-mêmes, en un demi-canal, d'abord en (*b*), puis en (*c*), n° 50, et comme on le voit dans la coupe de la *fig.* 11, Pl. II.

4° La petite pièce représentée Pl. XXXIII, *fig.* 6, et n° 49, p. 549, est un de ces petits ustensiles semblable à nos théières, et qui, comme celle de la *fig.* 6, Pl. XXXI, et celle de la *fig.* 11, Pl. XXV, de l'atlas du M. cér., devait servir à faire des infusions. Elle présente dans son façonnage deux particularités : il faut d'abord ébaucher le corps (B) sens dessus dessous, et lui donner la forme à l'aide de deux estèques, l'un (C) pour l'extérieur, et l'autre (D) pour l'intérieur. Le fond (A) s'ébauche, se finit à part et se colle immédiatement lorsque la pièce est encore flexible et très-impressionnable. On faisait les côtés ou godrons non pas dans un moule, non pas avec un tour à guillocher, que les anciens ne connaissaient pas, mais avec des estampilles en terre cuite ou en bois, simples, c'est-à-dire ne portant le canal que d'un seul godron, et qu'on appliquait successivement l'un à côté de l'autre. Ce qui le prouve, c'est l'irrégularité de pose de ces estampilles et l'indication en dedans des mêmes godrons, montrant l'effet de la pression exercée avec l'estampille. C'est probablement là le principe de tous les godrons et grosses côtes dont beaucoup de vases grecs sont enrichis, dont quelques-uns sont représentés Pl. II, *fig.* 7; Pl. XXXI, *fig.* 10, et dont le façonnage sur le tour vient d'être décrit (voir Mus. cér., Pl. XXIV, *fig.* 3, 4, 5, 8, 10; Pl. XXV, *fig.* 1, 2, 3, 9, 13, 15, 16, etc.). Un couvercle à baïonnettes figuré en C, *fig.* 6, Pl. XXXIII, complète la ressemblance de ce petit vase avec nos théières.

Cuisson. — J'ai déjà fait remarquer que ces Poteries avaient été cuites à basse température, et qu'elles n'étaient pas susceptibles par leur nature d'en recevoir une beaucoup plus élevée.

Je ne sache pas qu'on ait aucune notion exacte sur la forme des fours où on les faisait cuire. Quelques pierres gravées représentent bien un vase que le Potier va placer dans un petit fourneau; mais ce fourneau ressemble plutôt à une moufle ou fourneau d'émailleur qu'à aucun four à Poteries.

Il paraît que, dans quelques cas, des vases grecs ont éprouvé cependant une plus forte température, on les appelle vases brûlés; de rouges qu'ils étaient ils sont devenus brun jaunâtre et gris cendré, les ornements noirs ont été presque effacés. On attribue cet état à deux causes : on suppose que ces vases ont été exposés à quelque incendie, ce qui est peu probable, car comment les retrouverait-on dans des tombeaux? Il est plus présumable, comme le pensent plusieurs antiquaires, qu'ils ont été exposés sur le bûcher où l'on brûlait le corps de celui qui les possédait; d'autres, sans avoir été soumis à cette violente action d'un feu d'incendie, ont reçu dans le four et après les peintures, un feu trop fort et inégal. Les tons ont été altérés, modifiés par cette trop haute température; quelques parties rouges, probablement pénétrées de fumée, sont devenues noirâtres, quelques fonds ou couleurs noirs ont disparu en tout ou en partie. On voit au Musée royal une coupe qui est noire d'un côté et rougeâtre de l'autre. Il y a dans toutes les collections une multitude d'exemples de ces changements de couleurs par le feu, que nous avons tâché d'expliquer plus haut, p. 553. Je cite plus bas et à l'article des colorations deux exemples de ce genre d'altération.

Quelques vases présentent des déformations, des dépressions, des enfoncements même, qui indiquent qu'ils ont été comprimés à l'état de mollesse. C'était très-probablement quand ils étaient encore crus, car leur pâte n'est pas susceptible de se ramollir comme la porcelaine, par une haute température, sans bouillonner ou se fendre.

La pâte des Poteries grecques, de quelque pays qu'elles soient, est toujours ou jaune très-pâle, tirant sur le grisâtre, c'est la couleur la plus ordinaire des vases de la Grèce proprement dite et des colonies grecques hors l'Italie (1); ou rougeâtre briqueté pâle et sale. C'est généralement le ton des Poteries campaniennes.

(1) C'est la couleur de la coupe si intéressante dite d'Arcésilas, Pl. XXXIII, *fig.* 2.

Couleurs et colorations. — Les vases grecs et surtout les campaniens présentent trois couleurs de fond glacées, le rouge pâle briqueté, le noir pur et le brun.

Le rougeâtre briqueté sale, mais harmonieux, est ordinairement la couleur de la pâte, tantôt avivée par un simple polissage donné par le tourneur sur la pièce crue et finie; tantôt par un vernis très-mince, probablement sans couleur, mais exaltant la couleur de la pâte, ou même par un lustre coloré en rouge comme celui des Romains [1]. Le Musée de Sèvres possède une coupe simple ou écuelle sans anse venant de la collection Durand, dont l'intérieur offre ce beau lustre rouge un peu laqueux; l'extérieur est noir.

Sur ce vernis ou sur la pâte immédiatement, est placée la couleur noire, tantôt en linéaments, tantôt en ornements larges, et tantôt en fond.

Ce fond étendu sur tout l'extérieur du vase, quelquefois dans tout l'intérieur (Pl. XXXI, *fig.* 3), fait croire que ces vases campaniens sont en pâte noire, et tend à les faire confondre avec les vases étrusques; mais en les cassant ou en grattant le noir on fait paraître la couleur rougeâtre de la pâte.

Ce noir est très-brillant et n'a pas de crudité; il passe quelquefois au bronze ou lustre métalloïde comme s'il était fait de graphite [2], et probablement par cette sorte d'altération que les peintres sur Porcelaine appellent empoisonnement, et qu'ils attribuent à un feu chargé de fumée, qu'ils nomment impur; le Musée de Sèvres possède un petit vase forme de théière (Pl. XXXIII, *fig.* 6) qui présente cette couleur.

C'est le second fond de couleur des vases grecs, il se modifie encore en brun marron lorsque étant très-mince il laisse paraître en totalité ou par parties des nuances rougeâtres

(1) M. le chanoine A de Jorio, qui a publié un opuscule sur la méthode de peindre les vases antiques (Naples, 1813), a émis cette même opinion au sujet du lustre jaune rougeâtre.

(2) On voit, tant au Musée qu'à la Bibliothèque royale, plusieurs vases présentant cet enduit ou lustre métalloïde noir.

dues au fond rouge qui est au-dessous de lui, ou en vert olivâtre très-glacé lorsqu'ayant eu trop de feu, ce noir a été ou détruit ou modifié, soit dans cette couleur, soit en brun, soit même en rouge, comme on le voit sur plusieurs pièces du Musée céramique de Sèvres, et notamment sur une Hydrie, n° 74, extrêmement altérée à la cuisson, qui présente toutes ces nuances.

Ayant considéré ces couleurs comme des glaçures ou lustres, j'en ai déjà parlé plus haut et j'en ai fait connaître la composition d'après les travaux des chimistes que j'ai cités à la page 552.

Je considère maintenant les couleurs peu nombreuses, toujours mattes, dont les Grecs se sont servis comme moyen de varier les couleurs des ornements, figures, vêtements, placés sur leurs vases, et qu'ils ont rarement employées comme fond et jamais comme glaçure.

Ces couleurs ont été appliquées, tantôt pour donner aux ornements, draperies et ajustements des tons très-différents de celui du fond et des figures, tantôt seulement en rehauts. Ces couleurs minérales et inattaquables par le feu sont peu nombreuses, ce sont encore le noir précédent, par conséquent glacé, mais ici employé pour peindre sur les fonds rouges des ornements et des figures (Pl. XXXI, *fig.* 9, Pl. XXXII, *fig.* 4) (1).

Le rouge pâle en ornements ou figures résultant des réserves sur le fond noir, mais nullement d'une nouvelle couleur appliquée.

Je dis d'une réserve ou rechampis, et non d'un grattage sur le fond noir comme nous le ferions, et peut-être aussi comme on l'a fait. Je pourrais donner beaucoup d'exemples et de preuves de ce procédé, qui est au reste généralement admis comme celui qui a été employé par les Grecs; mais je me borne à en citer un des plus authentiques que le Musée céramique de Sèvres possède : c'est un fragment de coupe sur lequel le peintre semble avoir essayé l'exécution de son sujet, en commençant le rechampissage en noir de deux figures tracées sur le fond rougeâtre de

(1) Et *Musée céram.*, Pl. XXVI, *fig.* 4 et 13, et Pl. XXVII, *fig.* 10.

la coupe (voir ci-contre le n° 53)[1].

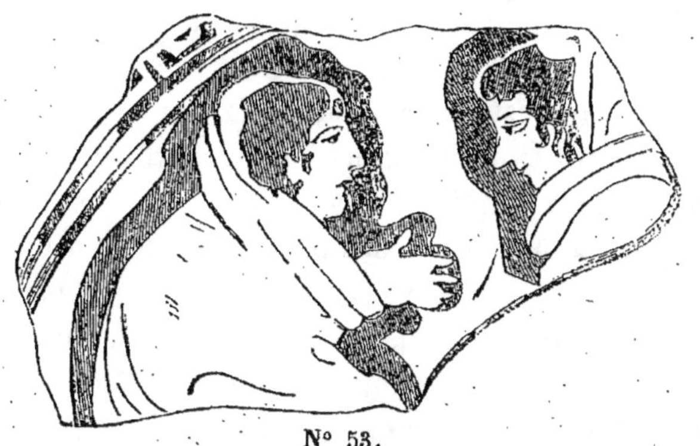

N° 53.

D'ailleurs, en regardant à contre-jour les contours des figures rouges sur fond noir de certains vases grecs, on voit distinctement le trait noir de rechampissage qui a servi à tracer les contours de ces figures, et qui a été recouvert par le fond noir général. Il y a au Musée royal un vase qui paraît avoir eu trop de feu, le fond noir mis plus mince entre les figures et avec moins de soins, a été détruit par le feu; mais celui qui approchait des figures et qui a dû avoir été posé avec plus de soin et plus d'épaisseur, est resté presque intact.

Les figures et ornements noirs que l'on voit sur le fond blanc ont été faits autrement; c'est par le procédé du grattage du blanc : je vais y revenir.

Les autres couleurs mises presque toujours en rehaut sur le rouge ou sur le noir et presque toutes mattes, doivent être regardées comme de la nature de ce qu'on appelle des engobes, qui sont ordinairement des argiles et des ocres. Elles sont peu nombreuses et sans éclat. Ce sont :

Le rouge de brique et le rouge violâtre plus ou moins foncé, employé en linéaments, rehauts d'ornements ou parties soit de vêtements, soit d'ajustements, auxquelles on voulait donner une couleur particulière.

Dans la coupe d'Arcésilas, Pl. XXXIII, *fig.* 2, on voit cette couleur employée dans diverses parties des vêtements, des oiseaux, etc., peints sur cette coupe.

Cette couleur est constamment faite avec du peroxyde de fer plus ou moins bien préparé par la calcination et plus ou moins étendu d'argile. Elle est toujours matte et fixée sur le lustre

[1] Le Musée de Sèvres doit cette pièce instructive à M. Dubois.

noir par la fusion de ce dernier. Les exemples en sont nombreux ([1]).

Le jaune est une couleur assez remarquable; il est toujours glacé, tantôt employé mince, pour tracer des filets ou des contours; tantôt employé épais, il est alors en retouche comme pour faire tourner certaines parties peintes en blanc, telles que des feuilles de lierre sur certaines hydries, ou parfois des perles, des pois, de petits culots, etc. Il a un ton de jaune pur tout à fait semblable à celui qu'on appelle jaune de Naples et qui est composé, ainsi qu'on le sait, d'antimoine et de plomb; mais il est rare, toujours en petites parties peu épaisses; je n'en connais pas encore d'analyse; il a l'air d'avoir reçu le corps qu'il présente de son mélange avec le blanc ([2]).

Le bleu inséré quelquefois dans les ornements même sur des fleurs (Dubois de Maisonneuve, t. I, Pl. xxii). Je n'ai point eu occasion de voir cette couleur sur aucun vase. Je ne puis donc assurer que ce soit une couleur vitrifiable ni dire de quelle nature elle est.

Le blanc opaque et mat.

C'est la couleur la plus commune en rehaut et linéaments; elle est évidemment due à une engobe argileuse. Elle est toujours matte et opaque, mais elle devient transparente par imbibition.

Cette couleur est employée tantôt à faire des ornements blancs qui sont toujours en saillie et qui ont cependant beaucoup de fixité, tantôt en fond général. Elle paraît alors moins solide; elle est extrêmement absorbante. Les fonds ou lustres jaunes et noirs sur lesquels elle est appliquée, la fixent sur les pièces.

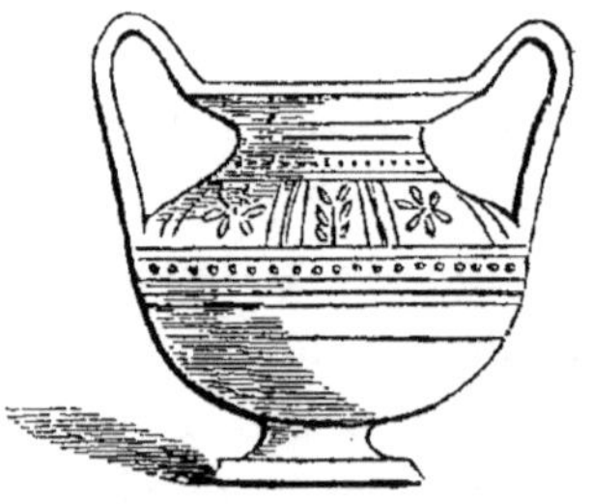
N° 54.

Le vase ci-contre, n° 54, a cela de remarquable, que les ornements qu'on y voit sont tous en saillie ou relief, et faits avec cette couleur terreuse blanc sale. Il appartient au Musée de Sèvres, mais j'ignore où on l'a trouvé.

([1]) Dubois de Maisonneuve, t. I, Pl. xiv, xxxviii et lxvi; t. II, Pl. xvii, xix, lxi, lxxv, etc.

([2]) Dubois de Maisonneuve, t. II, Pl. xxx et xxxviii.

C'est sur ce fond blanc que les anciens ont quelquefois placé des peintures de diverses couleurs, rouge vif, vert, bleu et jaune, tantôt en linéaments, plus souvent en teintes plates; mais ces couleurs, à l'exception du jaune, ne sont point de la nature des couleurs vitrifiables; elles n'ont qu'une très-faible adhérence avec le fond; elles n'appartiennent donc pas à l'art dont nous traitons, et je n'en parle ici que pour faire apprécier ce qu'on doit entendre par ces vases grecs ornés de sujets et d'ornements richement colorés, et qui sont mentionnés comme des objets aussi précieux que rares. Néanmoins on remarque que les contours des figures et des grandes parties qui composent ces espèces de tableaux, ont été tracés avec une couleur ou noire ou jaunâtre vitrifiable.

Je ne donnerai que deux exemples de l'emploi de la couleur blanche comme fond.

D'abord, sur ces petits vases cylindroïdes qu'on nomme Lecythus, et qui viennent principalement d'Athènes. Le blanc entoure la partie cylindrique du corps du vase. Pl. II, *fig.* 13.

Ensuite sur la belle coupe dite d'Arcésilas (Pl. XXXIII, *fig.* 2), dont j'ai déjà parlé et sur laquelle je reviendrai encore. Elle offre la réunion de presque tous les procédés décrits plus haut.

La pâte, très-fine, est d'un rouge pâle qu'on ne voit que sous le pied. Cette couleur est partout cachée par un fond noir qui n'est visible comme fond que sur les anses et sur le pied. Ce fond a été recouvert généralement d'une engobe blanc jaunâtre que le feu a fait adhérer assez solidement au fond noir. Pour faire les figures et ornements noirs qu'on y voit, on a gratté cette engobe avant sa cuisson et on a fait reparaître le fond noir sur lequel on a placé les teintes rouge violâtre déjà citées et les linéaments blancs qui dessinent les détails des parties noires et rouges. Ainsi cette pièce a eu deux ou trois feux : un premier pour cuire la pâte et le fond noir, s'ils ont cuit ensemble; puis on a posé l'engobe blanche, et après le grattage des parties de l'engobe qui devaient produire des figures et ornements noirs, on a posé le rouge et les filets blancs, alors on a donné un second feu pour faire adhérer l'engobe, le rouge et les filets blancs. Si, comme cela me paraît probable, le lustre a été placé sur la pâte cuite, cette belle pièce aurait eu trois feux.

Quelques-uns de ces vases ont offert, mais bien rarement, des ornements en or ; ce sont en général de petites perles ou de petits épis d'or placés sur d'autres ornements ou sur des figures, et qui paraissent avoir eu pour dessous ou pied, en terme de doreur, une de ces engobes rougeâtres qui forment une légère saillie. La feuille d'or a été appliquée sur cette saillie, qui semble avoir fait l'office du fondant de bismuth, avec lequel on fixe l'or sur les couvertes non ramollissables ([1]).

J'ai dit plus haut, en parlant des couleurs de fond et d'ornementation, que les figures et ornements en rouge glacé sur fond noir étaient faits par réserve. Les peintres de ce temps n'ont employé soit pour les fonds, soit pour les ornements, ni les procédés des pâtes, ni celui du grattage, ni celui des types ou réserves découpées. Il paraîtrait cependant que quand ils voulaient répéter le même sujet, ils suivaient le même dessin. Nous possédons au Musée céramique de Sèvres deux portions de vases données par M. le duc de Luynes, qui représentent exactement le même sujet composé et dessiné de la même manière, mais pas assez précisément cependant pour qu'on puisse attribuer cette répétition à un poncif.

Il résulte de cette exclusion de tout moyen mécanique qu'il y a plus d'incorrection dans ces dessins, mais aussi plus de sentiment. Celui de l'ouvrier-artiste qui dessinait et touchait si rapidement ces figures s'y présente dans toute sa force et dans toute sa naïveté, ce qui fait en partie le mérite ou au moins l'intérêt de ce genre de peinture. Les Grecs y attachaient un grand prix, puisqu'ils nous ont transmis le nom de l'artiste qui l'avait pratiqué le premier. C'est à Telephanus de Sicyonne, vivant dans le VIe siècle avant l'ère chrétienne, qu'on en attribue l'invention.

Usages et annotations. — Les anciens, comme je l'ai dit ailleurs, avaient une multitude de vases et d'ustensiles en Poteries

([1]) On voyait plusieurs exemples de ces pièces remarquables dans la collection de Durand et dans celle du duc de Blacas. Le Musée céramique de Sèvres en possède un venant de la collection Durand, figuré Pl. XXVI, *fig.* 12, du *Catalogue raisonné* de ce Musée.

pour toute sorte de destination et surtout pour les repas, comme vases à boire, plats pour recevoir différents mets, etc. : tous, ainsi qu'on l'a déjà fait remarquer, n'étaient pas en Poterie, il y en avait un grand nombre en argent, comme le disent expressément les auteurs, et notamment Athénée. On voit dans ce dernier qu'on faisait à Coptos des vases en terre cuite aromatisée avec la Myrrhe, le Schenanthe, etc., ce qui ôtait au vin qu'on y versait une partie de ses qualités enivrantes. Il ne peut y avoir de doute que les substances odorantes étaient introduites dans la pâte absorbante de ces vases après leur cuisson. Aucune substance aromatique ne pourrait résister, sans être complétement altérée, même au faible feu de cuisson qu'on donnait à ces Poteries.

Cette circonstance qui prouverait s'il était nécessaire la perméabilité de ces Poteries, s'accorde difficilement néanmoins avec les nombreux usages domestiques auxquels beaucoup de ces vases étaient consacrés ; ainsi :

Les vases appelés Orca étaient des vases à salaison.

Les Amphores (Pl. XXIV, *fig.* 14) étaient des vases coniques souvent très-grands, destinés à recevoir les provisions liquides et solides. Dans les uns on mettait le vin, qui continuait à y fermenter. Ils avaient deux anses, étaient généralement très-pointus, enfoncés assez profondément dans le sable des caves. C'était dans ce fond pointu que se rassemblait la lie du vin. On soutirait le liquide, ainsi clarifié par le repos, avec une pompe ou des coupes. Ces vases, dont l'usage n'est pas douteux et s'est continué jusqu'à la chute de l'empire romain, sont assez communs dans les collections d'antiquités.

D'autres vases à deux petites anses nommés aussi Amphores avaient une forme plus sphéroïdale et servaient aux anciens à conserver de l'eau, de l'huile ou des grains.

Des vases plus petits propres à contenir des liquides ou même à servir de coupes à boire étaient aussi nommés Diota (Pl. XXXI, *fig.* 4 ; Mus cér., Pl. XXVIII, *fig.* 14), parce qu'ils étaient munis de deux anses. Ils sont figurés sur une multitude de monuments, de scènes de repas, etc.; beaucoup de vases d'usage ayant deux anses relevées portaient ce nom.

Les Rhytons étaient des vases à boire souvent très-élégants et qu'on n'offrait qu'aux héros. Ils étaient terminés par des têtes d'animaux et quelquefois même par des têtes humaines.

Les Paropsis, Patella, Patina et Lanx étaient de petits plats propres à recevoir différents mets, et le dernier plus particulièrement des viandes rôties.

Les Urnes avaient pour usage principal de recevoir les cendres des morts. Il y a peu de vases grecs auxquels on puisse attribuer ce nom et cette destination.

Enfin, malgré la perméabilité de leur pâte, on en faisait des pots que les Grecs nommaient Matules, et qui par leur usage sembleraient exiger une parfaite imperméabilité : cependant un passage d'Athénée, qui rapporte qu'on brisait quelquefois à la fin du repas des matules, malgré l'odeur infecte qu'ils répandaient, ne peut nous laisser de doute sur l'emploi de cette Poterie si imparfaite.

Les vases grecs offrent encore quelques particularités qui ne sont pas étrangères à notre objet principalement technique.

Les Potiers grecs faisaient comme les Potiers américains, comme la plupart des Potiers européens, des pièces qu'on appelle de surprise. Ainsi ils introduisaient dans des vases de la classe des Cylix et des Canthares, nommés Crepundia et Crepitacula, et qui avaient la forme d'une théière ouverte par le pied, de petites pierres qui faisaient entendre un bruit de hochet quand on les agitait (1).

Thériclès, l'un des Potiers grecs les plus célèbres par la beauté et la perfection de ses ouvrages, a donné son nom à plusieurs vases, et même comme nom de genre à plusieurs sortes de vases. On appelait ainsi une espèce de calice qu'il avait fait. Théophraste le montre clairement en disant qu'on faisait des calices Thériclées avec du bois de térébenthe (2) qu'on ne pouvait distinguer de ceux de terre. Les calices Thériclées avaient, quand ils étaient neufs, un brillant très-frappant; il paraît qu'il y en avait aussi d'un beau noir brillant

(1) *Catalogue du cabinet Durand*, *fig.* 50.

(2) Le bois de térébenthe, s'il appartenait à l'arbre que nous nommons ainsi, était d'un assez beau rouge.

quand ils avaient été rincés (EUBULE dans ATHÉNÉE). Il y avait encore un cratère qu'on nommait Thériclé.

En général les vases Thériclées étaient grands et pouvaient contenir jusqu'à sept cotyles (environ un litre trois quarts, près de deux pintes). Les vases Thériclééns en terre cuite passaient pour être lourds. Les Rhodiens, habiles Potiers, en firent de remarquablement légers, qu'ils nommèrent *Hedypolides*. (ATHÉNÉE.)

Le Cantharus était également un vase à boire, d'abord d'une grande dimension, puis successivement réduit.

Le Cratèré (Kerater) vient encore, dit-on, du mot keras, corne. Les rois de Péonie en faisaient faire avec des cornes de bœuf de Péonie, qui étaient de grande dimension, et qu'on ornait de moulures en or ou en argent. On les appelle rhytes.

Le Kottabe était un vase de terre en forme de coupe qui, placé au milieu de la table, servait à recevoir le latax ou le vin qui restait dans la coupe et que le buveur devait lancer avec adresse dans le kottabe.

Le Calix ou Cylix (Kylix) était un vase ou plutôt une coupe ronde, profonde, essentiellement faite sur le tour, ayant deux anses. On en faisait beaucoup à Naucrates, recouverts d'une couleur qui les faisait prendre pour de l'argent.

Le Cotyle était un vase destiné à contenir des liquides, et aussi une mesure de capacité à peu près ellipsoïde en hauteur, c'est-à-dire plus qu'hémisphérique. Il était ou sans anse ou n'en avait qu'une, tandis que le Calyx en avait toujours deux. (ATHÉNÉE.)

Les vases nommés Kothon avaient deux buts, le premier, de séparer de l'eau puisée en voyageant, les impuretés qui pouvaient la souiller; et le second d'empêcher, par leur couleur terreuse, les soldats de voir celle de l'eau vaseuse qu'ils étaient quelquefois obligés de boire.

Antiquité, destination et position des vases grecs.

Je ne chercherai pas à remonter à la haute antiquité que d'Hancarville veut donner aux vases grecs, en les attribuant aux Pélages, peuples de la race des Titans, venant de la Bactriane ou de la haute Asie. Si on pouvait avoir confiance dans le récit d'un événement de la vie d'Homère, qu'on attribue à Hérodote, et que je rapporterai plus bas, les vases grecs des habiles Potiers de Samos étaient déjà célèbres du temps d'Homère, c'est-à-dire au IXe ou même au Xe siècle avant l'ère chrétienne.

Mais sans remonter si haut, admettons avec les antiquaires qui ont étudié spécialement cette matière, d'Hancarville, M. le duc de Luynes et M. Lenormant, qui font autorité pour moi, que ces vases sont de la plus haute antiquité, et qu'on peut faire remonter jusqu'au VIe siècle avant J.-C certains vases grecs dont la date est pour ainsi dire inscrite par leur style et par les sujets qu'ils représentent.

Mais on n'admet pas que ces Poteries soient toutes de la même période. On croit pouvoir séparer les vrais vases grecs en trois époques.

Les vases de la première époque, ou les plus anciens sont ceux dont les ornements et les figures sont en noir et en blanc sur un fond rouge pâle : ils ont une roideur de contour et de pose qui contribue à caractériser cette ancienne époque, qu'on fixe à 6 et 700 ans avant l'ère chrétienne. On donne comme exemple de cette première période le vase dit de la Chasse au Sanglier. (D'HANCARVILLE, t. I, Pl. I-IV.) Il est de Capoue, et les trois couleurs sont le rougeâtre, le noir et le blanc. Je puis ajouter à cet exemple authentique, les vases figurés dans ce Traité, Pl. XXXI, *fig.* 9, Pl. XXXII, *fig.* 4, et la coupe d'Arcésilas, Pl. XXXIII, *fig.* 2, et dans le Mus. céram., Pl. XXVII, *fig.* 10. D'Hancarville rapporte le vase de la Chasse au VIIe siècle avant J.-C., et M. Lenormant la coupe d'Arcésilas au VIe siècle. Les vases de la seconde époque sont à fond noir avec des figures réservées ou plutôt rechampies sur le fond jaune, et peintes et rehaussées de quelques couleurs, qui consiste en teintes violâtres et rouge brique. Enfin les vases de la troisième époque sont de deux couleurs seulement, dont le fond est noir. Ils sont d'une grande légèreté ; les peintures ont plus de perfection. Il ne faut pas s'attendre à trouver ces époques très-tranchées, elles passent au contraire d'une manière trop transitoire des unes dans les autres.

Tous ces vases, d'origine grecque, ne se trouvent ni en Toscane, ni à Stabia, ni à Pompeïa, ni à Herculanum, mais principalement dans les environs de Capoue, surtout à Nola, où ils sont en très-grande quantité, enfin jusqu'aux portes de Naples. Ils étaient déjà rares et fort recherchés du temps de Jules-César.

Les Poteries antiques de Sicile, celles des environs d'Athènes, d'Égine, etc., peuvent se rapporter en général à cette série de fabrication antique.

Destination. — C'étaient en général ou des vases votifs ou des vases reçus en prix, ou enfin des vases d'ornements, qu'on enterrait avec celui qui les avait possédés, comme étant une des choses auxquelles il était le plus attaché. Aussi est-ce uniquement dans les tombeaux, entre les jambes et tout autour des squelettes qu'on a trouvé tous ceux qui garnissent en si grand nombre les collections de vases antiques formées dans la plupart des villes de l'Europe où les arts sont cultivés, quels que soient leur état, leur forme, et les sujets qu'ils représentent. (LENORMANT.)

C'est à leur destination religieuse, c'est à la place qu'elle avait assignée à ces vases, comme je l'ai déjà dit dans l'introduction, c'est à ces refuges souterrains respectés ou ignorés que ces belles Poteries, si instructives sous tous les rapports, doivent l'abri qu'elles ont trouvé, pendant un si grand nombre de siècles, contre toutes les causes de dégradations qui se sont présentées.

Position des vases grecs dans la terre et dans les tombes. — La position des tombeaux qui renferment ces vases et la manière dont on les y trouve disposés ont été décrites avec soin par l'abbé Mazzola, et me paraissent d'un assez grand intérêt.

Cet antiquaire croit que les tombes de la Campanie sont antérieures à Homère, et il décrit comme il suit le terrain qui les recouvre. (Pl. 1, *fig*. 3.)

1. Terre noire, végétale, très-fertile.	1,03
2. Terre blanche composée de terre sablonneuse et de très-petits fragments de pierre ponce. Cette couche dure et impénétrable à l'eau est nommée *terra maschia*.	0,52
3. Terre noire excellente.	0,78
	2,33

C'est au-dessous de cette terre que sont situés les tombeaux. Il est probable, dit l'abbé Mazzola, que la troisième couche formait la surface du sol lorsque les tombes y ont été creusées.

On remarque que la première et la deuxième composent sans exception la surface de la *Campagna felice*.

La terra Maschia est tellement stérile qu'elle diminue la fertilité de la première couche lorsqu'elle y est mêlée. Cette terre est d'alluvion, car elle ne se trouve pas sur les montagnes, comme on peut s'en assurer par les fouilles faites à Avila à environ 12 kilomètres de Nola. Le lit de la terra Maschia est égal partout et ne pourrait être, dit l'abbé Mazzola, malgré les ponces qu'il renferme, un produit direct d'éruptions volcaniques. Lorsque cette terre était superficielle, ajoute-t-il, la campagne de Naples devait être stérile et a dû l'être jusqu'à la formation de la terre végétale supérieure, ce qui doit faire admettre pour cette formation une longue suite de siècles et donner aux vases qui sont au-dessous de la terra Maschia une bien haute antiquité. C'est d'après ces observations que l'abbé Mazzola regarde les vases grecs de cette catégorie comme antérieurs à Homère. Il ajoute à l'appui de cette opinion que ces vases représentaient des faits qu'Homère ni aucun de ses successeurs n'ont mentionnés. Tel est le combat de Neptune avec Éphialtes; qu'à Nola et dans les environs les squelettes qu'ils accompagnent sont toujours enterrés immédiatement dans le sol, tandis que dans d'autres lieux, tels qu'à Avila, ces squelettes et les vases sont enfermés dans des sépulcres; que les inscriptions des vases sont en grec écrit de droite à gauche, le grec le plus ancien, le grec primitif; enfin que la facilité qu'on a depuis peu de siècles de les trouver en grand nombre vient de ce que les couches de pierres qui les recouvrent, employées dans les constructions modernes, n'étaient pas d'usage du temps des Romains (1).

Les principaux Potiers. — Les Grecs avaient, comme je l'ai indiqué à l'histoire des Poteries en général, une véritable passion pour les vases en terre cuite; ils portaient donc une grande considération aux artistes qui les composaient et les ornaient et aux artisans qui les fabriquaient. J'appelle leur prédilection pour

(1) *Introduction à la Description des vases du comte Lambert*, par M. de la Borde, 1813, t. I.

cet art une sorte de passion, car il fallait en aimer les produits de cette manière pour ériger des statues aux plus célèbres Potiers, frapper des médailles en leur honneur et nous conserver les noms de tous ceux qui y avaient concouru, même indirectement, jusqu'aux noms de ceux qui n'en avaient donné que les formes. Pline et plusieurs autres écrivains de l'antiquité nous ont fait connaître les plus célèbres.

Parmi les coopérateurs dont les noms sont venus jusqu'à nous au nombre de plus de quarante, on remarque, comme Potiers :

Dibutade, de Sicyone. — Sculpteur, inventeur de la plastique en terre cuite. On ne sait pas à quelle époque il a vécu. Ses travaux furent portés et conservés à Corinthe.

Corœbus, d'Athènes. — Du temps de Cécrops, environ 1500 ans avant J.-C. Il passe pour l'inventeur de la Poterie.

Talus, neveu de Dédale. — On lui attribue l'invention du tour à Potier, 1200 ans avant l'ère chrétienne.

Thériclès de Corinthe était un Potier célèbre souvent cité par les auteurs grecs. On donna, comme on vient de le voir, son nom à plusieurs vases. Il avait inventé, suivant Théophraste, des vases d'une terre noire susceptible d'un très-beau poli (ATHÉNÉE). Phérécrate dit qu'il a fabriqué des vases larges pour les hommes et des cylix profonds pour les femmes (PANOFKA). Il vivait vers 425 avant J.-C.

Cherestrate. — Potier très-modeste et très habile, qui faisait, suivant Phrynicus, plus de cent Cantharos parfaitement polis par jour (PANOFKA). Les cantharos furent d'abord des vases à boire d'une grande dimension, mais dont la capacité alla toujours en diminuant, ce qui fit dire à Épigène, dans son *Héroïne :* « Ah! malheureux que je suis, » les Potiers ne font plus de ces grands cantharos, etc., mais de petits » et de bien polis, comme si c'était le vase et non le vin qu'on dût » avaler. »

Parmi les artistes qui avaient donné des formes, on doit citer :

Le célèbre Phidias ;

Polyclète l'architecte, dit de Sicyone. Il était d'Argos.

Miron le sculpteur.

Les sculpteurs Eukhir et Eugrammus, qui accompagnèrent Demarate en Étrurie, lorsqu'en 656 il alla s'y réfugier. (PLINE, liv. XXXV, ch. XII.)

Localités de vases grecs et étrusques.

Je crois devoir terminer cet article en présentant l'énumération des principaux lieux où se trouvent actuellement et où probablement se fabriquaient autrefois les Poteries grecques et les Poteries étrusques, et ajoutant à cette énumération quelques particularités sur les Poteries fabriquées ou conservées dans ces divers lieux.

On a trouvé une quantité prodigieuse de vases grecs peints, depuis qu'on a commencé à les rechercher. On évalue à 50,000 au moins le nombre de ces vases qui ont été successivement découverts depuis deux siècles. (LENORMANT.)

A juger par ce nombre déjà énorme et par celui des vases qu'on trouve encore toutes les fois qu'on découvre des lieux de sépultures dans les divers pays où les Grecs se sont établis, on doit être frappé du nombre considérable de fabriques qui devaient exister dans ces temps reculés.

Pline, au Ier siècle de l'ère chrétienne, n'en compte que huit en Italie et six dans d'autres pays (1).

Mais le nombre des lieux où l'on trouve de ces Poteries dans les pays qui ont dépendu des Grecs, est hors de comparaison avec ceux que Pline indique. Cependant ce nombre n'est pas précisément celui des fabriques; il indique seulement qu'elles devaient être très-multipliées; car si les vases trouvés dans les tombeaux venaient de cette petite quantité de fabriques on ne remarquerait pas que certaines formes, certains procédés de façonnage, de coloration, etc., appartiennent plus spécialement à certaines localités. Ces différences prouvent que chaque pays avait son mode particulier de forme, de décoration et de coloration, et par conséquent ses fabriques spéciales.

La connaissance de ces lieux, qui détermine à peu près celle des principales fabriques, est intéressante autant pour l'histoire des arts que pour celle de la céramique en particulier. Elle nous intéressera surtout en nous faisant remarquer l'étonnante ressemblance qu'il y a entre les règles principales de façonnage, de

(1) PLINE, liv. XXXV, ch. XII.

coloration des figures et des ornements et surtout entre la nature de la couleur et de la pâte de tous ces produits céramiques fabriqués dans des pays dont les terrains sont si différents géologiquement. Comment les Potiers grecs, partis presque tous de Corinthe, d'Athènes, d'Égine, et surtout de Samos, ont-ils réussi à trouver, depuis les bords de la mer d'Azof jusque dans leurs colonies occidentales, des matériaux propres à produire toujours à peu près la même qualité de pâte? Je dis à peu près, car on reconnaîtra bien quelquefois de légères différences entre ces pâtes. Je les ferai ressortir dans la colonne d'observations du tableau de géographie céramique des Poteries grecques que je vais donner, comme je l'ai fait dans le tableau d'analyses des Poteries étrusques, inséré page 414.

TABLEAU des Poteries de fabrication grecque *de la Grèce proprement dite, de ses îles et de ses colonies, tant italiques qu'extra-italiques, Asie Mineure, Égypte, Gaule cispadane, Espagne*, etc.

Les Poteries célèbres dont nous venons de présenter l'histoire purement technique sont toutes regardées comme ayant été faites par des ouvriers grecs travaillant soit dans l'Italie méridionale, soit dans diverses colonies grecques. Elles ont, comme on l'a fait pressentir, un caractère de façonnage, de décoration, de formes même, auquel les antiquaires savent très-bien les reconnaître, de quelque lieu qu'elles viennent, tout en reconnaissant entre elles les différences de localités telles que l'Italie, l'Égypte, l'intérieur de l'Asie, etc.

Grèce proprement dite et ses îles.

Corcyre (Corfou). — Les amphores qu'on y fabriquait avaient une grande réputation (PANOFKA).

Athènes. — Fabrication célèbre par ses vases cylindroïdes à fond blanc argileux, nommés Lecythus. C'est surtout sur ces vases qu'on peignait avec des couleurs terreuses non vitrifiables, mais très-variées, ces tableaux, qui ont fait dire qu'on voyait quelquefois sur les vases grecs des peintures de couleurs vives. J'en ai dit déjà quelques mots page 565.

M. le baron de Stackelberg, dans une fouille qu'il a fait faire en 1813 à la porte des achoréciens, à Athènes, a découvert un ciste ou cercueil en terre cuite peinte en noir, d'environ 1 mètre sur 3 décim., renfermant un remarquable assortiment d'objets funéraires. C'était le cercueil d'un enfant; mais on n'y voyait que la tête, les jambes et les avant-bras. Tout le reste était occupé par 4 statuettes assises, les têtes tournées vers la ligne médiane et transversale du ciste, et 14 petits vases de différentes formes et grandeurs, arrangés très-symétriquement (Voyez Pl. II, *fig.* 3) (1).

Corinthe. — La patrie de Thériclès devait être féconde en belles Poteries. Le beau vase rapporté par Dodwell vient du lieu nommé Aquica, près de Corinthe.

Égine (golfe Saronique). — On y fabriquait comme à Athènes, à Salamine, à Marathon, etc., des Lecythus. Les Poteries d'Égine (Mus. céram., Pl. XIII, *fig.* 11) avaient la réputation d'être très-légères. On peut maintenant en indiquer la cause; les curieuses observations de M. Ehrenberg nous l'ont fait connaître. Elles sont, comme les briques légères (liv. II, p. 368), faites avec une terre superficielle, en grande partie composée de carapaces ou test siliceux d'animaux microscopiques infusoires.

Lacédémone. — Les Lacédémoniens étaient en possession de faire des coupes brunes nommées Cothon très-estimées. Elles étaient principalement à l'usage des gens de guerre, parce que leur couleur brune dissimulait la couleur des eaux troubles, et que, par leur structure que j'ai fait connaître (Pl. II, *fig.* 11, Pl. XXXIII, *fig.* 1, et ci-dessus p. 549, n° 50), les saletés de l'eau restaient au fond. (PLUTARQUE, *Vie de Lycurgue*, vol I, p. 84, trad. d'Amyot, Paris, 1615.)

Melos, l'une des Cyclades, aujourd'hui **Milo.** — Était une autre localité de Poteries exécutées par des ouvriers grecs; mais les Poteries de cette île diffèrent beaucoup des vases campaniens.

(1) Baron de Stackelberg, tombeau des hellènes, Pl. LXXV, p. 48.

Premièrement, par la nature, la texture et la couleur de leur pâte gris jaunâtre, pâte qui est d'une densité et d'une dureté peu éloignée de celle du grès-cérame.

Secondement, par leurs formes toutes particulières et par leurs ornements, qui sont d'un noir ou d'un brun rougeâtre, et qui, avec le caractère grec, en offrent une modification. (Mus. céram., Pl. XIII, *fig.* 1, 2, 3, 5, 6, 7, 10, 14). Il paraîtrait que les argiles que renferme cette île volcanique sont d'une nature différente des marnes argileuses que les Grecs de la Campanie trouvaient dans le terrain tertiaire du pied des Apennins.

Au reste, il n'y a pas dans cette île que des Poteries de cette sorte. On en trouve aussi dans les catacombes et autres tombeaux qui ont beaucoup d'analogie avec les Poteries campaniennes. Nous devons la connaissance des premières à M. de Blosseville, et nous avons acquis les secondes de feu M. Gaspari, consul de France à la Canée. Elles ont donc les unes et les autres toute l'authenticité désirable.

Santorin, *autrefois* **Théra**. — Cette île volcanique renferme aussi des vases grecs d'une nature de pâte analogue à celle des précédents, mais d'une forme et d'un style d'ornements plus voisins des vases campaniens. Ceux que M. Bory de St-Vincent a retirés lui-même des tombeaux sont d'un grand volume, à peu près sphéroïdaux et très-semblables à celui qui est représenté Mus. céram., Pl. XIII, *fig.* 10, et qui a été donné au Musée de Sèvres par M. de Blosseville, comme recueilli à Milo. M. Bory dit que ceux qu'il a rapportés de Santorin étaient situés dans trois tombeaux creusés dans le calcaire compacte, sol principal de l'île, mais que ce sol et ces tombeaux ont été recouverts par des déjections volcaniques, qui, au-dessus de ces tombes, ont une épaisseur de 15 à 20 mètres. La date de ces épanchements est inconnue. Tous les antiquaires regardent les vases de Théra comme de la plus haute antiquité. Les observations géologiques de M. Bory

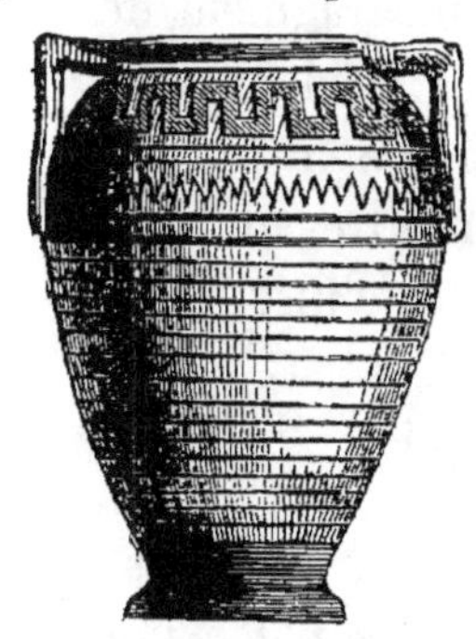

N° 55.

tendent à confirmer cette opinion. (Voyez ci-contre n° 55, et Mus. céram., Pl. XIII, *fig.* 4, 13, 15 et 16.)

Crète, *aujourd'hui* **Candie.** — On a trouvé dans cette île, non loin de la Canée, un grand nombre de vases tout à fait semblables aux Poteries campaniennes.

Erythres, vis-à-vis Chio, en Ionie. — On y recherchait la légèreté des vases comme un mérite, au point qu'on consacra dans ce temple deux amphores d'une ténuité remarquable et résultant d'un défi et concours entre un maître Potier et son élève. (PLINE, liv. XXXV, ch. 12, ad finem.)

Asie mineure et îles de la côte.

Kertch, *l'ancienne* **Panticapée, en Crimée**, *sur les bords de la mer d'Azof.* — C'était une colonie de Milésiens, qui avait transporté avec elle ses procédés de fabrication de pâte et de lustre noir. On possède à la Bibliothèque royale une belle coupe ayant ce lustre noir et ornée dans son milieu d'un bas-relief.

Chio. — Ses coupes nommées Cylix étaient célèbres (ATHÉNÉE).

Samos (mer de Carie). — Parmi les lieux qui appartiennent à cette série de Poteries, on doit placer en première ligne l'île de Samos, source d'où toutes les autres fabriques ont tiré leur origine. Muratori a publié comme pièce authentique de cette ancienne fabrication, un fragment de plat parfait sous le rapport de la couleur et de la finesse de la pâte et sous celui du façonnage. Ce fragment a d'autant plus d'intérêt qu'il porte le nom en lettres initiales de l'ouvrier qui l'a fait. Muratori explique l'inscription abrégée | LETI / SMI |, qu'il rend par Lucii Tetii Samii, c'est-à-dire fait par Lucius Tetius de Samos; mais il pense que ce Potier samien a fait cette pièce non pas à Samos, mais à Modène (*Mutina*), ville très-célèbre dans l'antiquité, au rapport de Pline, par ses belles Poteries qui devaient leur qualité à une sorte d'argile qu'on trouvait à trois milles au sud de cette ville, dans un lieu nommé Cadiana (1).

Il y a dans la traduction d'Hérodote faite par M. Miot, et publiée en 1822, une vie d'Homère attribuée à Hérodote, dans laquelle on trouve une hymne aux Potiers, composée et chantée en l'honneur de ceux de Samos par Homère aveugle. Elle est remarquable par l'exactitude avec laquelle sont décrits les perfectionnements des vases de terre et les accidents qui peuvent leur arriver dans le four. Je la donne ici dans son entier.

« Le lendemain, des Potiers en argile qui travaillaient à » cuire des vases de terre et mettaient le feu aux fourneaux, » aperçurent Homère, dont le mérite leur était déjà connu; » ils l'appelèrent, et l'engagèrent à leur chanter des vers, » promettant, pour prix de sa complaisance, de lui donner » quelques vases ou toute autre chose de ce qu'ils possé- » daient. Homère accepta leurs offres, et se mit à chanter » la pièce de vers qui, depuis, a été nommée le Fourneau; » la voici :

» O vous, qui travaillez l'argile, et qui m'offrez une ré- » compense, écoutez mes chants !

» Minerve, je t'invoque; parais ici, et prête ta main ha- » bile au travail du fourneau; que les vases qui vont en » sortir, et surtout ceux qui sont destinés aux cérémonies » religieuses, noircissent à point; que tous se cuisent au » degré de feu convenable, et que, vendus chèrement, » ils se débitent en grand nombre dans les marchés et les » rues de nos cités; enfin, qu'ils soient pour vous une » source abondante de profits, et pour moi une occasion » nouvelle de vous chanter.

» Mais si vous voulez me tromper sans pudeur, j'invo- » que contre votre fourneau les fléaux les plus redoutables : » et Syntrips, et Smaragos, et Asbestos, et Abactos, et

(1) Muratori. *Antiquit. ital. medii ævi*. T. III, p. 122, B C D. Ce plat me paraît par tous ses caractères, et évidemment par son inscription, beaucoup plutôt romain que grec.

» surtout Omodamos, qui, plus que tout autre, est le » destructeur de l'art que vous professez.

» Que le feu dévore votre bâtiment, que tout ce que con- » tient le fourneau s'y mêle et s'y confonde sans retour, » et que le Potier tremble d'effroi à ce spectacle; que le » fourneau fasse entendre un bruit semblable à celui que » rendent les mâchoires d'un cheval irrité, et que tous les » vases fracassés ne soient plus qu'un amas de débris. » (*Histoire d'Hérodote*, traduction par M. Miot. Paris, 1822, t. III, p. 263.)

Il est difficile de mieux préciser les résultats d'une four- née heureuse et surtout ceux d'une fournée manquée par excès de feu. C'est bien le spectacle qui se présente lorsqu'à l'ouverture d'un four on voit les piles coupées, écroulées les unes sur les autres, et les pièces de porcelaines brisées mêlées avec les débris des cazettes.

M. Miot a pensé que les noms cités sont ceux des fléaux que les Potiers ont à redouter, et que le poëte a person- nifiés comme des génies malfaisants. Le Syntrips et le Smaragos seraient la rupture des vases en morceaux, l'Asbestos le feu qu'on ne peut modérer, l'Abactos l'infortune des ouvriers qui voyaient leurs travaux détruits, et l'Omodamos une force destructive à laquelle rien ne résiste.

En admettant ce récit comme étant celui d'un événement réel (et il n'y a pas plus de motifs de le rejeter que tous ceux du même genre), on voit que la fabrication de la Poterie était célèbre dans l'île de Samos vers la fin du xe siècle avant l'ère chrétienne. La vie d'Homère étant gé- néralement placée vers l'année 907 avant Jésus-Christ, il est certain que le tour à Potier, dont l'existence est déjà établie par un passage de l'Iliade cité plus haut (p. 20), de- vait être connu et employé par les Potiers de Samos pour faire les vases qui leur avaient acquis une si grande réputation 300 ans avant que le Scythe Anacharsis soit venu en 592 en faire connaître à Athènes un plus parfait.

Samos était encore célèbre par ses coupes (cotylisques), rouges et noires avec des ornements en relief (collection de

M. Herry à Anvers), et par l'emploi qu'on pouvait faire des produits de la fabrication pour les opérations culinaires et le service de table. (PLINE (1).)

Il y a à **Chiliodromia**, l'une des Sporades, et très-près de la ville, un grand nombre de tombes. Les vases qu'elles renfermaient étaient en Poterie grossière noire et rougeâtre, sans peinture. Ils s'éloignent donc tout à fait des vases dont nous recherchons les lieux de dépôt. Mais la manière dont ils sont placés dans les tombes, par rapport au squelette, est assez particulière. On en voit la représentation Pl. II, *fig.* I. Excepté deux petits vases et une lampe qui accompagnent le corps, les autres sont au pied du corps, dans une sorte de chambre réservée et séparée par une pierre verticale. Elle renfermait cinq vases, dont deux espèces de bouteilles ventrues d'environ 35 cent. de hauteur sur 30 de diamètre. Les anses sont en général de travers, ce qui indique que ces vases ont été tournés (2).

Ténédos. — On faisait, au premier siècle de l'ère chrétienne, dans l'île de Ténédos, des vases remarquables par leur ténuité.

C'est ce que nous apprend Dion Chrysostome dans son discours 42e, à la fin, en disant qu'il en sera de ses discours comme des vases que les voyageurs achètent à Ténédos, à cause de leur élégance et de leur finesse, qu'ils emballent avec soin, et qu'ils ne trouvent plus qu'en tessons à leur arrivée. (CH. LENORMANT.)

Afrique.

Cyrène, capitale de la Cyrénaïque. — Cette ville, si éloignée du centre de la fabrication grecque, a eu cependant autrefois une fabrique de vases peints. Paul Lucas a découvert dans sa nécropole, en 1714, plusieurs de ces vases, tant dans des tombeaux que dans le sol de Tripoli. On en conserve quelques-uns dans le Musée de Leyde. (LENORMANT.) Cependant M. J.-R. Pacho, qui a récemment visité cette con-

(1) *Samia etiamnum in esculentis laudantur* (lib. XXXV, ch. XII).

(2) K. G. FIEDLER, *Reise durch alle theil des Konig R griechland*, Leipsig. 1841. Deux vol. in-8°, figures.

trée, et décrit avec beaucoup de détails cette même nécropole, n'en cite aucun, mais seulement quelques tableaux en terre cuite ([1]).

Cyrène est en outre souvent nommée dans l'histoire céramique à propos de la belle coupe dite d'Arcésilas, qui a été trouvée à Vulci, en Étrurie. Elle représente Arcésilas, roi de la Cyrénaïque, chanté par Pindare, faisant peser sur le pont de son navire et placer dans la calle des espèces de couffes ou bourriches remplies d'*assa fœtida*, matière résinoïde produit du S i l p h i u m. Les antiquaires rapportent cette pièce de Poterie au temps de Pindare, c'est-à-dire à environ 500 ans avant l'ère chrétienne. J'ai parlé de son mode de fabrication et de décoration plus haut à la page 565 ([2]).

Naucratis, dans **le Delta**. — Vases à quatre anses de l'apparence des Phiales, recouverts d'une couleur qui les faisait prendre pour de l'argent. Ils n'étaient pas faits à la roue, mais modelés à la main. (ATHÉNÉE, liv. X, chap. LXI.)

Alexandrie. — M. Drovetti y a trouvé des vases grecs qui font partie de la collection du Musée royal du Louvre.

Coptos, sur le Nil, dans **la Thébaïde**. — Vases en pâte aromatisée. (J'en ai parlé à l'article des usages des Poteries grecques, p. 567.)

Tralles, près du Méandre (Carie). — Faisait, suivant Pline, un grand commerce de Poterie.

Rhodes (mer de Carie). — C'est aussi dans cette île que se fabriquaient des vases en pâte aromatisée.

Cos, aujourd'hui **Stancho (mer de Carie)**. — Était également renommée pour ses Poteries culinaires et pour ses amphores

([1]) PACHO. Voyage dans la Marmarique et la Cyrénaïque. 1 vol. in-4°, figures, 1827.

([2]) Cette coupe fait maintenant partie de la collection de la Bibliothèque royale, où je l'ai fait dessiner; elle est figurée Pl. XXXIII, *fig.* 2, A et B de ce traité. Elle a été décrite par M. de Witte, dans le catalogue du Musée Durand, n° 422, décrite et figurée dans les monuments inéd. de l'Institut arch., I, Pl. XLVII, et dans MICALI, *Storia deg. ant pop. ital.*, t. III, p. 160, Pl. XCVII. Mais on n'y a représenté que le sujet, qui est mal rendu.

Elles passaient pour être des plus belles connues, comme celles d'Hadria pour être des plus solides. La Grèce exportait pour l'Égypte de ces grandes amphores ou Jarres (1).

Pergamus, en Mysie. — Une des fabriques que Pline signale.

Pays Italo-Grecs

Gaule cispadane.

Asti. — Fabrique citée par Pline.

Pollentia, sur le Tanaro. — Fabrique citée par Pline. De nombreuses pièces tout à fait semblables aux Poteries campaniennes, envoyées par M. le chevalier César de Saluce, font partie du Musée céramique de Sèvres.

Mutina (Modène). — Fabriques de vases à boire. (PLINE.)

Italie.

Picenum (les Abruzes).

Hadria, à l'embouchure de l'Éridan. — Fabriques de vases à boire de première qualité. (PLINE.) Vases peints des tombeaux.

Campanie (Terre de Labour). — C'est dans cette partie méridionale de l'Italie que les Potiers de la colonie grecque qui l'occupaient, ont fabriqué avec la plus rare perfection ces vases funéraires et honorifiques, qui, découverts les premiers dans le commencement du XVIIIe siècle, ont orné les cabinets des amateurs d'antiquités, et ont ouvert à l'histoire des arts, des usages et de la religion chez les Grecs, un champ immense d'observation et d'intérêt.

Capoue. — Les vases trouvés dans les environs de cette ville sont les plus célèbres par la finesse de leur pâte et la beauté de leur lustre noir et de leurs peintures.

Un des plus remarquables par ces qualités et son antiquité, celui de la chasse au sanglier, est de Capoue. Il montre la réunion des trois couleurs. On le suppose peint en l'année 658 avant J.-C. (D'HANCARVILLE, t. I, Pl. 1-4.) On y faisait aussi de grandes amphores.

Nola. — Lieu très-célèbre par la quantité de beaux vases qu'on

(1) Hérodote, lib. III, sect. 6.

y a trouvés, et surtout par leur beau vernis noir. C'est une des localités des plus exploitées, et des plus connues des amateurs de vases antiques.

Cumes. — Tirait beaucoup de gloire de ses fabriques. (Pline.)

Antium, dans le territoire de Cumes, était renommée par ses amphores, dont on a dans les derniers temps trouvé de beaux restes.

Pouzolles. — Célèbre également par ses grandes amphores.

Sorrente. — Poterie de table et vases à boire, dit Pline.

Nocera de' Pagani. —

Pesto (Pestum). — Plastique, beaucoup de figures. Des vases avec blanc et rouge en rehaut, d'une beauté, d'une finesse remarquables, appelés communément et improprement siciliens, et regardés comme d'une grande antiquité. (Al. de Jorio.)

Pouille (Terre de Bari). —

Arpi. — En général les vases de la Pouille et de la Basilicate sont d'une exécution bien inférieure à ceux de la Campanie et surtout de Nola.

Canosa, aujourd'hui **Canusium.**

Bari. — Beaucoup de sujets funéraires, mais d'une exécution très-médiocre.

Ceglie. —

Lucanie (Basilicate). Anzi. — Les vases de la Basilicate sont comme ceux de la Pouille de beaucoup inférieurs à tous les autres par leur exécution tant en pâte qu'en figures lustrées. Ce sont principalement des sujets mystiques, tels que le génie ou l'amour hermaphrodite, qui y sont représentés.

Armento. —

Sant Arcangelo. —

Calvello. —

Pomarica. —

Bruttium (Calabres). Rhegium, aujourd'hui **Reggio.** — Les Grecs tiraient de ce lieu beaucoup de glaise pour leurs fabriques. (Pline.)

Locri. — Petits vases sur lesquels on voit distinctement la méthode de remplissage des ornements et des figures. Fragments d'un très-grand vase rapporté dans le temps par Millin.

Rubi ou Rouvo. —

Altamura. —

Terre d'Otrante. Tarente. — Peu de vases, mais très-beaux. (L. N.)

Métaponte. — Terres cuites polychrômes. (DUC DE LUYNES.) (Voir plus haut, p. 308.)

Sicile.

Agrigente. — Dans la nécropole et à Gela et Camarches on a trouvé une assez grande quantité de vases grecs, qu'on appelle généralement siciliens. On en a découvert aussi à Acri et près de Syracuse.

Centuripœ, aujourd'hui **Centorbi.** — Vases de terre cuite et plastique, à reliefs polychrômes et notamment d'un jaune d'or. Ces colorations étant du même genre que celles de Métaponte, il est présumable qu'elles étaient cuites comme ces dernières. Pâte d'une grande finesse. (PANOFKA, *Terres cuites du Musée de Berlin*, 1842, Pl. LXIII.)

Sardaigne.

Capo di San Marco, anciennement **Tharros, côte occid.** — Vases à vernis noir. (Coll. de Sèvres d'envoi de M. DE LA MARMORA.)

Espagne.

Sagunte, aujourd'hui **Murviedro, près Valence.** — J'en ai déjà parlé à l'article des Poteries romaines. Leur présence y est évidente. Mais il paraît que ce canton du royaume de Valence avait été occupé auparavant par d'habiles Potiers grecs.

Poteries Tyrrhéniennes.

Toutes les Poteries à lustre, et même sans lustre, que je viens de décrire, ont un caractère général plus saisissable par les antiquaires habitués à en voir beaucoup, que définissable.

Mais il y a une série particulière de Poteries italo-grecques qui paraît différer notablement de celle que je viens de faire connaître sous le nom de Campaniennes par les formes, les décorations et la couleur.

Elles ont aussi un caractère particulier que je tâcherai de faire saisir : la plupart des antiquaires admettent cette nouvelle sorte de Poterie antique.

On a appelé ces vases, mais très-improprement, d'abord Égyptiens, puis Phéniciens, mais plus convenablement Tyrrhéniens, parce qu'on en a trouvé beaucoup dans le territoire tyrrhénien. C'est pour ce motif que j'ai adopté cette dernière dénomination.

Leur pâte est d'un jaune rougeâtre pâle. Elle est fine et dure.

Les couleurs sont le noir pâle et sale, mince, le rouge également sale et très-mince. Elles n'ont point le brillant lustre des Poteries campaniennes.

Les formes appartiennent généralement aux sphéroïdes, aux sphères même parfaitement régulières, aux pyriformes, aux bursiformes allongés, aux cylindroïdes.

Les figures sont noires ou d'un violet sale, quelquefois rehaussées de blanc ou de rouge mat. Les hommes et les chevaux ont une roideur de formes et de position tout à fait remarquable. Les figures d'animaux représentent des oiseaux à ailes étendues, des quadrupèdes semblables à des loups, des chiens, des panthères, des sangliers, des chèvres, des lièvres, attributs de funérailles. Les détails intérieurs des membres, des vêtements, sont marqués par des lignes grattées. Une ou deux figures couvrent quelquefois tout le vase. Lorsqu'elles sont petites, elles sont disposées en lignes horizontales.

Les ornements sont des grains d'orge, des dents de loup, etc.

Pour appuyer l'établissement de ce groupe fondé sur les caractères céramiques, je dois donner plusieurs exemples. Le premier est le Vase de la chasse, déjà cité et figuré dans d'Hancarville, t. II, Pl. 1-4. C'est un des exemples les plus remarquables de la réunion des caractères que je viens de tracer. Le fond est d'un rouge pâle, les figures sont en noir, rehaussées de brun rouge violâtre; les chiens sont en rouge avec des oreilles et une queue droite relevées, caractères zoologiques de cette race, plus voisine de son origine sauvage que les chiens à oreilles pendantes, etc.

D'autres vases figurés par d'Hancarville pourraient être encore apportés comme exemple de ce genre de pâte, de coloration et de décoration. Tels sont, t. I, le vase sphéroïdal, Pl. XLVI; le vase bursiforme et autres vases, Pl. LXXX; le vase cylindroïde bas avec les oies et les gallinacés caractéristiques, Pl. LXXXV. — Le vase pyriforme à collet cylindroïde, Pl. XCI. On y voit le même cavalier, les mêmes chiens, les mêmes oiseaux, probablement des pigeons, des oies, etc. — Le vase infundibuliforme renversé avec les dents de loup et les rosaces, ornements caractéristiques de ces Poteries, t. II, Pl. CXVII, etc.

J'ai fait représenter, d'après la collection du Musée royal, quelques vases de cette catégorie, Pl. II, *fig.* 4, 5, 8, 14. Le Cothon, *fig.* 11, et le petit vase bursiforme, *fig.* 12, lui appartiennent peut-être également, et Mus. céram., M, Pl. XXVIII, *fig.* 4, 5.

Si la coupe d'Arcésilas n'était pas d'une si grande perfection en tout, elle pourrait, malgré le lieu où on l'a trouvée, être attribuée aux Potiers tyrrhéniens; elle est, comme on l'a dit, un peu antérieure au vase de la chasse.

On regarde ces vases comme d'une très-haute antiquité. M. Raoul Rochette, le premier, les a appelés Phéniciens. M. Lenormant adopte en partie cette dénomination, en les nommant Tyrrhéno-Phéniciens, et les attribuant aux Phéniciens généralement rejetés en Italie et en Allemagne. Il les regarde comme le seul peuple navigateur auquel on puisse attribuer l'importation chez les Grecs de beaucoup d'industries, et notamment de la céramique, dont le premier siége a été dans les îles de l'Archipel. On sait que les ports de ces îles faisaient un commerce actif avec les Phéniciens, et que ces peuples étendaient leur commerce à de grandes distances. Ils vendaient de la céramique athénienne, et particulièrement des chous, à Cerne, petite île située sur la côte occidentale de l'Afrique, aujourd'hui côte de Nigritie, à six milles au S.-O. du cap Blanc. (Lenormant, Introduction à l'étude des vases peints.)

Étrurie (Toscane actuelle en partie).

Poteries étrusques

PROPREMENT DITES.

J'ai cru devoir présenter le tableau des lieux où on a trouvé en Toscane, c'est-à-dire dans l'ancienne Étrurie, des vases en pâte tendre et fine, rouge ou noire, colorés en rouge ou en noir, ornés ou de bas-reliefs ou de peintures rouges, à la manière des vases grecs campaniens, parce que ce mélange de formes, de pâte, de lustrage et d'ornementation tantôt peinte, tantôt en relief, jette une grande incertitude archéologique sur la nation des ouvriers qui les ont faits, sur l'époque de leur fabrication, et même sur leur origine; les uns ayant tous les caractères des vases étrusques proprement dits, tels que je les ai décrits page 413, et les autres des vases grecs que je viens de décrire.

Les localités où se trouvent ces vases, leur position dans les tombes augmentent encore cette incertitude et pour les archéologues et pour les personnes qui s'appliquent spécialement à la nature et au façonnage des Poteries. L'énumération qui va suivre rappelle dans leur ordre les lieux que j'ai déjà cités, et en fait connaître d'autres. On voit aux articles de Volterra, d'Arezzo, de Clusium, de Tarquinium, qu'il n'eût pas été clair de citer ces lieux qui renferment tant de vases de fabrication tout à fait grecque, avant d'avoir fait connaître les caractères de cette fabrication.

La question de la distinction entre les Poteries italo-grecques et les Poteries étrusques se présente donc de nouveau ici, mais, pour ainsi dire, d'une manière au moins plus simple, si elle n'est pas plus éclairée; car il s'agit de donner comme étrusques toutes les Poteries qui se sont trouvées dans l'ancienne Étrurie. Or, ici il n'y a plus d'hésitation; sauf à voir ensuite d'où peuvent venir les Poteries d'aspect tout à fait grec par tous les caractères que j'ai énoncés déjà, qui se trouvent dans les mêmes lieux, dans les mêmes nécropoles, avec des Poteries tout à fait étrusques par des caractères de même ordre.

Je dois laisser aux archéologues à résoudre cette difficile question qui exige, pour être éclaircie, des connaissances et des recherches historiques, archéologiques et artistiques nombreuses, qu'il n'est pas de mon sujet même d'aborder.

La place que je donne à l'indication des principaux lieux où l'on a trouvé en Étrurie des Poteries antiques se présente naturellement à la suite des Poteries tyrrhéniennes, puisque beaucoup d'érudits regardent les deux dénominations comme indiquant à peu près le même peuple, tous deux originaires de l'Asie (MILLINGEN) et ayant eu les Grecs pour maîtres dans les arts.

Reste deux hypothèses principales sur le mélange des deux natures de Poterie et des deux styles de formes, d'ornements, de peintures, et même de sujets historiques.

Dans la première on suppose que les vases grecs ont été importés de la Grèce comme objets précieux, de même que pendant un assez long temps la porcelaine de la Chine est venue en Europe se mêler à nos faïences ; mais de grandes difficultés s'élèvent contre cette hypothèse, et se tirent principalement de l'immense quantité de ces vases, du lieu d'où ils pouvaient provenir, de la difficulté du transport de choses si fragiles à de si grandes distances et jusque dans le milieu des terres. Néanmoins cette hypothèse a été mise en avant par MM. Muller, Raoul Rochette, Bœck, Bunsen, de Kramer, et appuyée sur des motifs très-spécieux, tels que celui de prix remportés dans des jeux grecs, peints sur des vases trouvés dans les tombeaux étrusques de Vulci.

Dans l'autre hypothèse, qui est celle de MM. Gerhard, Walter, le duc de Luynes, Lenormant, on admet des fabriques locales établies à Vulci et autres lieux, où des ouvriers grecs fabriquaient la Poterie qui plaisait le plus alors à la société étrusque, comme on voit en France des fabriques de faïence et de porcelaine tendre anglaises, absolument semblables pour la pâte, la glaçure, la forme, la couleur, l'ornementation, à ces Poteries étrangères, faites par des directeurs et des ouvriers anglais.

L'examen chimique des pâtes pourrait jeter quelque lumière sur cette curieuse question, car il est bien difficile de croire que les fabriques d'Étrurie firent venir pour leurs Poteries à l'imitation grecque, des terres ou des pâtes de la Grèce. Or, il n'est pas présumable que les argiles employées à Vulci aient eu exactement la même composition que celles de la Grèce. Mais comme ces différences peuvent n'être que très-faibles, une seule analyse ne suffirait pas pour résoudre cette question; il faudrait analyser au moins la pâte de dix vases de Nola et celle d'autant de vases de Vulci, pour espérer obtenir des résultats de différence et de ressemblance dans lesquels on pût avoir quelque confiance. C'est un travail extrêmement long et difficile, d'un résultat incertain, et qu'un archéologue passionné peut seul faire entreprendre.

Volterra. — Poteries rougeâtres, vernis noir, ornements en relief, bas-reliefs d'animaux; les unes noires et légères, les autres à pâte grossière et rougeâtre dans son intérieur. On y a aussi trouvé des vases à pâte noire, mince, bien fabriqués, plus durs que les précédents, et faits sur le tour. (Dorow.) — On y a également découvert des sarcophages en terre cuite.

Arezzo. — Poteries à pâte rouge lustrée, fine, ornements en relief; quelquefois figures noires comme à Volterra.

Services de table comparés par Pline à ceux de Samos [1].

Populonia aujourd'hui **Piombino** — Vases peints. (Musée de Berlin, Gerhard.)

Clusium (**Chiusi**). — Poteries à pâte noire, ornements en relief à figures noires sur fond jaune; attribué au temps le plus ancien. (Musée de Berlin, Gerhard.)

Perugia aujourd'hui **Pérouse**. — Vases peints. (Musée de Berlin, Gerhard.)

Bomarzo. — Vases peints. (Musée de Berlin, Gerhard.)

Toscanella. — Vases peints, Hercule et le sanglier. (Musée de Berlin, Gerhard.)

Tarquinium (**Corneto**), près Civita-Vecchia. — C'est encore

[1] Voilà encore la Poterie grecque samienne à pâte rouge et fine avec ornements en relief se confondant, comme à l'article Samos, avec la Poterie romaine.

une localité découverte tout récemment (1826), et qui a fourni depuis cette époque plus de 5,000 vases peints, à figures rouges, assez élégants et plus modernes. (Musée de Berlin, GERHARD.) La principale nécropole de Tarquinium était dans une colline adjacente nommée Monté-Rossia, à environ 2,000 mètres de la ville.

Vulci, actuellement **Canino, ponte della Badia.** — Cette ville étrusque à peine connue a livré à la curiosité et à la discussion des antiquaires, en 3 ans, une quantité prodigieuse de vases ayant tous les caractères des vases grecs peints, comme je l'ai déjà indiqué à l'article des Poteries étrusques, page 417, et a fait voir l'erreur où l'on était, il y a bientôt 20 ans, de croire que tous les vases peints étaient du territoire ou des colonies grecs. C'est dans cette ville que les antiquaires qui admettent l'hypothèse de la fabrication locale, placent la plus considérable de l'Étrurie. On pense qu'elle n'a été en activité que pendant une soixantaine d'années. Les vases de Vulci ne font connaître que 40 noms d'artistes, soit Potiers, soit peintres. On y a trouvé non-seulement, comme témoignage de souvenir et de respect pour les morts, des vases réellement étrusques et d'ancienne fabrication, mais même des vases brisés et restaurés avec des tenons de bronze.

Outre ces vases étrusques accompagnant les vases grecs du lieu même, auxquels M. Gerhard attribue des caractères particuliers, on a trouvé à Vulci des vases de Nola, de Locres, d'Agrigente, d'Athènes même. (CH. LENORMANT.)

On pourrait peut-être attribuer ces vases, de style et pâte grecs, à des ouvriers grecs amenés ou appelés par Demarate de Corinthe, lorsque, exilé de sa patrie 656 ans avant J.-C., il vint s'établir à Tarquinies avec deux artistes corinthiens, Eukeir et Eugrammus, qu'il avait emmenés avec lui, comme Pline nous l'apprend. Ces artistes étaient grands plasticiens, circonstance qui a pu concourir à la création du nombre considérable de belles figures en terre cuite et de grands sarcophages que l'on a découvert encore tout récemment dans la nécropole de cette ville.

M. le baron Taylor, qui a rapporté pour le Musée de Sèvres un fragment d'un de ces sarcophages, dit qu'il avait plus de 2 mètres de long, et que la figure couchée qui le recouvrait avait environ 1 mètre 60 centimètres, d'une seule pièce.

Cerevetri. — Vases peints; quelques-uns présentent les ombres des héros. (GERHARD.)

Civita-Vecchia. — Poteries à pâte noire rapportées et données au Musée de Sèvres par M. Ziégler.

Rome. — On cite deux vases véritablement étrusques trouvés dans Rome, sur le mont Aventin, du temps de Winkelmann. Ces deux vases, noirs et rouges, présentent un lustre noir très-brillant.

Tels sont les principaux lieux où, jusqu'à présent, on ait trouvé des vases antiques étrusques et surtout grecs, toujours dans les tombeaux ou dans les sépultures, jamais dans aucun monument, dans aucune ruine, ni de maison, ni de manufacture. Comme je l'ai déjà énoncé (page 585), ces vases ou plutôt ces Poteries, dont la plus ancienne fabrication remonte peut-être au delà du IXe siècle avant l'ère chrétienne, a tout à fait discontinué à la guerre sociale, c'est-à-dire 350 ans environ après Jésus-Christ, ayant duré, par conséquent, 1250 ans avec plus ou moins d'activité, présentant toujours le même système de forme, le même style de figure et d'ornementation, avec à peu près la même nature et les mêmes couleurs de pâte, de glaçure et de peinture. Uniformité remarquable de fabrication et d'ornementation, qui n'a été modifiée que rarement et légèrement par les localités où elle s'est établie sur une zone d'environ 15 deg. de largeur, mais étendue sur une longueur d'environ 30 deg., depuis la mer d'Azof en Asie, jusqu'en Cyrénaïque en Afrique, et jusqu'en Sicile en Europe. Ces curieux monuments de l'industrie céramique la plus reculée, ont été cachés pendant plus de quinze siècles, et ne sont venus à la connaissance des hommes dignes d'en apprécier l'intérêt, que depuis tout au plus 150 ans.

 FIN DU PREMIER VOLUME.

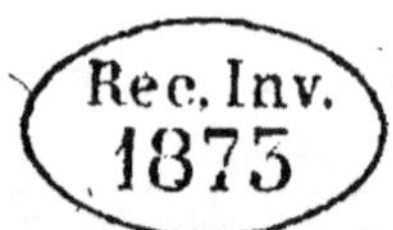

www.ingramcontent.com/pod-product-compliance
Lightning Source LLC
LaVergne TN
LVHW011244110826
845149LV00001B/40

* 9 7 8 2 0 1 2 7 7 9 0 5 1 *